Olivier Bernier wurde als Sohn französischer Eltern in den USA geboren und studierte in Harvard, Paris und am Institute of Fine Arts der New York University. Er arbeitete als Kunsthändler, lehrte Kunstgeschichte und lebt seit 1977 als freier Schriftsteller. Zu seinen zahlreichen Publikationen zum Leben im 18. Jahrhundert gehören auch Biographien über Ludwig XV., Marie Antoinette und Lafayette.

Dieses Buch wurde auf chlor- und säurefreiem Papier gedruckt.

Vollständige Taschenbuchausgabe Januar 1993
Droemersche Verlagsanstalt Th. Knaur Nachf., München

Titel der Originalausgabe »Louis XIV. A Royal Life«
Aus dem Amerikanischen von Manfred Allié
Umschlaggestaltung Adolf Bachmann, Reischach
Umschlagabbildung AKG, Berlin
Druck und Bindung Ebner Ulm
Printed in Germany
ISBN 3-426-02460-8

2 4 5 3 1

OLIVIER BERNIER

# LUDWIG XIV.

Eine Biographie

Knaur

*So mancher Untertan gäbe wohl einen schlechten Herrscher ab: Dem Ranghöheren zu gehorchen ist um ein Vielfaches leichter, als sich selbst in der Gewalt zu haben, und wenn uns erlaubt ist zu tun, was immer wir wollen, dann ist es nicht einfach, stets nur das zu wollen, was richtig ist.*

Ludwig XIV.

# INHALT

# I

# EIN GESCHENK GOTTES

Ludwig XIII. wollte diese Begegnung um alles vermeiden, auch für Königin Anna kam sie unerwartet – erst die Gebete einer Nonne, die schlechte Laune eines Bedienten und ein heftiger, eiskalter Regenguß hatten die beiden zusammengeführt; doch da er nun einmal da war, bemühte sich die Königin, dem Gast zu gefallen. Sie teilten das Lager, denn es gab nur das eine, und auf den Tag genau neun Monate später feierte Frankreich die Geburt eines Knaben, den die Zeitgenossen und die Nachwelt den Sonnenkönig nennen sollten.

Es war, wie viele sagten, ein Wunder, ein Akt Gottes: Nach dreiundzwanzig Jahren unfruchtbarer Ehe in wachsender Verbitterung verachtete der König die Königin und ging ihr aus dem Wege, wann immer er konnte. Nicht nur daß Ludwig XIII. der Gesellschaft stattlicher junger Männer bei weitem den Vorzug gab und daß Anna von Österreich* in den ersten Jahren ihrer Ehe drei Fehlgeburten gehabt hatte – zudem hatte sie sich seither am Hofe bei jeder Gelegenheit auf die Seite derjenigen geschlagen, die gegen den Ersten Minister, den Kardinal Richelieu, intrigierten; das Schlimmste war aber wohl, daß sie sich tatsächlich inmitten eines erbitterten Krieges auf einen hochverräterischen Briefwechsel mit ihrem Bruder, König Philipp IV. von Spanien, eingelassen hatte.

Und doch wünschten sich König und Königin bei allem Haß aufeinander beide einen Erben: So wie die Dinge standen, würde Gaston, der Bruder Ludwigs XIII., den Thron erben und alles zerstören, was dieser aufgebaut hatte, und die Königin fürchtete, in Schande verstoßen zu werden. Unglückli-

* Trotz ihres Namens war Anna von Österreich eine spanische Habsburgerin, die Tochter König Philipps III.

cherweise war die Geburt eines Dauphins kaum zu erwarten (Mädchen waren in Frankreich von der Erbfolge ausgeschlossen), solange Ludwig und Anna jeden körperlichen Umgang miteinander mieden. Und unter den gegebenen Umständen war es äußerst unwahrscheinlich, daß der König jemals wieder mit der Königin das Lager teilen würde.

Am Nachmittag des 5. Dezember 1637 war Ludwig XIII. von Versailles, wo er ein Jagdschlößchen hatte, nach Saint-Maur aufgebrochen, wo er zu übernachten gedachte, und machte im Kloster der Salesianerinnen in Paris Station, um seine alte (platonische) Liebe Louise de La Fayette zu besuchen, die inzwischen den Schleier genommen hatte; die Königin hatte sich für den Winter im Louvre eingerichtet. Und da im ersten Drittel des siebzehnten Jahrhunderts königliche Residenzen weitgehend unmöbliert zu sein pflegten und nur eingerichtet wurden, wenn der König sich dort aufhielt, waren das Bett Ludwigs XIII., sein Bettzeug und andere Dinge des täglichen Lebens bereits nach Saint-Maur vorausgeschickt worden.

Es ergab sich aber, daß der König sich dermaßen in das Gespräch mit Louise de La Fayette vertiefte, daß es bereits dunkel geworden war, als er sich zum Aufbruch entschloß. Trotz des Unwetters, das gerade niederging, bestand er darauf, seinen Plan einzuhalten, doch M. de Guitaut, Hauptmann der Leibwache, machte den Vorschlag, statt dessen im Louvre zu übernachten. Natürlich wandte Ludwig XIII. auf der Stelle ein, seine Gemächer dort seien ja nicht möbliert, nur um M. de Guitauts Anregung zu vernehmen, er solle doch die Nacht bei der Königin verbringen; es sei, fügte Guitaut hinzu, ein unmenschliches Ansinnen des Königs, seine Eskorte in einem solchen Unwetter nach Saint-Maur reiten zu lassen.

Ludwig beschloß, lieber auf besseres Wetter zu warten. Nach wenigen Augenblicken brachte Guitaut seinen Vorschlag von neuem vor. Nun konterte der König mit dem Einwand, Anna von Österreich, die ihrem spanischen Lebenswandel nie untreu geworden war, pflege zu einer unzumutbar späten Zeit ihr Nachtmahl einzunehmen. Dieses eine Mal, entgegnete Guitaut beherzt, werde die Königin sicher bereit sein, ihm zum Gefallen eine Ausnahme zu machen. Sein Herr gab den Widerstand auf. «Er mußte das Bett mit der Königin teilen», schreibt deren treue Hofdame Mme. de Motteville, «... und man sagt, diese Begegnung habe uns den gegenwärtigen König [Ludwig XIV.] beschert. Als der Königin diese göttliche Gnade zuteil wurde, war sie einer solchen Hilfe äußerst bedürftig, um sie vor all dem Leid zu bewahren, das ihr [als Folge jenes Briefwechsels] bevorzustehen schien.»[1]

Es ist kaum zu bezweifeln, daß die Geburt des Dauphins eine unmittelbare Folge dieser unerwarteten Begegnung war. Auf den Tag genau neun

Monate später brachte die Königin den langerwarteten Thronfolger zur Welt; und da beide Eltern nicht im geringsten daran zweifelten, daß hier die Vorsehung am Werk gewesen war, erhielt das Kind den Namen Louis-Dieudonné – Ludwig, das Geschenk Gottes.

Natürlich erregte die unerwartete Schwangerschaft der Königin gewaltiges Aufsehen. Bereits am 14. Januar 1638 setzte Bouvard, der königliche Leibarzt, Richelieu offiziell von dem Ereignis in Kenntnis und gab damit dem gewöhnlich eher pessimistischen Kardinal Anlaß zu großer Freude. Daneben hatte man allerdings manchen Grund, besorgt zu sein – immerhin hatte Anna von Österreich bereits mehrere Fehlgeburten erlitten. Doch Ende April schien das Schlimmste überstanden, und zum ersten Mal in rund zwanzig Jahren schenkte Ludwig XIII. seiner Frau wirklich Beachtung. «Zu Beginn der Schwangerschaft gab der König [der Königin] zu verstehen, wie sehr er sich freute, und er war geradezu zärtlich im Umgang mit ihr», berichtet Mme. de Motteville.[2] Und tatsächlich waren nun die alten Gegner in neuer Harmonie vereint: Richelieu, überzeugt, daß die Königin als Mutter des Dauphins zu einem selbständigen Machtfaktor werden würde, zeigte sich plötzlich entgegenkommend und liebenswürdig, während Anna, ängstlich besorgt, nicht von ihrem Kind getrennt zu werden, von Anfang an darauf bedacht war, sowohl den Kardinal als auch den König günstig zu stimmen. Was letzteren anbetraf, so verzichtete er darauf, seiner Armee an die Picardiefront zu folgen – wo sie noch immer stand –, um in der Nähe seiner schwangeren Frau bleiben zu können. Es verstand sich, daß er bei der Geburt selbst zugegen war. Mehr noch, nach dem Bericht des venezianischen Botschafters Alvise Contarini hielt er Anna in seinen Armen, während sie niederkam.

Natürlich hätte sich noch immer herausstellen können, daß das Kind ein Mädchen war, aber darüber schien sich niemand den Kopf zu zerbrechen. Auch medizinische Komplikationen waren nicht auszuschließen, da die Königin ihr erstes Kind im Alter von achtunddreißig Jahren zur Welt bringen sollte. Aber alles ging gut. «Die Freude, die Seine Majestät angesichts seiner Vaterschaft empfindet, ist außergewöhnlich», berichtet Contarini. «Seine Majestät begab sich heute vier- oder fünfmal in das Zimmer des Monseigneur le Dauphin, um beim Stillen zuzusehen*... Monsieur** war sprachlos, als Mme. Péronne [die Hebamme] ihm eröffnete, die Königin habe einen Sohn zur Welt gebracht.»[3] Und der König bestand darauf, den Botschafter mit den

* Im 17. Jahrhundert stillten wohlhabende Frauen ihre Kinder niemals selbst; sie engagierten Ammen, die diese Aufgabe übernahmen. Wenn der König also seinen Sohn besuchte, sah er die Königin nicht.

** Monsieur, ohne Hinzusetzung eines Namens, war stets der Titel, den der Bruder des Königs trug.

Worten an die Wiege zu führen: «Dies ist das wunderbare Zeugnis der Gnade des Herrn, denn mit keinen anderen Worten läßt sich die Geburt eines so schönen Kindes nach meinen zweiundzwanzig Ehejahren und den vier unglücklichen Fehlgeburten meiner Gattin beschreiben.»[4]

Der König hatte allen Grund zur Freude: Die Geburt eines Erben mußte – das war die einhellige Meinung aller – der langen Folge von Verschwörungen ein Ende setzen, in denen es um die Stellung Gastons, des Herzogs von Orléans, ging. Eine Vermutung, die noch um so näher lag, als die Königin 1640 von einem zweiten Knaben, Philipp, entbunden wurde. Doch alte Gewohnheiten verschwinden nicht so rasch; das letzte und vielleicht spektakulärste Komplott gegen Richelieu wurde in den Jahren 1641/42 geschmiedet, und der Kardinal konnte am Ende seine Vormachtstellung nur mit knapper Not behaupten.

Zwar lag die Annahme nahe, daß mit Heranwachsen des Thronfolgers der Herzog von Orléans, um den sich all diese Verschwörungen drehten, immer mehr an Bedeutung verlieren würde; doch andererseits waren in Frankreich, genau wie in England, Konflikte zwischen dem Herrscher und seinem Erben geradezu traditionell – eine Tatsache, derer sich der stets mißtrauische Ludwig XIII. sehr wohl bewußt war. «Der kleine Monseigneur le Dauphin war noch keine drei Jahre alt, als er [den König] offenbar beunruhigte und verärgerte», schreibt Mme. de Motteville. «Eines Tages sah der kleine Prinz [seinen Vater], als dieser von einem Jagdausflug heimkehrte, mit einer Nachtmütze; er begann zu weinen, weil er sich vor dem ungewohnten Anblick fürchtete. Der König war so zornig, als habe es sich um eine Angelegenheit von großer Wichtigkeit gehandelt; er beschwerte sich bei der Königin und beschuldigte sie, in seinem Sohn Abneigung gegen ihn zu wecken, er drohte ihr sehr grob, beide Kinder ihrer Obhut zu entziehen.»[5] Dieser Zwischenfall ereignete sich im Jahr 1641. Im Zuge der Cinq-Mars-Verschwörung des darauffolgenden Jahres wuchs das Mißtrauen des Königs, und Anna hatte manchen Bittgang vor sich, um ein übers andere Mal gegenüber König und Kardinal ihre gehorsamste Ergebenheit zu beteuern, bevor sie hoffen konnte, ihre Kinder zu behalten. Man kann sich leicht vorstellen, welche Überwindung das die stolze Habsburgerin gekostet haben muß; aber sie behauptete ihre Stellung: Die Tatsache, daß sie die beiden Knaben in ihrer Obhut behielt, befriedigte nicht nur die wirklichen Muttergefühle der Königin – sie stellte damit auch sicher, daß sie, falls dem König etwas zustoßen sollte, in einer Machtposition sein würde.

Diejenigen, die auf das Ableben des Königs spekulierten, waren schon oft enttäuscht worden; den Kardinal Richelieu hingegen, der ebenfalls an einer Vielzahl außerordentlich schmerzhafter Krankheiten litt, schienen seine Zeitgenossen für unsterblich gehalten zu haben. Daher herrschte, als er am 17. Dezember 1642 einer letzten Krankheit erlag, allgemeine Verblüffung. Es folgte ein Augenblick höchster Spannung: Würde der König jetzt, frei von der übermächtigen Persönlichkeit des Kardinals, seine Politik neu ordnen und neue Minister berufen? Würde er unter den Einfluß eines neuen Favoriten, der der Partei der Richelieu-Gegner nahestand, geraten? Es ist in der Tat ein Zeichen bemerkenswerter Integrität Ludwigs XIII., daß er nichts dergleichen tat. Die Nachfolge Richelieus trat genau der Mann an, den der Kardinal für diese Position ausersehen hatte, ein Italiener von überragender Verstandesschärfe und recht niederer Herkunft, Giulio Mazarini.

Die Karriere dieses begabten Diplomaten hatte in den Diensten des Papstes begonnen, und von Anfang an hatte er sich als Freund Frankreichs erwiesen – was dazu führte, daß Richelieu ihn für den Posten des Legaten am französischen Hof vorgeschlagen und dann beschlossen hatte, ihn zu seinem Nachfolger auszubilden. Aus Mazarini wurde im Jahre 1639, als er die französische Staatsbürgerschaft annahm, Mazarin, kurze Zeit später ernannte der Papst ihn, wiederum auf Drängen Richelieus, zum Kardinal. Aber auch als Kirchenfürst vergaß der neue Minister nie, was er früher in diplomatischen Diensten gelernt hatte: Keiner war entgegenkommender, keiner zeigte größere Bereitwilligkeit zum Katzbuckeln und Schmeicheln als diese neue Eminenz. Und während man am Hofe seine Ernennung zum Ersten Minister mißbilligte, lebte man doch im Glauben, er sei so leicht zu beeinflussen, daß er keine ernsthafte Bedrohung für diejenigen darstelle, die auf politische und personelle Veränderungen aus waren.

Sie hatten ihre Rechnung jedoch ohne den König gemacht, und zum allgemeinen Erstaunen hielt dieser unbeirrt an seinen politischen Zielsetzungen und Regierungsmethoden fest. Die Steuern blieben hoch, nach wie vor wurde unmittelbarer Gehorsam erwartet, der Hochadel blieb auch weiterhin vom Rat ausgeschlossen, und – was am wichtigsten war – der Krieg gegen Spanien dauerte an. Im voraufgegangenen Jahr hatte die französische Armee zumindest einen großen Sieg errungen: Die Eroberung von Roussillon, der ehedem spanischen Provinz auf der französischen Seite der Pyrenäen. Auch wenn der stets pessimistische Ludwig XIII. nicht dazu neigte, seine Feinde zu unterschätzen, waren die Zukunftsaussichten vielversprechend: Portugal war im Begriff, sich von Spanien abzuspalten, Katalonien befand sich in Aufruhr, und die spanische Regierung stand vor dem Bankrott. Die Entscheidung für den Krieg mit beiden Zweigen des Hauses Habsburg, Spanien und Österreich, war der wichtigste Impuls der Regierungszeit Ludwigs XIII. gewesen; obgleich der Hauptverfechter dieser Politik nun tot war, hatte der König beschlossen, den eingeschlagenen Weg dennoch fortzusetzen, und der liebenswürdige Kardinal Mazarin, sosehr er sich auch von dem herrischen und ehrfurchtgebietenden Richelieu unterschied, bestärkte ihn in seinem Entschluß. Tatsächlich hatte es den Anschein, daß in diesem Ausländer neben dem Herrscher die Interessen Frankreichs am deutlichsten Gestalt annahmen.

Die Position Annas von Österreich verbesserte sich unverzüglich. «Nach [Richelieus] Tod, der ihr keinen allzu großen Kummer bereitete, begann die Königin, angesichts der großen Anhängerschaft, die sie umgab, mit ihrer zukünftigen Macht zu rechnen. Nicht daß der König sie höher als zuvor geschätzt hätte..., aber in der Königin sah man fortan die Mutter der beiden kleinen Prinzen und die Ehefrau eines kränkelnden Monarchen. Sie steuerte auf eine aller Voraussicht nach langandauernde Regentschaft zu und galt daher als aufgehender Stern, von dem sich jedermann einen günstigen Einfluß erhoffte.»[6]

Die Frage, welche Folgen sich aus dem Tod Ludwigs XIII. ergeben würden, wurde nun immer drängender. In der Zeit zwischen dem Dezember 1642 und dem Februar 1643 wurde offenkundig, daß die Kräfte des Königs immer weiter dahinschwanden. Wenn er starb und einen fünfjährigen Thronerben hinterließ, mußten die Regierungsgeschäfte von einem Regenten übernommen werden; wer aber würde dieser Regent sein?

Die Tradition, die das Ancien régime immer wieder an ihre Kette legte, begünstigte den Onkel des jungen Königs – wie es unter Karl VI. der Fall gewesen war – oder seine Mutter: Jedermann erinnerte sich, daß im Jahre 1610, als der neunjährige Ludwig XIII. die Nachfolge seines ermordeten Vaters antrat, seine Mutter, Königin Maria von Medici, die Regentschaft übernommen hatte. An die verheerenden Zustände gerade dieser Regentschaft konnte sich jedoch ebenfalls noch jeder lebhaft erinnern, allen voran Ludwig XIII. selbst. Auf der anderen Seite hatte Gaston von Orléans, der zweite Kandidat, seinen Bruder immer wieder hintergangen und wartete nun nur darauf, genau die Politik, deren Fortsetzung der König wünschte, zu untergraben. Es muß für Ludwig XIII. eine qualvolle Entscheidung gewesen sein, denn er mißtraute seiner Frau und seinem Bruder gleichermaßen.

Im Januar 1643 fühlte sich der König schlecht, aber schließlich war dies zu der Zeit fast immer so. Zwei Monate später stellte sich allerdings heraus, daß die Krankheit diesmal ernster als gewöhnlich war, und Mazarin begann, auf eine Lösung zu drängen. Am 19. April erkannte der König, daß es nur noch eine Frage von Tagen sein konnte, und ordnete an, daß die Königin, seine beiden Söhne, sein Bruder, die Fürsten von königlichem Geblüt, die Herzöge und die obersten Amtsträger sich am folgenden Tag in seinem Schlafgemach versammeln sollten. Dort, so schreibt einer der Bediensteten, «erhob der König, nachdem er den Befehl gegeben hatte, die Bettvorhänge zu öffnen, und nachdem er mit der Königin, Monsieur, seinem Bruder, und Monsieur le Prince* gesprochen hatte, seine Stimme und hielt eine wohlgesetzte An-

---

* Der Titel des Prinzen von Condé, des Vetters des Königs.

sprache an alle Anwesenden, worauf er M. de la Vrillière [einem Staatssekretär] befahl, das Gesetz, welches die Regentschaft der Königin verkündete, laut zu verlesen ... Die Königin saß auf einem Stuhl am Fuß des königlichen Lagers ... Sie weinte unablässig ... Alle anderen weinten ebenfalls ... Der König, der an jenem Tag eine frische Gesichtsfarbe hatte und froh und unbekümmert aussah, zeigte, daß er keine Angst vor dem Tode hatte. Jedermann konnte sehen, wie der größte König auf Erden nach so vielen Siegen und Eroberungen sein Szepter und seine Krone mit so wenig Bedauern niederlegte, als seien sie nichts als ein Bündel verrotteten Strohs.»[7]

Daß Ludwig XIII. als überzeugter Katholik den Tod nicht fürchtete, muß man wohl glauben; der Wert, den man den Tränen, die alle Anwesenden so reichlich vergossen, beimißt, steht schon eher zur Debatte. Die Menschen des 17. Jahrhunderts hielten das Weinen noch für die normale und angemessene Reaktion auf jede emotionale Anspannung: Beim Abschied beispielsweise oder an einem Sterbebett schluchzten Männer wie Frauen gleichermaßen und gleichsam routiniert, auch wenn der fragliche Todesfall ihnen sehr gelegen kam. Vor diesem Hintergrund mögen einen vor allem die Tränen der Königin skeptisch stimmen. Später gab sie niemals Anlaß zu der Annahme, sie vermisse ihren verstorbenen Gatten; sein Tod versprach ihr eine weitaus angenehmere Position als zuvor – über ihre wahren Gefühle kann demnach kaum ein Zweifel bestehen.

Tatsächlich muß sie, weit davon entfernt, echte Trauer zu empfinden, vor Wut geschäumt haben. Freilich hatte der König sie offiziell als Regentin eingesetzt; aber andererseits wurde Monsieur der Generalleutnant des jungen Königs – und gewöhnlich war der Generalleutnant derjenige, der die Regierungsgeschäfte führte, wenn der König dazu nicht in der Lage war. Und nicht genug damit: Die Regierungsgeschäfte sollten von einem Regentschaftsrat unter dem Vorsitz des Kardinals Mazarin geführt werden – ein Rat, dem zu vertrauen die Königin keinen Grund hatte und der fast ausschließlich aus Freunden Richelieus bestand. Es konnte demnach kein Zweifel bestehen. Mochte die Königin auch dem Namen nach Regentin sein, de facto würde sie keine Macht besitzen. Sie dürfte kaum dankbar gewesen sein für diesen abschließenden Beweis des tiefen Mißtrauens, das ihr Ehemann ihr entgegenbrachte; aber wenigstens einen Erfolg hatte sie doch zu verbuchen: Sie würde nicht von ihren Kindern getrennt werden – und selbst ein König in Windeln war von einer derart wunderträchtigen Aura umgeben, daß jeder, der Macht über ihn ausübte, schon auf halbem Wege war, diese Macht auch über Frankreich zu erlangen.

Vorläufig jedoch war Ludwig XIII. noch am Leben, und die unerwartete Art, mit der er sich ans Leben klammerte, muß seiner zukünftigen Witwe einige Sorgen bereitet haben. Den ganzen April hindurch hielt er aus, und man begann sich zu fragen, ob er nicht am Ende noch überleben würde, vor allem nachdem er eines Tages einen ungeheuer langen Wurm erbrochen hatte – womöglich lag hier die Ursache seiner Krankheit. Aber Anfang Mai wurde er so schwach, daß er das Bett nicht mehr verlassen konnte; und am Ende benahm sich dieser mürrische und kleinliche Mann, der sein Leben lang gejammert hatte, genau so, wie man es von einem König erwartet. «Séguin, der Leibarzt der Königin, berichtete mir, daß er zwei Stunden bevor [der König] starb, an dessen Bett gestanden habe und daß der König ihm bei dieser Gelegenheit durch ein Nicken befohlen habe, näher zu kommen; dann habe er, ihm die Hand reichend, mit fester Stimme gesagt: ‹Séguin, fühlt mir den Puls, und sagt mir bitte, wie viele Stunden ich noch zu leben habe, aber gründlich, denn ich möchte die Wahrheit wissen.› Der Arzt, der sah, wie ruhig er war ... antwortete ohne Umschweife: ‹Sire, Eure Majestät haben höchstens noch zwei oder drei Stunden.› Daraufhin faltete jener Fürst die Hände, blickte gen Himmel und antwortete leise und ohne erkennbare Gemütsregung: ‹Nun, Herr, ich nehme dies mit Freuden an.›»[8]

Tatsächlich gewann Ludwig XIII., der allgemein unbeliebt war, in der Stunde seines Todes die Bewunderung aller. «Der König starb am Donnerstag [14. Mai] nachmittags um drei Uhr», schreibt Turenne, der große General, an seine Schwester. «Es ist wahr, daß nie jemand so schön und mit solchem Mute geendet ist. Die Trauer bei Hofe hält sich in Grenzen ... es sind große Intrigen im Gange, den Rat, den der verstorbene König eingesetzt hat, zu unterlaufen.»[9] Turenne hatte recht: Niemand beklagte den Tod. Der Hochadel fühlte sich endlich vom Joch befreit, das er mit solcher Ungeduld getragen hatte; die aufstrebende Mittelschicht, Amtsträger und Mitglieder des Pariser Parlaments, blickte erwartungsvoll einem wachsenden Einfluß entgegen, wie er sich bei schwachen Regierungen einzustellen pflegte – und Regentschaften waren notorisch schwach –; das Volk erhoffte Steuererleichterungen. Tatsächlich brachte der Richter Olivier Lefèvre d'Ormesson die einhellige Meinung in seinem Tagebuch folgendermaßen zum Ausdruck: «Er starb ... zwei Stunden vor Vollendung seines dreiunddreißigsten Regierungsjahres. Sein Leben lang kannte er keine Zufriedenheit, er war von Krisen verfolgt. Manches hat er erreicht, doch dies nur unter der Vormundschaft seiner Favoriten, vor allem des Kardinals, der ihn zwanzig Jahre lang zu allem, was er tat, zwingen mußte – so sehr, daß er während seiner Krankheit zu sagen pflegte, die Zwänge, unter die der Kardinal ihn gesetzt habe, hätten ihn ruiniert.»[10] Wir wissen heute, daß diese Beurteilung ihm nicht gerecht wird, aber zur damaligen Zeit schien sie unbestreitbar zu sein. Nun erwartete natürlich alle Welt Veränderungen.

Und sie wurde nicht enttäuscht. Jedermann hielt die Königin für milde, und allgemein erhoffte man sich von ihrer Regierung eine neue Zeit des Wohlstandes. Tatsächlich schickte sich Anna von Österreich bereits vierundzwanzig Stunden nach dem Tod des Königs an, die Macht, die ihr verstorbener Gatte ihr zu verwehren gesucht hatte, an sich zu ziehen. Natürlich trug sie auch Trauer zur Schau – eine Trauer, die sie nicht gefühlt haben kann, doch der Schein mußte gewahrt werden. Auf der Stelle setzte sie sich mit dem Parlament in Verbindung, und obwohl der König in Saint-Germain-en-Laye gestorben war, zog sie schon am folgenden Tag zurück in den Louvre und berief das Parlament zu einem *lit de justice* ein.

Was dann geschah, war nichts anderes als ein Staatsstreich. Ludwigs XIII. Testament wurde nicht nur vor den versammelten Großen des Landes verlesen, es wurde auch rechtmäßig durch das Parlament registriert – eine reine Formalität, aber eine notwendige. Anders als sein englisches Gegenstück war das Parlament keine gewählte Vertretung; es bestand vielmehr aus mehreren Gerichtshöfen, die mit Richtern besetzt waren, die ihre Ämter gekauft hatten. Folglich repräsentierte es weder den Willen des Volkes, noch hatte es, genaugenommen, ein großes juristisches Wissen, sondern es war einfach eine Ansammlung von reichen Leuten, deren Familien auf ein solches Amt ein erbliches Anrecht hatten. Allerdings waren erst vierzig Jahre vergangen, seit die *conseillers* und *présidents* des Parlaments König Heinrich IV. überredet hatten, ihre Ämter gegen die Zahlung einer jährlichen Steuer erblich zu machen.

Aber auch wenn das Parlament niemanden als nur sich selbst repräsentierte, so fiel ihm doch eine wichtige politische Aufgabe zu. Um nämlich Verwirrung zu vermeiden – und weil ein Register ja irgendwo geführt werden mußte –, hatte man um das Jahr 1300 beschlossen, alle königlichen Edikte dort zu registrieren. Dies geschah zunächst nur aus verwaltungstechnischen Gründen; aber im Laufe der Zeit hatte das Parlament sich zunächst ein Remonstrationsrecht herausgenommen* und später auch das Recht, die Registrierung schlichtweg zu verweigern. Da es jedoch ein anerkannter Grundsatz war, daß der König unangefochten herrschte, konnte ein widerstrebendes Parlament immer noch zur Registrierung gezwungen werden. Wann immer es nötig war (in der Praxis war es höchst selten der Fall), begab sich der König persönlich zum Parlament und hielt ein *lit de justice* ab, in dessen Verlauf er die Registrierung des umstrittenen Edikts anordnete; das Parlament gehorchte dann unweigerlich.

Seine Kompetenzen waren jedoch schon einmal erweitert worden. Nach der Ermordung Heinrich IV. war seine Witwe vor das Parlament getreten, um

* Eine Remonstration nannte man jenen Vorgang, durch den eine Delegation des Parlaments gegen ein Edikt Einspruch erhob; der König konnte diesen Einspruch ignorieren oder auf die Veränderungswünsche des Parlaments eingehen. Ursprünglich wurde vom Remonstrationsrecht nur dann Gebrauch gemacht, wenn ein neues Edikt im Widerspruch zu einem älteren Gesetz stand.

gegen das Testament des verstorbenen Königs Einspruch zu erheben und sich eine ungehinderte Regentschaft zu sichern; und sie hatte damals erreicht, was sie wollte. Sie hatte aber auch sehr schnell herausgefunden, daß das Parlament als Folge dieser Ereignisse aufsässiger als je zuvor geworden war, und die gesammelte Autorität Ludwigs XIII. und Richelieus hatte aufgeboten werden müssen, um es wieder zu zähmen. Jetzt, im Jahre 1643, gab es ein Testament, und es war – im Unterschied zu demjenigen Heinrichs IV. – ordnungsgemäß registriert.

Niemand bezweifelte, daß die Königin dem Beispiel Maria von Medicis folgen würde. Wie Voltaire ein Jahrhundert später kommentierte: «Der Brauch, der der Mutter des Königs die Regentschaft zuerkennt, erschien den Franzosen damals ein fast ebenso unverbrüchliches Gesetz wie dasjenige, das den Frauen die Möglichkeit nimmt, die Krone zu tragen.»[11] Und tatsächlich wurde bei diesem *lit de justice* in Anwesenheit des fünfjährigen Ludwig XIV., der auf einem Stapel von mit goldenen Lilien bestickten Samtkissen saß, das Testament des verstorbenen Königs für ungültig erklärt. Frankreich sollte uneingeschränkt von der Königinmutter regiert werden.

Es schien alles bemerkenswert einfach. Es wurde kein Widerspruch laut; sogar der Mann, der am meisten zu verlieren hatte, schwieg: Monsieur war im Glauben, er kenne seine Schwägerin gut genug, um sich keine Sorgen machen zu müssen. Schließlich war Anna von Österreich schwach, milde, träge und nicht sonderlich klug. Sie war offensichtlich außerstande, allein zu regieren; ebenso offensichtlich war, daß sie sich hilfesuchend an Monsieur wenden würde – sie beide waren stets in Freundschaft zueinander und gemeinsamer Feindschaft gegen Richelieu verbunden gewesen.

«Die große Intrige [in der Umgebung der Königinmutter] schloß all diejenigen ein, die mit der früheren Regierung unzufrieden waren und sich an den verbleibenden Freunden und Verwandten Richelieus für das rächen wollten, was der Kardinal ihnen angetan hatte. Sie hegten keinen Zweifel daran, daß die Königin dies beabsichtigte, hatte sie doch ebensosehr wie sie und noch mehr erlitten. Aber sie fanden sie in der gleichen Weise verändert wie zuvor Ludwig XII., der viel Lob geerntet hatte, weil er, als er einmal König geworden war, sich geweigert hatte, sich an den Feinden des Herzogs von Orléans zu rächen.»[12]

Aber in diesem Fall brachte ihre Wandlung Anna von Österreich keineswegs Lob ein, sondern sie erregte anfangs Bestürzung, später Wut. Zwar holte sie tatsächlich viele, die bei Richelieu in Ungnade gefallen waren, aus dem Gefängnis oder rief sie aus der Verbannung zurück, doch sie ließ gerade vier

* Vor seiner Thronbesteigung hatte Ludwig XII. (1498–1515) den Titel des Herzogs von Orléans getragen.

Tage verstreichen, bis sie am 18. Mai verkündete, sie habe ihre Wahl für den Ersten Minister getroffen – weder Monsieur noch Monsieur le Prince, keinen der früheren Minister, die auf Drängen Richelieus entlassen worden waren, nicht einmal einen der jungen Edelleute, die ihr in schweren Zeiten zur Seite gestanden und ihre Geheimbotschaften befördert hatten: nein, der neue Herr über Frankreich war jener katzbuckelnde Italiener, den Richelieu Ludwig XIII. hinterlassen hatte, jener Mann ohne Herkunft und ohne Verbindungen, Kardinal Mazarin.

Das ungläubige Staunen, das diese Ankündigung hervorrief, war allgemein; aber obwohl die meisten die Wahl der Königin mißbilligten, fühlte sich keiner aufgerufen, Widerstand zu leisten: Anna von Österreich war von echter Volkstümlichkeit; sie war die Mutter des Königs, und das zu einer Zeit, wo der Generalstaatsanwalt des Parlaments den Monarchen gerade als eine gestaltgewordene Gottheit bezeichnet hatte. Außerdem stand außer Zweifel, daß der rückgratlose Mazarin tun würde, was man ihm auftrug. Die allgemeine Euphorie wurde durch die Kunde von einem großen französischen Sieg noch weiter verstärkt: Bei Rocroi hatte soeben der einundzwanzigjährige Herzog von Enghien, Sohn des Monsieur le Prince und ein begnadeter Feldherr, die spanische Kavallerie vernichtend geschlagen. Sicher, es hatte auch vorher französische Siege gegeben, doch dieser war, das wurde offenbar, der erste Schritt zum endgültigen Niedergang Spaniens.

In jenem Sommer des Jahres 1643, dem ersten der Regierungszeit Ludwigs XIV., begannen Hof und Parlament, auch wenn sie die großen Veränderungen nach wie vor mit Freude registrierten, sich nach dem wahren Zentrum der Macht umzusehen. Und was sie dabei zu sehen bekamen, verwunderte sie oft. Unangefochten an der Spitze der Pyramide residierte natürlich der König, blond, blauäugig, ein kleiner Junge mit runden Backen und verblüffend ernsthaftem Gemüt. Sein Bruder Philipp, Herzog von Anjou, war im zarten Alter von drei Jahren dunkel, lebhaft und übermütig. Und auch wenn beide mit ungeheurem Respekt behandelt wurden, auch wenn man insbesondere den König häufig einer Öffentlichkeit zur Schau stellte, die ihn anbetete, spielten doch beide keine allzu große Rolle – selbst ein leibhaftiges Götzenbild kann kaum die Regierungsgeschäfte übernehmen, bevor es gelernt hat, seinen Namen zu schreiben. Niemand versäumte auch, die hohe Kindersterblichkeit zu bedenken: Viele Kinder starben, bevor sie das zehnte Lebensjahr erreicht hatten. Alles in allem war es nicht sehr wahrscheinlich, daß Ludwig XIV. jemals das Mannesalter erreichen würde.

Dann gab es da Monsieur, der als Onkel des Königs mit Sicherheit erwartete, die Geschäfte zu übernehmen. Natürlich hatte man ihn auf der Stelle mit Titeln und Pensionen beschwichtigt; hinzu kam – ein glücklicher Umstand für die Königin –, daß kaum je ein Mann weniger zur Staatsführung berufen war als er. Träge, oberflächlich, unfähig, Macht auszuüben oder Willensstärke zu zeigen, unfähig, sich den praktischen Aufgaben des Regierens zu widmen, war Monsieur voll und ganz damit zufrieden, an der Kabinettsversammlung teilzunehmen, sofern er nichts Amüsanteres zu tun hatte, Ihren Majestäten häufig seine Aufwartung zu machen und dafür zu sorgen, daß seine Günstlinge mit einer Vielfalt von Pöstchen versorgt wurden – ein handgreiflicher Einfluß bedeutete ihm ungleich mehr als die realen Machtverhältnisse. Trotz alledem war Monsieur, sieht man einmal von einem unglücklichen Hang ab, in Augenblicken der Krise seine Freunde im Stich zu lassen, ein recht netter Mensch; freundlich, wohlwollend, gutgelaunt – er legte, alles in allem, Wert darauf zu gefallen.

Ebenso unverfänglich war Monsieur le Prince, der Erste Prinz von königlichem Geblüt. Da er das Geld mehr verehrte als alles andere, war er vor Richelieu zu Kreuze gekrochen und hatte gar seinen Sohn, den Herzog von Enghien, einer der Nichten Richelieus angetraut. Nun war er ebenso bereit, vor der Regentin zu Kreuze zu kriechen, während sein Sohn schon damals von einem anderen Kaliber zu sein schien; der allerdings war zunächst noch an der Grenze im Norden damit beschäftigt, Schlachten zu gewinnen.

An nächster Stelle stand ein ganzer Schwarm sehr entfernter Verwandter – der Herzog von Longueville, der Graf von Soissons und die beiden unehelichen Söhne Heinrichs IV., die Herzöge von Beaufort und Vendôme; aber auch sie waren dem neuen König gewogen. Und die Adligen waren viel zu beschäftigt damit, die Segnungen des neuen Regimes zu genießen, als daß sie aufrührerisch hätten sein können. Folglich konzentrierte sich die Macht auf nur zwei Mitglieder des Rates: auf Kardinal Mazarin und auf die Regentin selbst.

Es kann nur wenige Staatsmänner gegeben haben, deren Äußeres den Betrachter gründlicher in die Irre führte als das des Kardinals Mazarin. Der Rang, den ein Kardinal im siebzehnten Jahrhundert innehatte, war in der Tat enorm – er stand über dem des Herzogs. Ein Kardinal konnte erwarten, vom König als *«mon cousin»* angeredet zu werden; doch Mazarin schien es darauf anzulegen, sich zu erniedrigen. War Richelieu stolz, unnahbar und herrisch gewesen, so erweckte Mazarin den Anschein, er könne sich gar nicht bescheiden genug geben. Er verneigte sich tief vor Leuten, die sich vor ihm hätten verneigen sollen, er machte sich nichts aus den Vorrechten, auf die er Anspruch hatte, und er konnte sich immer und immer wieder über die Tugenden beinahe jedes anderen Menschen auslassen und dabei zu verstehen geben, er selbst könne jenem nicht das Wasser reichen. Pummelig, häßlich, dunkelhaarig, konnte er mit seiner äußeren Erscheinung keinen Staat machen; man verachtete ihn auch, weil es ihm an erotischen Abenteuern mangelte – schließlich war er nicht einmal ein Priester, und man lebte in einer Zeit, in der es für angesehene Männer Gottes allgemein üblich war, daß sie Günstlinge oder Mätressen hatten. Man hatte sogar erhebliche Zweifel, ob er überhaupt an Gott glaubte. Und schließlich wurde auch das völlige Fehlen von Familie und Verbindungen als Mangel empfunden: Richelieu hatte, nachdem er an die Macht gekommen war, aus seinen vielen Verwandten, die er in wichtigen Ämtern unterbrachte, Nutzen ziehen können. Mazarin stand allein.

Das jedoch war, wie sich herausstellen sollte, auch seine größte Stärke. Anna von Österreich, die entschieden klüger war, als die meisten annahmen, erkannte die Vorteile eines Ersten Ministers, der von niemandem außer ihr abhängig war: Sie konnte Macht ausüben, ohne Gegenwehr zu befürchten – Mazarin war der Mann, der die Entscheidungen, die die Regentin traf, in die Tat umsetzen konnte. Zum Beispiel lagen die Nachteile Monsieurs oder die eines ehemaligen Ministers, der Verpflichtungen gegenüber einer bestimmten Partei hätte, auf der Hand: Sie würden im Namen der Königin selbst zu regieren versuchen. Und mit Mazarin ging sie nicht nur auf Nummer Sicher – seiner Entlassung würde sich niemand in den Weg stellen, sollte die Königin jemals das Bedürfnis nach einem Wechsel des Ministers verspüren –, sondern sie konnte sich auch seine große Intelligenz zunutze machen. Die diplomatischen Erfolge seiner früheren Laufbahn waren aktenkundig, ebenso die Tatsache, daß es ihm als einzigem in Frankreich gelungen war, loyal zu Richelieu zu bleiben, ohne die Königin zu verstimmen. Hinzu kam, daß seine Fähigkeiten, die Abtrünnigen zu überzeugen und die Unversöhnlichen zu versöhnen, geradezu übermenschlich waren. Er wußte, wie man mit einer fremden Macht verhandelt, aber ebenso wußte er, wie man launische und schwierige Männer zu Hause bei der Stange hält. Und schließlich hatte er der Regentin zu verstehen gegeben, daß er die Absicht hatte, Richelieus Politik – wenn auch mit verminderter Brutalität – fortzuführen: Der Krieg gegen Spanien mußte bis zum französischen Sieg geführt werden, und deshalb würden die Steuern auch weiterhin hoch sein. Nicht nur das, er war sogar überzeugt, daß er alles, was sein Mentor mit Gewalt erzwungen hatte, durch Taktik und Verhandlung erzielen könne.

Wäre Mazarin lediglich verschlagen gewesen, dann hätte er zum Gegenteil geraten: Jedermann wußte, daß die Königin als strenggläubige Katholikin auf der Seite Spaniens stand. Deshalb erwartete man, daß sie sich um einen schnellen Friedensschluß mit ihrem Bruder Philipp IV. und mit Kaiser Ferdinand III., dem Haupt des österreichischen Zweiges der Familie, bemühen würde – sie würde die Steuern herabsetzen, und sie würde die Tendenz zur Zentralisierung, die die voraufgegangene Herrschaftsperiode geprägt hatte, zurücknehmen. Doch ebenso wie in den rundlichen Formen Mazarins ein stahlharter Mann steckte, so stellte sich heraus, daß Anna von Österreich die

Intelligenz und den Esprit einer großen Führerpersönlichkeit hatte. Gewiß, sie mochte einst eine Spanierin gewesen sein – doch nun, zur allgemeinen Verblüffung, entwickelte sie sich zu einer flammenden Französin.

Natürlich hatte diese radikale Wandlung ihren guten Grund. Zunächst einmal fühlte sie sich nun nicht mehr von einem mürrischen Ehemann und einem diktatorischen Minister unterdrückt, und folglich konnte sie politische Alternativen allein nach ihrem Wert beurteilen, sie fand schnell heraus, welche darunter der Autorität des Staatsoberhauptes förderlich waren. Als gute Habsburgerin war Anna von Österreich davon überzeugt, daß Könige (und Königinnen) von halbgöttlichem Geblüte seien, und sie sehnte sich nach jener Art von bedingungslosem Gehorsam, den ihr Bruder erwartete und auch erlangte. Worauf es jedoch vor allem ankam, war ihre neue Stellung als Mutter des Königs. Es konnte kein Zweifel daran bestehen, daß sie ihre beiden Söhne von ganzem Herzen liebte und ihnen eine Zukunft in Wohlstand wünschte. Hinzu kam, daß sie im Respekt vor der Macht erzogen worden war; sie lebte in einer Welt, in der Ehre alles bedeutete, in der die Theaterstücke Corneilles – die Uraufführung des *Cid* lag gerade erst sieben Jahre zurück – den Stellenwert von Ruhm und Pflichterfüllung akkurat beschrieben. Es lag auf der Hand, was man von ihr als Mutter des kleinen Königs erwartete: Sie hatte so zu regieren, daß das Reich ihres Sohnes in seiner Größe in keiner Weise angetastet wurde. Also gebärdete sie sich, statt für den Frieden einzutreten, nicht gerade kriegerisch, aber doch als überzeugte Vorkämpferin eines mit Siegen erkämpften Friedens. Sie war fest entschlossen, aus Ludwig XIV. – nach einer Wendung, die man damals häufig hörte – *le plus grand roi du monde* zu machen, ‹den größten König der Welt›. Mazarin hatte sie in den vier Tagen, die zwischen dem Tod Ludwigs XIII. und seiner eigenen Berufung zum Ersten Minister lagen, zum einen davon überzeugt, daß genau dies seine eigenen Ziele seien, und zum anderen, daß er dieses Ziel würde erreichen können, ohne zu den grausamen Methoden seines Vorgängers greifen zu müssen.

Als Regentin hatte Anna von Österreich eine Vielzahl von Aufgaben zu erfüllen: Sie hatte die Erziehung ihrer Kinder zu lenken und zu überwachen; zu entscheiden, ob sie die zahllosen Gefälligkeiten, um die sie täglich gebeten wurde, gewährte; sicherzustellen, daß der Krieg mit Vehemenz vorangetrieben wurde; und sie hatte – von ebenso großer Wichtigkeit – dafür zu sorgen, daß glanz- und würdevoll Hof gehalten wurde. Es war nicht zu übersehen, daß all das zuviel war, zuviel für eine Frau, die gerade erst dreißig Jahren Bedrängnis entflohen war. Und in der Tat übertrug die Regentin die meisten ihrer Geschäfte, mit Ausnahme der Wohltaten für ihre Freunde, dem Kardinal Mazarin, während sie ihrem Vergnügen nachging. Trotzdem war es leicht, Zugang zu ihr zu finden – die königliche Familie und der Hochadel statteten ihr regelmäßig Besuche ab, und tatsächlich war sie diejenige Frau, die in

Frankreich am häufigsten in der Öffentlichkeit zu sehen war. Was für eine Art von Frau war sie?

Natürlich sind uns zahlreiche Beschreibungen der Regentin überliefert; die vertrauenswürdigste darunter ist jedoch zweifellos diejenige ihrer getreuen Hofdame Mme. de Motteville, vielleicht derjenigen am Hofe, die sie am besten kannte und die die meiste Zeit mit ihr verbrachte. Nachdem sie uns versichert hat; daß «all ihre Gedanken nobel sind, ihre Seele ebenso tapfer ist wie rein», beschreibt Mme. de Motteville ihr Äußeres: «Sie ist großgewachsen, wohlproportioniert und von freundlichem, majestätischem Gebaren ... Sie [ist] eine der großen Schönheiten ihres Jahrhunderts ... Die Schönheit ihrer Augen ist vollkommen: Sie sind sanft und ernsthaft in ihrem Ausdruck ... Ihr Mund ist schmal und klein ... tausend Herzen kann sie mit nur einem ihrer Lächeln gewinnen ... Ihr Haar ist wunderbar, von heller Kastanienfarbe und sehr üppig ... Ihre Hände, allseits gepriesen, sind von erlesenem Weiß ... Ihre Brust ist schön und wohlgeformt ... Ihre Haut ist makellos hell und von einer Zartheit, die man gar nicht genügend preisen kann. Die Farbe ihres Gesichts erreicht nicht ganz dieses Ideal, und daß sie dessen Pflege vernachlässigt, indem sie fast nie eine Maske trägt, ist nicht gut.* Die Nase steht ihren anderen Zügen an Schönheit nach: Sie ist groß; doch ihre Ausmaße harmonieren mit der Größe ihrer Augen ... Sie hat sehr schöne Füße, klein und wohlgeformt ... Sie hält sich nicht sklavisch an die Mode, doch ist sie gut gekleidet. Sie ist sauber und sehr ordentlich.»[13]

Natürlich war sich die Königin sehr wohl bewußt, daß sie als Schönheit galt – sie hatte nie vergessen, daß der elegante Herzog von Buckingham sich auf den ersten Blick in sie verliebt hatte –, auf ihre Hände, die geradezu berühmt waren, war sie besonders stolz. Bei alledem war sie jedoch nicht eitel – ihre Religion, mit der sie es sehr streng hielt, verbot ihr das. Und auch wenn sie sich mit der Eleganz kleidete, die ihrer Stellung zukam, legte sie doch nie allzuviel Wert darauf. Ebenso unternahm sie nun, da sie Regentin war, niemals einen Versuch, neuen Schmuck zu erwerben, auch wenn sie einige grandiose Juwelen besaß und stets eine Halskette aus großen Perlen trug. Das einzige, wofür sie große Summen ausgab, war ihre Kapelle, für die Gold und Edelsteine gerade gut genug waren. Zweifellos hatte sie dabei die spanischen Kirchen ihrer Kindheit vor Augen.

«Frömmigkeit», fährt Mme. de Motteville fort, «gehört zu den charakteristischsten Zügen dieser großen Fürstin ... wir werden Zeuge ihrer unablässigen Gebete und ihrer Mildtätigkeit. Im Gottesdienstbesuch kennt sie keine Ermüdung ... sie nimmt häufig die Kommunion; sie verehrt die heiligen

* Im 17. Jahrhundert pflegten Frauen außer Hauses Masken zu tragen, um eine Bräunung der Haut zu verhindern.

Reliquien ... Ihre Kapelle ist ihr der liebste Ort. An ihrer Tugend besteht kein Zweifel, doch macht sie kein Aufhebens darum; sie ist bescheiden, und keine unschuldige Fröhlichkeit kann ihr etwas anhaben ... Guten Nachrichten vertraut sie auf der Stelle, während sie Anschuldigungen nur ungern Glauben schenkt. Sie ist liebenswert, freundlich und unbekümmert im Umgang mit all denjenigen, die in ihrer Nähe leben und die die Ehre haben, ihr zu dienen ... ein Wesenszug, der ihr jedoch nicht den Stolz und nicht den Blick für den klaren Unterschied nimmt zwischen denen, die durch gebührendes Verhalten ihre Pflicht erfüllen, und denjenigen, denen es am rechten Respekt mangelt ...»[14]

In der Tat war ihr Stolz außerordentlich: Niemals vergaß sie, daß sie eine spanische Prinzessin und die Königin der Franzosen war. Zwar war sie in einer Reihe von Fällen gezwungen, sich zu verstellen, doch niemals vergab sie denen, die ihr nach ihrer Meinung nicht die Ehre erwiesen hatten, die ihr zustand. In dieser Beziehung konnte ihre natürliche Liebenswürdigkeit leicht einen falschen Eindruck erwecken: Aus der lächelnden Dame konnte im Handumdrehen eine zornige Herrscherin werden.

Einerseits machte ihr die Ernennung zur Regentin ihr Leben in gewisser Hinsicht einfacher – nicht zuletzt hatten ihre finanziellen Sorgen damit ein Ende –, doch andererseits sah sie sich neuen Problemen gegenübergestellt: Eine Regierung um die Mitte des 17. Jahrhunderts hatte man mit sehr fester Hand zu führen. Glücklicherweise besaß sie viele der Fähigkeiten, die sie brauchte, um sich den aufkommenden Schwierigkeiten zu stellen: «Sie schätzt wenige Menschen, doch diese dafür um so mehr ... Sie ist willensstark und diskret», läßt uns Mme. de Motteville wissen. «Sie haßt ihre Feinde ... und wäre gut imstande, sich an ihnen zu rächen, doch Vernunft und Gewissen halten sie davon ab ... Sie ist von Natur aus großzügig und oft bereit, im Übermaß zu schenken ... Große Gefahren können sie nicht schrecken ... In großen Dingen kennt sie kein Zagen, und weder Tod noch Unglück können sie rühren.»[15]

All das waren, wie sich noch herausstellen sollte, Eigenschaften, die ihr sehr zustatten kamen. Frankreich wuchs damals innerhalb einer so kurzen Zeitspanne zur kulturell führenden Nation Europas heran, daß wir uns oft nicht bewußt sind, welch ein rohes und unkultiviertes Land es noch in den vierziger Jahren des 17. Jahrhunderts gewesen war. Die noblen und hochfliegenden Sentiments der Theaterstücke Corneilles geben uns ein falsches Bild, ebenso wie die würdevollen Porträts von Philipp de Champaigne oder die verführerischen frühen Briefe der Mme. de Sévigné: Sie zeigen uns mitnichten die Norm, sondern weisen uns den Weg zu den Dingen, die erst noch kommen sollten.

Nachdem der König und der Kardinal nicht mehr am Leben waren, begann das lang unterdrückte Kräftespiel innerhalb der französischen Gesellschaft von neuem: Die Verwandten des Königs wollten die Herrschaft für sich, der Hochadel strebte nach der Regierung, die Angehörigen der Mittelschicht hungerten nach Macht und waren im Begriff, sie sich zu nehmen, indem sie sich den Ministern der Königin bei jeder ihrer Bewegungen in den Weg stellten.

Eine kurze Zeit lang sorgten die Popularität der Königin und die Bescheidenheit Mazarins für Ruhe. Deshalb hat man Anna wie Mazarin oft vorgeworfen, sie hätten den Aufruhr geradezu heraufbeschworen, indem sie nicht genügend Stärke demonstrierten. Aber in Wahrheit stand ihnen kein anderer Weg offen. Unter Ludwig XIII. hatte sich das Wesen der französischen Regierung rapide verändert, und nur ein erwachsener König konnte sie mit Hilfe eines fähigen Ministers unter Kontrolle halten. Einer Regentin fehlten einfach die Macht und die Autorität, in der Art des verstorbenen Königs weiterzuregieren. Deshalb war es notwendig, Kompromisse zu schließen, und das war, solange die Armee siegreich blieb, mit Sicherheit nicht die schlechteste Taktik.

Die Verbannten kehrten zurück, die königliche Familie schien sich um die neue Regierung zu sammeln – man hätte sich am Anfang eines neuen goldenen Zeitalters glauben können. Dem aufmerksamen Beobachter entging es nicht, daß die Königin zwar ihre alte Freundin, die Herzogin von Chevreuse, aus dem Exil zurückrief, sich aber erstaunlich kühl zeigte, als diese Erzverschwörerin ihre üblichen Machenschaften wiederaufnahm. Als Anna 1644 ihre Wohnung vom abweisenden, noch immer befestigten Louvre in das brandneue Palais-Royal verlegte, erschien das wie die Bestätigung, daß tatsächlich eine neue Ära begann: Während der Louvre symbolisch für die Monarchie in all ihrer Stärke stand, lag das Palais-Royal mitten in der Stadt, ohne Mauern, Gräben oder sonstige Verteidigungseinrichtungen. Er war vom Kardinal Richelieu als hochmoderner, ausgesprochen luxuriöser Palast errichtet worden, und in seinem Testament hatte der Kardinal ihn der Krone vermacht. Indem sie in dieses wohltuende und bequeme Ambiente wechselte, markierte die Regentin den Anfang eines lockereren, lebensfroheren Regierungsstils. Alles deutete darauf hin, daß ihre Zeit, anders als die von Kriegen zerrütteten Regentschaften Katharina von Medicis im 16. Jahrhundert und Maria von Medicis im frühen 17., eine gute Zeit werden sollte.

II

# DIE ERZIEHUNG EINES KÖNIGS

Wenn die Regentin sich morgens zwischen zehn und elf von ihrem Lager erhob, begann auch der Hof mit seinen Tagesgeschäften – ganz anders, als es zur Zeit des verstorbenen Königs üblich gewesen war. Während König Ludwig XIII. gern früh aufgestanden und früh zu Bett gegangen war, sich lieber in einer Reihe von Landpalästen und Jagdschlössern aufgehalten hatte als in Paris und viel Zeit auf der Jagd verbracht hatte, lebte Anna von Österreich nach spanischen Sitten, ging niemals auf die Jagd und verbrachte den größten Teil des Jahres im Palais-Royal. Und war ihr mürrischer Ehemann allem Pomp abhold gewesen, so war die Regentin gastfreundlich, gesellig und liebte das Zeremoniell. «Die Königin», schreibt einer ihrer Höflinge, «wußte über jedermanns Stand und Verdienste Bescheid und legte Wert darauf, diese Dinge zu wissen: Sie war stolz und höflich zur gleichen Zeit, und sie wußte besser als irgend jemand sonst, wie man Hof hält. Zwar war sie tugendsam, doch sie genoß jene Stimmung des Amourösen, in der allein sich Dinge angenehm und weltmännisch gestalten lassen.»[16] Es herrschte nun eine in jeder Hinsicht kultiviertere Atmosphäre vor – und doch wurde bei allem neuerlangten Raffinement keinerlei Versuch unternommen, jenes Interesse an den Künsten wiederzubeleben, das den Epochen früherer Monarchen ihren Glanz verliehen hatte.

Nicht daß sich jemand darüber gewundert hätte. Im Grunde war Anna von Österreich keine gebildete Frau – sie las so gut wie nie, hatte nur eine höchst oberflächliche Erziehung genossen und war alles andere als intellektuell. Weder Malerei noch Bildhauerkunst sagten ihr zu, und selbst die Architektur, das traditionelle Betätigungsfeld so vieler Fürsten, weckte keinerlei Interesse in ihr. Das Beste, was man über sie in dieser Hinsicht sagen kann, ist, daß sie, als sie beschloß, im Val de Grâce (damals noch ein ländlicher Vorort von Paris) ein Kloster zu errichten, Le Vau damit beauftragte, den führenden Architekten seiner Zeit – doch sie wird es wohl auf Anraten Mazarins getan haben.

Diese schwache Stelle ihrer Persönlichkeit sollte sich als ausgesprochener Nachteil erweisen, als es Zeit war, für die Erziehung ihres Sohnes zu sorgen: Da ihre eigenen Kenntnisse so gering waren, war die Regentin kaum in der Lage, Maßstäbe dafür zu setzen oder eine kluge Wahl zu treffen. Das zeigte sich, als sie für die königlichen Kinder eine neue Gouvernante auswählte. Ludwig XIII. hatte Mme. de Lansac berufen, weil sie Richelieu treu ergeben war. Nun hatte die Königin verständlicherweise nichts Eiligeres zu tun, als sie zu entlassen. An ihre Stelle trat Mme. de Sénecé, eine alte Freundin, die nur darauf bedacht war, sich selbst Vorteile bei Hofe zu sichern, und die sich nicht im geringsten um die ihr Anvertrauten kümmerte. Ihre Stellvertreterin, die fröhliche und liebenswerte Mme. de Lassalle, hatte ihren Spaß daran, mit den beiden kleinen Jungs zu spielen. Sie schnallte sich ein Schwert um, trug schwarze Federn im Haar und kommandierte zum großen Vergnügen des jungen Königs eine Kompanie Kinder in spielerischem Schlachtgetümmel. Das mag zwar die Vorliebe des Kindes für alles Kriegerische geprägt haben, doch man kann nicht sagen, er habe etwas dabei gelernt: Als Ludwig XIV. nach alter Sitte im Alter von sieben Jahren einen männlichen Erzieher erhielt, war er ein Analphabet.

Doch hatte die Gouvernante, wobei ihr ohne Zweifel die Veranlagung des Kindes entgegenkam, ihm beigebracht, wie er sich mit der seiner Stellung gebührenden Würde zu benehmen habe. Als die Regentin im Jahre 1645 das Parlament aufsuchte, um den Sieg zu verkünden, den der Herzog von Enghien soeben bei Nördlingen über die kaiserlichen Truppen errungen hatte, wurde natürlich auch die Anwesenheit des Königs erwartet. Sobald er den Raum betreten hatte, «verbeugte er sich vor der Versammlung; und nachdem er der Königin einen Blick zugeworfen hatte, als erbitte er deren Zustimmung, sprach er mit klarer Stimme: ‹Messieurs, ich bin gekommen, um Ihnen von meinen Angelegenheiten zu berichten; mein Kanzler wird Ihnen alles Weitere darlegen.› Diese wenigen Worte sprach er mit einer Grazie, die der ganzen Versammlung große Freude bereitete, und es folgte ein langanhaltender Applaus.»[17]

In der Tat war diese kleine Episode dem jungen König eine gute Lehre – er erkannte, daß der Schein oft nichts mit der Wirklichkeit zu tun hat. Auch wenn Ludwig XIV. in der Öffentlichkeit angebetet wurde, so war er doch im Grunde ein vernachlässigtes Kind. Er verbrachte zusammen mit seinem Bruder Philipp täglich eine Stunde beim *lever* der Mutter, dann kehrten die beiden zurück in ihre eigenen Gemächer, legten die großartigen Kleider ab, die sie in der Öffentlichkeit trugen, und kleideten sich in alte, oft verschlissene

Gewänder; anschließend schlugen sie die Zeit tot, so gut sie konnten. 1645 hatte sich gegenüber der Regierung bereits eine erhebliche Opposition formiert, teils, weil die Steuern höher als je zuvor waren, teils, weil Mazarin – ungerechterweise – Gegenstand des allgemeinen Hasses war. Man durfte also der Ovation, mit der Ludwig XIV. bedacht worden war, keine weitere Bedeutung beimessen: Sie hinderte das Parlament keineswegs daran, die politischen Absichten der Mutter zu bekämpfen, und so lernte der Knabe bereits in jungen Jahren Hinterlist und Scheinheiligkeit gründlich kennen.

Es war eine Erkenntnis, die der König beim nächsten entscheidenden Ereignis seines Lebens bestätigt fand. Traditionsgemäß verließen Königssöhne im Alter von sieben Jahren die Gouvernante und wurden in die Obhut eines Erziehers gegeben. Damit wechselte auch das ganze Personal – eine grausame Angelegenheit, denn das Kind verlor mit einem Schlag sämtliche Bezugspersonen. «Ich war», schreibt sein Erster Kammerdiener La Porte, «der erste, der in der Kammer des Königs schlief, nachdem Seine Majestät der Obhut der Frauen entwachsen war. Anfangs war er überrascht, als er die Frauen, die bisher für ihn gesorgt hatten, nicht mehr zu Gesicht bekam; aber was ihn am meisten bekümmerte, war, daß ich keine der Märchengeschichten kannte, die sie ihm vor dem Einschlafen erzählt hatten. ... Ich unterbreitete der Königin den Vorschlag ..., ihm mit ihrer Erlaubnis aus der französischen Geschichte vorzulesen ... und die Königin stimmte zu ... Das machte dem König Freude, und er faßte den Vorsatz, es den Großen unter seinen Vorvätern gleichzutun; wenn ihm jemand prophezeite, er werde ein neuer Ludwig der Faule werden, erboste ihn das sehr.»[18]*

La Porte war zu dieser Stellung gekommen, weil er auf Befehl Ludwigs XIII. eingekerkert worden war, als man Geheimbriefe der Königin bei ihm fand – vielleicht nicht gerade die beste Empfehlung für jemanden, der ständig in der Nähe des jugendlichen Königs sein sollte. Tatsächlich war dieser kleine Scherz über Ludwig den Faulen typisch für die Intrigen, die der Kammerdiener spann. Die Moral dabei war natürlich, daß ein König ohne Ersten Minister regieren müsse, und die Folgerung wurde nahegelegt, Mazarin sei nichts als ein Usurpator. Diese Parolen, beständig wiederholt, verfehlten, wie La Porte berichtet, ihre Wirkung nicht: «Eines Tages sah der König in Compiègne Seine Eminenz mit großem Gefolge an der Terrasse der Burg vorbeiziehen und konnte es sich nicht verkneifen, mit einiger Lautstärke zu sagen: ‹Da kommt der Sultan.› Le Plessis berichtete Seiner Eminenz davon und Seine Eminenz der Königin, die den König sehr dazu drängte, ihr den Namen desjenigen zu enthüllen, von dem er diesen Satz zuerst gehört habe – doch dieser weigerte sich. Er war, das kann man sagen, schon damals

* Ludwig der Faule (986–987) war der letzte Monarch der Karolingerdynastie.

ausgesprochen eigenbrötlerisch.»[19] Das muß für La Porte ein Glück gewesen sein, denn zweifellos war er der Urheber jenes Vergleiches zwischen Mazarin und dem Sultan. Der Kammerdiener lebte seine eigenen Antipathien aus, doch hetzte er dabei Ludwig XIV. gegen einen Mann auf, der nicht nur den Staat lenkte, sondern dem kleinen Monarchen zutiefst ergeben war.

Beinahe noch bedeutungsvoller war die Tatsache, daß der Kardinal gerade zum Obersten Inspektor der königlichen Erziehung ernannt worden war. «Zwar sprach die Königin oft von ihrem Bestreben, ihre Kinder sämtliche Wissenschaften erlernen [d. h. sie in allen Fächern unterrichten] zu lassen, doch war sie gänzlich ratlos, als sie anordnen sollte, wie das zu geschehen habe ... Es gibt viele Dinge, die Prinzen unbedingt wissen müssen, die Kenntnis des Lateinischen ist darunter nicht eben die wichtigste. Ihr Einmaleins, dasjenige, das sie studieren müssen, ist das der Politik, außerdem die Geschichtsschreibung, die ihnen Beispiele aus vielerlei Ländern geben kann ... doch unglücklicherweise ist das eine Wissenschaft, die man Kindern nicht beibringen kann ...

Deshalb kam die Königin, für die M. le Cardinal der größte Gelehrte in ganz Europa war, am Ende zu dem Entschluß, ihm die Verantwortung für die Erziehung des Königs zu übertragen. Sie überließ ihm sogar die Wahl des Erziehers, und diese Wahl fiel auf den Marquis de Villeroy ... Er war der gebildetste Mann am Hofe. Er war Heerführer gewesen, doch vor allem kannte er das Königreich besser als irgend jemand sonst und hatte für Staatsangelegenheiten ebenso ein Gespür wie die erforderlichen Fähigkeiten. Zu seinem Stellvertreter wurde der Abbé de Beaumont ernannt ..., der sich nur mit Mühe in die Aufgabe finden konnte, den Geist eines großen Prinzen zu verfeinern. Beide», fährt Mme. de Motteville fort, «beteuerten, sie hielten sich an die Anweisungen ihres Vorgesetzten ... Der Marquis de Villeroy sprach seinerzeit mit mir über den König, dessen natürliche Intelligenz er bewunderte, und sagte, er habe keinen Einfluß auf die Art und Weise, wie er erzogen werde – und wäre es nach ihm gegangen, so hätte er einen so vielversprechenden Geist niemals brachliegen lassen, gerade in dem Augenblick, in dem er der Pflege am nötigsten bedurft habe ... denn er [der König] hatte den spontanen Wunsch zu lernen, was er nicht wußte ...

Zu jener Zeit brachte man ihm bei, Cäsars *Gallischen Krieg* zu übersetzen; er lernte tanzen, zeichnen, reiten, und in allen diesen Dingen genügte er den Ansprüchen an seine Geschicklichkeit, die ein König – zu dessen Aufgaben sie ja nicht gehören – zu erfüllen hat ... Die Königin gab sich große Mühe, in der Seele des jungen Prinzen Gefühle der Tugend, der Weisheit und der Frömmigkeit heranzubilden; sie trug Sorge, daß seine Unschuld nicht durch andere junge Männer seines Alters verdorben wurde, statt ihn sich stärker all jener Dinge bewußt werden zu lassen, die in der Regel die Jugend von einer gewissen Befangenheit befreien.»[20]

Soweit einer der Augenzeugenberichte; Mme. de Motteville wußte mit Sicherheit, wovon sie sprach. In einem ganz anderen Licht erscheint jedoch die Erziehung des Königs, wenn ein zweiter Augenzeuge, La Porte, uns die Geschehnisse beschreibt: «M. de Beaumont, der Erzieher des Königs, gab sich große Mühe, ihn zu unterrichten, und ich kann guten Gewissens sagen, daß er in allen Unterrichtsstunden, bei denen ich zugegen war, keine der Pflichten seines Amtes vernachlässigte; doch diejenigen, die den König umgaben, ... unterhielten ihn mit Spielen, statt ihn die Lektionen lernen zu lassen, in denen er unterrichtet worden war.»[21] Welche von beiden Versionen ist die zutreffendere?

In seinen mittleren Lebensjahren pflegte sich Ludwig XIV. nicht selten über die schlechte Erziehung zu beklagen, die er erfahren hatte; tatsächlich betrieb er großen Aufwand, um sicherzustellen, daß sein Sohn und seine Enkel die besten verfügbaren Lehrer bekamen. Ein Tagebuchschreiber des Jahres 1681 notiert: «Der König hatte an Geist und Gestalt alle erdenklichen Vorzüge ... und wenn ihm überhaupt etwas mangelte, so war es ein wenig Bildung, die der Kardinal Mazarin, sein Erzieher, ihm versagt hatte.»[22] Und kurze Zeit später soll Mme. de Maintenon, die geborene Pädagogin, Erstaunen und Entsetzen gezeigt haben angesichts der Art und Weise, wie die Erziehung des Königs vernachlässigt worden war.

Ein so weitverbreitetes Urteil kann nicht ganz unbegründet sein; mit Sicherheit ließ die Erziehung Ludwigs XIV. in gewissen Bereichen viel zu wünschen übrig. Man muß auch nicht lange überlegen, wer die Schuld daran trägt; Mme. de Motteville und La Porte liefern uns alle Informationen, die wir brauchen. Zunächst einmal trifft die Schuld die Dienerschaft des Königs. Ihre Haltung war eindeutig: Sie wollten dem Knaben gefällig sein, der es eines Tages in der Hand haben würde, sie reich und mächtig zu machen; also schmeichelten sie ihm ohne Rücksicht auf Verluste – eine Tatsache, die Ludwig XIV. selbst als siebenjährigem Knaben nicht entging –, und sie gaben sich Mühe, ihn gut zu unterhalten. Das müßte ein seltsamer Junge sein, der, nach seinen Wünschen gefragt, um eine Extralektion Latein bittet oder eine zweite Stunde Mathematik; und folglich studierte der kleine König nicht, sondern tanzte, ritt und spielte.

Zum zweiten gilt es, eine hartnäckige Legende auszuräumen, nämlich die, Mazarin habe die Erziehung Ludwigs XIV. absichtlich sabotiert, um an der Macht bleiben zu können, wenn sein Schüler erwachsen wurde. Es wird später deutlich werden, daß er in Wirklichkeit das genaue Gegenteil tat; allerdings kann man ihm zu Recht vorwerfen, daß er sich nicht genügend um diese Dinge kümmerte. Das jedoch ist unter den gegebenen Umständen zu entschuldigen: Die unablässigen Finanzkrisen, die heftige Opposition, ein Krieg im Ausland, der bald durch Unruhen, dann durch Rebellion im Inneren kompliziert werden sollte – all das war genug, um einen Mann zu beschäftigen. Es liegt nahe, daß der Kardinal den Posten des Erziehungsinspektors übernahm, um zu verhindern, daß jemand anderes den König gegen ihn aufhetzte – eine verständliche Reaktion. Unglücklicherweise trug sie zum Bildungsmangel des Königs bei – wobei man jedoch jemanden, der neben der eigenen auch die spanische und die italienische Sprache spricht und über ein erhebliches Geschichtswissen verfügt, nicht völlig ungebildet nennen kann.

Im Jahre 1646 existierte die Harmonie, die die erste Zeit der Regentschaft geprägt hatte, nur noch in der Erinnerung. Die beiden Machtgruppen, deren Unterstützung die neue Regierung zunächst genossen hatte, die Aristokratie und das Parlament, wurden nun zu ihren Gegnern. Zwar hatten die beiden keine gemeinsamen Ziele, doch konnte ihre vereinte Opposition eine prekäre Situation herbeiführen. Hochadel und Mittelschicht waren sich der Tatsache längst bewußt geworden, daß sie völlig verschiedene Vorstellungen besaßen, wie eine neue Regierung aussehen solle. Trotzdem gelangten beide allmählich zur Erkenntnis, daß eine befristete Allianz zumindest die eine Forderung, die ihnen gemeinsam war, durchsetzen könnte: die Entlassung Mazarins. Darüber hinaus gingen sie davon aus, daß die Regentin schwach und träge war, so daß sie, erst einmal dem Einfluß des Kardinals entzogen, willig die Politik ihres neuen Ministers gutheißen würde. In diesem Grundsatzpunkt jedoch sollten sie sich irren: Entgegen allem äußeren Anschein war Anna von Österreich fest entschlossen, zu ihrem Minister zu halten, denn dieser stand für genau die Politik, die sich mit der größten Aussicht auf Erfolg darum bemühte, Frankreich (und damit Ludwig XIV.) zu Macht und Ruhm zu führen. Welche Willensstärke sie dabei an den Tag legte, kann man – im nachhinein – zum Beispiel daran erkennen, wie sie sich gegenüber Philipp IV. verhielt: Wenn sie ihrem Bruder schrieb, den sie liebte, traute sie sich selbst nicht, wie sie Mme. de Motteville mitteilte, denn «sie hegte Befürchtungen, ihre Zuneigung könne sie dazu bringen, die Interessen ihres Sohns, des Königs, zu vernachlässigen».[23]

Mazarin war ein sehr charmanter Mann, und zweifellos entwickelte die Königin im Laufe der Zeit eine Zuneigung zu ihm – und das gab ihren neuen Feinden genau den Angriffspunkt, den sie brauchten. Es war immer problematisch, gegen den König aufzubegehren: Der Monarch war von einer solchen Aura umgeben, daß die Menschen von sich aus vor dem Gottgesalbten auf die Knie fielen; gegen die Regentin aufzubegehren war schon wesentlich einfacher: Schließlich war sie nur eine Frau und herrschte lediglich, weil ihr Sohn zu jung zum Regieren war. Der Kampf gegen einen Minister jedoch, noch dazu einen Ausländer, schien sich geradezu anzubieten, besonders, wenn sein

Rang sich aus der Tatsache herleitete, daß er der Favorit der Königin oder – schlimmer noch – ihr Geliebter war.

Von den vierziger Jahren des 17. Jahrhunderts bis in unsere Zeit hat es eine Unzahl von Publikationen über die Frage gegeben, was es denn nun mit der Beziehung zwischen Mazarin und Anna von Österreich auf sich gehabt habe – war sie seine Geliebte, oder war sie es nicht? Die eine Seite bejaht diese Frage und stützt sich dabei auf einen Brief mit einer ungewöhnlich inbrünstigen Schlußformel («Mir schwinden die Sinne, und Mazarin weiß genau, warum»); die andere verweist darauf, daß Anna in ihren Briefen zum Überschwang neigte und daß sie auf ihre Herkunft und ihren Rang bei weitem zu stolz gewesen sei, sich auf eine Affäre mit einem Mann von zweifelhafter Herkunft einzulassen – außerdem habe ihre Frömmigkeit ihr verboten, eine derart schwere Sünde zu begehen. Alles in allem scheint diese Deutung die wahrscheinlichere, zumal eine Affäre schon rein praktisch gesehen beinahe unmöglich gewesen wäre. Die Königin war niemals allein – wenigstens eine, oft zwei ihrer Hofdamen schliefen im selben Zimmer –, und selbst ihre privaten Konferenzen mit dem Kardinal fanden in einer Galerie statt, von deren gegenüberliegendem Ende aus der Hof zuschaute.

Anna von Österreich wird also wahrscheinlich unberührt geblieben sein, doch unglücklicherweise erweckte ihre Zuneigung zu Mazarin den gegenteiligen Eindruck; schlimmer noch: Sie erschien jedermann als ein Affront. «Die Liebe, die das Volk der Königin entgegengebracht hatte, begann nach und nach zu schwinden. Die uneingeschränkte Macht, die sie dem Kardinal Mazarin gewährte, verzehrte ihre eigene, und indem sie versuchte, ihm Sympathie zu verschaffen, schürte sie nur noch den Haß», notiert Mme. de Motteville treffend.[24] Favoriten des Herrschers sind immer der Verachtung ausgesetzt, und daß der Kardinal sich trotz allem halten konnte, brachte jeden ehrgeizigen Mann in Harnisch.

Im Laufe des Jahres 1646 wurde einer dieser Männer zu einer offenen Gefahr. Mit dem Tod des alten Prince de Condé betrat der junge und brillante Herzog von Enghien das Rampenlicht. Berüchtigt für seinen Stolz und seine aufbrausende Art (und ganz besonders schmutzig), war der neue Monsieur le Prince nicht nur Großmeister Frankreichs – der Hofposten mit dem höchsten Rang –, sondern auch Gouverneur Burgunds, Berrys und der Champagne, und dazu war er der reichste Mann des Landes. Abgesehen vom stets unentschlossenen Herzog von Orléans war er der engste Verwandte des Königs, und als ob das alles noch nicht genügt hätte, hatte er vor kurzem eine Reihe bedeutender Siege errungen. Schließlich forderte er, weil er eine unabhängige Grafschaft in Flandern erobern wollte, den uneingeschränkten Oberbefehl über Armee und Marine.

Condé, wie man ihn nun nannte, hatte für Mazarin nichts als Verachtung übrig; doch diese selbstgenügsame Regung wich nun immer mehr der Ungeduld. Es gehörte nicht viel zu der Prophezeiung, die Opposition gegen den Ersten Minister werde bald den Prinzen auf ihrer Seite haben, und seine umfangreiche Anhängerschaft noch dazu. Doch Mazarin war kein Dummkopf: Er machte Condé zum Vizekonsul von Katalonien und schickte ihn dorthin, um Lerida zu belagern.

Eine noch größere Gefahr stellte zu jener Zeit das Parlament dar, das sich auf eine Opposition eingelassen hatte, die rasch vom Loyalen zum Aufsässigen umschwang. Schon 1645, als mit einem *lit de justice* die neuen Steuergesetze registriert worden waren, hatte Omer Talon, der Generalstaatsanwalt, ein düsteres und nur allzu zutreffendes Bild vom Elend des geschröpften Volkes gemalt. Nun übernahm das Parlament die Rolle des Verteidigers der Armen und Unterdrückten – eine Rolle, die es überzeugender hätte vertreten können, wenn nicht die Richter selbst von allen Steuern befreit gewesen wären; doch auch so brachte es ihnen zweifellos Popularität ein. Hinzu kam, daß sie einen Blick über den Kanal geworfen hatten, wo das englische *Parliament* gerade eben über Karl I. triumphiert hatte, und nun begann man auch hier, zaghaft zunächst, Gewalt über den Staatssäckel zu fordern, weil man so die Regierung selbst unter Kontrolle zu bekommen hoffte.

Mazarin ignorierte dies einfach, denn er wußte die Königin auf seiner Seite und fühlte sich sicher: Für ihn gab es keinen Zweifel daran, daß die Macht dem Monarchen zukam, und die Vorstellung, diese mittelständischen Richter könnten die Politik der Regentin beeinflussen, schien grotesk. Auch Anna von Österreich sah, was vorging, doch sie kannte ihre Pflichten: Sie hatte die Prärogative, die Ludwig XIII. ihr hinterlassen hatte, ohne Einschränkung an ihren Sohn weiterzugeben. Ein Kompromiß mit den Forderungen des Parlaments stand nicht zur Debatte, und deshalb kümmerte sie sich im großen und ganzen nicht darum.

Trotz alledem lief das Leben am Hofe weiter, als sei nichts geschehen. Anfang März 1647 wurde etwa auf Anregung Mazarins ein Theaterabend mit Commedia-dell'arte-Spielern und verschwenderischen Kostümen und Dekorationen gegeben, danach «fand ein Ball auf der Theaterbühne statt; man hatte einen Saal aus reich mit Gold verziertem Fachwerk gezimmert und mit Bildern geschmückt, deren Tiefenwirkung vom Zuschauerraum aus einen grandiosen Anblick gab. Dieser Saal war mit Sesseln und in den Nischen mit Sitzkissen ausgestattet ... An der Rückseite war ein um vier oder fünf Stufen erhöhter Thron aufgebaut, mit Stühlen, Kissen und einem goldenen Baldachin mit silbernen Quasten, wie es einem solchen Anlaß gebührt. Vier kristallene Kronleuchter tauchten den Saal in ein geradezu magisches Licht...

Der König war in gold- und silberbestickten schwarzen Satin gekleidet, wobei das Schwarz nichts weiter als einen Hintergrund zur Pracht der Stickerei abgab. Scharlachrote Federn und Bänder machten das Kostüm erst vollständig; doch die stattlichen Gesichtszüge, der milde und doch ernsthafte Gesichtsausdruck, der weiße Teint und das damals hellblonde Haar schmückten [den König] besser als alle Kleider. Er war ein begnadeter Tänzer, und obwohl er erst acht Jahre alt war, kann man doch sagen, daß sein Auftreten grandios war, und mit Sicherheit war er unter den anwesenden Schönheiten die größte.»[25]

Der Bruder des Königs, der kleine Herzog von Anjou, an dem die Königin sehr hing, entwickelte sich ebenfalls zu einem Schmuckstück des Hofes. Doch während Ludwig von geradezu übernatürlicher Ernsthaftigkeit und Würde war, versprach Philipp ein Mensch von ganz anderer Art zu werden. «Dieser Prinz war geistreich, sobald er überhaupt das Sprechen erlernt hatte. Seine Gedanken waren klar, und sie pflegten sich durch Großherzigkeit und Humanität auszuzeichnen, zwei Eigenschaften, für die er Lob verdient. Man hätte sich allerdings gewünscht, er wäre von den müßigen Zerstreuungen, in denen er sich ergehen durfte, verschont geblieben. Er verbrachte seine Zeit gern in der Gesellschaft von Frauen und Mädchen, er kleidete sie an und bürstete ihnen das Haar. Er wußte besser als die modischsten Damen, was ihnen die Finesse der Eleganz verlieh... Er war fein gegliedert, seine Züge waren zart... Er hatte dunkle, glänzende, schöne Augen mit mildem und doch ernsthaftem Ausdruck... Das schwarze Haar mit seinen natürlichen Locken harmonierte mit der Farbe des Gesichts, und seine Nase, die aussah, als wolle sie sich zur Adlernase entwickeln, wirkte noch stattlich. Man konnte sich vorstellen, daß er, wenn die Jahre seine Schönheit nicht schmälern sollten, mit den elegantesten Damen um die Krone der Schönheit ringen würde; allerdings ließ sich schon absehen, daß er nicht groß an Statur werden würde.»[26] Ohne Zweifel trifft Mme. de Mottevilles Beobachtung zu: Man unterstützte Philipps Hang zum Femininen. Aber Anna von Österreich wie auch Mazarin wußten schließlich nur zu gut, daß der Bruder des Königs zu einer permanenten Gefahr werden konnte – da war es besser, der Herzog von Anjou interessierte sich für schöne Kleider statt für Rebellionen.

Die Lage war unsicher, überall flackerten Verschwörungen und Gegenverschwörungen auf, und eine Reihe bemerkenswerter Ereignisse ließ große Veränderungen erwarten. Zunächst erkrankte Ende September 1647 der Herzog von Anjou, und eine Zeitlang schien es, als werde er die Krankheit nicht überstehen. Abgesehen von ihrer aufrichtigen Zuneigung zu Philipp hatte die Königin einen weiteren guten Grund, dessen Tod zu fürchten: Der Herzog von Orléans wäre dann zum Thronerben aufgerückt, eine Position, die ihm ein wesentlich größeres Gewicht als die des Königsonkels verschafft hätte – «doch jedermann schützte gute Laune vor, jeder aus einem anderen Grund:

Die Königin, die der Verzweiflung anheimgefallen wäre, hätte sie den Knaben verloren, stellte Fröhlichkeit zur Schau, und der Herzog von Orléans, der sich leicht hätte trösten lassen, wagte aus Sorge, man könne ihn für allzu heuchlerisch halten, kein trauriges Gesicht aufzusetzen; andererseits fürchtete er so sehr, man könne ihm eine gewisse Genugtuung ansehen, daß er sich nicht traute, über welches Thema auch immer zu scherzen oder zu lachen.»[27]

Es ergab sich aber, daß es dem Jungen bald wieder besser ging, und der in seinen Hoffnungen enttäuschte Monsieur konnte zweifellos nun wieder lachen; doch dann, am 10. November 1647, begann der neunjährige König sich unwohl zu fühlen. «Zunächst schien es nicht sonderlich beängstigend, doch am nächsten Tag hatte er hohes Fieber, und die Königin war in Angst und Schrecken ...

Zwei Tage darauf erkannte man die Krankheit als Windpocken, was die Königin, die es für etwas Schlimmeres gehalten hatte, zunächst zuversichtlich stimmte. An diesem Tag verließ sie ihre eigenen Gemächer und schlief im Krankenzimmer.

Doch das Fieber des Königs ging nicht zurück, und die Königin wurde besorgter mit jedem Augenblick, der verstrich, ohne daß die Ärzte ihr neue Hoffnung machen konnten...

Bei diesen Ereignissen fühlte sich die Königin so sehr von ihren Gefühlen bestürmt, daß sie es nicht fertigbrachte, ihre Staatsmiene aufzusetzen, und ihre Besorgnis machte deutlich, wie sehr sie den König liebte – mehr noch als ihren jüngeren Sohn. [Der König] war ihr von Gott geschenkt worden, nach tausendfachem, unerfüllt gebliebenem Sehnen, als sie die Hoffnung längst aufgegeben hatte. Er hatte sie aus jener verzweifelten Lage erlöst, in die die Verfolgungen des Kardinals Richelieu sie gebracht hatten; durch ihn war sie Regentin geworden; und nicht zuletzt war er derjenige gewesen, der als erster ihre Liebe gefordert hatte, so daß sie für Monsieur* nun nur noch soviel übrig hatte, wie sich für jede Mutter gehört...

Die Krankheit des Königs ließ sie nun selbst erkranken. Was sie verspürte, stand ihr deutlich ins Gesicht geschrieben, und ich habe sie niemals in so kurzer Zeit so sehr verändert gesehen. Doch als zwei oder drei Tage später das Fieber des Königs mit einem Schlage zurückging und in großen Mengen Pusteln ausbrachen, faßte sie wieder Mut.

Bis zum elften Tag seiner Krankheit gab der König der Königin nicht mehr Anlaß zur Sorge als vor dem Ausbruch der Pusteln. Sie litt mit ihm, doch

---

* Genaugenommen hätte der kleine Herzog von Anjou bereits als Monsieur angeredet werden sollen, war er doch der Bruder des amtierenden Königs; meistens jedoch nannte man den Herzog von Orléans, auch wenn er nun nur noch der Onkel des Königs war, weiterhin Monsieur.

da es sich um Leiden handelte, die alle Kinder treffen, hatte sie schon im voraus den Verlust seiner Schönheit verschmerzt, solange nur sein Leben nicht in Gefahr kam. Am 21., während sie die Messe in Notre-Dame hörte, verschlechterte sich das Befinden des Königs plötzlich. Sein Fieber stieg rasch an, er wurde ohnmächtig und blieb eine dreiviertel Stunde lang ohne Bewußtsein.

Als die Königin zurückkehrte und ihn so vorfand, schmerzte sie das so sehr, daß sie beinahe selbst daran gestorben wäre. Den ganzen Tag über war der König, wie die Ärzte sagten, in großer Gefahr, und die Königin weinte unablässig. Der Herzog von Orléans blieb bei ihr, was ihre Leiden noch vermehrte – vor seinen Augen zu weinen verschaffte ihr weder Erleichterung noch Trost. Am Abend, als es auf die Mitternacht zuging, fühlte sich der König ein wenig besser, doch am nächsten Tag verschlechterte sich sein Zustand wieder. Am Sonntag, dem vierzehnten Tag seiner Krankheit, ging es ihm so schlecht, daß die Ärzte nicht mehr mit seinem Überleben rechneten; seit seiner Ohnmacht drei Tage zuvor waren die Pusteln sämtlich wieder verschwunden, und obwohl man ihn viermal zur Ader gelassen hatte, ging das Fieber nicht zurück...

Den ganzen Tag über war die Königin dem Ersticken nahe, denn es war sonst nicht ihre Art zu weinen, und sie behielt ihre Leiden lieber für sich ... doch niemand kann in einer solchen Verfassung sein und es verbergen, und so schwanden ihr an jenem Tage die Sinne am Bett des Königs... Schließlich gab Gott ihr gegen Mitternacht das Kind zurück, das ihr so teuer war und dessen Leben Frankreich so bitter nötig hatte. Das Fieber sank, und die Pusteln zeigten sich von neuem, Montag und Dienstag kam die Krise, und von da an besserte sich sein Befinden immer weiter.»[28]

Während der Krankheit des Königs schmiedete natürlich jedermann zu Hofe Pläne für die neue Regentschaft. Nachdem Monsieur 1643 zu spät gekommen war, war er entschlossen, diesmal die Macht an sich zu reißen – entweder im eigenen Namen oder in dem des Herzogs von Anjou. Das Parlament hatte Pläne, Monsieur und den Prinzen von Condé zu Ko-Regenten zu machen, und gleichzeitig arbeitete es an einem Gesetz, das jedem im Ausland Geborenen verbieten würde, Minister zu werden. Am Abend der Ohnmacht des Königs tranken die Anhänger Monsieurs triumphierend auf König Gaston I., während die Königin schluchzend am Bett ihres sterbenden Sohnes kniete. So empfand man es als besonders empörend, daß der Junge am Ende überlebte: Entgegen allen Hoffnungen war Mazarin nun machtvoller als je zuvor. Seine Feinde, die zweimal den Triumph nur knapp verfehlt hatten, verdoppelten nun ihre Anstrengungen, und das alles vor den Augen des zehnjährigen Königs.

In dieser habgierigen, gewalttätigen Welt, in der Verleumdung alltäglich und Mord keine Seltenheit waren, flammten nun all die Emotionen, die Richelieu lange unterdrückt hatte, mit ungeheurer Macht auf. Ringsum waren Anna von Österreich und ihre Söhne von hochmütigen Noblen umgeben, die begierig auf eine Gelegenheit warteten, alles an sich zu reißen, was sie zu fassen bekamen, und gleichzeitig erstrebte die königliche Familie unter der Führung Monsieurs und Condés nichts sehnlicher als die Ablösung Mazarins und der Regentin. Immerzu wurde für den König selbst die tiefste Bewunderung zur Schau gestellt, während in Wirklichkeit alle seine wahren Interessen ignorierten – alle außer seiner Mutter und seinem Ersten Minister, dem Ausländer. Selten ist einem Monarchen eine bessere Lektion erteilt worden. Im Alter von zehn Jahren erkannte der ungewöhnlich verschlossene Ludwig XIV. bereits, daß er sich auf absolut niemanden verlassen konnte, daß jedermann darauf aus war, seine Macht zu schwächen und seinem Reich zu schaden, und daß er auf keinerlei Gnade rechnen konnte.

Gleichzeitig jedoch war er sich seines halbgöttlichen Status vollauf bewußt. Er wußte, daß ein König von Gott erwählt war und daß dieser ihm absolute Macht verlieh; sich den Ordern eines Königs zu widersetzen kam also beinahe Gotteslästerung gleich. So zumindest lautete die Theorie – wie weit sie von der französischen Alltagswirklichkeit entfernt war, hatte der Junge nur zu deutlich vor Augen. Die äußerst gründliche religiöse Erziehung, die er genoß, untermauerte noch seine eigenen Vorstellungen von dem, was es bedeutete, König zu sein, und ließ ihm seine wirkliche Stellung nur um so empörenswerter erscheinen. Wie alle gebildeten Menschen seiner Zeit lernte er Latein, und die Texte, die er 1647/48 übersetzen sollte, gaben eine interessante Lektüre ab.

«Ich weiß», heißt es in einer noch kindlichen Handschrift, «daß es die erste Pflicht eines christlichen Fürsten ist, Gott zu dienen, und daß Frömmigkeit der Quell aller königlichen Tugenden ist.» Und dann: «Ich weiß, daß Heuchler nicht Gott dienen, wie sie es sollten, denn sie huldigen ihm nur mit Worten. Ich will deshalb Gottes Majestät nicht mit Worten, sondern mit meinem Herzen dienen, denn ich weiß, er leidet keinen Spott...

Ich muß mich selbst beherrschen können, bevor ich anderen Order geben kann... Der König, der seinen Leidenschaften gehorcht, der nichts geschehen läßt, was sie verbieten, und nichts verbietet, was sie fordern, der ist kein freier Mann... Ich muß stets im Gedächtnis behalten, daß ich König bin, auf daß ich nichts tue, was meines Namens unwert wäre.»[29] Hehre Prinzipien – doch was das Interessante daran ist: Der Junge nahm sie ernst. Schon damals hatte er seine Emotionen unter Kontrolle und ließ sich niemals anmerken, was er dachte. Und was die Pflicht gegenüber Gott und den Untertanen anging – da gab es ebensowenig Zweifel wie bei dessen Pendant, dem Gehorsam, den er gegenüber sich selbst erwartete.

Auf allen Seiten mußte er jedoch mit ansehen, wie man die Autorität seiner Mutter untergrub. Am 15. Januar 1648 hielt die Königin ein weiteres *lit de justice*, um die Registrierung neuer Steuererlässe zu erzwingen. Das Parlament hatte – das ist nicht zu leugnen – Grund zur Beschwerde: Der endlose Krieg ruinierte die Staatsfinanzen, mit denen immer größere Mißwirtschaft getrieben wurde. Um Dinge wie Steuern und Staatsausgaben kümmerte Mazarin sich nicht, und die Finanziers, die dem Staat immer häufiger Geld liehen, wußten nur zu gut, wie sie auf dem Rücken des Volkes große Profite machen konnten. Mazarin selbst lebte in auffälligem Reichtum, der Anlaß zu dem Verdacht gab, auch er gehöre zu denen, die das Volk bestählen; in Wirklichkeit stammte jedoch der größte Teil seines Einkommens aus kirchlichen Quellen.

Es war also nicht verwunderlich, daß das Parlament die Registrierung verweigert hatte. Schon verblüffender war die Rede, die Omer Talon während des *lit de justice* hielt: Er unterbreitete dabei eine gänzlich neue Verfassungstheorie. Edikte, so verkündete er, würden nur dann zu Landesgesetzen, wenn das Parlament sie diskutiert und ihre Registrierung autorisiert habe. Warum solle da die Gegenwart des Königs ein Edikt legalisieren, wenn das Parlament sich bereits dagegen entschieden habe? Das sei weder logisch noch moralisch. Er schloß seine Rede mit einer düsteren, rührenden und nur allzu zutreffenden Schilderung der Leiden des Volkes.

Klagen über den Ruin der Landwirtschaft waren nichts Neues, doch als er die Idee des *lit de justice* als solche angriff, entfernte Talon sich um einen großen Schritt von der Tradition. Indem er die Registrierung eines Edikts durch das Parlament als Willensentscheidung darstellte und nicht nur als reine Formalität, stellte Talon die Richter als Mitherrscher neben den König; er forderte damit also statt des Pariser Parlaments ein *Parliament* nach englischem Vorbild. Wohin solche Theorien führten, hatte man deutlich genug vor Augen: Zu jener Stunde war Karl I. von England ein entmachteter Gefangener des Commonwealth.

Doch für den kleinen Jungen, der auf einem großen Stapel samtener Kissen residierte, waren die Worte Talons nicht nur eine Beleidigung – sie waren auch ein deutliches Zeichen jener Heuchelei, vor der sein Erzieher ihn gewarnt hatte: Daß das Parlament sich geweigert hatte, Steuergesetze zu registrieren, hatte wenig mit Sorge um das Schicksal der Armen zu tun und mehr damit, daß die Regierung, im Bestreben Geld aufzutreiben, gerade zwölf neue *conseiller*-Stellen geschaffen (und, wie es üblich war, verkauft) hatte – Positionen für die Richter.

Nach diesem Vorfall nahm der Aufstand des Parlaments schärfere Formen an. Zunächst ignorierte es das *lit de justice* und verweigerte weiterhin die Registrierung. Als Strafmaßnahme widerrief die Königin das Gesetz, das die Erblichkeit der Parlamentsposten zusicherte. Solchermaßen empfindlich getroffen, wandten sich die Richter an drei weitere teils judikative, teils administrative Kammern, den Grand Conseil, den Cour des Comptes und den Cour des Aides, und sie beschlossen, daß alle vier nun als eine, gemeinsame Institution zu sehen seien. Mazarin untersagte dies, doch die Gerichtshöfe verweigerten den Gehorsam, und am 16. Juni fand die Vereinigung statt. Die Königin raste, doch die machtlose Regierung mußte diese revolutionäre Entwicklung für rechtens erklären. Von da an machte sich die neue Kammer daran, die Monarchie in ihrem Wesen zu verändern. Der König verlor das Recht, Untertanen nach seinem Gutdünken verhaften zu lassen, Steuern waren nur noch mit Zustimmung des Parlaments legal, und dieses hatte nicht Eiligeres zu tun, als die Armen auszuhungern, indem es die Regierungseinnahmen um ein Viertel kürzte.

Ohne Zweifel eine unmögliche Situation. Mazarin und Anna von Österreich hatten es versäumt, mit Macht aufzutreten, und so blieb ihnen jetzt nur noch das Taktieren: Sie schützten Zustimmung zu den Ereignissen vor, während sie gleichzeitig den Prinzen von Condé, der die größte französische Armee kommandierte, zu Hilfe riefen; gerade zu jener Zeit hatte der Prinz bei Lens einen weiteren überragenden Sieg errungen. «Das wird den Herren vom Parlament nicht gefallen»,[30] kommentierte Ludwig XIV. diese Nachricht, denn dem zehnjährigen Knaben war es längst klargeworden, daß die Ratsherren auf schlechte Neuigkeiten warteten, die ihre Macht vergrößern würden.

Der Sieg erwies sich als ausgesprochen nützlich, denn binnen dreier Monate wurde der Westfälische Friede geschlossen, mit dem die ehrgeizigen Pläne der österreichischen Habsburger endgültig scheiterten. Frankreich erhält die Vogtei über zehn elsässische Reichsstädte und kann so seine Grenze am Rhein sichern, darüber hinaus fällt ihm zusammen mit Schweden die Rolle des Schiedsrichters über ein zerstückeltes Deutschland zu. Dies vermittelte Anna von Österreich ein gänzlich irriges Gefühl der Stärke. Am Schluß des Tedeums, das in Notre-Dame zelebriert wurde, ließ sie die vier Führer des Parlaments verhaften.

Noch am selben Nachmittag erhob sich Paris. Die engen Straßen wurden durch Ketten und Barrikaden blockiert, so daß keine weiteren Truppenbewegungen mehr möglich waren, und es wurde bald deutlich, daß selbst das Palais-Royal keine Sicherheit mehr bieten konnte. Auch wenn es für sie eine große Schande bedeutete, hatte die Königin doch keine andere Wahl, als die Gefangenen freizulassen.

Damit ebbten die Aufstände ab, doch blieb die Lage gespannt und unregierbar. Mazarin versuchte es mit einer neuen Taktik: Am 12. November verlegte er seinen und den Wohnsitz des Königs unter einigen Schwierigkeiten nach Rueil, dem Palast, den Richelieu etwa zehn Meilen außerhalb von Paris für sich selbst hatte bauen lassen. Am nächsten Tag stieß die Königin zu ihnen.

Nun kam alles auf Monsieur le Prince und seine Armee an: Mit seiner Hilfe konnte Paris zurückerobert und die herkömmliche Monarchie wiedereingesetzt werden.

Es war kaum zu bezweifeln, daß Monsieur le Prince die Rolle übernehmen würde, die man ihm zugedacht hatte: Als Mitglied der Herrscherfamilie glaubte er an den Supremat des Königs und hatte für die Schreiberlinge aus dem Parlament nichts als Verachtung übrig; hinzu kam, daß die Regentin, wenn sie erst wieder nach ihrem eigenen Gutdünken regieren konnte, in der Lage wäre, ihm seine Hilfe großzügig zu entlohnen – und Condé war nicht nur unermeßlich stolz, er war auch ausgesprochen habgierig.

Doch statt dessen gefiel er sich darin, das Zünglein an der Waage zwischen Krone und Parlament zu spielen und so jedermann vor Augen zu führen, daß er derjenige war, auf den es ankam. Am 22. Oktober unterzeichnete Anna von Österreich mit Tränen in den Augen eine Erklärung, in der sie die vom Parlament entworfene Verfassung annahm, und bitter fügte sie hinzu, von nun an werde ihr Sohn nichts als ein Spielkartenkönig sein. Zwei Tage später wurde diese Erklärung von einem überglücklichen Parlament registriert (das gleichzeitig die Bestimmungen des Westfälischen Friedens, der am selben Tag unterzeichnet wurde, ignorierte), und der Hof kehrte nach Paris zurück.

Nun war Verschlagenheit vonnöten, und Mazarin machte sich – ein Glück für die Königin – daran, seinem Ruf als Diplomat gerecht zu werden. Zunächst schickte er Condé Geld, das als Sold für die Truppen gedacht war. Natürlich behielt Condé es für sich selber. Gleichfalls protestierte wie erwartet das Parlament. Condé fühlte sich beleidigt und wandte sich nun gegen die Ratsherren und wollte nichts mehr mit ihnen zu tun haben. Ein erster Schritt immerhin.

Auch der zweite gelang, wiederum unter der Ägide des Kardinals, der mit menschlichen Schwächen umzugehen verstand. Sowohl Monsieur als auch Condé hätten gern über einen Kardinalsposten verfügt. Aber nur eine solche Position war zu besetzen – das genügte, um jeden der beiden Prinzen auf der Stelle zum Feind des anderen zu machen, und da Monsieur auf seiten des Parlaments stand, konnte die Königin auf Condé rechnen, wenn sie sich entschied, gegen die Richter anzutreten.

Doch Anna konnte nichts unternehmen, solange sie in Paris war, und das Parlament ließ keinen Zweifel daran, daß es ihr nicht erlauben würde, die Stadt zu verlassen. «Ich besuchte die Königin am Abend des 5. Januar [1649]», schreibt Mme. de Motteville. «Ich fand sie in ihrem Studierzimmer, wie sie friedlich dem König beim Spiel zusah, nonchalant an die Ecke eines Tisches gelehnt; sie dachte offenbar nur an das, was sie gerade vor Augen hatte. Einen Augenblick später flüsterte Mme. de La Tremoille ... mir zu: ‹In der Stadt heißt es, die Königin werde Paris noch heute nacht verlassen.› Das verblüffte mich. Zur Antwort wies ich nur auf die Königin – mit welcher Gelassenheit sie dastand; ich zuckte mit den Schultern, und gemeinsam wunderten wir uns über dieses Gerücht.» Man sollte sich an dieser Stelle ins Gedächtnis rufen, daß Mme. de Motteville, auch wenn ihr keine Staatsgeheimnisse anvertraut wurden, nicht nur eine der liebsten Hofdamen Annas von Österreich war, sondern auch eine alte Freundin. Man hätte deshalb erwarten können, daß sie jedes Anzeichen beginnender Nervosität erkannt hätte.

«Die Königin verbrachte den Rest des Abends in der üblichen gleichmäßigen Ruhe, die ihr das ganze Leben hindurch eigen war», fährt Mme. de Motteville fort. «Das einzige, was uns auffiel, war, daß sie fröhlicher schien als sonst... Kurz gesagt, sie führte uns so gründlich hinters Licht, daß wir uns mit ihr über diejenigen amüsierten, die sagten, sie werde noch in derselben Nacht aufbrechen...

Nachdem wir uns von der Königin, die zu Bett gegangen war, verabschiedet hatten, gingen wir nach Hause... Sobald wir gegangen waren, wurden die Tore des Palais-Royal verschlossen, und der Befehl lautete, sie nicht wieder zu öffnen. Die Königin erhob sich wieder, um über ihre Lage nachzudenken, und das Geheimnis vertraute sie nur ihrer Ersten Kammerfrau an, die in der Nähe schlief...

Dann wurden den Hauptmännern der Wache die erforderlichen Befehle gegeben... Der Marschall von Villeroy erlaubte dem König, bis drei Uhr morgens zu ruhen; dann weckte er ihn und ebenso Monsieur* und brachte sie zu einer Kutsche, die an der Gartenpforte des Palais-Royal auf sie wartete. Hier traf sich die Königin mit dem König und Monsieur.»

Von dort war es nur eine kurze Fahrt zu den Cours la Reine, die außerhalb der Mauern von Paris und damit in Sicherheit lagen. Dort traf man sich mit dem Rest der königlichen Gesellschaft: mit Mazarin natürlich und mit allen weiteren Mitgliedern der Königsfamilie, die sich allesamt noch den Schlaf aus den Augen wischten, denn ebensowenig wie Mme. de Motteville hatten sie etwas von den Plänen der Königin gewußt.

«Als die gesamte königliche Familie versammelt war», fährt Mme. de Motteville fort, «machten sie sich auf den Weg nach Saint-Germain-en-Laye. Dort fanden sich König, Königin und Hof ohne Betten [denn da der Aufbruch geheimgehalten worden war, konnte der Hausrat nicht mitgenommen werden], ohne Diener, ohne Wäsche, ohne auch nur eines all der Dinge, die notwendig sind, der Königsfamilie aufzuwarten. Die Königin legte sich nach der Ankunft in einem schmalen Bett zur Ruhe, das Kardinal Mazarin zu diesem Zwecke einige Tage zuvor aus Paris hatte schicken lassen. Ebenso hatte er für den König vorgesorgt; darüber hinaus gab es zwei Feldbetten, von denen der

* Zu dieser Anrede vgl. die Anmerkung zu S. 36.

Kardinal eines Monsieur überließ und das andere für sich selbst behielt. Die Herzogin von Orléans schlief in jener Nacht ebenso wie Mademoiselle* auf Stroh, ein Schicksal, das der gesamte Hof mit ihnen teilte. Binnen weniger Stunden war Stroh in Saint-Germain dermaßen rar geworden, daß man keines mehr bekommen konnte, ganz gleich zu welchem Preis.»[31]

Endlich waren die Königin und ihre Kinder in Sicherheit. Das war keine schlechte Leistung, besonders im Lichte der Nachricht von der Hinrichtung Karls I., die Saint-Germain im Februar erreichte: Es war nur zu deutlich geworden, wozu ein aufrührerisches Volk bereit war; zwar erwartete niemand, daß die zivilisierten Franzosen es den für ihre Grobheit bekannten Engländern gleichtaten, doch war es trotzdem das beste, wenn man durch die Armee des Prinzen Condé vor den Parisern geschützt wurde. Das allerdings war eine Sicherheit, die nicht billig zu haben war – es ist niemals gut für das Ansehen eines Monarchen, im Schutze der Dunkelheit vor seinem aufgebrachten Volk zu fliehen, und zu keiner Zeit spielte das Ansehen eine größere Rolle als im 17. Jahrhundert. Natürlich hatte Anna von Österreich durch ihre Aktion dasjenige gerettet, worauf es ankam – die Person des Königs und sein Recht auf uneingeschränkte Herrschaft –, denn nun konnte sie ja ohne Gefahr ihre frühere Erklärung, die die Macht des Monarchen eingeschränkt hatte, widerrufen. Doch weder sie noch Ludwig XIV. vergaßen jemals die Erniedrigung, die sie an jenem Tag zu ertragen hatten und die noch für Monate andauern sollte. Nicht nur daß Condé nun Herr der Lage und entsprechend brüsk, herrisch und herablassend war; mit dem Beginn des Bürgerkrieges – denn nichts anderes war die Belagerung von Paris – versiegte auch der Zufluß von Steuergeldern, so daß die Königsfamilie in extreme Geldnot geriet. Zum Beispiel mußten Pagen entlassen werden, weil man sie nicht mehr verpflegen, geschweige denn bezahlen konnte; die Kronjuwelen wurden versetzt, damit Geld in die Kasse kam, und doch mangelte es dem König oft am Lebensnotwendigen: Seine Küche, die von der der Königin getrennt geführt wurde, mußte aus Geldmangel geschlossen werden. Natürlich setzte all das auch der Königin zu, doch vor allem der junge König war darüber verbittert. Er hatte feste Vorstellungen von dem, was man ihm als Stellvertreter Gottes auf Erden schuld war; er erwartete tiefe Verehrung und bedingungslosen Gehorsam. Statt dessen mußte er nun mit ansehen, wie sein stolzer Vetter absichtlich die Regentin und damit indirekt auch ihn selbst demütigte, während seine aufständischen Untergebenen ihn dazu zwangen, fast ohne Dienerschaft und in regelrechter Armut zu leben. Daß sich diese unerträgliche Lage überhaupt hatte ergeben können, war die Schuld einer schwachen Regierung, und die

* Mademoiselle war die Bezeichnung für die älteste Tochter des Königsbruders, hier also die Tochter Gastons, des Herzogs von Orléans; sie war auch als Mlle. de Montpensier bekannt.

wiederum kam durch die übermäßige Macht zustande, die die Granden hatten. Die Lektion war eindeutig, und sie beeindruckte den Knaben stärker als alles, was der Abbé de Beaumont ihm jemals beigebracht hatte.

Im Laufe der Woche, die auf die Ankunft des Hofes in Saint-Germain folgte, zog die Mehrzahl der Prinzen nach Paris zurück, um den dortigen Widerstand zu organisieren. «Die königliche Armee bezog rund um Paris Stellung, um es durch Aushungern zur Kapitulation zu zwingen. M. le Prince de Conti,* M. de Longueville,** M. d'Elbeuf,*** M. de Bouillon**** und viele andere blieben in der Hauptstadt, weil sie der Meinung waren, solange der König minderjährig sei, könne man ein Unternehmen von solcher Wichtigkeit nicht ohne die Hilfe der Prinzen von königlichem Geblüte durchführen. Ohne Zögern ließ der Hof bei M. de Turenne nachfragen, ob auf ihn zu rechnen sei. Er ließ an seiner Position keine Zweifel offen. Er schrieb sogar an M. le Cardinal Mazarin, daß er ihm die Freundschaft aufkündigen werde, wenn die Dinge sich nicht anders entwickelten; sollte er [Turenne] mit seiner Armee den Rhein überqueren und nach Frankreich zurückkehren,***** so nur, um den Frieden wiederherzustellen, und keinesfalls, um eine Strategie zu unterstützen, von der er nicht der Meinung sei, daß man sie so leichtfertig verfolgen solle.»[32] Natürlich war Turenne der jüngste Bruder des Herzogs von Bouillon; zwar war es nichts Seltenes, daß ein Bruder den anderen haßte – Condé und Conti waren das ideale Beispiel –, doch Turenne war weit und breit der einzige Fall eines jüngeren Bruders, der einen reichen, selbstgefälligen und weitaus weniger talentierten älteren abgöttisch liebte. Darüber hinaus verabscheute er Condé und dachte deshalb gar nicht daran, an einem Unternehmen teilzunehmen, bei dem der Prinz die Führerrolle innehatte.

Dadurch entstand allerdings eine gefährliche Situation: Die Pariser stellten eine Armee auf und ließen sich dabei von den Spaniern unterstützen; daß es sich dabei um die Feinde Frankreichs handelte, konnte sie in keiner Weise abschrecken. Sollte Turenne sich nun auf die Seite der «Fronde» schlagen –

---

* Condés jüngerer Bruder, zu jener Zeit in seine Schwester, Mme. de Longueville, verliebt.

---

** Ein entfernter Verwandter des Königs, dessen Frau, die Schwester Condés, die Anführerin der Pariser war.

---

*** Ein Prinz aus dem Hause Lothringen.

---

**** Herrscher über ein unabhängiges Fürstentum an Frankreichs Nordgrenze, ein häufiger Unruhestifter unter Ludwig XIII.

---

***** Seine Armee lag damals bis zur Ratifizierung des Westfälischen Friedens in Deutschland.

dies der Name, unter dem der Aufstand bekannt wurde –, so würde die Armee Condés zwischen die seine und die Truppen der Pariser geraten, und das Ergebnis würde verheerend sein. Der in die Enge getriebene Mazarin lieh von Condé 800 000 Livres und schickte sie Turennes Armee, damit sie in Deutschland bliebe. Und als mit Beginn des Sommers die Pariser allmählich den Eindruck gewannen, sie seien zu weit gegangen, blieb die Regentin so machtlos wie zuvor. Es wurden Verhandlungen mit dem Parlament aufgenommen, und wie zuvor waren die Ergebnisse ganz nach dem Geschmack Condés – die Erklärung aus dem Jahre 1648 blieb in Kraft, doch niemand machte sich Illusionen: Von nun an würde Monsieur le Prince Herrscher über dieses Land sein.

Folglich kehrten Ludwig XIV. und Anna von Österreich am 18. August nach Paris zurück. «Sie wurden mit all dem Applaus, all den Freudenrufen empfangen, die man zu solchen Gelegenheiten erwarten kann... Nie zuvor war eine solche Menschenmenge der Kutsche des Königs gefolgt, und im Angesicht dieser allgemeinen Freude erschien die Vergangenheit wie ein schlechter Traum.»[33] Allerdings nicht für alle Beteiligten: Ein breiter Gürtel der Zerstörung zog rund um die Stadt und zeugte von jenem Wüten, das Bürgerkriege zu begleiten pflegt.

Auch die Demütigungen, die zu einer festen Einrichtung im Leben des Königs und des Kardinals geworden zu sein schienen, hielten an. Mazarin bemühte sich unablässig, sich mit Monsieur le Prince zu arrangieren, doch dieser, trunken vor Stolz und Macht, nannte ihn von Angesicht zu Angesicht einen «sizilianischen Schurken» und beleidigte ihn immer wieder und in aller Öffentlichkeit.

Mehrere Male zupfte Condé den Kardinal am Bart, er überschüttete ihn mit abfälligen Bemerkungen, und schließlich ohrfeigte er ihn sogar – und all das vor den Augen der Königin und nicht selten des Königs selbst. Hinzu kam, daß viele Forderungen des Prinzen erfüllt werden mußten, selbst wenn er, um seinen Anhängern einen höheren Status zu verschaffen, die sonst unverrückbaren Regeln der Etikette durchbrach.

Aber auch da hörten die Unverschämtheiten des Monsieur le Prince nicht auf, denn er beschloß, die Königin solle einen von ihm persönlich ausgewählten Liebhaber nehmen. Die Wahl fiel auf den Marquis von Jarzé, den Anna von Österreich sehr zu Recht öffentlich zurechtwies, als er ihr sein Ansinnen unterbreitete. Monsieur le Prince benahm sich gegenüber jedermann mit solcher Arroganz, daß sich allmählich die Möglichkeit seines Sturzes abzuzeichnen begann.

Zunächst mußte man natürlich einige der Freunde Condés für sich gewinnen. Der regste Verschwörer unter den ehemaligen Frondeurs war ein Kirchenmann, Paul de Gondi, Neffe und Koadjutor des Erzbischofs von Paris.

Der Augenblick war günstig, Gondi zu kaufen: Auch ihn hatte Monsieur le Prince mit seiner Arroganz beleidigt, und er brannte darauf, einen Kardinalshut zu erlangen; also versprach Anna von Österreich, die vorgab, ein Auge auf ihn geworfen zu haben, dem Koadjutor in einer Reihe von geheimen Zusammenkünften Einfluß auf die Regierung und eben jene Beförderung, nach der er sich so sehnte. Im Gegenzug versprach Gondi die Zustimmung seiner Freunde zur Rache der Königin. Alles war nun bereit.

Bis zuletzt ließen sich Mazarin und die Königin nichts anmerken, dann wurden zur allgemeinen Verblüffung am 18. Januar 1650 Condé, Conti und der Herzog von Longueville verhaftet und in der Festung Vincennes gefangengesetzt. Binnen kurzem wurde jedoch offensichtlich, daß die Regentin nicht weit genug gegangen war. Auf der einen Seite machten sich Condés Gattin und seine Mutter daran, den Bürgerkrieg von neuem zu entfachen, auf der anderen Seite seine Schwester, die Herzogin von Longueville. Turenne, der ehemalige Gegner des Prinzen, erzählt uns selbst, was geschah: «Als der Prinz verhaftet wurde, schickte M. le Cardinal im selben Augenblick M. de Rivigny zu M. de Turenne und ließ ihm versichern, er selbst sei in keinerlei Gefahr und könne einer zuvorkommenden Behandlung gewiß sein...

Zwar zweifelte M. de Turenne nicht am Inhalt dieser Botschaft..., doch obgleich er mit M. le Prince schon seit einiger Zeit nicht im besten Einvernehmen gelebt hatte, beschloß er, ihn in seinem Unglück nicht zu verlassen, und noch am Abend der Verhaftung machte er sich mit vier noblen Herren auf... Er beschloß, sich so zu verhalten, daß der Hof veranlaßt wäre, Monsieur le Prince wieder auf freien Fuß zu setzen.

Entsprechend sandte er Boten an alle Truppen, die unter dem Kommando von Monsieur le Prince gestanden hatten, und an alle Gouverneure, die Monsieur le Prince gewogen waren oder Unzufriedenheit mit dem Hof gezeigt hatten.»[34]

Eine solche Insubordination eines der kommandierenden Generäle der königlichen Armeen ist in der Tat verwunderlich – die Loyalität gegenüber der Krone war so gering geworden, daß die abwegigsten Ehrbegriffe nun einen höheren Stellenwert hatten als die naheliegendsten Pflichten. Natürlich war das Alter Ludwigs XIV. immer ein willkommener Vorwand, aber selbst unter diesen Bedingungen war offensichtlich, daß die Regierung keinerlei Einfluß mehr hatte; der Aufstand, der in vergangenen Zeiten als Verbrechen gegolten hatte, wurde nun zu einem Kavaliersdelikt. Den folgenden Brief schrieb der junge und modische Graf von Bussy-Rabutin an seine Cousine, die Marquise de Sévigné. Er zeigt diese Einstellung in aller Deutlichkeit und ist nur einer unter Hunderten von solchen Briefen: «Ich habe mich am Ende für Monsieur le Prince entschieden, edle Cousine; eine Entscheidung nicht ohne viel Widerstreben, denn ich wende mich gegen den König und diene einem

Prinzen, der mich nicht schätzt. Gewiß, ich bemitleide ihn [Condé] in seiner Lage. Deshalb werde ich ihm, solange er gefangensitzt, dienen, als gehörte ich zu denen, die ihm lieb sind; sollte er aber jemals seine Freiheit wiedergewinnen, werde ich meine Stellung aufgeben und ihn auf der Stelle verlassen, um von neuem meine Pflicht zu tun.»[35]

Das zeigt die Verhältnisse in aller Deutlichkeit: Die Pflicht gegenüber König und Vaterland war zu einer Sache geworden, die man mit der gleichen Leichtigkeit an- und ablegte wie ein Paar Handschuhe. Man kann sich leicht vorstellen, zu welch anarchischen Verhältnissen eine solche Einstellung führte. Als sei all das noch nicht schlimm genug, schlug sich nun auch noch Turenne – der wackere, treue Turenne, der Sieger mancher Schlacht gegen die Spanier und die Österreicher – auf die Seite eben des Feindes, gegen den er gekämpft hatte – und das, um einen Prinzen zu befreien, den er nicht einmal sonderlich schätzte. Schlimmer noch, er schickte sich an, alles aufzugeben, was Frankreich unter solchen Mühen errungen hatte: «Es wurde ein Vertrag geschlossen, in dem M. de Fuensaldagne [ein Botschafter Philipps IV.] im Namen des Allerkatholischsten Königs versprach, keinen Frieden [mit dem Hofe] zu schließen, bevor nicht Monsieur le Prince befreit sei und bevor nicht den Spaniern ein gerechter, großzügiger und angemessener Frieden angeboten sei, und Mme. de Longueville und M. de Turenne versprachen dies in ihrem eigenen Namen. Nachdem so alles beschlossen war, stellten wir uns darauf ein, die Schlacht zu eröffnen.»[36]

In unseren Tagen zieht sich die Kindheit oft noch bis über das zwanzigste Lebensjahr hinaus, und deshalb vergessen wir, wie schnell Menschen früher erwachsen wurden. Zwar war Ludwig XIV. im Jahre 1650 erst zwölf Jahre alt, doch er war bereits ein König – in einer Zeit, in der zum Beispiel Condé seinen ersten großen Sieg im Alter von zweiundzwanzig Jahren errungen hatte. Und er erkannte nur zu genau, daß seine gottgegebene Autorität verspottet wurde, daß sein Reich von verfeindeten Armeen verwüstet wurde und daß er selbst in eine kaum noch erträgliche Lage gebracht worden war. Hätte er da noch irgendwelche Zweifel gehegt, so hätte er nur in seinen Kleiderschrank zu sehen brauchen: «Es war üblich», notiert La Porte, «daß der König jährlich zwölf Paar Laken und zwei Hausmäntel erhielt, einen für den Sommer, einen für den Winter; und doch mußte ich mit ansehen, wie er drei Jahre lang mit sechs Paar Laken auskommen mußte und mit einem einzigen grünsamtenen, mit Kaninchenfell besetzten Mantel, den er sommers wie winters trug, so daß er ihm im dritten Jahr kaum noch bis zum Knie reichte; die Laken waren so abgenutzt, daß ich mehrfach sah, wie seine Beine herausschauten, und mit allem anderen war es nicht besser.»[37] Handgreiflicher hätte der König gar nicht erfahren können, wie es um ihn stand.

Immerhin wuchs er zu einem starken, gesunden, tatkräftigen jungen Mann heran. Bereits im Jahre 1648 hatten die Ärzte mit jenen Behandlungen begonnen, denen er sich sein Leben lang unterziehen sollte: Einmal pro Monat gab man ihm einen extrem starken Einlauf – nach einer Aktennotiz pflegte er zehn heftige Entleerungen hervorzurufen – oder ein ebenso wirksames Abführmittel, und mindestens zweimal jährlich wurde er zur Ader gelassen. Daß ihm diese Mißhandlung über so viele Jahre hinaus nicht geschadet hat, ist ein deutliches Indiz für Ludwigs gute Gesundheit, ebenso wie ein Vorfall, den La Porte Ende 1649 berichtet: «Einmal begann [der König] ... in Fontainebleau, nachdem er sich zum Schlafengehen entkleidet hatte, auf seinem Bett auf- und abzuspringen und sich fallen zu lassen; schließlich machte er einen solchen Sprung, daß er mit dem Kopf an den Balken des Betthimmels stieß, und es gab einen solchen Schlag, daß ich das Schlimmste befürchtete. Ich lief sofort zum König hinüber und legte ihn auf sein Bett, doch es stellte sich heraus, daß er nur eine leichte Verletzung davongetragen hatte.»[38]

Tatsächlich war der Junge geschickt in allen körperlichen Dingen, ein mutiger und geschickter Reiter, ein eleganter Tänzer, der, wenn die Zeiten es zuließen, auch gut eine Rolle in einem der raffinierten Ballette spielen konnte, die bei Hofe aufgeführt wurden. Außerdem war er von unbestrittener Intelligenz, fähig, Ereignisse ebenso wie Menschen zu beurteilen, und er war überzeugt von seiner eigenen Sendung. Für ihn war die zweite Fronde, wie sie sich im Jahre 1650 entwickelte, nicht nur ein Gesellschaftsspiel der Erwachsenen: Er fühlte sich unmittelbar und schmerzhaft betroffen. Anfang Februar wurde das offensichtlich.

Mme. de Longueville, Turennes Mitstreiterin, war eine der führenden Kräfte des Aufstandes; nicht nur war sie Condés Schwester – eine allzu liebende Schwester, wie manche sagten – und die Frau des Herzogs von Longueville (des Oberhaupts desjenigen Zweiges der königlichen Familie, der dem Königshaus am nächsten stand), sie war eine stolze, ehrgeizige Frau, die darauf brannte, eine bedeutende Rolle in der Politik zu spielen. Nichts Geringeres als die Eroberung Rouens hatte sie sich vorgenommen.

Das war eine ernst zu nehmende Bedrohung. Rouen war die Hauptstadt der Normandie, eine der größten und reichsten Städte Frankreichs, das Tor nach Paris: Rouen wachte über den Unterlauf der Seine, den Transportweg eines großen Teils der Lebensmittel für die Pariser, und wer Rouen hielt, der konnte Paris aushungern. Es mußte etwas unternommen werden, das war offensichtlich; doch nur noch wenige Soldaten waren der Regierung unterstellt. Also trafen Mazarin und die Königin gemeinsam die Entscheidung, sich auf die Ehrfurcht des französischen Volkes gegenüber dem König zu verlassen: Sie rüsteten eine vom König angeführte Expedition aus, und Rouen, das wahrscheinlich vor Kardinal Mazarin seine Pforten verschlossen und statt dessen Mme. de Longueville empfangen hätte, hieß Ludwig XIV. enthusiastisch willkommen.

Zwar war das genau das Resultat, das Anna von Österreich sich erhofft hatte, doch für den jungen König war es gleichzeitig auch eine tiefe Entwürdigung. Wenn bedeutende Städte inzwischen dem Aufstand so nahe waren, daß nur die körperliche Gegenwart des Monarchen sie noch zum Einhalten ihrer Pflicht bewegen konnte, dann war die Lage so gut wie hoffnungslos. Und es war abzusehen, daß noch Schlimmeres bevorstand. Im Juli beschloß die Königin, auf die gleiche Weise auch in Bordeaux einzuziehen, und diesmal schlug der Versuch fehl: Dem König wurde der Zutritt zur drittgrößten Stadt seines Reiches versagt. Wenn der althergebrachte Mythos des Königtums so versagte, dann blieb in der Tat nur wenig Hoffnung.

Es schien sogar, als ob der nun schon seit bald zwanzig Jahren währende Krieg, der mit einem solchen Verlust an Menschen und Material geführt worden und der zuletzt dem Sieg so nahe gewesen war, nun auch noch verlorengehen sollte. Obwohl der Marschall Plessis-Praslin bei Rethel im Norden Frankreichs eine Schlacht gewonnen hatte, waren die spanischen Armeen von neuem auf dem Vormarsch und trugen ihrerseits zu der Verwüstung bei, die bereits die französischen Truppen im eigenen Land angerichtet hatten. Mazarin, dem man die Schuld für diese Kette von Mißerfolgen gab, wurde nun endgültig zum meistgehaßten Mann Frankreichs. Anna von Österreich vertraute ihm wie eh und je, doch niemand konnte sagen, wie lange sie noch in der Lage sein würde, ihn zu halten. Naturgemäß gingen die meisten Anschuldigungen gegen die Regierung an die Adresse Mazarins: Der König war zu jung, um angeschuldigt zu werden, die Königin noch immer zu angesehen – also wurde der Kardinal auf alle nur erdenkliche Weise verleumdet.

Als der Hof am Ende des Sommers nach Paris zurückkehrte, verschlechterte sich die Lage noch weiter. Bisher war die Krone durch die Zwistigkeiten gerettet worden, in die die Prinzen untereinander verstrickt waren, doch nun wandte sich Gondi gegen die Königin, sobald ihm klarwurde, daß sie ihn nicht für das Amt des Kardinals nominiert hatte, und er bemühte sich nun, die ehemaligen Streithähne untereinander und mit dem Parlament zu versöhnen. Im Dezember gab es keinen Zweifel mehr, daß Anna von Österreich und ihre Regierung jegliche Unterstützung verloren hatten. Am 20. Januar 1651 kam der Erste Ratsherr des Parlaments, Premier Président Molé, in das Palais-Royal und verlas vor der wutschnaubenden Königin eine heftige Zurechtweisung, in der die Freilassung der inhaftierten Prinzen gefordert wurde. Das kam nicht überraschend, doch der König, der natürlich anwesend war, rief, nachdem Molé gegangen war: «Mutter, hätte ich nicht gefürchtet, Euch zu verärgern, hätte ich an drei Stellen dem Präsidenten befohlen, er möge schweigen und sich zurückziehen.»[39]

Das war der Punkt, an dem Mazarin die Geduld verlor, und nichts ist verständlicher: Während einer Ratssitzung setzte er die aufständischen Noblen und das Parlament mit jenen Engländern gleich, die gerade ihren König hingerichtet hatten. Das lieferte dem Herzog von Orléans den Vorwand, den er brauchte, um mit dem Ersten Minister zu brechen, während das Parlament die Befreiung der Prinzen und die Entlassung des Kardinals forderte. Es war diese unglückliche Wendung, die Anna von Österreich und Mazarin zu dem Entschluß brachte, den zwölfjährigen König ins Vertrauen zu ziehen. In aller Heimlichkeit erläuterten sie Ludwig XIV. ihren Plan; dann floh Mazarin, als Musketier verkleidet, mit den noch verbliebenen Kronjuwelen nach Saint-Germain-en-Laye, in der Erwartung, daß König und Königin ihm folgen würden. Unglücklicherweise wurde es Monsieur mit etwas Hilfe von seiten Gondis bald nach der Entdeckung der Flucht des Kardinals klar, daß alles auf dem Spiel stand, wenn der König entkam: Solange er in Paris war, stand er unter Monsieurs Kommando, doch war er erst einmal aus der Stadt, dann war Monsieur nur noch einer in einer Reihe von Aufständischen, gegen die die Königin mit Mazarins Unterstützung vorgehen konnte. Und doch war er unentschlossen, wie gewöhnlich, und als Gondi ihn aufforderte, eine Order zu unterzeichnen, daß sämtliche Tore von Paris geschlossen würden, zögerte er so lange, daß am Ende seine Frau für ihn unterschrieb.

Ludwig XIV. und Anna von Österreich saßen nun in der Falle. «Die Königin hatte vorgehabt, in der Nacht vom 9. auf den 10. Februar zu fliehen ... Der Herzog von Orléans verkündete in voller Lautstärke, einer der königlichen Offiziere von Rang habe ihn von diesem Plan in Kenntnis gesetzt, und indem er seine Befürchtung laut werden ließ, sorgte er dafür, daß sie bald in aller Munde war...

... Das versetzte im Handumdrehen ganz Paris in Aufregung ... und der Herzog von Orléans beschloß, die Ängste des Volkes zu nützen ..., denn er hatte guten Grund, die Flucht des Königs aus Paris zu vereiteln ...

Binnen kurzem wimmelten die Pariser Straßen von Bewaffneten ... Die Königin erfuhr, der Herzog von Orléans habe offenbar die Absicht, sie vom König zu trennen ... Sie war bereits zu Bett gegangen, denn es war nach Mitternacht ...

... Der Aufruhr in den Straßen nahm ständig zu, und durch die Dunkelheit wurde alles nur um so furchterregender.» Das war der Augenblick, zu dem M. de Sourches im Auftrag Monsieurs eintraf, um sich zu vergewissern, daß die Königin das Palais-Royal nicht verlassen hatte. Sie erklärte ihm, der König schlafe, und auch sie selbst trage bereits das Nachtgewand. Sie fügte jedoch nicht hinzu, daß sie sich gerade erst entkleidet hatte, nachdem sie begriffen hatte, daß das Volk vielleicht den Palast stürmen könnte, und daß der König zwar unter der Bettdecke steckte, jedoch in voller Kleidung den Schlaf nur vortäuschte.

De Sourches ging ins Zimmer des Königs und hob auf Befehl der

Königin den Vorhang, hinter dem der junge Monarch ruhte, und betrachtete ihn lange Zeit in seinem Schlaf ... Dann verließ er das Palais-Royal und tat sein Bestes, die Pariser wieder zur Ruhe zu bringen.» Das allerdings war ein hoffnungsloses Unterfangen. Die wütenden Massen drängten nun zu den Palasttoren und forderten, daß sie geöffnet würden. Anna von Österreich, allein und ohne Ratgeber, gab Befehl, das Volk hereinzulassen. «Also kamen einige in den Palast hinein und brüllten, man müsse ihnen den König zeigen, sie wollten ihn sehen. Als sie dies vernahm, ließ die Königin ohne Zögern sämtliche Türen öffnen und ließ das Volk in das Schlafzimmer des Königs ein. Das war ganz nach dem Geschmack der Aufständischen. Sie drängten sich um das Bett des Königs, alle Vorhänge waren zurückgezogen – und dann erinnerten sie sich der Liebe, die sie zu ihm hegten, und sie segneten ihn immer und immer wieder. Sie blieben lange dort und betrachteten ihn in seinem Schlaf und konnten sich vor lauter Bewunderung gar nicht sattsehen ... Ihre Wut war verflogen ... Als sie gingen, hätte man denken können, sie seien die gehorsamsten Untertanen.»[40] Die Herrscher waren mit knapper Not davongekommen; nur die Ruhe, mit der Anna von Österreich gehandelt hatte, hatte sie gerettet: Hätte sie Anweisung gegeben, die Tore zu verteidigen, statt sie zu öffnen, wären wohl alle Bewohner des Palastes in dieser Nacht umgekommen.

Zwar kamen sie mit dem Leben davon, doch ohne Zweifel waren König und Königin nun Gefangene. Mazarin unternahm einen letzten Versuch, die Lage zu bessern, und reiste persönlich nach Le Havre, wohin man Condé inzwischen gebracht hatte, und ließ den Prinzen eigenhändig frei, doch es war zu spät: Ihm blieb nur die Flucht, und er zog sich über den Rhein ins Kurfürstentum Köln zurück und ließ sich auf der Burg Brühl nieder. Kurz darauf wies er sogar eine Offerte Philipps IV. zurück, der anbot, ihm jeden Wunsch zu erfüllen, wenn er bereit wäre, die Regierung Spaniens zu übernehmen. Bedenkt man, wie die Franzosen ihm mitgespielt hatten, so ist das ein erstaunlicher Beweis der Treue zu seinem Land und seiner Königin (mit der er natürlich insgeheim korrespondierte, um ihr auch in der Fremde mit seinem Rat beizustehen).

Was nun in Paris geschah, gleicht jenen endlos langen, verwickelten und gekünstelten Romanen, die damals so sehr in Mode waren. Nach langem Zögern beschloß Monsieur, die Regentschaft doch nicht zu übernehmen, was, wie es schien, die Position der Königin stärkte; doch seine Tochter, Mademoiselle, rückte nun zu einer der führenden Gestalten der Fronde auf.

Wie in einem Kaleidoskop folgte innerhalb des aristokratischen Lagers der Fronde ein bunter Reigen wechselnder Bündnisse und Treuebekundungen, und nach vielem Hin und Her weigerte sich Condé, die Krone zu usurpieren, mit dem Argument, eine solche Tat komme einem Mann seines Standes nicht zu. Und natürlich verfolgte das Parlament seine eigenen Interessen, da es allmählich einsah, daß es ganz andere Ziele hatte als der Hochadel, auch wenn – oder manchmal gerade weil – diese im Widerspruch zu denen der anderen Frondeurs standen.

Anna von Österreich mußte sich während dieses ganzen turbulenten Jahres auf zwei Ratgeber ganz verschiedener Art verlassen: Mazarin schickte aus dem fernen Brühl einen Brief nach dem anderen und erklärte der Regentin, was sie tun solle, während sie sich in Paris auf den inzwischen wieder versöhnten Gondi verließ. Diesmal war der Kardinalshut kein leeres Versprechen: Der französische Botschafter in Rom erhielt Order, beim Papst um die Beförderung nachzusehen, und im Gegenzug half Gondi der Königin, die Macht und die Popularität von Monsieur le Prince einzudämmen – eine Arbeit, die er mit Erfolg verrichtete, hatte er doch noch bis vor kurzem dieser nun gegnerischen Partei angehört, deren Schwächen er folglich kannte.

Und was tat Turenne? Er kehrte ins Lager der Krone zurück, sobald Condé wieder frei war. «M. le Prince besuchte M. de Turenne, sobald er von dessen Ankunft erfuhr, lud ihn in den Louvre und dann zum Essen ein, und es folgte der übliche Empfang im Hôtel de Longueville; doch nach diesem Tag verkehrte M. de Turenne nicht mehr weiter dort, denn es war ihm rasch klargeworden, daß es dort nur um Privatinteressen ging.»[41] Auch der König selbst spielte seine Rolle in diesem Imbroglio. Er wurde nun zum Vertrauten Annas von Österreich, er unterstützte sie, indem er zu denjenigen besonders liebenswert war, gegen die sie ihre Intrigen spann – und unter diesen stand Condé an erster Stelle.

Die Wirkung zeigte sich bald: Condé als Gefangener war ein Machtfaktor; doch nun, persönlich zugegen, war er herablassend und streitsüchtig wie immer. Und mitten in diesem Wirbel von Bündnisschlüssen und Wortbrüchen fand ein Ereignis von größter Bedeutung statt: Am 5. September 1651 wurde Ludwig XIV. dreizehn Jahre alt und erreichte damit das Alter, in dem ein französischer König volljährig wurde.

Natürlich gab es große und, dem Anlaß angemessen, rauschende Feste. Ein grandioser Umzug führte durch ganz Paris: «Die Kleider, die Seine Majestät trug, waren so reich mit Gold bestickt, daß man den Stoff und auch die Farbe gar nicht mehr erkennen konnte, und er wirkte so erwachsen, daß man kaum glauben konnte, daß es nicht schon der vierzehnte Geburtstag war.»[42] Im Parlament fand eine *séance royale* statt, in der Anna von Österreich offiziell ihre Regentschaft niederlegte und der König, der nun als Mann galt, antwortete: «Madame, ich danke Euch für die Sorgfalt, mit der Ihr Euch meiner Erziehung und der Verwaltung meines Reiches gewidmet habt. Ich bitte Euch, mir auch weiterhin Euren Rat zu gewähren; ich wünsche, daß Ihr, nach mir an zweiter Stelle, den Vorsitz meines Rates übernehmt.»[43] Als die Feierlichkeiten vorbei waren, verlor sich der Eindruck, daß sich viel verändert habe. Mme. de Motteville kommentierte: «Die Volljährigkeit des Königs verschaffte der Königin nicht die erwartete Ruhe, doch sie verlieh ihr die Stärke, einem zweiten Krieg ins Auge zu blicken.»[44]

Formal gesehen wurde von Ludwig XIV. nun erwartet, daß er sein Amt antrat: Alle Regierungsbeschlüsse würden von nun an statt mit dem Namen der Königin mit dem seinen gezeichnet sein; Ungehorsam gegenüber der Regierung war von nun an eine persönliche Beleidigung des Königs. Das war mit Sicherheit von Nutzen, doch gleichzeitig zweifelte niemand daran, daß sich der Monarch, auch wenn er reifer war, als seine Jahre vermuten ließen, darauf beschränken würde, die Politik seiner Mutter umzusetzen.

Binnen kurzem wurde diese neue Beziehung auf ihre erste Probe gestellt. Von seiner Schwester Mme. de Longueville, seinem Bruder Prince de Conti und seinem Freund M. de Marcillac bedrängt, verließ Condé die Hauptstadt, unterzeichnete einen Vertrag mit Spanien und brach so einen neuen Krieg vom Zaune: Nach Turenne, der sich inzwischen dazu herabließ, seine Pflicht zu tun, hatte sich nun auch Condé, der Erste Prinz von königlichem Geblüt, mit dem Landesfeind gegen den eigenen Herrscher verbündet. Sein einziges Motiv war, von der Königin weitere Vergünstigungen zu erzwingen, noch zahlreichere, als die, die ihm schon während der Verhandlungen, die einen Bruch mit ihm hatten verhindern sollen, versprochen worden waren.

Zunächst schien es, als werde Condés Aufstand bald vorüber sein: Zwar schloß sich eine Reihe von Provinzen dem Prinzen an, doch es war zu erwarten, daß sie ihre Unterstützung aufgeben würden, sobald der König persönlich auftrat. Also machten sich Ludwig XIV., dann Anna von Österreich und der Hofstaat an der Spitze einer kleinen Armee in Richtung Südwesten auf, während Monsieur in Paris blieb und schmollte. Diese Unternehmung hatte zumindest den einen Vorteil, daß der König nun endlich und ohne Schwierigkeiten Paris verlassen konnte. Er erwartete, an der Spitze einer siegreichen Armee zurückzukehren, und rechnete nicht im geringsten damit, daß sich die beschämenden Ereignisse vom Januar 1651 wiederholen könnten.

Er hatte guten Grund zum Optimismus, doch dann schlug die Lage plötzlich von neuem um. Die Regentin hatte zur Sicherung des Friedens als letzten Akt ihrer Regierung Mazarin geächtet. Nachdem der König nun volljährig war, waren die Argumente zur Rechtfertigung der Fronde hinfällig geworden, und das neueste Abenteuer Condés erschien nun als nichts anderes als der habgierige Akt eines übereifrigen Prinzen; deshalb war es auch unwahrscheinlich, daß er große Unterstützung finden würde. Kehrte jedoch Mazarin zurück, würde der Eindruck entstehen, die Regierung habe falschgespielt, und

Condés Unternehmen bekäme Zulauf. Damit würde tatsächlich ein neuer Krieg beginnen. Mazarin zurückzurufen schien also der größte Fehler zu sein, den man machen konnte.

Doch genau das hatten König und Königin vor. Es ist verständlich, daß Anna von Österreich den Minister, dem sie vertraute und den sie bewunderte, zurückrufen wollte; darüber hinaus ist es auch ein Zeichen ihrer Dankbarkeit, denn sie hätte den Dingen ihren Lauf lassen und sich statt dessen Gondi zuwenden können. Warum aber Ludwig XIV. dem Kardinal einen ausgesucht freundlichen Brief schrieb, bedarf einer Erklärung, denn inzwischen stand es ja in seiner Macht, jeder offiziellen Entscheidung seiner Mutter die Zustimmung zu verweigern.

Tatsächlich standen König und Königin, als sie Paris verließen, vor einer Grundsatzentscheidung: Parlament und Hochadel hatten sie dazu gezwungen, Mazarin ins Exil zu schicken. Falls sie diese Entscheidung hinnahmen, bedeutete das für die Monarchie eine große Niederlage, zumal die Erklärung des Jahres 1648, in der viele Bedürfnisse des Königs an das Parlament übergingen, noch immer in Kraft war; jeden zukünftigen Minister, der dieser Gruppe mißfiel, würde das gleiche Schicksal ereilen. Unter solchen Umständen wäre Ludwig XIV. nur noch nominell König gewesen, außerstande, nach seinen eigenen Vorstellungen zu regieren. Natürlich hätte es sich nicht gelohnt, diese Folgen auf sich zu nehmen, wenn es sich bei dem Kardinal um einen inkompetenten oder unaufrichtigen Minister gehandelt hätte. Doch sowohl Anna von Österreich als auch Ludwig XIV. waren davon überzeugt, daß er dies nicht war. Deshalb schien es ihnen notwendig, den Mann zurückzurufen, der ihnen dazu verhelfen konnte, nicht nur die traditionelle Macht der Krone wiederherzustellen, sondern auch jenen Frieden mit Spanien zu schließen, für den Frankreich gekämpft hatte. Sie waren sich der Risiken sehr wohl bewußt und nahmen gegenwärtige Komplikationen um des zukünftigen Erfolges willen in Kauf.

Mazarin machte sich also mit einer kleinen Armee von achttausend Soldaten, die er aus eigener Tasche bezahlte, nach Poitiers auf, wo er sich mit dem Hof treffen sollte. Alles kam, wie man es hatte erwarten können. In einem Brief (der Absender ist nicht bekannt), der Condé am 27. Januar 1652 Nachrichten aus Paris lieferte, wird die Lage eindeutig beschrieben: «M. d'Orléans hat ein Schreiben vom König erhalten, in dem Seine Majestät ihn wissen läßt, es sei ungerecht von ihm, wenn er M. le Cardinal die Erlaubnis zurückzukehren und sich zu rechtfertigen verweigere oder wenn er die angebotene Hilfe ausschlüge. Deshalb bittet Er ihn um Verständnis für Seine Ansichten und fordert ihn auf, sich auf die Seite der Hofpartei zu schlagen, wo er höchst willkommen sei. M. d'Orléans antwortete, er könne nicht den Hof unterstützen, wenn M. le Cardinal zurückkehre, und er werde tun, was immer er könne, um ihn an der Wahrnehmung der Amtsgeschäfte zu hindern. Wie ich höre, wird zu diesem Zweck am Mittwochabend ein Bündnisvertrag unterzeichnet, und zwar durch Mme. d'Orléans, die die Vollmacht ihres Bruders, des Herzogs von Lothringen, hat, und M. d'Orléans sowie M. de Longueville und Monsieur le Prince. Man nimmt an, daß der Herzog von Lothringen persönlich an der Spitze seiner Truppen einrücken wird, und M. de Beaufort* wird die Truppen der Königlichen Hoheit kommandieren ... Mademoiselle wirbt zweitausend Mann an, die sie selbst bezahlen wird ...

Letzten Donnerstag wurde im Parlament ein Beschluß verabschiedet, dem König weitere schriftliche Remonstrationen zu senden; kein Adelstitel, keine Ernennung zum Marschall von Frankreich soll bestätigt werden,** bevor der Beschluß zur Absetzung des M. le Cardinal ausgeführt worden ist.»[45] Die Fronde herrschte also von neuem, und jetzt schlimmer als je zuvor: Diesmal, so schien es, standen ihre Erfolgschancen gut.

Dieses eine Mal reagierte der König von Spanien ohne Zögern und entsandte, obwohl gerade in der Rückeroberung Kataloniens begriffen, Truppen nach Paris. Diese verbanden sich mit der kleinen Armee unter dem Herzog von Beaufort, während in Paris Monsieur sich sein Ansehen als Prinz von königlichem Geblüt zunutze machte und seinem Neffen den Zutritt zur Stadt verweigerte. Im Mai 1652 konnten die Aufständischen zu Recht behaupten, ihre Truppen seien um ein Vielfaches stärker als die königlichen und an ihrer Spitze stehe einer der beiden führenden Generäle Frankreichs.

Zum Glück hatte die Hofpartei jedoch auch einige Trümpfe in der Hand: Turenne, der nun fest auf seiten des Monarchen stand, wurde zum Oberbefehlshaber der königlichen Truppen ernannt. Mazarin hätte keine bessere Wahl treffen können; die Truppen der Aufständischen hingegen unterstanden dem Befehl verantwortungsloser, oft inkompetenter Offiziere, so daß die Anweisungen Condés oft nur unvollkommen in die Tat umgesetzt wurden. Am 13. März 1653 etwa schrieb der Prinz an seinen Freund, den Marquis von Jarzé: «Der Graf von Harcourt konnte gestern mit seiner gesamten Streitmacht bis mitten in den Bereich vordringen, in dem meine Truppen lagerten, denn die Wachen, die ich postiert hatte, versäumten ihre Pflicht. Deshalb konnten meine Truppen keine Aufstellung nehmen, und ich mußte über die Garonne zurückweichen, statt mich zum Kampf zu stellen ... Ich schreibe Euch das in Eile, so daß Ihr Eure eigenen Truppen zurückziehen könnt.»[46]

* Ein stattlicher, einfältiger, aber populärer junger Mann, der Sohn eines der unehelichen Söhne Heinrichs IV.

** Adelige und Marschälle von Frankreich wurden zwar vom König ernannt, erlangten jedoch ihren Rang erst vom Tage der Bestätigung durch das Parlament an.

Ein solcher Mangel an Organisation vergrößerte natürlich die Chancen der königlichen Armee enorm. Und es blieb immer noch die persönliche Aura des Königs: Das war ein Faktor, auf den man auch in den düstersten Augenblikken rechnen konnte.

Trotzdem war im Juni und Anfang Juli die Lage des Hofes so gut wie hoffnungslos. Diesen Eindruck gewinnen wir aus zahlreichen Quellen, für die hier ein besonders sachkundiger Zeuge genannt sei, der Herzog von York, der als jüngerer Sohn Karls I. aus erster Hand wußte, wie Monarchien zugrunde gehen. In seinen Memoiren schreibt er: «Zu Beginn jenes Jahres [1652] lag der Hof in den letzten Zügen: Nur noch wenige Untergebene waren dem König treu geblieben. Selbst solche, deren persönliches Interesse sie zu überzeugten Vertretern der Rettung des Staates hätte machen müssen, waren zu Werkzeugen jenes aufrührerischen Geistes geworden, welcher das Land unter dem fadenscheinigen Vorwand verwüstete (der Aufständischen schon so oft dazu gedient hat), sie müßten den König vor schlechten Ratgebern bewahren. Damit dieser Einwand plausibler erschien, griffen sie vor allem den Minister [Mazarin] an und brüllten, es sei eine Schande, daß Frankreich von einem Ausländer regiert werde, während so viele Prinzen von königlichem Geblüt nicht nur mehr Anrecht auf diesen Posten hätten als der Kardinal, sondern ihn auch fähiger bekleiden könnten. Diese Prinzen führten die Aufständischen an, und die meisten Adligen des Reiches und Personen von Rang folgten ihnen. Die größten Städte und die Mehrzahl der Parlamente* hatten sich ihnen angeschlossen. Der Herzog von Longueville bekannte sich zwar zu keiner der beiden Seiten, doch war es sehr wohl bekannt, daß er eher zu den Prinzen neigte und mit ihm die Normandie** und daß er sich nur neutral stellte, um sich ohne Risiko für sich selbst zur stärkeren der beiden Parteien schlagen zu können.»[47] Das war natürlich eine Lage, die der junge Mann nur zu gut aus eigener Erfahrung kannte.

Auch Turenne wußte, wie schlecht es um die Königspartei bestellt war. «Der Hof war sehr in Bedrängnis geraten», schreibt er. «Die Armee des Königs zählte nicht mehr als achttausend Mann, die Prinzen lagen mit fünftausend in Paris, und die Spanier kamen zusammen mit der lothringischen Armee auf zwanzigtausend Mann. In der Normandie weigerte man sich, den König zu empfangen. Am Abend, an dem diese Nachricht bei Hofe eintraf, erfuhr M. de Turenne... von dessen Entschluß, sich nach Burgund zurückzuziehen... Wenn es dazu käme, warf er auf der Stelle ein, dann sei alles verloren.»[48] Womit Turenne völlig recht hatte: Wäre eine Armee der Spanier

* Frankreich verfügte über dreizehn Parlamente, von denen das in Paris das bedeutendste war.

** Longueville war Gouverneur der Normandie.

erst einmal in Paris eingezogen, dann hätte sie so schnell nichts zum Rückzug bewogen, und ein König auf der Flucht lief immer Gefahr, von den siegreichen Truppen gefangengesetzt zu werden. Die Zeit war also gekommen, Mut zum Risiko zu zeigen, und Ludwig XIV. hatte das Glück, an der Spitze seiner kleinen Armee einen Mann zu haben, bei dem sich die außerordentliche Fähigkeit, während der Schlacht die Ruhe zu wahren, mit dem überragendsten strategischen Verstand seiner Zeit verband. Auf Drängen Turennes beschloß man deshalb, Condés Armee anzugreifen und nach Compiègne etwa fünfzig Meilen nördlich von Paris vorzurücken, um so die spanische Armee von ihren Stützpunkten in den Niederlanden abzuschneiden. Am 7. April 1652 kam es zur Schlacht in der Nähe der kleinen Ortschaft Blèneau. Ungefähr fünfzehntausend Mann trafen aufeinander, aber nur wenige hundert fielen, und schon am Abend zeigte Turennes überlegene Taktik ihre Wirkung. Statt des Hofes zog sich Condé zurück, und zumindest für den Augenblick war die Monarchie gerettet. Condé ging nach Paris und übernahm dort von Monsieur das Kommando über die Stadt.

Ludwig XIV. war zwar noch nicht einmal vierzehn Jahre alt, doch blieb er bei all diesen Verwicklungen keineswegs ein teilnahmsloser Zuschauer. Eine Delegation des Parlaments hatte er bereits verblüfft, indem er die Remonstrationen, die sie ihm brachten, zerriß, ohne einen Blick darauf geworfen zu haben. Als nun die aufständischen Prinzen eine Abordnung zu ihm schickten, handelte er nicht mit ihnen jenen erwarteten Frieden aus, der ihnen sämtliche Macht überlassen hätte, sondern ließ die Gesandten einfach wissen, da müßten sie mit dem Minister sprechen. Als sie antworteten, ihre Anweisungen untersagten jegliches Treffen mit Mazarin, befahl er ihnen, ihm zu folgen, und brachte sie selbst dorthin.

Daß der König eine so starke und so persönliche Abscheu gegenüber den Frondeurs empfand, lag daran, daß er den Aufstand – zu Recht – als Angriff auf den Machtbereich der Krone verstand; ebensowenig blieb ihm jedoch verborgen, daß sein Volk durch diese Kapriolen der Granden Not litt. Die Armeen des 17. Jahrhunderts waren in den Verwüstungen, die sie anrichteten, schlimmsten Naturkatastrophen vergleichbar; Plünderei, Brandstiftung, Vergewaltigung, Mord – stets die Begleitumstände militärischer Unternehmungen – ließen ein ausgeplündertes und verbranntes Land zurück. In dieser Beziehung stand die königliche Armee derjenigen der Fronde in nichts nach, und im Jahre 1652 fühlte Ludwig XIV. sich bereits unmittelbar verantwortlich für das Wohl seiner Untertanen. Die Briefe, die er zu diesem Thema an Turenne schrieb, sind, bedenkt man die aussichtslose Lage, in der er sich damals befand, ausgesprochen beredt – man könnte es verstehen, wenn er sich mehr um seine eigene Zukunft gesorgt hätte als um das Wohl der Bauern, die in der Nähe der Schlachtfelder lebten. Daß er dies aber selbst unter so unglücklichen

Umständen nicht tat, verrät uns eine Menge über den Begriff, den er vom Königtum hatte.

Am 28. April etwa schreibt er seinem Oberkommandierenden: «Von überallher schickt man mir Beschwerden über die außerordentlichen Verwüstungen, die meine Truppen anrichten ... die Armee plündert Städte und Dörfer und verschont nicht einmal die Häuser der Adligen.»[49] Im Mai bemühte er sich wiederum um Schutz für seine Untertanen: «Große Verstimmung bereitet mir die Beschwerde der Einwohner von Melun, die besagt, am 11. dieses Monats hätten zwischen sechzig und achtzig deutsche Kavalleristen, oder andere ausländische Soldaten meiner Armee, die unter Eurem Kommando steht, einhundertundfünfzig Kühe von den Weiden ebendieser Stadt, die bereits eine Zahl von Ackergäulen habe opfern müssen, entwendet; und als einige der ehrenwertesten Männer dieser Stadt gemeinsam mit den Armen, denen die Kühe gestohlen worden waren, zu ihnen kamen – allesamt unbewaffnet –, die Tiere zurückforderten und sogar Geld dafür boten, töteten die Soldaten kaltblütig mehrere dieser Einwohner und der Männer aus dem Volke, die sie begleitet hatten.»[50] Ein ausgesprochen bemerkenswerter Brief für einen dreizehnjährigen König, der mit seinen eigenen Sorgen genug zu tun hatte.

In der – wie es schien – unerträglichen Lage, in der er sich befand, boten sich für Ludwig XIV. zwei Verhaltensmöglichkeiten an: Mancher Junge in seinem Alter hätte sich einfach von allem zurückgezogen und es seiner Mutter überlassen, sich mit den zahllosen Schwierigkeiten auseinanderzusetzen, in die die Regierung geraten war. Doch das war eine Möglichkeit, die Ludwig gar nicht erst erwog – nur die zweite Möglichkeit erschien ihm ehrenhaft und erfolgversprechend. Nun, wo er die Volljährigkeit erreicht hatte, sah er das Schicksal des Königreichs auf seinen Schultern ruhen. Natürlich war nicht ernsthaft daran zu denken, daß er die Verantwortung allein übernahm: Er wußte gut genug, daß er dafür zu jung und zu unerfahren war, doch schon allein die Tatsache, daß er Mazarin, den er hätte entlassen können, weiterhin vertraute, sprach Bände. Der Minister verkörperte und bestimmte die Regierungspolitik, doch er tat das nicht ohne die Zustimmung des Königs.

Doch trotz all dieser gewichtigen Entscheidungen blieb Ludwig ein quicklebendiger Knabe. La Porte berichtet: «In Corbeil ließ der König Monsieur* in seiner Kammer schlafen, obwohl sie so winzig war, daß jeweils nur eine Person sie durchqueren konnte. Als sie am Morgen erwachten, spie der König unbedacht auf Monsieurs Bett, und prompt bespie dieser dasjenige des Königs. Der König, nun schon ein wenig verärgert, spuckte Monsieur ins Gesicht. Daraufhin sprang Monsieur auf das Bett des Königs und pißte darauf, und der König tat das gleiche auf Monsieurs Bett ... und bald gerieten sie sich

* Monsieur steht in diesem Falle ohne Zweifel für den elfjährigen Herzog von Anjou.

in die Haare und begannen sich zu prügeln. Ich tat mein möglichstes, um den König von dieser Prügelei abzubringen, doch ich erreichte nichts und rief nach M. de Villeroy, der bald für Ordnung sorgte. Monsieur war um ein Vielfaches schneller in Harnisch geraten als der König, doch der König war sehr viel schwerer wieder zur Ruhe zu bringen als Monsieur.»[51] Dieser Text ist nicht nur wegen des eindrücklichen Kommentars über den Unterschied zwischen den Charakteren der beiden Brüder von Interesse, sondern auch als Zeichen, wie schlicht – um nicht zu sagen ärmlich – das Leben der Königsfamilie geworden war.

Aus dem Frühling wurde Sommer, und es schien, als bessere sich die Lage. Mazarin riet der Königin, sie solle unter bestimmten Bedingungen seiner Entlassung zustimmen – sofern das Parlament bereit sei, die Erklärung des Jahres 1648 zu widerrufen. Das war – man braucht es kaum zu erwähnen – natürlich nur als taktisches Manöver gedacht, und der Kardinal sollte zurückberufen werden, sobald die Regierungspartei sich ein wenig erholt hätte. Die königliche Armee traf inzwischen Vorbereitungen, am 2. Juli Paris anzugreifen. Zunächst schien es, als verlöre Condé die Schlacht, doch die Tore von Paris öffneten sich gerade noch rechtzeitig, um die Armee des Prinzen zu retten, und schlossen sich wieder, kurz bevor die königlichen Truppen sie erreichten. Die Intervention der Pariser hatte den König um einen entscheidenden Sieg gebracht, und die Pariser wurden von niemand anderem geführt als Mademoiselle, seiner Cousine, die ihre neu erlangte militärische Stellung genoß. Und, noch empörender, einige Stunden später, als ein Ausfall der Condéschen Armee durch die Truppen Turennes zurückgeschlagen wurde und der Sieg nun zum Greifen nahe schien, sah man von den Türmen der Bastille, in deren Nähe gekämpft wurde, Rauch aufsteigen: Mademoiselle, die wiederum das Kommando führte, hatte Befehl gegeben, von der alten Festung aus auf die Armee ihres Vetters zu schießen. Diesmal gab es keine Möglichkeit, den strategischen Nachteil wettzumachen, und die Schlacht endete mit einer Niederlage. Beinahe hätte das letzte Stündlein der Fronde geschlagen gehabt, doch nun war sie von neuem aktiv.

Der König sollte niemals vergessen, daß sein Cousin und seine Cousine – Condé und Mademoiselle – ihn beinahe zusammen mit dem Hochadel um seinen Thron gebracht hatten. Die Zeiten hatten sich, auch wenn es den Frondeurs noch nicht zu Bewußtsein gekommen war, geändert. Selbst der majestätische Richelieu hatte es seinerzeit als unveränderliche Tatsache hingenommen, daß er sich mit den unablässigen Verschwörungen und Aufständen der Prinzen abfinden mußte – immer wieder einmal hatte Monsieur gegen Ludwig XIII. intrigiert, und man hatte ihm verziehen. Nun schaute sich zum ersten Mal in der Geschichte Frankreichs ein König die Spiele, die seine Verwandten spielten, genauer an, doch weder verzieh er ihnen, noch vergaß er, was er gesehen hatte.

Die Lage des Hofes mochte schlecht sein, doch die der beiden Prinzen schien noch aussichtsloser. Die Richter des Parlaments, die mit ansehen mußten, wie ihre Güter von den Armen beider Seiten gebrandschatzt und geplündert wurden, und die noch weitaus mehr zu verlieren hatten, wenn der Krieg andauerte, waren bereit, sich dem König unter der einen Bedingung zu ergeben, daß Mazarin entlassen würde. Damit wäre sowohl Condé als auch dem Herzog von Orléans das Wasser abgegraben, denn sie hätten nicht mehr aus der Position des Stärkeren heraus verhandeln können. Deshalb versuchten die beiden Aufstände anzuzetteln, indem sie das Parlament beschuldigten, es habe sich auf die Seite Mazarins geschlagen. Es kam zu einigem Blutvergießen, und ein Teil der Richter floh aus Paris. Sie schlugen ihr Lager in Pontoise auf und bemühten sich um eine Aussöhnung mit dem König, während in Paris am 20. Juli das Rumpfparlament Monsieur zum Generalleutnant – de facto Diktator – ausrief und Condé zum Oberkommandierenden der Armee.

Wieder einmal schien es, als werde in wenigen Tagen das Chaos hereinbrechen. Voltaire beschreibt die Lage perfekt: «Zu jener Zeit gab es keine Seite, die nicht Schwäche gezeigt hätte; die Hofpartei war nicht machtvoller als die anderen; überall fehlte es an Kraftreserven und an Geld; die Parteien zersplitterten sich immer weiter; die Schlachten waren für beide Seiten verlustreich und führten zu nichts als Verdruß.»[52] Es gab offenbar nur eine Lösung: Mazarin, «dem jedermann die Schuld an diesem Aufstand zuschob und der doch nur den Vorwand dafür lieferte»,[53] verließ wiederum Frankreich. Diesmal ging er jedoch nach Sedan, ein neutrales, an der Nordgrenze des Landes gelegenes Fürstentum, über das der Bruder Turennes herrschte, der Herzog von Bouillon, und er wurde mit einer Proklamation des Königs verabschiedet, die voll des Lobes für seine Leistungen war. Das war alles, was notwendig war. Binnen weniger Tage hatte sogar das Rumpfparlament Verhandlungen mit dem König aufgenommen; Condé sah sich gezwungen, die Stadt zu verlassen, und am 20. Oktober zogen der König, die Königin und der Hof wieder nach Paris ein – unter, wie Ormesson schreibt, «Beifallsrufen der Menge, ‹Lang lebe der König›, und das ganze Volk bereitete Seiner Majestät einen so liebevollen Empfang, denn er bot ihnen als einziger die Möglichkeit, nach so vielen Schrecken wieder in Frieden zu leben.

Am nächsten Tag empfing der König sein Parlament in der Galerie des Louvre; er ließ in seiner Gegenwart eine Generalamnestie registrieren, dazu die Wiedervereinigung der beiden Parlamente von Paris und Pontoise; er schickte etwa ein Dutzend Richter, die sich als besonders aufsässige Frondeure gezeigt hatten, in die Verbannung; er untersagte dem Parlament, jemals wieder ohne seine Erlaubnis über Staatsgeschäfte zu beraten; er ordnete an, daß niemand den Prinzen dienen oder eine Pension von ihnen annehmen dürfe; und schließlich rief er den Hochadel auf, sich binnen dreier Tage bei ihm einzufinden und ihm Respekt zu zollen... Schon am nächsten Tag ging das Kommando über die Bastille wieder an den König über... Diese Rückkehr des Königs ist ein Wunder, ein Werk Gottes.»[54] Das sind Worte, die man kaum von jemandem erwartet, der durch Amt und Familientradition dem Parlament so eng verbunden war. Doch die neue Lage war zu eindeutig, als daß man sie hätte in Zweifel ziehen können: Als Parlament und Prinzen sich gemeinsam gegen die Krone aufgelehnt hatten, waren Bürgerkrieg, Verrohung der Sitten und allgemeine Zerstörung der Preis gewesen.

Auch den Anführern der Rebellion ging es nun nur noch um Straffreiheit. Der Herzog von Orléans erhielt den Befehl, sich in seine Burg in Blois zurückzuziehen, und dort blieb er für die nächsten sechs Jahre; Mademoiselle, die sich bemühte, in Paris zu bleiben, wurde ins Exil auf ihre Güter in Saint-Fargeau geschickt, sieben Tagesreisen vom Hof entfernt; auch die Herzöge von Beaufort und Rohan mußten ins Exil. Der König, der eindeutig das Kommando übernommen hatte, «richtete sich nun endgültig im Louvre ein, hatten ihn doch die unliebsamen Vorfälle im Palais-Royal gelehrt, daß Wohnhäuser ohne Burggraben nicht das Rechte für ihn waren.»[55] Nur Condé führte den Krieg noch weiter, doch konnte er, von den meisten seiner Mitstreiter verlassen und von Spanien nur ungenügend finanziert, nur noch einige Scharmützel in der nördlichen Champagne führen, bis er schließlich als Oberkommandierender der Armee nach Spanien ging und sich damit ganz in Abhängigkeit von Philipp IV. begab. Seine französischen Besitzungen wurden beschlagnahmt, und nach einem Gerichtsverfahren *in absentia* befand ihn das Parlament am 27. März 1653 des Verrats für schuldig und verurteilte ihn zum Tode durch Enthaupten.

Als wäre das nicht Beweis genug gewesen, daß die Fronde nun endgültig zu Ende war, rief der König, der inzwischen alle Fäden in der Hand hielt, nun auch Mazarin zurück, der im Februar 1653 in Paris eintraf. Ein Jahr zuvor wäre stürmische Entrüstung die Folge gewesen – nun wurde er mit Beifall empfangen. Nachdem Ludwig XIV. ihn wieder in seinen Posten als Erster Minister eingesetzt hatte, begann er, die Zügel der Regierung von neuem zu übernehmen, während seine großen Gegner, die Herren vom Parlament, um die Ehre baten, empfangen zu werden, um sich in aller Form seinem Schutz anzuempfehlen. Wohl nie zuvor hat sich die Position eines Ministers so radikal von allgemeinem Widerstand zu enthusiastischem Unterwerfen gewendet. Wie zutreffend diese Bemerkung war, wurde (sofern so etwas überhaupt noch möglich war) bald noch deutlicher: In jenem Frühjahr fand die Verlobung und danach die Hochzeit einer der vielen Nichten, die der Kardinal aus Italien hatte herüberkommen lassen, mit dem Prinzen Conti statt, Condés eigenem Bruder: Mazarin war nun in dieselben Höhen aufgestiegen wie Richelieu, doch anders als sein Vorgänger konnte er ein Land regieren, das sich willig fügte und in dem es keine Opposition mehr gab.

III

# DER KARDINAL UND SEIN FRIEDEN

Als Ludwig XIV. schließlich von den Kriegszügen zurückkehrte und wieder Einzug im Palast seiner Vorfahren hielt, hatten die meisten den Eindruck, er sei noch immer nur ein stiller Teilhaber an der Regierung, die unter der Leitung seiner Mutter und des Kardinals stand. Anscheinend interessierte er sich nicht allzu brennend für Politik: Er ritt, jagte, tanzte, machte Frauen den Hof – sein Hauptinteresse galt offenbar dem Vergnügen. Aus einer reichlich abstoßenden Geschichte, die La Porte kolportiert, wissen wir, daß der König mit dem Jahr 1652 die Geschlechtsreife erreicht hatte. Als der Frieden wiederhergestellt war, ließ er sich, zunächst diskret, auf eine Reihe von flüchtigen Affären ein, und man konnte vorhersagen, daß er für den Rest seines Lebens nicht ohne Ersten Minister auskommen würde.

Dies erschien um so wahrscheinlicher, als Mazarins Macht von Monat zu Monat zunahm. Er traf jetzt alle maßgeblichen Entscheidungen selbst und unterrichtete die Königin oft erst im nachhinein von deren Durchführung. Er vergab Pensionen, Beförderungen, Ehrentitel: Er regierte Frankreich ganz wie ein absoluter Monarch. Währenddessen wuchs sein persönlicher Reichtum: Als sein Verwalter Colbert im Jahre 1658 eine Bilanz der Finanzen des Kardinals zog, belief sich sein jährliches Einkommen auf 793.570 Livres; sein Vermögen war auf über 8 Millionen Livres angewachsen, und hinzu kam noch seine zu Recht berühmte Sammlung von Gemälden, Skulpturen, seltenen Büchern und Kunstgegenständen.[56] Er war zum Herzog ernannt worden, mit dem Recht, den Titel nach eigenem Ermessen einer seiner Nichten zu vererben. Im Laufe der Jahre wurde das Zeremoniell in seiner Umgebung immer ausgeklügelter: Eine einzigartige Kehrtwendung für jemanden, dessen Demut früher sprichwörtlich gewesen war.

Aber während aufmerksamen Beobachtern nicht verborgen blieb, daß die

Königin begann, an dem neuen, gebieterischen Auftreten des Kardinals Anstoß zu nehmen, gab es keinen Zweifel daran, daß der König mit dem, was in seinem Namen geschah, vollkommen einverstanden war. Tatsächlich war Mazarin entgegen allem Anschein darauf bedacht, nicht nur Ludwigs Zustimmung zu suchen, sondern auch seine Politik so zu erläutern, daß er dem jungen Mann dabei all das beibringen konnte, was er über das Regieren wissen mußte. So erhielt der König von 1653 an trotz mangelhafter Vorbildung eine politische Erziehung, indem er dem raffiniertesten Staatsmann seiner Zeit über die Schultern sah.

Der Winter 1653/54 war verhältnismäßig ruhig; der Krieg mit Spanien dauerte an, doch ohne erwähnenswerte Schlachten, und nun, da der Wohlstand wiederkehrte, schien Frankreich wie glücklich erlöst von dem Bürgerkrieg und fest entschlossen, die vergeudeten Jahre nachzuholen. Am 7. Juni 1654 bekräftigte die Krönung des Königs, daß in der Tat ein neues Zeitalter angebrochen war. Die Feierlichkeiten waren geprägt vom gewohnten verschwenderischen Prunk: Ludwig XIV. wurde gesalbt mit dem Öl, von dem es hieß, ein Engel habe es einige tausend Jahre zuvor zur Erde gebracht; die Krone setzte ihm der Erzbischof von Reims aufs Haupt; das Szepter und die Hand der Gerechtigkeit* wurden ihm überreicht, und die Menschen, die die gewaltige gotische Kathedrale füllten, riefen: *«Vivat Rex in aeternum.»* Danach begaben sich der König, der Kardinal und der Hof nach Stenay in Nordfrankreich, das in den Händen der Spanier war und von den Franzosen belagert wurde. Jetzt konnte niemand im Königreich mehr daran zweifeln: Ludwig XIV. war wirklich der Auserwählte des Herrn, eine Tatsache, deren er selbst sich schon lange bewußt war.

Dieses Bewußtsein sah man ihm an: Obwohl Ludwig XIV. im Frühling des Jahres 1654 erst fünfzehn Jahre alt war, konnte er bereits bemerkenswert imposant wirken: «Seine Größe und stattliche Erscheinung fanden viel Bewunderung, seine Augen und seine ganze Gestalt vermittelten einen Eindruck von Majestät»,[57] notierte Mme. de Motteville. Bei Hofe beschränkte sich die Wirkung dieser ehrfurchtgebietenden Erscheinung zunächst darauf, das natürliche Ungestüm der Jüngeren innerhalb der Grenzen des Schicklichen zu halten, aber schon bald machte der König deutlich, daß er in der Tat ein absoluter Monarch war.

«Das Parlament, das sich durch die bloße Tatsache, daß es sich der Macht des Königs nicht mehr widersetzen konnte, gedemütigt fühlte, versuchte von Zeit zu Zeit, seine alte Position zurückzugewinnen; es gab sogar Fälle, in denen es zur Wahrnehmung der Polizeigewalt** oder aus Verpflichtung

---

* Die *main de la justice*, seit Karl dem Großen Insignium des obersten Richteramtes.

---

** Das Parlament war mitverantwortlich für die Aufrechterhaltung der Ordnung in der Hauptstadt.

gegenüber dem König gezwungen war, eine Generalversammlung abzuhalten;* aber da diese Versammlungen Frankreich so großen Schaden zugefügt hatten und das bloße Wort ‹Versammlung› dem Minister verhaßt war, unterband der König sie. Er kam [am 10. April 1653] in Reitstiefeln aus dem Wald von Vincennes [wo er auf der Jagd gewesen war], um ein Verbot gegen Versammlungen dieser Art auszusprechen.»[58] Für sich genommen, war allein schon das ein erstaunlicher Bruch mit der Tradition. Der König verzichtete nicht nur auf das übliche Zeremoniell, das den verschiedenen Kammern Zeit gelassen hätte, ihren Widerstand zu organisieren, er kam auch noch gestiefelt und gespornt, mit der Peitsche in der Hand, gerade so, als ob sein Zorn ihn übermannt hätte, als er von der Vollversammlung des Parlaments erfuhr. Zugleich gab er den Richtern zu erkennen, daß er sie eines glanzvolleren Aufzugs nicht für würdig hielt. In Wirklichkeit jedoch hatte er diesen Auftritt zusammen mit Mazarin sorgfältig geplant.

«Als er den Saal betrat, ließ das Mienenspiel Seiner Majestät nur allzu deutlich den Zorn erkennen, der sein Herz erfüllte. ‹Jedermann›, so sagte er mit einer Stimme, die weniger angenehm und gefällig klang, als sie es sonst zu tun pflegte, ‹weiß um die Schwierigkeiten, die Ihre Versammlungen über den Staat gebracht haben, und die gefährlichen Folgen, die daraus erwachsen sind. Wie ich erfahre, beabsichtigen Sie diese wiederaufzunehmen, unter dem Vorwand, über die Edikte, die in meiner Anwesenheit verlesen und verkündet worden sind, zu beraten. Ich komme heute allein zu dem Zweck [wobei er auf die Herren der Chambre des Enquêtes zeigte**], Ihnen zu untersagen, diese Versammlungen fortzusetzen – was ich hiermit unwiderruflich tue; und ich verbiete Ihnen, Monsieur le Premier président*** [wobei er ebenfalls auf ihn zeigte], sie zuzulassen oder zu gestatten, wie sehr die Enquêtes auch danach verlangen mögen.› Danach kehrte Seine Majestät, nachdem er sich unmittelbar erhoben hatte, bevor irgend jemand ein Wort hatte sagen können, in den Louvre und von da nach Vincennes zurück.»[59] Das waren Töne, wie sie das Parlament in langen Jahren nicht zu hören bekommen hatte. Aber sogar die Mitglieder der Enquêtes wußten, daß der König recht hatte: Niemand wollte eine neue Runde von Kriegen und Rebellionen.

---

* Das Parlament setzte sich aus mehreren Kammern zusammen, die getrennt tagten. Während der Fronde hatten sie sich miteinander vereinigt und sich gemeinsam gegen die Regierung gestellt.

---

** Die Chambre des Enquêtes war eine der verschiedenen Kammern des Parlaments; die Richter, die darin saßen, hatten zu den extremsten Anhängern der Fronde gezählt.

---

*** Der Premier président war der oberste Richter; im Unterschied zu den anderen Richtern, die ihre Ämter kauften, wurde er vom König eingesetzt.

Selbst diejenigen, die der festen Überzeugung waren, Mazarin regiere nun allein, mußten zugeben, daß der König zumindest vorbehaltlos hinter seinem Minister stand. Ludwig XIV. sah ein, daß er noch nicht zur Regierungsübernahme fähig war, und doch wußte er ganz genau, was er wollte. Daß der Kardinal das Parlament aus gutem Grund nicht schätzte, steht außer Zweifel; aber auch der König stand dieser seltsamen Institution alles andere als wohlwollend gegenüber. Zwar war der Inhalt seiner Rede mit dem Minister abgestimmt, doch die tatsächlichen Worte, der Tonfall, der gebieterisch ausgestreckte Finger waren die des Königs selbst: An diesem Tag im April 1653 vernehmen wir zum ersten Mal die Stimme des Sonnenkönigs.

Auch in anderen Bereichen beteiligte er sich an den Regierungsgeschäften: Der Krieg mit Spanien dauerte an – wenn auch ohne die rechte Begeisterung, denn beide Länder waren erschöpft –, und doch eroberte Frankreich im Laufe der Jahre sämtliche Gebiete zurück, die es in den letzten Jahren der Fronde verloren hatte. Während all dieser Feldzüge – die in jenem kultivierten Zeitalter gnädigerweise zumindest schnell vorüber waren – lebte der König bei seiner Armee, lernte die Kunst der Kriegführung und sprach durch seine persönliche Anwesenheit den Truppen Mut zu. Da jedoch sein Leben zu wertvoll war, als daß man es aufs Spiel gesetzt hätte, sorgte Mazarin dafür, daß er sich gewöhnlich an Orten aufhielt, an denen die Gefahr gering war – gerade so, wie es heute Generäle tun, die eine Armee befehligen.

Der erste bedeutende Sieg wurde am 25. August 1654 errungen. Die spanische Armee belagerte Arras, während Turenne wiederum die spanische Armee umzingelt hatte; er durchbrach ihre Linien und schlug sie. Nur Condé vermochte dem französischen Angriff vorübergehend standzuhalten, aber auch er mußte den Rückzug antreten: Dieser große Feldherr verlor, wie Voltaire bemerkt, nie eine Schlacht, wenn er an der Spitze einer französischen Armee stand, hingegen jede, in der er gegen sein eigenes Land ins Feld zog. Zu weiteren entscheidenden Schlachten kam es zunächst nicht. Ein kräftigeres Geschütz war vonnöten, und so wandte Mazarin den Blick nach England.

Schon dieser bloße Gedanke erforderte die Art von praktischer Vernunft, die der Minister in so hervorragendem Maße besaß: Karl I. war mit Henrietta Maria von Frankreich, der Schwester Ludwigs XIII., verheiratet gewesen, die jetzt, mittellos, Zuflucht im Louvre gefunden hatte. Der Kronprätendent, der spätere Karl II., war ein Vetter ersten Grades von Ludwig XIV.; er lebte ebenfalls in Paris, und als der Hof 1652 wieder in die Stadt eingezogen war, war Karl an Ludwigs Seite geritten: Alle Argumente schienen also gegen eine Kontaktaufnahme mit dem Cromwellschen Commonwealth zu sprechen.

Mazarin wußte jedoch so gut wie jeder andere, daß England unter Cromwell eine Großmacht geworden war und daß er mit englischer Hilfe

Spanien endlich die entscheidende Niederlage beibringen könnte. Was den Lordprotektor anging, so verabscheute er als guter Puritaner den Katholizismus, den er in Spanien verkörpert sah, und fürchtete in diesem Land nach wie vor jene Bedrohung, die es zur Zeit der Armada für England dargestellt hatte. Daher brauchte er nur wenig Ermunterung, um auf französischer Seite in den Krieg einzutreten. Diese lieferte ihm Mazarin, indem er ihm anbot, gemeinsam mit ihm Dünkirchen einzunehmen und ihm dann die Stadt zu übergeben, so daß England einen Hafen in Flandern besäße. Am 8. November 1655 wurde der Vertrag unterzeichnet. Zum Entsetzen fast des gesamten Hofes verpflichtete sich Frankreich in einer Klausel zur Ausweisung des Prätendenten und seines Bruders, des Herzogs von York.

Das Bündnis zeigte auf der Stelle seine Wirkung. Eine Flotte unter Admiral Blake stellte mit Schätzen beladene spanische Schiffe in der Nähe der Kanarischen Inseln und versenkte sie – ein nahezu tödlicher Schlag für eine Regierung, die ohnehin am Rande des Bankrotts stand und nun kein Geld mehr zur Entlohnung der in Flandern kämpfenden Truppen besaß. Als nächstes blockierte eine englische Flotte Dünkirchen, während sechstausend erfahrene englische Soldaten entsandt wurden, um unter Turennes Kommando zu kämpfen. In der Dünenschlacht vom 14. Juni 1658 wurde die spanische Armee unter Don Juan de Austria von den Franzosen und Engländern unter Turenne vernichtend geschlagen; von dieser Niederlage sollte sich Spanien nie wieder erholen.

Vorübergehend hatte es allerdings den Anschein, als ob dieser Feldzug Frankreich ebenfalls den Todesstoß versetzen würde. Am 22. Juni «erkrankte der König in Calais an einem langwierigen Scharlachfieber, das uns um sein Leben fürchten ließ...

Zwei Wochen lang schwebte er in größter Gefahr, und die Königin litt all die Qualen, die ihre große Liebe zu ihm hervorrufen mußte...

Monsieur zeigte alle erdenkliche Zuneigung zu ihm und schien äußerst besorgt, seinen Bruder zu verlieren. Als die Königin ihm aus Angst, er könne sich an seiner Krankheit anstecken, sagte, er dürfe Ludwig nicht mehr besuchen, begann er zu weinen... und es dauerte lange, bevor er ein Wort sagen konnte...

Zweimal wurde dem König ein Brechreiz verursachender Wein verabreicht [und er erholte sich].»[60] Mit dieser Wendung der Dinge hatten Frankreich und sein König in doppelter Hinsicht Glück: Zum einen, weil der König sich trotz des «Brechreiz verursachenden Weins» erholte, zum anderen, weil die Erziehung, die Monsieur zuteil geworden war, so großen Erfolg zeigte: Der Prinz war vielleicht ein wenig verweichlicht, doch liebte er seinen Bruder aufrichtig, und trotz der Hoffnungen, die sein früherer Erzieher, der Marschall von Plessis-Praslin, und sein engster Freund, der Graf von Guiche, genährt hatten, weigerte er sich strikt, sich in die Mitte all derjenigen zu stellen, die noch immer gegen Mazarin eingenommen waren.

Es war ganz im Sinne der Königin und Mazarins, daß Monsieur sein Vergnügen der Politik vorzog. Aber auch Ludwig XIV. zeigte in diesen ersten Regierungsjahren den für junge Männer seines Alters typischen Hang zum Vergnügen; und da Mazarins Nichten jung, elegant und hübsch waren, betrachtete er sie mit mehr als nur flüchtigem Interesse. Bereits 1653, so notiert Mme. de Motteville, «begann er sich nicht für die Schönste unter ihnen, sondern für Mlle. de Mancini zu interessieren ... Ihre Augen waren voll Feuer; und trotz gewisser Makel in ihren Zügen sah man ihr an, daß sie ihr achtzehntes Jahr erreicht hatte: Ihre Figur entwickelte sich, ihr Teint wurde schön und weiß, ihr Gesicht weicher; in ihren Wangen bildeten sich Grübchen, die ihr großen Charme verliehen, und ihr Mund wirkte nun weniger groß; sie hatte wohlgeformte Arme und Hände, und Anmut und Eleganz verliehen ihrer durchschnittlichen Schönheit Glanz. Kurz gesagt, der König fand sie liebenswert, den meisten anderen erschien sie hübsch. Sie sahen sich oft ...

Die Königin, die sowohl zum König als auch zu Mlle. de Mancini Vertrauen hatte, war durch ihre Freundschaft, die sie für unschuldig hielt, nicht beunruhigt; aber sie litt es nicht, daß jemand – sei es auch nur im Scherz – andeutete, diese Beziehung könne zu einer Heirat führen ... Mlle. de Mancini selbst, die wußte, daß es ihr nicht bestimmt war, Königin zu werden, dachte an ihre Zukunft und wollte, wie ihre Schwestern, Prinzessin werden ...

Eine Zeitlang blieb der König in dieser Gemütsverfassung, die, genaugenommen, eher eine Stimmung war, die ihm die Gesellschaft dieses Mädchens lieb machte, als eine große Leidenschaft.»[61]

Mme. de Motteville hatte völlig recht. Ludwig XIV. war nicht wirklich verliebt, aber er fand Hortense de Mancini ebenso attraktiv wie unterhaltsam: Sie war lebhaft, fröhlich, intelligent, man konnte sich mit ihr schmücken. Sie heiratete bald den Grafen von Soissons, einen Sproß aus dem jüngeren Zweig des Hauses Savoyen, gebar einen Sohn und wurde die Geliebte des Königs.

Bereits in der Mitte der fünfziger Jahre erschien es vielen bei Hofe sehr wahrscheinlich, daß es vom Ausgang des Krieges abhängen würde, wen Ludwig heiratete: Um einen Frieden mit Spanien zu besiegeln, gab es nichts Besseres, als daß eine Infantin Königin von Frankreich wurde; und da eine solche Heirat noch nicht möglich war, stand es dem König frei, sich zu amüsieren. Tatsächlich ermunterte Anna von Österreich ihn regelrecht dazu. Im Louvre wurden regelmäßig Bälle veranstaltet, und manchmal erschien der König maskiert, so daß er frei war von den Zwängen der allgegenwärtigen Etikette; es gab Ballette, an denen Ludwig, oft in der Rolle des Apollo, teilnahm; es gab Reitdarbietungen aller Art; und manchmal verbanden sich diese verschiedenen Arten der Unterhaltung miteinander, wie zum Beispiel beim ersten der großen *carrousels* seiner Regierungszeit, den Reiterspielen von 1656, bei denen drei Gruppen von je acht Reitern miteinander in Wettstreit traten.

Natürlich stand der König an der Spitze einer dieser Gruppen, seine Farben waren Purpur und Weiß, die der zweiten Mannschaft Blau und Weiß und die der dritten Grün und Weiß. Zur Steigerung des Effekts waren alle Kostüme reich bestickt mit Gold und Silber und ahmten relativ frei antike römische Kleidung mit gefiederten Helmen nach. Alle ritten auf üppig geschmückten Pferden, und um alles noch prunkvoller zu machen, gab es wahre Heerscharen von Pagen, Speerträgern und Dienern aller Art, die mit Federbüschen und Bändern übersät waren. Obwohl tatsächlich ein Wettkampf stattfand – ein Ring mußte mit dem Speer aufgenommen werden –, ging es offenbar in erster Linie darum, ein möglichst prächtiges Schauspiel zu bieten.

Natürlich waren derartige Vergnügungen kostspielig; wo genau das Geld dazu herkam, wußten nur wenige. Der Krieg verschlang nach wie vor gewaltige Summen, und – schlimmer noch – das heillose Durcheinander der königlichen Finanzen, das es schon seit langem gab, hatte während des Aufstands der Fronde geradezu spektakuläre Ausmaße angenommen und nun dazu geführt, daß in der Staatskasse ständig Ebbe herrschte. Aber nicht jedermann hatte über Geldmangel zu klagen: In dem Maße, in dem das Steueraufkommen dank der Beendigung des Bürgerkriegs wuchs, behielten die Steuerpächter, die die Steuern aufgrund eines komplizierten Vertragssystems mit dem Schatzamt einzogen, immer größere Summen für sich. Betrügerische Praktiken aller Art griffen um sich, und während der König selbst, wenn er ein wenig Geld benötigte, fast bei Mazarin betteln mußte, konnte er zusehen, wie eine kleine Gruppe seiner Untertanen unermeßlich reich wurde. Tatsächlich besaß sogar sein eigener Finanzminister ein ausgeprägtes Talent, sich auf Kosten des Königs zu bereichern: 1658 hatte Fouquet mit dem Bau eines Schlosses begonnen, dessen Pracht offenbar alles Dagewesene in den Schatten stellen sollte. Daß diese Verhältnisse den König ärgerten, braucht man nicht eigens zu erwähnen; ebenso wird es Ludwig XIV. kaum amüsiert haben, daß er zusehen mußte, wie sich die Höflinge in ihrem unersättlichen Streben nach Bevorzugung um den Kardinal scharten, während sie ihrem Souverän reichlich wenig Aufmerksamkeit zollten. Es spricht für die starke Ergebenheit des jungen Mannes gegenüber dem Staat, daß er all dies weiterhin geschehen ließ, ohne je ein Wort zu sagen: Solange Mazarin der beste Erste Minister war, den Frankreich bekommen konnte, war der König bereit, zurückzustecken.

Man sollte allerdings diesen Wesenszug des jungen Ludwig XIV. auch nicht überbetonen: Über weite Strecken war er nichts weiter als ein leichtlebiger Jüngling. Einmal zum Beispiel brüskierte er seine Cousine mit der Bemerkung, kein junger Mann von sechzehn wolle mit einem elfjährigen Mädchen gesehen werden. «Eines Abends [im Jahr 1655] lud die Monarchin die Königin von England ein, um dem König im privaten Kreis beim Tanzen zuzusehen... und trug Sorge dafür, daß die – wenn auch kleine – Gesellschaft der königlichen Gäste würdig war. Der König, der nur zu sehr daran gewöhnt war, den Nichten des Kardinals den Vorzug zu geben, bat Mme. de Mercœur, den ersten Branle mit ihm zu tanzen. Die Königin, die von diesem *fauxpas* überrascht wurde, erhob sich rasch von ihrem Stuhl, schob Mme. de Mercœur von ihm weg und gebot ihm, die Prinzessin von England aufzufordern... Später am Abend erteilte ihm seine Mutter einen weiteren Verweis, doch er erwiderte nur, für kleine Mädchen habe er nichts übrig... In der Öffentlichkeit behandelte die Königin ihn mit Respekt und Güte, aber wenn er einen kleinen Fehler beging, machte sie von ihren Rechten als Mutter Gebrauch.»[62] In diesem Fall kam es ihr natürlich darauf an, daß Henrietta von England als Tochter eines Königs und als seine Cousine Vorrang hatte, auch wenn sie jung, unscheinbar und schlecht gekleidet war, und daß es überdies unfreundlich war, sie zu übergehen, nur weil sie mit ihrer bekanntermaßen schwierigen Mutter in Armut und Verbannung lebte.

Wenn es jedoch um die Großartigkeit der Erscheinung ging, so konnte es keinen Zweifel geben: Die Nichten des Kardinals überstrahlten alle. Sie wußten sich nicht nur allesamt prächtig und nach der neuesten Mode zu kleiden – sie waren darüber hinaus auch mit der Intelligenz ihres Onkels begabt; und als im Februar 1657 eine weitere dieser jungen Frauen am Hof auftauchte, wandte der König ihr sogleich seine Aufmerksamkeit zu. Diesmal war man allerdings überrascht: Das schlaksige, halbwüchsige Mädchen war wohl kaum eine ernst zu nehmende Konkurrentin für die Hofschönheiten.

Tatsächlich hätte Marie Mancini, hätte sie im späten zwanzigsten Jahrhundert gelebt, leicht Fotomodell werden können: Groß, mager, dunkel, mit riesigen schwarzen Augen und einem strahlenden Lächeln, stand sie in jedem Punkt im Widerspruch zum Schönheitsideal ihrer Zeit, in der es als weitaus erstrebenswerter galt, niedlich, mollig und blond zu sein. Aber das Feuer in diesen übergroßen Augen blendete den König ebenso wie eine Art von leidenschaftlicher Intelligenz und stürmischer Emotionalität, die ihm völlig fremd waren.

Vom ersten Augenblick an war Ludwig XIV. die seltsame, ungewöhnliche junge Frau aufgefallen, die sich im Gespräch so ganz anders verhielt als ihre Schwestern: Am Beginn des klassizistischen Zeitalters sah sich der König mit der Romantik konfrontiert, und zumindest für den Augenblick gefiel ihm, was er da sah. Aber erst ein gutes Jahr später wandelten sich seine Gefühle von Grund auf. Während der Hof sich in jenem Sommer in Fontainebleau aufhielt, bemerkte man, daß Ludwig einen großen Teil seiner Zeit im Gespräch mit Marie vertieft war und daß er sich, wie es schien, zu ihr hingezogen fühlte, obwohl man sich allgemein einig war, daß sie unscheinbar war. Schon bald war nicht mehr zu übersehen, daß dies nicht der übliche Flirt des Königs mit einer von Mazarins Nichten war: Statt ihn nur so gut sie konnte zu unterhalten, hatte sich die junge Frau ohne Zweifel Hals über Kopf in ihn verliebt.

Für Ludwig war das eine neue Erfahrung. Er war zwar inzwischen an rasche und leichte Eroberungen gewöhnt, aber die waren rein physischer Natur geblieben. Jetzt wurde er zum ersten Mal geliebt, leidenschaftlich und hingebungsvoll, und um seiner selbst willen. Es gibt wenige junge Männer, denen das nicht zumindest geschmeichelt hätte. Auch war es unter den gegebenen Umständen nicht allzu schwer, ein so leidenschaftliches Angebot zu erwidern. Genau das geschah dann auch: Im August 1658 war es nicht mehr zu übersehen, daß der König sich in Marie Mancini verliebt hatte.

Bis zu einem gewissen Grad war das alles gut und schön: Der Kardinal war zwar vielleicht nicht gerade begeistert darüber, daß seine Nichte eine leidenschaftliche Affäre mit dem König hatte, aber wenn diese Affäre ihren Gang ging und, wie es sich gehörte, nach einiger Zeit ihr Ende fand, dann war alles in Ordnung; und damit war doch wohl schließlich zu rechnen. Unglücklicherweise sah Marie keinen Grund, warum Ludwigs Stellung eine andere Lösung erforderlich machen sollte als die übliche, wenn zwei junge unverheiratete Menschen sich ineinander verliebten; statt also einen anderen zu heiraten und dann den König in ihr Bett zu lassen, benahm sie sich so, daß man es anfangs nur merkwürdig, dann besorgniserregend und schließlich sogar beinahe frevelhaft fand: Im Märchen heiratet der Prinz vielleicht die Schäferin, aber im Europa des 17. Jahrhunderts kamen für Könige ausschließlich ihresgleichen in Betracht.

Die bloße Vorstellung, daß ein Mädchen niederer Herkunft, das nur deshalb am Hofe war, weil sein Onkel Erster Minister war, ein Auge auf den König geworfen hatte, war schon schlimm genug; noch schlimmer war, daß sie, sollte sie Erfolg haben, die Bemühungen von beinahe dreißig Jahren zunichte machen würde: Schon in jenem Sommer wußte der raffinierte Kardinal durch verschiedene Geheimkontakte, daß der König von Spanien nun endlich zu ernsthaften Verhandlungen bereit war und daß der Friedensvertrag unweigerlich von einer Verlobung des Königs mit der Infantin begleitet sein würde. Darüber hinaus hatte Anna von Österreich, bei aller Liebenswürdigkeit, strenge Maßstäbe. Die einzige Braut, die sie für ihres Sohnes würdig hielt, war ihre Nichte, und es war indiskutabel, daß irgendeine kleine Italienerin dem im Weg stehen sollte.

Aber noch erschien das wenig wahrscheinlich, und so war es dem König und Marie vergönnt, ihre Romanze zu genießen. Und da Ludwig immerhin inzwischen zwanzig Jahre alt war, konnte man sich sogar sein Alter zunutze machen, um ein wenig diplomatischen Druck auf Spanien auszuüben: Am 15. Oktober 1658 brach der Hof nach Lyon auf. Dort sollte ein Zusammentreffen mit einer weiteren Cousine des Königs, der Prinzessin von Savoyen,* stattfinden, und man sparte nicht mit Andeutungen, daß dabei wahrscheinlich ein Heiratsvertrag ausgehandelt würde. Natürlich hörte Philipp IV., genau wie Mazarin beabsichtigt hatte, im fernen Madrid die Neuigkeit, und seine Antwort war einfach: *«Esto no puede ser, y no sera»*,**[63] und er schickte unverzüglich seine Unterhändler auf den Weg.

Derweil benahmen sich der König und Marie wie zwei junge Liebende: Sie waren unzertrennlich, ritten zusammen aus, lachten, seufzten, gelegentlich weinten sie sogar miteinander; und so kamen sie schließlich am 24. November in Lyon an. Marie war inzwischen fest davon überzeugt, daß Ludwig sie liebte; und da ihr offenbar nie in den Sinn kam, daß wahre Liebe nicht immer Erfüllung findet, machte sie sich keine großen Sorgen wegen der bevorstehenden Begegnung mit Marguerite von Savoyen. Was den König anbetraf, so benahm er sich, als sei alles in bester Ordnung. Im Anschluß an das Zusammentreffen mit der Prinzessin ritt er zurück zur Kutsche seiner Mutter und bemerkte: «Sie ist sehr attraktiv und gleicht ihren Porträts. Sie ist ein wenig dunkel, aber immerhin hat sie eine sehr gute Figur.»[64] Ludwigs Gleichmut ist vielleicht gar nicht so überraschend: Weder Anna von Österreich noch Mazarin hatten in diesem Treffen jemals mehr gesehen als einen klugen Schachzug, um Philipp IV. unter Druck zu setzen. Der König war sich dessen zweifellos vollauf bewußt, zumal der Kardinal ausgerechnet in Lyon einen geheimen Abgesandten aus Spanien empfing.

Die Anwesenheit von Don Diego Pimentel in Lyon bedeutete den Durchbruch: Bis dahin hatten der Kardinal und Philipp IV. nur über reisende Mönche und Kaufleute in Verbindung gestanden. Man wollte jeden Anschein von Einvernehmen und den drohenden Gesichtsverlust, falls die andere Partei die Verhandlungen abbrechen sollte, vermeiden, aber Pimentel war ein Minister des Königs. An jenem Abend übermittelte der Kardinal der Königin die gute Nachricht, und den beiden Savoyerinnen, Mutter und Tochter, wurde die Sache schonend beigebracht. Für Marie Mancini jedoch, die nichts von all dem wußte, mußte es so aussehen, als habe der König die Prinzessin deshalb verschmäht, weil er schon in sie selbst verliebt war, und sowohl die Königin als auch Mazarin bestärkten sie unabsichtlich in ihrem Irrtum: Als der Hof Lyon verließ, um sich zurück nach Paris zu begeben, ritten Ludwig und Marie fast ohne Begleitung.

Für Marie war die Reise ein Triumphzug: Beim Durchzug durch Städte und Dörfer behandelte die Bevölkerung sie fast wie eine Königin, und auch

---

* Sie war die Tochter von Ludwigs XIII. Schwester Chrétienne.

---

** «Das kann und wird nicht geschehen.»

nach dem Eintreffen in Paris blühte die Romanze weiter. Es gab kleine Konzerte mit Musik von einem jungen Ausländer namens Lully; es gab Bälle, bei denen Marie mit ihrer nun allgemein anerkannten Schönheit glänzte, und es gab Kostümfeste, zu denen sie einmal als Schäferin mit einem silbernen Hirtenstab erschien. Noch wichtiger waren die zahllosen Abende, an denen die Liebenden zusammensaßen und miteinander redeten, und hätte Marie noch irgendwelche Zweifel gehabt, dann wären diese zerstreut worden, als der König von der verarmten Königin von England für 70.000 Livres ein berühmtes Perlenkollier kaufte und es ihr schenkte.

Dazu war er natürlich nur in der Lage, weil der Kardinal ihm das Geld zur Verfügung stellte, und der Grund, daß Mazarin sich dazu bereit fand, war, daß ihm während des gesamten Winters Ludwigs unübersehbare Liebe zu Marie diplomatisch äußerst gelegen kam: Während seiner Verhandlungen mit Pimentel konnte er darauf hinweisen, daß die spanische Heirat aus seiner Sicht nur eine zusätzliche Komplikation darstelle. Anstatt daß Frankreich um die Hand der Infantin anhielt, sah Spanien sich nun gezwungen, diese anzubieten. Aber auch diplomatische Schachzüge haben ihre Grenzen, und in diesem Falle war es Anna von Österreich, die dem Spiel ein Ende machte.

Sie hätte nichts dagegen einzuwenden gehabt, wenn Marie die Geliebte des Königs geworden wäre. Aber während jedermann es für völlig normal hielt, daß der Souverän ein Verhältnis mit einer verheirateten Frau hatte, galten unverheiratete Mädchen als unberührbar, weshalb Marie unter ständiger Bewachung durch ihre adleräugige Anstandsdame Madame de Venel stand. Wenn Marie einer Vernunftehe mit einem anderen Mann zugestimmt hätte, hätte sie den König nach Herzenslust lieben können; aber als klar wurde, daß sie keinerlei Absicht hatte, irgend jemand anderen als Ludwig zu heiraten, und, was noch schlimmer war, daß Ludwig selbst wirklich verliebt war und möglicherweise sogar auf den Gedanken kommen konnte, Marie zu seiner Frau zu machen, begann Anna von Österreich sich Sorgen zu machen. Für den Fall, daß der Kardinal von der Aussicht, eine seiner Nichten auf den Thron zu setzen, geblendet war, brachte sie ihre Meinung offen zum Ausdruck. «Ich glaube nicht, Monsieur le Cardinal», sagte sie ihm im Frühjahr 1659, «daß der König sich feige benehmen könnte; aber wenn er es jemals erwägen sollte, so warne ich Sie, daß Frankreich sich in einem Aufstand gegen Sie beide erheben würde und daß ich mich an die Spitze der Rebellen stellen würde, und meinen [jüngeren] Sohn dazu.»[65]

Die Alternative war also klar: Ludwig XIV. konnte entweder feige sein und seinen Gefühlen nachgeben, oder er konnte wie ein König handeln und seine Pflicht erfüllen. Der Kardinal selbst hegte keinen Zweifel, welcher Weg einzuschlagen war, und da die noch minderjährige Marie unter seiner Vormundschaft stand, fiel es ihm nicht schwer, seinen Willen durchzusetzen. Die naheliegende Lösung war, sie an einen anderen Ort zu bringen, und genau das tat Mazarin im Juni. «Der König», berichtet Mme. de Motteville, «der sie herzlich liebte, war, als sie von ihm getrennt werden sollte, so bewegt über ihren Schmerz, daß seine Leidenschaft ihn dazu hinriß, dem Kardinal Mazarin zu verkünden... er beabsichtige, seine Nichte zu heiraten...

Dem Minister... gereichte es zur Ehre, daß er den Antrag des Königs zurückwies und ihm erklärte, er [der König] habe sich in eine heftige Leidenschaft hineingesteigert, die er bald bereuen werde; das ganze Königreich werde sich gegen ihn erheben, um zu verhindern, daß er durch eine so unwürdige Heirat entehrt werde, und dann werde er ihm [Mazarin] Vorwürfe machen, er habe ihn nicht davon abgebracht... Er fügte hinzu, er sei von dem verstorbenen König, seinem Vater, und danach auch von der Königin, seiner Mutter, zu seinem Ratgeber bestimmt worden und er habe ihm bislang mit unerschütterlicher Treue gedient; er werde daher weder das königliche Eingeständnis der Schwäche noch die Autorität, die er [Mazarin] in seinem Königreich genieße, ausnützen, um ihn etwas tun zu lassen, das seinem Ruf so schaden würde...

Der König war also gezwungen, die schmerzliche Trennung zuzulassen, und er verabschiedete sich von Mlle. de Mancini, die nach Brouage reiste... Dies geschah nicht ohne gemeinsames Tränenvergießen, aber er gab nicht nach, nicht einmal, als sie ihm sagte: ‹Du weinst, und doch steht es in deiner Macht›...

Dem König gebührte höchstes Lob, denn er wußte, daß die Königin schuld an seinem Leid trug, und er erkannte trotz seiner Gefühle, daß es war, als heile ein Arzt eine Krankheit mit einem Schnitt. Er weinte mit ihr, klagte nicht über sie, sondern mit ihr zusammen...

Die Königin erzählte mir: ‹Ich habe Mitleid mit dem König; er ist verliebt und doch zugleich vernünftig. Aber, wie ich ihm gerade sagte, ich bin sicher, er wird mir eines Tages für den Schmerz, den ich ihm bereitet habe, danken. Was ich heute sehe, läßt mich dessen sicher sein.›... Am folgenden Tag, dem 22. Juni, reiste Mlle. de Mancini ab... Auf beiden Seiten flossen viele Tränen.»[66]

Diesen Argumenten seiner Mutter konnte Ludwig sich nicht verschließen, doch andererseits litt er so sehr, daß er den Gedanken auf Verzicht nicht ertragen konnte. Auf der Stelle begann er einen heimlichen Briefwechsel mit Marie, der fast ebenso schnell von Mazarin entdeckt wurde. Die Lage spitzte sich also zu: Der Hof war im Begriff, sich nach Saint-Jean-de-Luz zu begeben, wo der Vertrag mit Spanien unterzeichnet werden sollte, in dem die Heirat eine so wichtige Rolle spielte. Also beschloß der Kardinal am 12. Juli 1659, Ludwig XIV. einen Brief zu schreiben, wie ihn wohl wenige Minister je an ihren Souverän haben schreiben können.

«Ihr werdet mir gestatten, Euch mit allem Respekt und Gehorsam, den ich Euch schulde, darauf hinzuweisen, daß, obwohl meine Bereitschaft, Euren Wünschen zu entsprechen, immer außerordentlich groß war, solange ich mich in der Lage sah, dies zu tun, ohne dadurch meine Pflicht Euch gegenüber zu verletzen oder Euer Ansehen zu schädigen, und obwohl ich mir wünsche, ich könnte in diesem Falle ebenso verfahren, diesmal mein eigenes Ansehen auf dem Spiel steht, ebenso wie dasjenige einer Person, der Ihr die Ehre Eurer Gunst zuteil werden laßt, und daß dieses Ansehen zweifellos bleibenden Schaden nehmen wird, wenn Ihr Euch nicht bereit erklärt, die Beziehung, die Ihr in solchem Maße in aller Öffentlichkeit aufrechterhaltet, zu unterbinden. Ich flehe Euch an, Eure Zustimmung zu geben. Und da Ihr der liebenswürdigste und vernünftigste unter den Menschen seid, kann ich nicht daran zweifeln, daß Ihr mir allein aus den genannten Gründen diesen Gefallen tun werdet; darüber hinaus aber möchte ich diesen Gefallen als die größte Belohnung entgegennehmen, die Ihr mir geben könnt für die geringen Dienste, die ich so glücklich war, Euch erweisen zu dürfen; und zum dritten wage ich zu sagen, daß Ihr es Euch in der gegenwärtigen Situation schuldig seid, steht Ihr doch im Begriff, eine Unternehmung auszuführen, die vereitelt würde, wenn Ihr das besagte Verhältnis fortführt, denn in dieser Form ist der Schaden, den es Euch zufügt, noch größer, als wenn die fragliche Person weiterhin am Hofe weilte und Ihr Euch ihr gegenüber so verhieltet, wie Ihr es in Paris zu tun geruhtet... Und da mir Eure Ehre noch mehr am Herzen liegt als alles, was mich persönlich betreffen könnte, kann ich nicht umhin, Euch all dies zu sagen... Ich bitte Euch um Verzeihung, wenn Ich Euch dränge, etwas zu tun, das zunächst Euren Neigungen zuwiderlaufen wird, und hoffe, Ihr glaubt mir, daß ich mein Leben geben würde, wäre ich dadurch in der Lage, Euch Vorschläge zu unterbreiten, die Euch angenehm wären.»[67]

Der Stil dieses Briefes sagt noch mehr aus als sein Inhalt: Diese endlosen, komplizierten und verschlungenen Sätze zeigen deutlich genug, wie schwierig Mazarin sein Unterfangen fand und wieviel davon abhing, daß er Erfolg hatte. In der Tat hatte er genau den richtigen Ton gefunden, zweifellos nach Absprache mit der Königin. Zwar entwickelte der zwanzigjährige Monarch allmählich die Vorstellung, sein Wille solle in allen Fragen der maßgebliche sein, doch den Gedanken an Ehre, Reputation und Ruhm, die Mazarin beschworen hatte, kamen noch größeres Gewicht zu als seiner Liebe. Schon damals war Ludwig XIV. in erster Linie König und erst in zweiter Mann: Er wußte, was seine Pflicht war. Das ist eine Vorstellung, die in unserer Zeit vielleicht nicht mehr viel gilt, doch im 17. Jahrhundert gab es nichts Wichtigeres: Ein Mann, der seine Pflicht vernachlässigte – und das galt auch für eine Frau –, verdiente nichts als Verachtung. Und wenn es darum ging, zwischen Marie Mancini und der Infantin zu wählen, gab es keine Frage, was Ludwigs Pflicht war. Da er so über die Maßen verliebt war, durfte er Marie mit Erlaubnis der Königin am 13. August ein letztes Mal sehen, und wiederum flossen viele Tränen. Doch der König verabschiedete sich, weil er nach Saint-Jean-de-Luz ging, um dort seine Pflicht zu erfüllen.

Am selben Tag traf Mazarin, der vorausgereist war, mit dem spanischen Ersten Minister Don Luis de Haro auf einer Insel des Bidassoa, des Grenzflusses zwischen Frankreich und Spanien, zusammen. Doch den König beschäftigten seine Gedanken ebensooft, wie es die Verhandlungen taten. Räumlich war zwar Ludwig XIV. nun tatsächlich von seiner Geliebten getrennt, doch sprach er weiterhin von ihr, und nach wie vor wurden Briefe gewechselt. Nun begann der Kardinal seinerseits, dem König endlose Briefe zu schreiben, in denen er seine Nichte so scharf kritisierte, daß der stolze Monarch aufzubegehren begann; und als Mazarin herausfand, daß M. de Terron, der Mann, in dessen Obhut er seine Nichte gegeben hatte, ihren Briefwechsel mit dem König förderte, verlor er die Geduld: «So ist also eine Beziehung, die nach all den Bemühungen, die ich zu diesem Zwecke unternommen hatte, gänzlich abgeschlossen war (ich ging sogar so weit, daß ich den König wissen ließ, ich sei bereit, zurückzutreten und alles aufzugeben, um mich mit meinen Nichten nach einem beliebigen Ort einzuschiffen, wenn er nicht bereit sei, mit ihr zu brechen), im Begriff, von neuem zu beginnen, stärker als zuvor, und das durch die Schuld jenes Terron, der – kurz gesagt – auf diese Weise versuchte, sein Glück zu machen»,[68] schrieb er wutentbrannt an Colbert.

Tatsächlich war die Situation noch prekärer, als Colbert, Mazarins treuer Gehilfe, wußte: Der König hatte, verärgert über den Ton der Briefe Mazarins, schlichtweg den Rücktritt des Kardinals angenommen, woraufhin Mazarin, nachdem somit sein Erpressungsversuch gescheitert war, einfach weiterverhandelt hatte, als sei nichts geschehen. Schließlich kam das Thema der Infantin zur Sprache, und da erkannte Marie, die von ihrem Onkel auf dem laufenden gehalten wurde, daß nun alles von ihr abhing. Wie es sich für eine echte Romantikerin gehört, verzichtete sie großmütig auf ihre unglückselige Liebe und teilte das dem König mit, der prompt in Tränen ausbrach. Am 7. November 1659 wurde der Pyrenäenfriede samt Heiratsklausel unterzeichnet. Und Ludwig XIV., der gerade zum mächtigsten König Europas geworden war, verspürte dabei nichts als Verzweiflung.

IV

# DIE AUFGEHENDE SONNE

Jedem, der nicht gerade unglücklich verliebt war, hätte der Pyrenäenfriede schon ein erheblicher Trost sein können. Mazarin, der nie vergaß, daß der Feind von heute vielleicht der Verbündete von morgen war, hatte kein Interesse daran, Spanien zugrunde zu richten; doch immerhin gingen zwei Mittelmeerprovinzen an Frankreich, Roussillon und Cerdagne, so daß die Grenze nun jenseits der Berge lag, und dazu noch – nach zweihundert Jahren vergeblicher Eroberungsversuche – Artois, eine bedeutende Provinz im Norden, und ein halbes Dutzend Festungen. Am wichtigsten jedoch war eine scheinbar harmlose Klausel. Indem die Infantin Ludwig XIV. heiratete, verzichtete sie auf alle Ansprüche auf Spanien und das Spanische Reich – unter der Voraussetzung jedoch, daß eine Bedingung erfüllt wurde: Philipp IV. hatte an Frankreich eine Mitgift von 500 000 Gold-Ecus zu entrichten.

Eine ganz alltägliche Vereinbarung – nur daß die spanische Staatskasse leer war und völlig außerstande, eine solche Summe aufzubringen: Dadurch war die Tür offengehalten, in Zukunft Forderungen jeder Größe und jeder Art zu stellen. Und da man wußte, daß es um die Gesundheit Philipps IV. schlecht stand und daß auch die Überlebenschancen seines einzigen Sohnes nicht groß waren, läßt es sich leicht ausmalen, wohin die Unfähigkeit, die Mitgift zu zahlen, führen würde. Daß der spanische Gesandte Don Luis de Haro eine solche Klausel akzeptiert hatte, ist ein beredtes Zeichen der schwachen Position, aus der heraus Spanien hatte verhandeln müssen. Ebenso deutlich läßt sich daran die Tatsache ablesen, daß Frankreich zur beherrschenden Macht des Kontinents geworden war.

Der König hatte nichts als sein gebrochenes Herz im Sinn; doch nachdem er Marie Mancini nun einmal aufgegeben hatte, drängte er darauf, seine Hochzeit hinter sich zu bringen. Und wiederum mußte Mazarin ihn ermahnen, daß es so nicht gehe. Eine Gesandtschaft reiste unter der Führung des Marschalls und Herzogs von Grammont nach Madrid, um dort in aller Form um die Hand der Infantin anzuhalten; ihr Bericht lautete, am spanischen Hof gehe es außerordentlich steif zu, der König sei erhaben, doch schweigsam, die Infantin attraktiv, allerdings seltsam gekleidet: Die Mode war dort seit einem Jahrhundert die gleiche geblieben. Trotzdem würde, wie der Marschall berichtete, Maria Theresia wahrscheinlich eine gute Ehefrau abgeben. Sie war in dem Glauben erzogen worden, eine Tochter königlichen Geblütes könne sich nur mit jemandem verheiraten, in dessen Adern ebenfalls königliches Blut fließe, und in ganz Europa sei niemand außer dem König von Frankreich gut genug für sie, und deshalb hegte sie keinerlei Zweifel daran, daß sie ihren Ehemann glücklich machen werde. Darüber hinaus war sie fromm und wohlerzogen, sah man einmal von einem unglücklichen Versäumnis ab: Sie sprach kein einziges Wort Französisch; später erlernte sie die Sprache zwar rasch, verlor aber nie ihren starken spanischen Akzent. Und schließlich war sie ausgesprochen sanftmütig, eine Eigenschaft, die ihrem zukünftigen Ehemann mit Sicherheit gefallen werde.

Von da an nahmen die Vorbereitungen ihren Lauf. In Frankreich wurden die Königsgemächer unter der Leitung der Königin, Mazarins und Colberts neu hergerichtet, es wurden – sehr zum Ärger des Bräutigams – die verschwenderischsten Kleider bestellt, die man je zu Gesicht bekommen hatte; gerade so, als solle ein Zeichen für den Beginn einer neuen Ära gesetzt werden, wandelte sich auch der Stil der Politik. Bereits im Herbst des Jahres 1659 hatte der allmächtige Mazarin sich schwerwiegende Gedanken um die Zukunft gemacht. «Ich habe mich bemüht, Euch gut zu dienen», schrieb er dem König. «... Doch wenn Ihr eines Tages die Regierung persönlich übernehmt, werdet Ihr in einem Tag mehr erreichen können, als ein Klügerer als ich es in einem halben Jahr könnte; denn die Taten eines Königs haben ein größeres Gewicht, ziehen die Aufmerksamkeit mehr auf sich und hinterlassen einen tieferen Eindruck als diejenigen eines Ministers, mit wieviel Macht er auch immer ausgestattet sein mag. Ich werde der glücklichste unter den Menschen sein, wenn ich Euch, wie ich es von Euch erwarte, Euren Vorsatz in die Tat umsetzen sehe, den Geschäften Eure Aufmerksamkeit zu widmen, und ich werde in dem Augenblick zufrieden und mit Genugtuung sterben, in dem ich sehe, daß Ihr bereit seid, allein zu regieren und in Euren Ministern lediglich Ratgeber zu sehen, deren Ratschlag Ihr nach Eurem eigenen Ermessen nutzen werdet; Ihr selbst werdet ihnen die Befehle geben, die sie auszuführen haben.»[69] Das waren in der Tat ausgezeichnete Empfehlungen, und noch erstaunlicher daran war, daß Mazarin genau das meinte, was er sagte. Und der König wußte es: Nachdem er sich für die Pflicht und gegen die Liebe entschieden hatte, fiel auch die jugendliche Achtlosigkeit von ihm ab. Einundzwanzig

Jahre alt, mit sechzehn Jahren Regierungszeit hinter sich, entdeckte er nun die Faszination der Macht.

Alles ergab sich zur rechten Zeit: Die Sorgen, die Frankreich bedrängt hatten, legten sich eine nach der anderen. Nun, nachdem der Krieg mit Spanien vorüber war, konnte der Prinz von Condé, auf Bitten Philipps IV. eigens im Friedensvertrag erwähnt, zurückkehren – demütig und gehorsam. «Ich gebe zu, ich habe Euch übelgewollt», ließ ihn Anna von Österreich wissen, «und Ihr werdet nicht bestreiten können, daß ich im Recht war.»[70] Zur Antwort verbeugte sich der gezähmte Löwe nur und zog sich dann auf sein Schloß in Chantilly zurück. Dann starb am 2. Februar 1660 Gaston, der Herzog von Orléans, und zwar, als wolle er seine Unterwerfung noch unterstreichen, ohne männlichen Erben. Kurz darauf verlieh Ludwig XIV. den Titel seinem Bruder Philipp. In gänzlicher Verkehrung der bisherigen Verhältnisse stand von nun an dieser Titel für die bedingungslose Unterwerfung unter die Autorität des Königs. Die Umstände hatten sich so sehr gewandelt, daß man den Eindruck gewinnen konnte, die Fronde liege Jahrzehnte zurück, und der Wohlstand, der sich als Folge des Friedens einstellte, brachte nicht nur der Regierungspolitik allgemeine Anerkennung ein, sondern sorgte auch für ein erhöhtes Steuereinkommen.

Selbst die Ereignisse im Ausland begünstigten Frankreich. In England folgte auf Cromwells Tod im Jahre 1658 eine Periode der Unsicherheit, die den englischen Einfluß auf das übrige Europa entschieden minderte. Und es kam noch besser, als zu jedermanns Überraschung im Frühjahr 1660 der Prätendent auf den Thron seiner Vorfahren zurückgerufen wurde. Karl II. von England hatte natürlich eine Reihe triftiger Gründe, mit Abscheu an die Behandlung, die ihm durch die französische Regierung widerfahren war, zurückzudenken; doch andererseits war er der Vetter Ludwigs XIV., seine Mutter lebte nach wie vor in Paris, und daß er sechs Jahr zuvor ausgewiesen worden war, konnte er eher Mazarin als Ludwig XIV. anlasten. Das Glück wollte es sogar, daß er die Fähigkeit, alten Groll zu vergessen, in außergewöhnlichem Maße besaß, nicht zuletzt, weil ihm schon früh der Gedanke kam, Frankreich würde bereit sein, dafür zu zahlen, um sein Verbündeter zu werden. Die Folge war, daß im April 1661 Henrietta Maria, die geliebte Schwester Karls II., die Ehe mit Monsieur einging; auch hier, so schien es, konnte Frankreich nur gewinnen.

In jenem Frühjahr brach der Hof ein weiteres Mal zur spanischen Grenze auf, während sich auf der anderen Seite Philipp IV. und die Infantin Richtung Frankreich in Bewegung setzten. Die Spanier schlugen ihr Lager in San Sebastian auf, die Franzosen ihres in Saint-Jean-de-Luz, und die Minister nahmen die Verhandlungen um die letzten Detailfragen wieder auf, ohne daß die Verlobten einander zu Gesicht bekamen. Ludwig XIV. schrieb seiner Braut einen Brief, der zwar zurückgesandt wurde, aber nicht ohne daß die

Infantin dem Boten hatte zuflüstern können, ihr Vater habe ihr versprochen, daß es mit den Verzögerungen bald ein Ende haben werde. Schließlich wurde am 3. Juni die Heirat durch Prokuration festlich begangen, wobei Don Luis de Haro den Platz Ludwigs XIV. einnahm. Danach war Anna von Österreich nach langen Jahren endlich wieder in der Lage, sich mit ihrem Bruder zu treffen. «Im Verlaufe dieser Zusammenkunft ... näherte sich Kardinal Mazarin ... Ihren Majestäten und ließ sie wissen, ein Unbekannter warte an der Tür und bitte, daß man ihm öffne ... Die Königin errötete, als sie ihren Sohn, den König, erkannte, und die junge Königin errötete in noch größerem Maße, als sie ihn festen Auges betrachtete ... Ohne zu zögern sagte die Königin, sie wisse gerne [von ihrer Nichte], wie ihr der Fremde gefalle, woraufhin [Philipp IV.] antwortete, *‹que non ero tiempo de decirlo›* (daß dies nicht der rechte Augenblick sei, darauf zu antworten).

‹Und wann›, fragte die Königin, ‹wird sie mir antworten können?›

*‹Quanda avra pasado a quella puerta›* (wenn sie durch jene Tür gegangen ist),* antwortete ihr Bruder, der König. Daraufhin flüsterte Monsieur der jungen Königin zu: *‹Que le parece a Vuestra Majestad de la puerta?›* (Wie gefällt Eurer Majestät die Tür?) Auf der Stelle antwortete sie mit lebhafter und fröhlicher Stimme: *‹Muy linda, muy buena me parece la puerta.›* (Mir scheint, es ist eine sehr hübsche, sehr stattliche Tür.)

Nachdem [Ludwig XIV.] die Infantin gesehen hatte, zog er sich wieder zurück ... Beim Gehen sprach er mit M. le Prince de Conti und mit M. de Turenne und sagte, zunächst sei er durch das Kleid und die entsetzliche Frisur der Infantin verwirrt gewesen; doch dann habe er sie näher betrachtet und sie als Schönheit erkannt.»[71] Tatsächlich war kaum ein größerer Unterschied denkbar als der zwischen ihr und Marie Mancini: Die neue Königin war ebenso blond, wie Marie dunkel war, im Vergleich zu ihr war sie winzig, und die blonden Haare, die blauen Augen und die frische Gesichtsfarbe ließen sie zwar hübsch erscheinen, doch andererseits hatte sie eine große Nase und eine hängende Unterlippe. Marie war feurig, agil und intelligent, die Infantin hingegen träge, unterwürfig, von fanatischer Frömmigkeit und unübersehbar dumm. Aber das war genau, was man brauchte: Jedermann waren die Katastrophen noch im Gedächtnis, die Maria von Medici, die letzte französische Königin mit Machtgelüsten, über das Land gebracht hatte. Was man für die neue Epoche brauchte, war Folgsamkeit, und es gab keinen Zweifel daran, daß Königin Maria Theresia alles tun würde, was man ihr befahl.

Endlich, am 6. Juni, trafen sich die beiden Könige auch offiziell und verpflichteten sich feierlich, den Frieden zu halten, den sie eben besiegelt hatten; am 7. überquerte die Infantin, in scharlachrote, gold- und silberbe-

* D.h., wenn sie erst einmal in Frankreich ist.

stickte Seide gekleidet, in einer goldenen Kutsche die Grenze; am 9. lenkte der König, in einen goldenen Mantel mit schwarzem Trauerflor* gehüllt und vom Kardinal und dem Prinzen Conti geführt, seine Schritte zur Hauptkirche von Saint-Jean-de-Luz; die Infantin folgte kurz darauf. Diesmal trug sie ein Kleid aus Silberbrokat, eine Krone und einen purpurnen Samtmantel, mit goldenen Lilien bestickt; den Schluß der Prozession bildete Anna von Österreich, in Schwarz und Silber gekleidet. Nach so vielen Jahren des Krieges und des Bürgerkrieges hatte sie nun endlich ihr großes Ziel erreicht; und da sie sich noch gut der Schrecken ihrer eigenen Hochzeitsnacht vor den Augen der Öffentlichkeit erinnerte, trug sie Sorge, daß der König und seine Braut, die sich an diesem Abend – Ludwigs Ungeduld war nicht zu übersehen – früh zurückzogen, ungestört blieben.

Doch am nächsten Morgen war nicht mehr zu befürchten, die Geschichte könne sich wiederholen: Der neuen Königin sah man an, daß sie über beide Ohren verliebt war, und der König verkündete, er und seine Braut gedächten während der Rückreise nach Paris das Lager zu teilen. Die Ehe wurde also ohne Zweifel und mit Freuden vollzogen, auch wenn die beiden jungen Leute außer ihrer körperlichen Beziehung und einem ausgeprägten Ehrgefühl wenig gemeinsam hatten: Ludwig XIV. sprach fast gar kein Spanisch, und um die Französischkenntnisse von Maria Theresia war es noch schlechter bestellt. Natürlich erlernte sie im Laufe der Zeit die Sprache des Landes, in dem sie nun lebte, aber da sich ihre Interessen auf Mahlzeiten, Gebet und auf ihre Sammlung von Zwergen – je häßlicher, desto besser – beschränkten, konnte sie nicht ernsthaft erwarten, der König werde ihr auf Dauer seine volle Aufmerksamkeit zuteil werden lassen. Der König vergaß jedoch nie, daß die Pflicht Vorrang hatte, und selbst als er Mätressen hatte, schlief er nach wie vor mit seiner Gattin; eine Tatsache, die durch die Angewohnheit der Königin verbürgt ist, jedesmal, wenn sie die Nacht mit dem König verbracht hatte, beim *lever* in die Hände zu klatschen.

Im Augenblick kam jedoch alles auf den Vollzug der Ehe an, der als Bekräftigung der Abmachungen galt. Auf ihrem Rückweg nach Paris wurde die Königsfamilie überall mit geradezu ekstatischer Begeisterung begrüßt. Ein Fest jagte das andere, und der König schien von Mal zu Mal glücklicher. Doch als sie nach Saintes in der Nähe von Bordeaux kamen, verkündete Ludwig, die Königinnen sollten nach Saint-Jean-d'Angély vorausreisen, während er selbst einen Abstecher nach La Rochelle mache. Sicher, La Rochelle war ein bedeutender Hafen, aber es war auch eine Stadt, die nur wenige Meilen von Brouage entfernt lag, dem ehemaligen Wohnsitz Marie Mancinis. Der Kardinal und die Königinmutter waren natürlich entsetzt, zumal es der König ablehnte,

* Zum Zeichen der Trauer um seinen Onkel Gaston d'Orléans.

von mehr als vier seiner Männer begleitet zu werden. Und tatsächlich ritt Ludwig nach einer kurzen Inspektion seiner Flotte in La Rochelle weiter nach Brouage, wo er die halbe Nacht schluchzend die Küste entlangwandelte. Was folgen würde, schien nur zu klar: Maries Schwester Olympe war die Geliebte des Königs geworden, sobald sie den Grafen von Soissons geheiratet hatte; nun würde Marie, die im Begriff war den Prinzen Colonna zu heiraten, ihrem Beispiel folgen; doch während es Olympe nur um Gunst und Rang ging, waren bei Marie, der Romantikerin, Komplikationen zu befürchten. Also brachte man Ludwig, nachdem er in Saint-Jean-d'Angély angelangt war, das neueste Gerücht zu Ohren: Die zukünftige Prinzessin Colonna, so erzählten die Leute, sei so über alle Maßen in den Prinzen Karl von Lothringen verliebt, daß sie sich um keine Diskretion mehr kümmere und ihm in aller Öffentlichkeit nachstelle. Das war natürlich zuviel für Ludwig. Und es war eine Lüge, die der Kardinal und die Königinmutter mit Bedacht ausgestreut hatten: Die ahnungslose Marie konnte nie verstehen, warum sie der König, als sie ihn in Fontainebleau wiedersah, mit einem ausgesprochen beiläufigen Gruß abfertigte. Die üble Nachrede hatte ihre Wirkung getan: Die große Liebe Ludwigs XIV. war vorüber.

Es folgten die üblichen Feierlichkeiten. Am 26. August zogen der König und die Königin offiziell in Paris ein, er auf einem feurigen Hengst, sie im offenen goldenen Triumphwagen. Es gab Feuerwerke, Triumphbögen, Bravorufe und Festreden, in denen der König nicht nur gepriesen, sondern auch eher als Gottheit denn als Sterblicher gesehen wurde: Hier stand, allen sichtbar, ein Symbol der Größe, des Wohlstands und der Einheit Frankreichs, und selbst die ehemaligen Aufrührer überschlugen sich nun, dem König Ehre zu erweisen, den sie noch wenige Jahre zuvor so sehr bekämpft hatten.

Als der König, die Königin und der Hof an jenem Tag im August des Jahres 1660 an den begeisterten Massen vorbeizogen, führte ihr Weg auch an dem Mann vorbei, der all das möglich gemacht hatte: Eigentlich hätte Kardinal Mazarin als Erster Minister seinen Platz in der Prozession gehabt, doch schlechte Gesundheit zwang ihn dazu, sie nur als Zuschauer zu verfolgen. Gicht und Blasensteine quälten ihn, das Herz versagte – es war nicht zu übersehen, daß die Kräfte des Kardinals schwanden, aber wie so oft wurde niemandem klar, daß eine neue Epoche bevorstand. Nie zuvor, so schien es, war Mazarins Macht so vollkommen gewesen; der Königinmutter gegenüber hatte er sich einen geradezu rohen Umgangston angewöhnt, und noch auffälliger war vielleicht, daß er Ludwig XIV. nach wie vor eher wie einen Schuljungen als wie einen König behandelte. Doch der Schein trog: Beinahe täglich erteilte der alternde Staatsmann dem jungen Monarchen Unterricht, wie er zu regieren habe, erläuterte ihm die Verhältnisse seines Reiches und die Positionen, die die einzelnen europäischen Mächte einnahmen. Der König, der so wenig an Politik interessiert schien wie eh und je, verspürte doch ein immer größeres Verlangen, die Macht endlich selbst in Händen zu halten. Er sollte nicht mehr lange warten müssen. Im Dezember verschlechterte sich Mazarins Zustand zusehends, und im Januar eröffneten ihm die Ärzte, er habe nur noch acht Wochen zu leben. Mit einigem Bedauern – «Und das muß ich nun alles aufgeben?» soll er unter Seufzen gesagt haben, als er seine Schätze betrachtete – ging er daran, die Macht zu übergeben und das Erbe seines Besitzes zu regeln. Sehr zu Recht beanspruchte der König Mazarins Vermögen nicht für sich; was die Macht anbetraf, so gab der Kardinal kurz vor seinem Tod am 9. März 1661 seine letzten Empfehlungen, die Ludwig XIV. auf der Stelle zu Papier bringen ließ.

«M. le Cardinal wußte, daß sein Ende nahe war..., und er zeigte auch in den letzten Augenblicken, die er auf Erden verbrachte, jene Liebe, die er stets dem Wohl meines Staates und meiner eigenen Ehre entgegenbrachte», diktierte der König seinem Sekretär. «In jenen Augenblicken gab er mir eine Reihe von bedeutenden Ratschlägen...

Als erstes ermahnte er mich, als ihr Erster Sohn, die Kirche in all ihren Rechten, Immunitäten und Privilegien in Ehren zu halten und es nicht zuzulassen, daß sie gemindert würden, unter welchem Vorwand auch immer; dazu verpflichte mich mein Gewissen, und ebenso zu der Sorge, daß diejenigen, denen ich Güter* zuerkennen wolle, nach Fähigkeit, Frömmigkeit und den übrigen erforderlichen Eigenschaften ausgewählt seien, damit sie ihre Ämter versehen könnten, wie es sich gehöre; vor allem sollten sie bereit sein, mir und dem Frieden meines Staates zu dienen.»[72]

Daß die Kirche an erster Stelle genannt wird, ist nicht verwunderlich, denn schließlich erwartete der Kardinal, in Kürze vor seinen Schöpfer zu treten; aber bemerkenswert ist es, daß selbst hier seine Ehrfurcht gegenüber dem Dienst an Gott einen praktischen Unterton behält. Der König nahm sich besonders den letzten Teil des Satzes zu Herzen: «Ein König hat die absolute Gewalt und ein natürliches Recht der freien Verfügung über sämtliche Güter»,** schrieb er einige Jahre später, «seien sie im Besitze des Klerus oder des Laienstandes, und muß sie allzeit als weiser Verwalter halten, das heißt so, daß sie den Nutzen des Staates mehren...

* D.h. Ernennungen zu Bischöfen, Erzbischöfen, Äbten und anderen kirchlichen Würdenträgern.

** Der König bezieht sich hier lediglich auf sein Recht, die Steuern nach eigenem Ermessen festzusetzen.

Gewisse Personen meinen vielleicht, sie könnten Uns mit geheimnisvollen Reden von Vorrechten oder Privilegien der Kirche täuschen ... doch diese gewähren niemandem Freiheit vom Gehorsam gegenüber dem Souverän.»[73]

Aber der Kardinal hatte noch mehr zu sagen. «Den Adel nannte er meine rechte Hand; ich solle ihn hochschätzen und mit Vertrauen und Höflichkeit behandeln ...

Von der Judikative [d.h. dem Parlament], ich solle sie in Ehren halten, doch sei es von großer Wichtigkeit, daß ich dafür sorgte, daß dieser Berufsstand sich nicht verselbständigen könne; ich müsse die Richter dazu zwingen, den Rahmen ihrer Pflichten nicht zu überschreiten, so daß ihnen nichts anderes in den Sinn komme, als über meine Untergebenen Recht zu sprechen, so wie ich es an sie deligiert habe.

Als guter König sei es meine Pflicht, meine Untergebenen nicht nur vor allzu großer Last der *taille** zu bewahren, sondern auch vor jeglichen anderen Steuern, doch nur in dem Maße, wie es die Einnahmen der für die Erhaltung meines Staates notwendigen Gelder erlaubten, setze doch der Wohlstand der Untertanen denjenigen des Staates voraus.

Ich solle mich mit treuen und fähigen Dienern umgeben; mir stehe die Entscheidung zu, für welche Aufgabe der einzelne am besten geeignet sei, und ich solle jeden entsprechend seinen Talenten beschäftigen.

Ich müsse jedermann vor Augen führen, daß ich selbst der [Erste] Minister sei; daß nur ich dazu berechtigt sei, Geschenke [und Vergünstigungen] zu verteilen, und besonders wichtig sei es, daß ich sie nur denen gewähre, die sie wegen ihrer Leistungen oder ihrer Fähigkeiten oder ihrer Treue gegenüber meiner Person verdienten.

Ich solle dafür sorgen, daß die Mitglieder meines Rates miteinander in gutem Einvernehmen lebten, denn ihre Feindschaft untereinander könne schädlich für meine Belange sein; ich solle auf ihre Ratschläge hören; ich solle unter ihren unterschiedlichen Meinungen immer die beste auswählen, zu einem eigenen Schluß kommen und auf diesem beharren und dabei nicht die geringste Schmälerung meiner Autorität dulden.

Ich solle, wenn einer, in dessen Händen Staatsgeschäfte ruhten, das Unglück habe, ohne meine Order zu handeln, diesen unverzüglich entlassen, denn er sei unwürdig, mir zu dienen.

Ich dürfe bei Hofe weder Skandale noch Gottlosigkeit dulden.»[74] Noch ein letztes Mal hatte der Kardinal sich als ein großer Minister erwiesen. Solche Ratschläge zu geben war nicht nur für einen Mann, der im Sterben lag, eine bemerkenswerte Leistung; darüber hinaus gab er auch dem jungen und noch unerfahrenen König alles mit auf den Weg, was er an Richtlinien

---

* Die *taille* war eine Art Einkommenssteuer, die die Nichtadligen zu zahlen hatten.

brauchte, um weise zu regieren: Beinahe vollständig übergab er ihm hier die Charta einer neuen Form der absoluten Monarchie. Es ist nicht verwunderlich, daß Ludwig XIV. stets mit Dankbarkeit an den Kardinal zurückdachte; noch bedeutender aber ist, daß er die Prinzipien, die er an jenem Märztag des Jahres 1661 vernommen hatte, bis an das Ende seines langen Lebens beherzigte.

Schon am Abend des 7., als der Zustand des Kardinals sich rapide verschlechterte, rief der König seine Minister zusammen und ließ sich kurz Bericht erstatten; aber er weigerte sich, die Amtsgeschäfte zu übernehmen, solange Mazarin noch am Leben war. Er sollte nicht mehr lange warten müssen. Am folgenden Abend verlor der Sterbende das Bewußtsein, und zwischen zwei und drei Uhr am Morgen des 9. verschied er nach schwerem Leiden.

«Unmittelbar nach dem Tod des Kardinals betrat der König mit Tränen in den Augen die Kammer, wo ich zusammen mit den wichtigsten Vertretern des Hofes wartete», schreibt Brienne, einer der stellvertretenden Minister. «Er nahm den Marschall von Grammont beim Arm und sagte: ‹Sie und ich, wir beide haben soeben einen guten Freund verloren.›»[75] Daß der König echte Trauer verspürte, daran kann es keinen Zweifel geben; es war jedoch ein Verlust, auf den er seit langem vorbereitet war, und auch das wurde binnen kurzem deutlich. «Sobald der Kardinal verstorben war, ließ der König die Herren Fouquet,* Le Tellier** und de Lionne*** holen und sprach diesen dreien und niemandem sonst sein Vertrauen für die geheimen Staatsgeschäfte aus.»[76] Damit hatte er bereits die erste von Mazarins Maximen umgesetzt: Er hatte einen kleinen Kern von vertrauten Ministern geschaffen, die allein dem König verantwortlich waren. Mit welchen Worten er sie empfing, können wir aus denjenigen schließen, die er wenige Augenblicke später an den gesamten Rat richtete. «Sobald wir eingetreten waren», berichtet der jüngere Brienne, «sagte der König, der bereits auf uns wartete, mit ernster Stimme: ‹Messieurs, ich habe Sie hier zusammenkommen lassen, um Ihnen mitzuteilen, daß ich von nun an mein Land allein zu regieren beabsichtige. M. le Chancelier**** und

* Der *Surintendant des Finances* (Finanzminister), verantwortlich für das gesamte Finanzwesen der Krone.

** Staatssekretär, verantwortlich für Kriegs- und Marineangelegenheiten.

*** Staatsminister mit weitreichenden Befugnissen, der auch die Oberaufsicht über das Außenministerium hatte, das nominell von den beiden Briennes, Vater und Sohn, geführt wurde.

**** Pierre Séguier, der das Justizministerium unter sich hatte.

M. le Surintendant werden keinen Erlaß und keine *ordonnance de comptant** mehr unterzeichnen, ohne mich vorher konsultiert zu haben, und die Staatssekretäre werden keine Papiere mehr zeichnen – nicht einmal einen Paß oder eine Zahlungsanweisung über hundert Ecus –, sofern sie nicht meine Weisung dazu erhalten haben. Wann immer einer der Herren mir etwas zu sagen hat, soll er es frei heraus tun, und wenn es an meinen Entscheidungen auch nur das geringste zu beanstanden gibt – aus Gründen der Form, die zu lernen ich noch nicht die Zeit hatte –, werde ich mit Freuden auf den guten Rat meiner ergebenen Diener hören.»[77] Abschließend verkündete der König, er gedenke zur Beratung der laufenden Geschäfte zwei Versammlungen wöchentlich abzuhalten, eine montags, eine donnerstags, zu denen lediglich der Kanzler, Fouquet, Le Tellier und de Lionne geladen seien. Der ältere Brienne, der unmittelbar für die Abwicklung der Außenpolitik verantwortlich war, erhielt Order, diese niemals außerhalb jenes engen Kreises zu besprechen, zu dem er hinzutreten solle, wann immer er etwas zu berichten habe. Für den Rest dieses Monats allerdings sollte Ludwig XIV. seine Ratsversammlungen täglich abhalten.

Es gab ja auch viel zu tun. Jede größere Gruppe mußte für sich über die Neuordnung der Staatsgeschäfte informiert werden, dazu noch eine große Zahl von Einzelpersonen. Am 10. März zum Beispiel hielt der König Hof, besuchte die Messe, autorisierte die Vorbereitungen zur Trauerfeier für den Kardinal und ließ die ständigen Vertreter des Klerus für den nächsten Morgen zum *lever* bestellen; darüber hinaus gab er einen umfassenden Bericht über die Garnisonen sämtlicher befestigter Städte in Auftrag, ihren Zustand zur Zeit seines Vorgängers und ihre Entwicklung vom Beginn seiner Regierung an, und er ließ dem spanischen Botschafter ein Schreiben zukommen, das die Aktionen Philipps IV. in den jüngsten Auseinandersetzungen in Italien aufs schärfste verurteilte.

All das stellte einen abrupten Bruch mit der Tradition dar – schließlich war Frankreich seit dem Tod Heinrichs IV. im Jahre 1610 von den Ersten Ministern regiert worden. Die meisten rechneten allerdings damit, daß der junge König die Amtsgeschäfte bald satt haben und daß sie dann allmählich einer der Minister übernehmen werde. Noch verblüffender und noch beispielloser war die Zusammensetzung des Staatsrats. Fast ausnahmslos hatten die Könige Frankreichs Rat und Unterstützung unter ihren nahen männlichen Verwandten und bei den führenden Adligen gesucht. Zum ersten Mal war es nun keinem einzigen Prinzen von königlichem Geblüt, keinem einzigen Her-

---

* Eine *ordonnance de comptant* war ein vom Surintendant des Finances unterzeichneter Zettel, der das Schatzamt anwies, die bezeichnete Summe auszuzahlen. Sie umging so die offiziellen Kanäle und war Anlaß zu vielerlei Mißbrauch.

zog, ja überhaupt keinem Adligen gestattet, die Macht mit dem Monarchen zu teilen. Einige Jahre zuvor waren die Prinzen und der Hochadel im Bürgerkrieg unterlegen – nun waren sie auch von der aktiven Politik ausgeschlossen, und es gab keine Möglichkeit, etwas daran zu ändern. Monsieur, der Bruder des Königs, war viel zu gut erzogen, um jemals gegen ihn aufzubegehren; der Prince de Condé leckte noch immer in Chantilly seine Wunden; ohne Unterstützung konnte der Prince de Conti nichts unternehmen; und der Herzog von Longueville war inzwischen gestorben. Die Königinmutter hatte nichts mehr zu sagen, und nach kurzem Protest fand sie sich mit den ungeliebten neuen Verhältnissen ab.

Ohne Zögern wurde diese neue Ordnung publik gemacht. Am 10. März «ließ der König im Schlafzimmer der Königinmutter, wo die Ratsversammlungen stattzufinden pflegten, all diejenigen zusammenkommen, die normalerweise daran teilnahmen, die Prinzen, die Herzöge, die Staatsminister; dort verkündete er ihnen seinen Beschluß, allein zu regieren, keinem Bemühen zu trauen außer dem eigenen (das waren seine Worte), und dann entließ er sie höflich, indem er ihnen sagte, er werde nach ihnen schicken, wenn er einen guten Rat brauche».[78] Es ist verständlich, daß der König die ehemaligen Aufrührer aus dem neuen Rat ausschloß, ebenso seine Meinung, die Granden hätten, auch ohne daß sie die Regierungsentscheidungen beeinflussen könnten, bereits mehr als genug Macht; doch zu ihrem Erstaunen fand sich auch diejenige, die in der Jugend Ludwigs XIV. so viel für die Erhaltung des Staates getan hatte, die Königinmutter, nun ausgeschlossen.

Eine Folge der neuen Verhältnisse war, daß der König seinen Tageslauf völlig neu einteilte. Zu Mazarins Lebzeiten hatte Ludwig XIV., wenn es hochkam, eine Stunde pro Tag mit Beratungen mit dem Minister zugebracht; nun, wo er wirklich regierte, mußte er auf einen Teil seiner Freizeit verzichten. Folglich «beschloß er, zwischen acht und neun Uhr aufzustehen, obwohl er sehr spät zu Bett ging. Nachdem er das Bett der Königin verlassen hatte, ging er in sein eigenes; dann sprach er sein Gebet und ließ sich ankleiden. Danach zwangen ihn seine Geschäfte, die Tür [vor dem Hof] zu schließen ... Gegen zehn Uhr ging der König zur Ratsversammlung und blieb bis zum Mittag dort. Dann besuchte er die Messe. Die Zeit, die dann noch bis zum Essen blieb [das er um zwei Uhr einnahm], widmete er der Öffentlichkeit und besonders den beiden Königinnen.

Nach dem Essen blieb er im allgemeinen eine ganze Weile bei der königlichen Familie, dann zog er sich zurück, um mit einem seiner Minister zu arbeiten. Denen, die sie erbaten, gewährte er Audienzen, bei denen er geduldig anhörte, was ihm vorgetragen wurde. Er ließ sich schriftliche Gesuche überreichen und beantwortete sie an bestimmten Tagen, die dafür reserviert waren; ebenso war ein ganz bestimmter Tag für den *conseil de* *conscience** vorgesehen, der zu Beginn der Regentschaft eingeführt worden war und nun von neuem abgehalten wurde...

Je mehr er sich um die Arbeit kümmerte, desto mehr Freude machte sie ihm, und der Wunsch, all das zu erlernen, was er für seine Arbeit wissen mußte, war so groß, daß er bald über ausgezeichnete Kenntnisse verfügte... In Staatsdingen wurde er zum Politiker, in Fragen der Kirche zum Theologen, zum Rechenkünstler, wenn es um die Finanzen ging. Er war ein guter Redner und traf im Rat stets die richtigen Entscheidungen; er hatte Verständnis dafür, daß jemand private Interessen verfolgte, doch Intrigen und Schmeichelei waren ihm verhaßt; den hohen Adligen gegenüber war er schroff, denn er fürchtete, sie wollten ihn bevormunden.

Als Mensch war er freundlich, höflich, jedermann zugänglich, doch seine Miene war ernst und majestätisch, was ihm Respekt und sogar eine gewisse Furcht einbrachte und selbst diejenigen, die in seiner nächsten Nähe lebten, daran hinderte, sich ihm gegenüber etwas herauszunehmen, nicht einmal im Privaten; den Damen gegenüber war er allerdings freundlich und gutgelaunt.»[79] Diese Beschreibung, die wir Mme. de Motteville verdanken, ist ebenso gründlich wie korrekt: Von Anfang an legte Ludwig XIV. ein so starkes Bewußtsein der Einmaligkeit seiner Position an den Tag, daß die meisten, die ihm gegenübertraten, nur noch verschreckt schweigen konnten. Seine Jugend und sein unbestrittener Charme bildeten natürlich ein gewisses Gegengewicht zu dieser furchterregenden Erscheinung, doch konnte es für niemanden Zweifel daran geben, daß unbestrittener und unverzüglicher Gehorsam die einzige mögliche Antwort auf einen Befehl des Königs war. Das heißt, für jeden außer jenem einen Mann am Hofe, der sich nicht nur für klüger als irgend jemand sonst hielt, sondern auch für unersetzlich, weil er der einzige war, der sich im Dickicht der königlichen Finanzen zurechtfand: Nicolas Fouquet, der Finanzminister.

Schon am 11. März, zwei Tage nach dem Tod des Kardinals, hatte der König ganz Europa von der neuen Ordnung in Kenntnis gesetzt. Brienne erhielt den Auftrag, an sämtliche Botschafter und Gesandten Frankreichs zu schreiben, die wiederum den Fürsten, bei denen sie akkreditiert waren, mitteilen sollten, daß der König von nun an allein regieren werde. Und um das bedeutendste dieser Schreiben abzufassen, griff Ludwig XIV. selber zur Feder. «Es ist mein Vertrauen in Eure Freundschaft, die mich Euch mitteilen läßt, welch großer Schmerz mich traf, indem es Gott gefiel..., Kardinal Mazarin zu sich zu rufen und mir so meinen wertvollsten Rat und meinen treuesten Minister zu nehmen», schrieb er an Karl II., den vor kurzem wieder-

* Der *conseil de conscience* war eingerichtet worden, um die Berufungen für Kirchenämter zu beraten.

eingesetzten König von England. «Ich bin sicher, Ihr werdet, da Ihr mich liebt, einige Trauer über diesen Tod empfinden, zumal wenn ich Euch sage, daß dasjenige, was er mir während seiner letzten und außerordentlich qualvollen Leiden am dringendsten ans Herz legte, war, Euch in der denkbar engsten Freundschaft verbunden zu bleiben...»[80] Im Grunde gab es in dieser Hinsicht keinen Anlaß zur Sorge: In drei Wochen sollte die Hochzeit zwischen Monsieur und der Prinzessin Henrietta stattfinden; doch diese Art von Gründlichkeit, von Vorsicht sogar, war charakteristisch für die Arbeitsweise des Königs.

Für einen jungen Mann, der noch wenige Wochen zuvor, wie es schien, an nichts als an seinem Vergnügen interessiert war, war das bemerkenswert genug, doch in diesem Falle ging es immerhin um eine wichtige außenpolitische Frage. Mit einer Verwunderung, die die Minister kaum im Zaum halten konnten, wurde hingegen die Tatsache aufgenommen, daß Ludwig XIV. es sich nicht nehmen ließ, auch die kleinsten Details der Regierungsgeschäfte genau zu verfolgen. Am 21. März etwa gab er die Order, es solle eine Aufstellung sämtlicher Adelstitel angefertigt werden – ein typisches Beispiel für den neuen Regierungsstil: Der König wollte nicht nur Ordnung schaffen (daher der Wunsch, bei allen angeblichen Adligen den Anspruch überprüfen zu können); es ging ihm auch darum, daß die Nichtadligen bestimmte Steuern zu zahlen hatten und daß also, wenn Gemeine sich in großer Zahl für Adlige ausgaben, das Steuereinkommen geschmälert wurde.

Diese Anweisung, ebenso wie eine weitere, die am 4. April eine Getränkesteuer abschaffte, die in der Normandie erhoben wurde, ließ darüber hinaus einen weiteren Aspekt des königlichen Regierungsstils deutlich werden. Auf den ersten Blick schien es, als ginge es Ludwig lediglich darum, die niederen Schichten einer bestimmten Provinz von übermäßigen Steuern zu befreien – eine traditionelle Art zu demonstrieren, daß dem König das Wohl der Untertanen am Herzen lag; doch war es für einen Monarchen höchst ungewöhnlich, sich um eine Angelegenheit zu kümmern, bei der es um kümmerliche 150 000 Livres pro Jahr ging. Es war jedoch eine programmatische Handlung, die deutlich machte, daß der König auch die kleinsten Facetten der Regierung wahrnehmen wolle, und das wiederum waren natürlich schlechte Nachrichten für jeden Beamten, der mit des Königs Mangel an Kenntnissen oder Interesse gerechnet und erwartet hatte, alles werde weiterhin seinen gewohnten Gang gehen.

Niemand unter den Ministern machte diesen Fehler – das heißt, niemand außer einem, nämlich dem Finanzminister, und der hatte seine guten Gründe dafür. Zunächst einmal konnte er sich der Tatsache sicher sein, daß die königlichen Finanzen so kompliziert, in solchem Maße jedem außer dem Fachmann unverständlich seien, daß der König niemals herausfinden werde, was es damit auf sich habe – und da konnte man ihm nur schwer widersprechen. Das kaum zu überblickende Durcheinander überkommener Praktiken, das es schon seit langem dem König praktisch unmöglich machte zu wissen, wie es genau um seine Finanzen stand, war durch die Schulden, die während der Fronde aufgelaufen waren, noch verworrener geworden. Regierungen pflegen die Bedingungen, unter denen dringend notwendige Kredite gegeben werden, nicht allzu sorgfältig zu erwägen; folglich gab es eine nicht näher benannte Summe in fälligen Wechseln, die für fünf oder zehn Prozent des Nennwerts gehandelt wurden, die man aber nun dem Schatzamt zur Rückzahlung der gesamten Summe präsentierte. Das kostete den Staat nicht nur unnötig große Summen, es verschaffte auch einer Reihe von Leuten Reichtum, die ihn nicht gerade verdienten. Außerdem herrschte bei den nationalen und lokalen Steuern ein solches Durcheinander, daß der Betrag des Staatseinkommens weitgehend im Dunkel blieb, zumal einige der Verbrauchssteuern von Steuerpächtern eingenommen wurden.

Hinzu kam, daß Fouquet darauf vertraute, daß kein unerfahrener junger Mann – schon gar nicht ein Monarch, der gerade erst sein Amt angetreten hatte – lange die Geduld aufbringen würde, sich um die ermüdenden Detailfragen zu kümmern. Da all diese Annahmen sich im Falle Mazarins bereits bestätigt hatten, hatte Fouquet nach und nach die Gewohnheit angenommen, sich für klüger als irgend jemand sonst am Hofe zu halten, außerdem für sicher vor jedem Angriff – war er doch der einzige, der wußte, wovon die Rede war. Also hielt er es, als Ludwig XIV. ankündigte, er werde in Zukunft persönlich regieren, in seiner selbstgefälligen Art für nichts als Großsprecherei: Sobald dem jungen Mann erst einmal aufgegangen sei, daß es sich beim Regieren um harte Arbeit handle, werde er – wenn nicht dem Namen nach, so doch zumindest *de facto* – einen neuen Ersten Minister ernennen; und in dieser Beziehung hatte der Finanzminister nicht den geringsten Zweifel daran, daß er selbst der Glückliche sein werde.

Die Folge war, daß er Gehorsam schwor und doch sämtliche Befehle ignorierte, die ihm ungelegen kamen. Schlimmer noch – nach wie vor bediente er sich selbst aus der Schatulle, wann immer er das Bedürfnis verspürte: Es war immer möglich, Wechsel unter Wert zu kaufen und dann selbst zum vollen Wert zu präsentieren. Das war nicht nur eindeutiger Diebstahl, sondern stand auch im offenen Widerspruch zu den Anweisungen des Königs. Ludwig XIV. ließ Fouquet rufen und eröffnete ihm, es sei ihm nicht entgangen, daß der Finanzminister seinen Wohlstand in erheblichem Maße üblen Machenschaften verdanke; er wolle aber die Vergangenheit ruhen lassen, doch in Zukunft dürfe nichts dergleichen mehr vorkommen. Ohne auch nur einen Anflug von schlechtem Gewissen schlug Fouquet, der damals Unsummen für den Bau seines Schlosses in Vaux ausgab, die Warnung des Königs in den Wind; er wiegte sich mit dem Gedanken in Sicherheit, niemand werde jemals in der

Lage sein, das Chaos zu entwirren. Es war sein Pech, daß er Colbert unterschätzt hatte, Mazarins Faktotum, ein Mann von enormer Intelligenz und großem Tatendrang. Und der König wußte genau, was er tat: «Es mag seltsam erscheinen, daß ich beschloß, Fouquet zu halten, obwohl mir schon damals seine *Diebereien* bekannt waren; doch er war intelligent und verfügte über große Kenntnisse in Regierungsdingen, was mich zu dem Glauben brachte, er werde mir, wenn er seine Verfehlungen zugab und Besserung versprach, noch gute Dienste erweisen können. Allerdings stellte ich ihm, um sicherzugehen, Colbert als Intendanten an die Seite [ein alltägliches Amt von mittlerem Rang]. Das war ein Mann, dem ich bedingungslos vertraute, denn ich wußte, er war strebsam, klug und aufrichtig.»[81]

Diese Angelegenheit war eine Herausforderung für Ludwig XIV.: Wenn es ihm nicht gelang, seine Finanzen zu regeln, dann würde er niemals wirklich regieren können. Den Finanzminister einfach zu entlassen hätte jedoch mit Sicherheit unangenehme Folgen nach sich gezogen. Der König dachte lange und sorgfältig über diese Frage nach und beriet sich mit Colbert. Er stellte bei dieser ersten großen Entscheidung, die von ihm gefordert wurde, unter Beweis, daß er verstand, sich in Geduld zu üben und ein Geheimnis für sich zu behalten, auch wenn es ihm nicht leichtfiel. «Mit anzusehen, welch riesige Landsitze [Fouquet] für sich einrichtete und welch unverschämte Summen er ausgab,* überzeugte mich davon, daß sein Ehrgeiz grenzenlos war,** zur gleichen Zeit schrie das Leid meines ganzen [von Steuern erdrückten] Volkes nach Gerechtigkeit», schrieb der König etwa zehn Jahre später. «Aber was ihn gegenüber meiner Person in noch größerem Maße schuldig werden ließ, war die Tatsache, daß er meine Freundlichkeit, ihn trotz allem weiterhin in meinem Rat zu behalten, alles andere als anerkannte; vielmehr sah er darin den Beweis, daß er mich übertölpeln könne; er dachte nicht daran, seine Weisheit zu mehren, sondern verstärkte lediglich seine Verschlagenheit.

Er mochte sich jedoch noch so listig verstellen, mir entging seine Unaufrichtigkeit nicht. Denn er brachte es nicht fertig, seine ungeheuren Ausgaben zu unterbinden, und er fuhr fort, seine Burgen zu befestigen, Schlösser zu errichten, Ränke zu schmieden und seinen Freunden wichtige Ämter zuzuschanzen, die er auf meine Kosten kaufte, in der Hoffnung, er werde dadurch zum ersten Richter über den Staat.

Auch wenn sein Benehmen ohne Zweifel verbrecherisch war, wollte ich

---

* Fouquet hatte eben die Insel Belle-Ile gekauft, die er zur Festung ausbaute und für deren Garnison er Truppen anwarb.

---

** Das Wappen des Finanzministers, das in Vaux noch überall zu sehen ist, war ein Eichhörnchen mit dem Motto «Wer könnte meinen Aufstieg bremsen?».

mich anfangs darauf beschränken, ihn zu entlassen; doch dann kam ich zu der Erkenntnis, daß er bei seinem Ehrgeiz diesen Rückschlag nicht hinnehmen, sondern sich zu neuen Untaten aufschwingen werde; deshalb hielt ich es für sicherer, ihn zu verhaften.

Daß ich mit der Ausführung meines Planes warten mußte, bereitete mir große Schmerzen, denn ich konnte sehen, wie er immer neue und immer raffiniertere Mittel fand, mich zu bestehlen, und was mich am meisten verstimmte, war, daß er, damit er um so mächtiger erscheine, um Privataudienzen nachsuchte; ich mußte sie ihm gewähren, damit er keinen Verdacht schöpfte, und ich mußte mir seine nutzlosen Reden anhören, obgleich ich wußte, welch ein großer Verräter er war.

Du* kannst dir gut vorstellen, auf welche Probe, jung wie ich damals war, meine Vernunft gestellt wurde, die sich gegen meine Wut behaupten mußte... Aber ich erkannte, daß die Entlassung des Oberintendenten nicht ohne Auswirkung auf die Erneuerung der Steuerverträge** bleiben konnte; außerdem war es damals Sommer, und das ist die Jahreszeit, in der es am schwersten ist, solche Veränderungen durchzuführen. Hinzu kam, daß ich vier Millionen Livres zur Hand haben mußte, um die dringendsten Verbindlichkeiten erfüllen zu können. Also beschloß ich, bis zum Herbst zu warten.»[82]

Die anderen Minister fanden sich, anders als Fouquet, schnell mit dem neuen Regierungsstil ab. Am 1. April wurden zum Beispiel zwei Schreiben in die Provinz abgesandt, eines von Brienne, das andere von Le Tellier. Aus beiden spricht die gleiche Verwunderung. «Der König», schreibt Brienne, «der nach dem Tode von M. le Cardinal die Regierungsgeschäfte übernommen hat, geht mit außerordentlicher Gründlichkeit zu Werke. Sieht man, wie er zuhört, abwägt und entscheidet, dann könnte man meinen, er habe nie etwas anderes getan, und in der Tat bewundern selbst die klügsten und kritischsten unter seinen Untergebenen wie auch die Botschafter die Klarheit seines Geistes. Seine Ernsthaftigkeit, seine Bescheidenheit und seine Freundlichkeit werden tausendfach gerühmt; er redet nicht um Dinge herum und macht nicht zu viele Worte, in seinen Entscheidungen ist er zielstrebig und entschlossen, und in allem, was er tut, zeigt er Sinn für Anstand und Gerechtigkeit.»[83] Und Le Tellier läßt den Intendanten*** der Languedoc wissen: «Der König hat

---

* Diese Memoiren wurden als Anweisungen an den jungen Dauphin verfaßt, für den Fall, daß der König starb, während sein Sohn noch ein Kind war.

** Die Einnahme vieler Verbrauchersteuern war an Steuerpächter delegiert, und eine Erneuerung der Verträge, die ihre Einnahmen regelten, stand bevor.

*** Die Intendanten repräsentierten die Staatsregierung in den Provinzen.

seine Geschäfte selbst in die Hand genommen und arbeitet daran jeden Morgen drei Stunden lang ohne Unterbrechung und zwei weitere Stunden nach dem Mittagessen. Keiner, der es nicht mit eigenen Augen gesehen hat, kann sich vorstellen, daß der König ein so großes Geschick und so viel Verständnis für diese Dinge entwickeln kann... Ohne Zweifel wird er zum größten König aufsteigen, den wir seit Beginn der Monarchie gehabt haben.»[84]

Natürlich enthalten diese Kommentare auch ein Gutteil Schmeichelei – schließlich hatte der König erst drei Wochen zuvor das Kommando übernommen; doch hatten die beiden Minister recht mit ihrer Erwartung, daß die neuen Verhältnisse auf Dauer so bleiben würden. Und Tag für Tag weitete Ludwig XIV. den Bereich, den er persönlich leitete, weiter aus, und allmählich gewöhnte er sich jenen gebieterischen Ton an, den er für den Rest seines Lebens beibehalten sollte. Am 18. März etwa befahl er Le Tellier, der Witwe des Herzogs von Orléans mitzuteilen, ihre Tochter (die alles andere als das wollte) könne entweder, wie vorgesehen, den Erben des Großherzogs der Toskana heiraten oder ins Kloster gehen. Daß die junge Frau, die in jemand anderen verliebt war, guten Grund hatte, die Ehe mit dem höchst unangenehmen Mann zu scheuen, spielte keine Rolle: Es war ihre Pflicht gegenüber Frankreich, sich an diesen Befehl zu halten, und ihre persönlichen Gefühle hatten nichts damit zu tun; es war eine harte Regel, doch der König kannte sie nur zu gut.

Zur gleichen Zeit festigte Ludwig XIV. seine persönliche Kontrolle über die Außenpolitik. Schon zu Anfang schrieb er an den Grafen d'Estrades, seinen Botschafter in London: «Ich habe mich entschlossen, die Briefe persönlich zu beantworten, die zu schreiben ich meinen Botschaftern empfohlen habe, wenn immer sie mir Dinge von Bedeutung mitteilen wollen, die größere Geheimhaltung erforderlich machen.» De Lionne, in dessen Bereich das Außenministerium immer mehr fiel, schreibt in seinem Begleitbrief: «Er hat diesen Gedanken von sich aus entwickelt... Ich habe die Ehre, ihm die höchst geheimen Meldungen, die an meine Adresse gehen, nach der Entschlüsselung vorzulesen... Er ruft mich dann, um mir seine Wünsche und Vorstellungen für die Antwort zu erläutern, und ich setze sie in seiner Gegenwart Absatz für Absatz nach seinen Anweisungen auf, wobei er mich korrigiert, wenn ich ihn mißverstanden hatte.»[85] Auf solche Weise wurden nach und nach die Arbeitsmethoden für sämtliche Bereiche der neuen Regierung entwickelt.

Natürlich waren es zwei verschiedene Dinge, einen Minister zu beeindrucken und eine effektive Herrschaft zu führen. Seit dem Tode Richelieus im Jahre 1642 waren die Franzosen an eine schwache Regierung gewöhnt, zuerst während der Regentschaft, dann während der Fronde, dann unter Mazarin, dessen Regierungsstil versöhnlich und flexibel gewesen war. Zwar war das Pariser Parlament in seinen Kompetenzen beschnitten worden, doch im Jahre

1661 konnte man darin noch eine befristete Maßnahme sehen. Die königliche Familie hatte zwar erfahren müssen, daß bewaffneter Aufstand sich nicht auszahlt, doch rechtlich gesehen verstand sie sich nach wie vor als immun. Der kleinste Augenblick des Zögerns auf seiten des Königs konnte also verheerende Folgen haben, und das war ihm bewußt; also schlug er auch hier schnell und hart zu.

Das erste Parlament, das er sich vornahm, war das in Aix. Perier, einer der Richter dort, hatte den Aufstand gegen die königliche Regierung angeführt – also wurde er auf der Stelle nach Paris beordert, zweifellos, um ein für allemal zum Gehorsam ermahnt zu werden. Auf der Stelle und in einer Geste, die nur zu deutlich an die Fronde erinnerte, hielten die verschiedenen Kammern des Parlaments eine Generalversammlung ab, schickten dem König Remonstranzen und befahlen Perier, an Ort und Stelle zu bleiben. Die Antwort des Königs ließ nicht lange auf sich warten, und ebensowenig ließ sie an Deutlichkeit zu wünschen übrig.

Zuerst wurde der Beschluß des Parlaments durch den *conseil d'en haut*, eine Ratsfraktion, die die letzte Gerichtsinstanz bildete, für nichtig erklärt. Dieses Vorgehen war zweifellos legal, doch beruhte es auf einem der Prärogative, auf die die Regentin während der Fronde hatte verzichten müssen. Daß Ludwig XIV. es schon im ersten Moment nach seiner Amtsübernahme anwandte, setzte also ein deutliches Zeichen. Doch damit noch nicht genug: Er schickte einen Brief an M. de Raguse, den Präsidenten des Parlaments von Aix, und drückte darin das Mißfallen Seiner Majestät darüber aus, daß er die Kammern des Parlaments zur Generalversammlung zusammengerufen hatte; er beorderte ihn auf der Stelle nach Paris; sollte er dem nicht unverzüglich nachkommen, drohe ihm die Verhaftung und die Gefangenschaft in der Festung Montélimar – just das Schicksal, das gerade über Perier hereinbrach.

Diese schnelle und wirkungsvolle Reaktion erstickte jede weitere Tendenz zum Ungehorsam. Der Präsident de Raguse reiste unverzüglich an den Hof, ließ sich ausgiebig belehren, daß er in erster Linie dem König Gehorsam schulde, und durfte einen Monat später wieder abreisen. Von da an blieb alles ruhig in Aix.

In Anbetracht ihres aufsässigen Benehmens, das ja noch nicht lange zurücklag, war es ebenso wichtig, eine Reihe von Mitgliedern der königlichen Familie zum Gehorsam zu ermahnen. Der potentiell Gefährlichste darunter war Monsieur, doch die Königinmutter hatte ihn gut erzogen, und es kam ihm niemals in den Sinn, gegen seinen Bruder aufzubegehren. Mademoiselle, die 1652 die Kanonen der Bastille auf die königliche Armee hatte abfeuern lassen, war inzwischen lammfromm, und der Prince de Condé, gerade erst vom siebenjährigen Dienst in Spanien zurück, sehnte sich nach nichts außer Frieden und Bequemlichkeit. Und doch würden sie zweifellos eine günstige Gelegenheit nicht ungenutzt verstreichen lassen, weshalb der König auch ohne zu zögern einschritt, als das Benehmen des Grafen von Soissons* im Mai 1661 zu wünschen übrig ließ.

Das Duell war in Frankreich schon seit langem verboten, doch nur zur Regierungszeit Richelieus achtete man darauf, daß dieses Verbot auch tatsächlich gehalten wurde; während der Regentschaft waren Duelle von neuem zu etwas Alltäglichem geworden. Doch Ludwig XIV. verkündete, er werde dafür sorgen, daß das Gesetz befolgt werde. Folglich schickte er, ohne auch nur einen Augenblick zu zögern, den Grafen von Soissons, als dieser nach einem Streit zwischen den beiden Ehefrauen den Herzog von Navailles zum Duell forderte, ins Exil in ein abgelegenes Landhaus. Dies löste allgemeine Verblüffung aus, nicht nur, weil niemand auf die Idee gekommen war, das Gesetz könne auch für Mitglieder des Königshauses gelten, sondern auch, weil die Herzogin von Soissons niemand anderes war als Olympe Mancini, Ludwigs ehemalige Geliebte.

In diesem Falle war eine Reihe von Punkten zusammengekommen, von denen man erwarten mußte, daß sie den König verärgern würden. An erster Stelle natürlich die Tatsache, daß der Graf von Soissons glaubte, er könne einen Befehl des Königs mißachten; von hier war es, wie Ludwig XIV. nur zu gut wußte, nur ein kleiner Schritt zum politischen Ungehorsam; zum zweiten die Tatsache, daß es bei der Auseinandersetzung darum gegangen war, daß die Gräfin von Soissons als Aufseherin** über den Haushalt der Königin Prärogative beansprucht hatte, die von Rechts wegen der Herzogin von Navailles, der *dame d'honneur*, zustanden, und der König war nicht gewillt, ein solches Verhalten von einer Frau zu dulden, die aus der früheren Beziehung zu ihm Kapital schlagen wollte; und zum dritten handelte es sich um eine Auseinandersetzung, die Unfrieden am Hof verursachte, und es sollte bald deutlich werden, daß der König so etwas nicht zu dulden gedachte.

Daß der Graf von Soissons ins Exil geschickt wurde, war, für sich genommen, nur ein kleiner, wenn auch bezeichnender Zwischenfall; noch immer nahm man an, die intensive Arbeit Ludwigs XIV. mit seinen Ministern werde nicht länger als ein paar Monate dauern. Doch am 5. September 1661 räumte er die letzten Zweifel daran aus, daß es ihm mit seiner Herrschaft ernst war, und zwar mit einer absoluten Herrschaft. An jenem Tag wurde der scheinbar so mächtige Fouquet nicht nur seiner sämtlichen Ämter enthoben,

* Der Graf von Soissons gehörte zur Familie des Herzogs von Savoyen, war also ein enger Verwandter des Königs.

** Die Aufseherin (Superintendentin), in der Regel ein Mitglied der königlichen Familie, war die erste Bediente der Königin; die *dame d'honneur* nahm den zweiten Rang ein.

sondern verhaftet und in einer Festung gefangengesetzt, und seine Papiere wurden beschlagnahmt; wenige Tage darauf wurde verlautbart, er werde wegen eines Kapitalverbrechens angeklagt werden.

Der Sonnenkönig ist für uns so sehr der Inbegriff eines absoluten Monarchen, daß wir uns oft vorstellen, er sei von Anfang an allmächtig gewesen. Wie wir bereits gesehen haben, war das während der Fronde und der Zeit unmittelbar danach ganz und gar nicht der Fall. Und noch mehr mag erstaunen, daß Ludwig XIV. es selbst nach Übernahme der Regierungsgewalt noch für nötig befand, in größter, beinahe verschwörerischer Geheimhaltung zu operieren, wenn es darum ging, einen untreuen und unaufrichtigen Minister zu entlassen.

Der König beschloß den Sturz Fouquets, wie Colbert berichtet, am 3. Mai 1661; es war jedoch – das wissen wir aus Ludwigs Aufzeichnungen – unmöglich, ihn auf der Stelle zu entlassen, denn das hätte eine schwere Finanzkrise nach sich gezogen; darüber hinaus war die Wahrscheinlichkeit groß, daß der Finanzminister, war er erst einmal entlassen, versuchen würde, einen neuen Bürgerkrieg vom Zaune zu brechen: Schließlich war bekannt, daß er Belle-Ile zur Festung ausbaute. Eine ganze Reihe führender Mitglieder des Pariser Parlaments und der königlichen Verwaltung stand in seiner Schuld, und es war durchaus denkbar, daß sie sich erhoben, um ihn zu verteidigen, während sie gleichzeitig das Streben des Königs nach absoluter Herrschaft zu unterbinden suchten. Im schlimmsten denkbaren Fall fielen also der Bankrott des Staates und der Beginn einer neuen Fronde zusammen.

Unter solchen Umständen war sorgfältige Planung vonnöten – eine Tatsache, der ein weniger umsichtiger Herrscher vielleicht keine Beachtung geschenkt hätte. Also machte sich Ludwig XIV. zusammen mit Colbert unter strengster Geheimhaltung daran, die Position Fouquets zu untergraben. Der erste Schritt war gleichzeitig der wichtigste. Zu den vielen Ämtern, die der Finanzminister innehatte, gehörte auch das des *procureur général* (Oberster Staatsanwalt) des Parlaments, was ihm Immunität zusicherte; man mußte ihn also, wollte man ihn verhaften, vorher dazu bringen, dieses Amt aufzugeben. Zu diesem Zweck brauchte man Fouquet nur eindeutig zu verstehen zu geben, der König habe vor, ihn, wenn der ältliche Séguier das Zeitliche segne,* zum französischen Kanzler zu machen, und da jener leitende Beamte ja auch der erste Richter sei, könne er nicht gleichzeitig eine diesem untergebene Position innehaben. Es ist kaum zu glauben, aber Fouquet ließ sich hinters Licht führen – ein eindeutigerer Beweis, daß Eitelkeit blind macht, ließe sich schwerlich

* Der Kanzler wurde auf Lebenszeit ernannt; trotz seines Alters (er war damals dreiundsiebzig) und seiner scheinbaren Gebrechlichkeit sollte Séguier das Amt noch bis 1672 innehaben.

erbringen. Nun konnte er, wenn die Zeit reif war, verhaftet werden, was ihm die Möglichkeit nahm, den Bürgerkrieg von neuem zu entfachen.

Als nächstes hatten der König und Colbert für die Stabilität der Finanzen zu sorgen. Dazu hielten sie nicht nur Geld im Schatzamt fest, sondern sie warben – immer unter größter Geheimhaltung – auch neue, außenstehende Verbündete an. Zum Beispiel zogen sie Mazarins Haupterben, den neuen Herzog von Mazarin, einen unermeßlich reichen Mann, ins Vertrauen, und dieser versprach auf der Stelle, dem König die enorme Summe von zwei Millionen Livres zu leihen, wann immer er sie benötige; schließlich hatte er nicht vergessen, daß er seinen Reichtum allein der Tatsache verdankte, daß der König das Erbe ausgeschlagen hatte. Diese Vorkehrung war von großer Bedeutung: Unter dem Regime Fouquets hatte sich die Staatskasse mit kurzfristigen Krediten von Tag zu Tag über Wasser gehalten, die von Steuerpächtern, die mit dem Finanzminister auf gutem Fuß standen, gewährt wurden, und es war zu erwarten, daß diese unmittelbare Geldquelle versiegen würde, sobald die Nachricht von der Verhaftung bekannt wurde.

Während dieser gesamten Vorbereitungszeit spielte Ludwig XIV. den dankbaren Monarchen, wann immer er Fouquet zu Gesicht bekam; über die vielsagenden Andeutungen über das Kanzleramt hinaus ließ er den Finanzminister wissen, er werde auch, wie das im 16. Jahrhundert bisweilen der Fall gewesen war, *de facto* Regierungschef werden.

Fouquet mag sich vielleicht seine Gedanken über des Königs wirkliche Einstellung ihm gegenüber gemacht haben, als ihm Anfang August die Vollmacht, *états de distribution** zu zeichnen, entzogen wurde, doch jedes ungute Gefühl, das er vielleicht hatte, wurde von seinem Triumph am 19. dieses Monats überstrahlt. Der Finanzminister mag seine Fehler gehabt haben, doch er war auch ein außerordentlich charmanter Mann und dazu ein großer Kunstkenner, und als er beschloß, sich auf seinem Besitz in Vaux ein Schloß zu errichten, stürzte er sich dafür nicht nur in Unkosten, als sei sein Vermögen grenzenlos (was es in gewissem Sinne ja auch war, da er sich immer wieder aus der Staatskasse bediente), er stellte auch drei der größten Meister in der Geschichte der französischen Kunst an. Das Haus selbst war von Le Vau entworfen und entwickelte sich zu einem wahren Wunder an Grazie, Schlichtheit und majestätischem Charme in einem noch nie dagewesenen Stil; die Innengestaltung und ein Teil der Fresken stammte von Lebrun, einem Maler und Innenausstatter von ungeheurem Talent; die Gärten legte Le Nôtre an, mit geraden Alleen, Terrassen, die eher wie Stickereien wirkten, und Wasser – in Fontänen, Becken, Kanälen – überall.

* Die Zahlungsanweisungen des Schatzamtes. Damit wurden ihm die Bereicherungen aus der Staatskasse erheblich erschwert.

Was dabei herauskam, erschien den Zeitgenossen wie ein Wunder und hat bis heute nichts von seinem Reiz verloren:* Ein gänzlich neuer französischer Stil war geboren, ein Stil, der auf Pracht und klassischem Ebenmaß beruhte und der bald Nachahmer in ganz Europa finden sollte. Ein so großartiger, verschwenderischer Landsitz verlangte natürlich nach einer rauschenden Einweihungsfeier; also erging an den König, die Königinnen und den übrigen Hof die Einladung zu einem Fest, das den ganzen Tag und die ganze Nacht des 19. August dauern sollte.

Es war charakteristisch für Fouquet, daß er nicht nur den eigentlichen Hof einlud, sondern auch dafür sorgte, daß geistreiche Frauen wie Mme. de Sévigné (die damals noch nicht als bedeutende Schriftstellerin erkannt war) und Dichter wie La Fontaine dabei waren. Es wurden ein Stück von Molière aufgeführt und Musik von Lully, und es gab Feuerwerk und riesige Festessen. Zwar kam es damals niemandem wirklich zu Bewußtsein, doch mit jenem Tag wurden die französische Kunst, Musik und Literatur führend in Europa.

Für den Gastgeber und die meisten unter den Gästen war das große Fest in Vaux der abschließende Beweis, daß der Finanzminister der mächtigste Mann in ganz Frankreich war. Man kann sich denken, wie der König die Sache beurteilte. Entgegen allen Gerüchten war es jedoch nicht die Empörung über die Großartigkeit dieses Festes, die Fouquets Sturz besiegelte: Die Vorbereitungen waren bereits weit gediehen.

Die Macht des Finanzministers wurde weiter beschnitten. Bereits eine Woche nach dieser Feier, am 25. August, kündigte Ludwig XIV. an, er werde dem Mißbrauch der *ordonnances de comptant* ein Ende bereiten, indem er sie für ungültig erkläre. Die *ordonnances* waren Zettel, auf denen der König oder der Finanzminister Anweisungen gab, einer bestimmten Person eine bestimmte Summe auf der Stelle in bar auszuzahlen. Dieses einfache Verfahren umging alle Vorsichtsmaßnahmen, die eingeführt worden waren, um dem Mißbrauch der Staatskasse vorzubeugen. Solange der König davon Gebrauch machte, war natürlich nichts dagegen zu sagen: Das Geld in der Staatskasse war ja sein Eigentum. Hatte jedoch der Finanzminister Zugang dazu, dann konnte er große Summen ausgeben, ohne darüber Rechenschaft abzulegen.

Bei dieser Ankündigung des Königs hätte Fouquet aufhorchen sollen: Innerhalb eines Monats war ihm jegliche Berechtigung entzogen worden, über Zahlungen des Schatzamtes zu verfügen; doch er war sich seiner Macht und der königlichen Gunst so sicher, daß er offenbar keinen Verdacht schöpfte. Und als der Hof am 29. von Fontainebleau nach Nantes reiste, der Hauptstadt

* Vaux-le-Vicomte, etwa vierzig Meilen östlich von Paris, in ausgezeichnetem Zustand erhalten, ist heute der Öffentlichkeit zugänglich.

der Bretagne, wo der König vor dem dortigen Parlament sprechen wollte, reiste Fouquet ahnungslos mit.

Tatsächlich wahrte Ludwig XIV. den Schein bis zur letzten Minute; am Morgen des 5. September verfügte er, er wolle nach der Ratsversammlung auf die Jagd gehen und seine Wache solle als Eskorte bereitstehen – ein Vorwand, um genügend Männer für einen schnellen und unauffälligen Schlag gegen Fouquet bereit zu haben. Was dann geschah, beschreibt der König selbst in einem Brief, den er Anna von Österreich schickte:

«Werte Frau Mutter, ich habe Euch bereits heute morgen mitgeteilt, daß mein Befehl zur Verhaftung des Finanzministers ausgeführt wurde; nun bin ich in der glücklichen Lage, Euch den Ablauf im einzelnen schildern zu können: Ihr wißt, die Verhaftung war von langer Hand geplant ... Ihr könnt Euch nicht vorstellen, welche Schwierigkeiten ich hatte, einen Weg zu finden, wie ich unbeobachtet mit Artagnan sprechen konnte [dem kommandierenden Offizier der Musketiere], denn ich bin zu meiner Qual täglich von einer unendlichen Zahl von Menschen umgeben, die allesamt hellwach sind und beim kleinsten Anzeichen vielleicht Verdacht geschöpft hätten. Doch vor zwei Tagen konnte ich ihm Order geben, sich bereit zu halten und statt des Leutnants und der Brigadiere meiner Musketiere, von denen die meisten erkrankt waren, du Claveau und Maupertuis abzukommandieren; ich verspürte die größte Ungeduld der Welt, daß es endlich vorbei sein möge, denn nichts anderes hielt mich mehr hier. Endlich kam der Finanzminister dann heute morgen, um wie gewohnt mit mir zu arbeiten, und ich sprach mit ihm über dieses und jenes, dann gab ich vor, ich suche nach bestimmten Papieren, bis ich durch das Fenster meines Arbeitszimmers Artagnan im Burghof sah. Dann ließ ich den Finanzminister gehen, der am Fuß der Treppe noch einen Augenblick lang mit La Feuillade sprach und sich dann entfernte, gerade als Artagnan dem Sieur Le Tellier salutierte. Der arme Artagnan glaubte folglich, er habe [Fouquet] verpaßt und ließ mich durch Maupertuis wissen, er befürchte, jemand müsse ihm zur Flucht geraten haben. Doch ... gegen Mittag holte er ihn am Portal der großen Kirche ein und verhaftete ihn. Er ließ sich die Papiere, die er bei sich hatte, geben, und man sagt mir, ich werde darin die Wahrheit über Belle-Ile finden; doch habe ich so viele andere Dinge zu tun, daß ich noch keinen Blick darauf habe werfen können. Inzwischen habe ich dem Sieur Boucherat Befehl gegeben, sämtliche Papiere des Finanzministers zu beschlagnahmen, und der Sieur Pellot hat Anweisung, das gleiche mit den Papieren Pellissons [des Assistenten Fouquets] zu tun, den ich ebenfalls habe verhaften lassen. Ich hatte vorgegeben, ich wolle heute vormittag auf die Jagd gehen, und unter diesem Vorwand standen meine Kutschen bereit, und meine Musketiere saßen bereits im Sattel; außerdem hatte ich die Wachkompanie, die mich hierher begleitet, zu Übungen auf die Wiese beordert, so daß sie bereitstanden, auf die Belle-Ile zu marschieren. Sobald die Verhaftung vollzogen war, wurde der Finanzminister in eine meiner Kutschen gesteckt, mit meinen Musketieren zur Eskorte; er wird auf die Festung Angers gebracht, wo er mich erwarten soll, und seine Gattin hat Befehl, sich nach Limoges zu begeben. Fourille ist eben mit meiner Wachkompanie zur Bucht von Belle-Ile aufgebrochen, von wo er Chavigni schicken wird, um die Festung mit hundert französischen Soldaten und sechzig Mann Schweizergarde zu übernehmen; für den Fall, daß die Männer des Finanzministers Widerstand leisten, habe ich Befehl zum Angriff gegeben. Ursprünglich wollte ich die Berichte über all diese Vorgänge hier abwarten, doch die Männer sind so gründlich instruiert, daß es sehr unwahrscheinlich ist, daß etwas fehlschlägt; deshalb werde ich ohne weitere Verzögerungen [nach Paris] zurückkehren, und dies ist der letzte Brief, den ich Euch von dieser Reise schreibe. Ich habe diesen Vorfall mit den Herren, die hier bei mir sind, besprochen; ich habe ihnen freiheraus gesagt, daß meine Entscheidung schon vor vier Monaten gefallen war, daß Ihr die einzige gewesen seid, die davon wußte, und daß ich den Sieur Le Tellier erst vor zwei Tagen davon in Kenntnis gesetzt habe, so daß er die notwendigen Befehle geben konnte. Ich ließ sie wissen, ich brauche in Zukunft keinen Finanzminister und werde zusammen mit einigen vertrauenswürdigen Leuten, die unter meiner Anleitung arbeiten werden, die Finanzgeschäfte persönlich in die Hand nehmen, denn ich weiß, das ist der einzige Weg, wie ich zu Wohlstand kommen und doch die Last von den Schultern meines Volkes nehmen kann. Es wird Euch nicht überraschen zu hören, daß es viele lange Gesichter gibt, aber ich bin froh, daß sie nun verstehen, daß ich nicht der Dummkopf bin, für den sie mich gehalten hatten.»[86]

Die Verhaftung Fouquets traf den Hof wie ein Blitz aus heiterem Himmel. Eine große Zahl von Personen jeglichen Rangs hatte auf seiten des ehemaligen Finanzministers gestanden und darüber hinaus zahlreiche kompromittierende Briefe geschrieben, die nun auf Befehl des Königs zusammen mit den übrigen Papieren Fouquets beschlagnahmt waren. Alle Betroffenen hatten folglich die schlimmsten Befürchtungen: Selbst wenn sie der Verhaftung entgingen, hatten sie sich zweifellos den Zorn des Königs zugezogen, und in einer Zeit, in der gute Beziehungen alles bedeuteten, waren damit die Aussichten düster. In Wirklichkeit hatten sie, von etwa einem halben Dutzend Ausnahmen abgesehen, nichts zu befürchten. Zwar war Ludwig XIV. unerbittlich gegenüber denen, die bewußt den Gehorsam verweigerten oder gegen ihn opponierten, doch er war stets bereit, denen zu vergeben, die lediglich vom rechten Wege abgekommen waren. Sogar Pellisson, Fouquets rechte Hand, beschloß sein Leben als königlicher Geschichtsschreiber.

Für Fouquet allerdings konnte es keine Gnade geben, nicht nur, weil ein Exempel statuiert werden mußte, sondern auch, weil er mit vollem Bewußtsein die Aufforderung seines Königs in den Wind geschlagen hatte, seine Praktiken zu ändern. Er stand unter verschärfter Bewachung und wurde vor ein eigens einberufenes Tribunal gestellt; gleichzeitig wurden die Bücher seiner Geschäftspartner konfisziert, so daß auch diese dazu gebracht werden konnten, ihre durch dunkle Kanäle bezogenen Gewinne zurückzuerstatten. So wurde Fouquet, einst das deutlichste Zeichen dafür, daß Korruption sich auszahlt, nun zum Symbol des unbeugsamen Willens des Königs, den Staat zu reformieren. Man muß allerdings hinzufügen, daß es sich hier nicht um einen Schauprozeß handelte: Der König mag zwar von vornherein deutlich gemacht haben, daß er das Todesurteil erwartete – am Ende wurde Fouquet zu lebenslanger Haft verurteilt –, doch der Prozeß wurde offen und gerecht geführt, und einige der angesehensten Männer Frankreichs fungierten als Ankläger und Richter.

Dieser Prozeß stand allerdings erst noch bevor; im September 1661 war, abgesehen von der Verhaftung selbst, das Entscheidende der Beschluß Ludwigs XIV., in Zukunft ohne Finanzminister zu regieren: Die Abschaffung dieses Amtes war das Gegenstück zur Abschaffung desjenigen des Ersten Ministers. Natürlich mußte es jemanden geben, der die anfallenden Finanzgeschäfte bearbeitete. Selbst wenn es dem König wirklich ernst war mit der Übernahme der Aufsicht über diese Abteilung, konnte er unmöglich die tausenderlei kleinen Arbeiten selbst übernehmen, die anfielen; also richtete er einen Finanzrat ein, an dessen Spitze sein alter Lehrer Villeroy stand, mit Colbert im Rang eines Intendanten. Es wurde bald offenbar, daß Colbert der wichtigste Mann in diesem Amt war – eine Tatsache, die der König 1665 auch offiziell bestätigte, als er ihm den Titel des Contrôleur Général verlieh.

Doch Ludwig XIV. stand zu seiner Ankündigung, von nun an werde er sein eigener Finanzminister sein. Noch am selben 5. September schrieb er nicht nur an den Herzog von Mazarin, sondern auch an Hervart, einen ehemaligen Staatsbeamten: «Der verstorbene Kardinal versicherte mir in den letzten Tagen seines Lebens, ich könne immer auf Eure Unterstützung zählen, wenn es darum gehe, dem Staat mit zwei oder drei Millionen Livres aus einer Verlegenheit zu helfen, sollte die Sorge um das Wohl meines Staates jemals Veränderungen in der Verwaltung notwendig machen; nun habe ich aus einer Reihe von Gründen den Finanzminister gefangensetzen müssen und schreibe Euch, um Euch zu sagen, daß ich Euch sehr verbunden wäre, wenn Ihr mir, allein oder unter der Mithilfe von Freunden, die größte Euch mögliche Summe zur Verfügung stellen könntet, damit ich im Falle einer finanziellen Verlegenheit darauf zurückgreifen kann. Ich erwarte Eure Antwort.»[87]

Es war nicht das erste Mal, daß ein König Geld borgte, ganz und gar nicht; aber insgesamt galten Angelegenheiten dieser Art als verabscheuenswert oder zumindest für eines Königs unwürdig. Natürlich war Geld notwendig, aber nur Kaufleute beschäftigten sich wirklich damit, und die großen Adligen hatten durchweg Verwalter für ihre Besitztümer: Ein Herzog, der seine Rechnungsbücher auch nur anblickte, war die Ausnahme. In diesem Licht gesehen hatte die Ankündigung des Königs von Frankreich, er werde in Zukunft sein eigener Finanzminister sein, etwas geradezu Schockierendes. Daß Ludwig XIV. schon so bald nach Amtsübernahme gerade dieses Vorurteil abgelegt hatte, sagt eine Menge über seine Vorstellung vom Königtum aus.

An dieser Stelle müssen wir einige weitere Klischeevorstellungen ausräumen. In unserer Vorstellung war der Sonnenkönig ein großer Verschwender, der riesige Paläste erbaute und Frankreich beinahe in den Bankrott führte. In Wirklichkeit könnte nichts weniger zutreffen. Während der gesamten Fronde war die königliche Familie, wie wir gesehen haben, beinahe mittellos, und selbst Mazarins Regierung Ende der fünfziger Jahre hatte lediglich von der Hand in den Mund leben können. Ludwig XIV. war sich also sehr wohl bewußt, daß weder eine engagierte Außenpolitik noch jene Art von äußerem Prunk, die zur Erhaltung einer Monarchie unerläßlich ist, ohne die erforderlichen Finanzen zu bewerkstelligen waren. Und deswegen begann er vom September 1661 an sicherzustellen, daß sein Einkommen ausreichte, um die erforderlichen Ausgaben zu decken; und da von Alters her große Summen bei einer langen Reihe von Beamten und Steuerpächtern veruntreut zu werden pflegten, konnte nur die Oberaufsicht des Königs Ordnung in diese Verhältnisse bringen. Heutzutage kann ein Staatschef, der verspricht, er wolle seine Groschen zusammenhalten, der Beliebtheit gewiß sein, doch als Ludwig XIV. die Kontrolle über seine Finanzen übernahm, nannten einige seiner Höflinge ihn einen Bürgerkönig, in eindeutig kränkender Absicht. Es war typisch für den König, daß er sich davon nicht beeindrucken ließ. Schon 1661 wußte er, wie wenig auf solches Gerede zu geben war, und er hatte allen Grund dazu, sich nicht beirren zu lassen; er konnte endlich darauf vertrauen, daß er nach eigenem Ermessen regieren konnte, ohne vom guten Willen einer Gruppe habgieriger und oft unaufrichtiger Finanzmänner abhängig zu sein.

Doch auch im 17. Jahrhundert, als der Staatshaushalt noch einen wesentlich kleineren Teil des Gesamteinkommens für sich beanspruchte als heute, gehörte eine ganze Menge Fachwissen dazu, über all diese Dinge den Überblick zu behalten. Dabei war natürlich Colbert eine große Hilfe für Ludwig XIV., denn dieser verfügte über exakt die erforderlichen Erfahrungen und war darüber hinaus von außerordentlichem Fleiß. Im neu geformten Rat besprach der König die entscheidenden Geschäfte mit nur noch drei Männern: Colbert, Le Tellier und Lionne; der Kanzler, der für das Rechtswesen zuständig war, war häufig ebenfalls zugegen, äußerte sich jedoch nur zu seinem unmittelbaren eigenen Bereich. Lionne, der in immer größerem Maße Brienne ersetzte, hatte die Außenpolitik unter sich; Le Tellier kümmerte sich mit der

Unterstützung seines Sohns Louvois um alle militärischen Belange; und Colbert, dessen Arbeitskraft offenbar unerschöpflich war, kümmerte sich um die Finanzen, die Polizei, die Marine, das Bauwesen, den Handel, die Kolonien, die Künste und den königlichen Haushalt. Bei all dem jedoch legte der König Wert darauf, daß er stets über alles informiert war, ihm alles erläutert wurde und er alle großen und kleinen Entscheidungen höchstpersönlich traf.

«Die Leute», schreibt er, «waren zu Recht erstaunt, wie schnell ich in all das Dunkel Licht brachte, das Generationen kluger Finanzminister niemals hatten erhellen können. Die Erklärung liegt im natürlichen Unterschied zwischen den Interessen des Fürsten und denen seiner Minister, denn die Sorge, die Privatleute für ihr Amt tragen, geht nicht darüber hinaus, für sich selbst das Recht zu wahren, mit allem nach ihrem Gutdünken zu verfahren; deshalb nutzen sie ihr Talent eher, all dies zu verschleiern, als daß sie sich um Verständlichkeit bemühten; ein König hingegen sorgt für Klarheit und Ordnung, denn für ihn kann die Verwirrung nur schädlich sein.»[88]

Was Ludwig XIV. an den Tag brachte, als er sich zusammen mit Colbert daran machte, die vielen Schleier zu lüften, mit denen Fouquet alles so sorgfältig überzogen hatte, war in der Tat erschütternd. Unsummen waren entwendet worden, und ein Teil der neuen Aufgabe bestand darin, so viel wie möglich von dem veruntreuten Geld zurückzuerlangen. Schwerwiegender war jedoch die Erkenntnis, die sich bald aufdrängte, daß zwar das Volk tatsächlich Steuern zahlte, daß aber ein großer Teil dieser Einnahmen niemals das Schatzamt erreichte. In den Jahren 1662 bis 1664 stiegen die Einnahmen ohne jede Steuererhöhung von 54 Millionen auf 88,5 Millionen Livres.

Unter Fouquet war fast ein Sechstel der ohnehin schon geschmälerten Einkünfte veruntreut worden: Eine Reihe von Krediten wurde bevorzugt zurückgezahlt und die gesamte Einkunft aus bestimmten Steuern dazu verwendet; mehr als 16 Millionen Livres gingen dadurch im Jahr 1662 dem Schatzamt verloren. Man braucht wohl nicht eigens zu erwähnen, daß die solcherart bevorzugten Geldgeber enge Vertraute des Finanzministers waren, und in vielen Fällen waren diese Zahlungen gänzlich unbegründet. Um das Durcheinander noch zu vergrößern, war eine weitere unsolide Praxis üblich, die der *anticipations*. Wenn der Staatskasse das Geld ausging, nahm sie (gewöhnlich zu horrenden Zinsen) Kredite auf die Einkünfte des folgenden Jahres auf, wodurch für dieses Jahr ein um so größeres Defizit und eine um so größere Notwendigkeit, Kredite aufzunehmen, geschaffen wurde. 1662 zum Beispiel belief sich dieser Betrag auf etwa 13 Millionen Livres.[89] Addierte man das mit dem veruntreuten Geld, dann machte es fast die Hälfte des Etats aus. Und was noch schlimmer war: Am Tage der Verhaftung Fouquets war das gesamte Einkommen des laufenden Jahres bereits ausgegeben, dazu 26 Millionen im Vorgriff auf 1662, und Rechnungen in Höhe von 9,5 Millionen waren noch zu begleichen – kein Wunder, daß der König über lange Zeit völlig mittellos war.

Angesichts dieser Zustände hätte der König die Aufräumarbeiten gut Colbert, dessen Ehrlichkeit außer Frage stand, überlassen können; doch statt dessen kümmerte er sich selbst darum. Um sicherzugehen, daß in Zukunft der Stand der Staatskasse jederzeit zu überprüfen war, ließ er sich ein kleines Notizbuch anfertigen, in rotes Leder gebunden und mit in Gold geprägter Krone und königlichem Wappen verziert.* In dieses Buch trug er die Einkünfte aus den verschiedenen Quellen ein, ebenso alle bereits feststehenden Ausgaben, so daß Ludwig XIV. jeweils mit einem Blick sehen konnte, wie es um seine Finanzen stand. Da er entschlossen war, seinen Haushalt auszugleichen, beschloß er keine Neuausgaben, ohne daß er sich zuerst vergewissert hatte, daß das notwendige Geld vorhanden war, und zu diesem Zweck hatte er das jeweils aktuelle Notizbuch stets in der Tasche.

Eine der Folgen des alten Systems war es gewesen, daß zwar der König ständig unter Geldnot litt, das Volk aber trotzdem übermäßig besteuert wurde. Nun hatte Ludwig XIV. die Möglichkeit geschaffen, dagegen anzugehen. «Nichts», schreibt er, «schien mir dringender als der Wunsch, meinem Volk Erleichterung zu schaffen ... Der Zustand meiner Finanzen schien dies zu vereiteln oder verzögerte es doch zumindest; doch man sollte niemals zu lange warten, wenn es darum geht, Gutes zu tun ... Deshalb stellte ich alle anderen Erwägungen zurück und erließ auf der Stelle drei Millionen an *tailles*, die gerade zur Einnahme standen.»[90] Das sollte, wie sich bald herausstellte, die klügste unter seinen Maßnahmen sein: Sie machte den König binnen kurzem beliebt, ohne die Staatskasse, die sich nun rasch erholte, weiter zu belasten. Schon 1664 waren die Finanzen Frankreichs die gesündesten in ganz Europa: Die Ausgaben dieses Jahres beliefen sich, Kriegskosten eingeschlossen, auf 63.071.008, die Einnahmen auf 63.602.796 Livres, womit also ein Überschuß von über einer halben Million Livres erzielt wurde. Das war zwar keine große Summe, doch immerhin hatte man zwei Jahre zuvor noch mit einem Defizit von 30 Millionen abgeschlossen. Und es kam noch besser: Mit wachsendem Wohlstand stieg auch der Überschuß in den folgenden Jahren spürbar an. Ein König, dem es längst klargeworden war, daß Geld Macht bedeutete, konnte sich kein besseres Ergebnis wünschen.

All dies – die Machtübernahme, der Sturz Fouquets – hatte sich in einem Zeitraum von nur sechs Monaten ereignet. Ende September zeichnete sich ab, daß dem König nichts Geringeres als eine Revolution gelungen war. Er hatte seine Finanzen unter Kontrolle, und darüber hinaus hatte er in allen Fragen

* Für die meisten Jahre seiner Regierungszeit haben sich diese Büchlein erhalten und können in der Bibliothèque Nationale konsultiert werden.

des politischen und höfischen Lebens das letzte Wort; er allein verfügte nun über die Vergünstigungen – Pensionen, Titel, Ämter, Beförderungen –, die früher Geschenke des Ersten Ministers gewesen waren; er allein traf die politischen Entscheidungen und trug dafür Sorge, daß sie auch ausgeführt wurden. Zum ersten Mal in der Geschichte Frankreichs hatte sich der König dem Druck der Prinzen und Magnaten entzogen und traf jede Entscheidung unter Ausschluß der Öffentlichkeit: Es gab nichts mehr, was aus dem neugebildeten geheimen Rat durchsickerte. Und als sei all das noch nicht genug, brachte die Königin am 1. November, 11 Uhr 55 vormittags, einen Sohn zur Welt. Damit war die Erbfolge geregelt, und Intrigen von Mitgliedern der königlichen Familie waren gegenstandslos geworden. All die Schwierigkeiten, die seinen Vater bis ins Jahr 1638 geplagt hatten, hatte Ludwig XIV. nun bereits hinter sich, und er konnte sich daran machen, seinen staunenden Untertanen das Schauspiel der aufgehenden Sonne zu bieten.

V

# REGIERUNG UND HOF

Ludwig XIV. setzte im ersten Jahr seiner Regierung so viele Reformen durch, daß man mit Recht von einer Revolution sprechen kann. Zwar hatte bereits Richelieu in seiner langen Amtszeit als Erster Minister Ludwigs XIII. den Weg zur zentralisierten und straff geführten Regierung gewiesen, doch hatte er mit drei großen Handicaps kämpfen müssen: Bis zum September 1638 fehlte ein Thronerbe, das stärkte zusätzlich die Position der ohnehin stets abtrünnigen Prinzen; ein endloser und bisweilen verlustreicher Krieg sorgte für anhaltende finanzielle Belastung und allgemeine Unzufriedenheit; und zum dritten konnte in Frankreich auch der mächtigste Minister niemals mit der Effizienz eines Königs regieren: Es war immer legitim, gegen «schlechte Ratgeber» aufzubegehren.

Allein durch die Tatsache, daß er die Regierung übernahm, überwand Ludwig XIV. diese Hindernisse. Frankreich lebte in Frieden und Wohlstand – folglich konnte er das Finanzwesen reformieren; nirgends konnte der geringste Zweifel aufkommen, daß er derjenige war, der das Sagen hatte, und die Minister lediglich Befehlsempfänger waren; und er hatte einen Erben. Hinzu kam, daß die Fronde so große Verwüstungen angerichtet hatte und die Erinnerung daran noch so frisch war, daß eine starke Zentralgewalt, die den inneren Frieden garantieren konnte, ausgesprochen wünschenswert erschien. Das Parlament bemühte sich zwar, den verlorenen Einfluß zurückzugewinnen, doch es war bei weitem zu unpopulär, als daß es ernsthaft hätte Widerstand leisten können.

Die Gelegenheit zur Reform war also günstig, doch mußte zunächst einmal jemand da sein, der diese Gelegenheit ergreifen konnte. Die Fähigkeit des Königs, die Lage zu erfassen, und sein Wille, ohne Umschweife die Konsequenzen zu ziehen, sind vielleicht am Ende die Dinge, die ihm am ehesten den Ruhm in der Nachwelt sicherten. Ein schwächerer Mann, einer, der weniger klar gewußt hätte, was er wollte, hätte vielleicht die Gelegenheiten verstreichen lassen, die sich durch die Umstände des Jahres 1661 boten, doch Ludwig XIV. zeigte nicht nur Entschlossenheit, sondern auch eine bemerkenswerte Weitsicht. Zwar war er, obwohl er den Unterricht Mazarins genossen hatte, noch kein Meister in den Künsten der Regierung, doch stellte sich heraus, daß solche Kenntnisse, die er darüber hinaus schnell erwarb, zunächst nicht unbedingt vonnöten waren – eine Tatsache, die ihm selbst nicht verborgen blieb, als er zehn Jahre später Rückschau hielt.

«Ein König», schreibt er, «ist in erster Linie dazu da, der Vernunft zu ihrem Recht zu verhelfen; seine Aufgaben ergeben sich stets mühelos und von Natur aus.»[91] In diesem Falle wurde die Vernunft natürlich von den besten verfügbaren Ratgebern unterstützt. Le Tellier, der der Regierung schon seit langem diente, war im Jahre 1662 neunundfünfzig Jahre alt, ein erfahrener Staatsmann; und in der damals bevorstehenden und mit großem Erfolg durchgeführten Reform der Armee unterstützte ihn sein strebsamer und brillanter Sohn Louvois.* Er war in der Lage, dem König alle notwendigen Informationen zu liefern, so daß dieser die Politik so einrichten konnte, daß Entscheidungen, die zu Schwierigkeiten hätten führen können, kaum jemals notwendig wurden. Colbert war nicht nur ein Meister aller Fragen der Finanzen, der Industrie, des Handels und der Kunst, er war auch ein Diener des Staates, wie man ihn sich treuer nicht vorstellen kann: er war nie um das Wissen verlegen, das der König gerade brauchte; und schließlich gab es noch Lionne, der zwar vielleicht nicht ganz vom selben Kaliber war wie seine Kollegen, der aber doch über alles, was sich in Europa tat, bestens informiert war, und da der König die außenpolitischen Entscheidungen selbst traf, funktionierte auch diese Beziehung reibungslos.

Tatsächlich war der König in mancher Beziehung besser informiert als seine Minister. Zum Teil lag das sicherlich an der Tatkraft und dem Selbstvertrauen der Jugend; hinzu kam jedoch, daß ihm – beinahe als einzigem – zu Bewußtsein gekommen war, daß Frankreich nach langem Streben nun endlich die führende Macht Europas war – und schließlich lag ihm an dem, was er *ma gloire* nannte, mehr als an allem anderen. Das ist, für sich genommen, allerdings ein irreführender Ausdruck. Was dem König vorschwebte, war nicht die Vorstellung von Ruhm, die wir später bei Napoleon finden, der Ruhm gewonnener Schlachten, sondern eher ein hohes Ansehen, ein makelloser Name. Dazu brauchte man Mut – Feigheit war einer der Gegenbegriffe zu *gloire* –,

---

* Im 17. Jahrhundert war es in Frankreich möglich, mit der Erlaubnis des Königs einen Besitz zusammen mit dem zugehörigen Titel zu kaufen; nach diesem Muster hatte Le Tellier den Besitz Louvois mit dem Titel eines Marquis für seinen Sohn erworben.

aber auch Großzügigkeit und einen Sinn für Gerechtigkeit. Ludwig XIV. wollte für seine Zeitgenossen ein großer König sein und als solcher in die Geschichte eingehen, wenn möglich der größte französische König aller Zeiten; dazu war nicht nur Stolz vonnöten, sondern auch Gerechtigkeit, Mäßigung, Anteilnahme und ein kluger Verstand.

Aber keine dieser Eigenschaften konnte ihre Wirkung tun, wenn sie nicht auch als solche erkannt wurde: Zum ersten Mal verstand ein Herrscher, was es mit der Publicity auf sich hatte. Natürlich hatten schon andere Monarchen vor Ludwig XIV. Dichter, Maler und Schriftsteller dafür bezahlt, daß sie ihre Tugenden feierten, doch dabei hatte es sich eher um Schmeicheleien gehandelt; die Lobhymnen auf Maria von Medici etwa, die Großmutter des Königs, wurden von dem Eindruck, den die Öffentlichkeit von ihr hatte, mehr als ausgeglichen. Ludwig XIV. erkannte nun, daß geschickte Öffentlichkeitsarbeit ein Hilfsmittel sein konnte, eine Politik durchzusetzen. Vereinfacht gesagt: Wer als erbitterter Krieger bekannt war, lief weit weniger Gefahr angegriffen zu werden als jemand, der Schwäche und Nachgiebigkeit zeigte. Oder im vorliegenden Fall: Wenn der König erst einmal als Muster eines Monarchen galt, würden seine Befehle zweifellos schneller und williger ausgeführt, was wiederum andere Verhaltensweisen formen, ein ganz neues Klima hervorbringen würde, in der so etwas wie eine Neuauflage der Fronde undenkbar wäre.

Für solche Dinge hatte Colbert einen ausgeprägten Sinn, und folglich machte er sich daran, die Verdienste des Königs im großen Stil herauszustellen. Schriftsteller erhielten Pensionen dafür, daß sie den Monarchen priesen; Maler schilderten seine Herrschaft in den schönsten Farben; Münzen wurden zum Zeichen des Glanzes seiner Regierung geprägt, und Ludwig XIV. sorgte persönlich dafür, daß niemand, der seinen Ruhm gemehrt hatte, ohne Belohnung ausging. Mitte der sechziger Jahre besuchte er zum Beispiel die *Petite Académie*, eine Institution, die zur Erforschung römischer und anderer historischer Inschriften gegründet worden war (mit dem Ziel, lobende Formeln von jener Präzision neu zu schaffen, wie sie sich auf antiken Denkmälern und Medaillen fanden), und er sparte nicht mit Komplimenten.

«Wie sehr ich Sie schätze, Messieurs», sagte er, «können Sie daran ermessen, daß ich Ihnen das anvertraue, was mir am meisten am Herzen liegt, meine *gloire*; ich bin sicher, Sie werden Wunder damit vollbringen. Ich für meinen Teil will mich bemühen, Ihnen Taten zu liefern, die es wert sind, von Menschen Ihrer großen Klugheit in Worte gefaßt zu werden.»[92]

In diesem Zusammenhang machte der König sich sogar Gedanken um den Namen, den er trug. Es war schon seit langem üblich, dem französischen Monarchen einen Beinamen zu geben: Ludwig XIII. etwa war als ‹der Gerechte› bekannt. Wir heute denken bei Ludwig XIV. an den Sonnenkönig, und tatsächlich war er, seit er diese Rolle im Jahre 1653 im *Ballet de la Nuit* gespielt hatte, häufig mit der Sonne gleichgesetzt worden. Eine ganze Reihe von Zügen ließ darin das ideale Sinnbild sehen: Alles Licht und alle Wärme kommt von der Sonne, ohne sie ist alles Dunkel und Kälte; darüber hinaus ist die Sonne Herrscherin des Himmels, strahlend hell, großartig, golden. Tatsächlich wurde während seiner ganzen Regierungszeit die Sonne häufig als Zeichen des Königs verwendet, doch er selbst hatte einen anderen Namen für sich im Sinn. Für seine Zeitgenossen und auch für die Nachwelt war Ludwig XIV. Ludovicus Magnus, Louis le Grand, genau wie im folgenden Jahrhundert der russische Zar Peter oder König Friedrich II. von Preußen ‹der Große› genannt werden sollten. Im Falle Ludwigs XIV. wies dieser Titel auf eine ganze Reihe von höchst verschiedenen Errungenschaften hin.

Von einem großen König erwartete man im Frankreich des 17. Jahrhunderts natürlich, daß er jeden Krieg gewann, den er führte; darüberhinaus aber mußte er Patron der Künste sein, er mußte den Handel fördern, großartige Paläste bauen, Hof halten und, was vielleicht am wichtigsten war, den Wohlstand seines Volkes mehren. «Wir Könige», schreibt Ludwig XIV., «müssen das Wohl unserer Untertanen über das eigene stellen. Im Grunde sind sie Teil unserer selbst, sind wir doch der Kopf dieses Körpers, sie die Glieder. Die Gesetze, die wir ihnen geben, dürfen nur auf ihr eigenes Gutes bedacht sein, und wir dürfen die Macht, die wir über sie haben, zu nichts anderem benutzen als dazu, ihnen ein um so größeres Glück zu ermöglichen.»[93]

Diese Ermahnung mit ihrer vernünftigen Grundeinstellung ermöglicht es uns, die gänzlich apokryphe Bemerkung *«L'État, c'est moi»* (Der Staat bin ich) zu den Akten zu legen. Ludwig XIV. war alles andere als der selbstsüchtige, verantwortungslose Tyrann, den die Legende aus ihm gemacht hat; während seiner gesamten Regierungszeit sorgte er sich um das Wohlergehen seiner Untertanen und wußte, daß seine Pflichten größer waren als seine Rechte.

Tatsächlich reichten die Verpflichtungen des Königs noch weiter. Seine Untertanen sollten nicht nur im Wohlstand leben, sie sollten auch frei sein. Angesichts der Tatsache, daß Ludwig XIV. als absoluter Herrscher regierte, mag das paradox erscheinen: Schließlich entschied er allein, welche Steuern zu zahlen waren* und wie die Einkünfte verwendet wurden; er allein entschied über Krieg und Frieden, handelte Verträge aus und ratifizierte sie, kommandierte sämtliche Truppen des Staates; auch die Gesetze beschloß er nach eigenem Gutdünken – in der Tat lautete die obligatorische Schlußformel aller

* Zu bestimmten Steuern war die Zustimmung einer Reihe von lokalen Grundherren erforderlich; unter Ludwig XIV. wurden solche Zustimmungen jedoch beinahe ausnahmslos gewährt.

Edikte *«car tel est nôtre bon plaisir»* (denn solches belieben wir zu tun); er konnte jeden Regierungsangestellten einstellen oder entlassen, vom Minister zum Kopisten, vom Soldaten zum General; er ernannte Bischöfe, Erzbischöfe und Äbte;* er vergab die begehrten Hofämter, die dem Träger ermöglichten, häufig in seiner unmittelbaren Nähe zu sein, ebenso wie Pensionen, Adelstitel und Belohnungen aller Art; er konnte jeden verhaften und für unbestimmte Zeit gefangensetzen lassen; er konnte Zensur bei allen Veröffentlichungen ausüben. Wie war es möglich, unter solchen Umständen von einer Freiheit des Volkes zu sprechen?

Der Begriff, den man im Frankreich des 17. Jahrhunderts von Freiheit hatte, unterscheidet sich grundsätzlich von unserem heutigen; es ging dabei nicht um Volksvertretungen oder um jene Unverletzlichkeiten, die in der Erklärung der Menschenrechte ihren Ausdruck fanden; eher ging es dabei zunächst einmal darum, daß eine Reihe von Privilegien weiterhin Gültigkeit behielt: Die Immunität, die den Procureur Génèral des Pariser Parlaments vor der Verhaftung bewahrte, oder das Recht, das dessen Richter genossen, ihr Amt zu kaufen und zu verkaufen; die Exklusivrechte, bestimmte Dinge herzustellen, oder die Befreiung von bestimmten Steuern; das Recht auf Selbstregierung der Stadtgemeinden oder das Anrecht darauf, nur vor ein bestimmtes Gericht gestellt zu werden. Solche traditionellen «Freiheiten» gab es in den verschiedensten Formen und in unabsehbarer Zahl. Ebenso wichtig war es, daß man Gelegenheit hatte, sein Leben ohne Gefährdung durch diejenigen zu führen, die sich besonders in Zeiten innerer Unruhe wie Aasgeier auf die Schwachen zu stürzen pflegten: die Fürsten, der Hochadel, die Zinswucherer. Bei dieser Freiheit, die nichts mit Demokratie zu tun hatte, handelte es sich also um einen staatlichen Schutz für alle diejenigen, die nicht in der Lage waren, sich selbst zu schützen – im Grunde die Garantie für eine Gesellschaft ohne Benachteiligung. Die amerikanischen Freiheitskämpfer des Jahres 1774 forderten das Recht auf Leben, Freiheit und auf das Streben nach Glück; einem Franzosen im Jahre 1661 kam es in erster Linie auf das Streben nach Glück an. Und da die französische Gesellschaft noch feudale Züge trug, war eine mächtige, uneingeschränkte Zentralregierung unbedingt erforderlich, um Ungerechtigkeiten auszuräumen, wo immer sie entstanden.

Ebenso war eine Reform des Justizwesens dringend vonnöten. «Die Ämter [der Richter]», notiert der König, «wurden nach Zufall oder Bezahlung**

---

* Theoretisch unter Vorbehalt päpstlicher Zustimmung, die jedoch eine reine Formsache war. Der Papst verweigerte seine Zustimmung nie.

---

** Jeder, der über genug Geld verfügte, konnte sich einen Sitz im Parlament kaufen und dadurch Richter werden, ganz gleich, ob er dafür ausgebildet war oder nicht.

besetzt und nicht nach Eignung und Verdiensten; viele Richter hatten kaum Erfahrung, geschweige denn Wissen; fast niemand hielt sich an die Anordnungen meiner Vorgänger, was Alter und Dienstalter anging... Sogar mein Rat brachte oft keine Ordnung in die Rechtsprechung anderer, sondern verstärkte die Verwirrung noch durch eine Vielzahl widersprüchlicher Entscheidungen, die allesamt in meinem Namen und, wie es schien, auf meine Anweisung gefällt wurden, was die Unordnung nur noch beschämender machte.»[94] War ein ungerechtes Urteil gefällt, rief billiges Recht nach einer Revision, dann war der König der einzige, der seinem Untertanen die Freiheit sichern konnte.

Ein anschauliches Beispiel dieser Verhältnisse gibt Molière – stets ein Spiegel der Gesellschaft, in der er lebte – in seinem *Tartuffe*. Am Ende des Stückes erkennt der Familienvater Orgon endlich, daß man ihn zum Narren gemacht hat: Tartuffe ist nicht der Heilige, für den er ihn gehalten hatte, sondern in Wirklichkeit ein lüsterner Gauner; doch als Orgon Tartuffe in einem nur zu verständlichen Wutanfall vor die Tür setzen will, weist der Hochstapler nur triumphierend auf den Schenkungsvertrag, den Orgon unterzeichnet hat. Das Haus gehört ihm, und wenn jemand es verläßt, dann Orgon und seine Familie. Die Schenkung ist rechtskräftig, Orgon und seine Familie sind völlig ruiniert. Und just in diesem Augenblick tritt ein Gerichtsbüttel ein, und zwar mit den Worten: *«Nous vivons sous un roi ennemi de la fraude»* (Wir leben unter einem König, der allem Betrug feind ist).[95] Orgon ist gerettet – ein schlagendes Beispiel für das, was die Franzosen damals unter Freiheit verstanden.

Natürlich lebte Orgon in Paris, nahe bei König und Hof. Ein Übeltäter in Dijon oder Montpellier wäre wahrscheinlich zu weit entfernt gewesen, als daß die Zentralregierung ihn mit Erfolg zur Ordnung hätte rufen können. Um das zu ändern und die Effektivität zu steigern, wurde nun das ganze System mit seinen Machthierarchien reformiert. Traditionellerweise wurde jede der französischen Provinzen von einem Gouverneur regiert, der dafür fürstlich bezahlt wurde und entweder der Königsfamilie oder dem Hochadel angehörte. Was das in unruhigen Zeiten zur Folge hatte, läßt sich leicht ausmalen: Mit den Einnahmen aus seiner Provinz fühlte sich der Gouverneur gut in der Lage, die Regierung des Königs zu ignorieren, wenn nicht gar zu bekämpfen. Selbst in Friedenszeiten sorgte der Gouverneur natürlich in erster Linie für sein eigenes Wohl und für das seiner Familie, seiner Freunde und Anhänger, und erst danach für das des Königs. Deshalb war schon unter Richelieu ein neues Amt geschaffen worden, das des *intendant*, eines unmittelbaren Vertreters der Zentralregierung; doch im Laufe der Fronde hatten die Intendanten ihre Macht verloren, während die der Gouverneure zunahm. Nun wurde das Amt des Gouverneurs in eine Art Ehrenamt umgewandelt. Es war nach wie vor hoch bezahlt, es war nach wie vor mit großen Empfängen in der Provinz und allen Arten von Vorrechten verbunden, doch der Amtsinhaber hatte keinerlei Macht mehr. Während die Gouverneure früher zumindest einen Teil des Jahres in ihrer Provinz verbracht hatten, statteten die meisten ihr nun nur noch gelegentliche Kurzbesuche ab – etwa um die Ständeversammlungen zu eröffnen und, wo nötig, dafür zu sorgen, daß für die erforderliche Steuersumme gestimmt wurde; doch die tatsächliche Macht lag nun beim Intendanten, den der König aus einer immer größer und qualifizierter werdenden Gruppe von Männern aus dem Mittelstand berief, auf die er sich von Jahr zu Jahr stärker stützte. Ein Intendant hatte vor seiner Berufung keine Verbindung zur fraglichen Provinz und konnte deshalb nicht nur die Politik des Königs ohne Rücksicht auf Lokalinteressen durchsetzen, sondern auch in seinem Bereich die Freiheit des Individuums sicherstellen: Selbst fern von Paris konnte man nun erwarten, daß Ordnung herrschte.

Ein bloßer Befehl hätte natürlich nicht genügt, um die Gouverneure am Hof festzuhalten – das hatten die Könige schon seit Jahrhunderten ohne Erfolg versucht. Es war die große Leistung Ludwigs XIV., daß er ihnen das Gefühl gab, es sei ihr Wunsch, dort zu bleiben; es gelang ihm sogar, die Dinge so einzurichten, daß es nichts Schlimmeres zu geben schien, als für längere Zeit nicht in seiner Nähe zu sein.

Für diese verblüffende neue Entwicklung gab es eine ganze Reihe von Gründen. Die Fürsten und der Hochadel strebten genauso gierig nach Beförderungen, Vergünstigungen und Pensionen wie alle anderen, und der König ließ sie nun wissen, daß solche Gunstbeweise nur denjenigen offenstanden, die er häufig sah; vom Hof fernzubleiben war also geradezu selbstzerstörerisch. Außerdem wurde deutlich, daß er innerhalb dieses goldenen Zirkels seine Gunst ganz nach der Stimmung des Augenblicks verteilte; gutes Benehmen allerdings – und das hieß bedingungsloser und unverzüglicher Gehorsam – zahlte sich aus. Außerdem machte sich der König die Frivolitäten, den Snobismus, den Hang zum Pomp, den er immer und überall entdeckte, zunutze und machte den Hof zu genau dem Ort, an dem man sich all diesen Schwächen hingeben konnte.

Über das Frankreich des Jahres 1661 schreibt Ludwig XIV: «Überall, und alles in allem war mein Hof noch weit entfernt von dem Zustand, in dem du ihn, hoffe ich, vorfinden wirst. Die *gens de qualité* [die Adligen], die an endlose Verhandlungen mit einem Minister gewöhnt waren, der ihnen nie widersprach und der bisweilen auf sie angewiesen war, stellten mit erfundenen Rechten unablässig Ansprüche auf alles, was ihnen in den Sinn kam. Kein Kommandant einer Festung wäre schwieriger im Umgang gewesen; es gab kein Ansinnen, das nicht mit tadelnden Worten über die Vergangenheit oder einen Mißstand, der für die Zukunft zu erwarten und zu befürchten sei, vorgebracht wurde; man rechnete mit Vergünstigungen und erpreßte sie, und wurden sie einem unter ihnen gewährt, dann erhoben alle anderen ebenfalls Anspruch darauf und nahmen sie ohne Dankbarkeit, so daß diese zu nichts mehr nütze waren als dazu, diejenigen zu treffen, denen sie verweigert wurden.»[96]

Schon 1661 hätte niemand mehr gewagt, unter Ludwig XIV. ein Verhalten an den Tag zu legen, wie es unter Mazarin üblich gewesen war; doch nun entwickelte der Hof sich allmählich zum Mittelpunkt aller Vergnügungen. Ein Beispiel dafür ist der folgende Bericht, der bereits im Mai 1661 in der *Gazette de France* erschien: «Am 8. dieses Monats fand für Ihre Majestäten, die in der Begleitung von M. le Prince und Mme. la Princesse Condé und zahlreicher weiterer Damen und Herren waren, ein Fest auf Kanalbooten statt; Trompetenfanfaren erschollen, während der König für alle Anwesenden ein prächtiges Mahl auftragen ließ. Am selben Tag trafen die Prinzessin der Toskana,* Mademoiselle** und eine Reihe weiterer Personen von Stand bei Hofe ein . . ., und am nächsten Tag begleiteten sie Ihre Majestäten bei einem Ausflug auf besagtem Kanal und zur Comédie Française.***

Am 10. bot der König ihr ein prächtiges Diner . . . Die erlesene Gesellschaft begab sich dann auf einen Ausflug, und zu ihrer Rückkehr war ein Ball arrangiert.»[97] Für den Hof eines großen Landes war das vielleicht gar kein so ungewöhnlicher Tageslauf, doch man muß bedenken, daß Ludwig XIII. solchen (oder überhaupt jeglichen) Zerstreuungen ausgesprochen abgeneigt gewesen war, und die Fronde hatte die Vergnügungen aller Art ganz zum Erliegen gebracht. Daß also nun ein Fest das andere jagte, war eine ganz besondere Attraktion.

Es wurde Ludwig XIV. allerdings schnell klar, daß noch mehr notwendig war, wenn er den Hof zum Mittelpunkt aller Attraktionen machen wollte; folglich sorgte er für zusätzlichen Glanz, indem er die neuesten Moden förderte. Für Männer bedeutete das zu jener Zeit, daß sie eine kurze, offene, boleroartige Jacke über einem bauschigen, reich mit Spitzen verzierten Hemd trugen, dazu Strümpfe und eine Art Rock, der kurz oberhalb des Knies endete; das alles war mit Bändern übersät – Bänder auf Schultern, Ärmeln, Manschetten, auf Rock, Knien, Waden und Schuhen. Ein albernerer Aufzug läßt sich kaum vorstellen, doch der König nutzte die ständigen Wandlungen dieser

* Mlle. d'Orléans, die der König zur Heirat mit dem Erbprinzen der Toskana gezwungen hatte.

** Die Cousine des Königs und ehemalige Anführerin der Fronde.

*** D.h. zu einer Aufführung französischer Stücke, im Gegensatz zur Comédie italienne, der Commedia dell'arte.

Mode mit großem Geschick. Im Jahr 1662 entwarf er dann eine eigene neue Jacke aus blauem Samt oder blauer Seide, mit Gold und Silber bestickt – den *justaucorps à brevet* –, der nur mit vorheriger schriftlicher Genehmigung getragen werden durfte und der deshalb als Zeichen galt, daß der Träger die königliche Gunst in besonderem Maße genoß. Und natürlich gab Ludwig immer mehr und immer glänzendere Feste, die im berühmten Carrousel des Jahres 1662 gipfelten.

«Es gibt Nationen», schreibt Ludwig XIV., «wo sich die Majestät des Königs zum guten Teil darin äußert, daß er niemandem gewährt, ihn zu sehen.* Geistern, die an Unterwürfigkeit gewöhnt sind, mag das angemessen scheinen, Menschen, die sich nur durch Angst und Schrecken regieren lassen; doch unsere Franzosen sind von anderem Charakter . . .

Diese gesellschaftlichen Vergnügungen, die den Leuten am Hofe einen vertrauten Umgang mit uns ermöglichen, rührt und bezaubert sie mehr, als man sagen kann. Sie amüsieren sich prächtig dabei.»[98]

Damit hatte der König völlig recht; so wie heute etwa die Beliebtheit der Königin von England auf der ausgezeichneten Unterhaltung beruht, die sie von Zeit zu Zeit bietet, so liebten auch im Frankreich des 17. Jahrhunderts die unteren und mittleren Klassen den grandiosen öffentlichen Prunk; außerdem fühlten sie sich geschmeichelt. Es sprach also vieles dafür, den prachtvollsten Hof Europas zu unterhalten, zumal wenn gerade die Steuern gesenkt worden waren. Man darf auch nicht vergessen, daß die königlichen Parks und Paläste jeder anständig gekleideten Person offenstanden und daß ein großer Teil der Feierlichkeiten im Freien stattfand, wo jedermann zusehen konnte. Wenn der Präsident der Vereinigten Staaten zum Staatsbankett lädt, bekommen nur die vielleicht zweihundert Gäste das Bankett und das Weiße Haus zu Gesicht; veranstaltete jedoch Ludwig XIV. einen Ball, dann konnten viele seiner einfachen Untergebenen dabei zusehen.

Für ein Carrousel traf das in noch größerem Maße zu, denn es fand in jenem offenen Gelände statt, das zwischen dem Palais des Tuileries und dem Louvre lag. Es war ein sorgfältig vorbereitetes Turnier mit eine Reihe von Wettbewerben zu Pferde. Doch der Sport war im Grunde nur ein Vorwand: In erster Linie kam es auf den Prunk der Kostüme an. Verschiedene Gruppen traten gegeneinander an, die jeweils ein weit entferntes oder halb mythisches Land darstellten: Es gab Perser, Amerikaner, Türken – in Wirklichkeit natürlich Franzosen, die von dem Land, für das sie standen, nicht die geringste Ahnung hatten. Auch das war nichts weiter als ein Vorwand für verschwende-

* Eine Anspielung auf Spanien, wo der König so gut wie nie seine Paläste verließ und sich, und auch das nur zu besonderen Anlässen, ausschließlich den Granden zeigte; es ist typisch für Ludwig XIV., daß er die freien Franzosen den versklavten Spaniern gegenüberstellt.

rische Ausstattung. Der König stand an der Spitze einer der ‹Nationen›, Monsieur an der einer zweiten; die dritte führte der Herzog von Guise an, Oberhaupt der jüngeren Linie des Hauses Lothringen. Am wichtigsten aber war, daß alle Teilnehmer, Menschen wie Pferde, vor Schmuck glitzerten – der König in Rot und Gold; Monsieur in Grün und Gold. Überall wehten riesige Büschel von Straußenfedern; Kostüme, Sättel und Pferdegeschirr waren aus den erlesensten Materialien, verschwenderisch mit Gold, Silber und Edelsteinen bestickt. Die drei Anführer glitzerten vor Diamanten, und jedem folgte ein Page in seiner Farbe. Es war das großartigste Schauspiel, das man jemals gesehen hatte – und es war große Politik.

Ein Vertreter des Hochadels, der damit beschäftigt war, seine Reitkünste aufzupolieren und sein Kostüm zusammenzustellen, hatte natürlich viel zuviel zu tun, als daß er Ränke gegen die Regierung hätte schmieden können; außerdem würde er mit Sicherheit in Paris bleiben, weit entfernt von seinen Ländereien, den Quellen seiner Macht und seiner Einkünfte, und folglich um so abhängiger vom König. Hinzu kam, daß die Ausrüstung, die man für das Carrousel brauchte, so teuer war, daß sie die Teilnehmer in den Ruin trieb, und Ludwig XIV. wußte das genau. Er hatte sich, bevor er den Beschluß zu dieser großen Feierlichkeit faßte, mit Colbert darüber besprochen, und dieser hatte zugeraten: Wegen des großen Zustroms an Touristen nach Paris werde das Schatzamt am Ende an dem, was im 17. Jahrhundert unserer Mehrwertsteuer entsprach, mehr verdienen, als das Carrousel an Unkosten verursachte, und wie gewöhnlich hatte er recht. Es war eine Rechnung, die für den König aufging; für alle anderen jedoch war es eine ausgesprochen schlechte Kalkulation.

Der Hof wurde immer glänzender, für jeden Ball, jeden neuen Empfang wurden immer neue, prächtigere Kleider erforderlich, und folglich wurde es immer teurer, am Hof zu leben. Andere Unkosten kamen hinzu: Schließlich konnte man am Louvre oder am Palais des Tuileries nicht in einer billigen Kutsche vorfahren oder mit einer ungenügenden Zahl von Dienern anreisen; auch Livreen waren teuer; außerdem wurde am Hof viel Zeit mit Kartenspiel verbracht, und es ging stets um hohe Summen, so daß mancher ein halbes Jahreseinkommen in einer einzigen Nacht verlor.

Natürlich konnte man sich immer auf seinen Landsitz zurückziehen; doch da der Hof sich rasch zum Mittelpunkt aller Mode entwickelte, war das keine erstrebenswerte Alternative. Wer jedoch dablieb, lief Gefahr, weit mehr auszugeben, als er sich leisten konnte. Die meisten Adligen machten lieber Schulden, als daß sie sich einschränkten und dadurch das Gesicht verloren. Nach und nach wurden die immer weiter anwachsenden Schulden zum Problem, und die naheliegende Hilfe bestand darin, daß man zum König ging, um von ihm Geld, eine Pension oder eine bezahlte Stellung zu erlangen. Es kam also alles darauf an, sich mit Seiner Majestät gut zu stellen, und dazu wiederum war die ständige Anwesenheit am Hof erforderlich, obwohl doch das Leben dort so schrecklich teuer war. In kürzester Zeit und ohne jede Gewaltanwendung hatte sich Ludwig XIV. also daran gemacht, die gefährlichste Gruppe unter seinen Untertanen zu zähmen.

All dem kam die Pracht, die ihn in immer größerem Maße umgab, sehr zustatten. Er war nicht nur jung, sportlich, gutaussehend und hinreichend intelligent; er strahlte auch seine Überzeugung aus, daß er ein grundsätzlich anderer Mensch sei als alle anderen. «Die Krönungen sind es nicht, die uns zu Königen werden lassen», schreibt er, «– sie stellen lediglich unser Königtum dem Volk zur Schau, und uns selbst erscheint es dadurch erhabener.»[99] Eine aufschlußreiche Bemerkung: Für Ludwig XIV. waren Könige von Gott für diese Stellung vorbestimmt, als seine Stellvertreter auf Erden; ihre Krone verdankten sie also nicht einer bloßen Zeremonie wie etwa der Krönung, sondern allein ihrer Geburt, und ihre bevorzugte Stellung bei der Gottheit nahmen sie vom ersten Atemzug an ein. Aus dieser Einstellung ergab sich eine ganze Reihe von Folgen.

«Versagen wir Ihm, wo wir doch nichts weiter als seine Offiziere sind, den Gehorsam», fährt der König fort, «dann gebricht es uns nicht nur an Gerechtigkeit, sondern auch an Umsicht; wir unterwerfen uns Ihm, wie wir selbst Unterwerfung erwarten. Armeen, Ratsversammlungen, alles menschliche Unterfangen vermöchte uns nicht auf dem Thron zu halten, könnte jedermann glauben, unser Recht darauf sei nicht größer als sein eigenes.»[100] In einer Zeit, in der sich die Menschen zwar um die rechte Art der Gottesverehrung stritten, doch seine Existenz niemals in Zweifel zogen, war das ein Machtwort. Ungehorsam gegenüber dem König wurde dadurch zu einer Sünde, die nicht nur in dieser, sondern auch – eine noch schrecklichere Aussicht – in der nächsten Welt ihrer Strafe nicht entgehen würde. Unter diesen Umständen wundert es einen nicht, daß man Gottes Stellvertreter auf Erden als jemanden ansah, der einer gänzlich anderen Sphäre zugehörte. Es genügte also nicht, zur königlichen Familie zu gehören (obwohl das natürlich von Nutzen war): Ein Halbgott war nur der König selbst; und da der Mensch ein zerbrechliches Geschöpf war, konnte man niemals sagen, wer ihm am Ende nachfolgen werde, denn sein Sohn zum Beispiel konnte lange vor ihm gestorben sein.

Zweifellos verdankte sich das ausgesprochen Majestätische an Ludwig XIV. zum guten Teil solchen Erwägungen; und er wußte auch, wie er eine Kluft, die hätte erschaudern lassen können, mit der größten Freundlichkeit und mit einem Sinn für das Vergnügen überbrücken konnte, der den ganzen Hof belebte. Doch niemand vergaß jemals, welchen Respekt er dem König schuldete.

«Der Hof, an den die Menschen strömten, war ein einziges Vergnügen», schreibt Mme. de Motteville. «Der Prince de Condé war nun, nachdem Monsieur und der König sich seiner erbarmt hatten, der Ranghöchste ... Der Prinz zeigte in seiner Bescheidenheit und seiner Gewandtheit die gleiche Größe wie in seinen Siegen ...

Mehrfach nahmen der König, die Königinnen, Monsieur und Madame in einem goldenen Boot, das die Form einer Galeere hatte, in der Kühle des Tages ein leichtes Mahl ein, und M. le Prince wartete ihnen in seiner Funktion als *grand maître** mit solcher Demut und einer so zufriedenen Miene auf, daß man, wenn man ihn solcherart sah, nicht anders konnte, als Gott für den Frieden, der damals herrschte, zu danken ...

Wir konnten mit ansehen, wie der Herzog von Beaufort,** der Anführer der *Importants**** und der Fronde, der ehemalige König der *halle*, mit Begeisterung seinem Meister, dem König, nachfolgte und sich bemühte, ihm zu gefallen.

Neben den Prinzessinnen und Damen, die bei Hofe zugegen waren, spielten die Kammerfrauen**** der beiden Königinnen und Madames eine bedeutende Rolle, und einige davon waren große Schönheiten. Es gab Bälle, Schauspiele, Ausfahrten und Jagden. Kurz gesagt, es gab keine Vergnügung, auf die man verzichten mußte. Die einzelnen Höfe und Anlagen Fontainebleaus wirkten wie verzauberte Gärten und Paläste.»[101]

Vielfältige Unterhaltungen und großartige Dekorationen waren natürlich wichtige Bestandteile des Hoflebens, aber sie allein reichten nicht aus. Geistreicher Verstand und lebhafte Konversation waren erforderlich, um die langen Mußestunden auszufüllen – der König mochte zwar hart arbeiten, aber die meisten Höflinge hatten im wahrsten Sinne des Wortes nichts zu tun. Und da der Monarch jung war und dem schönen Geschlecht sehr zugetan, waren auch sonst attraktive Frauen sehr gefragt.

Es war nicht weiter verwunderlich, daß die meisten der Kammerfrauen hübsch waren; ebenso war es ganz normal, daß der Hof viele Schönheiten aus aristokratischen Kreisen anlockte; was schon eher erstaunte, war die Verwand-

* Der Grand Maître war der erste Offizier des königlichen Haushalts.

** Der Herzog von Beaufort war ein illegitimer Enkel Heinrichs IV.; er war einer der Anführer der Fronde gewesen.

*** Die *Importants* waren eine aristokratische Fraktion der zweiten Fronde.

**** Die Kammerfrauen waren junge unverheiratete Frauen aus guter Familie, die die Königinnen und Madame umgaben.

lung, die unverkennbar mit einer jungen Frau vor sich ging, mit der der König ein paar Jahre zuvor nicht einmal hatte tanzen wollen: Henrietta Stuart, inzwischen die junge Gattin Philipps, des Bruders des Königs und Herzogs von Orléans, die allgemein als ‹Madame› bekannt war.

«Die Prinzessin von England war recht groß; sie war sehr grazil, und ihre nicht ganz makellose* Figur wirkte weniger verwachsen, als sie in Wirklichkeit war. Doch ihre ganze Gestalt, wenn auch nicht stattlich, war ausgesprochen attraktiv, und zwar wegen ihres Charmes und der Art, wie sie sich gab. Ihr Teint war sehr zart und sehr weiß und konnte wie von Rosen und Jasmin erröten. Ihre Augen waren klein, doch strahlend und einladend; die Nase war nicht häßlich; sie hatte rote Lippen und so schöne und weiße Zähne, wie man sich nur wünschen konnte. Ihr Gesicht allerdings war zu lang, und sie war zu dünn, ein Zeichen, daß sich ihre Schönheit nicht halten würde.

Ihre Kleidung und ihre Frisur standen ihr ausgesprochen gut . . . und ihre Vernunft und ihr Verstand waren bereits bemerkenswert.»[102] Sie war zwar im Jahre 1661 erst siebzehn Jahre alt, doch hatte sie jene Art von mysteriöser Anziehungskraft, die um so stärker wirkt, als man sie nicht erklären kann. Sie war gewandt als Gastgeberin, amüsant und gesprächig; sie war voller Lebendigkeit, und der König, der ja schließlich mit einer langweiligen, unattraktiven Frau verheiratet war, verliebte sich prompt in sie.

Man konnte meinen, sie seien füreinander geschaffen: Beide waren jung, jeder auf seine Weise brillant, beide hatten Spaß an den gleichen Vergnügungen, beide waren von königlichem Geschlecht. Natürlich gab es dabei ein weniger schönes Detail: Madame war die Schwägerin des Königs.** Und Monsieur, der schnell hinter die Zuneigung seiner Frau kam, war nicht gerade glücklich darüber – eine Entwicklung, die rasch an die Öffentlichkeit drang, denn er war nie jemand gewesen, der mit seinen Gefühlen hinter dem Berg hielt.

Der König war zwar nicht besonders groß von Statur, aber doch eindrucksvoll; Monsieur hingegen war winzig, und es mangelte ihm nicht selten an Würde: Eine Mischung aus Jähzorn und einem Hang zum Zotenhaften machten ihn anfällig für Kritik – was man bald auch von seinem Privatleben sagen konnte. Nicht nur daß er verschwenderische Kleider, Parfums und Juwelen vielleicht ein wenig zu sehr mochte und daß er sehr viel für Frauenmode und Klatschgeschichten übrig hatte; er hatte auch die Neigung, sich in stattliche und meist wenig charaktervolle junge Männer zu verlieben, die ihn

* Wegen einer Verformung ihres Rückgrats hinkte sie, und eine Schulter stand höher als die andere.

** Außerdem natürlich seine Cousine: Ihre Mutter war die Schwester seines Vaters.

dann regelmäßig (oft mit Frauen) betrogen – und all das trug sich im gleißenden Licht der Öffentlichkeit zu. Es war nicht zu übersehen, daß Mazarin und Anna von Österreich ihren gemeinsam beschlossenen Plan, dafür zu sorgen, daß Philipp sich niemals wie sein Onkel, der verstorbene Herzog von Orléans, benehmen würde, mehr als verwirklicht hatten. Niemand hätte sich Monsieur als Anführer in einem Bürgerkrieg gegen seinen Bruder vorstellen können.

Trotz alledem hatte der Prinz allerdings auch seine guten Seiten. Er war agil, intelligent und witzig; er konnte liebenswert und zuvorkommend sein und wahrte doch seine Würde; er war ohne Zweifel ein freundlicher Mensch; er hatte einen guten Blick für Malerei, Architektur und Inneneinrichtung und wußte, wie man ein erfolgreiches Fest organisiert. Doch da er, anders als der König, gegenüber weiblichen Reizen kaum empfänglich war, war er in seine Frau nicht gerade verliebt – eine Tatsache, die dieser nicht verborgen geblieben war.

Es lag deshalb nahe, daß die junge Madame sich zum König hingezogen fühlte; problematisch wurde es dadurch, daß Monsieur schnell dahinterkam und begann, sich wie ein ganz gewöhnlicher eifersüchtiger Ehemann zu benehmen. Und was noch schlimmer war: Nach einiger Zeit – sie war ja nicht die Schnellste – erkannte auch die Königin, was vorging. Sie war zwar zu wohlerzogen, um Szenen zu machen, aber sie ließ doch keinen Zweifel daran, daß sie sehr unglücklich war.

Das allein hätte dem König kaum schlaflose Nächte bereitet, denn auch in dieser Beziehung stand er seiner Meinung nach über dem Gesetz. Zwar bestritt er nicht, daß Maria Theresia gewisse Rechte hatte – das Recht, mit dem Respekt behandelt zu werden, der der Königin Frankreichs zukam; den Anspruch darauf, daß der König von Zeit zu Zeit mit ihr das Lager teilte –, doch er fand nichts dabei, ihr untreu zu sein, wann immer er wollte.* Man weiß nicht, ob seine Beziehung zu Madame auch körperlich war, doch es gibt keinen Grund anzunehmen, daß sie es nicht war – die Königin jedenfalls war sich dessen sicher. Aber was immer auch gewesen sein mag – bald nahm die Anziehungskraft, die Madame hatte, eher intellektuelle als physische Züge an. Schon als junger Mann liebte Ludwig XIV. kluge, geistreiche Frauen, und ohne Zweifel ist das die Seite, die er an Madame am attraktivsten fand.

Außerdem schien es etwas ganz besonders Angemessenes zu haben, wenn man die Vergnügungen und Festivitäten des Hofes von einer Prinzessin anführen ließ; denn das war die Rolle, die Madame nun zufiel. Ihre Hochzeit hatte im Frühjahr 1661 stattgefunden, und bereits im Sommer fiel auf, daß der König sein ganz besonderes Interesse einer ihrer Kammerfrauen zugewendet hatte. «Mlle. de La Vallière war eine reizende Person, und ihre Schönheit

* Von der Königin wurde natürlich absolute Treue erwartet.

Le
MERIDIEN
MONTPARNASSE
PARIS

19, RUE DU COMMANDANT-MOUCHOTTE 75014 PARIS
TEL. : (1) 44 36 44 36 - TELEX : 200 135 - TELEFAX : (1) 44 36 49 00

wurde noch durch ihren strahlend rosigen Teint verstärkt, durch ihre blauen Augen mit ihrem unschuldigen Blick und durch ihr silberblondes Haar, durch das ihr Gesicht noch mehr an Reiz gewann»,[103] schreibt eine Augenzeugin, und eine andere fügt hinzu: «Sie war von stattlicher Figur und vornehmer Erscheinung; ihr Gang hatte etwas Majestätisches, dem sehnsüchtigen Blick ihrer Augen kann keiner widerstehen, der ein empfindsames Herz hat. Ihr üppiges Haar ist das schönste der Welt. Sie ist gutmütig, hat Geschmack und mag Bücher, die sie gut zu beurteilen weiß. Sie ist höflich, großzügig und hilfsbereit.»[104]

Zunächst ermutigten sowohl Madame als auch die Gräfin von Soissons die Romanze des Königs mit Mlle. de La Vallière – Madame, weil sie es für eine Möglichkeit hielt, den König ständig um sich zu haben, ohne selbst einen unschicklichen Eindruck zu machen; die Gräfin von Soissons, für die die eigene Affäre mit Ludwig XIV. nur die erste einer langen Reihe gewesen war, weil sie grundsätzlich alles Erotische schätzte. Niemand rechnete auch nur einen Augenblick lang damit, daß die sanfte, gutmütige La Vallière, ein mittelloses Mädchen aus unbedeutender Provinzfamilie, für den König mehr als ein flüchtiges Vergnügen sein würde; mit Sicherheit kam keine von beiden auf den Gedanken, Ludwig XIV. könne allmählich die Aufmerksamkeit, die er ihnen beiden zuwandte, auf dieses Mädchen übertragen. Die Königin, wie immer etwas langsam, war der festen Überzeugung, ein König könne nur eine Frau von königlichem Blute lieben; die Affäre mit Madame hatte ihr große Sorgen bereitet, doch um La Vallière kümmerte sie sich überhaupt nicht. Nur Anna von Österreich, die nicht nur ihren Sohn, sondern auch die Welt kannte, zeigte ihr Mißfallen.

Der Hof war natürlich von solchen Intrigen fasziniert. Das Interesse am Liebesleben der Großen ist ja nicht gerade eine seltene Erscheinung – heutzutage werden ganze Bücher über solche Themen geschrieben. Im Frankreich des 17. Jahrhunderts gab es allerdings keine Skandalblätter; man mußte schon persönlich zugegen sein. Es wäre zwar übertrieben, wollte man sagen, Ludwig XIV. habe sich verliebt, um eine weitere Attraktion bieten zu können, die die Leute am Hof festhielt – er war sexuell sehr agil und verliebte sich schnell –, doch es ist nicht zu leugnen, daß es für viele geradezu zu einer Passion wurde, stets über die laufenden Entwicklungen auf dem neuesten Stand zu sein.

Bei alldem blieb der Hof in den frühen sechziger Jahren noch klein – deutlich größer als während der Regentschaft Mazarins, aber wahrscheinlich doch auf nur etwa zweihundert Personen beschränkt. Allmählich vergrößerte sich diese Zahl: Ein Ereignis wie das Carrousel des Jahres 1662 zog eine ganze Reihe von Adligen nach Paris, und viele davon blieben; und bald war nicht mehr zu übersehen, daß die königlichen Unterkünfte nicht ausreichten, um sie alle unterzubringen. Der Raum war knapp, und der, den es gab, war oft heruntergekommen.

Zur Aura des Königlichen gehörte der Prunk: Gottes Stellvertreter auf Erden mußte in Glanz und Gloria leben. Was Kleidung und Feste anging, ließ sich das leicht bewerkstelligen; einen angemessen eindrucksvollen Palast vorzuweisen war natürlich schon weitaus schwieriger, und als Ludwig XIV. die königlichen Häuser übernahm, waren sie in einem beklagenswerten Zustand.

Der Hauptpalast des Königs, der Louvre, war architektonisch gesehen eine einzige Katastrophe. Unvollendete Flügel, deren Baubeginn bis ins Jahr 1550 zurückreichte, standen Wand an Wand mit den Überresten einer mittelalterlichen Festung; es gab weder ein eindrucksvolles Portal noch einen angemessenen Garten; und viele Gemächer im Inneren waren entweder unmöbliert oder völlig verkommen. Angesichts des Ausmaßes an Schwierigkeiten, auf das sie hier stießen, wandten sich Ludwig XIV. und Colbert dem kleineren Palais des Tuileries zu.* Mit seinem Bau war um 1560 unter Katharina von Medici begonnen worden, doch im Jahre 1661 war er noch immer unvollendet; also erging an Le Vau der Auftrag, den Bau und die Innenausstattung zu Ende zu bringen. Schon 1662 konnte der König neue, prächtige Gemächer beziehen, die von Lebrun in jenem neuen Stil gestaltet waren, den man zuerst in Vaux gesehen hatte, dem Schloß Fouquets.

Es gab gemalte Decken, weiß-goldene Vertäfelungen, Gobelins und Aubusson-Teppiche – beides Manufakturen, die damals gerade von der Krone übernommen wurden –, dazu Möbel aus vergoldetem Holz und massivem Silber: Fouquet saß zwar im Gefängnis, aber deswegen ließ Ludwig XIV. noch lange nicht das Talent von dessen Angestellten brachliegen; also übernahm er einfach alle, die in Vaux so bemerkenswerte Arbeit geleistet hatten. Le Vau wurde sein Architekt, Lebrun sein Hofmaler und Innenarchitekt, Le Nôtre sein Gartenarchitekt, und binnen kurzem wurden neue Pläne für die Gestaltung des Tuileriengartens in Angriff genommen. Das Ergebnis, da waren sich alle einig, konnte sich sehen lassen; und doch schienen die Tuilerien einfach nicht großartig genug für *«le plus grand roi du monde»*, wie der König nun immer häufiger genannt wurde.

Natürlich gab es Residenzen außerhalb von Paris. Fontainebleau war weitläufig, aber veraltet: Es war seit dem Tode Heinrichs IV. im Jahre 1610 unverändert geblieben, und der Geschmack hatte sich inzwischen gewandelt; Compiègne hatte mehr von einer mittelalterlichen Festung als von einem Schloß an sich. Nach Fontainebleau wurden zwar von Zeit zu Zeit Ausflüge unternommen, aber meistens hielt sich der Hof in Saint-Germain-en-Laye auf. Auch dies

* Nach 1789 war der Palais des Tuileries die königliche und kaiserliche Hauptresidenz; 1871 wurde er von der Commune niedergebrannt und die Ruine bald darauf abgerissen.

war eine antiquierte Burg, genaugenommen waren es sogar zwei Burgen, die eine aus dem frühen 16. Jahrhundert, die andere aus der Zeit Heinrichs IV., aber immerhin war sie als eine der Lieblingsresidenzen Ludwigs XIII. in gutem Zustand und konnte sich einer Gartenterrasse und eines großartigen Blicks über Paris und die Seine rühmen.

Sowohl in Fontainebleau als auch in Saint-Germain waren Umbauarbeiten notwendig, mit denen bald begonnen wurde; bis 1662 zeichnete sich jedoch ab, daß dem König ein neuer Park mehr am Herzen lag, der nach einem Entwurf Le Nôtres rund um das Jagdschlößchen Versailles angelegt wurde, und zwar unter erheblichen Kosten – beinahe eine halbe Million Livres pro Jahr. Das Schloß bot aber lediglich ein hübsches Ausflugsziel, und ein wirklich eindrucksvoller Palast fehlte dem König nach wie vor. Zusammen mit Colbert beschloß er deshalb, daß dem Louvre auf der Ostseite ein grandioser Eingangsflügel zugefügt werden solle; dieser Flügel würde dann eine der Seiten eines quadratischen Innenhofes bilden, dessen Südseite bereits unter Heinrich II., die Westseite unter Heinrich IV. und Ludwig XIII. entstanden waren; nun sollte ein Nordflügel diese mit dem neuerrichteten verbinden und den Hof damit schließen. Und da Le Vau zwar höchst talentiert, aber unverschämt und arrogant war, beschloß Ludwig XIV., ihn lediglich bei den Tuilerien zu beschäftigen und hier den größten und berühmtesten Architekten der westlichen Welt hinzuzuziehen, den Cavaliere Bernini.

Daß der König sich diesen Vergnügungen hingab – den Bauprojekten, den Festen, den Frauen –, hieß nicht, daß er sein Hauptgeschäft, die Regierung Frankreichs, vernachlässigte; man könnte sogar sagen, diese seien ein Bestandteil jener Arbeit gewesen, und so sehr er sie auch schätzte, lag ihm doch die Politik noch mehr am Herzen. Es ist ein einmaliger Glücksfall für uns, daß wir über seine Einstellung zu dem, was man seinen Beruf nennen könnte, genau Bescheid wissen.

Im Jahre 1671 beschloß Ludwig XIV., seine von uns schon zitierten Memoiren für seinen Sohn zu schreiben, für den Fall, daß er sterben sollte, bevor der Dauphin erwachsen würde. Diese Memoiren waren streng vertraulich; der König diktierte sie einem seiner Sekretäre, dem Präsidenten Rose, und erst 1806 wurden sie veröffentlicht. Sie verdienen es, ausgiebig zitiert zu werden, denn sie geben uns ein wahrheitsgetreues Bild der Taten und Meinungen Ludwigs XIV. vom Beginn seiner Regierungszeit, wenn wir sie nur mit genügend Abstand lesen, um ein ruhiges und ausgewogenes Urteil zu garantieren.

König zu sein war, wie er herausfand, kein einfacher Beruf. «Ich habe mir Gedanken darum gemacht, welche Position Könige innehaben – es ist eine harte und strenge Stellung, denn sie sind sozusagen der Öffentlichkeit, der Welt und der Nachwelt für jede ihrer Taten Rechenschaft schuldig, und doch können sie diese Rechenschaft niemandem geben, ohne die Geheimnisse ihrer Politik zu offenbaren und so ihre wichtigsten Interessen zu gefährden ... Deshalb möchte ich Dir [diese Notizen] hinterlassen, damit Du die Geschichtsschreiber korrigieren kannst, wenn Dinge mißverstanden werden sollten oder sich Irrtümer einschleichen, weil man meine Pläne und Motive nicht gründlich genug versteht. Ich werde alles unverhüllt darstellen, selbst die Fälle, in denen meine guten Absichten nicht zum Erfolg führten: Ich bin der Überzeugung, daß nur kleine Geister, deren Meinung selten die zutreffende ist, immer recht behalten wollen, und daß diejenigen, deren Verdienste so groß sind, daß sie meistens Erfolg haben, großmütig genug sind, ihre Fehler einzugestehen.»[105]

In der Regel ist gerade der am verblendetsten, der verkündet, er sei jederzeit bereit einzugestehen, daß auch er sich (in seltenen Fällen) einmal irren könne. In diesem Fall jedoch können wir die Angaben des Königs, der stets von aufmerksamen Beobachtern – Ausländern wie Franzosen – umgeben war, mit deren Kommentaren überprüfen, und es erweist sich, daß er die Wahrheit sagt. Und auch die Rechtfertigung seiner Methoden der Staatsführung läßt sich leicht überprüfen: Der Erfolg seiner Regierungszeit belegt vollauf, daß es ihm ernst damit war.

«Da der Erfolg dieser Reformen in erster Linie von meiner eigenen Willenskraft abhing», schreibt er, «verlieh ich ihnen am besten dadurch Nachdruck, daß ich meine Beschlüsse durch ein Verhalten adelte, das Unterordnung und Respekt hervorbringen würde. Ich bemühte mich sorgfältig, jedem, der Ansprüche hatte, Recht zuteil werden zu lassen; die Vergünstigungen jedoch verteilte ich großzügig und nach meinem eigenen Gutdünken; ich tat es allerdings so, daß im Laufe der Zeit deutlich werden mußte, daß ich zwar niemandem Rechenschaft schuldig war, mich aber doch in meiner Regierung von der Vernunft leiten ließ ..., daß ich mich geleisteter Dienste erinnerte, daß ich aufstrebende, verdienstvolle junge Männer förderte – mit einem Wort, daß ich Gutes tat und darin nicht nur die bedeutendste Aufgabe eines Fürsten sah, sondern auch seine größte Freude. Zwei Dinge waren ohne Frage dazu notwendig: Ich mußte hart arbeiten, und ich brauchte eine große Zahl verschiedenster Leute, die mir helfen und mir Arbeit abnehmen konnten.

Was die Arbeit angeht, mein Sohn – Du magst vielleicht diese Notizen zum ersten Mal in einem Alter zur Hand nehmen, in dem man im allgemeinen die Arbeit fürchtet ... Aber ich sage Dir nicht nur, daß man nur so und nicht anders regieren kann, daß es die Rechtfertigung unserer Regierung ist, sondern auch, daß wir uns Gott gegenüber stolz und undankbar zeigten und den Menschen als ungerechte Tyrannen erschienen, wollten wir das eine ohne das andere [das Vergnügen ohne die Arbeit] ...

Solltest Du das Unglück haben, sie kennenzulernen, wirst Du feststellen, daß nichts ermüdender sein kann als endlose Vergnügungen, zuerst langweilten Dich die Geschäfte, aber dann würdest Du auch der Vergnügungen müde, schließlich der Muße selbst ...

Ich habe es mir zur Regel gemacht, zweimal am Tag zwei oder drei Stunden lang zu arbeiten, wobei die Mitarbeiter wechseln; nicht eingerechnet sind die Stunden, die ich allein verbrachte oder die ich außerordentlichen Fragen widmete, sobald sie auftraten; zu keiner Stunde war es [den Ministern] verboten, sie mir zu unterbreiten, wenn eine rasche Entscheidung erforderlich war ...

Ich kann Dir gar nicht sagen, als wie erfolgreich sich diese neue Lebensweise erwies. Mir schien, mein Verstand und meine Kräfte seien gewachsen, mir schien, ich sei ein ganz neuer Mensch, ich entdeckte vieles an mir, was ich vorher nicht gekannt hatte, und mit Freuden sprach ich mir selbst den Tadel aus, daß ich dieses so lange verborgen gelassen hatte. Jene anfängliche Schüchternheit, die die Vorsicht stets in uns aufkommen läßt und unter der ich vor allem litt, wenn ich für längere Zeit und in der Öffentlichkeit zu sprechen hatte, verschwand binnen kurzem. Es war ein Glücksgefühl, das ich Dir gar nicht beschreiben kann und das Du selbst niemals kennenlernen wirst, es sei denn, Du verdienst es Dir, so wie ich es tat ... Keine Befriedigung kann sich mit derjenigen messen, jeden Tag einen kleinen Fortschritt nobler und großartiger Unternehmungen zu erkennen und das Glück der Menschen zu sehen, wenn ein Werk nach Plänen und Zielen, die man selbst entwickelt hat, vollendet ist.

Was immer für diese Arbeit dringend erforderlich ist, ist auch ein Quell der Freude, denn, mein Sohn, es handelt sich dabei um nichts Geringeres als darum, die Augen für diese Welt zu öffnen – jederzeit offen zu sein für Neuigkeiten aus den Provinzen und aus dem Ausland, für die Geheimnisse aller [ausländischen] Höfe und ihrer Minister, von Unmengen von Dingen Kenntnisse zu haben, die niemand bei uns vermutet, hinter die geheimsten Ansichten unserer Höflinge zu kommen, hinter ihre verborgensten Wünsche, die uns durch das Kräftespiel der Interessen offenbar werden. Ich kenne kein Vergnügen, das ein König dafür nicht aufgeben würde.»[106]

Harte Arbeit, Sorge um das Volk, Begeisterung für die Regierungspraxis – mehr könnte man schwerlich verlangen; doch daß Ludwig XIV. diese Maximen hochhielt, ist um so bemerkenswerter, als es mit allem bis dahin Dagewesenen bricht. Nicht nur unter den zugegebenermaßen untypischen Umständen der Regentschaft, sondern ganz allgemein hatten die französischen Herrscher stets mehr Zeit auf Vergnügungen als auf das Regieren verwendet, und die besseren unter ihnen hatten zum Ausgleich die wirkliche Macht einem fähigen Minister anvertraut. Man müßte in der Chronologie an die zweihundert Jahre zurückgehen, bis man in Ludwig XI. einen zweiten Monarchen fände, der selbst die Regierung führte.*

---

* Er regierte von 1461 bis 1483, und zwar mit bemerkenswertem Erfolg.

Ebensowenig handelt es sich bei diesen Freuden der Arbeit um ein selbstsüchtiges Vergnügen. Es fällt auf, daß als Lohn, den harte Arbeit einbringt, auch das Wohl des Volkes genannt ist. Auch wenn er seine *gloire* stets im Blick behielt, vergaß Ludwig XIV. (anders als etwa Napoleon oder einige amerikanische Präsidenten der letzten Zeit) nie, daß die Staatsgeschäfte nicht dazu da waren, seine eigene Größe zu mehren, sondern dem Glück seiner Untertanen dienen sollten. Er bezweifelte nie, daß Gott ihn für diesen Thron auserwählt habe und daß er sein unmittelbarster Stellvertreter sei – er sah sich selbst als eine Art Bevollmächtigten Gottes. Frankreich und die Franzosen waren nicht sein Eigentum: Er war an ihre Spitze gesetzt worden, um ihr Los zu verbessern.

Diese Art von mystischer Einstellung ist natürlich noch völlig mittelalterlich und wäre in zahllosen Traktaten wiederzufinden, von denen einige auch im 17. Jahrhundert noch viel gelesen wurden; doch im Mittelalter war die Macht durch den Glauben an die unverrückbaren Rechte der verschiedenen gesellschaftlichen Gruppen genau begrenzt, allen voran durch die der Kirche. Das auffälligste Paradox an Ludwig XIV. ist deshalb vielleicht, daß es ihm gelang, gleichzeitig ein höchst moderner Herrscher zu sein, der sich auf die Staatsmacht stützte (eine eindeutig nicht-religiöse Einstellung), und doch auch als der letzte der Priester-Könige zu erscheinen.

Sein Vertrauen auf eine Verbindung mit Gott war zweifellos von Vorteil, wenn es darum ging, ihm jene Selbstsicherheit zu verleihen, die ihn gut und gerecht regieren ließ; aber wie alle starken nicht-rationalen Überzeugungen konnte sie auch außerordentlich gefährlich sein. Das soll nicht heißen, Ludwig XIV. sei von der katholischen Kirche gesteuert worden; im Gegenteil sah er in dieser weit eher ein Mittel seiner Politik und war die meiste Zeit mit dem Papst zerstritten; ganz abgesehen von der schwierigen Frage religiöser Toleranz.

Im größten Teil Europas herrschte nach wie vor das Prinzip des *cuius regio, eius religio*: die Untertanen hatten den Glauben des Herrschers anzunehmen. In den meisten Fällen – etwa in Spanien oder in Schweden – war der Glauben der Minderheit völlig ausgerottet worden. In anderen – mit England als bestem Beispiel – wurde eine starke religiöse Minderheit unter Androhung schwerster Strafen zur Konformität mit der Staatskirche gezwungen. Anders in Frankreich. Zum Abschluß der langen und erbitterten Religionskriege, die Katholiken und Protestanten gegeneinander ausfochten (wobei es das Ziel jeder Partei war, die andere auszurotten), hatte Heinrich IV. im Jahre 1598 das Edikt von Nantes erlassen. Darin wurden den Protestanten das Recht auf öffentliche Andachtsstätten an jedem Ort außer am Hofe und innerhalb der Stadtmauern von Paris gewährt, daneben die Rechte auf Schulen, Universitäten, eigene Gerichte und auf eine Zahl von befestigten Städten.

Diese letzteren entwickelten sich bald zu einem Staat im Staate, und es hatte zu Richelieus großen Leistungen gezählt, sie zurückzuerobern. Unabhängige Festungen gab es also 1661 in Frankreich nicht mehr, doch nach wie vor genossen die Protestanten alle anderen Privilegien, die ihnen das Edikt gewährt hatte.

Im nachhinein betrachtet erscheint das als ausgesprochen vernünftige Lösung: Zwar war die Mehrzahl der Franzosen katholisch, doch die Rechte der protestantischen Minderheit (etwa zwölf Prozent der Bevölkerung, sehr ungleichmäßig verteilt) waren gewahrt. Im Jahre 1661 war jedoch der antiprotestantische Druck stark geworden, und die Garantien des Edikts standen zwar auf dem Papier, wurden aber in der Praxis oft unterlaufen. Unglücklicherweise kann die Vernunft oft nicht gegen die Intoleranz bestehen, und Ludwig XIV., der überzeugt war, daß die Katholiken im Recht und die Protestanten günstigstenfalls verblendete, im schlimmsten Fall sogar bewußte Häretiker waren, fand die Lage beinahe unerträglich.

«Was die große Zahl meiner Untergebenen angeht, die der RPR* angehören – ein Übel, das mir von jeher großen Schmerz bereitete und bis heute [1671] bereitet, so habe ich schon damals den Beschluß gefaßt, wie mit ihnen umzugehen sei, und es muß die richtige Methode gewesen sein, denn Gott hat sie mit einer großen Zahl von Konversionen belohnt.

Diejenigen, die sich für gewaltsame Gegenmittel aussprachen, verstanden, so schien es mir, die Natur dieses Problems nicht ... Es kommt darauf an, es allmählich vergehen und absterben zu lassen, ohne es durch zu starke Gegenwehr von neuem aufzustacheln, die ja ohnehin nutzlos bleibt ..., wenn die Krankheit im ganzen Lande verbreitet ist ...

Mir erschien die folgende Methode als die beste, um die Zahl der Hugenotten zu verringern: Ich setzte sie nicht unter Druck und achtete auch darauf, daß die von meinen Vorgängern gewährten Garantien gewahrt blieben; doch ich gewährte ihnen keine neuen und sorgte dafür, daß sie so kurz gehalten wurden, wie Anstand und Gerechtigkeit es nur eben erlaubten. Von den Vergünstigungen, die ich nach meinem eigenen Ermessen gewährte, erhielten sie grundsätzlich keine, und ich ließ sie das in freundlichen, nicht in ärgerlichen Worten wissen, so daß sie sich von Zeit zu Zeit und ohne jeden Zwang veranlaßt sahen darüber nachzudenken, ob es wirklich zu ihrem Vorteil war, sich selbst von all den Vorteilen auszuschließen, die sie sonst zusammen mit meinen anderen Untertanen hätten genießen können.»[107]

Bedenkt man die religiöse Einstellung des Königs, so war das eine ausgesprochen liberale Position – liberaler als zum Beispiel die, die kurz darauf

---

* Die Protestanten. RPR stand für *religion prétendue réformée,* ‹die sogenannte reformierte Religion›.

das englische Parlament einnehmen sollte. Die «Vergünstigungen» schließen natürlich eine ganze Reihe von Beförderungen mit ein, von denen man heute sagen würde, die Betroffenen hätten ein Anrecht darauf gehabt, aber es kann kein Zweifel bestehen, daß eine weitaus rigorosere Politik mehr nach dem Herzen vieler Franzosen gewesen wäre. Daran ändert auch die Tatsache nichts, daß diese Toleranz nicht aus Überzeugung, sondern aus der Erwägung heraus geübt wurde, sie werde auf lange Sicht erfolgreicher sein und mit Verfolgungen sei nichts zu erreichen: Es ist ein Unterschied, ob man jemanden zu überzeugen oder ihm eine Sache schmackhaft zu machen versucht oder ob man ihn mit Gewalt bekehren will.

Man sollte auch hinzufügen, daß Ludwig XIV., wäre er zu der Überzeugung gekommen, Gewalt sei das bessere Mittel, diese zweifellos eingesetzt hätte: Aber wie so oft zeigte er auch hier ein ausgesprochen scharfes Gespür für Art, Ausmaß und Grenzen seiner Macht. Man kann sagen, daß er nicht nur ein Naturtalent in der Staatsführung war und diese Aufgabe geradezu wollüstig genoß, sondern auch einen angeborenen exakten Sinn dafür besaß, wie man Macht erlangte oder sie verlor – ein Gespür, das sich bald in seiner Außenpolitik niederschlagen sollte, das sich aber auch im Umgang mit den Menschen zeigte, die am engsten mit ihm zusammenarbeiteten, mit seinen Ministern.

«Am Anfang legte ich fest, daß es unter mir niemals einen Ersten Minister geben sollte», schreibt er. «Nichts könnte beschämender sein, als wenn die Aufgaben eines Königs in den Händen eines anderen liegen, während dieser nur dem Namen nach regiert. Es kam mir deswegen sehr darauf an, mein Vertrauen und die Ausführung meiner Befehle mit jemandem zu teilen, ohne daß jedoch alles an einen einzigen Mann ging; ich wollte verschiedenen Personen verschiedene Aufgaben übertragen, worin sich vielleicht das größte und bemerkenswerteste Talent eines Fürsten zeigt.

Da ich alle Autorität [des Staates] in mir vereinen wollte, beschloß ich, die Arbeit meiner Minister, hatte ich erst einmal meine Wahl getroffen, unter Kontrolle zu halten, indem ich mich von Zeit zu Zeit, wenn sie am wenigsten damit rechneten, nach Details erkundigte und ihnen damit zu verstehen gab, daß sie dies zu jeder Zeit und zu jedem Thema zu erwarten hatten, auch zu solchen Fragen – wie sie in jedem Ressort auftreten –, mit denen zu beschäftigen uns unsere Würde und unsere anderen Aufgaben eigentlich nicht gestatten.

Es ist nicht leicht, mein Sohn, Dir zu sagen, wie Du die verschiedenen Minister auswählen sollst. Glück spielt dabei eine genauso große Rolle wie Klugheit ... und Instinkt führt oft zu besserem Erfolg als langes Überlegen.»[108]

Als nächstes erläutert der König, daß er, indem er unbedeutende Männer wählte, seine eigene Autorität stärkte, denn diese waren, um an das Ziel ihrer Wünsche zu gelangen, ganz auf ihn angewiesen, während Prinzen oder die Vertreter des Hochadels niemals die Bescheidenheit und Selbstlosigkeit aufgebracht hätten, die von diesen neuen Autokraten gefordert wurden. Mit seinem Stolz darüber hält der König nicht hinter dem Berg.

«Viele erwarteten, daß binnen kurzem einer der Männer aus meiner Umgebung die Kontrolle über mich und mein Königreich übernehmen werde. Die meisten glaubten, der Eifer, mit dem ich zu Werke ging, sei nur eine Laune und werde bald vorüber sein . . . Die Zeit hat sie eines Besseren belehrt, und mittlerweile bin ich *zehn Jahre lang** unbeirrt in die gleiche Richtung fortgeschritten und habe niemals in meinen Bemühungen nachgelassen; ich höre, was der niedrigste unter meinen Untertanen mir zu sagen hat; ich bin jederzeit informiert, wie viele meiner Soldaten stationiert sind, wie sie ausgebildet sind und wie es um meine Festungen steht; täglich gebe ich meine Befehle aus für alles, was sie brauchen; ständig stehe ich in Verhandlungen mit den Botschaftern des Auslands; ich empfange und lese ihre Briefe, schreibe die Antworten zum Teil selbst, instruiere meine Sekretäre über die Grundzüge der anderen, ich gleiche Einkommen und Ausgaben des Staates gegeneinander aus; von denen, denen ich wichtige Ämter gebe, lasse ich mir persönlich Bericht erstatten; meine Geschäfte betreibe ich unter größerer Geheimhaltung als jeder meiner Vorgänger; Gunstbeweise verteile ich nach meinem eigenen Gutdünken und überhäufe zwar diejenigen, die mir dienen, und ihre Familien mit meiner Freundlichkeit, lasse sie aber doch in bescheidenen Verhältnissen leben, nicht zu vergleichen mit der Macht und dem Rang früherer Erster Minister.

Als die Leute all dies allmählich wahrzunehmen begannen, wuchs ihre Ehrfurcht mir gegenüber, und diese Wertschätzung hat entscheidend zum Erfolg meiner Unternehmungen beigetragen.»[109]

Diese letzte Bemerkung ist wiederum ein Hinweis auf die Macht der Publizität, und außerdem zeigt sie noch einmal, wie vorsichtig der König zu Werke ging: Er stürmte nicht ohne Rücksicht auf Verluste voran, sondern schätzte diejenigen Siege am meisten, die ihn am wenigsten kosteten. Ein typisches Beispiel ist im Oktober 1662 sein gänzlich unkonventionelles Vorgehen bei der Rückgewinnung Dünkirchens, das in den fünfziger Jahren als Preis für die Schützenhilfe Cromwells an England gegangen war. Seine Vorgänger hätten die Stadt belagert; Ludwig XIV. hingegen wartete, bis Karl II. in noch größeren Finanznöten steckte als gewöhnlich und bot ihm dann an, Dünkirchen gegen eine Zahlung von fünf Millionen Livres zurückzunehmen. Das Angebot war zu verlockend; es war sogar zu gut, um wahr zu sein – mit

* Vom König persönlich hervorgehoben.

einigen Abänderungen in letzter Minute und unter geschickter Ausnützung von Kursschwankungen zwischen englischer und französischer Währung reduzierte sich die Summe auf dreieinhalb Millionen. Dabei ging es nicht nur um den Nationalstolz: Sobald Dünkirchen wieder in französischer Hand war, wurde es in großem Stil befestigt, und zwar mit dreierlei Absicht: Die Stadt wurde damit zu einem sicheren Ankerplatz für die immer weiter wachsende Flotte; man würde damit einen spanischen Angriff auffangen können, sollte das jemals notwendig werden; und man konnte mit der Festung Karl II. einschüchtern für den Fall, daß er zu den Einstellungen Cromwells zurückkehren sollte.

In vielerlei Hinsicht ist der Erwerb Dünkirchens ein Beispiel, nicht nur für den Regierungsstil des Königs – umsichtig und ohne Blutvergießen –, sondern auch für die Möglichkeiten, die sich durch seinen verantwortungsvollen Umgang mit den Finanzen eröffneten. Hatte man erst einmal eine wohlgefüllte Schatulle, dann konnte man Geld statt Menschenleben opfern, um sich wichtige Vorteile zu sichern, und man konnte eine stärkere Armee unterhalten, die jeden potentiellen Angreifer abschreckte. Trotz seines Sonnensymbols und seines stolzen Mottos, trotz seiner, wie naive Beobachter glaubten, ungestümen Jugend regierte Ludwig XIV. wie ein reifer und erfahrener Staatsmann.

Das ließ sich allerdings durchaus mit seinem großen und auch zur Schau gestellten Stolz vereinen. Schon 1661 war der König davon überzeugt, daß Frankreich die führende Macht Europas war. Von unserem heutigen Blickpunkt aus wissen wir, daß er damit vollauf recht hatte, doch damals war diese Erkenntnis vielen, darunter seinen Ministern, noch nicht aufgegangen. Ein Zwischenfall in London sorgte dafür, daß die Welt es erfuhr.

Während des feierlichen Einzugs des schwedischen Botschafters in London kam es zwischen dem Botschafter Ludwigs XIV., dem Grafen d'Estrades, und seinem spanischen Kollegen, dem Baron de Vatteville, zu einer Auseinandersetzung um die Frage, wessen Kutsche in der Prozession vor der anderen fahren dürfe. Vatteville war im Vorteil, weil er den Streit vom Zaune gebrochen hatte und entsprechend darauf vorbereitet war; er war mit ungewöhnlich großer Eskorte erschienen und hatte darüber hinaus Männer in der Zuschauermenge bestochen, so daß er von vornherein in der stärkeren Position war. Zuerst töteten seine Männer die Pferde der französischen Kutschen, dann wurden die Begleiter Estrades angegriffen und in einigen Fällen schwer verwundet, woraufhin die Spanier sich triumphierend wieder in die Prozession einreihten.

Wie so oft bei internationalen Auseinandersetzungen waren beide Seiten teilweise im Recht: Es war seit langem üblich, daß die Botschafter Spaniens Vorrang genossen, und folglich hätte Estrades es nicht in Zweifel ziehen dürfen; andererseits war es unentschuldbar, die Franzosen zu überfallen und zu verletzen. Es war ganz offensichtlich eine Lage, in der ein Kompromiß ausgehandelt werden mußte, und genau das empfahlen Brienne, nach wie vor Außenminister, und Lionne.

Der König hingegen wußte besser über das Kräfteverhältnis zwischen Spanien und Frankreich Bescheid. Er dachte nicht daran, einen Kompromiß auszuhandeln, sondern setzte statt dessen einen in deutlichen Worten gehaltenen Brief an Karl II. auf, in dem er die Ausweisung M. de Vattevilles forderte. Anschließend rief er seinen eigenen Gesandten aus Madrid zurück, wies den spanischen Botschafter aus und brach die Verhandlungen ab, die in Flandern über Grenzfragen geführt wurden, die im Pyrenäenfrieden nicht eindeutig geklärt worden waren. Darüber hinaus ließ er Philipp IV., immerhin sein Onkel und Schwiegervater, wissen, wenn Spanien den Vorrang Frankreichs nicht anerkenne und sich öffentlich entschuldige, werde der Krieg von neuem beginnen.

Den französischen Ministern erschien das als der Gipfel des Leichtsinns. In gewissem Sinne lebten sie in der Vergangenheit; sie erinnerten sich, daß noch 1636 eine spanische Armee beinahe Paris eingenommen hatte, und sie wußten, daß Spanien anderthalb Jahrhunderte lang die führende Macht Europas gewesen war. Deshalb hielten sie es für wahnwitzig, wegen Fragen der Etikette einen Krieg zu riskieren. Dem König jedoch war es nicht verborgen geblieben, daß Spanien nicht mehr in der Lage war, Krieg zu führen; in Wirklichkeit war der lange Niedergang Spaniens schon weit fortgeschritten, und das Risiko war folglich sehr gering. Gegen die Empfehlung des Rates blieb der König bei seinem Kurs, und die Ereignisse bestätigten bald, daß er recht gehabt hatte. Vatteville wurde aus London zurückgerufen, und im März 1662 traf der Graf von Fuentes als Gesandter Philipps IV. in Fontainebleau ein. Dort verkündete er vor dem versammelten Hof und dem diplomatischen Korps, von nun an gewährten die Botschafter Spaniens denjenigen Frankreichs den Vortritt.

Wiederum war kein Blut vergossen worden, und doch erschütterte der Triumph Ludwigs XIV. ganz Europa. Zum ersten Mal seit Anfang des 16. Jahrhunderts war Spanien öffentlich gedemütigt worden, und Frankreich war nun unbestritten zur führenden Macht aufgerückt. Die ruhige Entschlossenheit, mit der der König vorgegangen war, beeindruckte die Nachbarn; manche ängstigte sie sogar. Wenn er es riskierte, einen Krieg nur schon wegen einer Frage der Etikette zu erklären, dann konnte kein Zweifel daran bestehen, daß er nicht lange zögern würde, falls es um handgreifliche Interessen Frankreichs ging. Für Ludwig selbst war allerdings dieser Disput um das Vortrittsrecht von großer Bedeutung: Indem er in dieser kleinen Frage entschlossen auftrat, vermied er manchen zukünftigen Konflikt und mehrte dabei noch seine *gloire*.

Noch überraschender war, daß diese gewagte Politik in Frankreich ohne jegliches Murren umgesetzt wurde, zum Teil deswegen, weil nichts davon vorher an die Öffentlichkeit gedrungen war, zum Teil, weil die Minister gelernt hatten zu gehorchen. Selbst unter dem furchterregenden Richelieu waren Auseinandersetzungen und undichte Stellen an der Tagesordnung gewesen: Der Hof, die königliche Familie und in gewissem Maße sogar die Regierung waren in zwei Fraktionen gespalten, in eine, die der extremen Anti-Habsburg-Politik des Kardinals zuneigte, und eine, die im Gegenteil für eine Allianz mit Spanien gegen die Protestanten eintrat. Nun aber waren die Minister völlig vom König abhängig, und zum ersten Mal war für Frankreich eine willensstarke, konsequente und effektive Politik möglich.

«Le Tellier, der die Gedanken des Königs sorgfältig studiert hatte», schreibt Mme. de Motteville, «bestätigte alles, was mein Bruder mir bereits über den Ernst berichtet hatte, den [der König] zu seiner natürlichen Freundlichkeit hinzufügte. So weckte er in allen, die ihn sahen, ein Gefühl der Ehrfurcht, und in allen, die ihm so nahe kamen, daß die Versuchung aufkommen mochte, die *ihnen gewährte* Freiheit der Rede zu mißbrauchen, ein Gefühl der Angst.»[110] Das war in der Tat ein Hauptzug im neuen Regierungsstil Ludwigs XIV.: Er erwartete keine Schmeichelei und kein Katzbuckeln von den Ministern. Es stand ihnen frei und wurde sogar von ihnen erwartet, daß sie ihren Standpunkt verteidigten und sich gegenseitig der Kritik unterzogen; doch die letzte Entscheidung traf der König, nachdem er ihre Meinung gehört hatte, stets selbst – und danach bestand die Aufgabe des Ministers darin, seine Befehle auszuführen.

«Unsere Stellung schafft einen gewissen Abstand zwischen uns und unserem Volke», schreibt Ludwig XIV. «Diesem stehen die Minister näher, die folglich tausend Kleinigkeiten wahrnehmen können, die uns entgehen ... doch wenn sie, wenn eine wichtige Entscheidung ansteht, uns alle denkbaren Lösungen erläutert haben, alle Argumente, die dafür und dagegen sprechen, und die Entscheidungen, die im Ausland in vergleichbaren Fällen getroffen worden sind, dann ist es an uns, mein Sohn, zu beschließen, was wirklich getan werden soll. Und ich wage zu behaupten, daß, sofern es uns weder an Mut noch an Vernunft mangelt, niemand diese Entscheidung besser fällen kann als wir. Denn für Entscheidungen braucht man den Verstand eines Herrschers; und es ist ungleich einfacher, zu sein, was wir sind, statt nachzuahmen, was wir nicht sind ...

Unter gewissen Umständen kann es weise sein, vieles dem Zufall zu überlassen; die Vernunft selbst rät uns dann, uns unbekannten Instinkten und Impulsen anzuvertrauen, mit denen Gott* die Menschen über den Verstand

* Heute würden wir an die Stelle Gottes das Unbewußte setzen.

hinaus ausstattet. Diejenigen, die er in die erste Reihe stellt, haben um so mehr Grund, sich des Wirkens dieser Kräfte bewußt zu sein. Niemand kann sagen, in welchen Fällen wir diesen Instinkten mißtrauen und wann wir ihnen folgen sollten – das lernt man ebensowenig aus Büchern wie aus der Erfahrung... Meine Minister wußten, daß sie niemals einen anderen Rang einnehmen konnten als denjenigen, der ihnen zukommt,* doch waren sie rundweg zufrieden mit einem Dienst, der ihnen neben tausend anderen Vorteilen absolute Sicherheit bieten konnte, sofern sie ihre Pflicht taten.»[111]

Die «tausend anderen Vorteile», von denen Ludwig XIV. spricht, konnten sich in der Tat sehen lassen. Früher hatten einige Minister auf schnelle, aber unsolide Weise ihr Glück gemacht, indem sie den Staat bestahlen, und mußten dann die Strafe fürchten, die gelegentlich sogar folgte; nun konnten Männer wie Colbert, Lionne oder Le Tellier auf ganz legale Weise ungeheuren Reichtum anhäufen, indem sie Geschenke des Königs annahmen. Um das Jahr 1665 konnten sie sich bereits Paläste errichten, und auch darin spiegelt sich die Politik des Königs wider: Es lag nahe, daß ein glücklicher Untergebener treuer war und besser arbeitete, aber darüber hinaus betonte Ludwig XIV. auch seine eigene Macht, indem er seinen Ministern ermöglichte, wie Prinzen zu leben, und dafür sorgte, daß ihre Kinder in Familien des Hochadels einheirateten.** Diejenigen, die seinen Willen ausführten, entwickelten sich schnell zu den ersten unter seinen Untertanen, denn sie waren ein Spiegelbild seiner selbst; und binnen kurzem wurden einfache Männer wie Colbert oder Le Tellier als *monseigneur* angeredet, ein Titel, der bis dahin Herzögen und Mitgliedern der Königsfamilie vorbehalten gewesen war.***

Natürlich versuchten die Minister dann, ihre Verwandten ebenfalls im Regierungsdienst unterzubringen, so daß sich Clans bildeten: Auch Colberts Bruder und sein Sohn hatten bedeutende Ämter inne, und Le Telliers Sohn war das, was man einen stellvertretenden Kriegsminister nennen könnte. Doch anders als wohletablierte Aristokratenfamilien hatten diese neuen Gruppen keine Macht von sich aus – sie verdankten ihre Ämter ausschließlich dem Willen des Königs. Einen Prinzen von königlichem Geblüt aus dem Rat zu entlassen war immer mit Schwierigkeiten verbunden, doch

* Statt an Stelle des Königs zu regieren, wie Richelieu und Mazarin und – für kurze Zeit – Fouquet es getan hatten.

** Jede der beiden Töchter Colberts zum Beispiel heiratete einen Herzog.

*** Richelieu und Mazarin waren als *monseigneur* angeredet worden, weil sie beide Kardinäle, das heißt Kirchenfürsten, und darüber hinaus Herzöge gewesen waren; jedoch kein anderer Minister sonst.

Tausende standen zur Verfügung, um den Platz der Minister einzunehmen, und niemand, der irgend etwas zu sagen hatte, würde sich ihrer Entlassung widersetzen.

Dieser neue Regierungsstil wurde als ausgesprochen schockierend empfunden – und zwar so sehr, daß noch vierundfünfzig Jahre später, nachdem Ludwig XIV. im Jahre 1715 gestorben war, die Minister entlassen wurden und der Hochadel wieder an ihre Stelle trat. Der empörten Aristokratie war noch immer nicht aufgegangen, daß ein moderner Staat auch eine kompetente Regierung erforderte – doch schon bald kehrten die Minister zurück, und das System, das 1661 eingeführt worden war, blieb bis zum Ende des Ancien régime bestehen.

Daß die Minister mächtig und angesehen waren, hieß allerdings noch nicht, daß sie ein in sich geschlossenes, unabhängiges Kabinett bildeten; schon bald entwickelte sich zwischen den Clans von Colbert und Le Tellier eine turbulente Feindseligkeit, und die Vertreter der beiden Gruppen nahmen im Rat oft entgegengesetzte Positionen ein. Auch das hatte seinen Nutzen: Bevor man zu einem Entschluß kommt, sollte man natürlich verschiedene Ansichten dazu hören, und der König zog aus den Rivalitäten seiner Untertanen Lehren, mit deren Hilfe er um so klüger und besser regieren konnte. Zum ersten Mal waren nun die Entscheidungen des Rates nicht mehr von Privatinteressen beeinflußt. Zum Beispiel mußte man bei Fouquet und vor ihm bei den Ministern unter Richelieu und Ludwig XIII. immer damit rechnen, daß sie das Parlament verteidigten; Kardinäle, als Erste Minister oder auch nur als Ratsmitglieder, pflegten mit aller Wahrscheinlichkeit der Politik des Papstes zuzuneigen. Nachdem er sich nun von diesen beiden einflußreichen Fraktionen befreit hatte, hatte der König die Möglichkeit geschaffen, sich mit jenen beiden Staaten im Staate auseinanderzusetzen, mit der Kirche und mit den Parlamenten.

«Es erwies sich als erforderlich», schreibt Ludwig XIV., «die übermäßig große Macht der Hauptparlamente einzudämmen, denn deren Vertreter hielten sich für unabhängige und eigenständige Souveräne. Ich gab ihnen zu verstehen, daß ich ihre Amtsanmaßungen nicht duldete und zog bald darauf die Konsequenzen. Der *cour des aides** war der erste, der seine Pflicht versäumte; ich schickte einige seiner Vertreter ins Exil, weil ich erwartete, eine so prompte Gegenmaßnahme werde jede weitere zukünftige Anwendung dieses Mittels überflüssig machen, und ich behielt recht mit dieser Annahme.

In der Folge unterstrich ich meine Absichten durch einen feierlichen

---

* Der *cour des aides* war eigentlich dazu da, den Einzug der Verbrauchssteuern zu beaufsichtigen; in Wirklichkeit war er jedoch ein Steuergericht in der Art eines Parlaments.

Beschluß, den mein *conseil d'en haut** verlautbarte ... Ich verbot ihnen allesamt, jemals Urteile zu fällen, die denen meines Rats entgegenliefen, ganz gleich unter welchem Vorwand ... Es war an der Zeit, ihnen zu verstehen zu geben, daß ich sie nicht fürchtete und daß die Zeiten sich geändert hatten. Und diejenigen, die aus eigenem Interesse hofften, die Parlamente würden sich widersetzen, lernten, daß mir Gehorsam zu zollen war.»[112] Das mag sich wie ein antidemokratischer, despotischer Akt anhören, doch auch hier täuscht uns unsere moderne Perspektive.

Weder im Jahr 1661 noch im Jahr 1648 repräsentierten die Parlamente irgend jemand anderen als sich selbst: Der Name verleitet uns zu der irrigen Annahme, es habe sich um eine Versammlung von Volksvertretern gehandelt; in Wirklichkeit handelte es sich jedoch lediglich um Gruppen reicher Männer, die ihre Richterämter gekauft hatten: Es kann nicht oft genug betont werden, daß es sich bei den Parlamenten um Gerichte und nichts anderes handelte; daß die Richter ihre Ämter kauften, daß also Reichtum, nicht Kompetenz, der entscheidende Faktor war; daß die Registratur der Gesetze eine ausschließlich praktische Angelegenheit war, die den Zweck hatte, widersprüchliche Gesetzgebung zu vermeiden; daß also nichts bezüglich der Auswahl und dem Werdegang der Présidents und der Richter sie dazu berechtigte, sich den Anschein gewählter Repräsentanten zu geben.

In Wirklichkeit waren die Parlamente hinter dem demagogischen Deckmantel, der sie gewöhnlich umgab, hauptsächlich mit der Sorge beschäftigt, die Reichen von der Pflicht zur Zahlung ihrer Steuern zu befreien. Auch wenn ein solcher Widerstand gegen die Besteuerung leicht als Interesse am Wohl des Volkes ausgegeben werden kann, war ihre Politik doch ausgesprochen willkürlich und reaktionär. Daß es mit ihrer Fähigkeit zur Regierung nicht gerade weit her war, hatten sie während der Fronde ausgiebig unter Beweis gestellt. Folglich fand es uneingeschränkten Beifall, als Ludwig XIV. nun von neuem auf seine Autorität pochte: Hätte es 1662 eine Wahl gegeben, dann hätte der König sie zweifellos haushoch gewonnen.

In seinen Memoiren verteidigt Ludwig XIV. die Nützlichkeit und Gerechtigkeit einer Politik, die, wie er uns versichert, gänzlich frei war von persönlichen Erwägungen. «Du sollst nicht denken, [meine Haltung gegenüber den Parlamenten] sei durch Angst, Haß oder Rachegefühle wegen der Ereignisse der Fronde bestimmt gewesen ... Die Genugtuung, die den Menschen die Rache bereitet, kommt für uns nicht in Betracht: Sie ist nur für jene, deren Macht zerbrechlich ist ... Wir hingegen, mein Sohn, sind höchst selten in jenem mittleren Zustand, in dem die Rache Freude macht, denn entweder

* Der *conseil d'en haut* bestand aus dem König, dem Kanzler und einigen Ministern und war die oberste Gerichtsinstanz des Staates.

können wir ohne Schwierigkeiten tun, was uns beliebt, oder wir befinden uns im Gegenteil in gewissen komplizierten und empfindlichen Verhältnissen, die es uns verbieten, die volle Stärke unserer Macht zum Einsatz zu bringen.

Und schließlich gehört, wie wir unserem Volk gehören, uns auch unser Volk – und welcher weise Mann würde sich zu seinem eigenen Schaden rächen, indem er denjenigen Schmerz zufügt, die sein eigen sind? . . .

In meiner Jugend war die Erhebung der Parlamente eine Gefahr für das Reich; nicht wegen vergangener Übel, sondern wegen derjenigen, die sie vielleicht noch begangen hätten, war es notwendig, sie in ihre Schranken zu weisen.»[113]

An dieser Stelle ist Ludwig XIV. zum ersten Mal nicht ganz aufrichtig. Nichts spricht gegen seine Argumente, und auch seine Befürchtungen für die Zukunft waren berechtigt* – doch daß er einen brennenden Haß auf die Vorfälle und auf die Verantwortlichen der Fronde verspürte, daran kann es keinen Zweifel geben. Frondeurs, die sich, wie Condé etwa, zu gehorsamen Höflingen gewandelt hatten, konnte er verzeihen, doch niemals vergaß er, daß das Pariser Parlament die Monarchie gedemütigt hatte, daß ihm nichts anderes übriggeblieben war, als sich schlafend zu stellen, während der Mob sein Schlafzimmer stürmte, und daß der Hof während der Bürgerkriegszeit in der erbärmlichsten Armut hatte leben müssen. Die Politik fast seiner gesamten Regierungszeit, von der Neuorganisation des Rates bis zur Neuansiedlung des Hofes außerhalb von Paris, ist gekennzeichnet durch Maßnahmen, die eine Wiederholung der Fronde verhindern sollten. In diesem Zusammenhang war es ein Hauptziel, die politische Macht des Parlaments zu brechen.

Und der Ordnungsruf durch den *conseil d'en haut* war nicht der einzige Schritt. Der König war geduldig, aber hartnäckig. Nach fünf Jahren Frieden begann das Parlament im Jahre 1666 wiederum Widerstand zu zeigen: Es weigerte sich, ein Edikt zu registrieren, das eine jährliche Produktionssteuer einführte, ein weiteres, das denjenigen, die unter Fouquet die Staatskasse bestohlen hatten, gegen Zahlung empfindlicher Strafen Amnestie gewährte, und ein drittes, das die Kreditzinsen auf fünf Prozent reduzierte. Ohne zu zögern hielt Ludwig XIV. ein *lit de justice* und ordnete die Registratur an, wogegen die *chambre des requêtes,* immer die aufsässigste, zu protestieren versuchte. Der König verbot den Protest auf der Stelle. «Es fand eine Versammlung der Kammern des Parlaments statt, in der M. le Premier président das königliche Verbot gemäß dessen Order bekanntgab. Nachdem er zu Ende gesprochen hatte, verharrte die ganze Gesellschaft eine Zeitlang schweigend; da niemand ein Wort sagte, erhob sich nach einer Weile M. Le Coigneux, Präsident [der Kammer] von La Tournelle, und die übrigen folgten seinem

* Wie das Parlament während der Minderjährigkeit Ludwigs XV. mehr als einmal bestätigte.

Beispiel, einer nach dem anderen. Alle gingen, ohne daß ein einziges Wort gefallen war, und jeder wirkte verblüfft. In der Geschichte des Parlaments hat es einen solchen Vorfall bisher nicht gegeben», schreibt Ormesson, eines seiner Mitglieder.[114]

Was Ormesson, der die Fronde miterlebt hatte, dabei allerdings übersieht, ist, daß die Idee, die Registrierung zu verweigern, selbst noch relativ jung war und daß Proteste gegen eine Registrierung im Laufe eines *lit de justice* in dem Augenblick aufgekommen waren, als das Parlament gegen die Autorität Annas von Österreich aufbegehrte – damals wäre der Befehl zu schweigen wohl kaum befolgt worden. Und auch in diesem Fall waren die Motive der versuchten Weigerung ausschließlich egoistisch: Viele der verurteilten Steuerpächter stammten aus den Familien der Parlamentsangehörigen; die neuen Steuern würden den Preis für Luxusgüter in die Höhe treiben; und auch die Reduzierung der Zinsen auf fünf Prozent traf die Reichen, die der Regierung Geld zu Wucherzinsen geliehen hatten – also wiederum die Familien des Parlaments. Doch diesmal hatte der König die Oberhand behalten.

Zwei Jahre später, 1668, ging Ludwig XIV. sogar noch einen Schritt weiter. Am 16. Januar ließ der König durch den Generalstaatsanwalt eine Abordnung des Parlaments vorladen. «Am 17. begaben sie sich nach Saint-Germain. Der König empfing sie privat hinter verschlossenen Türen* und ließ sie wissen, M. le Chancelier [Séguier] werde sie über seine Absichten unterrichten. Dieser eröffnete ihnen, der König wünsche die Parlamentsregister der Jahre 1645 bis einschließlich 1652 zu sehen, um alles, was mit Staatsangelegenheiten zu tun habe, entfernen zu können; alle Privatangelegenheiten** werde er sorgfältig kopieren lassen, so daß der Öffentlichkeit kein Schaden dadurch entstehe.

Gleichzeitig befahl der König dem obersten Sekretär, ihm diese Register am nächsten Tage vorzulegen.»[115] In einem Rundumschlag korrigierte er also die Vergangenheit, so daß einer zukünftigen Auflehnung jeder Präzedenzfall genommen wurde. Nur eine Maßnahme war nun noch erforderlich, um den absoluten Gehorsam des Parlaments zu sichern: die Aberkennung des Rechts, die Registratur zu verweigern. Im Jahre 1668 schien es, als werde dies der Gang der Dinge sein.

Es mochte noch angehen, das Parlament zu zähmen; sich mit dem Papst in regelrechtem Kriegszustand zu befinden und von ihm die demütigste Ent-

* Normalerweise empfing der König solche Abordnungen öffentlich, und der Hof sah und hörte zu.

** Das heißt Zivil- und Strafprozesse.

schuldigung zu fordern, war etwas anderes. Zugegeben, die einst scharfen Schwerter von Bann und Exkommunikation waren Mitte des 17. Jahrhunderts längst stumpf geworden, aber man erwartete von einem guten Katholiken doch nicht gerade, daß er den Oberhirten statt als den Nachfolger Petri als den italienischen Kleinfürsten behandelte, der er in Wirklichkeit war. Und wie im Falle Spaniens wurde auch die Auseinandersetzung zwischen Ludwig XIV. und dem Papst durch eine Beleidigung provoziert, die dem französischen Botschafter zugefügt worden war.

Es war schon ein ganze Weile lang zu Zwistigkeiten zwischen Frankreich und dem Papst gekommen, sowohl um Fragen der französischen Kirche als auch darum, daß der Heilige Stuhl Territorien beschlagnahmt hatte, die Frankreich für zwei seiner Verbündeten beanspruchte – die Herzogtümer Castro und Ronciglione für den Herzog von Parma, die Stadt Commachio für den Herzog von Modena. Dies geschah alles vor dem Hintergrund, daß Papst Alexander VII. aus dem Hause Chigi die Spanier von jeher den Franzosen vorgezogen hatte. Allerdings war keins dieser Themen von allzu großer Bedeutung, und im Glauben, es könne ein Kompromiß ausgehandelt werden, sandte Ludwig XIV. als versöhnliche Geste einen neuen Botschafter nach Rom, den Herzog von Créqui.

Ein häßlicher Zwischenfall kurz nach seiner Ankunft führte jedoch zum völligen Abbruch der diplomatischen Beziehungen. Rom war unter der Herrschaft der Päpste stets eine schlecht regierte Stadt gewesen, und im 17. Jahrhundert wurde die allgemeine Gesetzlosigkeit noch durch eine kuriose Praxis verstärkt, die sich nirgendwo sonst fand: Zwar pflegen Botschaften stets extraterritorial zu sein, doch in Rom war dieses Immunitätsrecht auf das gesamte Viertel ausgeweitet, in dem sie sich befanden – was in der Praxis auf völlige Anarchie hinauslief, da die päpstliche Polizei kein Recht hatte einzugreifen. Zwar war der Papst vernünftig genug, eine Änderung anzustreben, doch es ist nicht leicht, einmal gewährte Privilegien zurückzufordern, und so protestierten die Botschafter, während der *status quo* bestehenblieb.

Es mag auch sein, daß es keine gute Idee war, den Herzog von Créqui für diesen Posten auszuwählen: Sein übermäßiger Stolz war allgemein bekannt, und er umgab sich gern mit lautstarken, schlecht erzogenen jungen Männern, die sich in Rom ebenso schlecht benahmen wie in Paris – sie betranken sich, randalierten, provozierten sogar Schlägereien mit der Polizei. Anfang August griffen einige Lakaien des Herzogs einen kleinen Trupp der korsischen Garde an, die für Ordnung in der Stadt sorgen sollte.

Damals wie heute liebten die Korsen ihre Vendetta, und Don Mario Chigi, der Bruder des Papstes, der sich durch den herablassenden Umgangston Créquis gekränkt fühlte, ermutigte sie noch zur Rache. Die Folge war, daß eine Reihe von Gardesoldaten am 20. August 1662 die Botschaft belagerte und dabei sogar die Kutsche beschoß, in der die Herzogin von Créqui heimkehrte;

ein Page kam dabei ums Leben. Das war natürlich eine unmittelbare Beleidigung Frankreichs, und Don Mario rechnete vielleicht mit einem Gegenschlag; doch er und Alexander VII., beide an die pragmatische Art Mazarins gewöhnt, erwarteten, daß der Vorfall binnen einiger Monate vergessen sein würde. Sie hatten sich jedoch in Ludwig XIV. getäuscht. Zehn Tage nach dem Zwischenfall wurde in Saint-Germain ein Brief abgeschickt, wie ihn wohl kaum ein Papst jemals erhalten haben dürfte.

«Heiliger Vater», schrieb der König mit eigener Hand, «nachdem Unser Cousin,* der Herzog von Créqui, Unser Sonderbotschafter, Uns von dem Mordanschlag in Kenntnis gesetzt hat, den Euer Heiligkeit korsische Miliz auf seine Person, auf seine Gattin, die Botschafterin, und auf jeden Franzosen, der sich am 20. dieses Monats in Rom aufhielt, verübt hat, haben Wir besagtem Cousin unverzüglich Anweisung gegeben, den Kirchenstaat zu verlassen, so daß sein Leben und Unsere Ehre nicht länger in Gefahr kommen durch Anschläge, die selbst unter Barbaren ohne Beispiel sind. Ebenso haben wir den Sieur de Bourlemont, Auditor der Rota,** angewiesen, bei Eurer Heiligkeit in Erfahrung zu bringen, ob Ihr Uns eine Wiedergutmachung in dem Ausmaße zu gewähren gedenkt, wie es der Unerhörtheit einer Beleidigung entspricht, die die Rechtsverhältnisse zwischen den Nationen nicht nur verletzt, sondern diese auf empörende Weise beleidigt hat.

Wir enthalten Uns, Eurer Heiligkeit Forderungen zu stellen. Es ist in solchem Maße Eure Gewohnheit, Uns alles zu verweigern, und Ihr habt bisher eine solche Abneigung gezeigt, allem, was Unsere Person und Unsere Krone angeht, Eure Aufmerksamkeit zu gewähren, daß Wir der Überzeugung sind, es sei das beste, wenn wir Eurem eigenen Erwägen jene Beschlüsse überlassen, die dann Unsere nächsten Schritte bestimmen werden, und Wir hoffen nur, Heiliger Vater, es werden Beschlüsse sein, die es Uns erlauben, auch weiterhin zu Gott zu beten, daß er Eure Heiligkeit unserer Heiligen Mutter Kirche erhalten möge.»[116]

Wenn wir diese Tirade lesen, hören wir Ludwigs XIV. eigene Stimme: Kein Minister hätte gewagt, den Papst in einem derart schneidenden Ton anzureden; und es dauerte nicht lange, bis Taten folgten. Créqui verließ Rom und ging zusammen mit einer Gruppe profranzösischer Kardinäle in die Toskana; an den Nuntius erging der Befehl, sich nach Meaux zurückzuziehen, doch vorher solle er Briefe vorlegen, die Genugtuung versprächen. Als nächstes machten die Franzosen deutlich, daß sie sich mit vagen Versprechungen

* Die Etikette sah vor, daß Herzöge und Kardinäle von den französischen Königen stets mit «mon cousin» angeredet wurden.

** Der Repräsentant Frankreichs am päpstlichen Gerichtshof.

nicht zufriedengeben würden, und die Wut wurde noch verstärkt durch die Nachricht, daß einige der Korsen, die nach dem Zwischenfall verhaftet worden waren, nun entflohen seien, zweifellos mit stillschweigender Billigung der Autoritäten. Als das Jahr zu Ende ging, war der Nuntius ganz aus Frankreich ausgewiesen worden, Créqui wurde zurückgerufen, und ein Vorschlag der in Rom lebenden Königin Christine von Schweden, man solle doch die ganze Angelegenheit auf sich beruhen lassen, erhielt einen weiteren unversöhnlichen Brief des Königs zur Anwort.

Ende Januar 1663 beschloß Alexander VII., die Verhandlungen auf dem Umweg über die venezianischen und spanischen Botschafter wiederaufzunehmen. Er bot nun die Rückgabe von Castro, Ronciglione und Cammachio an die entsprechenden Herzöge an, aber ohne Entschuldigung. Sein Angebot wurde umgehend zurückgewiesen: Ludwig XIV. war nicht nur fest entschlossen, ein deutliches Zeichen zu setzen, daß niemand ihn beleidigen und ungeschoren davonkommen konnte; darüber hinaus ging es bei dieser Auseinandersetzung mit dem Papst auch um Außenpolitik. Da er angekündigt hatte, er werde, falls nötig, auch eine Armee nach Rom entsenden, sah Spanien sich gezwungen, ein großes Truppenkontingent in Mailand, einer seiner Besitzungen, zu unterhalten, und das gerade zu der Zeit, wo es sich im Krieg mit Portugal befand. Es wurde Juni, bis die Verhandlungen in Savoyen begannen – in Frankreich war der Nuntius nach wie vor *persona non grata*. Obwohl die Mehrzahl der französischen Bedingungen angenommen wurde, scheiterten die Verhandlungen innerhalb eines Monats an der Frage Castros, das der Papst nun doch nicht zurückgeben wollte.

Es war offensichtlich, daß Alexander VII. noch nicht genügend eingeschüchtert war. Also annektierte Ludwig XIV. Avignon und die zugehörige Provinz, die Grafschaft Venaissain, die seit dem 13. Jahrhundert ohne Unterbrechung Eigentum der Päpste gewesen war, und er zog in der Nähe der Seealpen eine Armee unter Führung des erfahrenen Marschalls von Plessis-Praslin zusammen. Dieser Armee hätte nichts Widerstand leisten können, und die Plünderung Roms im Jahre 1521 war noch nicht vergessen: Am 19. Januar 1664 wurden die Verhandlungen fortgeführt, und diesmal gab Alexander VII. nach. Castro und Ronciglione gingen zurück an den Herzog von Parma; der Herzog von Modena erhielt eine Abfindung für den Verlust Commachios; Don Mario Chigi verlor seinen Posten als Gouverneur Roms; eine Pyramide wurde in der Stadt errichtet, als Mahnmal der Beleidigung Ludwigs und Zeichen der päpstlichen Demut;* ein Legat wurde entsandt, um sich öffentlich vor dem König zu entschuldigen, und der Kardinal Chigi, der Neffe des Papstes, begleitete ihn. Der Triumph Ludwigs XIV. war vollkommen: Nach

* Sie wurde einige Jahre später mit Erlaubnis des Königs wieder abgetragen.

dem König von Spanien hatte er nun auch den Papst gedemütigt und damit unmißverständlich deutlich gemacht, daß er der mächtigste Monarch Europas war; außerdem, daß er vor nichts haltmachen würde, wenn es um seine *gloire* ging, und daß er, wenn auch ein tief religiöser Mensch, wenig Respekt vor der irdischen Macht der Kirche hatte. Und wiederum erreichte er all das mit einem Minimum an Kosten und ohne einen Tropfen Blut zu vergießen.

Keiner dieser Erfolge wäre unter dem alten System denkbar gewesen: Ludwig XIV. hatte den Wert seiner Reformen unter Beweis gestellt; er hatte gezeigt, daß die neue absolute Monarchie einen Rang genießen konnte, von dem seine Vorväter kaum geträumt hatten. Und im Laufe der Zeit sah auch der Hof allmählich ein, daß es keine Rückkehr zu den alten Prinzipien geben würde. Anna von Österreich hätte das gut bestätigen können: Man legte nicht nur keinen Wert mehr auf ihren Rat, man informierte sie nicht einmal mehr über die Dinge, die vorgingen. Die Staatsgeschäfte wurden im Rat des Königs geführt und nirgendwo sonst, und niemand konnte behaupten, er habe auch nur die Spur eines Einflusses auf den Monarchen – Ludwig XIV. selbst gab sich die größte Mühe, deutlich zu machen, daß niemand ihn jemals steuern könne.

Dieser Ausschluß der königlichen Familie trat um so deutlicher zutage, als er von keinerlei persönlichen Auseinandersetzungen begleitet war. Daß der König seinen Bruder liebte, konnte niemand bezweifeln, und seine Mutter schien er geradezu anzubeten. Im April und Mai 1663 zum Beispiel erkrankte die Königinmutter. «Als man befürchtete, das Fieber werde steigen, wachte der König mehrere Nächte lang bei ihr. Er ließ eine Matratze bringen und auf den Teppich neben das Bett der Königin legen, und dort schlief er bisweilen, ohne sich zu entkleiden... Er pflegte sie mit der größten Sorgfalt, er stützte sie, wenn sie das Bett wechselte, und wartete ihr sanfter und sorgfältiger auf als ihre Zofen.»[117]

Gerade die Tatsache, daß die neue Politik so unpersönlich war, wies auf ihre Dauerhaftigkeit hin: Sie baute auf Prinzipien, nicht auf Gefühlen auf. Doch auch bei den Gefühlen schien der König es darauf angelegt zu haben, jedermann darin zu übertreffen. 1663 war es niemandem ein Geheimnis mehr, wie sehr er in Mlle. de La Vallière verliebt war; sogar Maria Theresia war dahintergekommen. Daß die Ehefrau nicht gerade Freundschaft mit der Mätresse schloß, wundert nicht; doch zur Verblüffung des Hofes blieb auch der Einspruch der Königinmutter völlig wirkungslos. Anna von Österreich mißfiel diese Beziehung aus einer Reihe von Gründen, und deshalb hatte sie den Kontakt zu Mlle. de La Vallière abgebrochen; Ludwig XIV. wies sie scharf zurecht, dieses Benehmen sei nicht zu dulden, woraufhin sie verkündete, sie wolle sich in ein Kloster zurückziehen. Unter Tränen überredete der König sie, am Hof zu bleiben; und es blieb nicht unbemerkt, daß sie von diesem Tag an freundlicher zu seiner Geliebten war.

Noch bemerkenswerter als die Tatsache, daß Ludwig diese Krise meisterte, sind die Worte, die er zu seiner Mutter sprach. Zunächst gab er zu, es sei falsch von ihm, Ehebruch zu begehen und seine Frau unglücklich zu machen; dann fuhr er fort: «Ich kenne meine Sorge, und bisweilen bin ich traurig und beschämt; ich habe getan, was ich konnte, um Gott nicht länger zu lästern und meinen Leidenschaften zu widerstehen, doch ich muß eingestehen, sie sind stärker geworden als meine Vernunft: Ich kann mich ihnen nicht länger widersetzen, und ich wünsche es nicht einmal.»[118] Ein vielsagendes Eingeständnis: Was der König haben wollte, das mußte er haben – und er stand so weit über den gewöhnlichen Sterblichen, daß jede Mißachtung der Gesetze, die für jene galten, ohne Belang blieb.

## VI

# MARS UND FORTUNA

Die Höflinge hielten Ruhe, die Minister waren geschickt und gehorsam, die Schatulle wohlgefüllt, das Volk verehrte ihn: Jedermann konnte im Januar 1666 sehen, welch großartige Erfolge der König errungen hatte; und doch ging, wie so oft bei raschem Wandel, die Veränderung weniger tief, als man hätte denken können. Bis zum Ende des Jahres hingegen hatten zwei bedeutende Entwicklungen dafür gesorgt, daß die Wirkung der Reformen deutlicher ins Bewußtsein trat: Ludwig XIV. machte sich bereit zum Angriff auf Spanien, und die Königinmutter war nicht mehr am Leben.

Anna von Österreich war, auch wenn sie ihre Macht selbst über die unbedeutendsten Dinge verloren hatte, ein Bindeglied zur Vergangenheit: Sie war eine lebende Erinnerung an die Fronde und an die Jugend des Königs. Zwar war ihr Versuch gescheitert, die Affäre mit Mlle. de La Vallière zu unterbinden, doch nach wie vor war sie eine (wenn auch nur potentielle) moralische Kraft. Und als einzige überlebende Vertreterin der älteren Generation der Königsfamilie stand sie in gewissem Sinne für die Tradition. Aber auch das sollte sich nun bald ändern – Anfang 1665 wurde bekannt, daß sie unter Brustkrebs litt.

Selbst die Ärzte des 17. Jahrhunderts, so inkompetent sie auch waren, wußten, daß eine Amputation notwendig war; doch beim damaligen Stand der medizinischen Kenntnisse hätte eine Operation schneller zum Tode geführt, als wenn die Behandlung unterblieb. Im Falle der Königinmutter jedoch mußte der Berühmtheit der Patientin wegen etwas unternommen werden, und so ersannen die Doktoren eine Behandlung von beispielloser Barbarei. Ein ganzes Jahr lang mußte sich die unglückliche Anna in regelmäßigen Abständen einer Art angedeuteter Amputation unterziehen, bei der die Mediziner Teile von Brust und Tumor entfernten. Die Schmerzen, die diese Methode in einer Zeit, in der es keinerlei Betäubungsmittel gab, verursachte, kann man sich lebhaft vorstellen, dazu das Entsetzen, wenn die Bandagen auf die offene Wunde gelegt und ohne Rücksicht auf das Leiden der Patientin wieder entfernt wurden – alles natürlich ohne jeden Erfolg. Anna durchstand dieses Jahr des Martyriums mit einer Tapferkeit, die allseits Bewunderung erregte, und der König verbrachte viel Zeit mit Versuchen, sie zu trösten. Im Januar 1666 jedoch war nicht mehr zu übersehen, daß sie bereits mit einem Fuß im Grabe stand; als sie ihre einst schönen, nun vom Krebs geschwollenen Hände betrachtete, soll sie gesagt haben: «Ich weiß, es ist Zeit, daß ich gehe.»

Selbst noch in diesen Tagen nahm die Öffentlichkeit an ihrem Leben teil. Es gab Erbstreitigkeiten – besonders bestand der König darauf, daß ihre berühmten Perlen an ihn gingen, und Monsieur rang zäh um seinen Anteil –, und beinahe bis zuletzt empfing sie die Höflinge, zuerst in Saint-Germain, dann im Louvre, wohin man sie schließlich verlegte. Sie hatte ihre religiösen Übungen stets ernst genommen, doch nun beschäftigte sie sich die meiste Zeit damit, und die Bedienten, die Zeuge wurden, wie sie ihr Leiden Gott weihte, zögerten nicht, sie eine Heilige zu nennen. Und endlich hauchte Anna von Österreich, spanische Infantin, Königin und ehemalige Regentin Frankreichs, am 20. Januar zwischen vier und fünf Uhr morgens ihr Leben aus. Sie ließ eine, wie es schien, untröstliche Familie zurück.

«Ich weiß von denjenigen, die [in der folgenden Nacht] im Schlafzimmer des Königs schliefen, daß er fast die ganze Nacht hindurch in seinem Bett weinte», schreibt Mme. de Motteville. «Als er am nächsten Tag mit der Herzogin von Montausier über die Königinmutter sprach, sagte er, es sei ihm ein Trost, daß er ihr gegenüber niemals in irgendeinem Punkt von Bedeutung ungehorsam gewesen sei; er fuhr fort sie zu loben und fügte hinzu, die Königin – seine Mutter – sei nicht nur eine große Königin gewesen, sondern sie verdiene es, neben die größten Könige gestellt zu werden.»[119] Monsieur, der ebenso leicht zu Tränen neigte wie der König, dessen Kummer aber vielleicht einem etwas anhänglicheren Wesen entsprang, war wochenlang am Boden zerstört; für ihn bedeutete der Tod schließlich auch, daß er niemanden mehr hatte, bei dem er sich über die Entscheidungen seines Bruders beklagen konnte.

Daß Monsieur tiefer getroffen war als der König, soll nicht heißen, dessen Trauer sei unaufrichtig gewesen; wie immer ist hier zwischen den privaten Gefühlen des Königs und deren öffentlichem Ausdruck zu unterscheiden. Es war kein Zeichen mangelnder Liebe, wenn er seine Mutter aus dem Rat ausschloß oder ihre Ermahnungen zu Mlle. de La Vallière in den Wind schlug, sondern des Vorrangs, den seine Pflichten und Prärogativen als König hatten. Als er einige Zeit später seine Gedanken über die jüngste Vergangenheit zu Papier brachte, verfaßte er eine bemerkenswert stattliche Huldigung, deren Aufrichtigkeit außer Frage steht.

«Die Natur», schrieb Ludwig, «hatte die ersten Verbindungen zwischen mir und der Königin, meiner Mutter, geknüpft; doch die engen Bande einer Seelenverwandtschaft sind ungleich schwerer zu lösen als die Bande bloßer Blutsverwandtschaft. Wollte ich sowohl das Ausmaß als auch die Berechtigung meiner Trauer beschreiben, so müßte ich hier sämtliche Vorzüge dieser Königin ausbreiten, und das wäre ein äußerst schwieriges Unterfangen. Die wortgewandtesten Männer des Jahrhunderts, welche ich mit dieser Aufgabe betraut hatte, haben sich kaum in der Lage gezeigt, sie zu lösen; der bloße Bericht über die Taten dieser Fürstin, wie man ihn in der Geschichtsschreibung findet, wird stets alles Lob, mit dem diese sie gepriesen haben, überstrahlen.

...Der Respekt, den ich ihr zollte, entsprang nicht jener erzwungenen Pflicht, den Schein zu wahren. Die Tatsache, daß ich es mir zur Gewohnheit machte, mit ihr unter einem Dach zu leben und mit ihr an einem Tisch zu speisen, die Gewissenhaftigkeit, mit der ich ihr mehrmals täglich meine Aufwartung machte, waren keine Verpflichtung, die ich mir im Interesse des Staates auferlegte, sondern ein Zeichen, daß mir ihre Gesellschaft Freude bereitete; und schließlich hatte mir die Art und Weise, wie sie mir freimütig die oberste Gewalt übertragen hatte, unmißverständlich gezeigt, daß ich von ihrem Ehrgeiz nichts zu befürchten hatte, so daß ich auf unaufrichtige Beweise der Zuneigung verzichten konnte.»[120] Diese Worte verraten uns vielleicht mehr, als Ludwig XIV. beabsichtigte: Schon damals und noch mehr in Zukunft bedeuteten ihm Blutsbande wenig, abgesehen davon, daß bestimmte Positionen durch sie an bestimmte Personen gebunden waren. Und er war seiner Mutter dankbar – nicht so sehr für ihre großen Leistungen während und kurz nach der Regentschaft, sondern für die Leichtigkeit, mit der sie sich von der Macht getrennt hatte. Im Grunde starb sie genau zum rechten Zeitpunkt: Philipp IV., ihr Bruder, war ihr am 17. September 1665 vorausgegangen und hatte ein zurückgebliebenes vierjähriges Kind als Erben hinterlassen. Die Lage war offensichtlich günstig für weitere französische Expansionen, eine Entwicklung, die die Königinmutter zweifellos zutiefst bekümmert hätte.

So legte der König also die der königlichen Familie vorbehaltenen purpurnen Trauergewänder an, und die Feierlichkeiten nahmen gemäß der Etikette ihren Lauf. Nach der Verlesung des Testaments der verstorbenen Königin, die unmittelbar nach ihrem Tod erfolgte, begab Ludwig XIV. sich in sein Jagdschloß in Versailles, denn die Etikette untersagte dem König, sich in einem Haus aufzuhalten, in dem sich ein Leichnam befand. «Am 21. um sieben Uhr früh entfernte der Arzt der Königin das Herz von der Seite her, wie sie es angeordnet hatte; entgegen ihrem Verbot balsamierte man den Körper ein – er war so brandig, daß es unumgänglich war, denn der Leichnam mußte einige Tage im Louvre bleiben, so daß genügend Zeit zur Vorbereitung der Kutschen blieb... [Man legte sie dann in] einen Bleisarg, der in schwarzen

Samt und weißen Satin gehüllt wurde, und ... darüber kam ein gekrönter Baldachin, in den an jeder Ecke das Wappen der Königin eingestickt war.

Am 22. wurde der Sarg auf ein Podest gestellt ... umgeben von einer großen Zahl von silbernen Kandelabern, die weiße Kerzen mit dem Wappen der Königin hielten ... Der ganze Raum, die Decke eingeschlossen, war schwarz verhängt ... Eine Krone, deren Fleur-de-Lis mit einem schwarzen Trauerflor bedeckt war, lag auf einem schwarzen Samtkissen am Kopfende des Sarges.»[121] Während der gesamten Zeit beteten Priester unablässig für die Seele der verstorbenen Königin; doch schon fast auf der Stelle entzündete sich zwischen dem *chevalier d'honneur* und der *dame d'atours* ein Streit von jener Art, wie er Anna nur allzu vertraut gewesen war; der Streitpunkt war, wer als erster die Bahre mit Weihwasser besprengen dürfe, und es folgten endlose Dispute zwischen den Herzoginnen und den «fremden Fürstinnen»* sowie zwischen den Repräsentanten der verschiedenen Höfe, die allesamt beigelegt werden mußten – manchmal unter Berufung auf einen Präzedenzfall, manchmal unmittelbar durch den König –, bevor der Leichnam am 28. im Kloster Saint-Denis beigesetzt werden konnte. Insgesamt waren diese Streitigkeiten so unterschiedlicher und komplexer Natur, daß der Bericht darüber im Zeremonienregister siebzig Seiten in winziger Handschrift füllt.

Selbstverständlich hatten Fragen der Rangfolge immer eine große Rolle gespielt, und die Streitigkeiten darüber waren heftig gewesen, aber gerade in dieser Zeit zeichnet sich in Fragen der stets komplizierten Etikette ein weiterer Wandel ab, eine Entwicklung, die der König begrüßte: Wenn der Adel schon streiten mußte, dann war es offensichtlich besser, wenn es dabei um den Anspruch auf ein Kissen in der Kirche oder auf eine acht Fuß lange Schleppe ging. Die Streitigkeiten drehten sich nun um Fragen der Rangfolge und nicht mehr um Politik, und das, darüber war Ludwig XIV. sich ganz genau im klaren, erleichterte ihm seine Aufgabe in zweifacher Hinsicht: Seine Regierung blieb nicht nur unbehelligt von der Adelsopposition, sondern die Streitigkeiten in Fragen der Etikette mußten zudem letztlich vom König beigelegt werden, was ihm ein weiteres Mittel in die Hand gab, seine Höflinge zu belohnen oder zu bestrafen.

Wäre die Königinmutter ein paar Jahre früher gestorben, so hätte das mit Sicherheit schwerwiegende politische Konsequenzen nach sich gezogen. So änderte sich jedoch für niemanden etwas, außer die Angehörigen ihres Haushalts, von denen sich viele vom Hofe zurückzogen, und für Königin Maria

* Als «fremde Fürstinnen» bezeichnete man die Ehefrauen von Vertretern kleinerer Herrscherfamilien, wie zum Beispiel des Hauses Lothringen, oder von ehemaligen Fürsten in Kleinstaaten wie z. B. des Herzogs von Bouillon, dessen Besitzungen nun Teil Frankreichs waren.

Theresia, die nicht nur eine Tante und Schwiegermutter verlor, sondern zugleich die einzige Person, der sie ihren Kummer über die Seitensprünge ihres Ehemannes anvertrauen konnte.

Obwohl ihr aller gebührende Respekt gezollt wurde und man sie mit einem gewissen Maß an Rücksicht behandelte, wußte die Königin, daß sie kaum zählte. Sie enthielt sich stets jener Art von Klagen, die der König ihr übelgenommen hätte. «Der Himmel», schreibt Ludwig, «hat vielleicht nie in einer Frau mehr an Tugend, Schönheit, edler Abstammung, Zärtlichkeit gegenüber ihren Kindern und Liebe und Respekt gegenüber ihrem Ehemann vereint»;[122] aber da sie weder Charme noch Intelligenz besaß, blieb ihr nichts übrig, als – von nun an allein – die Triumphe ihrer Rivalinnen zu betrauern.

Der König selbst vermißte seine Mutter, nicht nur weil er so sehr daran gewöhnt war, sie oft zu sehen, sondern weil sie einen gewissen feierlich verfeinerten Ton anschlug, den man sonst an dem jungen, überschäumenden, aber reichlich ungeschliffenen Hof vergebens suchte. Aber es war Monsieur, der am meisten unter dem Verlust seiner Mutter litt. Solange sie lebte, hatte sie Sorge getragen, daß er vom König gut behandelt wurde; darauf hatte er sich verlassen können: Obwohl sie keine Befehlsgewalt besaß, hatte sie doch noch einigen Einfluß. Nun behandelte der König bei aller Zuneigung, die er ohne Zweifel für seinen Bruder empfand, ihn schlichtweg wie einen möglichen Rivalen. Sein eigener Kommentar zu dieser Frage spricht Bände:

«Ich muß», schreibt der König in seinen Memoiren, «Dir von einem Gespräch berichten, das ich mit [meinem Bruder] im schwersten Augenblick unseres gemeinsamen Leides führte und das wegen der Wärme unserer gegenseitigen Zuneigung einer größeren Öffentlichkeit hätte zur Kenntnis gebracht werden sollen.

Das bedeutendste unter den Dingen, die damals geschahen, war, daß ich ihm versprach, in keiner Weise die Vertrautheit, mit der ich ihm zu Lebzeiten der Königin begegnet war, einzuschränken. Ich versicherte ihm sogar, daß ich diese auf seine Kinder ausdehnen werde, daß ich seinen Sohn von dem gleichen Erzieher und Lehrer wie Dich selbst* werde erziehen und unterrichten lassen und daß ich mich, wenn er eine gerechte Forderung habe, mit ebenso großer Sorgfalt um seine Belange kümmern werde wie um meine eigenen.

Der Augenblick, in dem ich ihm all dies sagte, und mein damaliger Zustand ließen bei ihm keinen Zweifel aufkommen, daß dies gänzlich meiner Liebe zu ihm entsprang, denn es ist wohlbekannt, daß der Verstand nicht stark genug ist, unser Reden und Handeln zu steuern, wenn unsere Herzen aufgewühlt sind.

* D.h. den Dauphin. Das Versprechen wurde nicht eingelöst.

Doch die Wahrheit ist: Hätte ich – denn schließlich soll Dir alles erläutert werden, was zu Deiner Erziehung dienen könnte ... – das Gespräch kühl und bedachtvoll vorbereitet gehabt, so hätte mir nichts Angemesseneres einfallen können, denn ich erwies damals meinem Bruder eine Ehre, für die er mir dankbar sein mußte, und nahm das, was ihm am meisten am Herzen lag, zum Pfand.»[123]

Es gibt keinen Grund zu bezweifeln, daß dieser Kommentar genau der Wahrheit entspricht, ist er doch noch im Todesjahr der Mutter geschrieben, bevor die Erinnerung, wie sie das so oft tut, das Bild verfälschen konnte. Uns mag er allerdings Anlaß zur Verwunderung geben. Alle Beobachter waren sich darin einig, daß der vergnügungssüchtige junge Mann sich längst zu einem Inbegriff der Monarchie gewandelt hatte; was mehr verwundert, ist, in welchem Maße sich Ludwig selbst dieser Tatsache bewußt war: Was anderen als Inhumanität erscheinen mag – daß er den Verlust der Mutter zum Anlaß nahm, seinen Bruder in größere Abhängigkeit von sich zu bringen –, war für ihn nichts als seine Pflicht, geschickt ins Werk gesetzt. Und es zeugt von ungewöhnlicher Selbstkritik, wenn er darauf hinweist, daß die echte Zuneigung, die er zu Monsieur hatte, ihm gerade gelegen kam, einen politischen Plan umzusetzen. Für uns ist das in der Tat der erste eindeutige Beweis, daß für Ludwig XIV. Frankreich wirklich immer an erster Stelle kam. Man übersieht die revolutionäre Botschaft leicht, so sehr ist sie vom Glanz des Königs überstrahlt – doch es gibt sie. Seine Vorgänger hatten das Land als ihren Besitz angesehen: Sie besaßen Frankreich, wie ein geringerer Mann einen Gutshof besitzen mochte; hier nun ist der König zum ersten Mal als der erste Diener eines immerwährenden Staates verstanden, in dessen Pflicht er unablässig steht. Von hier aus ist es nur noch ein kleiner Schritt zu jenen Ansichten, die die Revolutionäre von 1789 vorbrachten. So weit ging Ludwig XIV. natürlich nicht: Für ihn war die Macht des Monarchen Vorbedingung für den Wohlstand Frankreichs.

«Unbestritten», fährt der König fort, «ist nichts so nützlich für das Allgemeinwohl, so notwendig für die Größe des Staates, so vorteilhaft für die Königsfamilie mit allen ihren Mitgliedern als die Verbindung zu demjenigen, der von allem der Kopf ist ... Diejenigen, die den Aufstand planen und sehen, wie eng diese Prinzen [mit dem König] verbunden sind, werden sie nicht länger zu verführen suchen: Sie müssen das Scheitern ihrer kriminellen Bemühungen und womöglich gar die Strafe fürchten, und das zwingt sie dazu, Ruhe zu bewahren; die Unzufriedenen, die niemanden finden, mit dem sie sich zusammenrotten können, müssen ihre Wut in den eigenen vier Wänden bändigen, und den Ausländern fehlen nun die Verbündeten, die allein sie zu einer Bedrohung des Staates gemacht haben, und sie halten sich mit ihren Unternehmungen zurück.»[124]

Mit solchen Mitteln konnte man zweifellos eine Wiederholung der Fronde verhindern, und außerdem hatte Frankreich 1666 noch nicht lange genug im Frieden gelebt, als daß deren Verwüstungen vergessen gewesen wären. Nach 1661 hat es keine Aufstände der Prinzen von königlichem Geblüt mehr gegeben, und das verleitet zu der Annahme, ihre Unterordnung sei der natürliche Gang der Dinge gewesen – daß es so oder so geschehen wäre. Nichts könnte weniger zutreffen: Nur mit unablässiger Wachsamkeit und einer mehr als fünfzigjährigen persönlichen Regierung konnte diese Gefahr gebannt werden.

Doch was im allgemeinen gilt, kann in speziellen Fällen oft unzutreffend sein. Ludwig XIV. wurde so sehr von der Erinnerung an seinen Onkel Gaston d'Orléans verfolgt, der zum Mittelpunkt einer Verschwörung nach der anderen geworden war, daß er nicht erkannte, daß sein eigener Bruder von Grund auf loyal zu ihm stand. Monsieur war zwar – wie sein Onkel zuvor – der Bruder des Königs, doch er war von gänzlich anderer Art als Gaston; außerdem hatte Gaston bis 1638 dadurch Einfluß gewonnen, daß er Thronerbe war, während Ludwig XIV. schon im ersten Jahr seiner Ehe einen Sohn gezeugt hatte.

Die Folge war, daß Monsieur in gewissem Sinne für die Sünden seines Onkels zu büßen hatte. «Der unerwartete Tod des Prinzen Conti», schreibt Ludwig XIV., «bekräftigte meinen Bruder in seinen Ansprüchen auf das Gouverneursamt* der Languedoc. Er redete sich ein, da sein Onkel einst dieses Amt bekleidet habe, habe er einen eindeutigen Präzedenzfall, der belege, daß es nun von Rechts wegen ihm zufalle; doch mir schien es besser, ihm seinen Willen nicht zu lassen, denn nach der Unordnung, die wir so oft im Königreich gesehen haben, war ich der Überzeugung, es zeige ein völliges Fehlen von Vorausschau und Vernunft, wenn ich die Gouverneursämter über die Provinzen den Söhnen Frankreichs** anvertraute, denn diese sollten zum Wohle des Staates ihre einzige Zuflucht bei Hofe haben, keine andere Fluchtburg als das Herz ihres älteren Bruders.

Das Beispiel meines Onkels, offenbar die Grundlage der Ansprüche meines Bruders, war mir eine große Lehre.»[125] Und damit war das Schicksal Monsieurs besiegelt: Dieser tapfere und intelligente Prinz war gezwungen, sein Leben mit Nichtstun zu verbringen. Natürlich wurde er dafür entschädigt. Der König versagte ihm zwar jede nur denkbare Machtposition, doch anderer-

* Der Gouverneur, stets ein Prinz oder ein Herzog, war ursprünglich der unmittelbare Vertreter der Zentralregierung, trat aber inzwischen immer mehr in den Schatten des Intendanten.

** Als Sohn oder Tochter Frankreichs wurden die Kinder des Königs bezeichnet.

seits war er darauf bedacht, ihn nicht zu unzufrieden werden zu lassen; also erhielt er Ländereien und Pensionen und wurde dazu ermuntert, sein enormes Einkommen für Bauprojekte, Edelsteine und große Feste auszugeben.

Doch selbst damit gab sich der König noch nicht zufrieden. Monsieur war fasziniert von der Etikette und verfügte über ungeheure Kenntnisse, wenn es um Fragen der Rangfolge ging, und deshalb wurde er in der Regel bei solchen Disputen konsultiert; doch meldete er einen eigenen Anspruch an, so wurde dieser mit der größtmöglichen Eile niedergeschlagen. «Meinem Bruder», schreibt Ludwig XIV., «kam in seiner Muße der Einfall, seine Frau solle, wenn sie der Königin Gesellschaft leiste, auf einem Stuhl sitzen.*

Ich hege eine solche Zuneigung zu ihm, daß ich wünschte, ich hätte ihm nie etwas verweigern müssen, doch ich erkannte die Bedeutung dieser Angelegenheit und entgegnete ihm ohne Umschweife mit den freundlichsten Worten, daß ich dieser Bitte nicht nachkommen könne. Ich sei immer mit Freuden bereit, ihn im Rang über meine anderen Untergebenen zu stellen; es sei jedoch meine Überzeugung, ich solle ihm niemals etwas zugestehen, was ihn [im Rang] zu sehr in meine Nähe rücken würde ... Diejenigen, die glauben, bei solchen Ambitionen drehe es sich ausschließlich um Fragen der Etikette, täuschen sich sehr. In diesen Dingen gibt es nichts, was nicht sorgfältig erwogen werden muß, nichts, was nicht zu schlimmen Folgen führen kann. Das Volk, über das wir herrschen, hat keinen Einblick in die Geheimnisse des Staates, und deshalb urteilen die Menschen nach dem, was sie von außen sehen; folglich bemessen sie ihren Respekt und ihren Gehorsam im allgemeinen nach der Stellung einer Person. Dem Oberhaupt eines Staates kann man nicht ein einziges Zeichen seiner Überlegenheit nehmen, die ihn von seinen Untertanen unterscheiden, ohne daß man dem ganzen Staat Schaden damit zufügt.»[126]

Mit diesem Satz war das Schicksal Monsieurs für den Rest seines Lebens besiegelt. Immerhin hielt der König sein Versprechen, ihn im Rang über alle anderen am Hofe zu setzen. Natürlich nahm er den ersten Platz nach dem König ein (später, als dieser heranwuchs, nach dem Dauphin); außerdem war er der einzige, der Ludwig XIV. nicht, wie sonst üblich, mit *Sire* oder *Vôtre Majesté* anredete, sondern einfach mit *Monsieur*, während er für den König stets *mon frère* war.

Von noch größerem Interesse als die Einstellung Ludwigs XIV. zu seinem Bruder sind zwei neue Bereiche, denen er seine Aufmerksamkeit nun zuwandte: Zum einen die Bedeutung der Etikette – ein Punkt, dem man in Frankreich im Vergleich zu Spanien bisher wenig Beachtung geschenkt

* Und nicht auf einem Schemel. Die Königin saß in einem Lehnstuhl. Ein gewöhnlicher Stuhl, auch ohne Armlehnen, wäre diesem zu ähnlich gewesen.

hatte –, zum anderen das, was man im 20. Jahrhundert als Öffentlichkeitsarbeit bezeichnen würde: Ein König regiert nicht zuletzt deswegen, weil er dieses Regieren öffentlich zur Schau stellt – genau wie heute der Präsident der Vereinigten Staaten Wert auf ein möglichst «präsidentenhaftes» Auftreten legt. Auch hier erweckte Ludwig XIV. wiederum den Eindruck, dem Althergebrachten treu zu bleiben, während er in Wirklichkeit Neuerungen einführte, und wie immer mit der ausdrücklichen Absicht, Rebellion und Bürgerkrieg zu unterbinden. Indem er die Figur des Königs so herausstellte, daß sie übermenschliche Züge annahm, suggerierte er bei seinen Untertanen, niemand könne hoffen, bei Ungehorsam ungeschoren davonzukommen.

Mit einer formelleren Etikette mochte man die einst aufsässigen Prinzen und Adligen beeindrucken; das allerdings war nur ein kleiner Teil der Bevölkerung. Von der Mehrzahl, am anderen Ende der sozialen Skala, wurde nicht erwartet, daß sie überhaupt eine Meinung hatte: Die Bauern arbeiteten so schwer, hatten ein so unsicheres Leben und waren außerdem so ungebildet, daß man einfach von ihnen erwartete, daß sie gehorchten. Zwischen diesen beiden Extremen lag jedoch eine immer größer, reicher und mächtiger werdende Gruppe, die Mittelschicht, die zwar nicht bei Hofe verkehrte, in deren Händen aber doch ein Gutteil des Landesvermögens lag. In einer Epoche ohne Radio, Fernsehen oder Zeitung* war die Regierung für ihre Reklame auf Schriftsteller verschiedenster Art angewiesen, von Racine, der später königlicher Geschichtsschreiber werden sollte, bis hinunter zum bescheidensten Verfasser von Pamphleten. Ihre unermüdliche Produktion war nicht zuletzt deswegen von Bedeutung, weil man erwarten konnte, daß diese an den Höfen des Auslandes zur Kenntnis genommen wurde.

Lobeshymnen, ob gekauft oder aus freien Stücken dargeboten, entwickelten sich nun zu einem der am deutlichsten sichtbaren Züge des neuen Regierungsstils des Königs. Eine Flut von Pamphleten erschien, allesamt Verherrlichungen. Da gab es zum Beispiel den Vorschlag für die Inschrift des neuen Louvre-Portals: *«Monde, viens voir ce que je voi / Et ce que le soleil admire / Rome dans un palais, dans Paris un Empire / Et tous les Césars dans un Roi»* (Welt, komm und sieh, was ich hier sehe, / Was selbst der Sonne Bewunderung erweckt, / Ein Palast, Roms würdig, Paris, das Herz des Reiches, / Ein König, der sich mit jedem Cäsaren messen kann).[127] Auch Sonette wie etwa das folgende entstanden: *«Montrer la majesté peinte sur le visage / Avoir l'air d'un héros, au dessus des humains / Etre plus généreux, plus vaillant et plus sage / Que ne furent jadis les Grecs ni les Romains … / Enfin surmonter tout sans rencontrer d'obstacle / La nature*

* Es gab eine alle zwei Monate erscheinende Zeitung, die jedoch in erster Linie das wichtigste aus dem Weltgeschehen zusammenfaßte und über die Feierlichkeiten bei Hofe berichtete; mit Politik gab sie sich niemals ab.

*soi-même et tous ses ennemis / C'est dans le grand Louis qu'on voit tous ces miracles»* (Sein Antlitz verrät die Majestät. / Es ist das Bild eines Helden, den Menschen überlegen, / Er ist großherziger, klüger und tapferer, / Als selbst die Griechen und Römer waren ... / Nichts kann ihn halten, er überwindet jedes Hindernis, / Die Natur selbst und alle seine Feinde, / All diese Wunder schauen wir in Ludwig dem Großen).[128] Fürchterliche Verse, aber pflichtergebenes Lob. Und auch hier wiederum zeigt sich ein charakteristischer Zug des neuen Stils: «Er hat sich in der Gewalt.» Eine solche Gewalt über die eigenen Gefühle galt allgemein als einer der wichtigsten Wesenszüge der Großen; schon 1640 hatte Corneille, der in vielerlei Hinsicht den Grundton für die Herrschaft des Sonnenkönigs anstimmte, seinen Augustus sagen lassen: *«Je suis maître de moi comme de l'univers»** (Ich bin Herr meines Ichs, wie ich Herr der Welt bin). Diese vollkommene Selbstbeherrschung, die seine Zeitgenossen immer wieder von neuem faszinierte, gehörte zu den wichtigsten Zügen dieses neuen Konzepts.

Das sind durchweg neue Töne: Traditionellerweise waren Lieder und Pamphlete in Frankreich kritisch, nicht lobend; schließlich hatten die «Mazarinaden» die Fronde in Gang gebracht. Aber Verse wie die folgenden zeigen, daß es mit dieser Tradition noch nicht ganz zu Ende gegangen war: *«Le peuple que jadis Dieu gouvernait lui-même / Las de son bonheur voulut avoir un roi / Eh bien, dit le Seigneur, peuple ingrat et sans foi / Tu sentiras bientôt le joug du diadème / Celui qui je mettrais à ce degré suprême / Comme un cruel vautour viendra fondre sur toi ... / Ainsi régne aujourd'hui par les vœux de la France / Le monarque absolu que Dieu nous a donné»* (Das Volk, das Gott einst selbst regierte, / Wünschte sich, des Glückes überdrüssig, einen König. / Nun, sagte der Herr, ungläubiges und undankbares Volk, / Du wirst die Last der Krone bald verspüren, / Der, den ich dir an die Spitze stellen will, / Wird sich wie ein Geier an dir weiden ... / Und heute herrscht nun, wie Frankreich es sich gewünscht, / Der absolute Monarch, den der Himmel uns sandte).[129] Das könnte gut das Werk eines alten Frondeurs sein oder eines Freundes von Fouquet; jedenfalls ist es ein schriller Ton, wie man ihn in diesem vielstimmigen Lobkonzert sonst nur selten hört.

Ende 1666 war allerdings, besonders am Hof, auch einige Kritik zu hören. Der Krieg, da waren sich alle einig, war die nobelste aller Beschäftigungen; er gab Männern die Chance, ihre Tapferkeit unter Beweis zu stellen, ihre Ehre zu mehren und vom König dafür belohnt zu werden. Niemand zweifelte daran, daß die französische Armee allen anderen überlegen war, und doch weigerte Ludwig XIV. sich beharrlich, sie zum Einsatz zu bringen. Unter einigen jungen Männern von Stand war gar das Murren zu hören, der König müsse wohl ein Feigling sein. Sie hatten sogar nicht ganz unrecht damit; zumindest in einer Hinsicht: Persönlich scheint Ludwig XIV. tapfer

* In *Cinna ou la clémence d'Auguste.*

gewesen zu sein, aber wie er sehr gut wußte, waren Kriege teuer und der Ausgang ungewiß. Deshalb beabsichtigte er, anders als viele seiner Vorfahren, sich des Krieges so lange zu enthalten, bis das Übergewicht so sehr auf seiner Seite war und der Feldzug so gründlich vorbereitet, daß der Sieg ihm so gut wie sicher war.

Dafür waren vor allem drei Dinge wichtig. Zunächst einmal Geld: Ohne Geld drohte die Armee zu zerfallen; aber im Jahre 1666 hatten der König und Colbert gemeinsam bereits dafür gesorgt, daß die Schatulle wohlgefüllt war. Das zweite war die militärische Schlagbereitschaft: Schon oft in der Geschichte Frankreichs hatten der Mangel an Ausbildung der Truppen und an Disziplin der Offiziere katastrophale Auswirkungen gehabt; doch nun lagen die Dinge anders, denn der König hatte persönlich die Neuorganisation und Neuausbildung der Armee beaufsichtigt. Der dritte Punkt war natürlich derjenige der relativen Stärke des Feindes; doch auch hier bestand inzwischen kein Anlaß zur Sorge mehr: Spanien befand sich nicht nur im Niedergang, sondern wurde darüber hinaus von einem schwachen und inkompetenten Regenten geführt. Der König hatte also alle Aussicht auf Erfolg.

Selbst das genügte ihm allerdings noch nicht. Teils um das restliche Europa zu beruhigen, teils um sich selbst den bestmöglichen Leumund zu verschaffen, verkündete der König, als im Mai 1667 seine Truppen in die spanischen Besitzungen in Flandern einmarschierten, dies geschehe lediglich, um das Eigentum seiner Gattin zu fordern. Die riesige Mitgift, die Mazarin im Pyrenäenfrieden ausgehandelt hatte, war – genau wie der Kardinal es erwartet hatte – niemals gezahlt worden, und folglich war der Verzicht Maria Theresias auf ihr spanisches Erbe ungültig; und als sei das alles noch nicht genug, hatte Ludwig XIV. von seinen Anwälten aus ferner Vergangenheit ein «Devolutionsgesetz» ausgraben lassen, demgemäß die Königin Ansprüche auf Flandern, Brabant, Luxemburg und die Franche-Comté erheben konnte.

Aber selbst diese Vorsichtsmaßnahmen boten dem König noch nicht Sicherheit genug. Ein Geheimvertrag wurde mit Kaiser Leopold I. von Österreich geschlossen, der für den Fall, daß Karl II. von Spanien ohne Erben starb – und bei dem kränkelnden Kind bestand dazu eine große Wahrscheinlichkeit –, vorsah, daß die fraglichen Provinzen an Frankreich gingen, während das übrige Spanien an Österreich fiele; der Krieg war also nur ein Vorgriff auf das, was sich, wie jedermann annahm, ohnehin bald ergeben würde. Darüber hinaus wurde jeder deutsche Fürst, der in der Lage gewesen wäre, Frankreich anzugreifen, durch Bestechungen ruhiggestellt, und zu guter Letzt schloß man am 31. März einen Vertrag mit Portugal, der es ermöglichen würde, Spanien in den Rücken zu fallen, sollte sich jemals die Notwendigkeit dazu ergeben.

Ein solches Vorgehen unterschied sich gründlich von dem der Vorgänger Ludwigs XIV. Hier gab es keinen beherzten Angriff, im ritterlichen Geiste geführt: An die Stelle der berühmten *furia francese* waren Vorbereitungen von großer Sorgfalt und Gründlichkeit getreten. Man kann sagen, wenn es um Krieg ging, legte der Sonnenkönig das Verhalten eines ausgesprochen bürgerlichen Herrschers an den Tag. Wie nicht anders zu erwarten, zahlte sich die Vorsicht aus: Selten in der Geschichte Frankreichs wurde ein Krieg so mühelos gewonnen, selten sind die Ziele, um die es ging, mit solcher Vollständigkeit und solcher Schnelligkeit erreicht worden.

Der König kannte sich selbst und seine Grenzen zu gut, als daß er die Schlachtpläne selbst entworfen hätte; statt dessen wandte er sich an Turenne, den erfahrensten General Frankreichs, und dieser führte eine Kampagne, die musterhaft war: Eine nach der anderen fielen die spanischen Festungen vor dem französischen Angriff. Bis August hatte die französische Armee Ath, Tournai, Oudenarde, Furnes, Armentières, Courtrai und Douai eingenommen. Nur Lille, damals eine noch bedeutendere Stadt, leistete für eine Weile Widerstand; doch selbst das erwies sich als günstig, gab es doch dem König Gelegenheit, sich zu seinen Truppen an die Front zu begeben und sich dem feindlichen Feuer zu stellen, bevor die Stadt am 27. August fiel. Am 31. schlug der Marschall Créqui den Rest der spanischen Armee, und zum allgemeinen Erstaunen brach der König damit den Krieg ab: Er war weit genug gekommen; nun kam es darauf an, das Eroberte zu sichern. Statt also tiefer nach Flandern einzudringen, gab er einem jungen, aber enorm talentierten Baumeister namens Vauban* den Befehl, eine neue, uneinnehmbare Festung für Lille zu entwerfen.

Der Ausgang dieses Feldzugs konnte weder Ludwig XIV. noch seine Minister überrascht haben, doch das übrige Europa war verblüfft. Spanien war über einen so langen Zeitraum vorherrschend gewesen, daß es, wenn auch zu Unrecht, nach wie vor im Rang einer Weltmacht stand. In Wirklichkeit war seinem Militär schon 1658 in der Dünenschlacht der Todesstoß versetzt worden, und der Staat stand nicht nur vor dem Bankrott, seine Regierung konnte auch als Inbegriff der Unfähigkeit gelten. All dies war Europa noch unbekannt, nicht jedoch der Führung Frankreichs – was die Zurückhaltung, die der König sich weiter auferlegte, nur umso erstaunlicher wirken läßt. Doch wieder zog er vor, kein Risiko einzugehen und das Erreichte zu konsolidieren, bevor er zum nächsten Angriff überging.

Daß er sich zum Abbruch des Krieges entschied, heißt nicht, daß es keine Siegesfeier gegeben hätte. Sein Triumph wurde in ganz Frankreich mit der Pracht von Feuerwerken und der enthusiastischen Beredsamkeit der Schreibfedern gefeiert, so wie es üblich war; hinzu kam, daß er einen neuen Stil der Kriegführung mit Blick auf die Öffentlichkeitswirkung kreiert hatte. Da

* 1665 war Vauban zweiunddreißig Jahre alt.

Flandern als Erbe der Königin galt und der Krieg in ihrem Namen geführt wurde, erging an sie und an den ganzen Hof die Einladung, dorthin zu reisen und zuzusehen, wie der König die Rolle des heldenhaften Eroberers spielte. Eine Stadt nach der andern fiel, und in jeder wurden Feiern zum Einzug der Königin veranstaltet; und damit die Einzelheiten des Feldzugs im Gedächtnis blieben, erhielt Lebrun den Auftrag, Wandteppiche zu entwerfen, die in der Manufaktur bei Gobelin gewoben werden und alle großen Ereignisse des Krieges abbilden sollten. Bald darauf entstanden Stiche nach diesen Wandbehängen, und so verbreitete sich die Nachricht von den Siegen des Königs in ganz Europa und brachte noch eine neue Mode auf: Von da an galten Wandteppiche allgemein als die angemessenste Form, einen Sieg festzuhalten.

Diese gegenseitige Befruchtung von Kunst und Politik war ihrerseits ein Zeichen des neuen, nun anbrechenden Zeitalters. Ludwig XIV. hatte nicht nur Sinn für Malerei und sammelte sie sein Leben lang, er versorgte auch von da an die Künstler mit einer Flut von Aufträgen, die den Ruhm Frankreichs mehren und gleichzeitig die Leistungen des Königs feiern sollten; parallel zur ersten entstand bereits eine weitere, ebenfalls von Lebrun entworfene Teppichfolge, die die großen Augenblicke seiner Regierungszeit pries, von der Krönung bis zum Empfang des Nuntius, der nach dem Zwischenfall mit der korsischen Garde die Entschuldigung des Papstes überbracht hatte. Im Jahre 1667 fehlte Ludwig XIV. allerdings noch immer ein angemessener Ort, an dem er seine Gemälde und Teppiche hätte zur Schau stellen können – ein Mangel, dessen er sich immer schmerzlicher bewußt wurde.

Es gab noch einen weiteren Bereich, in dem dieser Feldzug zu einer Veränderung der Lage führte, sowohl bei Hofe als auch im Leben des Königs selbst. Seine Beziehung zu Mlle. de La Vallière war seit langem allgemein bekannt, doch hatte sie nach wie vor keinen offiziellen Status, und die Vaterschaft ihrer Kinder – 1667 waren es zwei Töchter, von denen eine als Säugling starb – war im Geburtenregister als unbekannt angegeben. Da auch der wohlgeplanteste Krieg nicht ohne Gefahren ist, entschloß sich Ludwig XIV., einen Brauch seines Großvaters wiederaufleben zu lassen: Mlle. de La Vallière wurde in den Rang einer Herzogin erhoben, und das überlebende Mädchen, Marie-Anne de Bourbon,* wurde vor dem Parlament offiziell zur Tochter des Königs erklärt.

Das war ein bedeutender Schritt: Wieder einmal setzte sich der König über die Gesetze hinweg, die gewöhnliche Sterbliche zu befolgen hatten. Neben seiner Ehefrau hatte er nun eine *maîtresse déclarée*, eine offizielle Geliebte – eine Position, die sich als langlebig erweisen sollte: Die letzte, die über ein Jahrhundert später diesen Rang einnehmen sollte, war Mme. du Barry. Für

* Die zukünftige Mlle. de Blois (1666–1739).

die Legitimierung der kleinen Marie-Anne hatte es bei Heinrich IV. Präzedenzfälle gegeben, wenn auch unter anderen Umständen: Heinrich IV. war nicht nur wesentlich älter gewesen, als er die Krone übernahm, und das nach einem erbitterten Bürgerkrieg, in dem er gelernt hatte, eher wie ein plündernder General zu leben – er war auch für seine Abneigung gegen die Etikette bekannt gewesen. Bedachte man die hohe Wertschätzung, die sein Enkel der eigenen Stellung angedeihen ließ, dann war leicht vorauszusehen, daß seine natürlichen Kinder, waren sie erst einmal anerkannt, einen wesentlich höheren Rang einnehmen würden, als bisher üblich gewesen war.

Die meisten bei Hofe verstanden den Rang der neuen Herzogin jedoch ganz und gar nicht als ein Zeichen der Gunst, sondern als Hinweis auf das Ende der Beziehung, in der Tat als eine Art Abfindung – ein zynischer, aber naheliegender Gedanke, denn es war nicht zu übersehen, daß der König seine Blicke schweifen ließ. Mlle. de La Vallière selbst war es bis 1667 klargeworden, daß der König sie nicht mehr so leidenschaftlich und so ausschließlich liebte wie zuvor; es ist sogar nicht unwahrscheinlich, daß der Tod der Königinmutter seine Zuneigung zu ihr dämpfte, war die Geliebte doch nun keine verbotene Frucht mehr. Unter dem unmißverständlichen Haß Madames hatte sie natürlich nach wie vor zu leiden: Die Prinzessin, die sich danach gesehnt hatte, wenn schon nicht die Geliebte des Königs, so doch zumindest die einzige Gefährtin seiner Vergnügungen zu sein, verabscheute und verachtete ihre ehemalige Kammerfrau noch immer; doch trotz ihrer intellektuellen Qualitäten hatte der König das Interesse an ihr verloren, und so schnaubte sie vergebens vor Wut und tröstete sich damit, Monsieur das Leben zu vergällen, so gut sie konnte.

Niemandem ging es damals auf, daß Ludwig XIV. zu behalten verlangte, was er einmal errungen hatte, und daß er sehr wohl in der Lage war, verschiedene Frauen zur gleichen Zeit zu lieben. Zuneigung entwickelte er im Laufe seines Lebens nur zu wenigen sehr ausgesuchten Damen, doch gelüstete es ihn nach dem Bett buchstäblich jedes jungen und hübschen Mädchens, das er zu Gesicht bekam, und dank seines Ranges wurden seine Wünsche stets erfüllt; ist also schon die Liste seiner offiziellen Mätressen beträchtlich, würde die Liste seiner Eroberungen, die nie jemand zu führen versuchte, zweifellos die *mille e tre* Don Giovannis bei weitem übertreffen. Diese Vergnügungssucht, bald nicht mehr zu übersehen, war jedoch damals noch ungewohnt, und Mlle. de La Vallière begann sich Sorgen zu machen.

Unglücklicherweise mußte genau das ihn ihr nur noch weiter entfremden. Wäre die Herzogin lediglich aus Eifersucht oder Gewinnstreben zu seiner Mätresse geworden, hätte sie sich zweifellos wesentlich leichter mit der neuen Lage abfinden und aus der Zuneigung des Königs und seinem gelegentlichen Appetit auf sie Kapital schlagen können. Statt dessen liebte sie ihn und durchlitt nun Höllenqualen, wenn er einer anderen Frau schöne Augen machte, und stand Ängste aus, daß es nur für kurze Zeit sein werde, wenn er sich ihr von neuem zuwandte; also weinte sie, wurde immer bleicher, versuchte auf die ungeschickteste Weise, seine ungeteilte Liebe zurückzuerobern, und irritierte ihn nur dabei.

Zunächst drückte sie sich noch in gemäßigten Formen aus. Ein Beispiel ist das Sonett, das sie Benserade für sich schreiben ließ; es war an den König adressiert, der den Krieg zum Vorwand nahm, sie zu vernachlässigen: *«Tout se détruit, tout passe, et le cœur le plus tendre / Ne peut d'un même objet se contenter toujours. / Le passé n'a point vu d'eternelles amours / Et les siècles futurs n'en doivent point attendre. / La raison a les lois qu'on ne veut point entendre, / Jamais de nos désirs rien n'arrête le cours, / Ce qu'on cherche aujourd'hui déplait en peu de jours / Notre inégalité ne saurait se comprendre. / Tous ces défauts, Grand Roi, sont joints à vos vertus. / Vous m'aimiez autrefois et vous ne m'aimez plus. / Ah, que mes sentiments sont différent des vôtres! / Amour de qui depend et mon mal et mon bien / Que ne lui donniez vous un cœur comme le mien / Ou que n'avez vous fait le mien comme les autres!»* (Alles zerstört, alles vergänglich, und das treueste Herz / Kann Zufriedenheit nicht immer nur bei einer Liebe finden. / Die Geschichte kennt keine ewige Liebe, / Und zukünftige Jahrhunderte können sie nicht erwarten. / Die Vernunft hat ihre Gesetze, und wir wünschen nicht, sie zu kennen; / Nichts kann je die aufkeimende Leidenschaft halten; / Was wir heute suchen, wird uns bald nicht mehr gefallen; / Unser Wankelmut spottet jedem Verstand. / All diese Schwächen, Großer König, gesellen sich zu Euren Tugenden; / Einst liebtet Ihr mich, nun liebt Ihr mich nicht mehr; / Ah, wie anders sieht es in meinem Herzen aus! / Liebe, die du mir meine Leiden bescherst wie meine Freuden, / Warum gabst du ihm nicht ein Herz, dem meinen gleich, / Warum schufst du nicht mein Herz so wie das der anderen!).

Ein rührender Klagegesang; doch, wie so viele seiner Art, gänzlich nutzlos. Mit seiner üblichen Höflichkeit und Freude an der Dichtung antwortete der König auf der Stelle und bediente sich dabei ebenfalls der Feder Benserades; doch seine Antwort, wenn auch unter Verwendung exakt der gleichen Reime, war kaum diejenige, die das erste Sonett gefordert hätte: *«J'ai le cœur, belle Iris, aussi constant que tendre / Ce que j'ai droit d'aimer, je l'aimerai toujours; / Mais dès que mon devoir condamne mes amours / De ma fidélité l'on ne doit rien attendre. / L'honneur a des raisons et je les dois entendre / Bien que mes plaisirs il arrête le cours, / J'immole à ce tyran le repos de mes jours / Par un effort sur moi que je ne puis comprendre. / Je renonce à l'amour qui ternit mes vertus / N'alléguez pas ses lois, je ne les connais plus, / Ma gloire a des appats qui triomphent des vôtres. / Après tout, belle Iris, ne savez vous pas bien / Qu'un héros dont le cœur est fait comme le mien / Donne à l'amour des lois que l'amour donne aux autres?»* (Mein Herz, schöne Iris, ist beständig und zart; / Die, die ich lieben darf, werde ich immer lieben; /

Doch wenn die Pflicht mir meine Liebe fordert, / Kann niemand auf meine Treue hoffen. / Die Ehre hat ihre Gesetze, und ich muß ihnen folgen, / Selbst wenn mein Vergnügen leidet; / Jenem Tyrannen biete ich meinen Frieden dar. / Ich gebe die Liebe auf, wenn sie meine Tugend gefährdet; / Sprich nicht von ihren Gesetzen, ich kenne sie nicht mehr; / Der Lockruf des Ruhms ist mächtiger noch als der deine. / Und schließlich, schöne Iris, weißt du denn nicht genau, / Daß ein Held mit einem Herzen wie dem meinen / Der Liebe Gesetze gibt, die sonst die Liebe anderen schenkt?).[130]

Geschickt gesagt, zweifellos; aber für jemanden, der es besser wußte, nicht gerade überzeugend. In jenem Sommer des Jahres 1667 nämlich wurde der König, zunächst insgeheim, der Liebhaber der besten Freundin der Herzogin, eine Entwicklung, die dem Gespür der unglücklich Verliebten zweifellos nicht entging. Doch von ihrem Standpunkt aus gesehen war noch nicht alles verloren: Es handelte sich um eine verheiratete Dame mit einem eifersüchtigen Ehemann, im günstigsten Fall eine peinliche Situation, die dem König vielleicht schnell zuviel werden würde. Wäre seine Zuneigung zu ihr rein physischer Natur gewesen, hätte sich diese Erwartung vielleicht schnell erfüllt, doch in der Marquise von Montespan hatte der König nicht nur große Schönheit und enorme Vielfalt gefunden, sondern auch verblüffende intellektuelle Fähigkeiten – eine Eigenschaft, für die die Mortemarts, die Familie der Marquise, berühmt waren. Ein größerer Kontrast zu der zurückhaltenden und ergebenen Mme. de La Vallière wäre kaum denkbar, was aber nicht heißen sollte, daß die bedingungslose Verehrung, die letztere an den Tag legte, für den stolzen Monarchen ihre Anziehungskraft verloren hätte.

Als der Hof an die Front reiste, hatte man Mme. de La Vallière zurückgelassen, weil sie von neuem schwanger war; doch verzweifelt und in Panik ließ sie ihre Kutsche kommen und fuhr ihnen, so schnell sie konnte, nach, nur um von jedermann getadelt zu werden, als sie sich zum Ärger der Königin vor den Mauern des belagerten La Fère zeigte. Am nächsten Tag, «als Mme. de La Vallière von einem Hügel aus die Armee erblickte, jagte sie ihre Kutsche mit der größten Geschwindigkeit übers Land. Als die Königin das sah, wurde sie furchtbar wütend... Als der König die Kutsche der Königin erreichte, drängte sie ihn, zu ihr hereinzukommen; mit dem Argument, er sei zu schmutzig, lehnte er ab. Der König leistete der Königin noch einen Augenblick lang Gesellschaft, nachdem sie ihre Kutsche verlassen hatte; dann ging er herüber zu Mme. de La Vallière und wurde den Rest des Abends nicht mehr gesehen.»[131] Diesmal hatte sie Erfolg gehabt; doch bald mußte die Herzogin einsehen, daß eine einzelne Liebesnacht nicht alles von Grund auf verändern konnte. Immerhin schickte der König sie nicht vom Hof fort, aber er kehrte auch nicht zu ihr zurück. Weder vollauf geliebt noch vollauf vernachlässigt, mußte sie sich in die bittere Lage fügen, den Mann, den sie anbetete, mit einer überlegenen Rivalin teilen zu müssen, und entsprechend grämte sie sich. Was den König anging, den man jeden Abend in der Gesellschaft Mme. de Montespans sehen konnte, so hatte dieser nicht die Absicht, eine seiner beiden Mätressen aufzugeben; und Mme. de La Vallière brachte in jenem Herbst einen Sohn zur Welt.*

Weder seine neuen Eroberungen – die territorialen wie die beim schönen Geschlecht – noch die üblichen Regierungsaufgaben genügen jedoch in diesem Jahr, Ludwig XIV. auszufüllen. Der Hof, der zunächst in Saint-Germain, dann in den wiederhergerichteten Tuilerien residierte, war prächtig wie immer, und der König kümmerte sich um jedes kleine Detail seiner neuen Ordnung. Seine Gründlichkeit zeigt sich etwa in dem Brief, den er am 1. Januar 1667 an den Herzog von Chaulnes schrieb, das Oberhaupt einer der großen Familien des Landes:** «Werter Cousin, ich habe die Hochzeit des Sieur de Chevreuse [des Neffen Chaulnes'] mit der ältesten Tochter des Sieur Colbert arrangiert. Da ich auf diese Weise den Stammhalter und einzigen Erben Eures Hauses mit der Familie eines Mannes verbinde, der mir in meinen wichtigsten Geschäften mit Eifer und Erfolg dient, war es mir ein Bedürfnis, Euch die Nachricht dieser Verbindung persönlich zu übermitteln, um sicherzugehen, daß auch Ihr an der Genugtuung teilhaben könnt, die beide Familien erfüllt.»[132]

Auf den ersten Blick mag das als reine Höflichkeit erscheinen; in Wirklichkeit war es aber eine Warnung an den Herzog von Chaulnes, daß der König keinen Widerspruch dulden werde: Daß eine Bürgerstochter – ihr Großvater war nichts weiter als ein Tuchhändler – den Erben eines Herzogs heiratete, war nahezu beispiellos und wurde in einer Zeit aristokratischen Stolzes, um nicht zu sagen aristokratischer Arroganz, als ausgesprochen schockierend empfunden; doch es war nichts weiter als ein Teil der neuen Ordnung, der hier Gestalt annahm. Genaugenommen verfolgte der König sogar gleich drei Absichten damit: Er belohnte Colbert, jenes Muster eines Ministers, indem er seiner Tochter den Zugang zu Kreisen ermöglichte, von denen sie nicht einmal hätte träumen können, zumal damit praktisch sichergestellt wurde, daß Colberts Enkel den Rang eines *duc et pair** bekam; zum ersten

* Er bekam später den Titel eines Grafen von Vermandois (1667–1683).

** Der Herzog von Chaulnes war ein Mitglied des Hauses d'Albert de Luynes und Sohn des Favoriten des jungen Ludwig XIII. Die Luynes hatten nicht nur drei Herzogtümer an sich gezogen, sie waren auch unermeßlich reich.

Mal machte er publik, daß in seinen Augen alle, die ihn repräsentierten, *ipso facto* zum allerersten Rang der Gesellschaft gehörten, daß also Leistung in königlichen Diensten ebensoviel zählte wie noble Herkunft – eine revolutionäre Idee; und zum dritten setzte er damit den Status des Hochadels herab, dessen Vertreter zu bloßen Rädchen in der Maschinerie des Staates wurden, mit dem Hintergedanken, daß die Wahrscheinlichkeit, daß sie rebellierten, in dem Maße geringer wurde, in dem ihre Abhängigkeit wuchs.

Da der Hof so prächtig war und die Etikette eine solche Rolle spielte, waren die Absichten des Königs nicht auf den ersten Blick zu erkennen; die Hochzeit Mlle. Colberts wurde damals lediglich als weitere königliche Wohltat für einen Favoriten gesehen. Tatsächlich war eine neue Grenzlinie in der französischen Gesellschaft gezogen worden: War der König bisher kaum mehr als ein *primus inter pares* gewesen, so forderte er nun von allen, die unter dem Thron standen, den gleichen unverzüglichen und uneingeschränkten Gehorsam.

Es schien nichts zu geben, was der König als seiner Aufmerksamkeit unwürdig erachtete. Es lag nahe, daß die Konversion der Protestanten eines der Ziele war, die die Regierung sich gesetzt hatte; daß der König gegen sie aufwiegelte, war also nicht weiter verwunderlich. Erstaunlicher ist schon, daß er über die einzelnen Konversionen Buch führte; am 9. Juli 1668 schreibt er zum Beispiel an den Marquis von Théobon, einen unbedeutenden Adligen: «M. le Marquis de Théobon, wie ich erfahren habe, hat der Graf de La Motte, Euer Enkel, nachdem er sich über die christlichen und katholischen Wahrheiten ausgiebig hat in Kenntnis setzen lassen, ohne jeden Druck seiner gotteslästerlichen Lehre abgeschworen und gleichzeitig vor dem obersten Erzbischof von Paris seinen Glauben beteuert. Deshalb ist es mir eine Freude, ihn zum Pagen meiner Grande Ecurie zu ernennen und Euch durch diesen eigenhändigen** Brief der Sorgfalt zu versichern, mit der ich mich seiner annehmen will. Ich bin überzeugt, daß Ihr ihn auf Grund dieser glücklichen Wandlung nicht weniger lieben werdet als zuvor, denn er allein traf die Entscheidung.»[133] Ob es sich bei der Konversion des jungen Mannes tatsächlich um einen spontanen

---

* In Frankreich gab es drei verschiedene Herzogsränge. Die ranghöchsten Herzöge, die *ducs et pairs*, hatten das Recht im Parlament zu sitzen; an zweiter Stelle kamen die *ducs héréditaires* oder *vérifiés*, die ihre Titel dem Sohn weitervererben konnten, aber nicht im Pairsrang standen und deswegen keinen Sitz im Parlament hatten; und schließlich gab es die *ducs à brevet*, die den Titel nur auf Lebenszeit besaßen. Diese Dreiteilung schlug sich im Vorrang bei Hofe nieder.

---

** In Wirklichkeit war er wahrscheinlich vom Président Rose geschrieben, dem Sekretär des Königs, der dessen Handschrift perfekt nachahmen konnte.

Akt gehandelt hat, darf man bezweifeln, doch ist gut denkbar, daß sie einfach dem Ehrgeiz entsprang: Schließlich hatten Protestanten keine große Chancen, in den Diensten des Königs Karriere zu machen.

Jede Konversion, selbst die eines so unbedeutenden jungen Mannes wie des Grafen de La Motte, galt dem König als Beweis, daß im politischen wie im religiösen Sinne seine Unternehmungen die Gunst Gottes genossen; doch als Turenne, dem es weder an Ruhm noch an Ehre mangelte und der darüber hinaus zu einer der bedeutendsten Familien Frankreichs gehörte, sich zum Übertritt entschloß, empfand Ludwig XIV. seine Taktik endgültig als gerechtfertigt. Niemand konnte behaupten, Turenne habe aus unehrenhaften Motiven gehandelt: Allem Anschein nach war er wirklich davon überzeugt, daß der Katholizismus der wahre Glaube sei. Da er unter allen Protestanten der exponierteste war, schien es beinahe sicher, daß die meisten seiner Glaubensgenossen seinem Beispiel folgen würden.

War Turennes Konversion eine Staatsangelegenheit, so galt das in den Augen des Königs auch bis in die Einzelheiten hinein für die Erziehung des Dauphins. Am 21. Mai 1667, als der Knabe erst sechs Jahre alt war, schrieb er an die Marschallin de La Mothe, seine Erzieherin: «Ich bin sehr froh, daß meine Kinder bei guter Gesundheit in Compiègne eingetroffen sind und daß mein Sohn sich ordentlich benimmt; nützen Sie die Zeit, in der Sie mit ihm allein sind, ihm Furcht vor Ihnen beizubringen. Ich sehe nichts, was im Augenblick notwendiger wäre... Bitte schreiben Sie mir ohne Umschweife.»[134] Und zwei Jahre später fügte er in einem Brief an die Marschallin hinzu: «Ihre Briefe brauchen keine Entschuldigung: Allein daß sie von Ihnen stammen, machen sie mir stets willkommen; und außerdem – sie überbringen mir so gute Nachrichten von meinen Kindern, daß Sie keinen Zweifel daran haben müssen, daß ich sie mit Freuden lese.»[135] Diese beiden Briefe umreißen die Einstellung des Königs zu seinem Sohn, dem einzigen seiner legitimen Kinder, das das Säuglingsalter überlebte. Einerseits lag ihm sehr viel an ihm, und das nicht nur, weil an ihn der Thron in direkter Linie weitervererbt werden konnte; andererseits sollte das Kind zum Gehorsam gegenüber der Autorität erzogen werden. Zweifellos war sich Ludwig XIV. bewußt, daß der Erbe eines Königs auch dessen Feind sein kann, um den sich alle potentiellen Gegner scharen, und er bemühte sich also, dieses erhebliche Problem schon an der Wurzel zu bekämpfen. Er berücksichtigte dabei allerdings nicht die Persönlichkeit des Dauphins, den man nicht gerade als lebhaft bezeichnen konnte: Der Schluß drängt sich auf, daß Ludwig mit dem Jungen umging, als sei er eine Miniaturausgabe seiner selbst. Dies war jedoch nicht der Fall, und bald konnte nicht mehr übersehen werden, daß der Dauphin nicht nur von seinem Vater in Angst und Schrecken versetzt wurde, sondern auch von völlig passiver Gemütsart war.

Da der König den flämischen Krieg so unerwartet abgebrochen hatte, nahm man allgemein an, er wolle Frieden schließen. In jedem Fall war für 1667/68 ein ruhiger Winter zu erwarten: Im 17. Jahrhundert führte man im Winter keinen Krieg – teils, weil die Versorgung der Truppen dann ungleich schwieriger war, teils, weil für Belagerungen Gräben ausgehoben werden mußten und dies bei gefrorenem Boden praktisch unmöglich war, teils, weil die Generäle es gern bequem hatten. Es war also im wahrsten Sinne des Wortes unerhört, als der König am 2. Februar 1668 mitten im Karneval plötzlich in den Krieg zog.

Wie üblich handelte Ludwig XIV. jedoch nach einer ausgesprochen sorgfältigen Vorbereitung. Diesmal gab er sein Vertrauen einem jungen Mann, der zu einem seiner bedeutendsten Minister aufsteigen sollte und der selbst der Sohn eines Ministers war: Tatsächlich haben wir hier das erste Beispiel der Vorliebe des Königs dafür, sich auf mehrere Generationen derselben Familien zu stützen.

Der im Jahre 1668 erst neunundzwanzigjährige Marquis von Louvois war der Sohn des Kriegsministers Le Tellier; er hatte seine Kompetenz bereits unter Beweis gestellt und seinen Vater, der noch eine ganze Reihe weiterer Aufgaben zu erfüllen hatte, entlastet, als er die Verantwortung für den Nachschub der Armee im Flandern-Feldzug übernahm; und dem König, der aufmerksam zusah, war nicht entgangen, daß er seine Aufgaben bravourös meisterte. Die Fähigkeiten Louvois' wurden von seinem Ehrgeiz noch übertroffen: Er wollte nicht nur der Nachfolger seines Vaters werden, er wollte es noch weiterbringen als dieser, und bald war er berüchtigt für seinen Stolz. Die Leitung des Flandern-Feldzuges war für ihn zweifellos ein Schritt nach oben gewesen, doch sein Streben nach weiterer Macht war mehrfach durch Turenne gebremst worden. Folglich sah er sich im Herbst 1667 nach einem Verbündeten gegen den oft launischen Marschall um und fand ihn mühelos in dessen altem Rivalen, Monsieur le Prince.

Condé hatte zwar zu jener Zeit seinen Platz bei Hofe wieder eingenommen, doch mißtraute ihm der König, dessen Gedächtnis unerbittlich war, nach wie vor; also blieb der Prinz, natürlich widerstrebend, zu Hause, während Turenne ins Feld zog und mit Ruhm und Ehren überhäuft wurde. Unter diesen Umständen stimmte Condé natürlich begeistert zu, als Louvois ihm vorschlug, dem König einen gemeinsamen Plan zu unterbreiten, wie die Franche-Comté leicht und schnell zu erobern sei. Zu den Vorzügen dieses Planes gehörte, daß Louvois sich dem König im denkbar besten Licht präsentieren konnte, was seine Berufung zum Kriegsminister so gut wie sicher machte, während gleichzeitig Condé Gelegenheit zu jener Rache erhielt, nach der es ihn schon lange gelüstete. Und der König reagierte, als sie ihm ihren Plan vorlegten, wie sie es erwartet hatten: Leicht zu gewinnende Kriege waren ganz nach dem Geschmack Ludwigs XIV.

Daß die Franche-Comté im Jahre 1668 überhaupt noch spanisch war, war für sich genommen schon ein Kuriosum – es war das letzte Anzeichen jener Aufteilung Europas, wie sie im frühen Mittelalter erfolgt war. Burgund war damals in zwei verschiedene Herrschaftsbereiche getrennt worden: das Herzogtum Burgund und die Pfalzgrafschaft Burgund, die Franche-Comté; beide gehörten Mitgliedern der französischen Königsfamilie. Dann ergab es sich Anfang des 15. Jahrhunderts, daß der Herzog von Burgund, selbst ein Onkel König Karls VI. von Frankreich, durch seine Frau die Grafschaft erbte und so die beiden Herrschaften in seiner Person wieder vereinte. Mit dem Ende der Burgunderherrschaft im Jahre 1477 ging das Herzogtum an Ludwig XI., während die Franche-Comté im Besitz Marias von Burgund blieb, der Tochter des letzten Herzogs; durch deren Heirat mit Maximilian von Habsburg ging es an ihren Enkel, Kaiser Karl V., von dem Karl II. von Spanien es seinerseits über seinen Vater, Großvater und Urgroßvater geerbt hatte. Die Provinz war also von Rechts wegen ohne Zweifel spanisch, doch in Sprache und Gewohnheitsrecht war sie französisch.

Diese Situation war nun gleich doppelt vorteilhaft: Als Folge einer Reihe großzügiger Geschenke Ludwigs XIV. hatten die Honoratioren des Landstrichs keinerlei Mühe, zu der Überzeugung zu gelangen, daß sie eigentlich zu Frankreich gehören sollten; und da das Land an Frankreich, die Schweiz und Lothringen grenzte (letzteres damals noch von französischen Truppen besetzt), war es für spanische Armeen praktisch unzugänglich. Der Ausgang eines Feldzuges stand also von vornherein fest. Die Armee hielt sich unter der nominellen Führung des Königs genau an die Pläne von Monsieur le Prince und eroberte die Provinz in nur drei Wochen.

An diesem Punkt begannen die Nachbarn Frankreichs, sich Sorgen zu machen: Es gab offenbar nichts, was die französischen Armeen aufhalten konnte, und niemand wußte, wo sie als nächstes zuschlagen würden. Deshalb schloß Holland schon fünf Tage später Allianzverträge mit England und Schweden, und van Beuning, der niederländische Botschafter am französischen Hof, forderte den König auf, den Krieg zu beenden. Louvois riet natürlich, nicht auf diese Aufforderung zu achten, doch Colbert und Lionne setzten sich für den Frieden ein. Sie hatten erkannt, daß sich Frankreich nicht nur plötzlich in den Krieg mit diesen drei Staaten, die nominell seine Verbündeten waren, verwickelt sehen könnte, sondern auch mit dem Kaiser, der sich wahrscheinlich zur Unterstützung Spaniens bestechen ließe. Jeder, der den König gut kannte, wußte, für welchen der beiden gegensätzlichen Ratschläge er sich entscheiden würde: Er schickte eine Gesandtschaft mit Friedensangeboten nach Madrid, und im Vertrag von Aachen gab er die Franche-Comté an Spanien zurück, wohingegen er die eroberten Gebiete Flanderns behielt.

Diese Zurückhaltung war allerdings die reine Augenwischerei. Nachdem er die Franche-Comté einmal erobert hatte, wußte er, wie mühelos er es ein zweites Mal würde tun können: Es war nur eine Frage der Zeit, zumal Spanien ständig an Stärke verlor. Was Flandern anging, hatten die Erweiterungen des Königreichs gleich zwei Vorteile: Zum ersten Mal in seiner Geschichte hatte Frankreich nun eine leicht zu verteidigende Nordgrenze, und darüber hinaus verstärkte dies die Position gegenüber den Niederlanden – denn auch wenn der König es sich nicht anmerken ließ, brachte ihn die holländische Intervention sehr in Wut. Auf seine neuen Festungen gestützt, war er nun in der Lage, die Niederlande anzugreifen, wann immer er den Zeitpunkt für gekommen hielt. In Frankreich fielen über die Rückgabe der Franche-Comté viele böse Worte, doch entgegen allem Anschein war der Vertrag von Aachen für Frankreich ein Triumph.

Ein Triumph verlangte nach einer Feier, und am 18. Juli gab der König ein großes Fest in Versailles. Das väterliche Jagdschloß dort war bereits in großem Stil mit einem kunstvollen Vorhof ausgebaut worden, dazu waren, wichtiger noch, die Gärten Le Nôtres nicht ganz vollendet, aber bereits weit gediehen. Es gab Wasserspiele in runden Becken, überall waren Statuen aufgestellt, lange, gerade Alleen führten zu kreisförmigen Plätzen mit Pavillons und Gitterwerk; und näher am Schloß waren bunte Blumen in abstrakten Mustern arrangiert, die Stickereien nachgebildet waren. In diesen Gärten fand das Fest statt.

Es war ein Fest von solcher Pracht, daß ein Beobachter sechzig engbedruckte Seiten brauchte, sie zu beschreiben. Überall gab es eigens dafür errichtete Brunnen; ein *cabinet de verdure*, eine Laube, wurde gebaut, um fünf für eine leichte Mahlzeit gedeckte Tische aufzunehmen. Einer der Tische war wie ein von vielen Grotten ausgehöhlter Berg zurechtgemacht, und in diese Grotten war kalter Braten gesteckt; beim nächsten bestand das Arrangement aus Kuchen und Konfekt in Form einer Palastfassade; ein dritter zeigte eine Pyramide aus kandierten Früchten, der vierte Karaffen mit Likören aller Art, der fünfte ein Arrangement aus Süßspeisen. Auf den Rasenstreifen dazwischen standen Silberkübel mit Orangen- und anderen Obstbäumen, die ihre eigenen Früchte in kandierter Form trugen, und im Mittelpunkt all dessen befand sich eine dreißig Fuß hohe Fontäne.[136]

Im ganzen Garten waren längs der Wege Obstbäume aufgestellt und Statuen in Nischen aus Gitterwerk arrangiert. Natürlich gab es ein Theater ganz in Grün, das allerdings innen mit Wandteppichen ausgehängt und durch kristallene Kronleuchter erhellt war; das Amphitheater bot zwölfhundert Personen Platz. Auf der von Wasserspielen umgebenen Bühne umrahmte eine Reihe von verschwenderischen Dekorationen ein Stück von Molière – *Le Paysan enrichi* – mit Musik von Lully. Anschließend begaben sich der König, die Königin und der Hof zu einem mit einer Kuppel verzierten achteckigen

Tempel, dessen Inneres mit Vasen, Brunnen, Skulpturen und Basreliefs geschmückt war. Dort war ein Tisch für vierundsechzig Personen aufgestellt, in dessen Mitte sich ein behauener Felsen mit einer Quelle befand, die wiederum mit Statuen, Vasen, Muscheln und Figuren verziert war. Die Tafel war von goldenen Delphinen, Muscheln und Brunnen umgeben; kristallene Kronleuchter hingen von der Decke, an Schärpen aus Silberflor, mit Girlanden aus frischen Blumen verbunden. Interessanterweise war dieser Tisch nur für den König, Monsieur und zweiundsechzig Damen vorgesehen. Die Königin war in einem benachbarten Zelt untergebracht, wo Tische für jeweils zwanzig gedeckt waren, während die Botschafter eine eigene Tafel in einer künstlichen Grotte hatten. Auf das Abendessen folgte ein Ball in einem reichverzierten Pavillon, und zum Abschluß gab es ein Feuerwerk; den ganzen Abend über waren Garten und Schloß hell erleuchtet.

All dieser Glanz schien nicht mehr als angemessen für einen Herrscher, der nun allgemein neben Augustus gestellt wurde, hatte er doch wie jener Kaiser seinem Land Macht, Ordnung und Wohlstand gebracht. Ludwig XIV. selbst hatte ohne Zweifel an all dem großen Spaß, und Monsieur, der nie eine *fête* verschmähte, muß im siebten Himmel gewesen sein. Dies war übrigens eins der letzten Male, daß man den König in der Öffentlichkeit tanzen sah – nicht den formellen Tanz, der zu jedem königlichen Ball dazugehörte, sondern die kunstvollen Schritte des damaligen Balletts, in denen er bis dahin immer geglänzt hatte. In den nächsten zwei Jahren gab er seine Auftritte in Balletten und Carrousels ganz auf, teils, weil er erkannte, daß das, was einem sehr jungen Mann gut zu Gesichte steht, bei einem erwachsenen Monarchen weniger angemessen scheint, teils aber auch, weil er in der Uraufführung des *Britannicus*, eines der Meisterwerke Racines, die folgenden Zeilen zu hören bekommen hatte: *«Pour toute ambition, pour vertu singulière / Il excelle à conduire un char dans la carrière / A disputer des prix indignes de ses mains / A se donner lui-même en spectacle aux Romains»*[137] (Sein ganzes Streben und sein größter Erfolg / Ist es, im Wagenrennen zu brillieren, / Um Preise, seiner unwürdig, zu streiten, / Sich selbst als Schauspiel zu bieten für ganz Rom). Die Zeilen bezogen sich auf Nero, doch der König zog daraus auch seine eigenen Lehren.

Mochte das Fest auch noch so rauschend sein – für einen der Gäste war es nichts als Qual: Von der Herzogin von La Vallière, inzwischen *maîtresse déclarée*, erwartete man, daß sie überall dabei war und sich fröhlich und dekorativ zeigte. Doch sie wußte nur zu gut, daß der König, auch wenn er noch bisweilen mit ihr schlief, in Mme. de Montespan verliebt war; und diese Dame sorgte dafür, daß ihre Vorgängerin es allenthalben zu spüren bekam. Sie mußte sich um so schlechter fühlen, wenn sie ihre Lage an diesem Abend – in aller Öffentlichkeit geehrt, und doch mit gebrochenem Herzen – mit derjenigen vor gut vier Jahren verglich, als sie die großen Feierlichkeiten der *Plaisirs de l'Ile Enchantée* genossen hatte; damals hatte sie weder Titel noch Rang bei Hofe gehabt und war doch die Heldin des Tages gewesen: Ludwig XIV. war leidenschaftlich in sie verliebt und bekannte sich zum ersten Mal offen dazu.

In der Tat wäre es schwer, kein Mitleid mit der Herzogin von La Vallière zu empfinden: Anders als die meisten ihrer Nachfolgerinnen, unter Ludwig XIV. wie unter Ludwig XV., besaß sie nicht den geringsten Ehrgeiz; ihr lag nichts an Geld oder Ehren, sie hatte keine gierige Familie, der sie etwas zukommen lassen mußte. Erst nach schweren Kämpfen war sie Ludwigs Geliebte geworden, und auch da nur, weil sie über alle Maßen in ihn verliebt war; nun, und das noch für einige Jahre, hatte sie ein schweres Kreuz zu tragen, denn sie mußte am Hof bleiben und Zeugin der Triumphe ihrer Rivalin werden.

Daß der König grausam zu ihr war, läßt sich nicht bestreiten, doch wie immer hatte er seine Gründe dafür. Der erste und ehrenhafteste dieser Gründe ist, daß er sie noch immer liebte und ihre Gesellschaft nicht missen wollte; der zweite Grund war, daß Mme. de Montespan verheiratet war. Ein doppelter Ehebruch, offen zur Schau gestellt, war nach wie vor etwas Schockierendes; folglich mußte die Herzogin von La Vallière den Deckmantel ausbreiten, hinter dem sich der König seiner Leidenschaft hingeben konnte.

Sah man einmal von ihrem unbequemen und nicht selten ungebärdigen Ehemann ab, dann schien sich Mme. de Montespan weitaus besser zur Geliebten des Königs zu eignen als die schüchterne und sanfte Herzogin von La Vallière. Selbst inmitten dieses brillanten Hofs war sie eine faszinierende Persönlichkeit: Blond, schön, mit bemerkenswerter, wenn auch üppiger Figur, wußte sie, wie sie mit prächtigen Kleidern und grandiosem Auftreten alle anderen Damen in den Schatten stellen konnte. Das Großartige liebte sie an sich selbst, an ihren Juwelen, an ihren Gemächern. Sie liebte es, im großen Stil zu leben, in Essen, Trinken, Spiel und in der Liebe. Sie konnte majestätisch oder übermütig sein, kühl und geistreich oder umwerfend komisch. So wie der König selbst allmählich überlebensgroße Züge annahm, so erschien auch Mme. de Montespan strahlender und mächtiger als alle ihre Zeitgenossinnen; und ihre Wutanfälle, die auch vor Ludwig XIV. nicht haltmachten, waren zu Recht berühmt.

Bei alldem wurde allerdings, zumindest andeutungsweise, der Schein gewahrt. Zum Beispiel lagen die Gemächer Mme. de Montespans hinter denen der La Vallière, so daß der König nach außen hin zur Herzogin ging und dort seine Diener fortschickte, um dann insgeheim zu Mme. de Montespan hinüberzugehen. Als sie 1669 schwanger wurde, wurde dies sorgfältig kaschiert, und sie kam in aller Heimlichkeit nieder.

Man kann sagen, daß der König, wohin immer er blickte, Anlaß zur Zufriedenheit hatte. Sein Hof war der brillanteste in Europa und wurde bereits allenthalben kopiert; seine löwenmähnige Perücke breitete sich zum Beispiel von Frankreich bald über ganz Europa aus, und ebenso seine Moden in Kleidung und Ausstattung: Das, was man zu Recht das französische Jahrhundert nennen könnte, hatte begonnen – unabhängig von allen Schwankungen im Politischen blieb Frankreich für die nächsten einhundertundzwanzig Jahre der Leitstern, dem das übrige Europa folgte. Warum nicht? Mansart in der Architektur, Lebrun in der Malerei, Lully in der Musik, Molière und Racine im Theater – alle hatten sie zur Überlegenheit des französischen Stils beigetragen. Eine neue, kleidsamere Männermode hatte die Kuriositäten der frühen sechziger Jahre abgelöst, und mit nur wenigen Abwandlungen hielt sie sich bis ans Ende des 18. Jahrhunderts. Man trug Kniebundhosen mit Strümpfen und Schnallenschuhen; ein offen getragener Mantel reichte bis fast an die Knie, und dazu wurden geschlossene Weste und Spitzenhalstuch getragen. Für Frauen wurden gerade Linien Mode: die Taillen in engen Korsetts, mit gerade geschnittenen, aber reichverzierten Unterröcken, dazu ein Rock, der vorne offen, auf der Rückseite gerafft war. Und überall gab es Edelsteine – sie waren an die Mäntel der Männer und die Kleider der Frauen genäht, wurden auf Hüten und Schuhen getragen, als Knöpfe und Diademe; der Gesamteindruck war also ebenso elegant wie prächtig.

All das beruhte auf dem Wohlstand eines Aufschwungs, der sich auch im jährlichen Staatshaushalt bemerkbar machte. Warf Ludwig XIV. im Jahre 1670 einen Blick in sein kleines Notizbuch, so konnte er sehen, daß seine Einkünfte von 63 Millionen Livres 1664 auf 74 Millionen in diesem Jahr angestiegen waren, obwohl die Steuern unverändert geblieben waren, und dank der Finanzreform war der Zinsanteil dabei verschwindend gering. In jenem Jahr wurden sogar die Ausgaben für eine Reihe von Etatposten spürbar vergrößert: Das Militär erhielt zusätzlich 16 Millionen; weitere knapp 2,5 Millionen wurden für die Befestigung der neuerworbenen Städte im Norden aufgewendet; 9,5 zusätzliche Millionen gingen auf Anregung Colberts an die Marine; und zu guter Letzt sorgte der König auch noch für sein eigenes Vergnügen: Seinen Bauetat erhöhte er sich von 2 auf 5 Millionen. Und was das Beste daran war, all das geschah mit einem ausgeglichenen Haushalt. Genaugenommen endete das Jahr 1670 aufgrund einiger nicht ganz exakter Schätzungen mit einem Defizit von 4 Millionen; doch schon im nächsten Jahr war die Schuld wieder abgetragen.

Zweifellos wäre all das nicht ohne Ludwigs ständigen Bemühungen möglich gewesen, doch kam hinzu, daß er von Ministern unterstützt wurde, die Meister ihres Faches waren. Colbert, wie immer der Mann mit dem umfassendsten Aufgabenbereich, betreute die gesamte Wirtschaft, hatte die Oberaufsicht über die immer umfangreicheren Bauprojekte des Königs, kümmerte sich jedoch auch um Kleinigkeiten; am 5. Mai 1670 etwa schrieb er an den König:

«Sire, Mlle. de Blois [die illegitime Tochter des Königs] hatte die Windpocken ... Sieur Bruger kümmerte sich um sie: Sie hat es nun, Gott sei Dank, beinahe überstanden. Der Graf von Vermandois [ihr Bruder] ist von einer schweren Erkältung geplagt. Eure Majestät können versichert sein, daß meine Frau gut für ihn sorgt.»[138] Daß Colbert so viele Leistungen zu verbuchen hatte, hieß jedoch nicht, daß von ihm weniger Gehorsam erwartet wurde als von allen anderen Untergebenen des Königs. Im Frühjahr 1671 beispielsweise hielt sich der König nicht an Colberts Rat in Militärangelegenheiten; dieser beharrte auf seiner Meinung und klagte, sein Meister lasse sich von anderen beeinflussen. Daß ein Minister sich solcherart überlegen gegenüber den anderen gab, war genau das, was Ludwig XIV. um jeden Preis verhindern wollte, doch andererseits war ihm Colberts unermüdlicher Einsatz nicht verborgen geblieben, und er war ihm dankbar dafür; also schrieb er ihm einen Brief, dessen Mischung aus Strenge und Freundlichkeit ausgesprochen typisch für die Art des Königs ist: «Denkt nicht, meine Hochschätzung Eurer Person könne schwinden, solange Ihr in Diensten steht; das wird niemals geschehen; doch Ihr müßt mir diese Dienste so erweisen, wie ich sie wünsche, und mir vertrauen, daß ich alles zum besten tun werde.

Daß ich, wie Ihr befürchtet, andere bevorzuge, darf Euch nicht kümmern. Ich bin stets nur darauf bedacht, Ungerechtigkeit zu vermeiden, und arbeite für das Wohl meiner Bedienten. Genau das werde ich tun, wenn Sie alle in meiner Nähe sind.

Seid in der Zwischenzeit versichert, daß sich meine Gefühle Euch gegenüber nicht gewandelt haben und daß diese von einer Art sind, wie Ihr sie Euch besser nicht wünschen könnt.»[139]

Man könnte beinahe denken, es sei ein Brief an einen eifersüchtigen Liebhaber, und tatsächlich hatte die Verehrung, die Colbert dem König entgegenbrachte, viel von einem Liebesverhältnis. Ludwig XIV. fühlte sich seinerseits Colbert sehr verbunden: Zwar war er stets Herr aller Entscheidungen, doch wußte er gut genug, daß nur mit den besten Ratgebern seine Geschäfte reibungslos abgewickelt werden konnten; jeder der Minister spielte die tragende Rolle in seinem eigenen Aufgabenbereich, doch nur Colbert war derjenige, der sich über die Vielfalt seiner eigenen Zuständigkeiten hinaus um all die anfallenden Kleinigkeiten kümmerte, die nicht eindeutig einem Bereich zuzuordnen waren. Ein gutes Beispiel sowohl für die Geschicklichkeit des Ministers als auch für die Macht des Königs ist ein Vorfall, der sich Anfang des Jahres 1670 ereignete und der zwanzig Jahre zuvor noch eine bedrohliche Krise heraufbeschworen hätte.

Es ging dabei um niemand geringeren als Monsieur. Der Herzog von Orléans hatte sich zwar im Flandern-Feldzug durch bemerkenswerte Tapferkeit hervorgetan, doch nach wie vor war er im Grunde ohne Beschäftigung, mit einer Frau verheiratet, die er verachtete und die alles tat, ihm das Leben zu vergällen; doch nun hatte er sich über beide Ohren in den Chevalier de Lorraine verliebt, den mittellosen jüngsten Sohn eines jüngeren Sohns aus dem illustren Hause Lothringen. Der Chevalier hatte von Geburt das Recht, am Hof zu sein, und verließ sich darauf, daß sein gutes Aussehen und seine verführerische Art den Mangel an Finanzen wettmachten; und da er sich nach seinen Gönnern bei beiden Geschlechtern umsah, hatte er es bereits zu einigem Erfolg gebracht, als sich Monsieur, der sich schon immer zu attraktiven jungen Männern hingezogen gefühlt hatte, rettungslos in ihn verliebte. Man braucht kaum zu erwähnen, daß der Chevalier seine Chance nützte: Monsieur mochte nicht mächtig sein, aber er war sehr reich, und gelegentlich konnte er Vergünstigungen vom König erlangen; und da Eifersucht die Liebe anzufeuern pflegt, konnte man Lorraine neben seiner Affäre mit dem Prinzen auch – und zwar, wie manche sagten, mit Erfolg – um Madame werben sehen.

Das alles blieb Ludwig XIV. natürlich nicht verborgen; und da es zu seiner Taktik gehörte, Monsieur zufriedenzustellen, kam er von Zeit zu Zeit auch Bitten seines Bruders nach, die den Chevalier betrafen. Ormesson berichtet uns, was als nächstes vorfiel: «Als die Nachricht vom Tode des Bischofs von Langres in Saint-Germain eintraf, begab sich M. le duc d'Orléans, der dem Chevalier de Lorraine die beiden Klöster, die M. de Langres gehört hatten, versprochen hatte,* zum König und bat um Erlaubnis, diesen Plan weiterverfolgen zu dürfen. Dies zu tun, entgegnete der König, erlaube ihm sein Gewissen nicht, und er verweigerte es [Monsieur], obwohl dieser doch mehrfach darum bat; daraufhin ordnete der ausgesprochen verärgerte Monsieur an, man solle seinen Hausstand packen, denn er werde den Hof verlassen. Während dies noch geschah, schickte der König M. Le Tellier zu Monsieur; dieser sollte ihm zum Bleiben überreden, doch seine Bemühungen blieben erfolglos – hätte er, sagte Monsieur, ein Haus, das tausend Meilen entfernt läge, so würde er dorthin gehen.»

Daß der König sich weigerte, lag nicht nur in religiösen Skrupeln begründet, auch wenn die Vorstellung, daß ein Schnorrer wie der Chevalier de Lorraine zwei Klöster besitzen könnte, schon ein wenig schockierend war. Ebenso wichtig war, daß es Teil der Strategie Ludwigs XIV. gegenüber seinem Bruder war, die ihm immer wieder die Abhängigkeit seiner Position vom Wohlwollen des Königs bewußt machen sollte; so gesehen war dies die ideale Gelegenheit, ihm einen Wunsch zu verweigern. Niemand jedoch hatte damit gerechnet, daß der sonst so friedfertige Monsieur den Hof verlassen

* Das heißt deren Einkommen; sie wären dann von einem schlecht bezahlten Kirchenmann geführt worden. Es war eine damals übliche Praxis, doch Ludwig XIV. begann auch in anderen Fällen dagegen vorzugehen.

würde, ein Schritt, der zweifellos Erinnerungen an den verstorbenen Gaston d'Orléans weckte, der unter vergleichbaren Umständen einen Bürgerkrieg vom Zaun gebrochen hätte.

Eine so katastrophale Entwicklung war allerdings im Jahre 1670 undenkbar – eine Tatsache, an der sich das von Ludwig XIV. bereits Erreichte abschätzen läßt; und Monsieur neigte zwar zum Schmollen und zu Wutausbrüchen, war aber doch im Grunde absolut loyal; doch der König ließ es nicht darauf ankommen. Schließlich hatte er die perfekte Geisel zur Verfügung, und er machte sich diese Tatsache auf der Stelle zunutze. «Dem König wurde diese Nachricht überbracht, und da er annahm, M. le chevalier Lorraine habe Monsieur zu seinem Verhalten angestiftet, ließ er diesen unverzüglich verhaften. Die Wachen vor der Wohnung Monsieurs, wo der Chevalier de Lorraine sich gerade aufhielt, wurden verdoppelt. M. Le Tellier ging hinein, um Monsieur von der Entscheidung des Königs in Kenntnis zu setzen, und M. le chevalier de Lorraine begab sich, nachdem er von Monsieur umarmt und als bester Freund verabschiedet worden war, hinaus..., wurde vom Hauptmann der Wache gefangengenommen und dann... nach Montpellier geschickt. Um Mitternacht verließ Monsieur mit Madame Saint-Germain, hielt sich einen Tag lang in Paris auf... und reiste dann nach Villers-Coteret.»*[140] All das geschah am 30. Januar.

Drei Tage später wandte sich der verzweifelte Monsieur auf der Suche nach einem Ausweg aus der Krise an Colbert: Das war die naheliegende Adresse; von der Position des Ministers legt dieser Brief ebenso eindeutig Zeugnis ab wie vom Verhältnis der beiden königlichen Brüder zueinander.

«Monsieur Colbert», schreibt der Herzog von Orléans, «da ich Sie nun schon seit einiger Zeit zu meinen Freunden zähle und da Sie der einzige unter denen sind, die die Ehre eines vertrauten Umgangs mit dem König genießen, und Sie mir auch in meiner gegenwärtigen grauenhaften Lage Sympathie entgegenbrachten, nehme ich an, daß Sie es mir nicht übelnehmen, wenn ich Sie bitte, dem König folgendes mitzuteilen: Daß ich hierher gereist bin unter den größten Schmerzen, weil ich entweder ihn verlassen oder mich mit Schande überziehen mußte, wäre ich am Hofe geblieben. Daß ich ihn bitte, sich auszumalen, was die Welt sagen würde, sähe sie mich glücklich und zufrieden bei den Karnevalsvergnügungen in Saint-Germain, während ein unschuldiger Prinz [der Chevalier de Lorraine], mein liebster Freund auf Erden und mir aufrichtig zugetan, sich in einem elenden Gefängnis in Liebe nach mir verzehrt; ganz zu schweigen von der Art, in der er verhaftet wurde und die für mich eine Kränkung war, unsicher, wie ich war, ob nicht ich selbst derjenige sein sollte, der unter Arrest gestellt wurde, denn mein Gemach war

* Eines seiner Schlösser, etwa zwanzig Meilen nördlich von Paris gelegen.

eine ganze Weile lang von Wachen umstellt, an den Türen wie an den Fenstern, und meine Diener waren in heller Aufregung, weil sie nicht wußten, ob dies alles meiner eigenen Person galt.» Man sollte sich an dieser Stelle die Tatsache vergegenwärtigen, daß Seine Königliche Hoheit der Herzog von Orléans, ein Sohn Frankreichs, den bürgerlichen Minister Colbert als einen Freund anspricht – etwas, das nur zehn Jahre zuvor noch undenkbar gewesen wäre; und daß er es für möglich hielt, der König könne ohne jeden Grund seine Verhaftung anordnen. Außerdem ist der Brief mit seinem ungestümen Wortschwall typisch für den Verfasser: Hier hören wir tatsächlich die Stimme Monsieurs.

«Darüber hinaus», fährt er in seinem Brief fort, «ließ der König meine Gattin fragen, was sie zu tun gedenke; was zeigt, daß er bereit gewesen wäre, ihr zu gestatten, ihre Pflichten mir gegenüber zu vernachlässigen und mich zu verlassen. Trotz alledem hätte ich den König nicht im Stich gelassen, hätte ich mich selbst für nützlich in seinen Diensten erachtet; doch so, wie er mich von jeher behandelt, mußte ich vom Gegenteil überzeugt sein. Ich weiß, bei der Verfassung, in der ich nun bin, wäre ich ihm nur ein unleidiger Anblick, und es könnte ihm womöglich gar Kummer bereiten, hätte er unablässig einen Bruder vor Augen, den er der tiefsten Verzweiflung anheimgegeben hat. Für ihn wäre es schmerzhaft, für mich schändlich, und ich will nichts weiter als meinen Schmerz verbergen, bis er mir wieder erlaubt, fröhlich zu sein. Hätte ich den Mut dazu, so würde ich den König bitten, sich in meine Lage zu versetzen..., mir den bestmöglichen Rat zu geben, so daß die Welt erkennen kann, daß er ihn einem Bruder gab, der sich sein Leben lang darum bemüht hat, ihm zu gefallen; denn daran kann mein Benehmen keinen Zweifel lassen. Statt dessen möchte ich Ihnen mein Herz ausschütten, denn Sie haben keine Interessen außer denen des Königs... Träfe M. le chevalier de Lorraine eine Schuld, so wäre ich der erste, der ihn abweisen würde, doch er trachtete nie nach anderem als danach, sich das Wohlwollen und die Achtung des Königs zu verdienen; dafür stehe ich ein, denn ich kenne die Geheimnisse seines Herzens besser als irgend jemand sonst; und ich werde zur Zerknirschung meiner Feinde beweisen, daß ich den König mehr liebe als mich selbst, wenn er es mir nur möglich macht, meine Liebe zu ihm mit meiner Ehre zu versöhnen, und ich bitte ihn, dabei nicht zu vergessen, daß ich sein Bruder bin.»[141]

Ein vollkommenerer Gegensatz zum Verhalten der Prinzen früherer Generationen ließe sich schwerlich vorstellen; zweifellos war allein die Aussicht auf ein Leben unendlicher Langeweile in Villers-Coteret, das durch die Gegenwart der böswilligen Madame noch unerträglicher geworden wäre, Grund genug, eine Aussöhnung herbeizusehnen; doch steht es außer Zweifel, daß Monsieur echten Schmerz bei dem Gedanken verspürte, vom König getrennt zu werden.

Unter diesen Umständen war mit einer schnellen Lösung zu rechnen, zumal Ludwig XIV. auch in diesem Fall wiederum nicht zögerte, Kapital aus den Gefühlen anderer zu schlagen. Folglich ergab sich bald ein Kompromiß: Monsieur erklärte sich bereit, bedingungslos an den Hof zurückzukehren, so daß ein gefährlicher Präzedenzfall vermieden wurde; dann aber solle der König seine Bitte erhören. Und so geschah es auch tatsächlich am 3. März: Monsieur und Madame trafen wieder in Saint-Germain ein, kurz darauf erhielt der Chevalier de Lorraine seine Freiheit zurück. Erst einige Zeit später jedoch wurde ihm wieder Zutritt bei Hof gewährt; und als Ludwig XIV. ihm schließlich die Erlaubnis zur Rückkehr gab, war Monsieur von geradezu rührender Dankbarkeit.

Man hätte sich keine bessere Illustration der neuen Verhältnisse denken können: Nicht nur, daß niemand die Macht besaß, den König herauszufordern – es kam nicht einmal jemand auf die Idee, es zu versuchen. Doch so vollauf befriedigend die Lage auch sein mochte, war es doch denkbar, daß sie nicht von langer Dauer war: Die Abfassung der Memoiren macht deutlich, daß Ludwig XIV. nie vergaß, daß er in jedem Augenblick sterben konnte und der Thron dann von neuem an einen Minderjährigen ging. Doch auch wenn er fünfzig oder sechzig Jahre alt wurde – was für die meisten im 17. Jahrhundert schon ein Greisenalter bedeutete –, mochten seinem Nachfolger die Qualitäten abgehen, die ihn auszeichneten. Es kam also darauf an, eine Institution zu schaffen, die von sich aus so stark war, daß sie in der Lage war, auch einen schwachen Monarchen zu tragen; und da die drohenden Gefahren von der Aristokratie ausgingen, lag die Lösung in einem Hof, der so kostspielig und so zeitaufwendig war, daß er diese ehedem gefährliche Gruppe neutralisierte. Es kann dem König nicht ungelegen gekommen sein, daß dies mit einer weiteren Glorifizierung seiner Stellung einherging; und so machte er sich also daran, den angemessenen Rahmen für diese neue Monarchie zu schaffen.

VII

# DER GOLDENE BIENENSTOCK

»Diejenigen unter den Künsten, die nicht gänzlich auf den Verstand angewiesen sind, solche wie Musik, Malerei, Bildhauerei und Architektur, waren vor jener Epoche, die wir das Zeitalter Ludwigs XIV. nennen, in Frankreich nur wenig entwickelt»,[142] schreibt Voltaire im Jahre 1751. Ebenso elegant wie irreführend tut dieses Diktum Architekten wie du Cerceau und Salomon de Brosse oder die Maler der zweiten Schule von Fontainebleau ab; allerdings fährt Voltaire dann mit einem Lob Poussins fort, den er als den Vater der Malerei in Frankreich ansieht. Was Voltaire, dieser Inbegriff der Aufklärung, wirklich im Sinn hat, ist allerdings jene Art von Gesamtkonzept der künstlerischen Gestaltung, für die Frankreich so berühmt und um die es so beneidet wurde; und dieses entwickelte sich unter dem Sonnenkönig.

Dabei steht außer Frage, daß Ludwig XIV., immer von Colbert beraten, sich lediglich einer schon bestehenden Tendenz anschloß: Schon während der Fronde hatten sich einige reiche Parlamentsmitglieder allmählich zu einem neuen prächtigen Lebensstil vorgetastet, der sich mehr der Kunst als der bloßen Verwendung wertvoller Materialien verpflichtet fühlte. Diese Tendenz fand einen ersten Höhepunkt in Vaux, und das Ergebnis war so beeindruk-kend, daß der König und Colbert die Männer Fouquets schlichtweg übernahmen: Binnen Wochen nach dem Sturz des Finanzministers hatten Lebrun, Le Vau und Le Nôtre die Arbeit an den Häusern des Königs aufgenommen; doch selbst ihre Leistungen, sieht man einmal vom Palais des Tuileries ab, blieben fragmentarisch. Hier eine Fassade, dort ein paar Zimmer, anderswo ein Stück Garten – das machte noch keine Revolution des Geschmacks aus: Wie so oft mußte die Politik hinzukommen, um den Künsten das Betätigungsfeld zu schaffen, das sie brauchten.

Der König war sich vollauf bewußt, daß zu seinem Bild in der Öffentlichkeit auch dasjenige des Kunstmäzens gehörte; wenn es um Musik ging, fiel ihm sogar nichts leichter als das. Selbst talentiert und ein großer Kenner von Musikern und Komponisten, vergrößerte Ludwig XIV. auf der Stelle das königliche Orchester und ließ es nicht nur auf Konzerten spielen, sondern auch zu seinen sämtlichen Mahlzeiten. Die Oper erhielt unter der Gesamtleitung Lullys neuen Auftrieb, und die Zahl der Aufführungen vervielfachte sich; 1680 erweckte sie bereits ebensoviel Interesse – und gelegentliche Auseinandersetzungen – wie das Theater, und Ludwig selbst war der aufgeschlossenste und verständigste aller Kritiker.

Die Malerei jedoch hatte ihm offenbar weniger zu sagen; Kunsthandwerk, das er in großem Stil sammelte, war mehr nach seinem Geschmack als die hohe Kunst. Nicht daß er ein Banause gewesen wäre; doch während er ohne Musik nicht leben konnte und deshalb unablässig neue Werke in Auftrag gab, ist es wahrscheinlich, daß er Gemälde lediglich erwarb, um eine Sammlung vorweisen zu können, die eines großen Königs würdig war. Die Anweisungen, die er während der siebziger Jahre an eine ganze Reihe von Agenten in Italien schickte, haben etwas geradezu Unpersönliches. Kaufen Sie das Beste und davon viel, lauteten sie – ein Auftrag, der denen gewisser amerikanischer Millionäre der Jahrhundertwende nicht unähnlich ist. Ohne Zweifel dienten diese Kunstkäufe nicht dazu, die Sehnsucht des Königs nach Werken eines bestimmten Meisters zu befriedigen, sondern lediglich dazu, sein Ansehen noch weiter zu erhöhen. Selbst daß er – wie er das während seiner gesamten Herrschaft tat – jeden Poussin kaufte, der auf den Markt kam, hatte weniger mit seinem persönlichen Geschmack zu tun als mit dem Bestreben, das Werk eines Mannes zusammenzubringen, der allgemein als der einzige Maler von Format galt, den Frankreich jemals hervorgebracht hatte.

Letzten Endes spielte es aber auch keine Rolle, ob die bildende Kunst den König rührte oder nicht: Er wußte genau, daß es ein gutes Mittel war, seinen eigenen Ruhm zu mehren, wenn er die führenden Maler und Bildhauer seiner Zeit förderte; und die Verbindung aus bildender Kunst und Architektur, wie er sie in Vaux kennengelernt hatte, war gerade der Ansporn, den er brauchte. Es kam sogar noch besser, denn einer der drei Verantwortlichen für Vaux, Lebrun, war der rechte Mann, diese Verbindung noch zu vertiefen; schon 1663 wurde deshalb dem Maler ein Adelspatent verliehen – sein Wappen schloß die goldene Sonne und die Königslilie mit ein –, und innerhalb eines Jahres wurde er zum Vorsitzenden der Académie de Peinture und Direktor der Gobelin-Manufaktur. Beide Posten waren genau, was dieser begabte Mann brauchte, der nicht nur ein talentierter Maler war, sondern vor allem ein genialer Planer und Organisator.

Dabei spielten die Gobelins eine besonders bedeutende Rolle. Die Manufacture Royale, in der Colbert eine Reihe kleiner, unabhängiger Teppichwirker zusammengeschlossen hatte, war bald in allen Bereichen der dekorativen Kunst tätig; neben den Wandbehängen, für die sie noch heute berühmt ist, stellte sie Kunstgegenstände – Vasen, Krüge, Kassetten etc. – sowie Möbel her, die meisten davon aus massivem Silber. Nun, wo Lebrun die künstlerische Leitung übernommen hatte, konnte er für jene Einheitlichkeit des Stils sorgen, die seine große Leistung werden sollte.

Doch gute Dekoration kann nicht ohne gute Architektur bestehen, und auch in diesem Bereich hatte Ludwig XIV. Glück: Während der ersten vierzig Jahre, in denen er persönlich regierte, von 1661 bis 1700, konnte er mit zwei der ganz großen Architekten zusammenarbeiten, mit Le Vau und Mansart. Für einen König mit seiner Leidenschaft für das Bauen war das die ideale Ausgangssituation, zumal die Qualität der Arbeiten Mansarts stets gleichbleibend war, egal, ob es sich um das Projekt eines Palastes oder nur um einen winzigen Pavillon handelte. Trotzdem wäre es falsch, die verschiedenen Baukampagnen, die bereits mit der Übernahme der persönlichen Regierung begonnen hatten, in einen Topf zu werfen. Vor 1668 war das meiste Stückwerk: Die Tuilerien wurden vollendet; dem Louvre fügte man eine weitere Fassade hinzu; es gab kleine Ausbauten in Versailles und Fontainebleau. Nach 1668 hingegen stand, und das für fast zwanzig Jahre, die eine große Aufgabe im Mittelpunkt: die Errichtung des prächtigsten Palastes in ganz Europa. Seit den achtziger Jahren führten dann die Vergnügungspavillons des Königs – Trianon, Marly – einen gänzlich neuen Stil ein, während an Versailles noch immer gebaut wurde; die Kapelle, 1701 begonnen, wurde erst 1710 vollendet.

Versailles, dieser riesige Palast mit seinen verschwenderischen Dekorationen und seinen großartigen Gärten, übte vom ersten Tag an Faszination aus – eine Faszination, die sich bis heute gehalten hat. Doch es wurde nicht nur vielfach bewundert, man hat es auch als einen Akt ungeheuerlicher Selbstglorifizierung verstanden, als Ausdruck eines grotesk übersteigerten Ego. Ungezählte Kritiker haben den Vorwurf erhoben, seine Kosten hätten die Nation in den Bankrott getrieben; gerade seine Pracht habe der Monarchie den Todesstoß versetzt, habe sie doch mit ihren vergoldeten Salons eine so gekünstelte Atmosphäre geschaffen, daß Ludwig XIV. den Kontakt zu seinen Untertanen verloren habe.

Doch in Wirklichkeit hält keiner dieser Vorwürfe einer Überprüfung stand. Versailles war alles andere als die Laune eines verschwenderischen Monarchen; es bewahrte nicht nur ein reiches Erbe für Frankreich, es verhinderte auch Blutvergießen, denn es war selbst ein bedeutendes politisches Unternehmen, und zwar ein vollauf erfolgreiches. Zwischen 1540 und 1652 hatten in Frankreich sechs Bürgerkriege getobt; jeder Vorwand – ob Religion, die Minderjährigkeit des Königs oder unverhohlene Habgier – war Anlaß genug gewesen; und selbst wenn der König am Ende die Oberhand behielt

– was nicht immer der Fall war –, waren die Verluste ungeheuer. Nach Versailles gab es keine Bürgerkriege mehr.

Ebensowenig war es allzu teuer. Glücklicherweise haben sich alle Rechnungen erhalten, so daß wir ganz genau wissen, was etwa für eine Türklinke oder ein Schloß gezahlt wurde. Zählt man die Ausgaben der gesamten Bauzeit zusammen, so ergeben sich genau 25.725.836 Livres (was etwa 200 Millionen DM entspräche) – eine große Summe, das ist nicht zu leugnen, doch eine, die Frankreich sich gut leisten konnte, zumal sich die Ausgabe über gut dreißig Jahre verteilte. Man braucht natürlich Vergleichszahlen. Wir wissen nicht, auf welche Summe sich das Bruttosozialprodukt im Frankreich des 17. Jahrhunderts belief – nicht nur, weil sich eine solche Vorstellung erst 250 Jahre später entwickelte, sondern auch, weil es so gut wie unmöglich wäre, diesen Betrag für eine vorindustrielle Gesellschaft festzusetzen, wo viele Transaktionen noch in Naturalien abgewickelt wurden. Der jährliche Haushalt kann uns jedoch eine Vergleichszahl liefern, wobei man immer im Kopf behalten muß, daß Steuern einen wesentlich geringeren Prozentsatz des Nationalvermögens vereinnahmten, als das heute der Fall ist.

In den siebziger Jahren des 17. Jahrhunderts – eine Zeit, zu der die Staatsausgaben noch nicht kriegsbedingt in großem Stil gestiegen waren – belief sich das jährliche Budget auf 85 bis 90 Millionen Livres. Während der beiden Haupt-Bauperioden, 1670–72 und 1677–82, betrugen die Ausgaben: 1670 – 1.632.800 Livres; 1671 – 2.481.108 Livres; 1672 – 2.022.499 Livres, 1673 schlägt mit lediglich 491.171 Livres zu Buche. Im ungünstigsten Fall (1671) macht das knapp drei Prozent der Staatsausgaben aus, die sich in jenem Jahr auf 87 Millionen Livres beliefen. Im Jahre 1680 waren die Einkünfte auf 91 Millionen Livres gestiegen, und die Ausgaben für Versailles erreichten mit 5.640.804 Livres ihren Höhepunkt – doch selbst das waren nur fünf Prozent des Jahreseinkommens; in vielen Jahren waren die Ausgaben minimal. Ob man es also Jahr für Jahr analysiert oder die Gesamtsumme nimmt (25 Millionen gegen einen Haushalt von 2,6 Milliarden), ist der Gedanke, Versailles habe zum Staatsbankrott geführt, vollkommen abwegig.

Daß die Rechnung aufging, war zum guten Teil dem unablässigen Bemühen Colberts zu verdanken. «Was das Geld angeht, vollbringen Sie Wunder, und meine Zufriedenheit mit Ihnen wächst Tag für Tag. Es macht mich froh, Ihnen das zu sagen»,[143] schreibt der König im Jahre 1678 an Colbert; und in der Tat achtete der Minister darauf, daß Versailles so kostengünstig gebaut wurde, als gehöre es dem knauserigsten Privatmann. Fast alle Aufträge wurden ausgeschrieben; statt daß die Armee in Friedenszeiten müßigging, wurde sie zu den groben Arbeiten herangezogen; Voranschläge wurden strikt eingehalten; auf Preisänderungen wurde sorgfältig geachtet. Die Folge war, daß das, was den meisten Betrachtern als grenzenloser Luxus erschien, in Wirklichkeit mit beinahe übertriebener Sparsamkeit gebaut war – mit dem Ergebnis, daß die Kamine oft nicht zogen, die Fenster nicht schlossen und das Leben im Winter dort ganz allgemein wenig komfortabel war.

Natürlich beaufsichtigte Colbert die Arbeit zum großen Teil, doch nicht einmal er konnte gleichzeitig in Versailles und in Paris sein, wo er eine ganze Reihe von Ministerien leitete; Ende der siebziger Jahre ernannte er deshalb einen seiner Söhne, den Marquis d'Ormoy, zu seinem Beauftragten vor Ort. Die Korrespondenz, die sich daraus ergab, ist ebenso lebendig wie instruktiv: Die Themen reichen von Verzögerungen (auch Versailles wurde nicht termingerecht fertiggestellt) über zu hohe Kosten bis hin zu exakten Beschreibungen bestimmter Bauabschnitte oder Dekorationen. Und immer betrachtete der König die Angelegenheit, machte sich seine Gedanken dazu und gab neue Anweisungen. Am 20. Oktober 1679 schreibt Ormoy zum Beispiel an seinen Vater: «Eben hatte ich die Ehre, den König bei einem Besichtigungsrundgang zu begleiten. Er besuchte die *grands appartements* und die *petits appartements** sowie die Empfangshalle, wo Seine Majestät zu einem Imbiß pausierte und mir Anweisung gab, besagte Halle zusammen mit dem angrenzenden kleinen Raum vergolden zu lassen; die Decke solle mit goldenen Initialen verziert werden. Lassen Sie Vertäfelungen über den Türen anbringen. Lassen Sie die Kamine mit marmornen Simsen abschließen; aber das hat keine Eile. Lassen Sie beim Springbrunnen an der Treppe** das Becken in Ordnung bringen; es leckt an einer Seite... Lassen Sie die zerbrochenen Fensterscheiben im Salon auswechseln... Lassen Sie zwischen dem Vorzimmer zum *grand appartement* der Königin und der Wachstube eine Tür durchbrechen. Sorgen Sie dafür, daß der Bau der kleinen Treppe für die Königin schneller vorankommt...

Der König wollte das Wasser aus der Leitung nach Trianon nicht sehen, denn... das Regenwasser blockierte die Brunnen.»[144] Solche Berichte waren typisch, ebenso Colberts ständige Ermahnungen an seinen Sohn, weil dieser seine Fragen nicht immer am selben Tag beantwortete.

Es steht außer Zweifel, daß Ludwig XIV. an Versailles den größten persönlichen Anteil nahm: Jedem Detail stimmte er zuerst anhand des Planes zu, dann überprüfte er es, wenn es verwirklicht worden war, und ließ oft Änderungen vornehmen. Am Ende war der Palast fast ebensosehr sein Werk wie das des Architekten und des Inneneinrichters – und zwar in solchem Maße, daß die Bauarbeiten in Versailles zu einem entscheidenden Bestandteil im

---

* Die *grands appartements* waren die Staatsgemächer und schlossen das Schlafzimmer des Königs mit ein; die *petits appartements* waren die Privatgemächer des Königs.

---

** Die *Escalier des Ambassadeurs*, 1751 abgerissen.

Leben des Königs wurden. Zunächst einmal müssen jedoch die Motive für dieses gigantische Unternehmen erläutert werden.

Anders als bei den Schlössern der Vorfahren Ludwigs XIV. war Versailles nicht aus der Freude des Königs am Bauen heraus entstanden, sondern war in Wirklichkeit sowohl der gestaltgewordene Ausdruck eines politischen Konzepts als auch das Mittel selbst, mit dessen Hilfe dieses Konzept umgesetzt werden konnte; weit davon entfernt, maßlos oder verantwortungslos zu sein, ist dieses Bauprojekt nichts anderes als ein Produkt der Staatsräson. Daß es gleichzeitig von solcher Schönheit ist, ergibt sich aus seinem politischen Zweck, und wir haben allen Grund, dafür dankbar zu sein. Denn in erster Linie ist der Palast eine goldene Falle für die Prinzen und für die Vertreter des Hochadels.

Ebendiese Funktion erfüllte die immer größer werdende Pracht des Hofes bereits 1662; doch gelegentliche Festivitäten – das war nicht zu übersehen – genügten nicht. Dem König schwebte vor, die einst gefährlichen Granden nicht nur für ein paar Wochen oder Monate pro Jahr an den Hof zu binden, sondern für immer. Allein dadurch würden sie von ihren Machtzentren in den Provinzen abgeschnitten, und sie wären dort festgehalten, wo sie unter Kontrolle waren – die Post unterlag der Überwachung durch die Regierung, und alle verdächtigen Briefe wurden geöffnet, gelesen und kommentiert. Hinzu kam, daß die Kosten, die das verschwenderische Leben am Hof mit sich brachte, die Adligen mit aller Wahrscheinlichkeit in immer größere Abhängigkeit vom König brachte: Reichte ihr Einkommen erst einmal nicht mehr aus, so waren sie auf zusätzliche Pensionen und Gehälter angewiesen; und das setzte voraus, daß sie sich dort aufhielten, wo der König sie sah und sich ihrer erinnerte. Natürlich achtete Ludwig XIV. darauf, die Notwendigkeit einer tatsächlichen Anwesenheit am Hof zu betonen, indem er von jedem, den er eine Zeitlang nicht gesehen hatte, mit eisigen Worten sagte: «Ich kenne ihn nicht.»

Es mußte aber dafür gesorgt werden, daß diese permanente Anwesenheit erträglich war, und folglich waren eine grandiose Szenerie und ein erstklassiges Unterhaltungsangebot erforderlich; und, was am wichtigsten war, der König mußte einen Palast besitzen, der in der Lage war, diesen nun so viel größer gewordenen Hof unterzubringen. Eine weitere Folge dieses vermehrten Umfanges und der ständigen Anwesenheit der Hofmitglieder war es, daß der Etikette größerer Raum zugestanden werden mußte und sie immer komplizierter wurde. Indem er die Zahl der Ämter in seiner eigenen Umgebung, derjenigen der Königin und derjenigen der königlichen Familie erheblich vergrößerte, konnte Ludwig XIV. eine weitaus größere Zahl von Adligen an sich binden; indem er die Vertreter der verschiedenen Ämter und die einzelnen Ränge der Aristokratie eifersüchtig aufeinander machte, konnte er des weiteren sichergehen, daß die Energien, die einst Bürgerkriege angestiftet hatten, sich nun im Streit darum verzehren würden, wer das Recht auf einen Schemel und auf den Zugang zum königlichen Schlafzimmer habe.

Und als sei es damit noch nicht genug, sorgte allein die Existenz des Palastes noch für eine weitere neue Beschäftigung des Hofes. Zum ersten Mal standen nun Räumlichkeiten genug zur Verfügung, zwar nicht jeden, aber doch die meisten Höflinge unterzubringen; folglich gab es erbitterte Auseinandersetzungen um die Quartiere, und mancher Herzog mußte sich mit einer kleinen, dunklen Einzimmerwohnung begnügen. Nicht in Versailles untergebracht zu sein galt als Katastrophe: So waren plötzlich auch die reichsten Granden glücklich, wenn sie ihre eigenen weitläufigen Schlösser und ihre luxuriösen Stadthäuser gegen eine Dachkammer tauschen konnten. (In den achtziger Jahren begannen sie dann allerdings, sich eigene Residenzen in der Stadt Versailles zu bauen.)

All das wäre ohne Versailles nicht möglich gewesen. In diesem Licht betrachtet erscheinen die Kosten in der Tat nebensächlich; und doch wurde aus diesem Schloß weit mehr als nur ein erfolgreiches politisches Werkzeug. Zum ersten Mal erleben wir hier, wie ein Land durch seine Gebäude bereichert wird. Die Schlösser Franz' I. oder Heinrichs IV., die Palazzi, die nach Aufträgen der Farnese oder der Orsini entstanden, waren allesamt dazu da, persönlichen Erfolg zum Ausdruck zu bringen; Versailles hingegen gehörte ebensosehr Frankreich, wie es dem König gehörte – eine Tatsache, die von Anfang an dadurch deutlich gemacht wurde, daß die Staatsgemächer und die Gärten jedem anständig gekleideten Besucher offenstanden; und der Erfolg des Königs läßt sich nicht zuletzt daran messen, daß die Anziehungskraft des Palastes im Laufe der Jahrhunderte immer größer geworden ist.

Man kann auch nicht sagen, es sei alles nur Prunk: Ohne Frage ist Versailles ebenso eine bedeutende künstlerische Leistung. Hier wurde nicht nur ein neuer Stil geboren, Versailles blieb auch während der gesamten Regierungszeit ein Mittelpunkt künstlerischer Entwicklungen und setzte neue und atemberaubende Standards. Die Großartigkeit der Wirkung stand natürlich immer ganz obenan – Marmor, Gold und Silber überall –, doch weitaus wichtiger ist, daß jeder einzelne sichtbare Teil der Ausstattung von der gleichen beispiellos hohen Qualität war, so daß von nun an und bis zur Revolution das übrige Europa nach Frankreich blickte, wenn es um Vorbilder für Kunst jeglicher Art ging; ja, von Caserta bis Schönbrunn, von Aranjuez bis Zarskoje Selo finden sich Nachkommen von Versailles über den ganzen Kontinent verstreut.

Genaugenommen ist das, was wir heute sehen, nur die letzte Variante von Versailles, die dritte Stufe sozusagen, und selbst davon hat sich nur wenig erhalten, denn während des ganzen 18. Jahrhunderts und noch drastischer im 19. wurde das Schloß immer wieder neu gestaltet.

Am Anfang stand das Jagdschlößchen Ludwigs XIII., das in den frühen sechziger Jahren ein wenig verschönert und vergrößert worden war; dann erhielt Le Vau 1668 den Auftrag, eine neue Fassade für die Gartenseite zu entwerfen, durch die der Palast wesentlich größere Dimensionen angenommen hätte; zu jenem Zeitpunkt wurde jedoch nur das, was heute der Mittelteil des Gebäudes ist, errichtet: Niemand dachte damals an die beiden riesigen Seitenflügel, und dort, wo heute der Spiegelsaal liegt, befand sich eine offene Terrasse. Nach dem Tode Le Vaus im Jahre 1670 wurden seine Pläne von François d'Orbay ausgeführt; und dann, im Jahre 1676, zeichnete Jules Hordouin-Mansart auf Befehl des Königs die Pläne für ein gänzlich neues Schloß, die zwar die bestehenden Gebäude mit einbezogen, aber ein bei weitem größeres Bauwerk konzipierten. Manches wurde später noch hinzugefügt – die Kapelle, das Opernhaus, die beiden äußersten Flügel des Cour d'Honneur –, doch von diesem Punkt an bekam Versailles in den großen äußeren Zügen die Gestalt, die es bis heute hat.

Natürlich wurde auch die Inneneinrichtung neu gestaltet, auch wenn es schon in den siebziger Jahren prächtige Zimmerfluchten gegeben hatte, in denen der König Hof hielt. Schon das trug dazu bei, daß die Vorstellungen von Monarchie sich von Grund auf wandelten. Auch vor Versailles hatte der König natürlich keinen Zweifel daran gelassen, daß er über allen anderen Menschen stand. Bossuet prägte als begnadeter Redner und getreuer Untertan schon 1662 die eindeutigen Worte: «[Könige] sind Götter; sie selbst mögen sterben, doch niemals ihre Autorität», so sprach er in einer Predigt über die Pflichten des Königs und fügte später hinzu: «Der Thron des Königs ist nicht der Thron eines Menschen, er ist der Thron Gottes selbst.»[145] Wäre der König allerdings winzig, würdelos oder grüblerisch gewesen, hätten solche Vergleiche leicht absurd wirken müssen.

In diesem Falle war das Schicksal jedoch großzügig: Schon als junger Mann war Ludwig XIV. bemerkenswert majestätisch; seine öffentlichen Auftritte waren eindrucksvoll, und er hatte eine Art kultiviert, niemals auf der Stelle eine Bitte abzuschlagen oder zu gewähren – *«Je verrai»*, pflegte er immer zu sagen (Ich werde sehen) –, was manchen peinlichen Augenblick vermied. Er traf für jeden den richtigen Ton, er wußte, wie er freundlich sein konnte, ohne herablassend oder kurz angebunden zu sein. Und was das wichtigste war – er war völlig zufrieden damit, sein ganzes Leben in der Öffentlichkeit zu leben. Wenn er nicht gerade mit seinen Ministern arbeitete oder mit einer seiner Mätressen im Bett war, spielte sich also sein gesamter Tageslauf vor aller Augen ab, und er richtete seine verschiedenen Tätigkeiten so ein, daß sie einem unveränderlichen Plan folgten.

«Niemals stand ein Fürst weniger unter der Herrschaft anderer», notiert Primi Visconti, ein italienischer Beobachter, im Jahre 1673. «Er will über alles informiert sein: Durch seine Minister erfährt er die Staatsangelegenheiten; durch die Präsidenten diejenigen der Parlamente; durch die Richter die kleinsten Vorfälle; durch die Damen seines Herzens die neuesten Moden – mit einem Wort, es gibt im Laufe eines Tages kaum einen Vorfall, von dem er nicht erfährt, und es gibt kaum einen Menschen, dessen Namen und Gewohnheiten er nicht kennt. Sein Blick durchdringt alles, er kennt die persönlichsten Geschäfte von jedem, und wenn er einmal einen Menschen gesehen oder von ihm gehört hat, vergißt er ihn niemals wieder.

Darüber hinaus ist er in allem, was er tut, sehr ordentlich. Er steht jeden Tag um acht Uhr auf, bleibt von zehn bis halb eins im Rat, dann besucht er die Messe, und zwar immer zusammen mit der Königin und seiner Familie. Da sein Wunsch, die Staatsgeschäfte in den eigenen Händen zu halten, so mächtig und so beständig ist, ist er sehr klug geworden... Sein Talent ist außerordentlich, und oft kann er Probleme lösen, an denen seine Minister und deren Sekretäre verzweifelt waren... Um eins, nach der Messe, besucht er bis zwei Uhr seine Mätressen,* dann ißt er täglich mit der Königin öffentlich zu Mittag. Den Rest des Nachmittags verbringt er auf der Jagd oder mit Spaziergängen; meist hält er danach eine weitere Ratsversammlung ab. Vom Abend bis gegen zehn Uhr pflegt er Konversation mit den Damen, spielt Karten, besucht eine Theatervorstellung oder geht auf einen Ball. Um elf Uhr, nach dem Abendessen, besucht er noch einmal seine Mätressen. Die Nacht verbringt er stets mit der Königin...

Bei öffentlichen Auftritten ist er von großer Ernsthaftigkeit, ganz anders als im privaten Umgang. Ich bin mehrere Male mit anderen Hofmännern zusammen in seinem Schlafzimmer gewesen und habe bemerkt, daß er, öffnet sich zufällig die Tür oder geht er [aus seinen Privatgemächern] hinaus, auf der Stelle seine Haltung verändert, und sein Gesicht nimmt einen anderen Ausdruck an, so, als betrete er eine Bühne: Mit einem Wort, er ist sich stets bewußt, wie sich ein König gibt... Hat man ein Anliegen, so muß man ihn persönlich fragen, nicht über andere. Er hört jedem zu, nimmt die Memoranden entgegen und antwortet stets: ‹Ich werde sehen›, in elegantem, majestätischem Ton...

Sein guter Gesundheitszustand und seine kräftige Konstitution sind ihm eine Hilfe... Es ist ein prächtiger Anblick, ihm beim Auszug aus dem Schloß zuzusehen, mit der Leibgarde, den Kutschen, Pferden, Höflingen, Lakaien und einer großen Zahl von Menschen, die ihn allesamt umschwärmen... Der König fährt fast immer allein in seiner Kutsche. Bisweilen allerdings, wenn er auf die Jagd oder auf einen Spaziergang geht, läßt er sich von einigen Höflingen begleiten.»[146]

---

* Mme. de La Vallière und Mme. de Montespan.

Andere mochten Könige sein; Ludwig XIV. war die Inkarnation der Monarchie, und das in einer Zeit, in der – England ausgenommen – niemand in Zweifel zog, daß die göttliche Rangordnung sich auf Erden an den Königshöfen widerspiegelte. In den siebziger Jahren residierte der Hof immer häufiger in Versailles, und der König durchmaß seinen Tag mit einer Majestät und einer Präzision, wie die Sonne die Himmel durchmißt. Doch auch wenn er ungleich höher stand als selbst seine engsten Familienmitglieder, war er doch von kleineren Sternen umgeben; und auch sie halfen, das zu formen, was zum universalen Muster des Hofes eines großen Monarchen werden sollte.

Die Königin war auf ihre Weise ebenso monumental wie ihr Ehemann; sie war allerdings bei weitem weniger eindrucksvoll, und natürlich hatte sie keinerlei Macht. Das soll nicht heißen, Ludwig XIV. habe sie nicht in Ehren gehalten: Er erfüllte seine ehelichen Pflichten mit großer Häufigkeit, eine Tatsache, über die wir durch ihr schon erwähntes Händeklatschen Bescheid wissen. Außerdem soll man in diesen Fällen Maria Theresia am nächsten Morgen weitaus länger als sonst ins Gebet vertieft gesehen haben, zweifellos, um der Gottheit zu danken. Sie hatte nur wenige Vergnügungen – sie besuchte die Gottesdienste, sie aß, sie umgab sich mit Zwergen und kleinen Hunden –, aber sie war zufrieden, und sie wäre vollkommen glücklich gewesen, hätte es nicht die Mätressen des Königs gegeben, die sie stets haßte, auch wenn sie damit nichts bezwecken konnte. Trotzdem tat sie, was man von ihr erwartete, und ihr Verhalten in der Öffentlichkeit war von untadeliger Würde.

Was man von Madame, der zweiten Dame am Hofe, nicht hätte sagen können. Als die sechziger Jahre gingen und die siebziger kamen, konnte es ihr nicht länger verborgen bleiben, daß der König das Interesse an ihr verloren hatte; sie rächte sich, indem sie ihrem Mann das Leben vergällte, so gut sie konnte. Es gab ständig Kräche, und Monsieur, dessen Art es niemals gewesen war, seine Gefühle zu verbergen, beklagte anschließend vor aller Welt sein Schicksal. Und darüber hinaus war Madame nicht nur in eine Reihe von Intrigen mit verschiedenen Fraktionen bei Hofe verwickelt, sie war mit großer Wahrscheinlichkeit auch ihrem Ehemann untreu. 1669 und Anfang 1670 besserte sich ihre Lage, denn Ludwig XIV. benutzte sie als Unterhändlerin zwischen sich und ihrem Bruder, König Karl II. von England; es ist ihren guten Diensten zu verdanken, daß der Vertrag von Dover geschlossen wurde, der die beiden Staaten miteinander verbinden sollte. Da sie nun nützlich war, hatte sie plötzlich auch ein größeres Gewicht am Hof, und der König, der sich früher oft auf die Seite Monsieurs gestellt hatte, begann nun seine Schwägerin zu verteidigen.

Hier haben wir ein weiteres Beispiel dessen, was als Entfremdung Ludwigs XIV. von den üblichen menschlichen Regungen erscheinen konnte. Monsieur erfuhr nicht nur nichts von den Tätigkeiten seiner Frau – sein

Mangel an Diskretion war berüchtigt –, sondern Madame, zu deren Eigenschaften die christliche Nächstenliebe nicht gerade zählte, schickte sich nun erst recht an, ihm sein Leben zur Hölle auf Erden zu machen; und das alles natürlich unter dem distanzierten, aber stets wachsamen Auge des Königs. Als der arme Herzog sich darüber beschwerte, mußte er entdecken, daß er auf keine Hilfe rechnen konnte: Solange Madame nützlich war, konnte sie tun und lassen, was sie wollte.

So war die Lage am Nachmittag des 29. Juni 1670, als Madame, die auf der Terrasse von Saint-Cloud lustwandelte, sich ein Glas Chicoreewasser geben ließ und es trank. Binnen einer Stunde wurde sie von den fürchterlichsten Magenschmerzen heimgesucht; sie wurde zu Bett gebracht, doch die Schmerzen wurden schlimmer, und bald folgten Konvulsionen; binnen Stunden hauchte die Fürstin unter entsetzlichstem Leiden ihr Leben aus.

«Auf der Stelle war von Gift die Rede», notiert der nüchterne Ormesson, «und zwar wegen der Umstände der Krankheit ebenso wie wegen des schlechten Verhältnisses zwischen Monsieur und Madame, das Monsieur, und nicht ohne Grund, empörend fand. Noch am selben Abend wurde der Leichnam [zu einer Autopsie] geöffnet, in Gegenwart des englischen Botschafters und einer Reihe von Ärzten seiner Wahl, darunter mehrerer Engländer, sowie der Ärzte des Königs. Sie berichteten, der Körper Madames sei schwer krank gewesen: Eine ihrer Lungen war mit den Rippen verwachsen und gänzlich unbrauchbar; die Leber war ganz vertrocknet, blutlos, und Galle füllte in großen Mengen den Körper und den Magen; folglich kam man zu dem Schluß, daß es sich nicht um einen Tod durch Gift gehandelt habe: In diesem Falle wäre der Magen zerstört und zerfressen gewesen.»[147] Doch trotz des Berichts der Ärzte breitete sich das Gerücht, Madame sei, wahrscheinlich auf Anstiftung ihres Mannes, vergiftet worden, weiter aus, und zwar in solchem Maße, daß es bis heute nicht ganz verstummt ist. In Wirklichkeit sind keine solchen Vermutungen notwendig, um ihren Tod zu erklären.

Die Tuberkulose war schon seit langem eine Geißel der englischen Königsfamilie; einige Jahre zuvor war ein Bruder Henriettas, Heinrich, der Herzog von Gloucester, daran gestorben; und die Beschreibung des Zustands ihrer Lungen spricht für sich. Daß sie an Bauchfellentzündung, vermutlich tuberkulär bedingt, starb, ist wahrscheinlich, obwohl auch eine Blinddarmentzündung nicht auszuschließen ist. Außerdem war Madame schon seit langem bei schlechter Gesundheit gewesen, sie hatte gehustet und war abgemagert, bis sie nur noch Haut und Knochen war. Das Gerücht, sie sei vergiftet worden, bekam natürlich durch die verblüffende Plötzlichkeit ihres Todes Nahrung; doch in Wirklichkeit waren ihre Kräfte schon seit langem geschwunden. Fairerweise sollte man auch dazusagen, daß Monsieur bei allem Jähzorn keiner Fliege etwas hätte zuleide tun können, geschweige denn seine

Frau umbringen. Es gibt einen großen Unterschied zwischen bitteren Worten und Mord, und für Monsieur war es undenkbar, den Schritt vom einen zum anderen zu tun.

«Viele, am Hof wie in Paris, bedauerten den Tod Madames», fügt Ormesson hinzu. Es ist nicht schwer zu erraten, warum: Madame mochte gelegentlich grenzenlos selbstsüchtig gewesen sein, doch sie strahlte die Art von Charme aus, die man heute bei Filmstars findet; und dazu war sie lebhaft, intelligent, aufmerksam – ein schreiender Kontrast zur langweiligen, beschränkten Königin. Das mochte Bossuet beflügelt haben, als er ihre Trauerode schrieb; jedenfalls steht außer Frage, daß er eins der schönsten Gedichte französischer Zunge verfaßte, eins, das vom damaligen Tag bis heute oft zitiert worden ist.

Natürlich ist es unmöglich, es in voller Länge wiederzugeben – schließlich sprach Bossuet über eine Stunde lang; doch selbst einige wenige Zitate werden den Standard an Beredsamkeit spüren lassen, den man im 17. Jahrhundert erreichen konnte.

«O Eitelkeit! O Leere! O ihr Sterblichen, die ihr euer eigenes Schicksal nicht kennt! Hätte sie es glauben können, zehn Monate zuvor?* Und Ihr, meine Herren, hättet Ihr gedacht, als sie so viele Tränen hier vergoß, daß sie Euch so bald zusammenrufen würde, sie selbst hier zu betrauern?... Nein, nach allem, was Ihr saht, ist Jugend nur ein Wort, Leben nur ein Traum, Ruhm ist nichts als Schein, Anmut und Freude nichts als schädliches Vergnügen... Alles, was Glück und edle Herkunft, und dazu der vortrefflichste Verstand, erlangen konnten, um einer Fürstin Ruhm zu geben, war hier versammelt, und in ihr wurde es vernichtet...

O grauenhafte Nacht! O grauenhafte Nacht, in der die Nachricht wie ein Blitzschlag uns traf, Madame liegt im Sterben, Madame ist tot... Schmerzensschreie allüberall; überall Leid und Verzweiflung und das Antlitz des Todes. König, Königin, Monsieur, der Hof, das Volk, alle sind starr vor Schmerz, alle verzweifelt... Meist ereilt der Wandel die Menschen langsam, und der Tod gibt ihnen Warnung vor seinem letzten Streich, doch Madame, wie die Blumen auf dem Felde, ging von uns zwischen Nacht und Morgen.»[148]

Der Hof war allerdings viel zu sehr mit sich selbst beschäftigt, um sich von dieser bewundernswerten Eloquenz wirklich rühren zu lassen: Nur Karl II. empfand echte Trauer um Madame; der König vergoß zwar Ströme von Tränen, doch er vergaß sie, bevor eine Woche um war; und schon begannen die Verhandlungen, um eine neue Gattin für Monsieur zu finden. In der Tat fiel es allen Betrachtern auf, wie typisch dieser Mangel an Anteilnahme war: Menschen waren nützlich, solange sie am Leben waren; waren sie erst einmal

* Als die Totenmesse für ihre Mutter in derselben Kathedrale gefeiert wurde.

unter der. Erde, mußte man neue Verbündete suchen; und Ludwig selbst war schließlich schon seit langem nicht mehr in Madame verliebt gewesen.

Auch mit der Liebe zur La Vallière war es Anfang der siebziger Jahre zu Ende, obwohl sie nach wie vor dem Titel nach Mätresse war. «Der Einfluß der Herzogin von La Vallière hatte stark abgenommen», notiert Visconti, «und die Marquise von Montespan stand hoch in der Gunst... Sie hatte blondes Haar, große himmelblaue Augen, eine elegante Adlernase, einen kleinen roten Mund mit sehr schönen Zähnen – mit einem Wort, ein vollkommenes Gesicht. Was den Körper anging, so war sie mittelgroß und wohlproportioniert, doch als ich sie zum ersten Mal sah, war sie bereits etwas rundlich geworden. Ihr größter Charme war ihre charakteristische Anmut, ihr Witz, ihre Art zu scherzen, die der La Vallière solche Freude machte, daß sie den Gedanken, von ihr getrennt zu sein, nicht ertragen konnte, und dem König gegenüber schwärmte sie ständig von ihr... das weckte in ihm die Neugierde, sie näher kennenzulernen.»[149]

Wozu er bald Gelegenheit finden sollte, wie schon berichtet wurde; so wie die La Vallière einen jüngeren, weniger emanzipierten Monarchen angesprochen hatte, war die Montespan, dieses strahlende Geschöpf, dessen Gelüste sich mit denen Ludwigs messen konnten, die perfekte Geliebte für die nächste Phase seiner Herrschaft. Daß sie verheiratet war, schien dabei keine Rolle zu spielen, wie Visconti 1674 notierte: «Nicht eine einzige Dame von Rang, die sich nicht danach gesehnt hätte, die Geliebte des Königs zu werden. Viele Frauen, ob verheiratet oder nicht, sagten mir, sich dem Monarchen hinzugeben bedeute keine Kränkung des Ehemannes, des Vaters, ja nicht einmal Gottes... und, was noch schlimmer ist, die Familien, die Mütter, die Väter, ja sogar manche Ehemänner wären stolz darauf.»[150]

Die beharrliche Weigerung M. de Montespans, sich in die Affäre zu fügen, wurde aber doch bald zur Last: Zu sündigen war eine Sache, Gegenstand eines Skandals zu sein eine andere; und der Marquis gab sich alle Mühe, den beiden die Beziehung zu verleiden. Im Jahre 1673 zum Beispiel zog er sich auf seine Ländereien in der Gascogne zurück, wo er ein Requiem für die Seele seiner Gattin feiern ließ; er, seine Kinder und seine Diener trugen Trauerkleider und beklagten unablässig seinen Verlust. Ein anderes Mal zeigte er sich in Paris mit einem mit Hörnern versehenen Hut, zum Zeichen des gehörnten Ehemannes; und die meiste Zeit ließ er sich über seine Frau mit derart ungehobelten Worten aus, daß «Hure» noch das gemäßigtste darunter war.

Deswegen und wegen des peinlichen Umstands, daß es sich um einen doppelten Ehebruch handelte, schreiben die Chronisten aus dieser Zeit stets über die Besuche des Königs bei seinen Mätressen im Plural: Man konnte ja durch die Gemächer der La Vallière in diejenigen von Mme. de Montespan gelangen, und diese hatte als Vorwand herzuhalten. Es war typisch, daß sich

Ludwig XIV. keinerlei Gedanken darum machte, wie der Herzogin wohl zumute war, wenn er sie so zurückließ.

1674 hatte allerdings niemand mehr irgendwelche Zweifel, daß allein Mme. de Montespan zählte. Das zeigte sich schon in Äußerlichkeiten, wie sie in einem Brief zum Ausdruck kommen, den der König am 6. Juni von Dôle aus, das er gerade zum zweiten Male eroberte, an Colbert richtete: «Mme. de Montespan will es nicht zulassen, daß ich ihr Schmuck schenke; aber damit es ihr trotzdem nicht daran mangelt, möchte ich, daß Sie eine hübsche kleine Schatulle besorgen und mit dem ausstatten, was ich Ihnen im folgenden nenne, damit ich ihr jederzeit leihen kann, was sie gerne hätte. Es ist kaum zu glauben, aber wenn es um Geschenke geht, kann sie sehr halsstarrig sein.

Sie werden in diese Schatulle eine Perlenkette legen, und zwar vom Besten; zwei Paar Ohrringe, eins mit den erlesensten Diamanten, das andere mit verschiedenen Steinen; ein Kollier mit Ketten dazu aus Diamanten; ein Kollier mit Ketten aus verschiedenerlei Steinen, die auseinandergenommen und auch mit den Diamanten zusammen getragen werden können. Wir brauchen Steine in jeder Farbe, so daß immer das Richtige zur Verfügung steht. Außerdem brauchen wir ein Paar Ohrringe mit Perlen.

Dann vier Dutzend Knöpfe, deren mittlere Steine man auswechseln kann; der äußere Teil soll aus kleinen Diamanten bestehen, die zu allem passen; die erforderlichen Steine dafür müssen bereitliegen...

Seien Sie nicht sparsam; ich habe meine Freude daran.»[151] Und fünf Tage später beschloß der König ein noch größeres (und teureres) Geschenk: Er hatte in Clagny, etwa drei Meilen von Versailles, Land gekauft, und die Arbeit an einem von Mansart entworfenen Schloß wurde aufgenommen. Zwar wurde es während der Revolution niedergerissen, doch wir wissen aus Stichen des 17. Jahrhunderts, daß es ebenso ausladend wie prächtig war.

Der Anti-Montespan-Druck war allerdings nach wie vor groß: Mit Respekt, aber doch beharrlich, beklagte die Kirche den doppelten Ehebruch. Normalerweise nahm Ludwig XIV. die Kommunion zu Ostern, und folglich spitzte sich die Lage um diese Jahreszeit zu: Hielt die Affäre an, so mußte sich der Allerchristlichste König vom Altar fernhalten; 1675 hatte Bossuet ihn endlich davon überzeugt, daß der Skandal zu große Ausmaße annahm. Schließlich lebte man im Zeitalter Corneilles und Racines: Ludwig und die Marquise trennten sich öffentlich, vergossen Ströme von Tränen und ergingen sich in den erbaulichsten Kommentaren. Sie reiste nach Paris, während er ordnungsgemäß zum Abendmahl ging. Nach etwa sechs Wochen beschlossen die Bischöfe, nun könne man Mme. de Montespan ohne Gefahr an den Hof zurückkehren lassen, und um jede Peinlichkeit von vornherein auszuschließen, fand das Treffen der ehemaligen Liebenden in Gegenwart einer Gruppe von ältlichen, respektablen Damen statt. Anfangs verlief alles nach Plan; dann nahm der König die Marquise beiseite und ging mit ihr zum Fenster; man sah, daß er ihr etwas ins Ohr flüsterte; dann flüsterte sie zurück. Daraufhin kamen sie zurück in die Mitte des Raumes. Ludwig wandte sich den Damen zu, verbeugte sich, die Marquise machte einen Knicks, und anschließend begaben die beiden sich ins angrenzende Zimmer und schlossen die Tür hinter sich. Kurz darauf drangen unmißverständliche Laute durch die Täfelung, und neun Monate später, als Mme. de Montespan ein Mädchen zur Welt brachte, war auch der letzte Zweifel ausgeräumt, den die Damen vielleicht noch gehegt haben mochten.

Im Mai stand die Marquise bereits wieder in voller Gunst. Am 28. dieses Monats schrieb der König an Colbert: «Mme. de Montespan ließ mich wissen, daß Sie [für Clagny] den Kauf einiger Orangenbäume angeordnet haben und daß Sie sich stets erkundigen, was sie gerne hätte; fahren Sie fort, sich nach meinen Anweisungen zu richten, wie Sie es auch bisher getan haben»; am 5. Juli wiederholte er noch einmal: «Tun Sie weiterhin alles, was Mme. de Montespan wünscht»;[152] und am 8. gab er weitere Anweisungen: «Große Summen sind [für Clagny] aufgewendet worden, und das zeigt, daß nichts unmöglich ist für Sie, wenn es darum geht, mir zum Gefallen zu sein. Mme. de Montespan schrieb mir, Sie hätten meine Anweisungen in aller Vollkommenheit ausgeführt und erkundigten sich stets bei ihr, was sie wünsche – machen Sie weiter so. Sie läßt mich auch wissen, daß sie in Sceaux* war und dort einen angenehmen Abend verbrachte. Ich riet ihr, auch einmal nach Dampierre** zu reisen, und ich habe ihr versichert, Mme. de Chevreuse und Mme. Colbert würden glücklich sein, sie dort zu empfangen. Ich bin sicher, Sie werden das gleiche tun. Es freut mich immer zu sehen, daß sie gut unterhalten wird, und diese [Abende] sind bestens zu ihrer Unterhaltung geeignet.

Bestätigen Sie mir, daß Sie dies tun wollen. Ich bin glücklich, Ihnen all dies mitteilen zu können, damit Sie alles, was in Ihrer Macht steht, tun, um für ihre Unterhaltung zu sorgen.»[153]

Aus diesen Briefen erfährt man jedoch nicht nur, daß Ludwig XIV. Wert darauf legte, der Marquise gefällig zu sein: Es ist typisch, daß all diese Anweisungen an die Adresse Colberts gingen, zu dessen vielen Aufgabenbereichen auch alle Fragen gehörten, die mit dem Privatleben des Königs zu tun hatten. Ebenso wie Monsieur sich an ihn gewandt hatte, als er die Versöhnung mit seinem Bruder wünschte, erwartete der König von ihm, daß er sich um

* Colberts Landhaus bei Versailles.

** Das große und prächtige Schloß, das Colberts Schwager gehörte, dem Herzog von Chevreuse.

seine Mätressen und um die illegitimen Kinder kümmerte, natürlich auch um die Bauarbeiten in Versailles, darum, daß die Manufakturen reibungslos arbeiteten, um das, was wir heute die Staatskasse und das Finanzministerium nennen würden, um den internationalen Handel, um die Marine, praktisch um alles außer um den Krieg und um das Justizwesen.

Das alles wurde ihm natürlich nur deswegen aufgebürdet, weil er alle seine Aufgaben mit unglaublicher Effektivität und Aufrichtigkeit bewältigte. Die Folge war, daß sich zwischen ihm und dem König ein sehr spezielles Verhältnis entwickelte, eines, in dem echte Zuneigung mitschwang. Im Laufe seiner Regierung kam Ludwig XIV. dazu, die Fähigkeiten einer Reihe von anderen Ministern zu respektieren – ein Beispiel dafür ist Louvois, der große Rivale Colberts –, doch er wahrte stets einen gewissen Abstand zu ihnen; sie wußten, daß er sie nur schätzte, weil sie ihm von Nutzen waren. Bei Colbert hingegen herrschte ein anderer Umgangston, vielleicht weil Ludwig, der niemals etwas vergaß, sich erinnerte, daß er es zum Teil ihm zu verdanken hatte, daß er über Fouquet triumphiert hatte; deshalb erweckt er oft eher den Eindruck eines besorgten Freundes als den eines gebieterischen Meisters. Am 15. April 1671 etwa schreibt er: «Von Mme. Colbert erfahre ich, daß es mit Ihrer Gesundheit nicht zum besten steht und daß es Ihnen vielleicht nicht guttun wird, mit der beabsichtigten Eile [aus Rochefort] zurückzureisen.

Ich schreibe Ihnen dies, um Ihnen zu befehlen, daß Sie nichts tun sollen, was Sie bei Ihrer Rückkehr außerstande setzen würde, mir Ihre Dienste in jenen wichtigen Geschäften zu erweisen, mit denen ich Sie betraue.

Kurz gesagt, ich bin auf Ihre Gesundheit angewiesen, ich wünsche, daß Sie sie schonen, und ich glaube, daß ich mit Ihnen in einem solchen Tonfall rede, weil ich solches Vertrauen zu Ihnen habe und solche Freundschaft für Sie empfinde.»[154] Freundschaft – das war kein Wort, das Ludwig XIV. leichtfertig gebrauchte, und hier wird vollauf deutlich, welche Bedeutung der Minister für ihn hatte.

Nicht weniger instruktiv ist allerdings ein Brief, den der König nur neun Tage später an Colbert schrieb, nachdem der Minister während einer Ratsversammlung, in der es um die Stellung der Marine gegangen war, noch weiterargumentiert hatte, nachdem der König seine Entscheidung schon bekanntgegeben hatte. In seiner Mischung aus Tadel, Drohung und Sorge bringt dieser Brief geradezu das Wesen der neuen Herrschaft zum Ausdruck. «Vorgestern war ich beherrscht genug, die Tatsache vor Ihnen zu verbergen, daß es mir Schmerz bereitete, einen Mann, den ich mit Gunstbeweisen überhäuft habe, so sprechen zu hören, wie Sie es taten», schreibt Ludwig am 24. April. «Ich habe, wie meine Taten beweisen, Ihnen große Freundschaft entgegengebracht, und ich empfinde diese bis zum heutigen Tag und glaube, daß ich das deutlich genug unter Beweis stelle, wenn ich Ihnen sage, daß ich mich einen Augenblick lang um Ihretwillen beherrschte und daß ich Ihnen in jenem Augenblick nicht sagen wollte, was ich Ihnen nun schriftlich sage, um Sie nicht in eine Lage zu versetzen, in der Sie mein Mißfallen noch weiter erregt hätten.

Daß ich so empfinde, liegt in meinen Erinnerungen an die Dienste, die Sie mir geleistet haben, und an die Freundschaft begründet, die ich für Sie empfinde; seien Sie glücklich darüber, und riskieren Sie es nicht, mich noch einmal zu verärgern, denn ich habe Ihre Argumente und diejenigen Ihrer Kollegen zur Kenntnis genommen und dann über all Ihre Anträge entschieden, und danach will ich über ein solches Thema kein weiteres Wort mehr hören.

Überlegen Sie, ob das Marineministerium vielleicht nicht das richtige für Sie ist, ob Ihre Aufgabe dort nicht Ihren Wünschen entspricht, ob Sie vielleicht andere Wünsche haben, und sagen Sie es frei heraus. Aber wenn ich einmal meine Entscheidung getroffen habe, will ich nichts mehr davon hören.

Ich lasse Sie wissen, was ich denke, damit Sie auf einer soliden Basis arbeiten können und keine falschen Entscheidungen treffen.»[155]

Man könnte schwerlich deutlicher sagen, wo man steht: Der König war stets bereit zuzuhören, *bevor* er eine Entscheidung traf; doch da er ein absoluter Herrscher war, der Repräsentant Gottes auf Erden, war seine Entscheidung, war sie erst einmal gefällt, ohne weitere Gegenrede umzusetzen. In diesem speziellen Falle hatte Colberts Fehltritt seine Wurzeln in der Eifersucht: Louvois bekam für das Kriegsministerium mehr Geld als er für die Marine; in seiner Antwort auf die Entschuldigung des vom rechten Wege abgekommenen Ministers machte Ludwig XIV. seine Position noch deutlicher. «Glauben Sie nicht, meine Freundschaft für Sie werde nachlassen – solange Sie weiter Ihre Pflicht tun, kann so etwas nicht geschehen; doch Sie müssen mir Ihre Dienste so erweisen, wie ich sie mir wünsche, und glauben Sie mir, alles, was ich tue, tue ich zum Besten.

Die Bevorzugung, von der Sie fürchten, ich gewährte sie anderen, darf Ihnen nichts ausmachen. Es liegt mir lediglich daran, Ungerechtigkeiten zu vermeiden, während ich für das Wohl des Staates arbeite. Das werde ich tun, wenn Sie alle bei mir sind.

In der Zwischenzeit lassen Sie sich versichert sein, daß sich meine Einstellung zu Ihnen nicht geändert hat und daß meine Gefühle Ihnen gegenüber so sind, wie Sie es sich nur wünschen können.»[156]

Ludwig XIV. hatte sich sehr deutlich ausgedrückt, und Colbert verstand die Warnung: Niemals wieder zog er eine Entscheidung des Königs in Zweifel; doch wenn wir von heute aus zurückblicken, müssen wir uns fragen, ob das eine nützliche Einstellung war. Die Gründe des Königs liegen auf der Hand: Er war bereit, alles zu tun, was notwendig war, um die Dominanz eines Ministers zu vermeiden, und er verließ sich darauf, daß Gott ihm die rechte

Entscheidung eingab. Doch es kam immer wieder vor, daß er ausgezeichnete Ratschläge mißachtete, nur weil sie ihm nicht gefielen: Als Colbert zum Beispiel zu bedenken gab, es sei nicht möglich, zahlreiche Kriege zu führen, den prächtigsten Hof Europas zu halten und nebeneinander Versailles, Marly und Trianon zu bauen, war das zweifellos eine vernünftige Ansicht. 1671 erwirtschaftete er zum ersten Mal in der Geschichte des Königreichs einen nennenswerten Überschuß, 3.625.353 Livres, und die Schulden wurden gleichmäßig zurückgezahlt. Schon 1680 war an die Stelle dieses Überschusses ein Defizit von viereinhalb Millionen Livres getreten – zwar noch ein überschaubarer Betrag, aber doch ein Alarmzeichen; die Ursache lag in der Weigerung des Königs, seine Ausgaben zu beschränken. Die Folge war, daß französische Historiker Ludwig XIV. beschuldigt haben, auf ihn gehe die permanente Finanzkrise zurück.

Genaugenommen beliefen sich auch viereinhalb Millionen Defizit auf lediglich fünf Prozent des Haushalts – für heutige Betrachter ein lächerlich geringer Prozentsatz; und der König bekam etwas für sein Geld. Man kann nicht sagen, er habe seine Finanzen vergeudet, wenn er sie für Kriege aufwendete, die ihm wichtige Provinzen einbrachten (die schließlich bis heute französisch geblieben sind), oder für Bauten, die sich als Meisterwerke erwiesen und die in ganz Europa bewundert wurden. Es ist eine verwunderliche, aber doch unbestreitbare Tatsache, daß Ludwig XIV., wenn er seinen Impulsen nachgab, statt auf die Vorschläge Colberts zu hören, Großes für den Ruhm und den Wohlstand Frankreichs vollbrachte. Schließlich gibt es wichtigere Ziele als einen ausgeglichenen Staatshaushalt, und das war etwas, wofür der weniger gebildete Monarch mehr Sinn hatte als sein Minister mit all seinen enormen Fähigkeiten.

Daß Ludwig XIV. alle Entscheidungen persönlich traf, heißt jedoch nicht, daß er über die Details seiner Regierungsgeschäfte keinen genauen Überblick gehabt hätte; er entschied nicht nur über die groben Linien; er achtete auch peinlich genau darauf, daß sie in die Tat umgesetzt wurden. Mehr noch, er war stolz darauf, daß ihm niemand gleichkam, wenn es darum ging, auch über die entlegensten Gebiete seines Reiches Bescheid zu wissen. In diesem Zusammenhang ist zum Beispiel ein Brief interessant, den er im Mai 1671 an M. de Baas schrieb, den Gouverneur der Inseln von Amerika, wie die französischen Karibikinseln damals genannt wurden:

«Wie ich höre, haben die Juden, die sich auf Martinique und auf den anderen Inseln, die von meinen Untertanen bewohnt werden, niedergelassen haben, unter erheblichen Kosten das Land urbar gemacht und sind noch dabei, ihre Städte zu befestigen, was für die Bevölkerung von Nutzen sein wird. Ich schreibe Ihnen heute, um Sie von meinem Wunsch in Kenntnis zu setzen, daß diese die gleichen Privilegien genießen sollen wie die anderen Bewohner der besagten Inseln; sie sollen volle Gewissensfreiheit erhalten; auch wenn die notwendigen Maßnahmen getroffen werden sollen, daß die Katholiken an ihren religiösen Zeremonien keinen Anstoß nehmen.»[157]

Zwei Dinge lassen sich aus diesem Brief ablesen, der teils wegen der Sorgfalt, teils wegen seines toleranten Tons bemerkenswert ist. Die erste und naheliegendste Folgerung ist, daß nichts zu unbedeutend für die Aufmerksamkeit des Königs war; die zweite Erkenntnis kommt unvermuteter: Nämlich, daß der König alles andere als ein Feind der Toleranz war. Man kann also deutlich unterscheiden zwischen seiner Einstellung zu den Protestanten einerseits und seinem Sinn für Religionsfreiheit andererseits; und wie immer war es eine Zweiteilung, die ihre Basis in der Politik hatte. Die französischen Protestanten hatten beinahe einen Staat im Staate gebildet, und auch in den siebziger Jahren des 17. Jahrhunderts stellten sie noch eine potentiell gefährliche Minderheit dar, nicht, weil sie weiter Anhänger gewannen, aber doch, weil sie die Macht hatten, sich der königlichen Regierung zu widersetzen. Da es das große Ziel des Königs war sicherzustellen, daß jeder seiner Befehle widerspruchslos umgesetzt wurde, lag es nahe, daß er sich die Bekehrung der Protestanten zum Katholizismus wünschte. Von den Juden jedoch war solcher Ungehorsam nicht zu befürchten, und deshalb unternahm er auch keinen Versuch, sie zu bekehren: Ja, ihre religiösen Bräuche sollten sogar geschützt werden. Auf diese Toleranz sollte man ausdrücklich hinweisen, kommt sie doch von einem Monarchen, der später beinahe zum Inbegriff des fanatischen Katholiken wurde.

Gerade weil Ludwig XIV. sich zu einem so strahlenden Symbol der Monarchie entwickelte, sieht man in ihm heute – in modernen Begriffen – oft den ersten in einer langen Reihe von Diktatoren. Doch in Wirklichkeit war seine Art zu regieren und sich darzustellen – und zwar erst auf Grund seiner sicheren Position als König – das genaue Gegenteil derjenigen, die jemand wie Mussolini an den Tag legte. Während die «Führer» unserer Tage sich gezwungen sahen, vorgebliche Kompetenz in allen Dingen vorzuweisen, holte Ludwig XIV. stets die Meinungen von Fachleuten ein und hielt sich in der Regel auch an ihren Rat; er schmälerte auch nie die Bedeutung derjenigen, die ihm dienten. Um nur ein Beispiel aus vielen anzuführen: Sein Verhalten, als Turenne im Juli 1675 starb, war typisch für ihn.

«An jenem Abend drängten sich alle Höflinge um die Tafel, an der der König zu speisen pflegt; er war kaum eingetroffen, als er auch schon mit ernster Miene verkündete: ‹Wir haben unseren Landesvater verloren› ... Um jedermann zu zeigen, daß das Königreich keinen Mangel an Generälen hatte, und um die Wirkung des Verlustes zu mindern, ernannte der König am nächsten Morgen Schomberg, d'Estrades, Navailles, Rochefort, Luxemburg, La Feuillade, Duras und Vivonne zu Marschällen Frankreichs. Da letzterer der

Bruder Mme. de Montespans war, sagten die Leute, sieben seien durch das Schwert emporgekommen, einer durch die Scheide.»[158] In Wirklichkeit war Vivonne ein tapferer, tüchtiger und erfahrener General; und daß Ludwig XIV. sowohl das Andenken Turennes in Ehren hielt als auch die Lage bedachte, in die Frankreich durch seinen Tod gekommen war, zeugt von großer Vernunft.

Der so oft geschmähte gesunde Menschenverstand war vielleicht die beste Eigenschaft des Königs, und daß er ihn bewahrte, obwohl er so sehr von Schmeicheleien umgeben war, ist nur um so bemerkenswerter – denn die augenfälligste Konsequenz des neuen Systems war, daß jeder ehrgeizige Höfling, Mann oder Frau, nun seine Nähe suchte und daß das kleinste Wort von ihm zum Evangelium wurde. Ein Beispiel aus dem Jahre 1674 ist die Geschichte des Herzogs von Mazarin – des angeheirateten Neffen des Kardinals und des Mannes, der zur Zeit der Entlassung Fouquets dem König Geld geliehen hatte.

«Das Urteil des Königs über einen Menschen», notiert Primi Visconti, «entscheidet darüber, ob sich jeder um diesen reißt oder ob er völlig ignoriert wird. Zu diesem Thema habe ich aus der Zeit, als Mlle. de La Vallière die Favoritin war, die folgende Geschichte gehört: Der Herzog von Mazarin erzählte dem König, er habe in jener Nacht mehrmals hintereinander den Traum gehabt, der König werde sich eines besseren Benehmens besinnen; worauf der König antwortete: ‹Nun, in meinem Traum war mir, als seiet Ihr übergeschnappt!› Auf der Stelle behandelte jeder, bis hin zu seinen eigenen Dienern, den Herzog wie einen Verrückten, so daß er es nicht mehr wagte, sich am Hof zu zeigen. Einige Jahre später sah der Herzog seinen Fehler ein. Er berichtete dem König, wie tief er gefallen sei, und bat ihn um Hilfe. Der König empfing ihn zum *lever*, sprach zunächst darüber, wie er mit Mazarin auf die Jagd gegangen sei, dann wandte er sich mit der Bemerkung an die Höflinge, der Herzog sei ein geistreicher Mann. Kaum hatte dieser das Schlafzimmer verlassen, schon scharte sich alles um ihn, mehr so als um den König.»[159] Ludwig mit seiner außerordentlichen psychischen Stabilität durchschaute jedoch die Wirkung von Schmeicheleien, und während seiner gesamten Regierungszeit machte er sich immer wieder einmal über die Schmeichler lustig.

Einer darunter, der Marschall Grammont, wurde mehrfach das Opfer solcher Demonstrationen. Einmal, 1664, zeigte der König ihm, wie Mme. de Sévigné berichtet, ein Sonett, mit dem Kommentar, es sei eine erbärmliche Arbeit. Der Marschall stimmte aus ganzem Herzen zu, nur um vom König zu erfahren, dieser selbst sei der Verfasser. Etwa zehn Jahre später bot der König bei Tische Grammont ein Stück einer Birne an, die er gerade aß, mit den Worten, sie sei vorzüglich; wieder stimmte der Marschall zu und mußte mit

Ludwig XIV. als römischer Kaiser auf dem
*carrousel* von 1662, das 15 000 Gäste aus ganz Europa bestaunten

*Aus: Atlas Blaeu, herausgegeben von Laurenz van der Hem, Österreichische Nationalbibliothek, Wien – Kartensammlung. Foto: Westermann-Foto H. Buresch, Braunschweig*

Versailles vor dem Ausbau 1668

*Bibliothèque Nationale, Paris*

«Das schönste und prächtigste Haus der Welt», schrieb der Kupferstecher unter diese Darstellung des ausgebauten Palastes

*Foto: Karl-Heinrich Paulmann, Berlin*

Die Gartenansicht von Versailles, im Vordergrund der Brunnen der Fruchtbarkeitsgöttin Latona

*Aus: Pierre Le pautre,*
*Les plans... de Versailles (1714)*

Ein Blick in den *Jardin de la Pyramide,* den Garten der Pyramide

*Bibliothèque Nationale, Paris*

Die Eintreibung der Kopfsteuer um 1710 – einer Art
Einkommenssteuer, die Ludwig XIV. 1694
für Adlige wie für das gemeine Volk einführte

*Foto: Bildarchiv Preußischer Kulturbesitz, Berlin*

Ludwig XIV. – mit Federbusch und Queue – bei einem seiner Lieblingsspiele, dem Billard.
Ganz links sein Bruder, der Herzog von Orléans

*Foto: Giraudon, Paris*

Ein Kupferstich nach Hyacinthe Rigauds berühmtem Porträt
des Sonnenkönigs, für das der Hofmaler 1701
mit 40 000 Francs entlohnt wurde

*Kupferstich nach Rigaud, Foto: Buresch*

ansehen, wie der König die Birne, die in Wirklichkeit verdorben war, noch einer Reihe weiterer Höflinge zu kosten gab. Zweifellos spricht aus diesen Geschichten ein Mangel an Respekt gegenüber Grammont, doch andererseits sind die Belege dafür, daß der König Ehrfurcht und Gehorsam forderte, keine Schmeichelei.

Zu manchen Gelegenheiten konnte er geradezu genial sein, wenn es darum ging, jemandem aus seiner Umgebung eine Freude zu bereiten. So im Jahre 1673: «Seine Majestät schenkte* M. le Prince de Marcillac das Amt eines Großmeisters der Garderobe, und zwar auf eine Weise, die jedermann bezauberte. Er ließ ihm von einem seiner Pagen die folgende Notiz bringen: ‹Ich schicke Ihnen La Hébertye, von dem Sie einige Neuigkeiten erfahren werden, die Ihnen, glaube ich, Freude machen werden. Ich freue mich als Ihr Freund mit Ihnen über dieses Geschenk, das ich Ihnen als Ihr Meister bereite.›»[160] Nichts lag ihm ferner, als seine Untergebenen zu verachten; im Gegenteil, er bestand darauf, daß jeder, der etwas vorzubringen hatte, sich an ihn wendete: «Seine Majestät ist zwar gewöhnlich sehr mit Staatsgeschäften beschäftigt, doch trotzdem hat er immer ein paar Minuten für Angelegenheiten übrig, die seines hohen Sinnes würdig sind, zumal er Wert darauf legt, über alles unterrichtet zu sein. Deshalb ließ er sich auch, als er erfuhr, daß der Sieur Denis Entdeckungen gemacht hatte, die mit Magnetismus und dem Gewicht der Luft zu tun hatten, einige dieser Experimente persönlich vorführen, die er bewunderte; dies wiederum brachte dem Sieur Denis viel Lob ein.»[161]

Unter diesen Umständen wirkte es nicht befremdlich, wenn der König weitere uneheliche Kinder in hohen Rang erhob. Im Jahre 1673 legitimierte er drei Kinder Mme. de Montespans und machte sie durch Patentbriefe zu Pairs: Der dreijährige Louis-Auguste wurde zum Herzog von Maine, der einjährige Louis-César zum Grafen von Vexin, und die eben geborene Louise-Françoise erhielt den Titel einer Gräfin von Nantes;[162] 1676 machte er ein weiteres Kind dieser Verbindung, Louise-Marie-Anne, zur Mlle. de Tours.

Das war sicher ein erster Schritt, doch es war keine Neuerung: Auf der anderen Seite des Kanals handhabte Karl II. seine Angelegenheiten nach genau dem gleichen Muster. Bald jedoch ging Ludwig XIV. einen großen Schritt weiter. Im Juli 1675 ließ er Colbert wissen, der Graf von Vermandois solle von nun an den gleichen Rang innehaben wie der Prinz von Conti, «ein wenig unterhalb der Prinzen von königlichem Geblüt»;[163] und 1680 stellte er Adelsbriefe aus, die jedermann kundtaten, daß diese vier Kinder in Zukunft den

* Es handelte sich um ein doppeltes Geschenk: die Ernennung zum Großmeister und die Summe, die für dieses Amt zu zahlen war. Alle Hofämter wurden verkauft; der König wählte den Träger aus, doch dieser selbst hatte für den hohen Betrag aufzukommen, der an den Amtsvorgänger oder dessen Erben ging.

Familiennamen der Bourbonen tragen würden, so, als seien sie ehelich geboren.[164] Innerhalb der nächsten zehn Jahre wurde deutlich, daß die *légitimés*, wie man sie nannte, immer mehr in den Rang vollwertiger Mitglieder der königlichen Familie aufrückten. Insofern als der König sich den Verpflichtungen, denen bloße Sterbliche unterlagen, entrückt sah, war das nicht abwegig: In seinen Augen hatte jemand, der von ihm persönlich abstammte, Vorrang vor jemandem, dessen Urgroßvater, wie der von Monsieur le Prince, der Bruder seines Urgroßvaters gewesen war. Tatsächlich mag die ständige Identifizierung Ludwigs XIV. mit den Gottheiten der Griechen und Römer am Ende seine eigene Selbstwahrnehmung verändert haben: Die Bastarde von Zeus-Jupiter hatten schließlich die Alte Welt bevölkert, und sie waren Halbgötter gewesen.

Dieser Halbgott-Status paßt natürlich ausgezeichnet zu dem, was man die Versailles-Strategie nennen könnte: Die Zähmung der einst wilden Aristokratie fand nun in einem mythologischen Zirkus statt, und André Félibien fing diese Atmosphäre ein, als er einen Gartenpavillon, die Grotte der Thetis, beschrieb, der dort im Jahre 1672 errichtet wurde. Natürlich kann an dieser Stelle nicht *in extenso* aus den vierzig engbedruckten Seiten zitiert werden, die Félibien für seine umfassende Beschreibung brauchte, aber wenigstens ein Eindruck soll davon vermittelt werden:

«Man kann, von Versailles sagen, daß es ein Ort ist, an dem nur die Kunst tätig ist, denn es scheint, als habe sich die Natur davon zurückgezogen, um dem König die Gelegenheit zu bieten, in einer Art von Schöpfungsakt eine Reihe großartiger Gebilde hervorzubringen... Nirgends ist die Kunst erfolgreicher gewesen als in der Grotte der Thetis...

Dieses Bauwerk mit quadratischem Grundriß befindet sich in der Nähe des Palastes... es besteht aus wuchtigem Rustika-Mauerwerk, das sich in Arkaden öffnet, die mit Eisentoren versehen sind, welche nicht nur durch ihre verschwenderische Art, sondern mehr noch durch die Raffinesse ihrer Gestaltung bestechen. Über dem Haupteingang findet sich eine goldene Sonne, und die Strahlen, die von ihr ausgehen, bilden die Streben der drei Tore... drei große Reliefs verzieren die Vorderseite dieses Gebäudes; das mittlere davon stellt die Sonne dar, wie sie im Meer versinkt, die beiden äußeren zeigen eine Vielzahl von Tritonen und Sirenen, die ihre Ankunft freudig begrüßen; hinzu kommen weitere kleine Rundreliefs, die maritime Putten im Spiel mit Delphinen zeigen.»[165]

Wie immer waren all diese mythologischen Anspielungen zum unmittelbaren Verständnis gedacht: Die Grotte der Thetis war der Ort, an dem der Sonnengott – im übertragenen Sinn natürlich der König – sich zur Ruhe begibt, wenn er ans Ende seiner täglichen Reise über den Himmel gekommen ist. Doch auch das Großartige und das Ungeahnte spielten hier ihre Rolle. Nur durch die drei Türen drang Licht in die Grotte; auf der Innenseite waren die

Wände mit kleinen, rauhen Steinen bedeckt, die allerdings in Marmorstreifen gefaßt waren; und die Sockel der Statuen bestanden zwar aus grob behauenen Steinen, doch die übrigen Dekorationen waren aus Perlmutt. Im Vestibül und ebenso in den drei Salons gab es «Gemälde», die aus Muscheln und verschiedenen Ornamenten aus Koralle, Emaille und Perlmutt bestanden; die Fleurs de Lis, Kronen und «L»-Signets hoben sich in Gold aus einem blauen Hintergrund hervor, und verschiedene Meeresmotive waren aus Amethysten geschnitzt. Und nicht genug damit: Die Pilaster rundum waren mit Muscheln übersät, und in ihrer Mitte befand sich eine Tafel mit zwei großen «L» aus Perlen vor einem Hintergrund aus Amethysten, während sich unmittelbar über den Kapitellen mit nachgebildeten Früchten aus Muscheln und Blumen gefüllte Körbe befanden, aus denen sich ein Wasserstrahl in eines der vielen schwarzmarmornen Becken ergoß, die über die verschiedenen Räume verteilt waren. Es gab Gehänge aus Obst und Blumen, die Sirenen, Tritonen und Delphine einrahmten, die Wasser hervorsprudelten, dazu Spiegel, Füllhörner und Nischen mit Statuen. In der Mitte des zentralen Raumes befand sich ein Springbrunnen mit einem Becken aus Jaspis, von dem aus das Wasser bis an die Decke spritzte und dann ins Bassin zurückfiel; und im Hintergrund war zum ersten Mal die von Girardon geschaffene Gruppe mit Apollo und den Nymphen* zu sehen, eines der Meisterwerke der französischen Bildhauerei. Und damit immer noch nicht genug – jeder Raum hatte dazu noch seinen eigenen Kronleuchter.

«Sie bestehen», schildert uns Félibien, «je aus einer himmelblauen Kugel, in der drei in Form eines Dreiecks angeordnete Stäbe an der Spitze zusammentreffen, um so drei mit Goldfaden bespannte Harfen zu bilden. Diese Stäbe sind himmelblau, doch mit kleinen gelben Muscheln eingefaßt, die wie Goldlitze wirken; unten sind sie mit ausladenden Blättern aus Perlmutt verziert, von denen jedes in der Mitte eine große Perle trägt. Nach oben sind die Harfen durch Girlanden aus verschiedenen Muscheln miteinander verbunden, die eine goldene Krone stützen; auf der Unterseite befinden sich sechs Drachen aus Perlmutt, deren Schwänze sich um die blaue Kugel winden; sie haben ihre Flügel ausgebreitet und wirken, als könnten sie jeden Moment davonfliegen – nur daß sie an den Hälsen mit weiteren Girlanden angekettet sind. Jeder davon trägt eine Halterung aus Muscheln, die abends als Kerzenhalter dient, aus der aber auch Wasser zur Decke emporspritzen kann.»[166]

Neben alldem wurde der umgebende Garten natürlich ebensowenig

* Als die Grotte Ende der achtziger Jahre des 17. Jahrhunderts abgerissen wurde, erhielt diese Gruppe einen neuen Platz in einem offenen Pavillon; später wurde sie auf Anordnung Marie-Antoinettes in ihre eigene Grotte im Garten des Petit Trianon gebracht, wo sie noch heute zu sehen ist.

vernachlässigt. Der *Mercure galant*, eine Zeitschrift, die wegen ihres geringeren Umfangs keine so ausführliche Beschreibung der Grotte geben konnte, wie Félibien sie liefert, fügte hinzu: «Die Wunder, die M. Nautre [sic] vollbracht hat, sind nicht weniger bemerkenswert. Ein Beweis dafür ist die große Zahl von Orangenbäumen, die unmittelbar in den Boden gepflanzt sind [statt in Kübeln aufgestellt]; ebenso die ausgewachsenen Bäume, die man versetzt hat, um eine breitere Allee zu schaffen – etwas, was niemals zuvor versucht worden war.»[167] Die Umgebung der Grotte war ebenso blendend wie diese selbst, und dieser Eindruck des Blendenden war es, worauf es ankam.

Die glänzende Hofhaltung, die Domestizierung der Aristokratie im prunkvollsten Palast Europas, die Forderung nach dem unbedingten Gehorsam sämtlicher Untertanen, all das stellte nur einen Aspekt im Leben des Königs dar. Ebenso wichtig und ebenso sorgfältig geplant waren seine Kriege. Nachdem der Krieg in unserem eigenen Jahrhundert so verheerende Züge angenommen hat, löst das Wort heute mit vollem Recht Furcht und Abscheu aus: Für einen Angriffskrieg kann es niemals eine Entschuldigung geben. Im 17. Jahrhundert galt jedoch nichts dergleichen. Kriege waren nicht nur kürzer und weitaus begrenzter – Kanonen verfehlten noch meistens ihr Ziel, Gewehre waren unhandlich und ungenau, und das Laden nahm viel Zeit in Anspruch –, man führte auch nur zu bestimmten Zeiten Krieg: Es gab eine Kampfsaison von April bis November, im Winter zogen sich die feindlichen Armeen meist in ihre Winterquartiere zurück, um dort sicher das nächste Frühjahr abzuwarten.

Außerdem galt der Kampf damals noch als ehrenvolle Betätigung: Man konnte Ruhm erringen, seine Tapferkeit zur Schau stellen. Große Generäle waren Gegenstand allgemeiner Bewunderung, und Gebietsgewinne schienen höchst erstrebenswert. Letzteres galt ohne Zweifel in ganz besonderem Maße für Frankreich: Es war das mächtigste und bevölkerungsreichste Land Europas, aber es erstreckte sich damals noch nicht bis zu den Grenzen, die man heutzutage als seine natürlichen betrachtet, nämlich die Alpen, die Pyrenäen und die heutige Grenze zu Belgien. Daß die Franche-Comté, jene französischsprachige Provinz inmitten französischen Staatsgebiets, in spanischen Händen sein sollte, schien eine störende Vorstellung. Und obwohl Ludwig XIV. niemals seine *gloire* außer acht ließ, galten die Kriege der siebziger Jahre – mit einer Ausnahme – der Schaffung solcher natürlichen Grenzen für Frankreich.

Unglücklicherweise handelte es sich bei dieser Ausnahme um eine nicht unbeträchtliche: Während seiner ganzen langen Regierungszeit unterlief Ludwig XIV. niemals ein schwerwiegenderer außenpolitischer Fehler als der, sich für einen Angriff auf Holland zu entscheiden: Bezwang er es, so hatte er nicht viel zu gewinnen, und es wäre eine Blamage, sollte es ihm mit Erfolg Widerstand leisten. Der König selbst war jedoch von seinen Beweggründen überzeugt: Die Holländer waren maßgeblich daran beteiligt gewesen, daß er 1668 zum Friedensschluß genötigt wurde; ein Sieg über sie würde ihn für den Fall eines erneuten Krieges gegen Spanien vor einem gefährlichen Flankenangriff schützen; und es läßt sich nicht leugnen, daß der Stolz jener Republik ihm ein Dorn im Auge war.

Jedenfalls unternahm er nichts, solange er sich seines Sieges nicht sicher war. Kurz vor ihrem Tode hatte Madame maßgeblich dazu beigetragen, einen Bündnisvertrag mit Karl II. zustande zu bringen und damit sicherzustellen, daß die Holländer auch die größte Seemacht Europas gegen sich hatten. Die Fürsten, deren Besitzungen in der Nähe des Rheins lagen, wurden mittels Bestechungen zum Stillhalten bewogen. Die Staatskasse war wohlgefüllt, und Colbert war bereit, im Bedarfsfalle noch mehr Geld zur Verfügung zu stellen. Schließlich war die Armee dank der unermüdlichen Anstrengungen Louvois' hervorragend ausgebildet und ausgerüstet; mit Generälen wie Condé, dem damals noch lebenden Turenne und Vauban, dem großen Festungsbaumeister, war sie schlichtweg unbesiegbar.

Nachdem er seinen Sieg so sorgfältig vorbereitet hatte, verließ der König am 29. April 1672 Saint-Germain. Am 12. Juni erreichten der König und seine Armee den Rhein und überquerten ihn, wobei sie den Holländern eine Niederlage beibrachten und den Ruhm Frankreichs ins Unermeßliche steigerten. Noch hundert Jahre später feierte man die Überquerung des Rheins. «Jenes Air des Grandiosen, das alle Handlungen des Königs überhöhte», schreibt Voltaire, «der rasche Erfolg seiner Eroberungszüge, der Glanz seiner Regierung, die abgöttische Verehrung durch seine Höflinge sowie noch der Hang des Volkes, insbesondere der Pariser, zur Übertreibung... all das ließ die Überquerung des Rheins wie ein Wunder erscheinen.»[168]

Auch die ersten Folgen dieses Sieges waren überwältigend. Am 20. Juni kapitulierte Utrecht; binnen weniger Tage hatten die Franzosen die Außenbezirke Amsterdams erreicht. Hätten sie Muyden eingenommen, die kleine Stadt, die die Schleusen kontrollierte, mit denen man die Entwässerungsgräben fluten konnte, hätte nichts den Fall von Amsterdam verhindern können; aber der Kommandeur des Regiments, das den Befehl zur Eroberung dieser Stadt erhielt, der Marquis von Rochefort, erkannte die Wichtigkeit der Mission nicht und ließ sich von den Verteidigern zurückschlagen. Zu diesem Zeitpunkt bat die holländische Regierung unter der Leitung von Jan de Witt gegen den ausdrücklichen Rat des Prinzen Wilhelm von Oranien, des neuen Oberkommandierenden, um Frieden; und genau da beging Ludwig XIV., trunken von der eigenen Macht, einen Fehler, der ihn teuer zu stehen kam. Zum einen wurde Louvois, ein Mann, der für seine Arroganz berüchtigt war, ausgewählt, um mit den holländischen Gesandten zu verhandeln – der Außenminister,

Arnauld de Pomponne, war erst ein Jahr im Amt, fürchtete Louvois und war überhaupt ein ängstlicher Mann –; zum zweiten entschloß sich der König, von Louvois angestachelt, maßlose Forderungen zu stellen. Das Ergebnis ließ nicht lange auf sich warten: Am 1. Juli wurde Wilhelm von Oranien *Stathouder*, eine Position mit großer Machtvollkommenheit, und am 20. August wurde de Witt, der zum Inbegriff der Friedenspartei geworden war, unter den gleichgültigen Augen des Prinzen von einer aufgebrachten Volksmenge ermordet. Zugleich ließ man alle Schleusen öffnen, und Amsterdam wurde zur Insel: Damit war es uneinnehmbar. Dadurch, daß es auch sein fruchtbarstes Land der Überschwemmung preisgab, machte Holland sich zu einer reinen Seemacht, ein Gebiet, auf dem es allen überlegen war. Bereits in der Schlacht von Solebay hatte Ruyter, der große holländische Admiral, die vereinten französisch-britischen Seestreitkräfte geschlagen; nun herrschte ein Gleichgewicht der Kräfte, und der Krieg, der kurz, leicht und siegreich hatte sein sollen, zog sich hin. Da keine weiteren spektakulären Siege zu erwarten waren, kehrte der König heim, um den Feiern zu Ehren seiner Eroberungen beizuwohnen, und überließ der Armee die Aufgabe, ein feindseliges, überflutetes Land zu halten.

Man empfing ihn mit wahren Begeisterungsstürmen. In Paris entstanden Monumente nach dem Vorbild römischer Triumphbögen; Boileau feierte die Überquerung des Rheins in einem epischen Gedicht, während van der Meulen das Ereignis malte; und der stets auf Gefälligkeit bedachte *Mercure galant* druckte eine Vielzahl von Lobgedichten, für die das folgende ein gutes Beispiel ist: *«Quoique vous puissiez attenter / Louis de votre sort sera toujours l'arbitre / Et se donnant à vous sur cet illustre titre / Il vous rendra bien plus qu'il ne peut vous ôter; ... / En vous soumettant à sa loi ... / Vous perdrez vingt tyrans pour acquérir un Roi»* (Was immer ihr versuchen mögt / Stets wird Ludwig Herr über euer Schicksal sein / Und indem er euch sich schenkt unter diesem erlauchten Titel / Wird er auch weit mehr geben, als er euch nehmen kann; / Indem ihr euch seinem Gesetze beugt / Verliert ihr zwanzig Tyrannen und gewinnt einen einzigen König).[169] Das ist nicht unbedingt ein dichterisches Meisterwerk, aber ohne Zweifel ehrlich gemeint: Niemals war das Lob, das man dem König zollte, uneingeschränkter als bei seiner Rückkehr von diesem sinnlosen Feldzug.

Nachdem nun Holland unter Wasser stand, zu Verhandlungen aber nicht bereit war, und die französische Armee sich auf eine Mischung aus Belagerungs- und Anti-Guerilla-Krieg einrichtete, zog sich der Konflikt, der eigentlich mit Ablauf der Kampfsaison beendet sein sollte, weiter hin; und natürlich mischten die Feinde Ludwigs XIV. mit: Gemeinsam mit Kaiser Leopold I. und dem Kurfürsten von Brandenburg entsandte der spanische Gouverneur des nahen Flandern Truppen zur Unterstützung der Holländer. Was die Menschen in den besetzten Gebieten anbetraf, so wandten auch sie sich mit tiefempfundenem, glühendem Haß gegen die Franzosen, wobei der Grund nicht so sehr in der Invasion lag als vielmehr im Verhalten des Marschalls von Luxemburg, eines großen Strategen mit Vorliebe für außerordentlich grausame Plünderungen, und desjenigen von Louvois, der die Furcht immer für einen guten Verbündeten hielt; beide suchten sie Städte und Dörfer gleichermaßen heim. Als der König davon hörte, war er entsetzt und befahl, damit aufzuhören, aber es war zu spät: In ganz Europa sah man Frankreich nun als eine akute Gefahr an.

Im Januar 1673 starb ganz plötzlich der Mann, der so viele Theaterstücke und Divertissements zur Unterhaltung des Königs geschrieben hatte, und es war, als markiere dieses Ereignis einen Wendepunkt in Ludwigs Regierungszeit. Mit Molière verloren die Franzosen und Ludwig XIV. einen der größten Dramatiker, die je zur Feder gegriffen haben. Vielleicht war die Zeit der Komödien vorbei; nun verlangten größere Themen nach Aufmerksamkeit, und im Frühjahr wurde auch der Krieg wieder aufgenommen. Da es höchste Zeit für einen neuen Triumph war, beschloß der König, Maastricht zu belagern, eine der Schlüsselfestungen der Niederlande. Er befolgte dabei genauestens die Ratschläge Vaubans, und es erwies sich, daß er die Kriegskunst damit einen weiteren Schritt voranbrachte.

«Vauban setzte erstmals die Doppelgräben ein, die von italienischen Ingenieuren, welche vor Candia in türkischen Diensten gestanden hatten, ersonnen worden waren», merkt Voltaire an. «Er ergänzte sie durch Sammelplätze, um die Truppen im Falle eines feindlichen Ausfalls besser zusammenbringen und ordnen zu können. Während dieser Belagerung arbeitete Ludwig disziplinierter und härter als je zuvor. Durch sein Beispiel gewöhnte er eine Nation, der man bislang nachsagte, sie verfüge nur über jene Art von feurigem Mut, der rasch der Ermüdung weicht, an Geduld und harte Arbeit. Nach einer achttägigen Belagerung kapitulierte Maastricht am 29. Juni 1673.»[170] Unglücklicherweise hatten sich die Zeiten geändert: Nicht einmal der Fall der Stadt konnte die Holländer zum Einlenken bewegen. Erst acht Tage zuvor hatte Ruyter erneut die französisch-britische Flotte geschlagen; und binnen weniger Tage erklärten Leopold I. von Österreich und Karl II. von Spanien (genaugenommen sein Rat*) Frankreich den Krieg. Da zum gleichen Zeitpunkt der König von England, mit weiser Rücksicht auf sein erregtes Parlament, Anstalten traf, mit den Holländern zu verhandeln, und die kleinen Staaten am Rhein ebenfalls abtrünnig wurden, sah sich Ludwig XIV. nun ohne nennenswerte Verbündete, und das gerade in dem Augenblick, in dem ihm die alte Habsburger Koalition entgegentrat. Die Folgen ließen nicht lange auf sich warten: Am 14. September wurde die kleine Festung von Naerden, die in der Gewalt der

* Karl II. war erst dreizehn.

Franzosen war, gezwungen, sich dem Prinzen von Oranien zu ergeben. Militärisch gesehen war das nur ein kleiner Rückschlag; aber da es die erste französische Niederlage seit 1661 war, sahen viele darin einen Vorgeschmack auf künftige Ereignisse.

Wenn das Jahr 1672 trotz der Eroberung so vieler holländischer Städte bestenfalls mit einem Unentschieden geendet hatte, so schien 1673 noch weniger vielversprechend: Nun, da Europa sich gegen Frankreich verbündet hatte, zählte der Fall von Maastricht kaum noch; und da Kriege teuer sind, stand der Winter im Zeichen einer Reihe kleinerer Steueraufstände: Für einen Monarchen, der sich gerühmt hatte, die Steuerlast zu senken, während er zugleich bei ausgeglichenem Haushalt den glänzendsten Hof von ganz Europa unterhielt, war dies ein schwerer Rückschlag. In diesem Fall war der äußere Anschein jedoch ein wenig irreführend: Obwohl die neuen Militärausgaben (etwas gemildert durch die Beiträge, die man dem besetzten Holland abpreßte), zusammen mit den Zuwendungen, die man sowohl dem König von England als auch seiner Opposition zahlte, sich auf unerwartete 25 Millionen hochschraubten, ließ sich das Geld dank Colberts hervorragender Organisation noch leicht auftreiben – und das in einem Jahr, in dem man doch nur mit einem Defizit in der unbedeutenden Höhe von 1.376.971 Livres gerechnet hatte.[171] Was die Aufständischen anbetraf, so wurden sie mit aller Entschlossenheit unterdrückt und ergaben sich bald wieder.

Das wichtigste war jedoch die Haltung des Königs selbst. In den zwölf Jahren vor 1673 hatte er, teils durch eigene Leistung, teils durch glückliche Fügung, nichts als Erfolge erlebt – und vielleicht hatte ihn das dazu verleitet, Holland anzugreifen. Jetzt, wo das Spiel schwierig wurde und eine Niederlage durchaus möglich schien, blickten alle auf ihn, um zu sehen, wie er sich verhalten würde: Und weit davon entfernt, Furcht oder auch nur Besorgnis zu zeigen, blieb er ein Muster an ruhiger Zuversicht. Während des gesamten Winters 1673–74 feierte man bei Hofe wie eh und je; und wenn Ludwig XIV. noch härter arbeitete als zuvor, konnte das niemanden überraschen. Sein nächster Schachzug gab allerdings Anlaß zu einigem Erstaunen: Gerade als es den Anschein hatte, als sehe er sich mit Gegnern konfrontiert, die weit mächtiger waren als er, ging er zum Angriff über. Condé wurde entsandt, um in den Niederlanden gegen Wilhelm von Oranien zu kämpfen; Turenne wurde am Rhein postiert, wo man den Angriff der kaiserlichen Truppen erwartete; und der König selbst machte sich an der Spitze einer weiteren Armee zum zweiten Mal daran, die Franche-Comté zu erobern.

Wie gewöhnlich ging dieser anscheinend furchtlose Monarch kein unnötiges Risiko ein. Der Schlüssel zur Franche-Comté war die Haltung der Schweizer: Ohne ihre Unterstützung konnten weder Spanien noch Österreich genug Truppen zur Verteidigung dorthin schaffen; die Spanier und Österreicher waren davon ausgegangen, daß die auf ihre Unabhängigkeit bedachten Kantone es vorzogen, Ludwig XIV. nicht zum Nachbarn zu haben; der aber bezahlte sie dafür, daß sie den habsburgischen Truppen den Durchzug verweigerten. Danach war die Eroberung ein leichtes Spiel; die Belagerung von Besançon, der Hauptstadt und wichtigsten Festung der Provinz, dauerte nur neun Tage; und sechs Wochen später wurde die gesamte Franche-Comté von Frankreich annektiert. Sie ist bis zum heutigen Tag französisch geblieben, «ein Denkmal der Schwäche der habsburgischen Regierungen und der Stärke derjenigen Ludwigs XIV».[172]

Ein Angriff auf die spanischen Besitzungen war leicht, zumal die Bedingungen günstig waren: Die Franche-Comté lag geographisch isoliert, die spanische Armee war mangels Geld und Generälen in Auflösung begriffen, und die Regierung dort war schwach und zerstritten. Mit Österreich jedoch war nicht so leicht fertigzuwerden: Leopold I. war tatkräftig, wenn auch nicht allzu intelligent; er hatte fähige Berater, und seine Truppen standen unter dem Befehl von Montecucculli, einem der besten Generäle der Zeit. Folglich mußten Turenne und – nach dessen Tod im Jahr 1675 – Condé ihr gesamtes Können aufbieten, um den kaiserlichen Armeen standzuhalten. Zum ersten Mal in der Regierungszeit Ludwigs XIV. drang ein Feind nach Frankreich selbst ein, aber die Invasion im Elsaß wurde rasch zurückgeschlagen: Turenne war nicht nur ein meisterlicher Taktiker, er kämpfte auch dann noch weiter, als jeder vernünftige Mensch seine Truppen ins Winterquartier verlegt hätte, und gewann so am 5. Januar 1675 bei Türkheim eine wichtige Schlacht gegen die kaiserliche Armee.

All dies gestattete ihm, den Rhein erneut zu überqueren und weite Teile des rechten Ufers zu erobern, mit verheerenden Folgen für die Einwohner dieser Landstriche. Die Pfalz, die mit dem Kaiser verbündet war, wurde auf Befehl von Louvois gründlich und planmäßig verwüstet. Gedacht war dies als Warnung, was Leopolds übrige Verbündete erwartete, wenn sie den Krieg fortsetzten; statt dessen stärkte es ihren Kampfeswillen – sie wußten ja nun, was sie im Falle einer Niederlage zu erwarten hatten – und weckte einen Haß, der länger als ein Jahrhundert anhalten sollte, und das alles, ohne den Konflikt zu beenden.

Tatsächlich wurde immer deutlicher, daß der Krieg, bei dem nie ernsthaft die Gefahr einer Niederlage bestanden hatte, andererseits auch nicht zu gewinnen war. Unmittelbar auf Turennes Tod im Juli 1675 – er wurde von einer Kanonenkugel getötet – folgte eine erneute Invasion des Elsaß; bei dieser Gelegenheit übertrug der König Condé den Befehl über die Armee. Wieder einmal wurden die kaiserlichen Truppen hinweggefegt, und am Ende der Kampfsaison zog sich Monsieur le Prince, der zwar erst vierundfünfzig Jahre zählte, dessen Kräfte aber schwanden, auf sein Schloß in Chantilly zurück.

Glücklicherweise tat Montecucculli seinerseits das gleiche, so daß am Ende des Jahres 1675 keine der beiden Armeen einen überragenden General mehr vorzuweisen hatte.

Aber wieder einmal trog der Schein. Gerade als Turenne im Sterben lag, griff der Herzog von Vivonne, der Bruder der Mme. de Montespan, in der Nähe von Messina die spanische Flotte an und besiegte sie; und von 1676 an reihten die Franzosen Sieg an Sieg. Im April und Mai 1676 wurden Bouchain und Condé eingenommen; im März und April 1677 folgten Valenciennes und Cambrai; im März 1678 fielen nacheinander Ypern und Gent; alle Belagerungen hatte der König persönlich befehligt, so daß er jedes Jahr neue Eroberungen vorzuweisen hatte. In Deutschland gewann die französische Armee nach dem Verlust von Philippsburg im Jahre 1676 in den Jahren 1677 und 1678 eine Schlacht nach der anderen; und am 11. April 1677 unterlag Wilhelm von Oranien, der es gewohnt war, Ludwig XIV. zum siegreichen Gegner zu haben, in der Schlacht von Mont-Cassel in Flandern diesmal Monsieur, «der mit einem Mut und einer Geistesgegenwart angriff, wie niemand sie bei diesem verweichlichten Prinzen erwartet hätte. Niemals hat es einen deutlicheren Beweis dafür gegeben, daß Tapferkeit und Weichheit nicht unvereinbar sind; der Prinz, der oft Frauenkleider anlegte und den Geschmack einer Frau hatte, benahm sich wie ein General und Soldat.»[173] Diese Bemerkungen Voltaires verdienen vielleicht noch stärkere Beachtung: Monsieur setzte wirklich alle in Erstaunen. Natürlich veröffentlichte der *Mercure galant* ein Gedicht von Isaac de Benserade, einem modischen Autor von Theaterstücken, Libretti und Gelegenheitslyrik; es war an den König gerichtet. *«Un frère généreux par ton exemple instruit / Cherche tes ennemis, les combat, les détruit / Et vient mettre à tes pieds sa brillante victoire. / De l'encens qu'il mérite il n'est point satisfait / Il veut qu'on te le donne . . .»* (Ein mutiger Bruder lernt von deinem Beispiel / Er sucht deine Feinde, bekämpft sie und zerstört sie / Und legt dir seinen glanzvollen Sieg zu Füßen. / Er ist nicht zufrieden mit dem Ruhm, den er errungen, / Er wünscht, dir möge er zuteil werden . . .).[174]

Das war zuviel für den König. Es spielte keine Rolle, daß Monsieur ihm absolut ergeben war und daß seine Gewohnheiten ihn zum Gegenstand des Spottes machten. So konnte sich etwa Primi Visconti des folgenden Kommentars nicht enthalten: «Monsieur kümmerte sich um seine Toilette und kleidete sich während des Feldzugs gerade so, als sei er auf dem Weg zu einem Ball . . . Er ging vollständig geschminkt und in lässiger Manier an die gefährlichsten und exponiertesten Stellen . . . Er ist von Natur aus so tapfer, daß ihm offenbar nicht bewußt ist, daß er sein Leben aufs Spiel setzt, und doch sieht er aus wie eine Frau, weil er ständig seine Schminke korrigiert; er behängt sich mit Bändern und Schmuck; er trägt nie einen Hut, um seine Perücke nicht in Unordnung zu bringen, und stolziert auf so hohen Absätzen, daß ich wirklich nicht verstehe, wie er es fertigbringt, nicht damit zu stürzen. Im Gegensatz dazu kleidet der König sich prächtig und zweckmäßig, ohne all das unnötige schmückende Beiwerk.»[175] Der König weigerte sich, seinen Bruder zu besuchen oder ihm auch nur zu gratulieren, und er sorgte dafür, daß Monsieur nie wieder eine Armee befehligte: Das letzte, was er wollte, war ein tapferer und volkstümlicher Bruder, der auch jetzt noch zum Anlaufpunkt für die Opposition werden konnte. Ebenso schlug er Monsieur le Prince die Bitte ab, daß sein Sohn sein Kommando übernehmen solle: Fortan würde kein Mitglied der königlichen Familie je wieder Gelegenheit bekommen, sich zum Helden zu machen.

Im Frühjahr 1678 schien klar, daß Frankreich die Oberhand gewonnen hatte; folglich unterbreitete der König am 9. April neue Friedensangebote. Da nach all den Jahren und all den Schlachten die Holländer nur noch eine relativ unbedeutende Rolle spielten, waren die Bedingungen, die er ihnen stellte, milde; vor allen Dingen verzichtete er auf Maastricht und seine übrigen Eroberungen. Aber Spanien sollte wie immer für alles bezahlen: Frankreich verlangte ein großes Stück der spanischen Niederlande (Flandern), inklusive der Städte Bouchain, Condé, Ypern, Valenciennes, Cambrai und Maubeuge, und darüber hinaus die Franche-Comté. Vom Kaiser wollte er freie Hand in Straßburg, das damals ein kaiserliches Lehen war. Der Kurfürst von Brandenburg, der Schweden, den einzigen Verbündeten Frankreichs, angegriffen hatte, sollte seine Eroberungen wieder herausgeben. Und schließlich durfte der Herzog von Lothringen, dessen Territorium von den Franzosen besetzt worden war, nur unter der Bedingung zurückkehren, daß Frankreich das Recht behielt, mit seiner Armee, wie und wann immer es wollte, durch das Herzogtum zu marschieren.

Angesichts der militärischen Lage waren diese Bedingungen nicht überzogen, aber es war eben doch kein vollständiger französischer Triumph, ein Umstand, den der König nur höchst ungern öffentlich eingestand; also verbrämte er dies, indem er das, was eigentlich Verhandlungen hätten sein sollen, in ein Ultimatum ummünzte, und erstaunlicherweise hatte er damit Erfolg: Am 10. August unterzeichneten die Holländer in Nimwegen einen Vertrag, der alle Forderungen der Franzosen enthielt; Spanien und der Kaiser schlossen sich bald an.

So, wie es nach dem Frieden von Nimwegen nun dastand, war Frankreich ohne Zweifel die führende Macht Europas: Die Allianz zwischen Holland, Spanien und Österreich hatte es nicht daran hindern können, sich einen erheblichen Landgewinn zu verschaffen, und während die Verbündeten ihre Armeen entließen, sobald der Krieg vorüber war, behielt Ludwig XIV. ein stehendes Heer. Die Kosten, die seinen Vorgängern stets zuviel gewesen waren, konnte er nun ohne Mühe tragen: Im Jahre 1680 belief sich trotz der ungeheuren Summen, die sechs aufeinanderfolgende Kriegsjahre verschlungen hatten, und trotz der Baukosten für die dritte Variante von Versailles das Defizit auf nur 4½ Millionen in einem Budget von über 96 Millionen,[176] eine Summe, die schon für sich genommen eine Leistung war: Im Jahre 1675 hatte das Budget sogar die Summe von 113 Millionen Livres erreicht.[177] Der König konnte also gut am 10. März 1678 an Colbert schreiben: «Was die Finanzen angeht, so vollbringen Sie wahre Wunder, und ich bin von Tag zu Tag zufriedener mit Ihnen.»[178]

Für den König selbst galt, daß sein Ruhm nie zuvor solche Ausmaße erreicht hatte. 1680 verlieh die Stadt Paris ihm den Titel eines *Grand*: Von nun an sollte er sich in allen öffentlichen Inschriften, auf allen öffentlichen Gebäuden, in jedem Dokument *Louis le Grand* nennen; und in der Tat tragen auch alle seine Medaillen für den Rest seiner Regierungszeit die Inschrift *Ludovicus Magnus*. Das Lob, das ihm während der gesamten Kriegszeit zuteil wurde, war – in Frankreich zumindest – allumfassend. Im Jahre 1674 schrieb zum Beispiel der *Mercure*: «[Während der Belagerung von Maastricht] gab es nichts, was der Tatkraft Seiner Majestät gleichgekommen wäre. Dieser große Monarch scheint überall zur gleichen Zeit zu sein; persönlich nimmt er den Appell jeder Truppe ab, die ins Feld zieht; man sieht ihn stets zu Pferde; seine Nächte verbringt er im Zelt. Alles folgt seinen Wünschen, für alles gibt er Anweisungen; und aus diesen Anweisungen spricht soviel Umsicht, soviel Weisheit, soviel Erfahrung, daß die größten Generäle ... ihn darin niemals übertroffen haben.»[179]

Drei Jahre später hieß es: *«Grand Roy, porte en tous lieux la guerre / La Fortune guide tes pas / Le dieu Mars te prête son bras / Et Jupiter te prête son tonnerre»* (Großer König, bring jedem Land den Krieg / Deine Schritte lenkt das Glück / Der Gott Mars leiht dir seinen Arm / Und Jupiter leiht dir seinen Donner).[180] Als Prosa an die Stelle der Verse trat, erfuhren die Leser des *Mercure*: «Die Wachsamkeit, die Furchtlosigkeit, die Unerschöpflichkeit des Königs läßt sich nicht in Worte fassen. Ein Graben war kaum zwei Stunden angelegt, da inspizierte er ihn schon, und er ging ihn ganz entlang ... bis zum Vorderende. Vor ein paar Tagen verfehlte eine Kanonenkugel nur knapp den Sieur de Givry, den Stallmeister der Petite Ecurie, und dieser hält sich niemals weit von Seiner Majestät entfernt auf»;[181] und einen Monat später heißt es: «Nie zuvor hat ein König so viele Befehle selbst gegeben oder so viele Tage auf dem Rücken seines Pferdes verbracht wie [Ludwig XIV.] vor Cambrai. Er inspizierte alles, handelte, ohne zu zögern, gab für alles Anweisungen, war überall zugegen.»[182] Schon im Mai war die Zeit wieder reif für Verse: *«Miraculeux héros, vainqueur inimitable / Par tes fameux exploits tu te fais admirer ... / L'Alexan-*

*dre orgueilleux qui se fit adorer / Se verrait s'il vivait réduit à soupirer / D'être moins grand que toi...»* (Wunderbarer Held, unbezwingbarer Sieger / Deine vielgepriesenen Feldzüge brachten dir eine Bewunderung ein... / Daß der stolze Alexander, der sich verehren ließ, / Zu einem Seufzer sich gezwungen sähe, lebte er heute unter uns, / Daß er an Größe dir nicht gleichkommen kann).[183]

Das nur als kleines Beispiel; am Hof waren die Lobpreisungen natürlich ebenso exaltiert wie unablässig, auch wenn sich bisweilen ein Mißton einmischte: Die Adligen zogen schließlich mit dem König zusammen in den Krieg und hatten deshalb Gelegenheit zu der Beobachtung, daß er sich oft alles andere als heroisch benahm. Wir, die wir Generäle gewöhnt sind, die von sicheren Unterständen weitab vom Schlachtfeld aus kommandieren, finden daran nichts Ungewöhnliches: Schließlich hätte es für die Armee oder das Land keine größere Katastrophe geben können als den Tod des Königs. Doch vielen aristokratischen Offizieren, deren Ideal noch die mittelalterliche Vorstellung des furchtlosen Angriffs (oft mit entsetzlichem Ausgang) war, erschien diese notwendige Vorsicht bisweilen als Feigheit, und daß über diese Dinge getuschelt wurde, war Ludwig nicht entgangen. Ohne Zweifel waren diese Gerüchte unfair: Wenn die Situation es erforderte, ließ der persönliche Mut des Königs nichts zu wünschen übrig. In einem der Gräben bei der Belagerung von Lille zum Beispiel «[provozierte] er mit seiner Tapferkeit die rührende Zurechtweisung durch einen Soldaten; dieser hatte gesehen, daß er dem feindlichen Feuer ausgesetzt war und daß hinter ihm ein Page der Grande Ecurie gefallen war. Der Mann faßte ihn grob beim Arm und sagte ‹Gehen Sie, hier gehören Sie doch nicht hin!›»[184]

Diesen Höflingen erschienen nicht einmal die Siege des Königs bewundernswert: Stadt um Stadt mit Hilfe überlegener Belagerungstechniken einzunehmen mochte für einen Ingenieur gut genug sein – für jemanden, den sie nur verachten konnten. Ein Monarch hingegen sollte seine Armeen im Sturmangriff führen: Heinrich IV., Ludwigs Großvater, war für das Wort berühmt, seine Männer sollten sich um den weißen Federbusch auf seinem Helm scharen.

Solches Gerede, das sich auf einen kleinen Kreis Unzufriedener beschränkte, spielte natürlich in der wirklichen Welt kaum eine Rolle; aber man konnte daran erkennen, daß der alte Jähzorn und der alte Widerspruchsgeist nicht tot waren, sondern nur eingedämmt. Den König konnte das nicht überraschen: Allein die Tatsache, daß solche Gerüchte immer noch umgingen, zeigte, daß seine Taktik erfolgreich war, aber daß sie noch konsequenter umgesetzt werden mußte – er ließ keineswegs die Zügel locker, als der Krieg zu Ende war, sondern widmete sich seinen Aufgaben als Herrscher mit noch größerer Energie.

Die Bauarbeiten in Versailles wurden vorangetrieben, und der Hof war diensteifriger denn je, da es ganz offensichtlich nur einen einzigen Weg gab, Erfolg zu haben, den, Seiner Majestät gefällig zu sein. Kein Pfennig wurde aus der Staatskasse gezahlt, ohne daß der König es autorisiert hatte, keine Stellung ohne ihn vergeben, keine Beförderung ohne ihn gewährt, und zu Recht konnte ein Beobachter 1680 bemerken: «Der König hatte also den Höhepunkt seiner Macht erreicht: Alle, innerhalb wie außerhalb seines Reiches, gehorchten ihm. Er brauchte sich nur etwas zu wünschen, schon hatte er es erlangt; selbst das Wetter, so schien es, behandelte ihn mit Vorzug – wollte er auf die Jagd gehen oder einen Spaziergang unternehmen, so klarte es auf, selbst wenn es vorher geregnet hatte; das ist mir wiederholt aufgefallen, seit ich in Frankreich bin. Darüber hinaus hat er Wohlstand, Ruhm und vor allem eine strahlende Gesundheit – kurz gesagt: Das einzige, was ihm fehlt, ist die Unsterblichkeit.»[185] Und ein anderer Beobachter schreibt: «Mit dem Frieden von Nimwegen erreichte König Ludwig der Große den Höhepunkt menschlichen Ruhms... Als er an seinen Eroberungen genug hatte, gab er Europa, ganz nach seinem eigenen Willen, den Frieden.»[186]

War die Gestalt des Königs mit der Sonne oder mit dem Sonnengott Apollo gleichgesetzt worden, so hatte es sich dabei bisher eher um eine etwas übertriebene Formel gehandelt; nun aber, kann man sagen, wurde eine sachliche Charakteristik daraus. Wie denjenigen der Sonne konnte auch seinen Lauf nichts aufhalten, wie das Licht der Sonne blendete auch er jeden, der auf ihn blickte. Auch seine äußere Erscheinung brachte das zum Ausdruck: Das rundliche Gesicht seiner Jugend war den starren Adlerzügen der reiferen Jahre gewichen, und er hatte sich angewöhnt, eine üppige, löwenmähnige Perücke zu tragen, die ihn noch mächtiger und majestätischer wirken ließ. «Der König ist keine Schönheit», schrieb ein Beobachter, «aber seine Züge sind gleichmäßig; das Gesicht zeigt die Spuren der Windpocken [ein im 17. Jahrhundert weitverbreiteter Makel]; in den Augen kann man alles finden – sie sind majestätisch, lebhaft, fröhlich, lüstern, liebevoll oder furchtgebietend; kurz gesagt, er ist eindrucksvoll... und auch äußerlich von einem wahrhaft königlichen Wesen: Wäre er nur einer unter den Höflingen, so würde seine Gestalt doch aus diesen hervorstechen.»[187] Die Pracht des Hofes unterstrich seinen Rang als Halbgott natürlich noch weiter.

Während eines Aufenthalts in Fontainebleau im August 1677 bestand die Kleidung des Königs, neben den neuen Anzügen, die er zu solchen Gelegenheiten immer zu tragen pflegte, zum Beispiel aus zwölf ganz besonders großartigen Kostümen, die der Prinz von Marcillac, der Großmeister seiner Garderobe, speziell für ihn hatte anfertigen lassen. Zumindest bei einem davon wissen wir genau, wie er aussah, denn der *Mercure galant* berichtet, wenn auch etwas atemlos, darüber: «Der König erschien [zu einem der Bälle] in einem golden und silbern bestickten Anzug aus Goldlamé. Die Juwelen waren als Spangen gearbeitet, und außerdem trug er ein Schwert, das mit Edelsteinen im Wert von mehr als 150.000 Livres besetzt war.

Die Königin schien übersät von Juwelen von außerordentlicher Größe. Man kann mit Recht sagen, daß sie funkelte, denn ihr Kleid war schwarz, und das Tuch diente lediglich dazu, die Steine um so besser abzusetzen. Das Kostüm Monsieurs war mit Edelsteinen besetzt, die in langen Knopfreihen angeordnet waren, wie man sie von den brandenburgischen Uniformmänteln kennt... Die Zeit in Fontainebleau war so mit Vergnügungen angefüllt, daß es an den Abenden der *médianoches*,* falls die Oper oder das Stück zu früh zu Ende war, bis zur Mitternacht kleine private Bälle gab.»[188] Die Opern stammten, wie der *Mercure* uns verrät, allesamt von Lully – *Thésée, Alceste* und *Athys*; die Stücke von Molière – *Der Geizige, Der Menschenfeind, Die Schule der Frauen* –, Racine und, überraschenderweise, Corneille, der lange Zeit aus der Mode gewesen war. Zu den Hauptzerstreuungen gehörte natürlich die Jagd; aber die Bälle blieben doch das Imposanteste: Die Pracht der Königsfamilie war unbestritten, doch auch die übrigen Höflinge ließen sich nicht lumpen. Der *Mercure* beschreibt, wie es seine Art war, alles im Detail – zuerst die neueste Haarmode, ein aufwendiges Arrangement aus Locken und einem einzelnen breiten Zopf; dann fährt er fort: «Sämtliche Frisuren waren durch mit Juwelen besetzte Spangen verziert, die eine Perle in der Mitte trugen. Seitlich waren sie mit Schleifen aus Perlen oder Edelsteinen gehalten, die an die Stelle der üblichen Bänder traten... Die Kleider waren gänzlich mit Juwelen besetzt, besonders an den Halstüchern und den Säumen und auch an den großen Schleifen der Vorderseiten. Die Ärmel waren auf verschiedenerlei Art mit Bändern, Knöpfen oder nur mit Cabochons** verziert. Ähnlichen Zierrat trugen ihre Röcke auf der gesamten Vorderseite, und die [Überröcke] wurden von großen diamantenen Klammern zurückgehalten. Mit einer Reihe weiterer Edelsteine wurde eine Schleife auf der Rückseite geschmückt... Die Unterziehärmel, die aus Spitzen bestanden, waren in voller Länge geschlitzt und am Ende mit einem Umschlag aus einer weiteren Spitze versehen...

Das Buffet nach dem ersten Ball war großartig... Es gab vier übereinander angeordnete Etagen, von denen die unterste acht große Körbe mit Obst trug; in den Ecken fanden sich kleine Kegel aus kandierten Früchten; auf der nächsten Etage gab es vier weitere Körbe und in den Ecken wiederum kandierte Früchte. Obenauf stand ein großer, zwei Fuß hoher Kubus aus Obst. Alle Rundungen und Ovale waren mit Obst ausgelegt, und kandierte Früchte füllten all die quadratischen Flächen, die den Tisch säumten,... allenthal-

* Mitternachtsmahle.

** Rundgeschliffene Edelsteine.

ben... gab es Fackeln und Kandelaber... hinzu kamen Kristallteller, die zahlreiche Kelche mit Eiswasser trugen, und es gab seltene Porzellanvasen voll mit allerlei Kompott...

Man stelle sich dieses Lichtermeer vor, jedes Licht spiegelte sich in einem anderen, die Kerzen im Kristall der Fackelhalter, die Fackeln im Gold der Kerzenständer; das Funkeln des Karamelpuddings und das Glimmen der kandierten Früchte machte das Ganze noch strahlender. Und dazu kamen noch die Farben des Obstes, die Schleifen in den Körben und das Kristall der Soßenschalen, ganz zu schweigen von den Juwelen, die Ihre Majestäten und die vierzig Damen trugen, die um den Tisch verteilt saßen.»[189] Wir heute, im Zeitalter der Elektrizität, können uns nicht mehr vorstellen, welchen Zauber eine nächtliche Beleuchtung ausübte: Die Szenerie, wie der *Mercure* sie beschreibt, muß geradezu ehrfurchtgebietend gewesen sein.

So wie der Hof eine immer größere Pracht entwickelte, nahm auch das Privatleben des Königs beinahe die Dimensionen einer Staatsangelegenheit an: Von jeher hatte er neben seinen offiziellen Mätressen kurze, allgemein nicht bekanntgewordene Affären gehabt, die oft nicht einmal eine Woche dauerten; andere erwiesen sich als dauerhafter, blieben aber diskret – die Beziehung zur Prinzessin von Soubise ist ein gutes Beispiel dafür. Die Prinzessin war schön und natürlich nicht abgeneigt; ihr Ehemann, ein Vertreter der aufstrebenden Familie Rohan, war der Takt in Person; und die Folge war, daß der König über Jahre hinweg immer wieder einmal mit Mme. de Soubise schlief und dafür die Familie mit Gunstbeweisen überschüttete; doch in der Öffentlichkeit wurde die Affäre nie wirklich bekannt.

Ende der siebziger Jahre änderte sich all das jedoch, und die neuen Liebschaften des Königs wurden rasch und *en détail* bekannt. Die erste davon war die zu Mme. de Ludres. «Der König zog am 1. März [1677] zu einem Zeitpunkt in den Krieg, zu dem die Höflinge glaubten, er sei mit nichts anderem beschäftigt als mit Spielen, Balletten und einer neuen Liebschaft. Das konnte geschehen, weil Mme. de Montespan, die anfangs Mme. de Ludres als Rivalin verfolgt hatte, nun glaubte, mit deren Einfluß sei es zu Ende, und diese nun wieder zu sich rief. Kaum war Mme. de Ludres jedoch zurück, entflammte der König in neuer Begierde, und mehr als einmal konnte man ihn in Begleitung Chamarandes – seines *premier valet de chambre*, der für die Verhandlungen zuständig war, in einer privaten* Sänfte vom *château vieux* von Saint-Germain zum *château neuf* gehen sehen, wo Mme. de Ludres untergebracht war.»[190] Daß er Mme. de Montespans inzwischen überdrüssig geworden war, war vielleicht nicht weiter verwunderlich: Die lebenslustige Marquise hatte eine enorme Leibesfülle angenommen, die nur von ihrer Lüsternheit noch übertroffen

* D.h. ohne das königliche Wappen an den Seiten.

wurde; und, was noch schlimmer war, sie machte die schrecklichsten Szenen, wenn sie nicht ihren Willen bekam. Die Folge war, daß der König, dessen Blick nie lange auf einer einzigen ruhte, nun offizielle Rivalinnen einsetzte. Anders als die La Vallière jedoch war Mme. de Montespan fest entschlossen, am Hof zu bleiben, nicht zuletzt in der Hoffnung, sie könne den verlorenen Liebhaber zurückgewinnen.

Inzwischen gab es allerdings keinen Zweifel mehr, daß ein neuer Stern aufgegangen war. «Betrat Mme. de Ludres den Raum, so erhoben sich, selbst in Anwesenheit der Königin, sämtliche Herzoginnen und Prinzessinnen von ihren Plätzen und setzten sich erst wieder, wenn sie dazu aufgefordert wurden – so wie es bei Mme. de Montespan Sitte war. Und das nur, weil sie glaubten, sie sei die Geliebte des Königs. Durch diese Ehrenbezeugung, die man Mme. de Ludres erwies, erfuhr die Königin von der neuesten Untreue ihres Gatten... Die Königin hatte sich längst an diese Affären gewöhnt, doch Mme. de Montespan raste vor Wut. Ich wurde einmal Zeuge, wie Mme. de Ludres und Mme. de Thianges* in den Tuilerien haßerfüllte Blicke wechselten. Sie waren zusammengestoßen.** Mme. de Montespan tat alles, um ihrer Rivalin Schaden zuzufügen, doch daß Mme. de Ludres in Ungnade fiel, hatte sie sich selbst zu verdanken. Ihr einziger Berater war ein Dichter, ein gewisser Benserade,*** und zur einzigen Vertrauten hatte sie eine gewisse Marianne, die Tochter eines Apothekers, die mit jemandem namens Montataire verheiratet war, einem armen Schlucker, der weder Einfluß noch Freunde hatte. Um ihm größere Achtung zu verschaffen, kam [Marianne] auf die Idee, ihn zum Boten zwischen Mme. de Ludres und dem König zu machen.

Dieser, der mit der Aufgabe bereits Chamarande betraut hatte, war so erstaunt, als er sich Montataire gegenübersah, daß er sich nicht mehr mit Mme. de Ludres traf, sie anwies, sie solle sich in ein Kloster zurückziehen, wozu er ihr 200.000 Livres anbot, die sie ausschlug.»[191] In einer Beziehung mißversteht Visconti den König allerdings: Nicht aus Überraschung ließ er Mme. de Ludres fallen. Es gab nichts, was Ludwig XIV. mehr haßte als Indiskretion, und das galt für eine Liebesaffäre genauso wie für Staatsgeschäfte. Bei Chama-

* Die Schwester Mme. de Montespans.

** Weil jede versuchte, vor der anderen entlangzugehen.

*** Der «gewisse Benserade» war in Wirklichkeit einer der Lieblingsdichter des Königs; viele der Gelegenheitsgedichte, die bei Festivitäten am Hofe verlesen wurden, stammten von ihm.

rande konnte er sich offensichtlich darauf verlassen, daß seine Lippen versiegelt waren, bei Montataire hingegen war es wahrscheinlich, daß er darüber sprach: Mehr brauchte der König nicht, um ihm Mme. de Ludres entbehrlich zu machen.

Das galt insbesondere, als der Hof ja voller hübscher und junger Frauen war, deren größter Ehrgeiz dahin ging, die Geliebte des Königs zu werden, und binnen weniger Wochen hatte sich Ludwig XIV. von neuem verliebt, diesmal in eine Blondine, deren blendendes Aussehen und geschmeidiger Körper durch ihre Jugend und ihre offensichtliche Willigkeit noch verlockender wurden. «Mlle. de Fontanges ... war groß, mit einem gutgebauten Körper und sehr hübsch, doch da sie hellblond war, behaupteten diejenigen, die neidisch auf sie waren, sie sei rothaarig, denn in Frankreich gibt es ein Vorurteil, nach dem rothaarige Frauen unanständig sind und schlecht riechen. Auch rothaarigen Männern sagt man nach, sie seien unanständig, doch sie können es mit einer Perücke kaschieren»[192], schreibt der Italiener Visconti.

Mlle. de Fontanges war nicht nur vom schönsten Blond, sie war auch ruhig, gefällig und nicht allzu intelligent – das genaue Gegenstück also zu Mme. de Montespan, deren Beine, wie ein aufmerksamer Beobachter anmerkte, nun den Umfang eines mittleren Mannes erreicht hatten und die launischer als je zuvor war. Außerdem hatte der König Grund zu der Annahme, daß sie ihm heimlich die verschiedensten Aphrodisiaka verabreichte, die ihm Schwindelanfälle verursachten. Außerdem gab es nach wie vor das alte Problem des doppelten Ehebruchs, das durch das provokative Benehmen ihres Mannes um so ärgerlicher wurde. Colbert, unentbehrlich wie immer, bekam den Auftrag, ihn im Auge zu behalten, und daraus resultierte eine umfangreiche Korrespondenz, aus der das folgende ein typisches Beispiel ist. Colbert schreibt an den König: «Gestern, Sire, erhielt ich Eurer Majestät Brief vom 17. und werde die Anweisungen Eurer Majestät, was M. de Montespan angeht, pünktlich ausführen. Dazu müßt Ihr wissen, daß, als Ihr vor drei oder vier Jahren anordnetet, daß in einem Verfahren, das er vor dem Parlament hatte, das Urteil gefällt werden solle, so daß er keinen Grund oder Vorwand mehr habe, in Paris zu bleiben, die Anweisung Eurer Majestät von mir ausgeführt wurde. Der Fall wurde abgeschlossen, und soviel ich weiß, reiste er ab.

Vor etwa zwei Wochen kam M. de Montespan zu mir und bat mich, M. de Novion ein Verfahren anzuempfehlen, in das er verwickelt war und dessen Ergebnis er abwarten wolle, bevor er sich auf seine Güter zurückziehe. Ich tat es jedoch nicht, da ich der Meinung war, ich solle mich nicht ohne Anweisungen dazu in seine Angelegenheiten mischen. Sollte Eure Majestät es für angebracht halten, solcherart Druck auf M. de Novion auszuüben, würde das ihn [Montespan] vielleicht zur Abreise bewegen.»[193] Das war am 28. Mai 1678. Ohne Zweifel wurden solche Anweisungen gegeben, doch am 15. Juni schreibt der König an Colbert: «Wie ich höre, hält Montespan indiskrete Reden. Er ist ein Wahnsinniger, und Sie werden mir einen Gefallen tun, wenn Sie ihn sorgfältig beobachten lassen ... Ich weiß, daß Montespan angedroht hat, er werde hierherkommen und seine Frau besuchen. Da er gut in der Lage ist, derartiges tatsächlich zu tun, und da man das Schlimmste befürchten muß, verlasse ich mich darauf, daß Sie dafür sorgen werden, daß er hier nicht auftaucht. Übersehen Sie in dieser Angelegenheit nicht das geringste, und sorgen Sie vor allem dafür, daß er Paris so schnell wie möglich wieder verläßt.»[194] Man mußte von Montespan tatsächlich befürchten, daß er in die Gemächer seiner Frau hineinpoltern und ihr eine fürchterliche Szene machen würde: Selbst in Paris benahm er sich so skandalös wie möglich; und all das paßte natürlich ganz und gar nicht zu jenem Bild olympischen Gleichmuts, auf dessen Erhaltung der König so sehr bedacht war.

Mlle. de Fontagnes hatte keine solchen Nachteile, aber andererseits fehlten ihr die intellektuellen Qualitäten, auf die Ludwig offenbar nicht verzichten wollte; deshalb achtete der Hof von Anfang an auf Zeichen, daß diese Affäre nicht lange dauern werde – zumal ein neuer Stern bereits aufgegangen war. Schon 1675 blieb es nicht verborgen, daß der König gern seine Zeit in der Gesellschaft einer bestimmten Dame verbrachte; in Anbetracht seiner Gewohnheiten zweifelte auch niemand daran, daß sie seine Geliebte geworden war; und von dem Augenblick im Januar jenes Jahres an, in dem der König sie gar zur Marquise von Maintenon gemacht hatte, behielten die Klatschtanten die beiden sorgfältig im Auge.

Doch war es unwahrscheinlich, daß die neue Marquise, vormals Mme. Scarron, jemals von wirklich nennenswerter Bedeutung sein würde. Sie hatte ihren Titel schließlich nur im Zusammenhang mit ihrer Aufgabe als Gouvernante der unehelichen Kinder des Königs verliehen bekommen. Echte *Enfants de France*, die von der Königin geborenen Kinder, konnten nur von einer Herzogin beaufsichtigt werden, und in Anbetracht der Einstellung, die Ludwig XIV. allmählich gegenüber seinen illegitimen Kindern entwickelte, war natürlich offensichtlich, daß auch ihnen die Obhut einer adligen Dame zustand. Außerdem war Mme. de Maintenon ein Schützling Mme. de Montespans; die beiden Damen waren Freundinnen, nicht zuletzt, weil ihnen die brillante Intelligenz gemeinsam war und jede den Witz der anderen zu schätzen wußte. Und schließlich vergötterte Mme. de Maintenon ohne Zweifel die Kinder, die ihr anvertraut waren, was sicher auch darauf zurückzuführen war, daß sie ungebunden war. All das wußte der König zu schätzen; aber die Vorstellung, die vormalige Witwe Scarron könne jemals am prächtigsten Hof Europas eine bedeutende Rolle spielen, erschien schlichtweg lächerlich.

Gerade die bescheidenen Verhältnisse, in denen Mme. Scarron lebte, waren es, die dazu geführt hatten, daß man sie zur Gouvernante der immer größer werdenden Schar königlicher Kinder Mme. de Montespans gewählt hatte. Der König war zunächst wegen des doppelten Ehebruchs bemüht gewesen, die Existenz dieser Kinder geheimzuhalten; doch inzwischen hatten sich die Verhältnisse geändert. Die Kinder waren zu *légitimés* geworden, man sah sie bei Hofe, selbst von der Königin, in ihrer Rolle bestätigt. Und auch ihre Gouvernante stand nicht mehr wie einst im Schatten.

Ludwig XIV. brauchte nicht lange, um festzustellen, daß sie eine ausgesprochen ungewöhnliche Frau war. Das folgende Bild stammt vom Abbé de Choisi, der sie in sein Herz geschlossen hatte. «Sie hatte die Erziehung von M. le duc du Maine* beaufsichtigt, was ihr tausend Gelegenheiten gab, ihre Fähigkeiten unter Beweis zu stellen, ihren Verstand, ihre Urteilskraft, ihre ungekünstelte Art, ihre Frömmigkeit und all die anderen natürlichen Tugenden, die nicht immer so schnell die Herzen gewinnen wie die Schönheit, die aber ihren Eroberungen eine viel solidere, ja beinahe unzerstörbare Grundlage geben. Sie war nicht mehr allzu jung, doch ihre Augen waren von einer solchen Lebendigkeit, einer solchen Brillanz, und wenn sie sprach, lag auf ihren Zügen ein solch geistvolles Strahlen, daß es kaum möglich war, sie häufig zu sehen, ohne daß man eine Zuneigung zu ihr faßte. Der König, der ja seit seiner Kindheit daran gewöhnt war, von Frauen umgeben zu sein, war entzückt, eine zu finden, die nur von Tugend sprach; er brauchte nicht zu fürchten, die Leute könnten sagen, sie beherrsche ihn; er hatte sich vergewissert, daß sie keine Ansprüche stellte und daß es gänzlich wider ihre Natur war, ihre enge Verbindung zu ihm zu mißbrauchen.»[195]

Als man sie im Jahre 1675 zum ersten Mal zur Kenntnis nahm, war Mme. de Maintenon vierzig Jahre alt – und hatte damit nach Vorstellungen des 17. Jahrhunderts den Zenit längst überschritten –, doch sie wirkte wesentlich jünger und war eine ausgesprochen attraktive Frau. Zu ihren intellektuellen Qualitäten kam eine weitere hinzu, die sie im Laufe ihres schwierigen Lebens erworben hatte und auf die der König ganz besonderen Wert legte: uneingeschränkte Diskretion; und die Tatsache, daß sie eine so vollkommene Bescheidenheit an den Tag legte, setzte sie gegen die extravagante Mme. de Montespan ab. Selbst in ihrem Äußeren war sie unverwechselbar: An einem Hof, an dem die Frauen verschwenderische, farbenprächtige Gewänder trugen und mit Geschmeide übersät waren, trug sie nie etwas anderes als Schwarz.

Hinzu kam, daß sie nicht nur fromm war, sondern aufgeklärt in ihrem Glauben, und sie war nicht nur in der Lage, einen umfassenden theologischen Disput zu führen, sie konnte ihn sogar unterhaltsam gestalten: Das war für einen Monarchen, der selbst von einer aufrichtigen Frömmigkeit war und dem

* Der am 31. März 1670 geborene Herzog von Maine war dem König unter seinen illegitimen Kindern das liebste.

die Sünden, die er durch seine Beziehung zu Mme. de Montespan beging, in immer größerem Maße Sorgen bereiteten, eine weitere nicht zu unterschätzende Attraktion. Die Schattenseiten in der Persönlichkeit dieser Dame – ein Hang zum Heuchlerischen, zu unverkennbaren Machtgelüsten, zu endlosen beleidigenden Tiraden – hatten sich damals noch nicht bemerkbar gemacht. Was der König sah, wenn er von einer der häufigen Streitereien mit Mme. de Montespan zurückkam, war also eine attraktive, intelligente und ernste Frau, mit der er sich in ein wirkliches Gespräch vertiefen konnte.

Daß er solche Gespräche mit ihr führte, zeigt deutlicher als alles andere, daß er den Wert einer Person höher einschätzte als ihre Herkunft oder ihre Stellung; denn Mme. de Maintenon hatte ein ausgesprochen wechselvolles Leben hinter sich. Sie stammte aus einer unbedeutenden Familie des Kleinadels, den d'Aubignés; doch ihr Vater, der ein ausgesprochener Gauner war, war von einem Gefängnis zum anderen gewandert, so daß die kleine Françoise von Verwandten aufgezogen wurde, zuerst im fernen Martinique, dann im Poitou, wo sie Kammerzofe ihrer Cousinen war. Eine Standesheirat war undenkbar, denn sie war völlig mittellos: Es war also zu erwarten, daß sie ihren Unterhalt als Zofe einer Dame von Stande oder als Gouvernante ihrer Kinder verdienen würde.

Das wäre ohne Zweifel ihr Schicksal geworden, wäre sie häßlich oder langweilig gewesen; doch von Anfang an war sie von großer Schönheit und bewundernswertem Verstand. Als sie ihrer Tante nach Paris folgte, war ihre Gesellschaft bald allgemein gesucht; und dann, im Jahre 1652, ließ sie sich auf eine ebenso unwahrscheinliche wie groteske Ehe ein. Ihr Ehemann, Paul Scarron, war als komischer Dichter wohlbekannt, er war der Autor des ersten burlesken Romans in französischer Sprache und darüber hinaus ein Mann von Kultur und Witz. Er war in Paris hoch geschätzt und zählte viele Adlige zu seinen Freunden; doch er war, zweiundvierzigjährig, durch Rheuma bereits zum Invaliden geworden, litt unter ständigen Schmerzen und konnte nicht einmal ein paar Schritte ohne Hilfe gehen. Eine Folge davon war natürlich auch, daß er wesentlich älter wirkte, als er in Wirklichkeit war, und er war impotent, wenn auch der körperlichen Liebe alles andere als abgeneigt.

Nach allen Anzeichen hätte diese Ehe zu einer Katastrophe werden müssen – tatsächlich jedoch war sie ausgesprochen glücklich. Die neue Mme. Scarron hatte ihren Ehemann gern und bewunderte sein Talent, und er seinerseits genoß die Schönheit und die Intelligenz seiner Gattin. Sie richtete ein komfortables (aber ganz und gar nicht luxuriöses) Zuhause für ihn ein, und bald fand sie sich als Gastgeberin eines Salons, in dem nicht nur Intellektuelle verkehrten, sondern auch eine Reihe von Herzögen und einige der großen Damen, die die Pariser Gesellschaft beherrschten. Das war eine beneidenswerte Stellung, und Mme. Scarron machte das Beste daraus. Leider war das

17. Jahrhundert keine gute Epoche für Schriftsteller, finanziell gesehen zumindest: Sie waren für ihren Lebensunterhalt auf Mäzene angewiesen, und in den Jahren, in denen die Scarrons miteinander verheiratet waren, hatten die Nachwirkungen der Fronde diese Einkommensquelle versiegen lassen. Doch als der Dichter 1660 starb, genoß seine Witwe ein solches Ansehen, daß Anna von Österreich, die wußte, daß sie mittellos war, ihr eine Pension gewährte.

Dann folgte eine Zeit, über die wir so gut wie nichts wissen – bis Mme. Scarron angestellt wurde, um sich um die illegitimen Kinder des Königs zu kümmern. Sie hatte also eine Vorgeschichte, mit der sie Mme. de Montespan nicht gefährlich werden konnte – eine Tatsache, der sich diese Dame sehr bewußt war und die ohne Zweifel für die Freundschaft der beiden Frauen eine bedeutende Rolle spielte. Doch solche Umstände unterliegen gelegentlich dem Wandel; zwar änderte die Tatsache, daß der König sich zu Mme. de Maintenon hingezogen fühlte, nichts an seinem Interesse an Mlle. de Fontanges, doch trotzdem fiel es auf, daß er der Gouvernante mehr und mehr Aufmerksamkeit schenkte, und im Jahre 1679 fand sich Mme. de Montespan allmählich in genau der Lage, in der sich Mlle. de La Vallière etwa zehn Jahre zuvor befunden hatte. Natürlich wehrte sie sich – mit Tränen, Streitereien, dann unerwarteterweise mittels der Religion. Anfangs muß es unwiderstehlich komisch gewirkt haben, wenn die Marquise zu den seltsamsten Tageszeiten die Kirche besuchte und zu jeder Gelegenheit einen Schwall von Bibelworten hervorsprudelte, und es kann auch kein Zweifel daran bestehen, daß es sich um nichts als ein Manöver handelte, die Liebe des Königs zurückzuerobern, indem sie sich das Lieblingsthema Mme. de Maintenons zu eigen machte. Doch, so seltsam das ist, es hatte eine Wirkung, wenn auch nicht die vorgesehene: Es brachte ihr den König nicht zurück, doch sie entwickelte eine echte Frömmigkeit.

Bevor sie sich mit dem regelmäßigen Besuch der Messe zufriedengab, hatte Mme. de Montespan es allerdings mit einigen weniger orthodoxen Hilfsmitteln versucht. Im Laufe der Zeit entdeckte der König, was es damit auf sich hatte, und seine Entdeckungen kränkten und ängstigten ihn: Die Marquise und, genaugenommen, ganz Frankreich waren nicht das, wofür er sie gehalten hatte.

## VIII

# GIFT UND GALLE

Ende der siebziger Jahre des 17. Jahrhunderts glich Frankreich einem Vulkan nach dem Ausbruch: Eine erkaltete Kruste hat sich über der Lava gebildet, und die Asche ist wieder zu Boden gesunken, doch im Inneren brodelt das Magma weiter; ebenso waren, auch wenn der König, oberflächlich gesehen, dem Land eine neue Ordnung gegeben und es in seinem Geiste verändert hatte, die zerstörerischen Kräfte, die ihm unterlegen waren, noch höchst lebendig – nur wirkten sie im verborgenen.

Deren Wirkung wurde vernehmbar, als zu viele Menschen allzu plötzlich und allzu unerwartet starben, und bald drängte sich Ludwig XIV. die Erkenntnis auf, daß die gesamte Oberschicht der französischen Gesellschaft durch und durch kriminell war.

Die Aristokratie hatte sich schließlich von jeher illegal bereichert, indem sie Bürgerkriege anzettelte, um sie dann gegen Geldgeschenke wieder zu beenden. Unter Ludwig XIV. mußte die Gunst des Königs, jener Quell potentiell endloser Vergünstigungen, verdient werden statt erstritten. Hinzu kam, daß das Leben sich enorm verteuert hatte; die ältesten Söhne, die früher nur für kurze Stippvisiten am Hof gewesen waren, verbrachten nun den größten Teil ihrer Zeit dort, und es war ihnen ausgesprochen lästig, auf den Tag zu warten, an dem sie nach dem Tod ihrer Väter das Familienerbe antreten konnten.

Selbst in der nächsten Umgebung des Königs hielten sich die alten räuberischen Neigungen: Das enge Zusammenleben in Versailles, wo Ludwig XIV. nun die meiste Zeit residierte, heizte die Rivalitäten zwischen den verschiedenen Familien noch weiter an. Der Tod eines Rivalen war immer willkommen: Um so praktischer, wenn man selbst dafür sorgen konnte. Und wenn die Liebe schwand, was für eine Erleichterung, wenn man die Sache persönlich in die Hand nehmen konnte: Keine alternde Frau gibt gern ihren Liebhaber her; wenn es sich dabei gar um den König handelte, war der Verlust entsetzlich.

Einige der Mittel, mit denen man diese Schwierigkeiten der verschiedensten Art ausräumte, waren eminent praktischer Natur – was gibt es Praktischeres als einen Mord, solange er nicht entdeckt wird; andere, von denen man sich ebensoviel Wirkung versprach, verließen sich auf den Aberglauben, der vielerorts noch immer großen Einfluß hatte. Ende des 17. Jahrhunderts erschien die französische Kultur als eine der fortschrittlichsten Europas; es schien, daß die Macht des Verstandes, die Forderung nach wissenschaftlichen Beweisen, wie Descartes und andere sie vorgebracht hatten, allgemein anerkannt waren. Die Religion war zwar nach wie vor mächtig, doch gründete sie sich nun auf dem Glauben und auf guten Werken und nicht mehr – wenn man großen Bischöfen wie Bossuet und Fénelon glauben darf – wie im Mittelalter auf einem Sammelsurium aus heidnischen Riten und Dämonenglauben.

Es ist jedoch eine Tatsache, daß alte Überzeugungen nur schwer auszurotten sind, besonders dann, wenn sie bequeme Patentrezepte zu bieten scheinen. Noch Anfang des Jahrhunderts hatte Jakob I. von England ein Buch verfaßt, seine *Daemonologie*, in dem die Zauberkraft von Hexen als eine Tatsache angesehen wurde. Außerdem lag es, wenn die Seele tatsächlich ein so wertvolles Gut war, nahe, daß der Teufel, an dessen Existenz noch jedermann glaubte, sie gut bezahlen würde; sie war also ein Handelsgut: die Hölle im Jenseits gegen schnellen und leichten Erfolg in diesem Leben.

Besteht erst einmal ein Bedürfnis, dann entwickelt sich auch eine Dienstleistung. Wenn reiche, mächtige Leute die Hilfe des Teufels brauchten, dann war es nur eine Frage der Zeit, bis sich Vermittler anboten. Und wenn die Gegenwart eines reichen, aber geizigen Vaters zur Last wurde, dann fanden sich Mittel, sich seiner zu entledigen; gemeinsam konnten also Arsen und Schwarze Magie alle anfallenden Aufgaben bewältigen.

Daß das so war, ist vielleicht in Anbetracht der überkommenen Natur der französischen Oberklasse nicht weiter verwunderlich; Mord, Vergewaltigung und Plünderung im Bürgerkrieg waren schließlich ebensowenig moralisch, und doch hatte nie jemand etwas daran gefunden. Nun wurden vergleichbare Unternehmungen diskreter durchgeführt, und oft ging es gegen Verwandte statt gegen Rivalen; aber das Grundprinzip blieb das gleiche. Doch gerade diese Überbleibsel aus der schlechten alten Zeit hatte der König durch seine neue Ordnung ausgerottet geglaubt. Von 1677 an mußte er nun allmählich einsehen, daß nicht die wohlgeordnete Gesellschaft, die er hatte aufbauen wollen, herrschte, sondern daß Habgier, Verbrechen und Korruption überall waren.

Alles fing, wie es scheint, mit einem einzelnen Kriminalfall an. Die Marquise von Brinvilliers war die Tochter eines wohlhabenden Vaters aus der oberen Mittelschicht. Mit Ungeduld wartete sie darauf, sein Erbe anzutreten; außerdem war sie mit einem Mann verheiratet, dessen sie gänzlich überdrüssig geworden war. Für sich genommen war diese Situation nicht ungewöhnlich, doch diesmal kam ein weiterer Umstand hinzu. Der neueste und verführerischste unter den Liebhabern der Mme. de Brinvilliers war ein Chemiker namens Sainte-Croix, und dieser bot ihr an, das Pulver zu besorgen, mit dessen Hilfe sie sich des Ehemanns und des Vaters gleichermaßen entledigen könne.

Die praktisch veranlagte Marquise hörte sorgfältig zu und überdachte alle möglichen Gegenargumente; dann beschloß sie, sich zunächst zu vergewissern, ob das Pulver auch wie versprochen wirkte: Es mochte noch angehen, daß man seine Verwandten umbrachte und dabei den Anschein erweckte, sie stürben an einer Krankheit; aber man konnte nicht riskieren, daß sie überlebten und Verdacht schöpften. Also sah sie sich nach geeigneten Versuchskaninchen um, und sie fand sie bald, unter dem Vorwand der Mildtätigkeit. Das Hôtel Dieu, das größte Krankenhaus in Paris, wurde von der Kirche betrieben, war jedoch auf die Unterstützung durch Privatleute angewiesen, und zu diesen gehörte, wie allgemein auffiel, im Jahre 1676 Mme. de Brinvilliers, die viel Zeit dort verbrachte; sie kümmerte sich um die Kranken, versorgte sie und gab ihnen zu essen. Doch sie schien keine glückliche Hand zu haben: Die meisten ihrer Patienten starben binnen weniger Wochen.

Nachdem sie sich solcherart versichert hatte, daß das Pulver – eine Art Arsen –, über einen längeren Zeitraum verabreicht, tatsächlich seine Wirkung tat, begann die Marquise, es in ihrer Familie anzuwenden. In einem Falle, bei ihrem Ehemann, überlegte sie es sich zwischendurch anders, gab ihm Gegengifte, nachdem sie ihn schon eine Weile vergiftet hatte, und ließ ihn leben; doch eine ganze Reihe anderer Verwandter wurde auf diese Weise beiseite geschafft, ohne daß einer von ihnen Verdacht schöpfte. Man wäre ihr vielleicht nie auf die Schliche gekommen, denn sie war vorsichtig und verabreichte das Arsen ihren Opfern nach und nach in kleinen Dosen, so daß ihr Siechtum wie eine ganz normale Krankheit wirkte; doch dann fand man Sainte-Croix tot in seinem Laboratorium, wie es schien durch einen Unfall vergiftet, bei dem eine Retorte zu Bruch gegangen war. Seine Verbindung zu Mme. de Brinvilliers war allgemein bekannt, und nun wirkten die Todesfälle in ihrer Familie schon weniger natürlich; kurz darauf wurde sie verhaftet.

«Was die Angelegenheit der Mme. de Brinvilliers angeht», schrieb der König an Colbert, «so liegt mir daran, daß Sie den Premier président und den Generalstaatsanwalt in meinem Namen wissen lassen, daß ich von ihnen erwarte, daß sie alles tun, was ehrenhafte Menschen wie sie tun müssen, um jeden, ganz gleich welchen Ranges, zu verfolgen, der mit solchen Schandtaten zu tun hat. Berichten Sie mir, was Sie hören; es heißt, es gebe eine Vielzahl von Anträgen und viel Geld werde gezahlt.»[196] Zu jener Zeit erschienen die

Verbrechen der Mme. de Brinvilliers – auch wenn sie die Pariser faszinierten, die in Scharen zu ihrem Prozeß und zu ihrer Hinrichtung kamen – noch als die Taten einer einzelnen, perversen Frau. Doch bald stellte sich heraus, daß sie nur die Spitze des Eisbergs waren.

Es ist natürlich möglich, daß Mme. de Brinvilliers anderen ein Beispiel gab; doch bereits bevor man ihr auf die Schliche kam, hatten Hexen und Giftmischer bedürftigen Erben das feilgeboten, was als «Erbpulver» bekannt wurde. Gleichzeitig stellten sie eine ganze Reihe von Zaubertränken her, die Liebe wecken, Impotenz verursachen und überhaupt alles konnten, was der Käufer gerade brauchte. In einigen besonders hartnäckigen Fällen wurden auch schwarze Messen zelebriert, um sich der Mithilfe Satans zu versichern.

Die führenden Gestalten dieser Hexen-Giftmischer-Abtreibergesellschaft waren zwei Frauen namens Voisin und Vigouroux, der Liebhaber der ersten, ein gewisser Lesage, sowie zwei Priester, die Abbés Mariette und Guibourg. Als diese fünf im Frühjahr 1679 verhaftet wurden, breitete sich Angst und Schrecken am Hof aus. Am 10. April ließ der König ein Sondergericht einsetzen, die *chambre ardente*, um die immer größer werdende Zahl von Anschuldigungen zu untersuchen, und binnen kurzem waren 442 Männer und Frauen der Oberschicht verhaftet worden. Und es kam noch schlimmer: Die Giftmischer schuldigten nun eine Reihe von Leuten aus der nächsten Umgebung des Königs an, an erster Stelle die Gräfin von Soissons, die Nichte Mazarins und Geliebte des Königs aus den fünfziger Jahren, die inzwischen das wichtigste Hofamt innehatte – sie war die Superintendentin des Haushalts der Königin. Jedoch befand sie sich in guter Gesellschaft, denn Damen von Rang wie die Herzogin von Bouillon (eine Verwandte Turennes), die Prinzessin von Tingry, die Marschallin de La Ferté und die Marquise von Polignac wurden ebenfalls von den Gefangenen beschuldigt.

Einige darunter, allen voran die Gräfin von Soissons, zogen es vor zu fliehen; andere, wie der Marschall von Luxemburg, baten darum, in die Bastille gesandt zu werden, was auch auf der Stelle geschah. Voisin, Vigouroux und ihre Komplizen wurden natürlich vor Gericht gestellt und Anfang 1680 hingerichtet.

Daß solche Mordkampagnen im großen Stil überhaupt hatten stattfinden können, war natürlich ein grimmiges Zeichen des Zustands, in dem sich die Gesellschaft in Wirklichkeit befand, und es war ein trauriger Kommentar zur Festigkeit der neuen Ordnung. Von Anfang an hatte der König die Polizei angewiesen, ihre Pflicht furchtlos zu versehen, ganz gleich, wie mächtig die Leute sein mochten, um die es ging. Doch dann wurde im April 1680 von Marguerite Voisin, der Tochter der Giftmischerin, eine neue Anschuldigung vorgebracht, und diesmal handelte es sich bei der Beschuldigten um niemand anderen als Mme. de Montespan.

Mlle. Voisin habe, wie der entsetzte Polizeichef seinen Dienstherrn wissen ließ, «mit einem unschuldigen Gesichtsausdruck, auf den, sollte sie die Unwahrheit sagen, jedermann hereinfallen könnte»,[197] die Favoritin beschuldigt, sie habe dem König Liebestränke verabreicht, um seine Zuneigung zu erhalten oder wiederzugewinnen, und sie habe mit dem gleichen Ziel persönlich an schwarzen Messen teilgenommen. Schließlich habe sie Anweisung gegeben, den König zu vergiften. Und es kam noch schlimmer: Eine ganze Reihe von Gefangenen, darunter der Abbé Guibourg, bestätigte diese Anschuldigung.

Geistesgegenwärtig ordnete Ludwig strengste Geheimhaltung für diese Affäre an, doch die Nachforschungen gingen weiter. Bald weitete sich die Anschuldigung auf die Dienerin Mme. de Montespans aus, Mlle. des Œillets, und die Wahrscheinlichkeit, daß die Favoritin tatsächlich schuldig war, wuchs. Manche der Anschuldigungen schienen allerdings plausibler als andere. Zum Beispiel leuchtet wenig ein, daß die Marquise im Jahre 1679, selbst im schlimmsten Eifersuchtsanfall, den König hätte vergiften wollen: Schließlich wäre es ihr unter der Herrschaft des Dauphins wesentlich schlechter ergangen, hätte dieser doch zweifellos der Königin gestattet, sich an der ehemaligen Mätresse zu rächen. Auch die Beschreibung des Mittels, mit dem der Mord bewerkstelligt werden sollte – ein vergiftetes Paar Handschuhe, das todbringende Dünste ausströmen sollte –, wirkt nicht eben glaubwürdig.

Weitere Unwahrscheinlichkeiten kamen hinzu. Es hieß, die Marquise sei bereits 1667 zur Kundin der Voisin geworden, zu einer Zeit, zu der Ludwig XIV. leidenschaftlich in sie verliebt war und in der sie mit Sicherheit nicht auf die Hilfe einer Zauberin angewiesen war; auch die schwarzen Messen, die 1673 zelebriert worden sein sollten, fielen in eine Zeit, zu der ihre Gewalt über den König unbestritten war. Doch ein gewisser Zweifel bleibt.

Zum Beispiel konnten sowohl Marguerite Voisin als auch Guibourg genaue Einzelheiten über die schwarzen Messen berichten. Dieser Ritus bestand aus einer Messe, die in einer verlassenen Kirche gefeiert wurde; der Name Satans wurde an die Stelle desjenigen Jesu gesetzt, eine nackte Frau diente als Altar, und das Blut eines getöteten Kindes (bisweilen eines Tieres) ersetzte den Abendmahlswein; zur Gotteslästerung kam also noch Mord hinzu. Es ist wahrscheinlich, daß solche schwarzen Messen wirklich gefeiert wurden, daß eine Frau, die Guibourg und Marguerite Voisin für Mme. de Montespan hielten, als Altar diente, daß es sich aber bei dieser Frau um Mlle. des Œillets handelte und nicht um die Marquise. Die Gegenüberstellung zwischen Mlle. des Œillets und den Giftmischern erbrachte keine eindeutigen Ergebnisse – zwei erkannten sie sofort wieder, eine dritte war sich nicht sicher –, doch ist die Wahrscheinlichkeit groß, daß es sich um sie handelte.

Was die Liebespulver angeht – etwas in der Art von zerstoßenen Krötenaugen oder Fledermausflügeln –, die Mme. de Montespan erworben und dem

König unters Essen gemischt haben soll, so ist die Wahrscheinlichkeit überwältigend: Es war im 17. Jahrhundert alles andere als ungewöhnlich, einer begehrten Person Liebestränke zu verabreichen, und es gibt keinen Grund zu der Annahme, daß nicht auch die Marquise es damit versuchte.

Für die Untersuchung der Affäre war wie immer Colbert verantwortlich, da sie aber von solcher Tragweite war, ließ man es zu, daß sie nicht ganz aufgeklärt wurde. Die Möglichkeit war natürlich nicht auszuschließen, daß die Giftmischer die ganze Affäre erfunden hatten, um ihre eigene Haut zu retten, doch wären sie damit ein enormes Risiko eingegangen: Die Todesstrafe konnte in vergleichsweise schneller und einfacher Form vollstreckt werden – durch Hängen oder Strangulieren – oder auch auf qualvolle Art und Weise, indem die Verurteilten etwa gevierteilt oder bei lebendigem Leibe verbrannt wurden; das Urteil, das auf eine falsche Anklage gegen Mme. de Montespan zu erwarten war, würde wohl kaum angenehm ausfallen.

Alles in allem und ohne jede abschließende Gewißheit ist also wohl ein Kompromißurteil zu fällen: Mme. de Montespan wird teils schuldlos, teils schuldig gewesen sein. In jedem Falle wäre es, wäre die Affäre bekanntgeworden, ein schwerer Schlag für das Ansehen Ludwigs XIV. gewesen. Nicht auszudenken, welchen Eindruck es gemacht hätte, wenn derjenige, der sich zum Archetyp des Monarchen schlechthin, zum größten König der Welt, stilisiert hatte, der gleichzeitig damit beschäftigt war, sein Reich weiter zu vergrößern, nun plötzlich als ehebrecherischer Liebhaber einer gotteslästerlichen Giftmischerin dagestanden hätte. Die Angelegenheit wurde geheimgehalten, und Ludwig behandelte die Marquise, als sei nichts geschehen.

Man kann allerdings davon ausgehen, daß es diese Enthüllungen waren, die das Band zwischen den beiden endgültig zerschnitten. Der König hatte ohnehin während des ganzen Jahres 1679 eine Affäre mit Mlle. de Fontanges; damit wiederum war es zu Ende, als die Schwangerschaft mit einer Fehlgeburt endete, von der die neue Mätresse sich nicht wieder erholte; und deutlicher denn je wandte sich der König Mme. Scarron zu, die eben zur Marquise de Maintenon geworden war.

Im Grunde war es nicht weiter verwunderlich: Mit zweiundvierzig Jahren war Ludwig XIV. kein junger Mann mehr; Skandale, die ihm noch wenige Jahre zuvor nichts ausgemacht hatten, begannen ihn nun zu quälen, zumal er zu Beginn seines mittleren Lebensalters eine deutliche Wendung zum Religiösen zeigte. Mlle. de Fontanges war unverheiratet gewesen, Mme. de Maintenon war verwitwet, doch Mme. de Montespan war nach wie vor mit einem anderen Mann verheiratet. Außerdem waren sowohl ihre körperliche Schönheit (sie hatte außerordentlich zugenommen) als auch ihr intellektuelles Brio geschwunden; die meiste Zeit über war die Marquise nun nichts weiter als eine dicke Frau, die Streitereien vom Zaune brach – und gleich neben ihr stand eine ruhige, gesetzte, anständige, attraktive Frau mit einem ungewöhnlich brillanten Verstand. So sehr er sich auch von Frauen körperlich angezogen fühlte, entwickelte Ludwig doch zu keiner eine dauerhafte Beziehung, wenn das Objekt seiner Begierde nicht auch mit Verstand argumentieren und Konversation treiben konnte: durchweg Bedingungen, die Mme. de Maintenon erfüllte. Auch die Tatsache, daß sie ihre Frömmigkeit so sehr zur Schau stellte, sollte nicht unterschätzt werden: Da Ludwig sich nun mehr und mehr der Religion zuwandte, konnte es ihm nur von Nutzen sein, wenn seine Geliebte ihm den Weg wies.

1680 war auch das Jahr, von dem an der König auf Kosten der Mütter seine Zuneigung eher den unehelichen Kindern zuwandte. Bastarde hatten schon seit langem ihren Platz bei Hofe und in der Gesellschaft: Der illegitime Sohn Karls IX. war zum Herzog von Angoulême gemacht worden – ein Titel, den bis dahin nur Prinzen der Königsfamilie getragen hatten; doch gewöhnlich hatten sie ihren Rang erst durch Erhebung in den Pairsstand erhalten und galten dann als Vertreter des Hochadels, nicht als Mitglieder der Königsfamilie. Nun begann Ludwig XIV., der offenbar der Meinung war, es komme allein darauf an, daß die Kinder unmittelbar von ihm abstammten, zum Entsetzen aller konservativen Höflinge, den Status seiner illegitimen Kinder zu erhöhen und sie nach und nach in die Nähe der Prinzen von königlichem Geblüt zu bringen.

Da es sich dabei um eine so ungewohnte und schockierende Vorstellung handelte, ging der König behutsam vor. Seine Absichten wurden jedoch unmißverständlich klar, als er im Januar 1680 die Heirat der vierzehnjährigen Mlle. de Blois, seiner Tochter aus der Beziehung zu Mme. de La Vallière, mit dem Prinzen von Conti,* dem Neffen des großen Condé, einem legitimen Prinzen, arrangierte; und die Tatsache, daß Conti dem zustimmte, was man bis dahin als Entwürdigung angesehen hätte, zeigt deutlich, welche Macht der König inzwischen gewonnen hatte. Von da an wurde diese Taktik kompromißlos weiterverfolgt: Indem er seine unehelichen Kinder in die Königsfamilie einheiraten ließ, sorgte Ludwig XIV. dafür, daß in der nächsten Generation die meisten Unterschiede zwischen diesen beiden Gruppen verwischt sein würden.

Genauso typisch wie diese Umsiedlung seiner Kinder von der unfeinen auf die feine Seite des Hofes war die Tatsache, daß während der gesamten grandiosen Hochzeitsfeierlichkeiten die abwesende Mutter der Braut mit keinem Wort erwähnt wurde. Nicht nur, daß für den König grundsätzlich jeder, der den Hof verließ, zu existieren aufhörte – und die reumütige La Vallière hatte sich 1674 hinter Klostermauern eingeschlossen –; von nun an sollte das

* Er war Ludwigs XIV. Cousin dritten Grades.

Schwergewicht auf dem Vater der Kinder, d.h. auf ihm selbst, liegen, während die Mutter mit ihren Makeln der niederen Geburt und des womöglichen Ehebruchs in Vergessenheit geriet; und Mme. de Montespan, die nach wie vor unübersehbar präsent war, verstand nur zu gut, worum es bei alldem ging.

Um 1680 hatte sich also das Bild, das der Hof bot, deutlich verändert. Die Königin, im Alter nicht gerade schöner geworden, war zurückhaltend wie immer: Von ihren Damen verlangte sie die Unterwürfigkeit, die ihr zustand, bis zum letzten; jeder Wunsch ihres Ehemanns war ihr Befehl. Der inzwischen neunzehnjährige Dauphin bekam nicht nur seinen eigenen Haushalt, sondern auch eine Frau dazu, die Tochter des Kurfürsten von Bayern, eines guten Katholiken und eines treuen Verbündeten Frankreichs gegen den Kaiser.

«Der Dauphin», schreibt Primi Visconti, «ließ sich ebenso gehorsam verheiraten, wie er vorher seine Lektionen gelernt hatte... Sein Erzieher war der Herzog von Montausier, ein älterer Herr von strenger Moral und unerschütterlichen Prinzipien. Der Dauphin schien gänzlich teilnahmslos geworden zu sein; niemand konnte ihm etwas ins Ohr flüstern.* Manche sagten sogar, der kleine Marquis de Créqui habe ihm eine gewisse schlechte Angewohnheit beigebracht und Millet, der stellvertretende Erzieher, stehe deshalb mit einer Rute neben dem Bett und versetze dem Dauphin einen Schlag, sobald er dessen Hände sich unter die Bettdecke bewegen sehe.

Aus Anlaß seiner Verehelichung bekam sein erster Kammerdiener, ein Freund von Mme. de Beauvais, die dem König den ersten Liebesunterricht erteilt hatte, den Auftrag, ihn aufzuklären.»[198] Tatsächlich hatte sich der Dauphin, dem es als Kind nicht an Elan gemangelt hatte, mehr nach der Mutter entwickelt: Er war ein großgewachsener, blonder junger Mann, der schon früh Fett ansetzte, und er war ohne jeden Sinn für das Intellektuelle; das Essen, die Jagd und später dann eine Mätresse aus niederen Schichten genügten ihm zum Glück. Er verstand nichts von Regierungsgeschäften, und sein Vater beriet sich niemals mit ihm oder unterwies ihn. Der Dauphin hatte vor seinem Vater große Angst. Schon die Anrede, mit der Ludwig XIV. ihn um diese Zeit bedachte, spricht Bände: *Monseigneur*, was man etwa mit ‹Euer Lordschaft› übersetzen könnte, war eine Ehrenformel, mit der man einen Vorgesetzten anredete: Höflinge nannten Prinzen und Minister Monseigneur und wurden ihrerseits von ihren Dienern so angeredet. Die Kronprinzen früherer Generationen hatte man stets ‹Monsieur le Dauphin› oder ‹Königliche Hoheit› genannt, und die Könige pflegten von ihnen als *mon fils* (mein Sohn) zu sprechen. Nun begann der König, seinen Sohn ironisch ‹Monseigneur› zu nennen, so wie ein Vater, der seinen kleinen Sohn zur Ordnung

---

* Die einzige Möglichkeit, mit einem Prinzen zu sprechen, ohne daß die Höflinge, die ihn stets umgaben, zuhörten.

ruft, vielleicht sarkastisch sagt: «Was haben Euer Lordschaft denn nun schon wieder angestellt?» Auf der Stelle wurde der Dauphin allenthalben nur noch Monseigneur genannt, so wie Condé für jeden Monsieur le Prince war, und im Laufe der Zeit geriet in Vergessenheit, daß es ursprünglich ein Spottname gewesen war. Doch es ist typisch für die Einstellung des Königs zu seinem einzigen (legitimen) Sohn und Erben.

Durch seine Ehe entkam der Dauphin der ungeliebten Aufsicht des Herzogs von Montausier, eines Mannes, von dem es allgemein hieß, er habe den Geist seines Zöglings gebrochen; doch sie brachte ihm keine höhere Achtung durch seinen Vater ein: Der Vater erwartete absoluten und unverzüglichen Gehorsam, der Dauphin gab diesen Gehorsam, und damit war die Sache erledigt. Auf den ersten Blick scheint diese reichlich unglückliche Beziehung ein schlechtes Licht auf Ludwig zu werfen: Ein so unerbittlicher, liebloser Vater verdient es, getadelt zu werden. Und doch muß man auch hier wieder eine Ausnahme machen. In Frankreich gab es, wie anderswo auch, eine lange Tradition von Umstürzen, die vom Kronprinzen ausgingen oder, wie im Falle Ludwigs XIII., vom Thronerben. Bedenkt man, daß die Aristokratie erst vor kurzem gebändigt worden war, so mußte der Gedanke für unzufriedene Adlige naheliegen, sich mit dem Dauphin gegen den König zusammenzutun; und Ludwig war natürlich fest entschlossen, dies zu verhindern. Zweifelsohne kam ihm die Dummheit seines Sohnes gelegen – doch auch in den dreißiger Jahren war es bei Gaston d'Orléans niemandem um dessen Intelligenz gegangen; das Entscheidende in diesem Falle war allerdings, daß der junge Mann bei weitem zuviel Angst vor seinem Vater hatte, um jemals auch nur an Rebellion zu denken. Wie schon vorher bei Monsieur hatte der König auch hier sichergestellt, daß kein Mitglied seiner Familie jemals wieder den Vorwand für einen Bürgerkrieg würde abgeben können.

Diese Errungenschaft – und eine solche war es – hatte natürlich ihre Nachteile: Niemand konnte voraussehen, was geschehen würde, wenn der behäbige, faule, teilnahmslose Dauphin tatsächlich an die Regierung käme. Doch 1680, als Ludwig noch in den besten Mannesjahren stand, war das kein dringendes Problem, und es gab immerhin die Möglichkeit, daß der Dauphin sich von seiner Gattin beherrschen ließ.

In der Tat war von Anfang an nicht zu übersehen, daß sie ihrem Mann in jeglicher Hinsicht an Intelligenz überlegen war. «Schon als die Dauphine eintraf», berichtet Primi Visconti, «schien sie über alles am Hofe Bescheid zu wissen, und sie war bereit, dem König zu schmeicheln und ihm in allem gefällig zu sein... Ämter in ihrem Haushalt waren begehrter als in demjenigen der Königin.*

* Da man hoffte, der König werde der Dauphine sein Ohr leihen. Daß er nicht auf die Königin hörte, war bekannt.

Die Herzogin von Richelieu, die *dame d'honneur** bei der Königin gewesen war, übernahm dieses Amt nun bei der Dauphine, das heißt, sie nahm eine Minderung ihres Ranges in Kauf; ihr Mann, der Herzog, wurde *chevalier d'honneur*,** was allerdings auf eine Intrige Mme. de Maintenons zurückzuführen war. Die Gouvernante der Kinder Mme. de Montespans selbst rückte zur Dame der Garderobe auf, zunächst unter der Marschallin von Rochefort, der sie dann für ebenbürtig erklärt wurde, was diese wiederum in Wut versetzte; am schlimmsten aber tobte Mme. de Montespan, die gehofft hatte, der König werde sich als Folge der Erkrankung Mme. de Fontanges' wieder ihr zuwenden.»[199] In Wirklichkeit hatte in aller Stille eine Revolution stattgefunden, aber es sollte noch eine ganze Weile dauern, bis all die aufmerksamen Beobachter wirklich verstanden, was genau da geschehen war.

Da Mme. de Maintenon aus so bescheidenen Verhältnissen kam, nahm man lange Zeit an, sie verdanke ihren wachsenden Einfluß irgendwelchen Diensten, die sie dem König leistete – manche hielten sie für seine Kupplerin, manche für die Schreiberin, der er seine Memoiren diktiere. In Wirklichkeit hatte Ludwig sich voll und ganz in sie verliebt, und im Laufe der Zeit verstärkte sich diese Liebe sogar noch. Die Vergabe der Posten im Haushalt der Dauphine war dafür nur ein weiterer Beleg: Die Herzogin von Richelieu wurde nicht allein deswegen *dame d'honneur*, weil sie ungewöhnlich ehrenhaft war, sondern auch, weil sie eine der engsten Freundinnen Mme. de Maintenons war, dasselbe traf für die Berufung ihres Mannes zum *chevalier d'honneur* zu. Von ebenso großer Bedeutung waren Mme. de Maintenons eigene Ämter: zuerst als Dame der Garderobe, dann der Marschallin von Rochefort gleichgestellt, die gesellschaftlich haushoch über ihr hätte stehen sollen. Außerdem findet sich hier ein Hinweis auf die Zukunft: Wie sie bei ihren ehemaligen Schützlingen, den Kindern der Mme. de Montespan, unter Beweis gestellt hatte, war Mme. de Maintenon die geborene Pädagogin, und bei ihrer Intelligenz sah sie natürlich sofort, wie wichtig es war, daß die verschiedenen Vertreter der nächsten Generation der königlichen Familie in Eintracht miteinander lebten. Indem er sie im Haushalt der Dauphine unterbrachte, gab der König ihr die Möglichkeit, sich bei der zukünftigen Königin von Frankreich beliebt zu machen und in aller Wahrscheinlichkeit auch an der Erziehung der Kinder beteiligt zu werden, von denen man annahm, daß die Dauphine sie zur Welt bringen werde.

Die Dauphine selbst fügte sich mit einer Mühelosigkeit ein, als sei sie schon seit langem auf ihre neue Rolle vorbereitet worden. Sie war recht groß,

---

* Die erste Dame des Haushalts nach der Superintendentin.

---

** Der erste Herr des Haushalts.

wirkte nobel, hatte schöne Augen, ein frisches Gesicht und vollkommene Zähne, was ein Ausgleich zu ihren nicht besonders ausgeprägten Gesichtszügen war; sie sprach mehrere Sprachen und war eine talentierte Musikerin, was sie zweifellos ihrem Schwiegervater lieb machte. «Sie war von klugem Verstand», schreibt ein Beobachter, «doch sie brachte diesen Verstand nur bei wenigen Gelegenheiten zur Geltung. Dem König gegenüber war sie immer aufmerksam, denn sie war entschlossen, ihr Verhalten ganz auf seine Wünsche abzustellen und alles zu vermeiden, was ihn hätte verstimmen können.»[200] Trotzdem war, wie bald deutlich wurde, von ihr nicht zu erwarten, daß sie irgend jemanden beeinflußte: Eine Frau von durchschnittlicher Intelligenz, zog sie die Ruhe ihrer Privatgemächer den Festivitäten am Hofe bei weitem vor. Doch sie erfüllte ihre Hauptaufgabe. Am 6. August 1682 brachte sie einen Sohn zur Welt, Louis, der den Titel eines Herzogs von Burgund erhielt; am 19. Dezember 1683 kam ein zweiter Sohn, Philipp, Herzog von Anjou; am 31. August 1686 der dritte, Charles, Herzog von Berry. Damit war die Thronfolge gesichert.

Auf der anderen, der illegitimen Seite der Familie Ludwigs XIV. waren bis 1683 drei der Kinder gestorben: sechzehnjährig der Graf von Vermandois, der einzige Sohn Mme. de La Vallières, im Alter von elf Jahren der Graf von Vexin, außerdem Mlle. de Tours; neben der Prinzessin von Conti blieben dem König also zwei Söhne und zwei Töchter von Mme. de Montespan, und diese traten im Laufe der Jahre immer mehr ins Licht der Öffentlichkeit.

Bei der eigentlichen Königsfamilie hatte Ludwig XIV. seine früheren Ziele voll und ganz erreicht. Das Hofleben ging unverändert weiter, als die Königin im Jahre 1683 starb. Der König vergoß Tränen, verkündete, dies sei das erste Mal, daß sie ihm Kummer bereite, und vergaß sie auf der Stelle. Monsieur, perverser denn je, war noch immer rettungslos in den Chevalier de Lorraine verliebt, einen habgierigen jungen Mann aus gutem Hause, der ihn skrupellos ausnahm, aber peinlich darauf achtete, daß er niemals dem König widersprach. Die zweite Madame, Elisabeth Charlotte, genannt Liselotte von der Pfalz, die Monsieur im November 1671 geehelicht hatte, war wie die Dauphine eine Wittelsbacherin, allerdings aus einer anderen Linie. Sie war eine üppige, herzliche Frau, entwickelte eine Leidenschaft für die Jagd und verliebte sich (auch wenn es ihr nicht recht bewußt wurde) in den König; ganz im Gegensatz zu ihrer Vorgängerin Henrietta Stuart hatte sie für Intrigen nicht den geringsten Sinn: Auch hier konnte sich der König nun sicher fühlen.

Auch Monsieur le Prince, der einstige Rebell, hatte sein Pulver verschossen: Nach Jahren absoluter Unterwürfigkeit war er in einen beinahe senilen Zustand verfallen, und er spielte erst wieder eine Rolle, als er 1686 starb; sein Sohn war eine gehorsame und gänzlich durchschnittliche Natur. Wohin Ludwig XIV. nun auch blickte, sah er seine Erfolge: Es gab niemanden mehr, der auch nur im entferntesten in der Lage gewesen wäre, sich ihm in den Weg zu stellen.

Die Folge war, daß er offenbar noch ehrfurchtgebietender wurde. In den achtziger Jahren setzte sich der Mythos vom Sonnenkönig endgültig durch: Er war, da waren sich alle einig, der größte Monarch Europas; er herrschte über die reichste und mächtigste Nation, residierte in den schönsten Palästen, stand dem prächtigsten und gehorsamsten Hofe vor. In der Tat fand sich hier das neue Muster der Monarchie.

Als ob der Zustand Frankreichs den Triumph des Königs nicht schon deutlich genug widerspiegelte, beschloß dieser nun, Versailles als sichtbaren Ausdruck der neuen Monarchie zu gestalten: Die umfangreichen Baumaßnahmen der frühen achtziger Jahre machten den Palast zu dem, was wir heute kennen – zumindest in der Außenansicht, denn das Innere wurde nach dem Tode Ludwigs XIV. zum großen Teil mehrfach abgewandelt. Zum Glück sind die Staatsgemächer im großen und ganzen so erhalten geblieben, wie er sie schuf, und sie geben uns eine gute Vorstellung davon, worum es ihm ging.

Die Hauptveränderungen nahm man auf der Parkseite vor: Die beiden gewaltigen Seitenflügel wurden angefügt, der Spiegelsaal entstand, indem die Hauptterrasse ummauert und überdacht wurde, und die Anordnung der Empfangsräume wurde ein für allemal festgelegt, auch wenn das königliche Schlafgemach erst in den neunziger Jahren an seine heutige Position genau im Zentrum des großen Bienenkorbs rückte. Es war in der Tat alles weitgehend so wie heute, mit einer bedeutenden Ausnahme: Die Gesandtentreppe, das prunkvollste Treppenhaus des Palastes mit seiner Ausstattung aus Marmor, vergoldeter Bronze und den Fresken von Lebrun, wurde im 18. Jahrhundert abgerissen, so daß wir nur vermuten können, einen wie ehrfurchtgebietenden Auftakt zu den Grands Appartements sie dargestellt haben muß.

Ansonsten glich die lange Flucht von Salons genau dem, was wir heute kennen: Von der Gesandtentreppe aus schritt der Besucher durch geschnitzte Türen, deren Vergoldung sich von einem weißen Untergrund abhob, durch die Salons der Fülle, der Venus, der Diana, des Mars, des Merkur und des Apoll, von denen einige mit Marmor ausgekleidet waren, andere mit reichem, häufig wechselndem goldbesticktem Samt oder Brokat. Diese Zimmerflucht, deren einzelne Räume durch weiß-goldene, getäfelte Türen voneinander getrennt wurden, führte zum Salon de la Guerre, ganz Marmor und Spiegel, vergoldete Bronze und Fresken von Lebrun, die die Triumphe des Sonnenkönigs darstellten. Dann folgte die Grande Galerie, die Spiegelgalerie, mit ihren breiten Bogenfenstern, die sich zum Park hin öffneten, auf der einen Seite, und den Spiegeln, die in der neuen, von Colbert gegründeten Manufaktur gefertigt waren, auf der anderen. Am Hinterende lag der Salon de la Paix, welcher zu den an der Südseite des Mitteltrakts gelegenen Gemächern der Königin führte.

Aber auch wenn die Anordnung der Räume gleichgeblieben ist und die Decken noch intakt sind, hat sich seit dem 17. Jahrhundert so vieles verändert, daß man heute einige Phantasie braucht, wenn man sich das Versailles Ludwigs XIV. vorstellen will. Natürlich können wir unseren Blick nach oben wenden und sehen, wie die Götter des Olymps sich in himmlischen Gefilden tummeln, oder wir können in der Spiegelgalerie die verschiedenen glorifizierten Episoden aus dem Leben des Königs, von der Überquerung des Rheins bis zu seinen Taten als weiser Gesetzgeber, bewundern; auch die Parkettfußböden sind noch dieselben, die Türen unverändert; alles andere jedoch ist verschwunden.

Wenigstens in den Räumen mit marmornen Wänden ist etwas mehr von der ursprünglichen Gestalt erhalten geblieben; dort jedoch, wo die Wände mit Stoffen oder Gobelins verkleidet waren, können die Nachbildungen aus dem zwanzigsten Jahrhundert nur Sehnsucht nach der verlorenen Pracht der Originale wecken. Die Gemälde, die einst diese Wände zierten, sind ebenfalls nicht mehr an Ort und Stelle, und daß man sie im Louvre besichtigen kann, ändert nichts daran, daß Versailles durch ihren Verlust ärmer scheint. Ebenso bedeutsam ist, daß das Mobiliar, das sich heute dort findet, spärlich ist und fast ausnahmslos späteren Epochen entstammt. In den achtziger Jahren des 17. Jahrhunderts konnte sich Versailles neben all seinen übrigen Kostbarkeiten auch noch seines Mobiliars aus massivem Silber rühmen – Tische, Konsolen, Truhen, Kerzenleuchter und große viereckige Übertöpfe für Orangenbäumchen. Wenn man sich den Schimmer des Samts und der Seide hinzudenkt, die die Palastbewohner trugen, und das Feuer ihrer Juwelen, so kommt dabei ein völlig anderes Versailles heraus als dasjenige, das wir kennen.

Auch der Park ist trotz seiner in den großen Zügen erhaltenen Grundstruktur nur ein schwacher Abglanz dessen, was er im 17. Jahrhundert darstellte. Zwar ist der Grand Canal noch zu sehen, ebenso die Hauptfontäne; aber viele andere sind verschwunden, und die Bepflanzung ist nicht nur weitgehend formlos, sondern zudem barbarisch vereinfacht. Auch der Brauch, in der Morgendämmerung eines jeden Wintertages frische Blumen aus den Gewächshäusern vor dem Palast einzupflanzen, wird längst nicht mehr gepflegt. Geradeso wie der Palast im Inneren einem Märchenschloß glich, waren im Freien die mit sorgfältig beschnittenen seltenen Bäumen und mit Blumen bestückten Gartenanlagen ein wahres Zauberwerk. Tatsächlich war Ludwig XIV. überaus stolz darauf; die bedeutenderen seiner Besucher führte er ausnahmslos darin spazieren, und er ging sogar so weit, einen Führer zu den Gärten zu verfassen, die *Manière de visiter les Jardins de Versailles*, in dem dem Besucher der bestmögliche Rundgang beschrieben wird und in dem er gesagt bekommt, wann er innehalten und wohin er blicken soll.

Der endgültige Umzug des Hofes nach Versailles schloß zwar jährliche Besuche in Fontainebleau nicht aus, setzte aber den Aufenthalten in Saint-Germain, Chambord oder Compiègne, die die erste Zeit der Regierung gekennzeichnet hatten, weitgehend ein Ende; und natürlich bedeutete er den dauerhaften und endgültigen Auszug aus Paris. Jetzt endlich wurde die Demütigung des jungen Königs, der sich vor dem eingedrungenen Mob hatte schlafend stellen müssen, wettgemacht. In Versailles, das durch eine einzige, leicht zu verteidigende Brücke mit Paris verbunden war, wußte Ludwig XIV. sich ein für allemal sicher vor dem hitzigen Temperament der großen Stadt, und er hielt sich nie wieder im Louvre oder dem Palais des Tuileries auf.

Zu dieser Zeit, in den frühen achtziger Jahren, begann auch die Lebhaftigkeit des Hofes zu schwinden: In dem Maße, in dem der König älter und reifer wurde, erwartete man auch von seinen Höflingen ein gesetzteres Verhalten. Die Prachtentfaltung wuchs mit der Kompliziertheit der Etikette, während der Halbgottcharakter des Königs unermüdlich hervorgehoben wurde. Das Resultat war für den Beschauer zweifellos eindrucksvoll, aber das Leben am Hof wurde nicht nur ermüdender – stundenlang mußte man dastehen und warten –, sondern auch langweiliger. In einer Hinsicht war das ein Segen: Die leidenschaftlichen Auseinandersetzungen der Höflinge über geringfügige Fragen der Rangordnung, die zu einem großen Teil dem Müßiggang entsprangen, stärkten nur noch die Macht des Königs; neue Sitten, wie zum Beispiel die Verbeugung vor der königlichen Mahlzeit, wenn diese aus der Küche gebracht wurde, ließen ein Aufbegehren nur um so undenkbarer erscheinen; und die ständig wachsenden Kosten dieses Luxuslebens trieb die Adligen in noch tiefere Abhängigkeit von der Großzügigkeit des Königs.

Zugleich hatte eine solche Treibhausatmosphäre auch handfeste Nachteile. So verfielen zum Beispiel fast alle dem Glücksspiel, und täglich wurden gewaltige Summen gewonnen und verloren, so daß an den Spieltischen Szenen unbändiger Freude und hemmungsloser Verzweiflung an der Tagesordnung waren. Noch wichtiger war vielleicht, daß sich Cliquen bildeten, die heftig intrigierten, so daß Verleumdung und üble Nachrede sich breitmachten. Doch all das schien kaum eine Rolle zu spielen: Ludwig besaß offenbar nicht nur erstaunliche Würde, sondern auch die Fähigkeit, jede Lüge und jede ehrgeizige Verschwörung zu durchschauen.

In den achtziger Jahren des 17. Jahrhunderts erschien auch erstmals eine neue Art von Eintragungen in jener grundlegenden Dokumentation der Etikette, dem Zeremonienregister. Bislang waren große Feierlichkeiten – Hochzeiten, Beerdigungen, wichtige Empfänge – zusammen mit der jeweils gültigen Rangordnung und den zugehörigen Aktivitäten verzeichnet worden; aber für das Jahr 1683 findet sich beispielsweise die folgende Eintragung: «Der Marquis de Vardes kehrte nach zwanzigjährigem Exil am 22. Mai an den

Hof zurück; er verneigte sich vor dem König in seinem Kabinett, wo Monseigneur le Dauphin ebenfalls zugegen war. Der König fragte ihn, ob er Monseigneur le Dauphin schon kennengelernt habe, der Marquis wandte sich um, um Monseigneur zu begrüßen, doch der König wies ihn zurecht: ‹Vardes, Sie haben wohl vergessen, daß man in meiner Gegenwart niemand anderen zur Kenntnis nehmen darf.›

Dies diente nicht dazu, die Rückkehr des Marquis de Vardes festzuhalten, sondern um zu dokumentieren, welcher Respekt dem König zu erweisen war.»[201]

Doch das, was leicht zu erdrückender Steifheit hätte werden können, wurde stets durch die perfekten Umgangsformen Ludwigs XIV. aufgelockert: Bis ans Ende seines Lebens zog er den Hut vor jeder Frau, der er begegnete, selbst wenn es nur ein Dienstmädchen war; er hatte im rechten Augenblick die rechten Worte parat; er wußte, wie man ein Lob anbringen mußte, um sich anhaltende Dankbarkeit zu sichern; und obwohl er Schmeicheleien sehr wohl zu gebrauchen wußte, brachte er es fertig, dem großen Dramatiker Racine, nachdem er dessen Dankesrede für die Aufnahme in die Akademie gehört hatte, zu sagen: «Ich könnte Eure Rede stärker loben, hättet Ihr mich selbst weniger darin gelobt.»[202] Mit einer einzigen Bemerkung konnte er das Verhalten eines Höflings verändern. Am 3. April 1684 zum Beispiel «sprach der König bei seinem *lever* ausgiebig über diejenigen Höflinge, die zu Ostern keine Kommunion nahmen, und er sagte, er wisse es bei denjenigen, die zum Abendmahl gingen, sehr zu schätzen; er empfahl ihnen, ernsthaft darüber nachzudenken, und betonte noch einmal, diejenigen, die sich dafür entschieden, bereiteten ihm Freude.»[203] Mit solchen Bemerkungen rief er natürlich eher Heuchelei als echten Glauben hervor, aber es ist ein typisches Beispiel für die Art, in der der König das Leben der Höflinge steuerte.

Daß Ludwig XIV. einer Angelegenheit – der Kommunion –, die man mit gutem Recht für eine Privatsache der Betroffenen hätte halten können, so sorgfältige Aufmerksamkeit widmete, deutet auch auf die immer größer werdende Rolle, die die Religion in seinem Weltbild spielte. Er war natürlich von jeher ein frommer Katholik gewesen, doch nun begann er sich zu benehmen, als seien ihm auch die Seelen seiner Untertanen anvertraut. Anfang der achtziger Jahre benutzte er noch das Mittel der Überredung; von dem zu den späteren gewaltsamen Maßnahmen schien es jedoch nur noch ein kleiner Schritt.

Ohne Zweifel standen dahinter tief empfundene und, alles in allem, wohlwollende Überzeugungen, doch erklären läßt es sich seinem ganzen Wesen nach nur durch die Tatsache, daß Ludwig XIV. sich inzwischen in seinem Königreich auch als Papst fühlte. Nicht nur daß er alle Dekane, Äbte und Bischöfe ernannte und diejenigen französischen Kirchenmänner auswählte, denen der Papst dann die Kardinalswürde verlieh – der Klerus war ihm auch mittlerweile bedingungslos gehorsam. 1682 zum Beispiel wurden einstimmig die sogenannten vier Artikel angenommen: «Daß der heilige Petrus und seine Nachfolger, die Statthalter Jesu Christi, und die gesamte Kirche von Gott ihre Macht nur in geistlichen Dingen gewährt bekommen haben, solchen, bei denen es um das Seelenheil geht, und nicht in zeitlichen, irdischen Dingen... Folglich erklären wir, daß nach Gottes Ratschluß die Könige und Herrscher in zeitlichen Dingen unabhängig sind von allen kirchlichen Mächten, daß sie weder direkt noch indirekt durch die Autorität des Oberhaupts der Kirche abgesetzt werden können, daß ihre Untertanen nicht von der Unterordnung und dem Gehorsam entbunden werden können, die sie ihnen schulden.»[204]

Diese Gallikanische Konfession – wie man sie nannte – ging mit einer radikalen Ausweitung der Regalien einher. Dabei handelte es sich um das Recht des Königs, zum einen alle kirchlichen Würdenträger selbst zu bestimmen (unter Vorbehalt der formellen Ordination durch den Papst), zum anderen mit den geistlichen Orden ganz nach seinem Belieben zu verfahren, wobei er in einigen Fällen Klöster und Abteien unterdrückte und ihren Besitz vereinnahmte und ihnen auch unabhängig vom Papst Gesetze gab; zum dritten die Einkünfte jeder Pfründe einzubehalten, solange diese unbesetzt war, d.h. zwischen dem Tod eines Amtsträgers und der Berufung des nächsten. Zusammen machten diese Rechte Ludwig XIV. praktisch zum Alleinherrscher in Kirchendingen, und das war bei weitem mehr, als der Papst dulden konnte.

Innozenz XI., der im Jahre 1676 an die Macht gekommen war, war das genaue Gegenbild zu König Ludwig: streng, jeglichem Prunk abhold und damit einer deutlichen Sympathie für die Jansenisten,* jene religiöse Gruppe, die Ludwig XIV. während seiner gesamten Regierungszeit bekämpfte. Und, noch schlimmer, der Papst sah es als seine Hauptaufgabe an, sich jeglichem Versuch entgegenzustellen, die Macht der Kirche zu schmälern; und eben die Rechte, die die Versammlung von 1682 ihnen verweigerte – Gewalt über weltliche Dinge, Gewalt über Herrscher, das Recht, sie abzusetzen, das Recht, Untertanen vom Gehorsam zu entbinden –, hatten die Päpste schon lange für sich beansprucht. Innozenz weigerte sich natürlich, die Erklärung der französischen Bischöfe anzuerkennen, ebenso die Ausweitung der königlichen Rega-

* Die nach einem holländischen Bischof benannten Jansenisten waren der Überzeugung, das Heil werde dem Gläubigen allein durch Gottes Gnade zuteil, nicht, wie die Jesuiten lehrten, durch gute Werke. Im Gegensatz zu diesen, deren unversöhnliche Feinde sie waren, traten sie für ein einfaches Leben ein, so weit wie möglich von allem weltlichen Streben und allem Prunk entfernt. Auf Verlangen Ludwigs XIV. war der Jansenismus zuletzt im Februar 1665 durch Papst Alexander VII. verurteilt worden.

lien, besonders, was die Klöster anbetraf; deshalb ratifizierte er vom April 1682 an keine der Berufungen Ludwigs XIV. zu Kirchenämtern mehr. Im Januar 1688 waren (zumindest in der Theorie) fünfunddreißig Bischofssitze vakant.

In anderen, weniger ruhigen Zeiten wäre diese Auseinandersetzung für die Regierung eine kaum zu ertragende Belastung gewesen; nun war sie nur ein weiterer Beleg für die Unterwerfung der französischen Kirche: Nicht ein einziger Bischof schlug sich auf die Seite des Papstes, und alles ging seinen Gang, als zähle der alte Herr in Rom überhaupt nicht. Noch bemerkenswerter war es, daß der König keinerlei Gewissensbisse hatte: Schließlich waren die frühen achtziger Jahre durch Ludwigs immer stärker werdende Frömmigkeit gekennzeichnet; doch wie er es von Mazarin gelernt hatte, trennte er streng zwischen Glauben und Kirchenverwaltung, und es kam ihm nie auch nur in den Sinn, daß ein Widerstand gegen den Papst oder die Ausweitung seiner Gewalt über die Kirche sein Seelenheil in Gefahr bringen könnte – in diesen Dingen wie in allen anderen regierte er sein Reich ganz so, wie er es für richtig hielt.

Man kann sogar sagen, daß er beinahe der einzige war, der sich noch an das erinnerte, was mittlerweile in ferne Vergangenheit entrückt war: Seine neue Herrschaftsform erschien den meisten längst als die natürliche, und die unzähligen Lobeshymnen, die auf die absolute Macht des Königs gesungen wurden, priesen ihn eher dafür, daß er weise mit dieser umging, als dafür, daß er sie errungen hatte. Nichts und niemand, so schien es, konnte sich ihm in den Weg stellen, und das zeigte sich noch ein weiteres Mal, als seine Regierung eine gänzlich neue Form der Kriegführung erfand.

Im Laufe der Jahrhunderte hatte Frankreich durch Friedensverträge eine Reihe von Städten verloren, die Ludwig XIV. seinem Reich gern wieder eingegliedert hätte, und da es zweifellos am einfachsten war, sie nacheinander statt alle auf einmal zu schlucken, wurde eine neue Institution ins Leben gerufen, die *chambres de réunion*: Ihre Aufgabe war es, aus den Archiven eine Liste von Territorien im Elsaß, in den *Trois Evéchés* (Metz, Toul, Verdun) und den umliegenden Gebieten zusammenzustellen, die einst zu Frankreich gehört hatten, inzwischen aber verloren waren. Als die Listen erstellt waren, zitierte Ludwig die verschiedenen Landesherren zu sich und annektierte kurzerhand die fraglichen Gebiete; in den meisten Fällen hatten sie kleineren deutschen Fürsten gehört, dem Kurfürsten von Württemberg etwa. Am 30. September 1681 annektierte er so z.B. die blühende Stadt Straßburg, die immerhin ein kaiserliches Lehen gewesen war.

Da jede dieser Bereicherungen, zu denen auch der Kauf der norditalienischen Festung Casal vom Grafen von Mantua gehörte, ein Einzelfall war, war der Anlaß nicht bedeutend genug, einen europäischen Krieg zu rechtfertigen;

außerdem hatten der Kaiser und seine Verbündeten, Wilhelm von Oranien eingeschlossen, nach dem Frieden von Nimwegen ihre Armeen aufgelöst, im Gegensatz zu Ludwig XIV., der ein stehendes Heer hielt. Es wäre also mit einem erheblichen Aufwand verbunden gewesen, diesen kleinen Okkupationen Widerstand zu leisten, und nichts dergleichen geschah. Das untermauerte natürlich, in Frankreich zumindest, die vorherrschende Meinung noch weiter, der König könne tun und lassen, was er wolle, während er im Ausland in den Ruf eines nimmersatten und höchst gefährlichen Eroberers kam. Niemand konnte voraussehen, wann und wo er als nächstes zuschlagen würde; doch daß es einen nächsten Schlag geben würde, das war gewiß. Tiefe und dauerhafte Feindschaften entstanden auf diese Weise.

Doch selbst wenn Ludwig diese überhaupt zur Kenntnis nahm, so waren sie für ihn nichts als die unvermeidlichen Konsequenzen seines Erfolges. Das war auch die Einstellung, in der Louvois ihn unablässig bestärkte. Dieser bewundernswert intelligente, effektive und arbeitsame Minister mit seinem krankhaften Ehrgeiz hatte nun das Kriegsministerium ganz unter sich; und er war natürlich wichtiger, hatte größeren Einfluß und größere Macht, solange Frankreich sich im Kriegszustand oder zumindest in Kriegsgefahr befand. Es war also in seinem Sinne, die expansionistischen Neigungen des Königs zu ermuntern, und er stellte ihm den Expansionismus als die einfachste aller Taktiken dar: Als zum Beispiel Straßburg ohne einen einzigen Kanonenschuß in französische Hände fiel, lag das zum Gutteil daran, daß die gänzlich unvorbereitete Stadt eines Morgens erwachte und sich von zwanzigtausend französischen Soldaten umzingelt sah; der ausgesprochen erfolgreiche Schachzug war bis ins kleinste Detail von Louvois geplant worden. Der König mußte allmählich glauben, vielleicht abgesehen von einer Invasion Hollands gebe es nichts, was ihm mißlingen könne.

Kurioserweise begünstigte sogar Ludwigs Mißtrauen gegenüber Ersten Ministern Louvois' Aufstieg: Da er alle Entscheidungen selbst fällte und da Colbert, den Louvois haßte, nach wie vor ein machtvoller Minister war, glaubte der König sich unbeeinflußt; doch nie war er in größerer Gefahr, die Unabhängigkeit seines Urteils zu verlieren.

Genaugenommen war dies das erste Mal, daß er beinahe seinem eigenen Mythos Glauben schenkte: Zwanzig Jahre lang war ihm alles geglückt; er hatte Ungeheures vollbracht; er hatte eine neue Form der Monarchie geschaffen, die seine Untergebenen mit Begeisterung angenommen hatten – er war tatsächlich ein wenig mehr als nur ein Mensch. Kein Wunder, daß er den Wunsch verkündete, sein Tagesplan solle von solcher Regelmäßigkeit sein, daß jeder, selbst in den entferntesten Winkeln Europas, zu jeder Zeit wissen könne, was der König von Frankreich gerade tat. Wie der Lauf der Sonne sollte der Lauf seines Tages gemessen, strahlend und unveränderlich sein; und es ist kein

Zufall, daß gerade zu dieser Zeit eine neue Art von Memoiren am Hof aufzutauchen beginnt, die ganz auf jede Handlung und jedes Wort des Königs ausgerichtet ist. Nie zuvor in der Geschichte Frankreichs war der Monarch als interessant genug erschienen, um ein tägliches, ja stündliches Protokoll zu rechtfertigen; genau das begann jedoch nun ein ergebener Höfling, der Marquis von Dangeau, festzuhalten. Im Jahre 1690 fand er dann Unterstützung in einem geborenen Schriftsteller, der als Herzog ebenfalls am Hof lebte: Louis de Rouvroy, Herzog von Saint-Simon.

Es ist also nicht weiter überraschend, daß Dangeau auf die Idee kam, einen typischen Tag des Jahres 1684 festzuhalten, und selbst heute ist sein Bericht noch lesenswert: Hier finden wir Detail für Detail, was die Zeitgenossen Ludwigs XIV. so faszinierte.

«Gewöhnlich stand er zwischen acht und neun Uhr auf; sobald er angekleidet war, zog er sich mit den Ministern zurück und arbeitete mit ihnen bis halb eins; dann trat er aus seinem Arbeitszimmer hervor, ließ Mme. la Dauphine* wissen, daß er zur Messe bereit sei, und die ganze königliche Familie ging zur Messe, wo es wunderbare Musik zu hören gab. Meist endete die Messe zwischen ein und zwei Uhr, und dann besuchte der König Mme. de Montespan,** bis sein Essen bereit war. Dann nahm Seine Majestät im Vorzimmer von Mme. la Dauphine [dem *Salon de la Paix*] das Mittagessen ein [er hatte den Vorsitz an einem quadratischen Tisch]. Die dazu ausersehenen Adligen bedienten ihn. Mit dem König speisten Monseigneur, Mme. la Dauphine, Monsieur und Madame, Mlle. und Mme. de Guise*** und dazu gelegentlich die Prinzen von königlichem Geblüt.

Nach dem Essen leistete der König Mme. la Dauphine noch einen Augenblick lang Gesellschaft, dann schloß er sich entweder ein, um zu arbeiten, oder er ging aus. Gegen sieben oder acht ging er zu Mme. de Maintenon und blieb dort bis zehn; dann nahm er bei Mme. la Dauphine das Abendessen ein, blieb danach noch eine Weile bei ihr, wünschte ihr eine gute Nacht und ging dann zu Mme. de Montespan, wo er meist bis Mitternacht blieb; das *petit coucher* war in der Regel bis halb eins oder spätestens eins abgeschlossen.

An den Tagen des *appartement***** ging man um sieben in die [Staats-]

* Da die Königin 1683 gestorben war, war die Dauphine nun die erste Dame, und sie lebte in den Gemächern der verstorbenen Königin.

** Oft durchschritt er lediglich ihre Gemächer, um durch eine Hintertür in die Wohnung Mme. de Maintenons zu gelangen.

*** Tochter und Enkelin des Onkels des Königs, Gaston d'Orléans.

**** D.h. die Tage, an denen der König offiziell Hof hielt – in der Regel dreimal die Woche.

Gemächer. Bis neun spielte der König dann Billard mit M. le duc de Vendôme [ein illegitimer Enkel Heinrichs IV.], M. le Grand [der Oberste Rittmeister, ein Prinz aus dem Hause Lothringen], dem Herzog von Grammont und M. Chamillard [einer der Staatssekretäre]; nach dem Billard zog sich der König mit Mme. de Maintenon in sein *cabinet* zurück oder besuchte sie bis zum Abendessen in ihren Gemächern. Mme. la Dauphine schaute dem König einige Minuten lang beim Spiel zu, dann lauschte sie für eine Viertelstunde dem Konzert und eröffnete anschließend den Ball. Monseigneur spielte meistens *lansquenet* oder *cul bas* [Kartenspiele]; an Tagen ohne *appartement* spielte Monseigneur mit Mme. la Dauphine Karten oder besuchte mit ihr das Schauspiel.

Sonntags fand ein Treffen des Staatsrats statt, an dem neben dem König der Kanzler [das war im Jahre 1684 Le Tellier, Louvois' Vater], M. de Louvois, M. de Croissy [Colberts Bruder, der Außenminister] und M. Pelletier,* der Finanzminister, teilnahmen. Am Montag trat der Staatsrat von neuem zusammen. Dienstags tagte der [weniger bedeutende] Finanzrat, bestehend aus dem König, Monseigneur [der nie ein Wort sagte], dem Kanzler, M. le maréchal de Villeroy, dem Finanzminister, M. Pussort und M. Boucherat. Am Mittwoch Staatsrat. Am Donnerstag Staatsrat. Am Freitag Gewissensrat [der sich mit Kirchendingen beschäftigte], zuerst mit dem Erzbischof von Paris, dann mit dem Père de La Chaise [dem Beichtvater des Königs], nie mit beiden gleichzeitig. Am Samstag Finanzrat. Jeden zweiten Montag fand der Depeschenrat statt [einst die wichtigste der Ratsversammlungen, beschäftigte sie sich nun mit zweitrangigen laufenden Geschäften], wohingegen es an diesen Tagen dann keine Staatsratssitzung gab; Teilnehmer an dieser Versammlung sind der König, Monseigneur, Monsieur, der Kanzler, M. le maréchal de Villeroy, die vier Staatssekretäre, die Berichte vorlegen, und der Finanzminister. Am Sonntag legt der Finanzminister eine Viertelstunde vor der Ratssitzung Seiner Majestät eine Liste der Staatsausgaben vor, die der König autorisiert. An Dienstagen ist der Kanzler im Finanzrat immer nur kurz anwesend, weil er an diesen Tagen seinem eigenen [Hohen] Gericht vorsitzt. Nur M. de Seignelai [der Marineminister, Colberts Sohn] nimmt nach dem Mittagessen mit dem König am Marinerat teil; in der Regel zweimal wöchentlich, bisweilen häufiger, gewährt der König M. de Louvois nach dem Essen Privataudienzen, in denen dieser über die Armee, über Befestigungen und über Bauprojekte im allgemeinen Bericht erstattet. Montags tagt nach dem Essen ein Rat über Belange der Protestanten; der König nimmt nicht daran teil, erhält aber Berichte über alles Wichtige, was dort behandelt wird.»[205]

Bei den ungeheuren Ausmaßen, die Versailles hat, stellen wir es uns als mit großen Menschenmassen gefüllt vor, das trifft zwar mit Sicherheit auf

* Colbert war 1683 gestorben, und Pelletier war sein Nachfolger.

bestimmte Tage und Abende zu, doch an den Abenden der *appartements*, die Dangeau beschreibt, dürfte die Zahl der Besucher im allgemeinen nicht über dreihundert gelegen haben; am 19. Juli 1684 fand zum Beispiel ein «großes Souper mit zwei Tischen für vierzig Damen»[206] statt. Natürlich kommen die Männer und einige weniger bedeutende Damen hinzu, die sich mit Stehplätzen begnügen mußten, aber trotzdem ist es ein guter Größenmaßstab. Im folgenden Jahr war der König überrascht, als sich in Marly die unerwartet große Zahl von einhundertacht Damen einfand; auch hier müssen wir natürlich die Männer hinzuzählen, dazu die Königsfamilie, die Prinzen von königlichem Geblüt; deren Haushalte machten zusammen noch einmal etwa fünfzig Personen aus.

An solchen Abenden gab es neben Musik, Tanz und Kartenspiel – einer der Hauptbeschäftigungen – auch besondere Ereignisse: Von Zeit zu Zeit veranstaltete der König zum Beispiel eine Lotterie, bei der jedes Los gewann; oder es wurde ein Theaterstück oder eine Oper uraufgeführt. Trotzdem bekam für die Höflinge, die ihr gesamtes Leben im Palast verbrachten, diese immergleiche Folge vorhersehbarer Vergnügungen im Laufe der Zeit etwas Abgeschmacktes, und Langeweile war an der Tagesordnung – eine Tatsache, die man vor dem König sorgsam verbarg. Im Jahre 1685 etwa fand sich unter den Briefen, die routinemäßig vom Postamt geöffnet wurden, einer von der Prinzessin Conti, der Tochter des Königs, an ihren Ehemann, in dem sich diese über die tödliche Langeweile der Feiern am Hofe beklagte.[207] Der König las ihn natürlich, ließ die Prinzessin rufen und hielt ihr eine der Strafpredigten, mit denen er seine Kinder so sehr einzuschüchtern pflegte: Es mußte ihr beinahe vorkommen, als habe sie Landesverrat begangen. Und in gewisser Weise hatte sie das auch: Indem sie sich über die Langeweile am Hof beklagte, untergrub sie die Wirkung eines der wichtigsten Werkzeuge der Regierung Ludwigs XIV.

Ein weiterer Punkt kommt in Dangeaus Bericht mit aller Deutlichkeit zum Ausdruck: wie viele Stunden der König in unmittelbarer Arbeit mit seinen Ministern zubrachte. Der Staatsrat war die Hauptstütze der Regierung, der Ort, an dem die wichtigen Fragen debattiert wurden, und das viermal die Woche; das hielt jedoch Ludwig XIV. in keiner Weise davon ab, sich zusätzlich mit einzelnen Ministern zu treffen, bisweilen sogar täglich. In jedem Falle gab es für ihn, anders als für die meisten heutigen Staatsmänner, niemals einen freien Tag. Eine solche Belastung hätte er nicht durchhalten können, wenn er die Macht nicht in einem solchen Maße genossen hätte, wie er es tat.

Doch mit der Arbeit war es noch nicht getan – auch nachdem Ludwig mehrere Stunden, und das täglich, mit Staatsgeschäften verbracht hatte, wartete noch eine Vielzahl anderer Verpflichtungen auf ihn. Ein Präsident der Vereinigten Staaten kann sich am Ende des Nachmittages in seine Privaträume im zweiten Stock zurückziehen; die Königin von England mag viel zu tun haben, doch sie nimmt lange Urlaube und hat manchen Abend frei; der Sonnenkönig jedoch stellte sich, wenn er seine Regierungsgeschäfte abgeschlossen hatte, noch den ganzen Rest des Tages zur Schau. Seine sämtlichen Mahlzeiten nahm er öffentlich ein, und ebenso war bei seinem *lever*, seinem *coucher*, seinen Spaziergängen, seinen Jagden, bei seinen sämtlichen Vergnügungen der Hof dabei – eine Lebensweise, die seine weniger robusten Nachfolger als außerordentlich quälend empfanden.

Doch kann es keinen Zweifel daran geben, daß dieser so verschlossene Mann es trotzdem genoß, sich unablässig zur Schau zu stellen, zumal damit ja auch ein ausdrücklicher Zweck verbunden war. Da alles darauf ankam, vom König wahrgenommen zu werden, waren ehrgeizige Höflinge zu permanenter Anwesenheit gezwungen – und es gab keinen Höfling, der nicht ehrgeizig gewesen wäre. Doch allmählich nagten der immergleiche Rhythmus und der Pomp des Lebens in Versailles an ihm, und ebenso der mangelnde Komfort des goldenen Palastes. Die einzige Wärmequelle waren damals große, wenig wirksame Holzfeuer, und die weitläufigen Räume mit ihren hohen Decken waren im Winter eiskalt, zumal viele Fenster nicht dicht schlossen. Im Sommer hingegen war die Kleidung, die die Etikette vorschrieb, enorm schwer und warm, und im Jahre 1685 war selbst der Park, der dem Volk offenstand, unerträglich überfüllt. «Der König, der nicht mehr in seinen Gärten lustwandeln konnte, ohne daß die Massen, die von überall, besonders aus Paris, herbeiströmten, sich auf ihn stürzten, gab der Wache Befehl, nur noch Höflingen und deren Gästen den Zutritt zu gestatten. Durch das Volk, dem man bisher den Zutritt gestattet hatte, hatten viele Statuen und Vasen Schaden genommen.»[208]

Doch selbst diese neue Beschränkung reichte nicht aus. Ludwig XIV. kam zu dem Schluß, daß er gelegentliche Augenblicke relativen Privatlebens brauchte. Schon immer hatte er eine Vorliebe für Pavillons gehabt: Neben der Thetisgrotte war der *Trianon de Porcelaine* entstanden, ein außen mit Delfter Kacheln verkleidetes Häuschen. Beide Gebäude waren jedoch stark verwittert: 1682 brauchte der König dringend einen neuen Ort, an den er sich zurückziehen konnte, und diesmal, beschloß er, sollte es ein Ort sein, an dem er auch über Nacht bleiben konnte, wenn ihm danach zumute war. Für unsere Verhältnisse wäre natürlich auch das zurückgezogene Leben, das er dort würde führen können, ausgesprochen geschäftig: Es würde seinen Haushalt einschließen, seine umfangreiche Familie mit deren Haushalten, dazu eine Reihe besonders bevorzugter Höflinge – doch trotz allem kam das auf wesentlich weniger Menschen als in Versailles, und man konnte, was noch wichtiger war, einige der rigideren Zwänge der Etikette lockern. Ehrfurcht gegenüber dem Monarchen würde natürlich nach wie vor gefordert sein, doch in anderer Hinsicht würde der König mit seinen Gästen beinahe umgehen können, als sei er nichts als der Besitzer eines Landhauses.

Ludwig XIV. hatte inzwischen eine sichere Begabung dafür, Architekten, Künstler und Handwerker so zusammenzubringen, daß sie ein integriertes Ganzes schufen, so daß die Harmonie des Zusammenspiels durch die Perfektion der Details noch verstärkt wurde. Beinahe noch wichtiger war vielleicht, daß seine Bauprojekte nicht nur beeindruckend waren, sondern auch stets im rechten Augenblick kamen: Sie zu sehen (oder von ihnen zu hören) bedeutete für die Fürsten des Auslandes, sich nach ihrer Nachahmung sehnen, und überraschenderweise galt das für die kleineren Projekte Ludwigs genauso wie für Versailles. Es mochte naheliegen, daß jeder Monarch sich nach einem großen und eindrucksvollen Palast sehnte; doch Marly, das nächste Projekt des Königs, war nur zum Vergnügen da – ein Vergnügen, ohne das, wie es sich bald eingestehen mußte, auch das gesamte übrige Europa (Wilhelm von Oranien eingeschlossen) nicht mehr leben konnte.

Abgesehen von einer ganz neuen Art von Pracht, die Marly entfaltete, einer Pracht, die noch mehr auf die Wirkung nach außen und weniger auf die Inneneinrichtung abgestellt war, war der Ort, den der König dafür ausgewählt hatte, für die meisten das Bemerkenswerteste: ein enges, feuchtes und unattraktives Tal. Manche, Saint-Simon etwa, verstanden es nie. Für seine Haßliebe gegenüber Ludwig XIV. spielte der Wahnsinn, in Marly zu bauen, eine bedeutende Rolle, doch charakteristischerweise war der zu jener Zeit einflußreiche Herzog auch derjenige, der, als die Regierung nach dem Tod des Königs erwog, Marly abzureißen, um Unterhaltskosten zu sparen, es mit dem (sehr vernünftigen) Argument rettete, es sei einer der großen Kunstschätze der Nation.*

In Wirklichkeit sprach eine ganze Menge für das Tal, auch wenn es anfangs unattraktiv gewirkt haben mag. Es lag nur etwa vier Meilen von Versailles entfernt, nahe der Seine, von wo Wasser hinaufgepumpt werden konnte, und war reichlich mit eigenen Quellen ausgestattet. Bedachte man also, daß Ludwig XIV. einen Garten mit Pavillons plante und nicht einen Palast mit einem Park und daß Wasser im Frankreich des 17. Jahrhunderts ein niemals fehlender Hauptbestandteil eines jeden guten Gartens war, dann war Marly keine schlechte Wahl, und ebenso vorteilhaft war, daß schon die Geographie des Tales dafür sorgte, daß die Privatsphäre gewahrt blieb.

Bei dem, was bis 1684 angelegt war, handelte es sich um einen weitläufigen verzierten Garten mit in Becken ruhendem, in Kaskaden fließendem und

* Unglücklicherweise wurde Marly von Spekulanten während der Revolutionszeit niedergerissen; alles, was geblieben ist, ist ein Eckchen des Gartens.

in Fontänen sprudelndem Wasser. Überall war der Garten mit Skulpturen ausgestattet und durch sorgfältig beschnittene Bäume und Büsche aufgelokkert; und wie immer gab es ein Meer von Blumen. Es war ein Ort, um bei angenehmer Luft und lieblichem Plätschern spazierenzugehen; Kutschen waren, anders als in Versailles, im Park nicht zugelassen, nur Sänften und kleine dreirädrige Sessel, die von einem Mitglied der Schweizergarde geschoben wurden. Außerdem war die Gestaltung des Gartens in ständiger Bewegung. Immer wieder kamen neue Verbesserungen, die vor ihrer Ausführung sorgfältig geprüft wurden. Zuerst wurde eine Aquarellskizze angefertigt und so lange abgewandelt, bis der König zufrieden war, dann baute man ein Modell in natürlicher Größe, und erst danach wurde der Vorschlag umgesetzt.

Auf der Eingangsseite bestand Marly zunächst aus einem Hof mit einer Kapelle auf der einen und einem Wachhaus auf der anderen Seite und dem Schloß in der Mitte; auf der Gartenseite dienten je sechs Pavillons rechts und links einer breiten Allee der Unterbringung des Hofes, der Herren auf der einen, der Damen auf der anderen Seite; diese Gebäude waren sogar vor dem eigentlichen Schloß errichtet worden, und Ludwig XIV. hatte Lebruns üppigere Entwürfe zugunsten der vergleichsweise schlichten rechteckigen Pavillons Mansarts verworfen, deren Außenwände mit bunten Fresken geschmückt und die miteinander durch Laubengänge aus Jasmin verbunden waren.

Selbst das Haus des Königs, das in der Mitte stand, blieb einfach. Es war ein quadratisches Gebäude, außen mit Fresken, Pilastern und dreieckigen Giebeln verziert; hinter der Fassade erhob sich jedoch auf Dachhöhe eine flache Kuppel über einem rundlaufenden Fenster, so daß der daruntergelegene Salon, der achteckige Haupt-Empfangssaal, der im Hauptgeschoß keine Fenster hatte, gänzlich von oben beleuchtet wurde.

In diesen Saal gelangte man auf jeder Seite durch vier Vorzimmer; entlang der vier Fassaden gab es jeweils ein Drei-Zimmer-Appartement mit zwei Wirtschaftsräumen dahinter; diese bewohnten der König (die Wände seines Appartements waren mit rotem Damast ausgeschlagen), Mme. de Maintenon (blau), Monsieur (grün) und Madame (rosa). Alle Kaminsimse bestanden aus behauenem Marmor und trugen einen Spiegel; zwischen den Fenstern gab es geschnitzte und vergoldete Vertäfelungen.

Im zentralen Salon, wo der König seine Gäste empfing, um mit ihnen zu plaudern, Musik zu hören, Karten zu spielen oder sogar zu tanzen, waren die Wände durch Pilaster mit Kompositkapitellen gegliedert; über den Türen hielten Figuren als Posaunen blasende Sinnbilder des Ruhms das Wappen Frankreichs. Über den Pilastern befand sich ein kunstvoll geschnitzter Sims mit geschnitzten Figuren. Auf dieser Höhe gab es auf vier der acht Seiten Fenster mit Stützen in Form eines Adlers mit ausgebreiteten Flügeln, von geschnitzten Attributen umgeben; die anderen vier Seiten zeigten Gemälde der vier Jahreszeiten von Delafosse, Coypel, Jean Jouvenet und Louis Boullogne. Dahinter verbargen sich Schornsteine, denn anders als frühere Pavillons sollte Marly auch im Winter benutzt werden können. Unmittelbar unter der Kuppel, jeweils in einer Linie mit den Türen, öffneten sich dann noch einmal vier große ovale Fenster.

Der Fußboden bestand natürlich aus Parkett, in diesem Falle von Marmor umfaßt; in der Mitte hing ein riesiger Kronleuchter von der Decke herab, umgeben von acht Miniaturausgaben seiner selbst. Die Möblierung bestand aus Kartentischen, Bänkchen, Ottomanen und (für die Damen) Lehnstühlen, das alles mit scharlachrotem Damast bezogen. Auf einer Seite des Salons ließ sich eine Bühne rasch auf- oder abbauen.

Die Wände im Schlafzimmer des Königs hatten eine Vertäfelung, die mit rotem Damast und goldgrundigem Brokat mit goldenen Blumen und vielfarbigen Arabesken bezogen war; die Vorhänge bestanden aus weißem Damast mit Goldborten. Die vier Wohnungen im ersten Stock waren reserviert für die Dauphine (später die Herzogin von Burgund), die Prinzessin von Conti, die Herzogin von Chartres und die Herzogin von Bourbon.

Alles war fröhlich und prächtig; Farbe war der Hauptzug an Marly – die Vielfalt geschnitzter und vergoldeter Möbel, die leuchtenden Damast- und Brokatstoffe im Inneren, die bunten Fresken der Fassaden, der Garten, wo die Blumen mit den wechselnden Schattierungen des Wassers wetteiferten, das Weiß der Steine, das Gold und die Bronze der Skulpturen. Kein Wunder, daß selbst Saint-Simon beeindruckt war: Es muß beinahe wie ein Paradies gewirkt haben.

Das alles war natürlich nicht billig, aber wieder einmal kostete es nicht so viel, wie die Leute dachten. In den Jahren 1681 und 1682, in die die Hauptarbeit am Garten fällt, belief sich die Summe auf nur 300.000 Livres pro Jahr, während der Baukampagne 1683 und 1684 waren es etwa 460.000 Livres pro Jahr, und im Jahre 1685, dem Jahr der Innenarbeiten, erreichten die Ausgaben ihren Höhepunkt mit 677.000 Livres; 1686 waren es nur noch 418.000 Livres, 1687 noch 246.000. Bis 1690 waren die Ausgaben auf 80.000 Livres pro Jahr gefallen, und auf dieser Höhe blieben sie konstant. Bedenkt man, daß der Jahreshaushalt sich auf etwa 100 Millionen Livres belief, so macht selbst die größte Summe, 677.000 Livres, lediglich zwei Drittel eines Prozentes davon aus. Und rechnet man die Kosten für Garten und Gebäude während der zehnjährigen Bauzeit zusammen, wobei in all diesen Zahlen die Unterhaltskosten bereits enthalten sind, so ergibt sich eine Gesamtsumme von 3.381.000 Livres – gemessen am Gesamthaushalt keine große Summe.

Daß diese einmalige Mischung des Behaglichen mit dem Luxuriösen die Monarchen Europas auf Anhieb faszinierte, ist kaum verwunderlich; in Frankreich selbst wurde Marly nicht nur zu dem Ort, an den der König sich zurückziehen konnte, sondern auch zu einem neuen Mittel, um bestimmte Höflinge auszuzeichnen. Jeder, der überhaupt zum Hof gehörte, konnte in Versailles zugegen sein; nur diejenigen jedoch, die der König ausdrücklich als seine Gäste auswählte, gelangten jemals nach Marly; dorthin eingeladen zu werden war ein eindeutiger Beweis der königlichen Gunst, doch man erhielt einen solchen Gunstbeweis nicht, ohne sich zu erniedrigen. Hatte der König beschlossen, nach Marly zu reisen, so wurde diese Entscheidung verkündet. Ehrgeizige Höflinge versammelten sich dann vor dem Schlafzimmer des Königs; die Tür öffnete sich; der König warf einen Blick heraus, und die potentiellen Gäste brüllten «Marly, Sire, Marly!»; der König zog sich dann wieder zurück und diktierte die Liste der Auserwählten. – Schon im Juni 1684 waren die Gärten fast vollendet; im Jahre 1685 begann der König mit seinen häufigen Besuchen, die zwischen zwei Tagen und zwei Wochen dauerten und die von da an fest zu seinem Leben gehörten.

Ebenso typisch für die veränderten Einstellungen Ludwigs war die Tatsache, daß zwar Mme. de Maintenon von Anfang an eine Wohnung vom gleichen Rang wie diejenigen des Dauphins, Monsieurs und Madames bekam, für Mme. de Montespan jedoch überhaupt keine Unterkunft vorgesehen war. Nun war sie an der Reihe, das zu erdulden, was einst Mme. de La Vallière über sich hatte ergehen lassen müssen; doch sie zog sich allmählich nach Clagny zurück, und Anfang der neunziger Jahre hatte sie das Leben am Hofe fast ganz aufgegeben. Schon im Dezember 1684 hatte sie ihre Wohnung im ersten Stock in Versailles räumen müssen und war ins Erdgeschoß und fort vom König gezogen: Es konnte kein eindeutigeres Zeichen geben, daß sie in Ungnade gefallen war.

Die Stellung Mme. de Maintenons hingegen wurde von Tag zu Tag eindeutiger. Am 29. Mai 1684 starb die *dame d'honneur* der Dauphine, die Herzogin von Richelieu. Noch am selben Abend bot der König dieses Amt Mme. de Maintenon an. Das war für sich genommen schon verblüffend genug: Normalerweise kam nur eine Herzogin, und eine sehr hochstehende, für dieses wichtige Hofamt in Betracht. Dieses der Witwe Scarron anzubieten, auch wenn sie vor einiger Zeit zur Marquise von Maintenon erhoben worden sein mochte, schien nichts Geringeres als ein revolutionärer Akt. Doch nicht genug damit: Jedermann war verblüfft, als Mme. de Maintenon sich weigerte, die Stelle anzunehmen. Daraufhin «begab sich Mme. la Dauphine zu Mme. de Maintenons Gemach, um sie zu bitten, das Amt der *dame d'honneur* zu übernehmen, doch es gelang ihr nicht, sie umzustimmen. Mme. de Maintenon war sich der Ehre vollauf bewußt, aber sie beharrte auf ihrer Entscheidung; sie hatte den König gebeten gehabt, die Ehre, mit der er sie bedacht hatte, nicht zu erwähnen, doch Seine Majestät konnte es nicht für sich behalten und erzählte nach dem Mittagessen davon.»[209] Und als seien diese bemerkenswerten Ereignisse nicht schon deutlich genug, berief der König dann die Herzogin von Arpajon, deren einzige Qualifikation darin bestand, daß ihr Bruder einst ein sehr enger Freund Mme. de Maintenons gewesen war.

Auch wenn die Marquise bereits eine ganze Weile seine Geliebte gewesen war, änderte sich die Beziehung doch dramatisch, als die Königin am 30. Juli 1683 starb: Auch wenn ein einfacher Ehebruch besser schien als ein doppelter, hatte der König doch zweifellos mit Mme. de Maintenon in Sünde gelebt. In Anbetracht seiner neuen, stärkeren religiösen Gefühle und der extremen Frömmigkeit der Marquise war das, um es vorsichtig auszudrücken, eine seltsame Situation. Zwar war Mme. de Maintenon von ihrem Beichtvater ermuntert worden, dem König nachzugeben, denn mit ihrer Hilfe sollte seine skandalöse Beziehung zu Mme. de Montespan ihr Ende finden und er gleichzeitig in die Arme der Kirche zurückgeführt werden, doch war das alles andere als ein idealer Zustand. Mit dem Tod der Königin jedoch eröffneten sich neue, schwindelerregende Möglichkeiten. Es gab nur ein Problem dabei: Eine Heirat des Königs von Frankreich mit der Witwe Scarron würde ihn zum Gespött ganz Europas machen, ganz abgesehen davon, daß eine solche Ehe angesichts der streng gegliederten Gesellschaft des 17. Jahrhunderts schlichtweg unmöglich schien, selbst wenn ihr keine Kinder entsprangen.

Andererseits konnte eine Heirat Ludwigs Gewissen ebenso wie seine Libido entlasten, und das war ein verlockender Gedanke. Es scheint außer Frage, daß Bossuet, nach wie vor der einflußreichste unter den Bischöfen, den König zu einer neuen Ehe drängte. Daß der stolze Herrscher Mme. de Maintenon aufrichtig liebte, daran kann kein Zweifel bestehen, und hier handelte es sich um mehr als eine körperliche Anziehung: Der König achtete Mme. de Maintenon ihrer psychischen und intellektuellen Qualitäten wegen.

In Anbetracht all dieser Schwierigkeiten gab es nur eine Lösung: Der König mußte heiraten, aber die Ehe mußte geheimgehalten werden. Dadurch vermied er zukünftige Sünden und verschaffte der Frau, die er liebte, eine bei weitem sicherere Position; aber indem er die Ehe geheimhielt, auch wenn sie in den Augen der Kirche gültig war, vermied er den beißenden Spott, der einer öffentlichen Erklärung der Verbindung unweigerlich gefolgt wäre. Es war also eine Lösung, die nur Vorzüge hatte; und folglich heiratete der Sonnenkönig unter strengster Geheimhaltung – anwesend waren lediglich Louvois, sein Beichtvater, sein Kammerdiener und der Marquis von Montchevreuil, ein Verwandter Mme. de Maintenons – zu einem Zeitpunkt, den wir nicht kennen, die Witwe Scarron (wahrscheinlich 1684, denn Ludwig hätte der Marquise die Stellung einer *dame d'honneur* nicht angeboten, wenn er zu diesem Zeitpunkt bereits mit ihr verheiratet gewesen wäre).

Natürlich behielt Mme. de Maintenon ihren Namen; doch es fiel auf, daß der König ihr nicht nur mehr Aufmerksamkeit widmete als je zuvor, sondern daß sie auch in Gegenwart der Königsfamilie in einem Lehnstuhl Platz behielt – etwas, das bisher der Königin vorbehalten gewesen war – und daß sie, wenn sie zur Messe ging, in der Loge der Königin Platz nahm. Ihre Schimpfkanonaden, wenn die Prinzessinnen sich schlecht benahmen, sollten bald ebenso gefürchtet wie berühmt sein; doch trotz alledem wurde die Ehe niemals publik gemacht.

Zu den vielen Attraktionen Mme. de Maintenons – körperliche Schönheit, ewige Jugend, Klugheit, Witz, Vernunft – zählte auch, daß sie eine außerordentlich diskrete Frau war, was dem König zweifellos besonders viel bedeutete. Zum großen Schaden der Nachwelt zerstörte sie zum Beispiel nach dem Tode Ludwigs XIV. jedes Stück Papier, das sie jemals von ihm erhalten hatte; doch in den achtziger Jahren und in der Tat bis ans Ende seiner Herrschaft konnte der König sich darauf verlassen, daß sie niemals ein Geheimnis verriet, und das führte schließlich dazu, daß er sich angewöhnte, in ihren Gemächern und in ihrem Beisein mit seinen Ministern zu arbeiten. Das hieß jedoch nicht, daß sie Einfluß auf die Politik nahm: Obwohl er sie häufig um Rat fragte, befolgte er ihre Empfehlungen so gut wie nie, und dessen war sie sich schmerzlich bewußt. Für sie war es eine außerordentlich schwierige Position: Trotz aller scheinbaren Macht hatte sie doch keine; obwohl der König sie mit äußerstem Respekt behandelte, war sie ein Nichts. Nur eine Frau mit außergewöhnlichen Gaben konnte dabei trotzdem so erfolgreich sein.

Auf die Besetzung der Ämter bei Hofe hatte sie nun allerdings Einfluß. Der König hatte darin immer eine Vergünstigung für seine Mätressen gesehen; die Erhebung der Herzogin von Arpajon in das hohe Amt der *dame d'honneur* war daher typisch. Bei den alten Freunden Mme. de Maintenons ließ sich gleichermaßen eine Tendenz zum Erfolg ablesen; aber in sonstiger Hinsicht änderte sich bei Hofe nichts. Die Dauphine zog in die Gemächer der Königin und übernahm weitgehend deren Pflichten; die Etikette in der Umgebung des Königs wurde bestenfalls noch strenger, während der Monarch glänzender denn je wirkte. Am 2. Dezember 1684 etwa legte Ludwig XIV., als er sich nach der Jagd umkleidete, einen Anzug an, der mit Diamanten im Wert von zwölf Millionen Livres bestickt war und der in der Tat so blendend gewesen sein muß wie die Sonne.

Auch auf andere Weise wurde er gefeiert. Im Jahre 1685 begann man mit dem Bau zweier neuer Plätze in Paris. Im April «wurde bekannt, daß der König das Haus des M. de Vendôme in der Rue Saint-Honoré in Paris erworben hatte; es sollte niedergerissen und an dessen Stelle ein Platz in der Art des Place Royale [des heutigen Place des Vosges] entstehen, mit einer Bronzestatue des Königs in der Mitte; die umliegenden Bauplätze, die mit Häusern gleicher Art bebaut werden sollten, werde Seine Majestät vergeben».[210] Wir kennen diesen Platz heute als den Place Vendôme, und es ist einer der stattlichsten in ganz Paris.

Angeregt von diesem Vorbild, beschloß der Marschall von La Feuillade, ein ausgesprochen eifriger Höfling, einen eigenen Platz zu bauen und ihn ebenfalls mit einer Königsstatue zu zieren. Wie sich herausstellte, hatte sich La Feuillade verkalkuliert: Der Platz besteht zwar (als Place des Victoires) noch heute, doch er wurde niemals vollendet – wohl aber die Statue. Am 28. März 1686 «spielte sich vor den Augen Gottes und der Menschen eine ganz außerordentliche Zeremonie ab. Der Marschall von La Feuillade weihte seine Königsstatue auf dem Place de la Victoire ein. Sie zeigt den König zu Fuß, die Ruhmesgöttin hält ihm einen Lorbeerkranz... La Feuillade umritt die Statue dreimal an der Spitze des Wachregiments, dessen Oberst er ist, und erging sich in all den Ehrenbezeigungen, die die alten Heiden ihren Kaiserstatuen angedeihen ließen.»[211] Mehr denn je erschien der König als eine göttliche Gestalt.

Dieser Eindruck wurde noch um so deutlicher, als im Mai 1685 der Doge von Genua eintraf. Diese Seefahrerrepublik war, obwohl einst ebenso mächtig wie Venedig, inzwischen etwas verarmt und hatte sich einem französischen Expeditionskorps in Italien gegenüber feindselig gezeigt. Obwohl die Stadtverfassung es dem Dogen verbot, die Stadt jemals zu verlassen, hatte Ludwig XIV. darauf bestanden, daß der Doge persönlich kam und um Verzeihung bat; also wurde die Verfassung geändert, und der Doge reiste nach Versailles.

«Der Hof hatte in zwei Reihen vom zweiten Salon bis zum Ende der Spiegelgalerie Aufstellung genommen; dort saß der König auf einem thronartigen Silberstuhl, und zwar auf einem Podest, das mit einem Perserteppich belegt war. Auf diesem Podest befanden sich Monseigneur, Monsieur, M. le duc de Chartres [der Sohn Monsieurs], M. le duc de Bourbon, M. le duc du Maine und M. le comte de Toulouse;* hinter dem König standen sämtliche Beamten des Staates und des Haushalts, die ein Anrecht auf diesen Platz hatten»,[212] notiert Sourches, und Dangeau beschreibt die folgende Zeremonie.

«Um zwölf Uhr traf der Doge mit vier Senatoren und einer Reihe weiterer Leute aus seinem Gefolge ein. Er war in rotem Samt mit einem Hut aus dem gleichen Stoff gekleidet, die Senatoren in Schwarz. Er behielt seinen Hut auf, während er sprach, doch er zog ihn oft und setzte ihn dann wieder auf; es schien ihm nichts auszumachen... Nachdem der König ihm geantwortet hatte, sprachen auch die Senatoren der Reihe nach... Am Nachmittag machte der Doge Monseigneur, Madame la Duchesse, M. le duc de Bourgogne [Burgund], M. le duc d'Anjou, M. le duc de Berry [die drei Enkel des Königs], Monsieur, Madame, M. le duc de Chartres [und allen anderen Prinzen von

---

* Dies war das erste Mal, daß die unehelichen Kinder des Königs behandelt wurden, als gehörten sie zur königlichen Familie; ein Unterschied blieb allerdings dadurch gewahrt, daß der Doge ihnen später keine Aufwartung machte.

königlichem Geblüt] seine Aufwartung. Die illegitimen Kinder des Königs besuchte er nicht.»[213] Für den König war es eine wahre Apotheose.

Eine dieser Feiern, die seine eigene Größe und die derjenigen, die ihren Rang durch ihn bezogen, demonstrierten, jagte nun die andere. Am 24. Juli 1685 heiratete die dreizehnjährige Mlle. de Nantes, eine der Töchter Mme. de Montespans – in einem jugendlichen Alter, das selbst für diese Epoche, in der die Mädchen jung heirateten, bemerkenswert war –, den Herzog von Bourbon, den Enkel des großen Condé. Damit waren die illegitimen Kinder des Königs dem Thron einen weiteren Schritt nähergekommen, denn der Herzog von Bourbon stand höher in der Thronfolge als sein Cousin, der Prinz von Conti; außerdem nahm die Braut nun, unmittelbar hinter der Dauphine und Madame, den dritten Rangplatz unter den Damen ein.

Die Feiern selbst unterstrichen den königlichen Rang der neuen Herzogin. Zunächst einmal stattete der König sie mit einer Mitgift von einer Million Livres aus – eine Summe von einer Höhe, wie nur wenige legitime Prinzessinnen Frankreichs sie je erhalten hatten –, dazu mit Schmuck im Werte von 300.000 Livres und einer Pension von 100.000 Livres jährlich; der Bräutigam erhielt eine eigene Pension in gleicher Höhe, den Posten des Gouverneurs von Burgund – in erster Linie ein Ehrenamt – sowie die Anwartschaft auf das wichtigste Amt im königlichen Haushalt, das des Großmeisters. Und als sei das alles noch nicht eindeutig genug, durften bei diesem Hochzeitsbankett zum ersten Mal die Prinzen von königlichem Geblüt – nicht zu verwechseln mit der unmittelbaren Königsfamilie – gemeinsam mit dem König speisen, denn das gab Ludwig die Gelegenheit, die gleiche Vergünstigung auch seinen illegitimen Kindern zu erweisen: Von diesem Augenblick an standen, auch wenn ihr offizieller Status nach wie vor der eines Pairs war, die unehelichen Söhne des Königs, der Herzog von Maine und der Graf von Toulouse, den Prinzen von Geblüt im Rang nicht mehr nach. Damit war abzusehen, daß sie diesen im Laufe der Zeit vollauf gleichgestellt würden; Mme. de Maintenon, ihre vormalige Erzieherin, war – man braucht es kaum zu sagen – entzückt.

Auch die Feierlichkeiten erfüllten genau das, was man von einer echten königlichen Hochzeit erwartete: Es gab Illuminationen, Feuerwerk, einen Bootsausflug mit Musikbegleitung auf dem Großen Kanal und ein Bankett im Garten des Trianon. Einen König wie Ludwig hatte es nie zuvor gegeben; kein Präzedenzfall konnte ihm Vorschriften machen.

Sobald es um die Diplomatie oder um Finanzen ging, konnten solche Überheblichkeiten seiner Vernunft nichts anhaben; es ist jedoch nicht von der Hand zu weisen, daß sie eine entscheidende Rolle beim ersten nicht wieder gutzumachenden Desaster seiner Regierung spielten. Seit 1661 hatte der Grundsatz gegolten, daß so viele Protestanten wie möglich zur Konversion bewogen werden sollten – und zwar ausschließlich auf freiwilliger Basis. Es wurde natürlich mit allen möglichen Verlockungen nachgeholfen, wohingegen Protestanten ohne Konversion keine Aussicht auf eine befriedigende Karriere hatten; doch war bisher keinerlei Gewalt angewendet worden. Innerhalb gewisser Grenzen hatte sich diese Taktik bewährt: Es gab tatsächlich Konversionen in beträchtlicher Zahl; und doch konnte niemand übersehen, daß es, vor allem im Südwesten Frankreichs, eine starke protestantische Präsenz gab, von der nicht zu erwarten war, daß sie von sich aus verschwinden würde.

Die relative Toleranz – selten genug unter Herrschern des 17. Jahrhunderts – blieb nicht unbemerkt. Der Autor eines 1685 veröffentlichten Pamphlets mit dem Titel *Ein Vergleich zwischen Ludwig dem Großen und anderen Fürsten, die man groß genannt hat* lobt ihn mit den folgenden Worten: «Als einziger verbindet er alle Eigenschaften, die bei den anderen nur bei je einem zu finden waren: einen flammenden und unerschöpflichen Einsatz für das Wohl der Kirche, *doch ein Einsatz ohne Übertreibung*;* Gerechtigkeit ohne Gewalt; Milde ohne Schwäche; Mut ohne Ungestüm; freier Sinn, gutes Gedächtnis, gezügelte Phantasie, untrügliche Wachsamkeit und ein Erfolg ohne Hochmut.»[214] Bemerkenswert ist, daß der Autor zwar die bedeutenden Eigenschaften des Königs preist, vor allem jedoch seine Mäßigung, einen Charakterzug, der damals als Vorbedingung wahrer Größe galt.

Um diese Zeit waren die Regierungskräfte aus dem Gleichgewicht gekommen: Colbert war am 6. September 1683 gestorben, letzten Endes vor Erschöpfung. Die meisten seiner Ämter waren an seinen Sohn Seignelai gegangen, doch die Stimmung hatte sich entscheidend verändert: Eine Stimme, auf die der König immer mit Sorgfalt gehört hatte und die sich stets für Vernunft und Mäßigung eingesetzt hatte, war verstummt. Le Pelletier, Colberts Nachfolger als Finanzminister, war ein mäßiges Talent und gänzlich außerstande, sich Gehör zu verschaffen; und das Amt des Aufsehers über das königliche Bauwesen war an Louvois gegangen, der dadurch noch weiter in die Nähe Ludwigs rückte. Und, was noch schlimmer war: Selbst eine enge Allianz zwischen Seignelai und Croissy konnte sich im Rat nicht gegen Louvois durchsetzen: Seine Stimme hatte nun das meiste Gewicht.

Das entging dem König natürlich nicht, und er traute Louvois nur innerhalb gewisser Grenzen; doch gerade das Vertrauen darauf, daß er dies tue, rief im König eine Neigung dazu hervor, Louvois' Informationen zu glauben, wenn auch nicht immer seinen Ratschlägen zu folgen; und es kann keinen Zweifel geben, daß Mitte der achtziger Jahre der Kriegsminister der einflußreichste Mann im Rat geworden war. Unglücklicherweise kannte dieser Einfluß nur eine Richtung: Louvois, als Privatmann wie im Amt ein extrem autoritärer Mensch, glaubte an die Gewalt als Mittel der Politik. Solange er

* Hervorhebung vom Verfasser.

nur das Amt des Kriegsministers innehatte, spielte das keine Rolle: Viele Argumente sprechen sogar für eine aggressive und höchst effektive Führergestalt an der Spitze der Armee; Louvois jedoch wollte die weitaus komplexeren Fragen der Zivilpolitik so lösen, wie er die, die schlagkräftige Feinde ihm gestellt hatten, beantwortete.

Diese Vorliebe für gewaltsame Lösungen war um so gefährlicher, als sie mit einem deutlichen Gespür für die verborgenen Wünsche des Königs einherging. In einem Bereich ganz besonders neigte Ludwig, wie Louvois bald herausfand, dazu, zu glauben, was er gerne hören wollte: Er war davon überzeugt, daß die Protestanten im Unrecht waren; für ihn war es nach wie vor empörend, daß es in seinem Reich eine (in der Theorie zumindest) beinahe unabhängige Minderheit gab; und er war stets bereit zu glauben, seine Mühen zeigten endlich Erfolg und die Protestanten träten in großen Scharen zum Katholizismus über. Die Folge war, daß der sonst mißtrauische Monarch ohne zu fragen den zahlreichen überzogenen Berichten glaubte, die Louvois ihm lieferte. Wäre er nicht im Glauben gewesen, es handle sich nur noch um winzige protestantische Minderheiten, so hätte er vielleicht mehr Toleranz gezeigt – was die Angelegenheit Louvois aus den Händen genommen hätte, und das wußte der Minister.

So kam es, daß an die Stelle von Übertreibungen regelrechte Lügen traten, aber trotzdem schöpfte der König keinen Verdacht. Am 9. November 1685 erzählte er zum Beispiel dem päpstlichen Nuntius, nach Nîmes und Montpellier sei nun auch die ganze Stadt Uzès katholisch geworden. Am 13. verkündete er bei seinem *lever*, die Provinz Poitou und die Stadt Grenoble hätten sich angeschlossen. Am 16. verkündete er gar, Lyon habe sich von der Reformation abgewandt: Das hatte Louvois dem König mitgeteilt. In Wirklichkeit stimmte natürlich nichts von dem; es hatte einzelne Konversionen gegeben, und auch die nur auf schärfsten Druck hin und aus Angst vor weiteren Repressalien.

Louvois hatte nicht einmal eine neue Erlaubnis gebraucht, um Gewalt anzuwenden. In Frankreich war es, wie in den meisten europäischen Ländern, üblich, Soldaten in Privathäusern einzuquartieren. Für diejenigen, die davon betroffen waren, war es natürlich eine große Belastung. Im Jahre 1681 hatte Ludwig XIV. einen Befehl unterzeichnet, der frisch Konvertierte von dieser Verpflichtung ausnahm; Louvois brauchte also nichts weiter zu tun, als die Protestanten vor die Wahl zu stellen: Entweder ließen sie sich bekehren und waren in Sicherheit, oder es würden Dragoner bei ihnen einquartiert, die für ihre Brutalität berüchtigt waren.

Als der König davon erfuhr, war er entsetzt und ließ es unterbinden; als nächstes nahmen die Verfolgungen nun die Form endloser Gerichtsprozesse an, die diejenigen ruinierten, die sich weigerten zu konvertieren. Natürlich wurde keine offene Gewalt angewendet, und so bemerkte der König nicht, was wirklich vorging. Ebenso war im Juni 1681 eine königliche Erklärung veröffentlicht worden, die protestantischen Kindern vom siebten Lebensjahr an die Möglichkeit einräumte, auch ohne die Zustimmung der Eltern zu konvertieren: Ludwig hatte nichts anderes im Sinn gehabt als das, was er für die Errettung von Seelen hielt, zu erleichtern, doch nun wurde diese Erklärung dazu benutzt, Kinder unter dem gänzlich erfundenen Vorwand, sie wollten bekehrt werden, aus ihren Elternhäusern zu holen.

Es sollte hinzugefügt werden, daß Massenkonversionen dem König nicht nur eine Freude waren, sondern ihm auch sehr gelegen kamen: Nachdem Colbert nun nicht mehr da war, wuchs das Defizit des Staatshaushalts, und sobald protestantische Versammlungshäuser oder Kirchen mangels Gemeinde schlossen, vereinnahmte der Staat ihren Besitz. Und zu guter Letzt schien selbst Gott auf seiner Seite zu sein: Auf der anderen Seite des Kanals hatte der erzkatholische Jakob II. ohne jeden Widerspruch die Nachfolge Karls II. auf dem englischen Thron angetreten.

Doch selbst wenn man all das berücksichtigt und Louvois einen erheblichen Teil der Schuld zumißt, bleibt es eine Tatsache, daß Ludwig XIV. glaubte, daß der Protestantismus nur mit Gewalt ausgerottet werden könnte. Das wurde auf der Ratsversammlung, auf der die Frage diskutiert wurde, so offensichtlich, daß der Rat sich in zwei unversöhnliche Lager spaltete, wobei Louvois der Anführer der antiprotestantischen Partei war. Die Entscheidung hatte der König folglich allein zu fällen: Wie er stets deutlich gemacht hatte, war er bereit, alle Meinungen zur Kenntnis zu nehmen, doch er allein bestimmte die Regierungspolitik.

Und das tat er am 19. Oktober 1685: An diesem Tag widerrief er das Edikt von Nantes, das Heinrich der IV. 1598 verkündet hatte, um die Religionskriege zu beenden, und in dem er den Protestanten, mit gewissen zahlenmäßigen Beschränkungen, das Recht freier Religionsausübung garantiert hatte: Alle protestantischen Kirchen wurden geschlossen, alle Prediger hatten Frankreich binnen zweier Wochen zu verlassen, und alle neugeborenen Kinder hatten katholisch getauft zu werden.

Am Hof und in der katholischen Kirche wurde dieser Schritt einhellig begrüßt. Der alte und kranke Kanzler Le Tellier, Louvois' Vater, der sein ganzes Leben im Dienst des Königs verbracht hatte, rief aus, «nun sei es ihm in aller Aufrichtigkeit und vom Grunde seines Herzens nicht mehr leid zu sterben, denn nichts in seinem Leben habe ihn glücklicher gemacht, als den Widerruf des Edikts von Nantes zu siegeln»,[215] und tatsächlich: Elf Tage später war er tot. Mme. de Maintenon, diejenige, die dem König am nächsten stand, war diskret wie immer, doch da man ihre Meinungen kannte, war es sicher, daß sie den Widerruf gutgeheißen hatte.

Da bisher jeder seiner Befehle so eifrig befolgt worden war, war es Ludwig XIV. nie in den Sinn gekommen, daß er mit diesem neuesten auf Widerstand stoßen könnte; vorsichtshalber schickte er aber doch Missionen aus, bei denen die Überzeugungskraft der Priester durch Trupps von Soldaten untermauert wurde, und in den südwestlichen Provinzen, wo der Protestantismus trotz allem stark geblieben war, begannen nun die grauenhaftesten Verfolgungen. Es gab Folterungen und Morde, wie immer, wenn eine Kirche der widerstrebenden Bevölkerung ihren Willen aufzuzwingen versucht. Alle Protestanten, die beim Gottesdienst ertappt wurden, wurden zum Rudern auf die Galeeren des Königs – und das heißt in den Tod – geschickt, und auch wenn der König ihnen die Ausreise untersagt hatte, flohen mehr als dreihunderttausend Protestanten, viele davon nach Brandenburg, wo der Kurfürst sie mit offenen Armen empfing.

Das Ausmaß dieser Katastrophe kann gar nicht überschätzt werden. Obwohl wir in unserem Jahrhundert religiöse Verfolgungen nur zu gut kennen, kann es für die Entscheidung Ludwigs XIV., den unwilligen Untertanen seine eigene Variante des Christentums aufzuzwingen, keinen Pardon geben: Alle Herrscher machen Fehler, aber dies ist ein unauslöschlicher Makel. Und hinzu kommt, daß es nicht nur ein Verbrechen war, es war auch noch eine Dummheit: Die dreihunderttausend, die flohen – bei einer Bevölkerung von knapp zwanzig Millionen ein erheblicher Anteil –, gehörten zu den wertvollsten der Bevölkerung: fleißige Arbeiter, geschulte Handwerker, geschäftige Kaufleute. Dieser Schlag legte die französische Wirtschaft beinahe lahm, und sie brauchte Jahrzehnte, um sich davon zu erholen. Große Teile des Südwestens waren regelrecht verwüstet, und im Ausland bildeten sich einflußreiche, rasch wachsende Gruppen, deren Hauptziel es war, sich zu rächen – auch das sollte binnen weniger Jahre verheerende Folgen haben. Doch trotz alledem und mit einigen wenigen Ausnahmen, zu denen wir Saint-Simon zählen dürfen, war die Widerrufung ohne Zweifel beim allergrößten Teil der Bevölkerung eine ausgesprochen populäre Tat. Ludwig XIV. ist während seines langen Lebens für vieles getadelt worden; jedoch so gut wie nie für die Widerrufung des Edikts von Nantes.

Doch selbst während Greueltaten an Protestanten verübt wurden, wurde der Hof mit jedem Tag friedlicher und prächtiger. Am 1. September 1686 fand der Ruhm, den der König in der ganzen Welt erlangte, eine weitere Bestätigung, und zwar auf eine Weise, die ganz nach seinem Geschmack war: Zum ersten Mal überhaupt traf eine Gesandtschaft aus Siam in Frankreich ein. Es versteht sich, daß sie in Versailles mit allem Pomp empfangen wurde: Ludwig XIV. saß in einem mit großen Diamanten bestickten Gewand aus Goldtuch auf seinem silbernen Thron. Dessen Podest wiederum war mit silbernen Tischen umgeben, auf denen ebensolche Kandelaber standen. Alles sah voller Bewunderung zu, und Sourches machte die charakteristische Bemerkung, die Diamanten seien mehr wert als das ganze Königreich Siam.[216]

Selbst Mme. de Montespan hatte Anteil an den neuen Verhältnissen. Sie hatte sich, zumindest nach außen hin, mit ihrer verminderten Stellung abgefunden, und sie überwand ihren Stolz und bat um die Protektion der ehemaligen Rivalin. Im Dezember 1685 «sagte sie zu Mme. de Maintenon, sie würde gern ihren Sohn, M. d'Antin,* sehen, der inzwischen das Amt des *menin* [Kammerjunker] bei Monseigneur erhalten hatte, und am Abend besuchte der König Mme. de Montespan und ließ sie wissen, er gewähre ihr diesen Wunsch mit Freuden».[217] Von da an, auch wenn sie sich nicht selten nach Clagny zurückzog, genoß die einst so besitzergreifende Marquise einen Rang, der einerseits dem König nahe war, andererseits Abstand von ihm hielt: Zwar hatte sie keine Macht und keinen Einfluß mehr, doch gehörte sie nach wie vor zum ersten Rang bei Hofe und war bei allem dabei. Am 4. Januar 1686 zum Beispiel «gingen der König und Monseigneur zum Diner nach Marly. Sie wurden begleitet von Mme. la princesse de Conti [eine der Töchter Mme. de Montespans], Mme. de Montespan und Mme. de Thianges [die Schwester Mme. de Montespans]... Gegen fünf trafen Monsieur und Madame mit zahlreichen Damen und Höflingen ein; das Haus war hell erleuchtet, und im Salon waren vier Marktstände aufgebaut, einer für jede Jahreszeit.

Monseigneur und Mme. de Montespan hatten den Stand für den Herbst inne; M. du Maine und Mme. de Maintenon den des Winters; M. le duc de Bourbon und Mme. de Thianges den des Sommers; Mme. la duchesse de Bourbon und Mme. de Chevreuse [Colberts Tochter] den des Frühlings. Es gab prächtige Tuche, Silber und was immer zu jeder Jahreszeit dazugehört, und die Höflinge spielten Karten darum und bekamen, was sie gewannen. Man schätzt, daß es Kleidungsstücke im Wert von mindestens 150.000 Livres waren; das Spiel dauerte bis zum Nachtessen, und danach verschenkten der König und Monseigneur alles, was sich auf den Ständen noch fand... Die Gewinner behielten ihre Gewinne, den Verlierern wurden ihre Schulden erlassen.»[218]

Der Hauptakteur in dieser so vollkommen geordneten Welt wurde jedoch bald daran erinnert, daß er am Ende doch nur ein Mensch war. Schon seit langem war die unerschütterliche Gesundheit des Königs aufgefallen – im Jahre 1685 war er immerhin bereits siebenundvierzig, ein Alter, in dem die meisten seiner Zeitgenossen bereits an den verschiedensten Beschwerden

* Der Marquis, später Herzog, von Antin war das einzige eheliche Kind Mme. de Montespans.

litten. Und nun, im Oktober, traf auch ihn die Krankheit, und zwar in Form eines wahrscheinlich durch Gicht bedingten scharfen Schmerzes im Fuß; zum ersten Mal war er für mehrere Tage ans Haus gebunden. Vorausgegangen war bereits ein entsetzlich mißglückter zahnärztlicher Eingriff: Die unsachgemäße Extraktion eines Zahnes hatte zu einem Abszeß geführt, woraufhin d'Aquin, der Leibarzt des Königs und ein Mann von unglaublicher Inkompetenz, beschloß, seinem Patienten sämtliche Zähne des Oberkiefers zu ziehen. Diese schwere und extrem schmerzhafte Operation wurde zur Katastrophe: D'Aquin entfernte aus Versehen Teile des Gaumens, und natürlich bildeten sich neue Geschwüre, die dann mit glühenden Eisen ausgebrannt wurden.

All das natürlich ohne Betäubungsmittel; und trotzdem ließ sich Ludwig XIV. nicht davon abhalten, seine täglichen Geschäfte unverändert wahrzunehmen, und der Hof bewunderte ihn sehr dafür. Immerhin hatten weder Gicht noch Zahnbehandlung sein Leben bedroht – doch auch das änderte sich im Februar 1686. «Anfang des Monats erkrankte der König an einem Tumor [wahrscheinlich ein großes Geschwür], der am Übergang von Oberschenkel und Gesäß zum Ausbruch kam, und da er ihm solche Schmerzen verursachte, daß er nicht mehr reiten konnte, ließ er ihn von Félix, seinem Ersten Chirurgen, untersuchen und trug sich ernsthaft mit dem Gedanken, ihn behandeln zu lassen.

Da er Schmerzen nicht gewöhnt war, entschied er sich gegen einen Einschnitt, und seine Ärzte und Chirurgen gaben ihm vielleicht zu bereitwillig nach. Sie versuchten den Tumor zu behandeln, indem sie die Schweißbildung anregten, was jeder, der von dieser Krankheit etwas verstand, für ebenso lächerlich wie gefährlich erklärte.»[219]

Und damit hatten sie natürlich recht; doch die Medizin hatte im 17. Jahrhundert einen Gipfel an Unwissenheit erreicht: Ärztliche Behandlung heilte die Kranken so gut wie nie, brachte aber viele um. Man kannte keine Desinfektion, und deshalb hatten operative Eingriffe meist Wundbrand zur Folge. Der König befand sich also in einem wirklichen Dilemma: Wurde der Tumor aufgeschnitten, so trocknete er vielleicht aus; vielleicht wurde er aber auch durch den Einschnitt infiziert, was tödliche Folgen haben konnte.

Anfang Februar jedoch «wurde, da die Krankheit des Königs anhielt, der Tumor geöffnet, um der Natur einen Weg zu bahnen, und dadurch kam die Infektion heraus ... und Félix erweiterte die Wunde mit einem Brenneisen.»[220] Doch auch das erwies sich als ungenügend; Anfang März war der Abszeß noch immer vorhanden, und die offene Wunde dazu. Ein zweiter Schnitt erwies sich als nutzlos; also wurde die Wunde von neuem ausgebrannt, doch die Krankheit schritt weiter fort. Den größten Teil des März verbrachte der König im Bett, da er nur noch unter starken Schmerzen gehen konnte; am 30. März brach der Abszeß dann endlich auf, und der König begann zu genesen, doch noch drei Wochen später mußte die Wunde gereinigt werden.

«[Der König] litt», wie der Abbé von Choisy kommentiert, «große Schmerzen, doch er ließ nie eine seiner Ratsversammlungen ausfallen... Die Krankheit ließ ihn nicht mißmutig werden; er bestand darauf, daß der Hof sich auch in seiner Abwesenheit amüsierte.»[221] Ein weiteres Mal bewies Ludwig XIV. hier, wie sehr er sich unter Kontrolle hatte: Körperlicher Schmerz konnte seinen Gleichmut ebensowenig erschüttern wie politischer Druck. Natürlich steckte mehr dahinter als nur Mut: Seine neue Ordnung war zwar fest etabliert, aber sie war doch noch jung genug, um zerbrechlich zu sein; alles kam also auf den König an. Hätte er die Regierung aufgeben müssen, so hätten entweder die Minister oder seine Familie – der unfähige Dauphin und der verantwortungslose Monsieur – die Geschäfte übernommen; und diese Möglichkeit wollte er gar nicht erst eröffnen. Und die Vergnügungen bei Hofe gingen unverändert weiter, weil Ludwig XIV. den Zusammenbruch seines Systems befürchtete, die Adligen in Versailles zu konzentrieren, wo sie machtlos waren.

Der Stoizismus hatte jedoch seinen Preis: 1686 war das Jahr, in dem, physisch wie psychisch, an die Stelle des jungen, überschäumenden Monarchen die ehrfurchtgebietende Gestalt mit ihrer Hakennase und ihren tiefen Längsfurchen im Gesicht trat, wie wir sie aus den Porträts der späten Jahre kennen. Der junge König war eindrucksvoll, doch von liebenswerter Ausstrahlung; im Alter gewann Ludwig XIV. eine düstere Majestät, eher ein lebendes Sinnbild als ein menschliches Wesen. Was den psychischen Bereich anging, so trat jener Mangel an alltäglichen Gefühlen, der von jeher ein Kennzeichen des Königs gewesen war, und jene Bereitschaft, zum Wohle des Staates seiner Familie und seinen Freunden Schmerz zuzufügen, nur noch mit größerer Deutlichkeit zutage. Es wird eine Härte spürbar, ein Mangel an Humanität, der sich im Umgang mit den Protestanten nur allzu deutlich gezeigt hatte – eine Intoleranz, die sich weigerte, auch nur die geringste abweichende Meinung zu dulden. Mit zunehmendem Alter widmete sich Ludwig XIV. in immer stärkerem Maße dem Staat, den er geschaffen hatte (auch wenn er stets eine gewisse selbstsüchtige Art behielt: Mme. de Maintenon beklagte sich oft darüber), so daß er am Ende fast vollständig mit seiner Funktion eins wurde.

In gewissem Sinne war dieses Überschreiten herkömmlicher menschlicher Gefühle nichts als eine Folge jenes Halbgottstatus, den der König schon seit langem genoß; und so, wie Götter unsterblich sind, überwand auch Ludwig XIV. eine Krankheit, die die meisten seiner Untertanen umgebracht oder doch zumindest zu Invaliden gemacht hätte. Wollte er seine Ordnung aufrechterhalten, so blieb ihm keine andere Wahl, und von 1686 an hatte er noch mehrfach gesundheitliche Krisen zu durchstehen.

Manche der Krankheiten waren vergleichsweise harmlos. «Der Hof machte sich große Sorgen, weil der König fieberte», notiert Sourches im August 1686. «Es war zwar nicht allzu hoch, doch der König magerte ab, und sein Gesichtsausdruck veränderte sich merklich.»[222] Das Fieber könnte gut der erste Vorbote einer wesentlich schwereren Erkrankung gewesen sein. Im September hatten Ludwig und seine Ärzte einsehen müssen, daß er an einer analen Fistel litt. Das behinderte ihn nicht nur und war ausgesprochen schmerzhaft; wie immer im 17. Jahrhundert barg eine solche Wunde auch die Gefahr einer allgemeinen und tödlichen Infektion. Bedenkt man den allgemeinen Stand des medizinischen Wissens, so war es bemerkenswert, daß vor kurzem eine Operationsmethode entwickelt worden war, die dieses Leiden bisweilen kurierte, die aber auch höchst gefährlich war: So oder so konnte ein Überleben nicht garantiert werden.

«Der König, der in immer größerem Maße unter seiner Fistel litt, hatte sich schon zwei Monate zuvor entschlossen, sich der großen Operation zu unterziehen; doch er hatte dieses Geheimnis niemandem anvertraut außer Monseigneur, Mme. de Maintenon, M. de Louvois, seinem Leibarzt, seinem Ersten Chirurgen Félix sowie seinem Beichtvater, dem Père de La Chaise; und nicht einmal Monseigneur kannte den Beschluß des Königs, die Operation am 19. November vornehmen zu lassen.

Am 17. ging er in Versailles spazieren und hatte dabei, auch wenn er es sich nicht anmerken ließ, solche Schmerzen, daß er beschloß, sich der Operation schon am folgenden Tag zu unterziehen ... «Félix hatte schon seit einigen Wochen an Gefangenen, die unter Fisteln litten, sowie an Leichnamen geübt, so daß er genau wußte, wo, wie und wie tief er sein Messer ansetzen mußte. «Diejenigen, die am 18. das Schlafzimmer des Königs betraten, fanden ihn tief schlafend, was seine Seelenruhe an einem Tag zeigt, an dem andere in Angst und Schrecken gewesen wären. Einmal erwacht, fragte er, ob alles bereit sei und ob M. de Louvois im Vorzimmer warte; und als er erfuhr, daß M. de Louvois anwesend und alles bereit war, verließ er das Bett und begann zu beten.

Danach erhob er sich und verkündete laut: ‹Herr, ich gebe mich in deine Hände›; dann legte er sich wieder auf sein Bett und wies Félix an, mit der Operation zu beginnen, was dieser dann auch tat, im Beisein Bessières, des geschicktesten Chirurgen von Paris, und M. de Louvois', der dem König während der gesamten Operation die Hand hielt; Mme. de Maintenon stand derweil am Kamin.

Der König gab keinen Schmerzensschrei von sich und sagte lediglich ‹O Gott!› beim ersten Schnitt. Als die Operation beinahe vollendet war, wies er Félix an, ihn nicht zu schonen – er solle ihn behandeln, als sei er der unbedeutendste Privatmann in Frankreich; dadurch sah Félix sich gezwungen, zwei weitere Einschnitte vorzunehmen; dann legte er die erste Bandage an und ließ ihn am Arm zur Ader, wobei er weniger erfolgreich war als bei der Operation, die ihm perfekt gelang: Er schnitt in einen Muskel und verursachte dem König große Schmerzen... Gegen zehn Uhr ließ man [den Ersten Kammerjunker und die anderen Bedienten des Königs] hinein... und nach dem Mittagessen hielt der König eine Ratsversammlung ab.»[223]

Wir können uns nur schwer ausmalen, was eine solche Operation für den Patienten bedeutete – jene Mischung aus Entsetzen und qualvollen Schmerzen, die damit einherging. Es war nicht ungewöhnlich, daß die Patienten beides schweigend über sich ergehen ließen; doch nicht einmal zwei Stunden nach der Operation abzuwarten, um den Kammerjunker und die übrigen Höflinge zu empfangen und noch am selben Nachmittag eine Ratsversammlung abzuhalten, das ist so stoisch, daß es schon beinahe unverständlich ist: Ludwig XIV. mag von anderen viel gefordert haben, doch ebensowenig schonte er sich selbst.

Diese stahlharte Fassade zeigte er unweigerlich. Vier Tage nach der Operation, als er unter entsetzlichen Schmerzen gelitten haben muß, empfing er den Prinzen Conti «und sagte zu ihm: ‹Leute, die mich nicht kennen, halten mich für schwer krank, aber sobald sie mich sehen, wird ihnen klar, daß ich nur wenig leide.›»[224] Das war am 22. November; am 7. Dezember jedoch war nicht mehr zu leugnen, daß die Wunde nicht heilte.

«Die Ärzte stellten eine sehr gründliche Untersuchung an, um die Ursache dafür zu entdecken, und fanden schließlich gewisse Verhärtungen im Gesäß, die bisher eine Heilung verhindert hätten. Sie beschlossen deshalb, diese Verhärtungen in einer neuen Operation zu entfernen, und taten dies auch; das ließ sich jedoch nicht ohne die entsetzlichsten Schmerzen für den König bewerkstelligen, und außerdem begann er zu fiebern; doch trotzdem empfing er [den Hof] zwei- bis dreimal täglich und weigerte sich selbst am Tage der Operation, davon abzuweichen... Es war deutlich zu erkennen, daß er außerordentlich litt und sich sehr zusammennahm, um es nicht zu zeigen; doch je qualvoller es ihm wurde, desto länger behielt er die Höflinge in seinem Gemach.»[225] Daß er das tat, lag zum Teil daran, daß er auf seinem übermenschlichen Erscheinen beharrte; doch es steckten auch massive politische Gründe dahinter. Der kleinste Hinweis darauf, daß mit seinem baldigen Tode zu rechnen sei, hätte gewisse Mitglieder der königlichen Familie zu Intrigen um die Macht über den zukünftigen König angestachelt. Jedermann wußte, daß der Dauphin völlig unfähig war, allein zu regieren, und es gab viele, die sich danach sehnten, zur Macht hinter dem Thron zu werden. Und beinahe noch schlimmer war, daß die Feinde Frankreichs im Ausland sich ermuntert fühlen würden: Ohne Ludwig XIV. würde das Königreich angreifbarer werden. Als Ludwig sich weigerte, seine Schmerzen einzugestehn, tat er es also für die Verteidigung seiner Macht und seines Landes.

Seine Qualen zogen sich lange hin. Am 9. Dezember beschlossen die Ärzte einen neuen Eingriff. Am 13. operierten sie ein weiteres Mal, und da sie zu dem Schluß kamen, die Wunde vernarbe zu schnell, wurde sie mit Brenneisen wieder geöffnet, einem Verfahren, das dem König entsetzliche Schmerzen bereitete. Schließlich begann nach einer weiteren Woche die Heilung: Am 22. Dezember verließ Ludwig zum ersten Mal seit über einem Monat sein Zimmer; doch erst Mitte März war er wieder in der Lage, ein Pferd zu besteigen.

Daß er überhaupt am Leben blieb, war tatsächlich ein Wunder; doch daß er es war, festigte seine Stellung noch weiter. So wie seine Armeen unschlagbar waren, konnte ihm, so schien es, auch keine gewöhnliche Krankheit etwas anhaben, ja konnte ihn nicht einmal davon abhalten, sich weiter um die Regierung seines Landes zu kümmern; und als wolle er diese Tatsache unterstreichen, begann er nun mit einem weiteren Bauprojekt.

Marly war im Sommer 1687 zu genau dem geworden, was Ludwig XIV. sich gewünscht hatte – zu einem Ort, an den er sich aus Versailles zurückziehen konnte. Doch nun beschloß er, er brauche eine kleine ländliche Residenz unmittelbar innerhalb des großen Parks; und da sich in Trianon bereits ein Pavillon befand, beschloß er, dort ein Haus zu errichten, das er für Feierlichkeiten und gelegentliche Übernachtungen benutzen konnte. «Da das Jahr schon weit fortgeschritten war, als der König Order gab, mit dieser Arbeit zu beginnen, und da er sie vor dem Winter vollendet sehen wollte, trieb er die Arbeiten voran und blieb oft Nachmittage lang in einem Zelt auf der Baustelle, arbeitete mit M. de Louvois und begutachtete die Arbeiten von Zeit zu Zeit, um sie zu beschleunigen.»[226]

In diesem Sommer hatte der König einen berühmt gewordenen Disput mit Louvois. Eines Tages traf der Monarch in Trianon ein, und es fiel ihm auf, daß eins der Fenster schief eingesetzt war; er machte den Minister darauf aufmerksam. Louvois betrachtete es und schwor, zweifellos aus dem Gefühl heraus, daß man die Gründlichkeit seiner Arbeit anzweifelte, dies sei nicht der Fall. Es wurde nach Zollstöcken gerufen, und bald stellte sich heraus, daß die Abweichung zwar sehr gering, der König aber voll und ganz im Recht war. Er hatte nicht nur in der optischen Wahrnehmung das, was in der akustischen das absolute Gehör ist, er war auch durch und durch ein Perfektionist; oft wurden Wände mehrfach niedergerissen, wenn sie seinen hohen Erwartungen nicht genügten.

Es entstand dabei ein Gebäude, das, wie üblich, von den Fürsten in ganz Europa bewundert und kopiert wurde. Ein Mittelding zwischen einem Palast und einem Gartenpavillon, verkörperte Trianon – ein Werk Mansarts – ein gänzlich neues Konzept – das eines selbständigen Nebengebäudes, das nahe genug am Hauptpalast lag, daß man es bequem erreichen konnte, und das doch weit genug entfernt war, um sich dorthin zurückzuziehen; zu klein, als daß große Teile des Hofes darin hätten wohnen können, groß genug, bei Festlichkeiten die Mehrzahl der Höflinge aufzunehmen; beinahe so vornehm und luxuriös wie der Palast selbst, und doch den umliegenden Gärten fast ganz geöffnet.

Als der König 1688 in der Gesellschaft Monseigneurs und Mme. de Maintenons Trianon einweihte, erblickte der staunende Hof einen Märchenpalast aus hellgelbem Stein und rosafarbenem Marmor. Der zentrale Hof, der von den drei Flügeln eingerahmt wird, führte – und führt heute noch – auf einen offenen Arkadengang und endet auf der gegenüberliegenden Seite mit rosa Marmorsäulen in Zweiergruppen. Auf der Hofseite waren die hohen spitzen Fenster der Flügel, die den Rhythmus des Arkadengangs wiederaufnahmen, mit gemeißelten Muscheln und Pokalen abgeschlossen und durch Pilaster aus rosa Marmor voneinander abgeteilt; es folgte nach oben hin ein steinernes Band, dann ein Band aus Marmor, schließlich als Krönung des Gebäudes eine steinerne Balustrade, die mit Vasen, Pokalen und Gruppen von Putten geschmückt war. Auf der Gartenseite wiederholte sich dieses Muster.

Selbst heute, wo die Balustradenornamente verschwunden sind und sich von der verschwenderischen Inneneinrichtung Ludwigs XIV. nichts mehr erhalten hat, hat Trianon nichts von seinem Zauber verloren. Dieses niedrige, langgestreckte Gebäude, beinahe an den Boden geduckt, ist nichts geringeres als ein Juwel in einer Waldlandschaft. Versailles hatte Größe, Marly hatte Charme, Trianon schien ein gestaltgewordener Traum, der nun rasch Teil des königlichen Lebens wurde.

Eines der Paradoxa, die zu jedem Bericht über das Leben des Sonnenkönigs gehören, ist es, daß die Lichter, die ihn umgaben, neben ihm verblassen; im vorliegenden Fall gebührt zum Beispiel ein Großteil des Lobs Jules Hardouin-Mansart, der das Gebäude entwarf, und Robert de Cotte, der für den Arkadengang verantwortlich zeichnete. Und doch verdient auch der König Lob dafür, und zwar nicht nur, weil er den Auftrag erteilte und die Rechnungen zahlte, sondern wegen seiner engen und konstanten Zusammenarbeit mit Architekten und Ausführenden. Bei diesem Projekt wie bei anderen gab es eine enge persönliche Verbindung Ludwigs XIV. zu jedem Detail seiner Unternehmung, so daß es nicht übertrieben ist, wenn man von einer Zusammenarbeit des Monarchen mit denjenigen, die für ihn arbeiteten, spricht. Wie Versailles ist auch Trianon ein Spiegel der Persönlichkeit seines Erbauers.

Eine solche persönliche Anteilnahme bedeutete jedoch keine Schmälerung des Verdienstes der Künstler. Ein typisches Beispiel für die bedeutende und ständige Wertschätzung, die Ludwig XIV. ihnen entgegenbrachte, ist seine Reaktion, als er im Juni 1685 ein neues Werk Lebruns erhielt, seine *Kreuzaufrichtung*. Das Bild wurde am Morgen in sein Schlafzimmer gebracht, «und obwohl der König gerade seine Ratsversammlung abhielt, verließ er diese, um es sich anzusehen, denn er hatte angeordnet, er wolle auf der Stelle benachrichtigt werden, wenn es eintreffe. Er sah, daß es so schön war, wie er erhofft hatte, und lobte M. Lebrun mit tausend Komplimenten; dann wandte er sich wieder dem Rat zu und sagte dem Kanzler und den anderen, gerade sei ein Gemälde angekommen, das es wert sei, daß sie sich von ihren Plätzen erhöben und es betrachten kämen. Der ganze Rat kam herüber und lobte es, und der König zeigte sich gegenüber allen sehr vergnügt.»[227] In der Tat ist es einer der sympathischsten Züge des Sonnenkönigs, daß er zwar gnadenlos gegenüber Familie und Freunden sein konnte, aber niemals sparsam mit Lob und Lohn für Verdienste aller Art war.

Er schien von einem goldenen Licht des Erfolges überstrahlt zu sein. Meisterwerk folgte auf Meisterwerk: Ein neues Versailles, dazu Marly und Trianon gestaltet zu haben, und das alles innerhalb von zehn Jahren, ist eine unglaubliche Leistung; zur gleichen Zeit erfand Lully eine gänzlich neue Musik; Molière war zwar nicht mehr am Leben, doch Racine verbrachte viel Zeit am Hof, ebenso Boileau und La Fontaine; Lebrun, vielleicht kein Genie, aber doch ein Maler und Zeichner ersten Ranges, war beschäftigt wie nie zuvor; Puget schuf als Bildhauer Meisterwerke. Auf anderer Ebene war Louvois trotz seiner Fehler ein außerordentlich fähiger Minister; und der König überstrahlte sie alle in seinem Ruhm.

Und als sei all das noch nicht genug, wurden auch die großen Hoffeste immer prächtiger. Ein typisches Beispiel ist das Carrousel der Bürgerkriege von Granada. «Zwei Herolde führten die Parade an», wie wir erfahren, «gefolgt von Dumont, dem Rittmeister Monseigneurs... in scharlachroten, silberbestickten Kleidern.

Dann kamen achtzig Pagen aus dem Gefolge Monseigneurs in Schwarz mit Gold, Purpur mit Gold und Silber, Grau mit Gold und Silber, Scharlach mit Gold und Silber, alle trugen sie das Wappen ihres Herrn...

M. le duc de Saint-Aignan, der Anführer des Carrousels, ritt auf einem prächtigen Pferd und trug eine Rüstung nach römischem Vorbild, mit goldenen und rubinroten Ornamenten. Er trug den passenden Helm dazu, mit einer goldenen Sphinx, die einige weiße Federn auf dem Kopf trug sowie weitere schwarz-rot gefleckte... Das Pferd trug einen Harnisch der gleichen Art, und sein Kopf war mit einer Reihe passender Federn geschmückt... Seine Herolde, Pagen und Lakaien gingen in silberbesticktem Scharlachrot...

Die Kleidung Monseigneurs war scharlachrot und mit Silber bestickt, mit großen goldenen Knöpfen, schwarzsamtenen Mosaiken, mit Gold bestickt, und er war übersät mit Rubinen und Diamanten...»[228] Es folgten zwanzig Ritter in Schwarz und Gold mit denselben diamant- und rubinbesetzten schwarzen Samtmosaiken und schwarzrosa gesprenkelten Federn; zehn Ritter in Gold und Purpur mit Knopfreihen aus Rubinen und Diamanten; weitere zehn in Grau und Silber mit Smaragden: Die Aufzählung geht endlos weiter, und im Bericht ist sie allein durch ihre Masse bald ermüdend. Doch wie anders muß es in Wirklichkeit gewirkt haben: Gold und Edelsteine glitzern in der Sonne, Federbüsche wehen, die Pferde tänzeln, und dazu die Musik. Es war ein Schauspiel von unglaublicher Pracht, und doch hätte niemand gesagt, sie sei übertrieben für den Hof Ludwigs XIV.: Denn in jenen Jahren des Friedens und der Macht schien die Sonne Frankreichs mit einem Glanz, daß die ganze Welt davon geblendet war.

## IX

# UNNÜTZE SIEGE

Als die sechziger Jahre sich ihrem Ende zuneigten, erschien Ludwig mächtiger denn je, und sei es nur aus dem Grund, daß sein persönliches Regiment nun bereits seit einer Generation andauerte. Der Tod derer, die ihn als jungen Mann gekannt hatten, ließ die herausragende Stellung des Königs gewaltig und zugleich natürlich erscheinen. Auch innerhalb seiner Familie war er ein gefürchteter und unumstrittener Herr. Es galt als selbstverständlich, daß jedermanns Bedürfnisse vor den seinen zurückzutreten hatten und daß man lieber die eigene Gesundheit gefährdete, als daß man sein Mißfallen erregte: Im Oktober 1685 zum Beispiel begann die Dauphine, die schwanger war, sich während einer Theateraufführung unwohl zu fühlen. Den Saal zu verlassen, bevor Seine Majestät es tat, war undenkbar, und folglich harrte die Ärmste aus; als sie schließlich ihr Zimmer erreichte, erlitt sie, noch bevor sie sich zu Bett begeben konnte, eine Fehlgeburt. Einem solchen Verhalten wurde in Dangeaus Memoiren nicht mehr als eine kurze Notiz gewidmet, und im Laufe der nächsten Jahre häuften sich derartige Szenen.

Bislang war das Glück Ludwig stets hold gewesen; dazu hatten seine eigenen Anstrengungen und natürlich die seiner Minister beigetragen, ebenso die Tatsache, daß Frankreich das wohlhabendste und bevölkerungsreichste Land Europas war. Und wann immer das Schicksal für kurze Zeit unentschlossen schien, hatte es sich schließlich doch ihm zugeneigt. Vom Jahre 1688 an verkehrte sich dieses Bild jedoch ins genaue Gegenteil: Ein schwerer Rückschlag folgte dem anderen, und zwar durch Umstände, für die der König keine Verantwortung trug und die sich seiner Kontrolle entzogen. Seinen einzigen wirklichen Mißerfolg zwischen 1661 und 1688 hatte er bei seinem Eroberungsversuch in Holland einstecken müssen, aber sogar da war der Friede nach seinen Bedingungen geschlossen worden. Von 1688 an traten die Grenzen seiner Macht aber mehr als deutlich zutage, ebenso zeigten sich die Schwächen seiner Persönlichkeit. Eine Kette von Triumphen weckt im schlimmsten Falle maßlosen Stolz; um mit großen Schwierigkeiten fertig zu werden, braucht man hingegen Ausdauer, Mut und kritisches Urteilsvermögen; und genau diese Eigenschaften wurden nun beim König auf die Probe gestellt.

Die Freundschaft mit England war immer einer der Stützpfeiler der Außenpolitik Ludwigs XIV. gewesen. Der Tod Karls II. im Jahre 1685 änderte nichts an diesen freundschaftlichen Gefühlen, auch wenn damit ein weiser und freundlich gesonnener Monarch die Bühne verließ. Der neue König, Jakob II., ein gütiger, tapferer, ehrenhafter, allerdings außerordentlich beschränkter Mann, war wie Ludwig katholisch; aber trotz ihres mittlerweile traditionellen Rom-Hasses ließen seine Untertanen ihn regieren, da sie mit der Nachfolge seiner protestantischen Töchter Mary, der Prinzessin von Oranien, oder Anna, der Prinzessin von Dänemark, rechneten. Was Ludwig XIV. betraf, so hatte er allen Grund zu erwarten, daß Jakob ihm im Zweifelsfalle wohlwollender sein würde als sein verstorbener anglikanischer Bruder.

Aber Jakob drohten Gefahren von außen, von denen niemand etwas ahnte: Wilhelm von Oranien, der unversöhnliche Feind Frankreichs und Schwiegersohn Jakobs, strebte ein Bündnis an, das den Kaiser, Spanien, eine Reihe deutscher Fürsten sowie England miteinander vereinen sollte. Offenkundig waren die Chancen dafür jedoch äußerst gering, solange England, wie protestantisch es auch sein mochte, von einem Katholiken regiert wurde. Ebenso offenkundig lag die Lösung in einem gut geplanten Staatsstreich: Wenn Jakob durch seinen nächsten Erben, niemand anderen als Wilhelms eigene Frau, abgelöst wurde, dann stand Englands Beitritt zum Bündnis nichts mehr im Wege.

Wilhelm war ebenso gerissen wie Jakob dumm; aber all seine Ränke hätten zu nichts geführt, wäre ihm nicht eine unerwartete Laune der Natur zu Hilfe gekommen: Nach fünfzehn Ehejahren und mehreren Fehlgeburten schenkte Jakobs zweite Frau, Maria von Modena, für alle unerwartet, einem gesunden Knaben das Leben. Angesichts der Aussicht auf einen katholischen Thronerben begann sich die Einstellung der Engländer zu ihrem katholischen Monarchen grundlegend zu verändern, und zu ihrem weiteren Befremden hatte es ganz den Anschein, als wolle der König in ihrem Land eine absolute Monarchie nach französischem Vorbild errichten. Ob Jakob tatsächlich solche Absichten verfolgte oder nicht – die Wahrscheinlichkeit spricht eher dagegen –, spielt kaum eine Rolle: Er erweckte den Anschein, und das genügte. Als Wilhelm von Oranien dann im November 1688 in England landete, sah Jakob sich von praktisch allen verlassen; voll Zorn und Verwirrung ergriff er mit Frau und Sohn die Flucht, nicht ohne beim Auslaufen das Großsiegel über Bord in die Themse zu werfen.

Der Sturz eines katholischen Monarchen war, für sich betrachtet, eine schlechte Nachricht für Ludwig XIV.: Da er selbst ein überzeugter Katholik war, hatte er gehofft, Jakob könne England in den Schoß der Kirche zurückführen. Weitaus verheerender war jedoch die Tatsache, daß nun Maria II. den Thron bestieg, zumal sie sich weigerte, allein zu regieren, und darauf bestand, daß ihr Ehemann König wurde, nicht nur Prinz oder Prinzgemahl. Maria selbst zeigte nur wenig Interesse an der Politik und überließ sie bereitwillig Wilhelm; und obwohl seine Macht durch ein Parlamentsgesetz eingeschränkt war, konnte er doch der antifranzösischen Augsburger Liga beitreten, die nun als Große Allianz bekannt wurde. Schweden, ein ehemaliger Verbündeter Frankreichs, und einige der mächtigeren deutschen Fürsten wurden in diesen Bund einbezogen, so daß er zusammen mit England fast ganz Europa umfaßte.

Obwohl sich in der Geschichte zahlreiche gegenteilige Beweise finden, kam es doch mitunter vor, daß ein König schlichtweg zu dumm zum Regieren war. Dies war bei Jakob II. ohne Zweifel der Fall. Ludwig XIV., der über einen erstklassigen Geheimdienst verfügte, hatte die Absichten Wilhelm von Oraniens und dessen Invasionspläne gekannt. Tatsächlich hatte er Jakob gewarnt und ihm seinen Beistand angeboten, doch der Dank war, daß er gesagt bekam, er solle sich nicht einmischen. Ob Jakob, auch mit Hilfe der französischen Flotte, seinen Thron hätte behaupten können, ist zwar fraglich, aber in jedem Fall hätte Ludwig allen Grund gehabt, mit dem vertriebenen Jakob nichts mehr zu tun haben zu wollen. In Wirklichkeit tat er jedoch genau das Gegenteil, teils, weil er es nicht billigte, daß das Volk einen König vom Thron stieß, teils, weil Jakob offensichtlich eine nützliche Waffe gegen Wilhelm und Maria darstellte. Als das vertriebene Herrscherpaar im Januar getrennt eintraf – erst Jakobs Frau, später Jakob selbst – wurden sie empfangen, als seien sie nie abgesetzt worden. Der König reiste Jakobs Frau entgegen, um sie in Chatou in der Nähe von Saint-Germain zu begrüßen, und bot ihr unverzüglich an, ihr diesen Palast als Wohnung zu überlassen. «Ich erweise Ihnen einen bescheidenen Dienst, Madame», sagte er zu ihr, «aber ich hoffe, Ihnen bald größere und glücklichere zu erweisen»,[229] eine deutliche Anspielung auf zukünftige militärische Unterstützung.

Der «bescheidene Dienst» war in Wirklichkeit so glanzvoll, wie man es vom Sonnenkönig erwartete: Bei ihrer Ankunft in Saint-Germain sah sich Maria von Modena umgeben von einem Luxus – Möbel, Tafelsilber, ja sogar Kleidung –, als sei sie die Königin von Frankreich höchstpersönlich, und darüber hinaus fanden sich auf ihrem Frisiertisch zehntausend Louisdor (240.000 Livres). Und als Jakob eintraf, erhielt er zusätzlich zu einer ähnlichen Ausstattung die Nachricht, daß er fortan 600.000 Livres pro Jahr empfangen werde. «Niemals», so kommentiert Voltaire, «erschien der König in solcher Größe; Jakob hingegen wirkte klein»:[230] Sein Mangel an Intelligenz und seine übermäßige Neigung zu den Jesuiten traten bald nur allzu deutlich zutage. Ob es unter diesen Umständen klug war, den abgesetzten König mit offenen Armen zu empfangen, ist eine berechtigte Frage: Schließlich konnte kein Maß an Macht Jakobs Schwächen wettmachen. Es wäre daher vielleicht klüger gewesen, die Hoffnung aufzugeben, er werde eines Tages den englischen Thron zurückerlangen.

Ludwig XIV. war mit Sicherheit nicht verantwortlich für das, was die Engländer die Glorreiche Revolution nennen; doch es ist nicht von der Hand zu weisen, daß seine neue Frömmigkeit einer der Hauptgründe für die Aufhebung des Edikts von Nantes und für die Unterstützung war, die er Jakob II. gewährte. Natürlich hielt der König – nicht ohne Grund – Wilhelm III. für einen unversöhnlichen Feind; ihm schien, daß Wilhelm nur aus einem einzigen Grund König von England geworden war, nämlich um Frankreich angreifen zu können, und daß jeder Versuch, zu einer Übereinkunft mit ihm zu kommen, zum Scheitern verurteilt war; daß nicht einmal ein Versuch in dieser Richtung unternommen wurde, ist ebenso wichtig wie bedauerlich. Im Januar 1689 hatte der früher so vorsichtige Monarch, der nur in den Krieg gezogen war, wenn er sich seines Sieges absolut gewiß sein konnte, bereits begonnen, sich für unbesiegbar zu halten: Es war ihm wichtiger, großmütig zu erscheinen, indem er Jakob II. aufnahm und ihn kurz darauf zu einem Rückeroberungsversuch ausschickte, als Wilhelm versöhnlich zu stimmen; schließlich hatten die französischen Generäle ihn ohnehin mit schöner Regelmäßigkeit besiegt. Und ein Triumph Jakobs wäre natürlich zugleich auch ein Triumph des Katholizismus gewesen.

Zum gleichen Zeitpunkt versorgte Louvois, der wichtigste Ratgeber des Königs, ihn mit unzutreffenden Informationen. Der Kriegsminister war nicht nur der Überzeugung, daß in England ein Bürgerkrieg bevorstehe, sondern er ermunterte Ludwig XIV. auch, zu diesem, wie er glaubte, günstigen Augenblick den Kaiser Leopold I. anzugreifen.

Die Vermutung liegt nahe, daß Louvois bei seiner Beurteilung der Lage in England nicht ganz ehrlich war: Die dortigen Operationen wären in den Aufgabenbereich des Marineministers Seignelai gefallen, eines Mitglieds der Familie Colbert, und das allein genügte ihm, davon abzuraten. Was den Krieg gegen Leopold I. anbetraf, war sein Argument, die Türkengefahr sei im Schwinden begriffen – die Belagerung Wiens war 1684 aufgehoben worden, und die kaiserliche Armee unter der Führung eines hoch talentierten Generals, des Prinzen Eugen von Savoyen, stand kurz vor einem Sieg über die Türken vor Belgrad. Daher erschien es klug, den Kaiser anzugreifen, solange er noch in den Krieg gegen die Türken verwickelt war, der, wie es schien, schon bald zu Ende sein würde. Falls das Krieg mit den Verbündeten des Kaisers bedeuten sollte, so würde man auch damit fertig werden.

Natürlich war ein Vorwand vonnöten. Louvois lieferte gleich zwei. Einer war überaus simpel: Er behauptete, daß Madame, also Liselotte von der Pfalz, als Erbin ihres verstorbenen Vaters ein Anrecht auf einen Teil der Pfalz habe. Selbstverständlich hatte sie bei der Heirat mit Monsieur auf alle derartigen Ansprüche verzichtet, aber ebenso selbstverständlich war ihre Mitgift nicht im vollen Umfang ausgezahlt worden; also forderte Ludwig XIV., ohne zuvor die Prinzessin zu Rate zu ziehen, die nicht den geringsten Wunsch hegte, irgendwelche Ansprüche zu erheben, einen Teil des Kurfürstentums für sich.

Der andere Vorwand hing mit dem traditionellen französischen Einfluß auf das Rheinland zusammen. Der vom Domkapitel gewählte Erzbischof von Köln war kraft seines Amtes Kurfürst dieses kleinen Staates. Ludwig XIV. setzte nun zuerst das Domkapitel unter Druck, bis es seinen Kandidaten, den Kardinal von Fürstenberg, zum Koadjutor, d.h. zum designierten Nachfolger des Erzbischofs, ernannte; im Jahr 1688 forderte er dann, daß der Kardinal gewählt wurde und daß der Kaiser die Wahl offiziell bestätigte. Dies war, zusammen mit dem Anspruch Madames, Gegenstand eines Ultimatums, das am 24. September gestellt wurde und das Leopold I. drei Monate Zeit gab, den Forderungen nachzukommen.

Soweit hielt sich der König, auch wenn er unmäßige Forderungen erhob, noch an die gängigen Spielregeln der Machtpolitik; aber nur einen Tag später legte er auf Betreiben von Louvois ein Verhalten an den Tag, das ganz Europa gegen ihn aufbrachte: Ohne die übliche Kriegserklärung, ja ohne die geringste Vorwarnung, marschierte eine französische Armee an den Rhein; sie stand unter dem nominellen Oberbefehl von Monseigneur – bei dem der König sicher sein konnte, daß er ihn weder in den Schatten stellen noch ihm ungehorsam sein würde –, in Wirklichkeit aber unter dem Kommando des Marschalls von Duras und Vaubans, des großen Festungsbaumeisters. Beinahe unverzüglich wurde das gesamte linke Rheinufer besetzt und Philippsburg belagert, das am 22. Oktober eingenommen wurde. Der König erhielt die Nachricht während einer Messe in Fontainebleau; überwältigt von Freude und Stolz unterbrach er die Predigt und verkündete unter Tränen seinen neuesten Triumph. Der Pfälzische Erbfolgekrieg, wie er später genannt wurde, hatte begonnen.

Doch damit nicht genug: Nach Mainz und Heidelberg wurde am 11. November Mannheim eingenommen; Speyer, Trier, Worms und Oppenheim ergaben sich am 15. Von neuem hatte sich bestätigt, daß der Sonnenkönig unbesiegbar war, daß er sich einfach nur zu nehmen brauchte, wonach ihm der Sinn stand.

Daß die pfälzischen Festungen sich so rasch ergaben, war vielleicht nicht weiter überraschend: Sie gehörten zu einem kleinen, eher friedfertigen Staat; doch ähnlich wie Hitlers Blitzkrieg in Polen machten die französischen Erfolge dem übrigen Europa deutlich, daß man entweder jetzt gemeinsam Widerstand leisten oder sich später unterwerfen mußte und daß der Landhunger Ludwigs XIV. unersättlich war. Tatsächlich war die Invasion des Rheinlandes nichts als ein vorzeitiger Feldzug in einem Krieg, den man Frankreich ohne Zweifel früher oder später ohnehin würde erklären müssen; die Reunionskammern waren nicht vergessen, und aus der damaligen Situation heraus erscheint es nur zu verständlich, daß die großen europäischen Mächte damit rechneten, die Grenzen Frankreichs würden sich langsam immer weiter vorschieben, sofern man nichts unternahm, um dieser beunruhigenden Entwicklung Einhalt zu gebieten.

Die Art und Weise, wie die Invasion der Pfalz vor sich ging, verstärkte diese Ängste nur noch weiter, und die Behandlung, die der eroberte Staat erfuhr, löste zu Recht Wut und Entsetzen aus. Daß es Louvois' Politik war und nicht die des Königs, fiel dabei ebensowenig ins Gewicht wie der Zorn des Königs, als er erfuhr, was in seinem Namen dort vorgegangen war: Die Tatsache blieb bestehen, daß eine unschuldige Bevölkerung voller Entsetzen mit ansehen mußte, wie ihre Städte niedergebrannt und ihre Felder verwüstet wurden und wie sie selbst angegriffen wurden. Nicht wenige kamen dabei um. Ziel dieses Wütens war es, wie Louvois erläutert, ein solches Maß an Angst zu erzeugen, daß es fortan keinen Widerstand in den besetzten Gebieten mehr geben würde, während andere potentielle Feinde angesichts dessen, was ihnen im Falle einer Niederlage drohte, es sich zweimal überlegen würden, ehe sie einen Angriff wagten. Es waren Methoden, die zu dem brutalen Minister paßten, der es ohne Zweifel genoß, diese Befehle zu erteilen.

Für uns, die wir am Ende des 20. Jahrhunderts leben, sind solche Schrekken nur zu vertraut; in den weniger hoch entwickelten achtziger Jahren des 17. Jahrhunderts brandmarkten sie Frankreich als einen Feind der Menschheit schlechthin, und ein erheblicher Teil der Energie, die seine Gegner in den folgenden Kriegen an den Tag legten, hatte dort seinen Ursprung. Auch kann die Tatsache, daß der König der barbarischen Verwüstung der Pfalz Einhalt gebot, sobald er davon erfuhr, nicht als Entschuldigung gelten: Er war stets besonders stolz darauf, daß er seine Minister unter Kontrolle hatte und alles wußte, was in seinem Namen geschah; er trug daher die volle Verantwortung. Als er Louvois so weitreichende Vollmachten erteilte, daß dieser rauben und plündern konnte, versagte er – gemessen an seinen eigenen Maßstäben – in seiner Rolle als König. So etwas war noch nie vorgekommen, und es sollte auch nie wieder geschehen; aber in diesem speziellen Fall läßt sich nicht bestreiten, daß die Verantwortung letztlich bei ihm lag, wie groß auch immer seine Abscheu war, als er schließlich von den Untaten, die in seinem Namen begangen worden waren, erfuhr.

Fast ebenso wichtig ist die Tatsache, daß sich diese moralisch durch nichts zu rechtfertigende Vorgehensweise noch nicht einmal auszahlte. Im Frühling des Jahres 1689 erhoben sich große Teile der Pfalz gegen die Franzosen; gleichzeitig trafen die vom Kaiser entsandten Truppen ein. Sie standen unter dem Befehl des Herzogs von Lothringen, dessen Territorium sich die Franzosen einverleibt hatten: So verband sich sein beachtliches Talent als Feldherr mit dem Zorn eines zugrunde gerichteten Mannes, und er machte sich nun daran, die Franzosen zu schlagen. Mainz wurde im Juni zurückerobert, Bonn im November, während an Frankreichs Nordgrenze der Marschall d'Humières, ebenfalls im Juni, dem Fürsten Waldeck unterlag. Wieder einmal mußte der König erkennen, daß Louvois fehlbar war: Humières, der Favorit des Ministers, erwies sich als unfähiger Befehlshaber.

Daß Louvois' Stellung schon seit längerem ins Wanken geraten sein mußte, steht außer Zweifel: Er hatte mit aller Kraft versucht, den König von der Heirat mit Mme. de Maintenon abzuhalten, was dieser nicht unbekannt war; und nun, zwischen dem Frühsommer 1688 und demjenigen des Jahres 1689, war ihm eine Reihe von äußerst schwerwiegenden Fehlern unterlaufen. Das Ergebnis war, daß Ludwig XIV. wieder zu sich selbst fand: Humières wurde durch den Marschall und Herzog von Luxemburg ersetzt, einen der erbittertsten Gegner Louvois'.

In der Tat war Luxemburg auch der Inbegriff all dessen, was der König verabscheute: ein ehemaliger Parteigänger der Fronde, zudem ein berüchtigter Wüstling, dem es Vergnügen bereitete, die Gläubigen zu schockieren, er war so tief in die Giftaffäre verstrickt gewesen, daß man ihn in die Bastille gesteckt hatte; und er war das Oberhaupt einer der ältesten und mächtigsten Adelsfamilien in Frankreich. Andererseits wußte er, wie man Schlachten gewinnt, und die Zeiten, wo Ludwig noch die Wahl zwischen Turenne und Condé hatte, waren vorüber. Luxemburg, der sich weigerte, etwas mit Louvois zu tun zu haben, forderte und erhielt das unerhörte Privileg, dem König unmittelbar schreiben zu dürfen – anstatt den Weg über den Minister zu nehmen – und auch nur von ihm persönlich Befehle zu erhalten. Catinat, ein talentierter Neuling, wurde mit dem Kommando auf dem italienischen Kriegsschauplatz betraut; der nicht mehr ganz junge, aber überaus fähige Marschall von Lorges ging nach Deutschland; und der ebenso fähige Herzog von Noailles übernahm das Kommando über eine kleine Armee, die Befehl hatte, in Katalonien einzumarschieren.

Ein solcher Krieg gegen ganz Europa war, darüber war man sich allseits einig, eine ruhmreiche Angelegenheit; aber er war auch ausgesprochen kostspielig. Im Frühjahr 1689 standen dreihunderttausend Bewaffnete im Dienst Ludwigs XIV., und es fehlte an Geld, um diese beispiellose Zahl zu besolden; deshalb rief er den Vorsteher der *garde-meuble* zu sich, den Mann, der für die Einrichtung der königlichen Paläste verantwortlich war, und ordnete an, sein gesamtes Silber, eingeschlossen die hochgerühmten Möbel der *grands apparte-*

*ments* von Versailles, in die Münzstätte zu geben, um sie einzuschmelzen und Münzen daraus zu prägen.

Was für ein Verlust für die Kunst das ist, braucht man kaum zu erwähnen: Wir kennen die Silbermöbel aus zeitgenössischen Illustrationen und von ein paar Beispielen, die Karl II. von England übersandt wurden. Es ist schwer zu glauben, daß ein so großartiger Kunstschatz nicht mehr existieren soll, nur weil ein weiterer Krieg finanziert werden mußte. Aber auch hier gab es eine – für die Kunstgeschichte – vergleichsweise angenehme Seite: Da man Versailles ja schlecht leerstehen lassen konnte, wurden neue Möbel aus vergoldetem Holz angefertigt; und damit begann nun eine Kunstrichtung, die sich von Anfang an allem, was sonst in Europa produziert wurde, überlegen zeigte. Ja, man kann mit einigem Recht sagen, daß der Entschluß Ludwigs XIV., sein Silber einschmelzen zu lassen, zu einem guten Teil dafür verantwortlich war, daß die französische Möbelproduktion im 18. Jahrhundert einen Grad der Perfektion erreichte, der neue Maßstäbe setzte.*

Abgesehen von dem Verlust wertvoller Stücke ist diese Maßnahme noch in einer anderen Hinsicht unserer Aufmerksamkeit wert: Nach all den Jahren, in denen der Staatshaushalt völlig oder doch weitgehend ausgeglichen war, glich er inzwischen wieder einem Faß ohne Boden. Colbert, der vielleicht etwas dagegen hätte tun können, war tot; sein Nachfolger Le Pelletier erwies sich als unfähig; also ersetzte der König ihn nun durch Pontchartrain, einen energischen und effektiven Minister, dem jedoch leider Colberts nahezu instinktives Verständnis für finanzielle Dinge fehlte. Pontchartrain wußte, wie man Steuern erhob und sicherstellte, daß jedermann bezahlte, aber er lernte nie, daß Steuern nur dann Gewinn bringen, wenn das Land wohlhabend ist.

König und Hof jedenfalls hielten große Stücke auf ihn. Als Seignelai im November 1690 starb, unterstellte der König Pontchartrain die Marine, so daß Colberts Ämterkombination beinahe wiederhergestellt war – der neue Finanzminister hatte allerdings nie die Oberaufsicht über das königliche Bauwesen –, und schließlich wurde er Kanzler; er blieb bis kurz vor seinem Tode im Amt. «Er war», schreibt Choisy, «ebenso treu und mindestens ebenso unparteiisch wie [Le Pelletier], ein unermüdlicher Arbeiter, der alles sah, alles konnte und der während der vergangenen acht Jahre [er schrieb dies im Jahr 1698] mit Hilfe von Pergament und Siegellack jährlich 150 Millionen einnahm, indem er Ämter und anderen Unsinn erfand, der sich sehr gut verkaufen ließ. Trotz seines Erfolgs blieb er bescheiden, er erhielt keine Geschenke vom König außer einem Posten als *conseiller* am Pariser Parlament für seinen Sohn; es fiel ihm leicht, Entscheidungen zu treffen, und er erledigte an einem Tag mehr als

* Insgesamt lag der Erlös bei 2,5 Millionen Livres. Als nächstes kam silbernes Kirchenmobiliar an die Reihe.

sein Vorgänger in sechs Monaten. Dabei war er fest davon überzeugt, daß es immer am besten ist, eine Sache in Angriff zu nehmen, auch wenn man dabei gelegentlich einen Fehler macht, und dann gegebenenfalls ohne falsche Scham die Irrtümer ausbügeln muß, die durch das etwas zu hohe Tempo entstanden sind...

Die Leute beschweren sich, daß er nicht genügend Verständnis für ihre Schwierigkeiten aufbringt und daß er, wenn ein armer, durch die Steuer ruinierter Mann kommt und um Hilfe bittet, lächelnd erwidert: ‹Monsieur, Sie müssen zahlen.›»[231]

Das klingt alles sehr modern, aber man darf es nicht ganz für bare Münze nehmen. Es stimmt durchaus, daß der Krieg zu Steuererhöhungen führte und daß sich sogar der Adel genötigt sah, etwa fünf Prozent seines Einkommens abzuführen; es stimmt auch, daß die Hauptlast wie gewöhnlich auf den Schultern der Bauern lag. Aber bei Choisys «armem Mann» handelt es sich natürlich um einen Höfling: Die wirklich Armen hatten keinen Zutritt zum Finanzminister. Im nachhinein erscheinen Pontchartrains Bemühungen daher insgesamt löblich. In einem Punkt leitete er allerdings eine fatale Entwicklung ein: Zwar war der Verkauf von Sinekuren jeglicher Art – es gab sogar einen Königlichen Perückenträger, der natürlich nicht wirklich zum Tragen da war – eine einträgliche Sache, aber während er für den Augenblick Mittel bereitstellte, hatte er auch zur Folge, daß fortan Gehälter gezahlt werden mußten. Daher war Pontchartrain nicht ganz so klug, wie er dachte, als er zufrieden feststellte, es werde immer Narren geben, die die Ämter, die er schuf, kauften, wie absurd sie auch immer sein mochten. Von Jahr zu Jahr wuchs nämlich die Bürde der nutzlosen Ämter immer weiter.

Zumindest für eine Zeitlang schien sich das Opfer des Königs bezahlt zu machen: Eine französische Flotte brachte Jakob II. nach Irland zurück – Ludwig verabschiedete sich von seinem englischen Vetter mit den Worten: «Das beste, was ich Ihnen wünschen kann, ist, Sie niemals wiederzusehen»[232] –, wo dieser von der überwiegend katholischen Bevölkerung mit Jubel empfangen wurde; und Jakob bewies auf der Stelle, daß er nichts dazugelernt hatte, indem er einen Jesuiten zu seinem Staatssekretär machte. Ein noch größerer Erfolg war es, als am 10. Juli 1690 zum allerersten Mal eine französische Flotte (unter Tourville) die englisch-holländischen Seestreitkräfte vor Beachy Head besiegte. Dieser Triumph war allerdings nur von kurzer Dauer: Gleich am nächsten Tag schlug Wilhelm III. mit der tatkräftigen Unterstützung vertriebener französischer Protestanten in der Schlacht am Fluß Boyne die Armee seines Schwiegervaters vernichtend. Einer guten Tradition folgend, floh Jakob unverzüglich nach Frankreich. Der große Plan Ludwigs XIV. war gescheitert.

Zumindest an der nördlichen Front verlief der Krieg erfolgreich; die Franzosen gewannen die Schlacht von Fleurus, und im August schlug Catinat den Herzog von Savoyen bei Saluzzo. Aber diese Siege stärkten, mit für Frankreich fatalen Folgen, erneut die Position von Louvois: Seignelai hatte, da England fast keine Soldaten im Lande hatte, zu einer Invasion geraten. Die französische Flotte beherrschte das Meer, und wenn die Truppen einmal gelandet waren, würden sie auf keine nennenswerte Gegenwehr treffen. Selbstverständlich erhob Louvois Einspruch. Die Flotte sei teuer, Irland ein Fehlschlag gewesen, die Armee hingegen habe Siege vorzuweisen: Ludwig XIV. hörte auf den Kriegsminister und beorderte seine Schiffe bis zur nächsten Kampfsaison zurück in die Häfen.

Trotz der angespannten finanziellen Lage hatte das Hofleben so weiterzugehen wie zuvor. Der *Mercure* vom Januar 1690 meldet: «Der König hat, wie es seine Gewohnheit ist, seit dem Beginn der Karnevalszeit glanzvolle Soupers veranstaltet, und in Versailles verging kein Abend ohne eine Maskerade oder eine andere Zerstreuung. Monseigneur le Dauphin nahm auch an einigen Bällen in Paris teil, und da ihm der erste Ball, den Monsieur für ihn gab, besonders gefallen hatte, bat er Seine Königliche Hoheit, einen weiteren Ball für ihn zu veranstalten.»[233] Wenn es etwas gab, was Monsieur liebte (und Madame haßte), dann war es ein gutes Fest, und so kam er selbstverständlich dem Wunsch seines Neffen nach. Im Februar «erschien Monseigneur le Dauphin auf dem Ball, den Seine Königliche Hoheit, Monsieur, veranstaltete. Vom Anfang bis zum Ende um vier Uhr früh zählte man zwischen acht- und zehntausend maskierte Tänzer. Am letzten Sonntag der Karnevalszeit wurde noch ein weiterer Ball für Monseigneur gegeben. Am Montag fand in Versailles ein Ball bei M. le duc du Maine statt [dem ältesten Sohn des Königs mit Mme. de Montespan], zu dem der gesamte Hof erschien, und am Dienstag einer beim König, wo Monseigneur le Dauphin in vier verschiedenen Kostümen auftrat. Am selben Dienstag gab M. le duc de Chartres [der Sohn von Monsieur] einen Ball für Mademoiselle im Palais-Royal.»[234]

Amüsanterweise fährt der *Mercure*, nachdem er sich bewundernd darüber ausgelassen hat, wie viel Silber Privatpersonen, dem Beispiel des Königs folgend, in die Münzanstalt gegeben hatten, in der gleichen Ausgabe fort, die erfolgreichen Bemühungen zur Einschränkung des Luxus zu kommentieren: Man darf wohl annehmen, daß die Bälle, die der König, Monsieur und der Herzog von Maine veranstalteten, nicht gerade Muster an Sparsamkeit waren.

Ungebrochen war auch der Wunsch des Königs, seine illegitimen Kinder zu fördern. Diejenigen Töchter, die alt genug gewesen waren, um sie zu verheiraten, gehörten inzwischen zur königlichen Familie. Es war nun an der Zeit, etwas für den neunzehnjährigen Herzog von Maine zu tun; der jüngste Sohn des Königs, der Graf von Toulouse, war 1689 erst elf Jahre alt.

Das war jedoch gar nicht so einfach. Zunächst einmal war der Herzog von Maine trotz der intensiven Bemühungen Mme. de Maintenons nicht völlig gerade gewachsen: Eine Hüfte stand etwas schief, und ein Bein war ein wenig kürzer, so daß er etwas hinkte, und zum Teil war dieses Gebrechen dafür verantwortlich, daß seine frühere Erzieherin, deren besonderer Schützling er gewesen war und die ihn jetzt protegierte, ihn außerordentlich liebte. Dieser körperliche Makel stand ihm jedoch bei zwei wesentlichen königlichen Betätigungen erheblich im Wege, nämlich bei der Jagd und beim Anführen von Soldaten im Kriege, und hinzu kam noch ein entsprechender – unübersehbarer – Mangel an moralischem Rückgrat. Da er einen Hang zur Intrige hatte, besaß er wenig Freunde und noch weniger Anhänger. Es lag auf der Hand, daß etwas geschehen mußte, und der König befand, daß die Antwort in einer militärischen Karriere bestand.

«Ich schicke meinen Sohn, den Herzog von Maine, zur Armee, die Ihnen untersteht», schreibt er am 21. Mai 1689 an den damaligen Befehlshaber Marschall d'Humières. «Sie wissen, wie sehr ich ihn schätze und wie sehr ich mir wünsche, daß er sich seiner Position würdig erweist. Ich habe ihm aufgetragen, stets zu glauben, was Sie ihm sagen, und ich bin sicher, Sie werden ihm raten, das Notwendige zu tun, vielleicht sogar ein wenig mehr.» Er fügt allerdings hinzu: «Gestatten Sie dem Herzog von Maine, alles zu sehen, aber verhindern Sie soweit wie möglich, daß er in kleinere Gefechte verwickelt wird, bei denen er in Gefangenschaft geraten könnte.»[235]

Im Klartext hieß das, der König wünschte, daß sein Sohn Ruhm erwarb, ohne Risiken einzugehen. Humières, der ein hervorragender Höfling war, führte seine Anweisungen aus; aber er erkannte rasch, daß es zwar ein Leichtes war, den Herzog von der Gefahr fernzuhalten, daß es andererseits aber ein weitaus schwierigeres Unterfangen darstellte, ihn in die Nähe der Kampfhandlungen zu bringen. Wenigstens für den Augenblick wurde diese unangenehme Tatsache diskret verschwiegen, aber es war wahrscheinlich, daß sie eines Tages ans Licht dringen würde.

Daß Ludwig XIV. während der Jahre 1689 und 1690 stets seine olympische Gelassenheit bewahrte, für die er mittlerweile berühmt war, überraschte niemanden; aber die Kosten für die Hofhaltung, zusätzlich zu den Kriegsausgaben, gaben Anlaß zu beträchtlichem Unmut. Nun taucht wieder jene Art von kritischen Flugschriften auf, die seit Mitte der sechziger Jahre nahezu verschwunden gewesen war. Natürlich setzen sie am leichtesten Angriffspunkt an, bei Mme. de Maintenon, deren erste Ehe mit dem impotenten Scarron immer für einen derben Spaß gut gewesen war; aber – wichtiger noch – es wird auch durchweg behauptet, sie stehe mit den Jesuiten im Bunde. Was Ludwig angeht, so wird ihm nachgesagt, er unterstütze Jakob II. nur deshalb, weil Maria von Modena seine Mätresse geworden sei; und von Mme. de Maintenon heißt es, sie habe der vertriebenen Königin daraufhin einen jungen und kraftvollen Abbé besorgt.[236] Natürlich ist das alles Unsinn, aber es zeugt von wachsender Entfremdung.

Womöglich wäre es sogar besser gewesen, es hätte der Wahrheit entsprochen: Nach seiner Rückkehr aus Irland wurde Jakob II. erneut als der wahre König von England empfangen. Am 11. Oktober 1690 besuchte er Fontainebleau, erhielt unweigerlich den Ehrenplatz zur Rechten des Königs und wurde wie ein regierender Monarch behandelt.[237] Es war vielleicht klug, den unglückseligen Jakob nicht mitten in einem Krieg gegen Wilhelm III. fallenzulassen – oder zumindest hätte es das sein können, hätte man Wilhelm zu verstehen gegeben, die Unterstützung für Jakob sei lediglich ein Trumpf, der in Verhandlungen ausgespielt werden solle. Unglücklicherweise verstand dieser die Sache genau umgekehrt: Ein französischer Sieg würde auch die Restauration seines Schwiegervaters bedeuten; und daraufhin kämpfte er natürlich um so erbitterter.

Zur gleichen Zeit wurden sowohl Ludwig XIV. als auch der Dauphin von einem kleinen Ärgernis befreit: Am 20. April 1690 starb die Dauphine, die sich nie recht von ihrer letzten Niederkunft erholt hatte. Niemand vermißte sie, mit Ausnahme ihrer Zofe, einer Piemonteserin namens Bessola, mit der sie anscheinend ein Verhältnis gehabt hatte. Der König hatte eine Abneigung gegen sie gefaßt, als sie vier Jahre zuvor gewagt hatte, seine Politik zu kritisieren; der Dauphin, der einen Großteil seiner Zeit mit seiner Halbschwester, der Prinzessin de Conti, verbrachte, hatte eine der Hofdamen der Prinzessin zur Mätresse genommen, Mlle. Choin, eine dickbusige, dumme junge Frau, die er, wie es schien, aufrichtig liebte. Aber der Tod der Dauphine eröffnete dem achtundzwanzigjährigen Monseigneur die erschreckende Aussicht, daß man eine neue Gattin für ihn finden könnte. Also heiratete er Mlle. Choin in aller Stille, und das war das einzige Mal in seinem Leben, daß er etwas ohne die Genehmigung seines Vaters tat. Nach außen hin änderte sich nichts: Die Dame blieb im Haushalt der Prinzessin de Conti, und es vergingen viele Jahre, ehe von dem Geheimnis etwas durchsickerte. Nur Mme. de Maintenon informierte der Dauphin unverzüglich: «Mir ist, als ob ich singen müßte», schreibt er ihr. «Ich kenne keine Prinzessin, die mir gefiele, ich weiß genau, daß es den König zutiefst betrüben würde, wenn ich ein ausschweifendes Leben führte. Sagen Sie mir, wann ich Sie sehen kann, so daß wir ein wenig reden können. Und nochmals, äußerste Verschwiegenheit...»[238]

In der Tat wartete Madame de Maintenon, vorsichtig, wie sie nun einmal war, bis zum Jahre 1694, ehe sie den König unterrichtete, und selbst da tat sie es auf indirektem Wege: Ein Brief an den Dauphin, in dem sie seine Ehefrau erwähnte, landete, offenbar durch einen Irrtum, in der Tasche des Königs. Wir wissen nichts über die königliche Reaktion; aber angesichts der Parallele zwischen den beiden heimlichen Heiraten und der Tatsache, daß weder der Dauphin noch Mlle. Choin bestraft wurden, liegt die Vermutung nahe, daß Ludwig es mit Fassung trug; es mag ihm sogar wie eine besonders gelungene

Schmeichelei vorgekommen sein, denn Nachahmung ist die aufrichtigste Form der Bewunderung.

Dennoch bleibt die Tatsache bestehen, daß am stolzesten und glanzvollsten Hof Europas der König und sein einziger legitimer Sohn morganatische Ehen geschlossen hatten: Inmitten all des Pomps und der Etikette, durch die der Monarch sich über den Rest der Menschheit zu erheben schien, hatten sowohl er als auch sein Erbe Ehefrauen, die ein kleiner Adliger als seiner nicht würdig erachtet hätte. Und auch in seinem unmittelbaren Familienkreis standen die Dinge nicht viel besser. Monsieur, der immer eine Vorliebe für hübsche junge Männer gehabt hatte, war mittlerweile offen vom Chevalier de Lorraine abhängig geworden: Es gab ständig Szenen, die entweder durch die Habgier des Chevaliers ausgelöst wurden oder, was noch weitaus schlimmer war, durch seine Affären mit Frauen; und die Dienstbotenzimmer waren bevölkert von einer Schar gutaussehender Lakaien, die Monsieur zu Diensten waren, sollte der Chevalier anderweitig beschäftigt sein.

Die Enkelkinder des Königs waren noch zu jung, um eine Rolle zu spielen, doch schon seine verheirateten Töchter, die Prinzessin von Conti (seit 1685 verwitwet) und die Herzogin von Bourbon, sorgten, respektlos, antireligiös und vergnügungssüchtig, wie sie waren, wiederholt für Skandale. Die zweite Hälfte der Regierungszeit Ludwigs muß unverständlich bleiben, wenn man nicht die permanente Spannung mit berücksichtigt, die zwischen dem offiziellen Schein und der weit weniger bewundernswerten Realität bestand.

Zumindest in einem Bereich seines Privatlebens war Ludwig XIV. jedoch uneingeschränkt glücklich: Mme. de Maintenon liebte er von Jahr zu Jahr mehr. In den Sommern der Jahre 1690 und 1691 nahm er eine alte Tradition wieder auf und ging an die Front, um seine Armee persönlich zu befehligen, und aus dem Norden schrieb er der Marquise Briefe in großer Zahl – um ihr von einer Seeschlacht zu berichten,[239] von der Abreise Jakobs II. aus Irland[240] oder von seiner eigenen Absicht, nach Versailles zurückzukehren:[241] Liest man diese Briefe, so spürt man deutlich, wie nahe sich die beiden waren; und selbst richtige Liebesbriefe gibt es. «Ich nutze Montchevreuils Abreise», schreibt Ludwig im April 1691, «Sie einer Wahrheit zu versichern, die mich so glücklich macht, daß ich sie Ihnen gar nicht oft genug beteuern kann; und das ist die Wahrheit, daß ich Sie auf immer mehr schätze und mir mehr an Ihnen liegt, als sich je sagen läßt; in einem Wort – so sehr Sie mich auch lieben mögen, ich liebe Sie stets noch ein wenig mehr, und mein ganzes Herz gehört Ihnen.»[242]

Ein Umstand dieser großen Liebe war, daß der Herzog von Maine im Ansehen stieg, während seine Mutter endgültig in Ungnade fiel. Im März 1691 verlor Mme. de Montespan ihre Gemächer in Versailles, die an den Herzog gingen; nach einem letzten Streit gab sie das Leben am Hofe endgültig auf und verbrachte von da an ihre Zeit teils in Clagny, teils in ihrer Wohnung im Kloster Saint-Joseph. Mit ihr ging auch das letzte Anzeichen der ungestümen Jugend des Königs dahin: Mme. de Maintenon hatte allen Grund zu triumphieren.

Während der Jahre 1691 und 1692 dauerte der Krieg an. Immer wieder gewannen die französischen Armeen Schlachten, immer wieder wurde Wilhelm III. geschlagen: Im Grunde war die Schlacht am Boyne die einzige, die er jemals gewann; aber all das veränderte die Lage nicht. Die Große Allianz dachte nicht daran aufzugeben, und keiner der Siege war jemals gründlich genug, als daß der Feind nicht binnen kurzer Zeit von neuem kampfbereit gewesen wäre. Es war eine ganz neue Art von Krieg, bei der es nicht um einen konkreten Streitpunkt ging, sondern einfach darum, die Macht Frankreichs einzudämmen. Deshalb spielte es kaum eine Rolle, daß der König im April 1691 höchstpersönlich die Stadt Bergen (Mons) einnahm oder im Jahre 1692 Namur. Diese Belagerungen waren genauso sorgfältig geplant und genauso erfolgreich wie diejenigen früherer Kriege; der einzige Unterschied war, daß sie nun nicht das geringste mehr bezweckten.

Trotzdem zeigte der Marschall von Luxemburg 1692 sein kriegerisches Geschick: In Steinkirch gewannen die Franzosen eine größere Schlacht, in der der achtzehnjährige Philipp, Herzog von Chartres, der Sohn Monsieurs und folglich des Königs Neffe, mit außerordentlichem Mut und außerordentlicher Geschicklichkeit kämpfte. Daß Chartres' Ruhm denjenigen des Herzogs von Maine überstrahlte und ihm seine Tapferkeit noch weiteres Prestige einbrachte, verstimmte den König; er sorgte dafür, daß der junge Mann kein bedeutendes Kommando mehr bekam. Zur gleichen Zeit schlug ein letzter Versuch fehl, Jakob II. wieder auf den Thron zu bringen: Am 30. Mai 1692 wurde die französische Flotte, mit deren Hilfe eine Landung in England unternommen werden sollte, von der britischen Navy geschlagen; man kann zwar nicht sagen, daß sie aufgerieben wurde, aber sie erholte sich nie wieder genügend, um ein weiteres derartiges Unternehmen wagen zu können.

Ein Ereignis zumindest blieb offenbar nicht ohne Folgen: Der plötzliche Tod Louvois' am 16. Juli 1691. Es war klar, daß der König Erleichterung verspürte; und doch ernannte er auf der Stelle den Marquis von Barbezieux, den Sohn des Verstorbenen, zum neuen Kriegsminister, so daß der Eindruck entstand, die Ministerien seien erblich: Dies war nun die dritte Generation der Familie Le Tellier, die die Armee unter sich hatte. Barbezieux war zwar genauso launisch wie sein Vater, doch er verfügte weder über dessen Arbeitseifer noch über dessen Geschicklichkeit. Nach dem Tod des letzten seiner großen Minister kam nun alles in noch größerem Maße als bisher auf den

König an. Immer mehr regierte er unmittelbar, ohne die Hilfe von Untergebenen, die sein Vertrauen hatten; Tag für Tag hatte er weniger Zeit für Vergnügungen, Tag für Tag verbrachte er mehr Zeit mit den zahllosen Kleinigkeiten der Regierung. Dreißig Jahre lang war Ludwig XIV. ein tatkräftiger König gewesen – nach 1691 wurde er zur Regierung selbst.

Das heißt jedoch nicht, daß er über der zusätzlichen Schreibtischarbeit, die damit verbunden war, den Ernst der allgemeinen Lage vergessen hätte; gerade deswegen ergab es sich, daß er seine beste Chance verpaßte, Wilhelm III. ein für allemal zu schlagen. Anfang Juni 1693 fand sich Wilhelm vor Löwen (Louvain) von zwei bei weitem überlegenen französischen Armeen eingeschlossen; doch statt anzugreifen schickte Ludwig eine der beiden Armeen unter dem nominellen Kommando Monseigneurs nach Deutschland, denn von dort hatte er Neuigkeiten, die ihn glauben ließen, mit einer letzten großen Anstrengung könne er den Kaiser zum Friedensschluß zwingen. «Ich gab den schweren Protesten nach, die erhoben wurden, und folgte den Schlüssen meines eigenen Verstandes», schreibt der König an Monsieur, «und mit Freuden opferte ich meine eigenen Vorlieben und meine Befriedigung und das, was mir und dem Wohlergehen des Staates höchst schmeichelhaft gewesen wäre.»[243]

In Wirklichkeit hatte er seine Feinde falsch eingeschätzt. Nicht der Kaiser, sondern Wilhelm war der führende Kopf der Allianz; und folglich ging der Krieg weiter, wie üblich ohne entscheidende Schlacht. Am 29. Juli 1693 schlug der Marschall von Luxemburg Wilhelm III. in Neerwinden, und am 18. August besiegte Catinat die kaiserliche Armee in La Marsaille; doch der Krieg herrschte nach wie vor, als sei nichts geschehen.

Die Taktik, die der König verfolgte, ließ alte Erinnerungen wieder hochkommen: Seine Weigerung, in Löwen anzugreifen, wurde ihm allgemein als Feigheit ausgelegt; die Prinzen kritisierten ihn, als seien die ersten Tage der Fronde von neuem angebrochen; aber Ludwig XIV. hörte aufmerksam zu. Eine der Konsequenzen, die er zog, war die Weigerung, die Talente des jungen Chartres zu nutzen; eine andere die verstärkte Förderung seiner unehelichen Kinder: 1693 ernannte er unter Mißachtung der Prinzen von königlichem Geblüt den Herzog von Maine zum Großmeister der Artillerie und den Grafen von Toulouse zum Großadmiral Frankreichs, beides Positionen, die bis dahin der Königsfamilie vorbehalten gewesen waren.

Schon vorher hatte er einen wichtigen Schritt unternommen, seine beiden Familien zusammenzubringen, und der junge Saint-Simon, der dem Rang und der Etikette großen Stellenwert beimaß, sah mit Entsetzen zu. «Der Rang seiner Bastarde», schreibt er, «war eine fixe Idee des Königs – er erhöhte ihre Stellung Tag um Tag; zwei seiner Töchter hatte er mit Prinzen von Geblüt verheiratet... Schon seit langem hatte Mme. de Maintenon, mehr noch als der

König... den Plan verfolgt, Mlle. de Blois, die zweite Tochter des Königs und Mme. de Montespans, mit M. le duc de Chartres zu verbinden. Er war der einzige Neffe des Königs und stand hoch über den Prinzen von Geblüt, sowohl durch seinen Rang als Enkel Frankreichs* als auch durch den prächtigen Hof, der Monsieur umgab. Die Verheiratung der beiden Prinzen hatte jedermann als Skandal empfunden. Der König wußte das und war sich im klaren, welche Wirkung von einer noch weitaus empörenderen Ehe ausgehen mußte.»[244] Also beschloß er, wie Saint-Simon uns berichtet, zuerst Monsieur dafür zu gewinnen, von dem zu erwarten war, daß er sich einer Mesalliance seines Sohnes widersetzen würde; das war leicht zu bewerkstelligen: Er verlieh dem Grafen von Armagnac, dem königlichen Großstallmeister, und dessen Bruder, dem Chevalier de Lorraine, vorrangig vor den Herzögen den Orden vom Heiligen Geist, mit dem Argument, sie gehörten, wenn auch entfernt, zur königlichen Familie; und der Chevalier, in den Monsieur leidenschaftlich verliebt war, sorgte dafür, daß der Prinz der Ehe zustimmte.

Es blieben Madame, die entschieden dagegen war, und der Bräutigam selbst, der Herzog von Chartres; doch dessen Erzieher, der Abbé Dubois, wurde eindeutig davon überzeugt, wo sein Vorteil lag, und er konnte seinem Zögling im letzten Augenblick einreden, daß er den Wunsch des Königs zu erfüllen habe. «Madame erfuhr davon. Sie sprach mit ihrem Sohn in aller Strenge – eine Eigenschaft, an der es ihr nicht mangelte – über das Entwürdigende dieser Ehe, und sie ließ ihn schwören, er werde nicht nachgeben...

Eines frühen Nachmittags ging ich die obere Galerie entlang und sah M. le duc de Chartres, wie er gerade durch eine Hintertür seine Gemächer verließ, und er machte einen sehr unglücklichen und verstörten Eindruck... ich fragte ihn, wohin er zu dieser ungewohnten Stunde mit solcher Eile unterwegs sei. Der König habe nach ihm geschickt, antwortete er mit trauriger und gehetzter Miene... In seinem Kabinett fand M. de Chartres den König nur in Begleitung Monsieurs, den er nicht dort erwartet hatte. Der König war zuvorkommend zu M. de Chartres, er sagte ihm, er wolle sich um ihn kümmern; durch den Krieg, der ringsum tobe, sei ihm der Weg zu Prinzessinnen verstellt, die sonst in Betracht gekommen wären; keine der Prinzessinnen von Geblüt sei im richtigen Alter für ihn; er, der König, könne ihm seine Zuneigung nicht besser zeigen als dadurch, daß er ihm seine Tochter zur Frau biete, deren beide Schwestern Prinzen von Geblüt geheiratet hätten; damit werde er nicht nur der Neffe des Königs, sondern sogar dessen Schwiegersohn sein; doch auch wenn er sich diese Verbindung von Herzen wünsche, sei es nicht seine Absicht, ihn dazu zu zwingen, und die Entscheidung liege bei ihm selbst. Diese Rede

* Ein Königssohn wurde *Fils de France* genannt, Sohn Frankreichs; da Chartres Enkel Ludwigs XIII. war, nannte man ihn einen Enkel Frankreichs.

hatte der König in jenem ehrfurchtgebietenden, majestätischen Tonfall gehalten, der so charakteristisch für ihn war, und der von Natur aus schüchterne Prinz, der sich nicht auf das Gespräch hatte vorbereiten können, war um eine Antwort verlegen. Er glaubte, er könne sich aus der verfänglichen Situation befreien, indem er sich an Monsieur und Madame wandte, und sagte, zwar sei der König sein Herr, doch seine Entscheidung [die des Herzogs von Chartres] hänge von derjenigen seiner Eltern ab. ‹Da habt Ihr ganz recht›, entgegnete der König, ‹doch wenn Ihr erst einmal einwilligt, werden auch Euer Vater und Eure Mutter nichts mehr dagegen haben. Ist es nicht so, *mon frère*?›, sagte er, indem er sich an Monsieur wandte. Dieser stimmte, wie er es schon vorher im Zwiegespräch mit dem König getan hatte, der Heirat zu; nun, sagte der König, komme alles auf Madame an, und er schickte auf der Stelle nach ihr... Madame kam, und der König sprach sie mit den Worten an, er erwarte von ihr, daß sie ihre Zustimmung einem Vorschlag nicht verweigere, der dem Wunsch Monsieurs entspreche und den M. de Chartres bereits gutgeheißen habe: Es handle sich um die Ehe mit Mlle. de Blois, die ihm sehr am Herzen liege; dann fügte er mit den majestätischen Worten all das hinzu, was er M. le duc de Chartres bereits auseinandergesetzt hatte, und gab sich dabei, als sei ihm niemals der Gedanke gekommen, Madame sei womöglich nicht gerade entzückt von solchen Plänen, obwohl er genau wußte, daß dies der Fall war. Madame, die darauf vertraut hatte, daß ihr Sohn, wie versprochen, seine Zustimmung verweigern würde – und das hatte er mit seiner wirren, vorbehaltreichen Antwort auch zu tun versucht –, war sprachlos und fühlte sich überrumpelt. Sie warf Monsieur und M. de Chartres wütende Blicke zu, antwortete, wenn die beiden zugestimmt hätten, dann habe sie nichts weiteres dazu zu sagen, machte einen Knicks und ging. Ihr Sohn ging ihr nach, doch sie wies ihn mit solcher Vehemenz zurecht, daß er ihr nicht berichten konnte, was vorgefallen war.»[245]

Wir dürfen annehmen, daß sich diese bemerkenswerte Szene genau so zutrug, wie Saint-Simon sie beschreibt: Er war ein enger Freund des Herzogs von Chartres, und mit Sicherheit bezog er seine Informationen unmittelbar von diesem unglücklichen jungen Mann. Bei den weiteren Ereignissen war er selbst Augenzeuge. Nachdem das Verlöbnis bekanntgegeben worden war, sah er, wie er schreibt «Madame, die sich in der Spiegelgalerie erging... sie hatte ihr Taschentuch in der Hand, schluchzte laut, redete, gestikulierte, das Ebenbild der Ceres nach dem Raub ihrer Tochter Proserpina, wie sie rasend vor Wut nach ihr sucht und sie von Jupiter zurückfordert... Niemandem sah man die Scham deutlicher an als Monsieur... Sein Sohn stand jämmerlich da, und selbst seine Verlobte schien außerordentlich bekümmert, und die Sache war ihr peinlich...

Am nächsten Tag machte der ganze Hof Monsieur, Madame und M. le duc de Chartres seine Aufwartung, doch es fiel kein Wort dabei: Wir beschränkten uns darauf, uns in tiefem Schweigen zu verbeugen oder einen Hofknicks zu machen. Anschließend gingen wir wie gewöhnlich in die Spiegelgalerie, wo wir das Ende der Ratsversammlung und die Messe des Königs abwarteten. Auch Madame war dort. Ihr Sohn ging wie jeden Tag zur ihr herüber, um ihr einen Handkuß zu geben; Madame jedoch verabreichte ihm eine solche Ohrfeige, daß man es noch in einiger Entfernung hören konnte, was dem armen Prinzen entsetzlich peinlich war, und die zahlreichen Zuschauer, unter denen auch ich mich befand, waren in höchstem Maße erstaunt.»[246]

Wie üblich hatte Ludwig XIV. seinen Willen bekommen; und wie üblich zeigte er sich großzügig: Mlle. de Blois erhielt, was alles bisher Dagewesene übertraf, eine Mitgift von zwei Millionen Livres, eine Pension von 150.000 Livres, und dazu noch Schmuck im Wert von 600.000 Livres – bei weitem mehr, als ihre Schwestern bekommen hatten, und das zu einer Zeit, zu der die Staatskasse so gut wie leer war; und Monsieur, der den Palais Royal bisher lediglich bewohnt hatte, erhielt dies großartige Bauwerk nun zum Geschenk. Der Rang der neuen Herzogin von Chartres wurde noch dadurch unterstrichen, daß der König ihr einen Haushalt gab, zu dem eine *dame d'honneur*, eine *dame d'atours* und ein *chevalier d'honneur* gehörten – alles Ämter, die bis dahin einer legitimen Königstochter vorbehalten gewesen waren. Die Hochzeit selbst, die am 18. Februar 1692 gefeiert wurde, setzte einen neuen Standard für solche Feste. Und nicht genug damit: Einen Monat später, am 19. März, wurde der Herzog von Maine mit einer der Töchter von Monsieur le Prince vermählt, Anne-Louise, deren zwerghafter Wuchs einen scharfen Verstand und unersättlichen Ehrgeiz verbarg. Abgesehen vom Grafen von Toulouse, der im Jahre 1692 erst vierzehn Jahre alt war, waren damit alle illegitimen Kinder Ludwigs XIV. in die eigentliche Königsfamilie übernommen.

Alles in allem war das kaum weniger als eine Revolution. In einem Land und zu einer Zeit, wo die Gesellschaft so starren Regeln unterlag, wo alles darauf ankam, daß man die richtigen Vorfahren hatte, wo die Abstammung der Schlüssel zu Amt und Würden war, war es ein Bruch mit jeglicher Tradition, die Bastarde in die Königsfamilie einzubeziehen. Natürlich handelte es sich bei diesen unehelichen Kindern nur um eine begrenzte Anzahl, doch es war ein Präzedenzfall, und für das Rechtswesen spielten Präzedenzfälle eine entscheidende Rolle. Und am 4. Mai 1694 wurde der Rang der Bastarde um eine weitere Stufe erhöht: Der König schuf für sie eine neue Rangstellung, die sie unter – aber nur wenig unter – den Prinzen von königlichem Geblüt, aber über den Herzögen stehen ließ. Abgesehen von einigen wenigen Feinheiten der Etikette bestand der Hauptunterschied zwischen dem Herzog von Maine und dem Grafen von Toulouse einerseits und den Herzögen von Orléans, Chartres und Bourbon und den Prinzen von Condé und Conti andererseits darin, daß die ersteren keinen Anspruch auf die Thronfolge hatten.

Diese Veränderungen waren schon unerhört genug, doch hinzu kam noch der gleichzeitige Aufstieg der Mittelschicht. Saint-Simon erkannte mit der gleichen Deutlichkeit, mit der wir es heute sehen, daß Ludwig XIV. der Aristokratie mißtraute und, nachdem er ihr den Zugang zu den meisten Machtpositionen verbaut hatte, sich statt dessen auf das Bürgertum stützte. Als Ersten Kammerjunker mochte man noch immer einen Herzog brauchen, doch die Minister, die im Namen des Königs Macht ausübten, waren mit einer einzigen Ausnahme Männer der Mittelschicht. Natürlich kauften sie Titel: Le Telliers Sohn wurde zum Marquis von Louvois, dessen Sohn zum Marquis von Barbezieux; Colberts Sohn war der Marquis von Seignelai und sein Neffe der Marquis von Torcy; der Graf von Pontchartrain, der Finanzminister, der später Kanzler wurde, war der Sohn eines gewissen Louis Phelypaux; und allesamt erteilten sie nicht nur Männern Befehle, die sich ihnen für haushoch überlegen hielten, sie wurden auch behandelt, als gehörten sie zur Königsfamilie: Selbst von Herzögen erwartete man, daß sie die Minister als Monseigneur anredeten.

Die Erklärung für all das wird für den Leser nicht unerwartet kommen: Das Erbe der Fronde, die Habgier der Aristokratie, die Erkenntnis, daß Gehorsam eher von einem Mann zu erwarten war, der alles der Krone zu verdanken hatte – das waren die Hauptmotive Ludwigs XIV. Es ist allerdings interessant zu sehen, wie der König diese Prinzipien auf seine eigene Familie ausweitete: Hier waren seine Bastarde ebenso von seinem Wohlwollen abhängig wie in anderen Bereichen die Minister; indem er sie, wenn es Mädchen waren, nach und nach in den Rang echter Prinzessinnen erhob oder, bei den Jungen, in einen Rang, der kaum noch von dem echter Prinzen zu unterscheiden war, sorgte er lediglich dafür, daß sie um so abhängiger von ihm wurden: Der Herzog von Maine und der Graf von Toulouse zum Beispiel hatten allen Grund, sich so gut zu benehmen, wie sie konnten, denn sie hofften, es irgendwann zum Prinzen von königlichem Geblüt zu bringen. Und indem Prinzen die illegitimen Töchter heirateten, ließen sie keinen Zweifel daran, daß der Wunsch des Königs ihnen Befehl war. Man muß allerdings hinzufügen, daß diese Ehen Ludwig auch deswegen Freude bereiteten, weil er seine unehelichen Kinder liebte – doch ohne Zweifel kam in der Rangfolge die Zuneigung erst nach der Politik.

Außerdem fielen diese Ereignisse mit Veränderungen der Regierungsstruktur zusammen, doch während erstere deutlich sichtbar waren und deswegen endlos kommentiert wurden, blieben letztere beinahe unbemerkt. Schon Jahre zuvor war das Parlament eindeutig auf seine rechtsprecherischen Aufgaben beschränkt worden; nun war für jeden, der es sehen wollte, deutlich zu erkennen, wie gefügig es inzwischen geworden war. Von alters her waren Steuern nur mit der Zustimmung dieser Versammlung festgesetzt worden; die Fronde hatte ihren Anfang damit genommen, daß das Parlament sich weigerte, die Steuererhöhungen Mazarins gutzuheißen. Doch kein Ton war zu hören, als Ludwig XIV. im Jahre 1694 eine Steuer einsetzte, die nicht nur neu, sondern revolutionär war: Zum ersten Mal gab es eine Einkommenssteuer, eine *capitation* (Kopfsteuer), die für den Adel wie für das gemeine Volk galt. Der Steuersatz von fünf Prozent war zwar für jeden der gleiche, so daß die Steuer die Armen wesentlich härter traf als die Reichen, doch das Gesetz brach mit dem bis dahin sakrosankten Brauch, daß persönliche Steuern aller Art von Adligen nicht zu entrichten waren. Die meisten *conseillers* und *présidents* des Parlaments gehörten zwar sozial zur Mittelschicht, waren aber rechtlich gesehen Adlige, entweder durch persönliches Patent oder durch Besitz eines Adelssitzes, eines Lehens mit dem zugehörigen Titel. Daß sie sich dieser neuen Steuer, von der sie unmittelbar betroffen waren, nicht widersetzten, zeigt, wie vollkommen ihre Unterwerfung war.

Die *capitation* war infolge großer Finanznot eingesetzt worden, doch fügte sie sich gut in Ludwigs allgemeine Strategie ein, den Adel in Versailles zu halten, seine Aufmerksamkeit auf Fragen der Etikette zu lenken und gleichzeitig die Privilegien abzubauen: Die neue Steuer besagte auch, daß vor der Regierung alle Franzosen gleich waren, eine wahrhaft revolutionäre Vorstellung für ein Land, das sich stets als in drei Schichten geteilt verstanden hatte, den Adel, den Klerus und das Volk. Indem er die Adligen wie einfaches Volk behandelte, betonte der König den Vorrang des Staates und die Pflicht des einzelnen zum Gehorsam, und er setzte damit eine Bewegung in Gang, die mit der Abschaffung sämtlicher Privilegien im August 1789 endete.

Paradoxerweise gingen diese radikalen Veränderungen einher mit zunehmenden Unzulänglichkeiten der Regierungsmaschinerie, die großenteils dem König selbst anzulasten sind. Nicht an Macht mangelte es, wohl aber an wirksamen Mitteln, sie auszuüben, und das wiederum war eine Folge der Überzeugung Ludwigs, daß er selbst im Grund alles besser könne als die Leute, die für ihn arbeiteten.

Es ist unbestritten einer der großen Nachteile der absoluten Monarchie, daß sie so sehr von der Persönlichkeit des Herrschers abhängig ist und daß die Ausübung der Macht über einen längeren Zeitraum oft zu Veränderungen dieser Persönlichkeit führt. 1661 war der junge König fest entschlossen gewesen, alle großen Entscheidungen selbst zu fällen, doch er war zufrieden, praktischen Ratschlägen von Ministern wie Colbert zu folgen, Männern, die weise, erfahren und hingebungsvoll waren. In den neunziger Jahren hatte

Ludwig XIV. dreißig Jahre Regierung hinter sich; die erste Generation von Ministern war abgetreten, und ihre Nachfolger – meist ihre Söhne – waren nicht nur von mäßigem Talent, sondern auch jünger als er selbst, und es verwundert nicht, daß es dem König allmählich so schien, als wisse er stets mehr als sie. Die Folge war, daß er die Regierungsgeschäfte in immer größerem Maße auch in Detailfragen übernahm; in den großen Fragen blieb sein bemerkenswerter Instinkt so wirksam wie zuvor, doch seine Geschicklichkeit im Umgang mit Kleinigkeiten war der Aufgabe, die er sich gestellt hatte, nicht gewachsen – und das zu einer Zeit, zu der Frankreich sich immer schwerwiegenderen Problemen gegenübersah.

Daß der König die Söhne früherer Minister in deren Ämter einsetzte, hatte seinen Grund auch in seinem ausgeprägten Sinn für Gerechtigkeit: Die Väter hatten ihm treu gedient und sich damit sein Wohlwollen verdient, das er zum Ausdruck brachte, indem er ihre Kinder berief. Auch seinem Ordnungssinn kam es entgegen, wenn er die Generationen so aufeinanderfolgen sah; außerdem darf man nicht vergessen, daß er sich auch deshalb mit mittelmäßigen Kräften begnügte, weil er überzeugt war, daß er selbst diese Mängel leicht ausgleichen könne. Es bereitete ihm sogar eine gewisse Befriedigung: Jedermann konnte sehen, daß allein er regierte.

Ein gutes Beispiel ist Barbezieux, der Sohn Louvois', der diesen mit einundzwanzig Jahren als Kriegsminister ablöste. Dem jungen Mann mangelte es zwar nicht an Intelligenz oder Willenskraft, doch er war taktlos, oft brutal und mehr an seinem eigenen Vergnügen als an seinen Amtspflichten interessiert. Sein Vater hatte für die Arbeit gelebt; Barbezieux hingegen neigte dazu, seine Abende, Nächte und oft auch den Morgen danach bei wilden Gelagen in Paris zu verbringen. Da sich dies alles inmitten eines europaweiten Krieges abspielte, litt natürlich seine Arbeit darunter. Dem König blieb das nicht verborgen; doch statt ihn einfach – wie er es zweifellos zu Beginn seiner Regierungszeit getan hätte – zu entlassen, behielt er ihn im Amt, ließ jedoch keinen Zweifel daran, daß er nichts von ihm hielt.

«Ich nahm am Diner des Königs am [27. März 1693] teil», berichtet Saint-Simon. «Plötzlich sagte der König, wobei er die Anwesenden ansah: ‹Barbezieux wird von der Beförderung der Marschälle von Frankreich unterwegs erfahren.› Niemand antwortete. Der König war ärgerlich über die vielen Vergnügungsreisen, die Barbezieux nach Paris unternahm. Es tat ihm nicht leid, ihm diesen Tadel zu erteilen und deutlich zu machen, wie wenig der Minister mit dieser Beförderung zu tun hatte.»[247] Die Ernennung eines Marschalls von Frankreich, des höchsten militärischen Rangs überhaupt, war eine bedeutende politische Entscheidung, denn damit war weitgehend festgelegt, wer die Truppen in die nächsten Feldzüge führen würde. Daß eine solche Entscheidung ohne das Wissen des Kriegsministers fiel, läßt deutlich werden, wie wenig Macht er besaß; und an einem Hof, an dem persönlicher Vorteil wichtiger war als alles andere, hieß das, daß Barbezieuxs Anhängerschaft dahinschwinden würde.

Die Erinnerung an die enorme Macht, über die Louvois verfügt hatte, bestärkte den König zweifellos in seiner seit langem verfolgten Strategie, sich selbst als einzige Autorität zu etablieren, von der Ehre und Beförderungen zu erhoffen waren. Barbezieux zu entmachten war ein ausgezeichnetes Mittel, sich selbst zu erhöhen, und deswegen ließ er die Bemerkung in einem Augenblick – bei seinem Diner – fallen, in dem er auf ein Maximum an Aufmerksamkeit rechnen konnte; doch gleichzeitig war er nicht gewillt, sich die Trägheit des jungen Manns gefallen zu lassen. Dagegen half eine öffentliche Abfuhr nichts, und der König verlieh seinem Ärger in einem Brief an den Erzbischof von Reims Ausdruck, dem Bruder Louvois' und Onkel Barbezieuxs.

«Ich weiß, was ich dem Andenken an M. de Louvois schulde», schreibt er im Jahre 1693* an den Erzbischof, «doch wenn sich das Benehmen Eures Neffen nicht bessert, werde ich mich zu einer Entscheidung gezwungen sehen [d.h. ihn entlassen müssen]. Ich werde es bedauern, aber es wird unvermeidlich sein. Er ist begabt, doch er macht keinen guten Gebrauch davon. Zu oft lädt er die Prinzen zum Essen, statt zu arbeiten, und er vernachlässigt seine Geschäfte um des Vergnügens willen; er läßt die Offiziere zu lange in seinem Vorzimmer warten; er richtet verächtliche und bisweilen grausame Reden an sie.»[248] Es war ein raffinierter Schachzug, einen solchen Brief dem Erzbischof zu schicken: Dadurch wurde nicht nur eine unangenehme persönliche Begegnung mit Barbezieux vermieden; der Brief setzte auch die ganze Familie Le Tellier davon in Kenntnis, daß sie Gefahr lief, ihre Stellung und ihren Einfluß zu verlieren. Man braucht es kaum zu sagen, daß der Erzbischof, als er diesen Tadel gelesen hatte, seinen Neffen zu sich rief. Wir wissen nicht, welche Worte dabei fielen, doch zumindest für eine Weile besserte sich Barbezieuxs Benehmen.

1695 hatte der Minister die Warnung allerdings wohl wieder vergessen und seine früheren Gewohnheiten wiederaufgenommen. Erneut griff der König zur Feder. «Der König», notiert der Erzbischof von Reims, «schrieb dieses Memorandum... in Fontainebleau, und ich hatte nicht die Ehre, dort zu seiner Majestät Gesellschaft zu gehören. Ich hielt mich in Reims auf. Am Freitag, dem 28. Oktober 1695, kehrte der König aus Fontainebleau nach Versailles zurück. Ich fand mich am Samstag, dem 29., zu Mittag dort ein; Seine Majestät rief mich in sein Kabinett, erhob sich von seinem Schreibtisch und übergab mir dieses Memorandum.»

Wenn wir es heute lesen, so vernehmen wir dabei die Stimme Lud-

---

* Der Brief trägt kein Datum.

wigs XIV. «Das Benehmen Eures Neffen in Fontainebleau», schreibt der König in seiner großen, geneigten Handschrift, «ist unerträglich; es ist zum öffentlichen Skandal geworden. Er verbringt seine Tage auf der Jagd und die Nächte bei Gelagen. Er arbeitet nichts, und die Konsequenzen daraus sind schwerwiegend. Seine Angestellten, die seinem Beispiel folgen, faulenzen. Die Offiziere haben keine Gelegenheit, mit ihm zu sprechen, und richten sich mit dem Warten auf ihn zugrunde.

Er ist ein Lügner, stellt den Frauen nach, ist ewig unterwegs, kaum jemals zu erreichen. Alle Welt glaubt, er sei unfähig zu seinen Aufgaben, weil man ihn überall sieht, nur nicht zu Hause.

Er steht zu spät auf, weil er seine Zeit bei den Nachtessen verbringt, oft mit den Prinzen zusammen.

In Wort und Schrift ist er unflätig.

Wenn er sich nicht von Grund auf wandelt, so kann er sein Amt nicht behalten...

Ich würde es sehr bedauern, eine Änderung vornehmen zu müssen [d.h. ihn zu entlassen], doch ich werde es nicht vermeiden können; seine Arbeit kann zu nichts führen, wenn er sie dermaßen vernachlässigt.

Ich möchte, daß er sich bessert, ohne daß ich selbst hineingezogen werde.

Wer seine Arbeit so vernachlässigt, muß Fehler machen, und diese Fehler müssen mich teuer zu stehen kommen.

Kurz gesagt, man könnte sich kaum schlechter benehmen, als er es tut, und es kann nicht so weitergehen.

Ich würde [– ginge es so weiter –] getadelt, wenn ich solches Benehmen in einer Zeit duldete, zu der die wichtigsten und bedeutendsten Geschäfte [der Krieg] seiner Verantwortung unterstehen.

Um des Staates willen kann ich eine Entscheidung nicht mehr länger hinauszögern, und ich lade selbst Schuld auf mich; ich warne Euch [den Erzbischof], wenn auch vielleicht zu spät, ergreift die Maßnahmen, die seiner Familie am geeignetsten erscheinen. Ich bedaure dies, und ich bedaure ihn, denn ich empfinde Freundschaft und Hochschätzung für Euch.

Tut Euer möglichstes, Eurem Neffen auszumalen, in welchen Abgrund zu stürzen er im Begriff ist, und zwingt ihn, das zu tun, was für alle das beste ist. Ich möchte Euren Neffen nicht verlieren; ich habe ihn gern, doch das Wohl des Staates steht bei mir immer an erster Stelle.

Dächte ich anders, so würdet Ihr mich nicht achten.

Auf die eine oder andere Weise muß diese Angelegenheit in Ordnung gebracht werden, und mir wäre es am liebsten dadurch, daß [Barbezieux] seine Pflicht tut... doch das kann er nur tun, wenn er all die Vergnügungen aufgibt, die ihn ablenken; sein Amt muß zu seinem einzigen Vergnügen werden.»[249]

Alle Motive des Königs finden sich hier: Der Wunsch, milde gegenüber einer Familie zu sein, die ihm treu gedient hat; der Wert, den er auf seine *gloire* legt; die Art, wie er für das Wohl des Staates eintritt. Am interessantesten ist vielleicht, daß er an keiner Stelle Barbezieux anschuldigt, er habe ihm persönlich Untreue gezeigt: Es ist der Staat, auf den es ankommt; es ist der Staat, dem man dienen muß.

Wie sich herausstellte, besserte sich Barbezieuxs Verhalten, wenn auch nur ein wenig; der Krieg endete im Jahre 1697, wodurch sein Ministerium an Bedeutung verlor, und der König ließ ihm sein Amt, bis er 1701 im Alter von einunddreißig Jahren starb. Bemerkenswert ist, daß all die Fehler, die Ludwig XIV. so beredt aufzählt, der Schlagkraft der Armee offenbar keinen Abbruch taten. Im Mai 1694 überquerte der Marschall von Noailles die Pyrenäen und nahm Gerona ein; anschließend versuchte er noch Barcelona zu belagern, das jedoch über zu starke Verteidigung verfügte, so daß er die Belagerung abbrechen mußte.

Aber auch in diesem Fall handelte es sich um einen unnützen Sieg; der Krieg dauerte an, und es wurde immer deutlicher, daß sich zwar keine Seite geschlagen gab, daß aber auch keine die Oberhand gewinnen konnte. Zwar schien sich Ende des Jahres eine Wende abzuzeichnen – Maria II. von England starb, was in Frankreich Hoffnungen weckte, ihr Ehemann werde den Thron verlieren –, doch der Tod der Königin erwies sich als kaum mehr als eine Schlagzeile: Wilhelm III. blieb an der Regierung, und die einzige Änderung seiner Strategie bestand darin, daß er sich freundlicher gegenüber Prinzessin Anna benahm, seiner designierten Nachfolgerin.

Ein anderer Tod, derjenige des Marschalls von Luxemburg am 4. Januar 1695, hatte weiterreichende Konsequenzen: Er war der letzte der großen französischen Generäle gewesen. Sein Nachfolger, der Marschall von Villeroy, war ein alter Freund des Königs, ein großgewachsener, stattlicher und charmanter Aristokrat, der für seine vielen Liebesaffären und seinen Sinn für die Mode berühmt war. Nach der Disziplinlosigkeit und den Intrigen Luxemburgs war seine absolute Loyalität zweifellos eine Erleichterung für Ludwig XIV.; und mit Villeroy zog der Herzog von Maine ins Feld, der das Kommando mit ihm teilte. Hier bot sich eine Gelegenheit, die Prinzen von Geblüt zu demütigen, während Maine weiter aufstieg: Der geliebte Sohn des Königs und Mme. de Maintenons brauchte nur erfolgreich aus dem Felde zurückzukehren, und jedermann würde ihn behandeln wie einen legitimen Sohn.

Unglücklicherweise war Villeroy, so charmant er auch sein mochte, kein guter Feldherr, und der Herzog von Maine erwies sich als zu unentschlossen und zu zaghaft, Verantwortung zu übernehmen – er neigte dazu, in entscheidenden Augenblicken seinen jesuitischen Beichtvater um Rat zu fragen –, ja als regelrecht feige. Im September 1695 wurde Namur, dessen Einnahme 1692 so groß gefeiert worden war, von Wilhelm III. zurückerobert, und mit Namur auch die Spanischen Niederlande: Zum ersten Mal mußten die französischen Truppen nun ihr eigenes Land verteidigen, statt fremdes zu erobern. Für den König war das ein schwerer Schlag.

Anfang Juni legte der Herzog von Maine unehrenhaftes Verhalten an den Tag; am 14. erfuhr Ludwig XIV. davon, und wie immer war Saint-Simon dabei. «Er hatte sich so viele Gedanken um M. du Maine gemacht. Nun war der Punkt gekommen, an dem er einsehen mußte, daß alles zu nichts geführt hatte, und der Schmerz war ihm unerträglich. Er fühlte mit seinem geliebten Sohn, was für eine Schande das Schauspiel bedeutete, das dieser der Truppe geliefert hatte, und dazu der Spott in den Zeitungen des Auslands, und man kann sich seine Enttäuschung kaum vorstellen. Dieses eine Mal verlor der König, der sonst so ausgeglichen war und selbst die kleinste seiner Regungen so sehr unter Kontrolle hatte, die Beherrschung. Als er in Marly in Gegenwart sämtlicher Damen und des gesamten Hofes die Tafel verließ, sah er einen Diener, der beim Abräumen des Tisches nach dem Dessert einen Keks in seiner Tasche verschwinden ließ. Auf der Stelle ließ der König alle Würde fahren und stürzte sich mit dem Stock, den man ihm gerade zusammen mit seinem Hut gereicht hatte, auf diesen Diener, für den ein solcher Angriff ebenso unerwartet kam wie für diejenigen, die er auf seinem Weg beiseite stieß; er stieß Flüche gegen ihn aus und zerschlug den Stock auf seinem Rücken. Man muß dazu sagen, daß es sich nur um einen Rohrstock handelte, der nicht lange hielt. Außer sich vor Wut, den zerbrochenen Stock noch in der Hand, verfluchte er weiter den Diener, der sich längst in Sicherheit gebracht hatte; dann durchschritt er den kleinen Salon und ein Vorzimmer und ging zu Mme. de Maintenon, wie er es oft nach dem Essen tat, wenn er in Marly war. Als er sie verließ, um in seine eigenen Gemächer zurückzugehen, traf er den Père de La Chaise [seinen Beichtvater]. Kaum hatte er ihn unter den Höflingen erblickt, sagte er mit lauter Stimme zu ihm: ‹Vater, ich habe eben einem Gauner eine ordentliche Tracht Prügel verabreicht und meinen Stock auf seinem Rücken zerschlagen, doch ich kann nicht glauben, daß ich vor Gott etwas Unrechtes damit getan habe.› Und er berichtete ausführlich über das, was er ein Verbrechen nannte. Alle, die dabeistanden, waren noch immer in Aufregung, entweder, weil sie dabeigewesen waren, oder weil sie es erzählt bekommen hatten. Nach dieser Rede verdoppelte sich ihre Furcht noch: Diejenigen, die dem König am nächsten standen, begannen ihrerseits, den Diener zu beschimpfen.»[250]

Nie zuvor hatte Ludwig XIV. die Gewalt über sich verloren, und es sollte auch das einzige Mal bleiben; doch die Schande, die der Herzog von Maine über sich gebracht hatte, traf ihn offenbar noch empfindlicher, als Saint-Simon vermutete: Der Herzog schreibt den Wutanfall des Königs der Enttäuschung zu, die ihm ein geliebter Sohn bereitet hatte, und er hat zweifellos recht damit; hinzu kommt allerdings noch, daß hier zum ersten Mal eine sorgfältig vorbereitete Strategie durch die persönliche Schwäche eines einzelnen zunichte gemacht wurde. Den Herzog von Maine weiterhin als Mittel zu gebrauchen, um die Prinzen von Geblüt herabzusetzen, war ausgeschlossen: Ihr Rang blieb unverändert, und der König ließ seine Pläne fallen. Hier mag auch der Grund dafür liegen, daß Ludwig XIV. zum Entsetzen ganz Europas Befehl gab, Brüssel ohne Gnade zu bombardieren. Er kann nicht ernsthaft geglaubt haben, er könne die Stadt einnehmen; es handelte sich vielmehr um Zerstörung um der Zerstörung willen, etwas, womit wir heute zwar leider vertraut sind, was aber im 17. Jahrhundert zu Recht als unerhört galt.

Man kann sagen, daß das Jahr 1695 in vielerlei Hinsicht einen Wendepunkt im Leben Ludwigs XIV. darstellt. Schwierigkeiten, meist finanzieller Natur, hatte es auch schon vorher gegeben, doch mit dem Verlust Namurs war die Idee von der Unbesiegbarkeit der französischen Armee als Mythos entlarvt: Das Schicksal, das dem König all die Jahre so günstig gewesen war, schien sich nun gegen ihn zu wenden; statt Kommandos zu geben, mußte er nun Kompromisse aushandeln. Natürlich hat auch der Erfolg seine Gefahren, doch besser als eine Kette von Rückschlägen ist er allemal. Solange er erfolgreich war, hatte Ludwig Gleichmut gezeigt – wie würde er aber nun mit Niederlagen und Enttäuschungen fertig werden?

Wieder einmal kam ihm seine außerordentliche Vernunft zu Hilfe. Es genügte, so beschloß er, mit ganz Europa im Krieg zu sein: Folglich war es besser, mit dem Papst Frieden zu schließen, und so nahm er einen Kompromiß an, den er noch wenige Jahre zuvor entrüstet zurückgewiesen hätte. Ermöglicht wurde das dadurch, daß am 12. Juli 1691 Innozenz XII. aus dem Hause Pignatelli zum Papst gewählt worden war, der entschlossen war, nicht nur die Verwaltung der päpstlichen Ländereien zu reformieren, sondern auch gegen die Entfremdung zu Frankreich und zu dessen Klerus etwas zu tun. Im Jahre 1693 bestätigte er die Berufung der Bischöfe, die seit 1682 berufen worden waren, vorausgesetzt, sie hatten nicht an der Versammlung jenes Jahres teilgenommen. Im Gegenzug nahm Ludwig XIV. das Gesetz zurück, nach dem der gesamte Klerus sich zu den Vier Artikeln bekennen mußte. Es schien, als seien beide Seiten einen Schritt zurückgegangen, doch in Wirklichkeit hatte der Papst weit mehr Zugeständnisse gemacht als der König: Er erkannte dessen Auslegung der Regalien an, und dem Klerus war zwar das Bekenntnis zu den Vier Artikeln nun nicht mehr vorgeschrieben, doch es war ihm nicht untersagt, sich aus freiem Willen dazu zu bekennen. Und doch hatte Ludwig XIV. zum ersten Mal öffentlich einen Fehler zugegeben.

Dieselbe vernünftige Einstellung herrschte vor, als es um den Krieg ging. In den Jahren 1695 und 1696 weitete er sich über den Ozean bis zu den französischen Kolonien in der Karibik aus, in Frankreich selbst wurde Dieppe von der See her bombardiert und großenteils zerstört; ansonsten gingen jedoch die nutzlosen Kämpfe der vorhergehenden Jahre weiter. Diese Umstände und die Tatsache, daß die Staatskasse noch leerer war als sonst üblich, brachte den König allmählich dazu, einen Frieden zu erwägen, bei dem Frankreich nicht die Oberhand behielte.

Der naheliegendste Weg, wenigstens zu dieser – wenn auch unbefriedigenden – Lösung zu gelangen, war, einen Keil zwischen die Verbündeten zu treiben, und deren schwächster Partner bot den verlockenden Angeboten des Königs ein leichtes Ziel. Viktor Amadeus II., der Herzog von Savoyen, herrschte über Savoyen und das Piemont und war zu jener Zeit Oberbefehlshaber der kaiserlichen Armee; doch er war stets bereit, einen Verbündeten zu verraten, wenn es um seinen eigenen Vorteil dabei ging. «Zunächst», schreibt Voltaire, «verhandelte der Graf von Tessé, ein kluger und liebenswerter Mann mit angenehmen Umgangsformen – immer das Entscheidende für einen Unterhändler – insgeheim in Turin. Der Marschall von Catinat, in Friedensdingen ebenso geschickt wie in Dingen des Krieges, schloß die Verhandlungen ab. Es war allerdings gar nicht notwendig, daß zwei so kluge Männer sich zusammentaten, um dem Herzog von Savoyen zu einer Strategie zu raten, die so vorteilhaft für ihn war. Er erhielt sein Land zurück [das von französischen Truppen besetzt gewesen war], er bekam Geld, und die Hochzeit seiner Tochter mit dem jungen Herzog von Burgund wurde ihm angeboten, dem Sohn Monseigneurs und damit dem französischen Kronerben: Man einigte sich schnell ... Der Herzog von Savoyen schloß sich mit seinen Truppen der französischen Armee an ... und ... in noch nicht einmal vier Wochen wurde er vom Oberbefehlshaber des Kaisers zum Oberbefehlshaber Ludwigs XIV.»[251]

Allein dieser Treubruch reichte aus, um Leopold I. den Rest zu geben; doch auch wenn dieser zu einem Separatfrieden bereit sein mochte, war sich Ludwig XIV. doch inzwischen nur zu gut bewußt, daß sein eigentlicher Gegner Wilhelm III. war und daß kein Frieden dauerhaft sein konnte, der Wilhelm nicht mit einbezog; also überwand er seinen Stolz und näherte sich insgeheim dem Mann, der sein ganzes Leben damit verbracht hatte, ihn zu bekämpfen. Kurz darauf begannen die Verhandlungen in der holländischen Stadt Rijswijk. Sie kamen zunächst nur sehr langsam voran, dann etwas schneller, als im August 1697 die Nachricht eintraf, daß der Herzog von Vendôme, ein illegitimer Enkel Heinrichs IV. und ein begabter General, Barcelona eingenommen hatte. Da zur gleichen Zeit das englische Parlament Wilhelm III. deutlich zu verstehen gab, daß es genug von diesem Krieg hatte, und da Ludwig bereit war, seine sämtlichen Eroberungen mit Ausnahme Straßburgs und der Reunionen im Elsaß zurückzugeben, waren die Voraussetzungen für einen vernünftigen Friedensschluß erfüllt. Am 20. September 1697 kamen die Verhandlungen endlich zum Abschluß, der Pfälzische Erbfolgekrieg war beendet.

Ludwig XIV. hatte viel aufgegeben: Zwar hatte er sich geweigert, Jakob II. auszuweisen, doch er hatte sich verpflichtet, sich nicht weiter für die Restauration der Stuarts einzusetzen; er gab dem Herzog von Lothringen sein Land zurück und dazu die Tochter Monsieurs zur Frau; er verzichtete auf das eben erst eroberte Katalonien und alle Städte der Spanischen Niederlande (des heutigen Belgien), die er sich seit dem Frieden von Nimwegen angeeignet hatte; er überließ Breisach, Kehl, Freiburg und Philippsburg dem Kaiser; die Rheinfestungen wurden geschliffen; und schließlich erhielt Wilhelm III. sein südfranzösisches Fürstentum Oranien zurück. Dafür jedoch war, wie jedermann beteuerte, der Frieden für ein Menschenalter gesichert.

In Frankreich selbst wurde der Friede von Rijswijk beinahe mit Bedauern aufgenommen. Gerade diejenigen, die geklagt hatten, der endlose Krieg richte den Staat zugrunde, beschuldigten die Unterhändler nun, sie seien bei weitem zu nachgiebig gewesen. Schließlich war es ja auch der erste Friedensschluß dieser Regierungszeit, in dem Frankreich keine neuen Territorien hinzugewonnen, sondern tatsächliche Eroberungen zurückgegeben hatte. Und doch war es eine ausgesprochen weise Entscheidung.

Die Einstellung Europas gegenüber Frankreich entsprach im Jahre 1697 ungefähr derjenigen, die es 1940 gegenüber Deutschland haben sollte. Frankreich war eine räuberische Macht, stets auf der Suche nach neuen Territorien, ausgestattet mit einer überlegenen Armee, unerbittlich in den Kriegen, die es führte: Nur in diesem Glauben hatten sich die europäischen Staaten in der Augsburger Liga zusammengefunden, die wenig später zur Großen Allianz geworden war. Indem er seine sämtlichen Eroberungen der letzten Jahre zurückgab, brachte Ludwig zwar ein großes Opfer, doch demonstrierte er, daß er weitaus gemäßigter war als sein Ruf; indem er seine Unterstützung für die Stuarts aufgab, demonstrierte er, daß er kein fanatischer Katholik war, der bedingungslos für die Ausbreitung seiner Religion kämpfte. Hätte er weniger Zugeständnisse gemacht, so wäre Rijswijk ein bloßer Waffenstillstand gewesen, und der König war überzeugt, daß Frankreich einen langen Frieden nötig hatte. Solange nichts Unvorhergesehenes geschah, konnte er nun damit rechnen. Es war ein Gleichgewicht gefunden, und niemand hatte ein Interesse daran, es zu stören. Und nur ein Monarch von absoluter Macht, wie Ludwig XIV. sie hatte, konnte seine Minister und sein Volk zur Annahme dieser Lösung zwingen.

Daß der Vertrag so ungünstig aufgenommen wurde, schmerzte den König; allerdings bemerkte er auch allmählich, daß er ihm unabhängig von aller Politik auch zu einer Quelle beinahe unbegrenzten Vergnügens verholfen hatte. 1696 war Ludwig beinahe sechzig Jahre alt, was damals als Schwelle zum Greisenalter galt. Kein König Frankreichs seit Ludwig XI. im Jahre 1483 war so alt geworden. Wohl teils deswegen, teils, weil es ihm eine Ablenkung von den Staatsgeschäften bot, begann er nun die Fröhlichkeit und den Übermut der Jugend zu genießen, zumal seine eigene Gesundheit alles andere als gut war: Häufig wurde er von Gichtanfällen geplagt, und im Herbst des Jahres 1696 entwickelte er einen Abszeß im Nacken, der mehrfach operiert werden mußte und hohes Fieber verursachte. Nun kam dank der Abmachungen mit Savoyen eine ganz außerordentlich charmante und liebenswürdige junge Frau an den Hof.

Marie-Adélaïde von Savoyen war erst zwölf Jahre alt, als sie als Unterpfand des Vertrages zwischen ihrem Vater und Ludwig XIV. nach Frankreich übersiedelte: Man hatte sie gewählt, weil sie zur Verfügung stand, nicht wegen ihrer Attraktivität als Person. Es bestand aller Grund zur Annahme, daß sie nur eine weitere in der langen Reihe reichlich beschränkter Prinzessinnen sein würde, deren Hauptleistung darin bestand, Thronfolger zur Welt zu bringen. Als die Nachricht der Verbindung erst einmal bekanntgeworden war, war man auch eher mit den Folgen, die das bei Hofe nach sich ziehen würde, beschäftigt als mit den Eigenheiten des Neuankömmlings. «Schon seit langem fehlte dem Hof eine Königin oder eine Dauphine», notiert Saint-Simon. «Sämtliche Damen von einem gewissen Rang und alle, die Gunst genossen, schwirrten geschäftig hin und her und schmiedeten Ränke, viele davon gegeneinander – überall gab es anonyme Briefe, Denunziationen und Verleumdungen. Alle Entscheidungen wurden allein vom König und von Mme. de Maintenon gefällt, die während seiner Krankheit [dem Abszeß im Nacken] nie von seinem Bette wich – außer zu den Gelegenheiten, an denen er sich andern zeigte – und die oft mit ihm allein war. Sie war zu dem Schluß gekommen, sie selbst solle die eigentliche Erzieherin der Prinzessin sein, damit sie sie bilden könne, so wie sie es, und nicht zuletzt für ihre eigenen Zwecke, für richtig hielt. Sie wollte eine Beziehung zu ihr aufbauen, die eng genug war, daß sie sie zur Zerstreuung in die Gesellschaft des Königs aufnehmen konnte, ohne befürchten zu müssen, sie würde, wenn sie erwachsen wäre, zu einer Gefahr. Außerdem wollte sie in Zukunft über Marie-Adélaïde Gewalt auf den Herzog von Burgund gewinnen ... Deshalb wählte Mme. de Maintenon für die Umgebung der Prinzessin nur solche Personen aus, die entweder ihr völlig ergeben waren oder so dumm, daß sie nichts von ihnen zu befürchten hatte.»[252]

Saint-Simon verabscheute Mme. de Maintenon, und in der Regel ist er nicht gerade unvoreingenommen, wenn von ihr die Rede ist; doch im vorliegenden Fall hat er zweifellos recht. Schließlich war es schon seit langem eine Angewohnheit des Königs, der Dame seines Herzens in der Besetzung der

Hofämter großen Einfluß zu gewähren; es gab keinen Grund, warum er seiner Frau verweigern sollte, was er seinen Mätressen gestattet hatte, und außerdem wußte er, eine wie geschickte Erzieherin Mme. de Maintenon war. Die Herzogin von Burgund war eine zukünftige Königin Frankreichs, und sie war noch jung genug, daß ihre Persönlichkeit sich formen ließ; es war also vernünftig, es schnell und mit Geschick zu tun.

Also wurde der Marquis von Dangeau zum *chevalier d'honneur* ernannt. Er war ein alter Freund des Königs, ein ausgesprochen eifriger Höfling, und er hatte eine verblüffende Art, stets beim Kartenspiel zu gewinnen, ohne daß er jemals dabei betrogen hätte. Die Herzogin von Lude, die zu ihrem eigenen Erstaunen den Posten der *dame d'honneur* bekam, war reich, freundlich, tugendhaft und sehr, sehr dumm. Die Gräfin von Mailly, *dame d'atours*, war eine Freundin Mme. de Maintenons; und der Graf von Tessé, der Erste Stallmeister, bekam diesen Posten als Lohn für den Erfolg seiner Verhandlungen mit dem Herzog von Savoyen. Niemand unter ihnen oder unter den Kammerfrauen wäre in der Lage gewesen, sich Mme. de Maintenon in den Weg zu stellen; und jeder wußte, daß sie das eigentliche Kommando haben würde.

Alle diese Schachzüge waren durchaus üblich und hätten sich mit den entsprechenden Abwandlungen an jedem anderen Hof Europas genauso abgespielt; es blieb allerdings abzuwarten, ob die Prinzessin tatsächlich bereit sein würde, sich erziehen zu lassen: Die Königin mochte herzensgut und gehorsam gewesen sein, doch letzten Endes hatte sie niemanden interessiert; die Dauphine war bestenfalls gleichgültig, oft feindselig aufgenommen worden. Nichts konnte garantieren, daß die Herzogin von Burgund es zu mehr bringen würde als diese beiden Damen. Deshalb ist eine Beschreibung der Reaktion Ludwigs XIV., als er sie zum ersten Mal traf, von ganz besonderem Interesse; dieses Treffen fand am 4. November 1696 in Montagris statt, ein wenig hinter Fontainebleau gelegen. Da er sogleich einen Brief an Mme. de Maintenon schrieb, ist uns seine Reaktion aus erster Hand überliefert.

«Ich bin vor fünf Uhr hier angekommen», schreibt der König, «die Prinzessin erst gegen sechs. Ich ging, um sie an ihrer Kutsche zu begrüßen. Sie ließ mich zuerst sprechen, doch dann antwortete sie sehr angemessen und mit einer Spur Schüchternheit, die Ihnen gefallen hätte. Ich geleitete sie durch die Menschenmenge zu ihrem Zimmer und ließ sie sie von Zeit zu Zeit bewundern, indem ich die Fackeln näher an ihr Gesicht halten ließ. Diesen Gang und die Beleuchtung ließ sie mit Anmut und Bescheidenheit über sich ergehen. Endlich erreichten wir ihr Zimmer, wo man vor Menschen und Hitze hätte umkommen können. Ich präsentierte sie von Zeit zu Zeit denen, die nahe herankamen...

Sie ist fein gebaut und hat die beste Figur, die ich je gesehen habe; wunderschön gekleidet und frisiert; sie hat schöne, sehr lebhafte Augen; die dunklen Wimpern sind bewundernswert; sie hat ein so hübsches, rosiges Gesicht, wie man es sich nur wünschen kann; das prächtigste Haar, und in großer Fülle. Sie ist so dünn, wie man in ihrem Alter sein sollte; sie hat einen hochroten Mund, kräftige Lippen, große weiße, sehr unregelmäßige Zähne, hübsche Hände, aber in der Farbe so, wie man das bei ihrem Alter erwarten muß [d.h. rot]. Sie spricht wenig, zumindest in meiner Gegenwart, es macht ihr nichts aus, wenn sie angestarrt wird, und sie benimmt sich wie jemand, der die große Welt gewöhnt ist. Ihr Knicks ist nicht gut, zu italienisch; auch das Gesicht hat etwas Italienisches, aber es gefällt, das konnte ich in jedermanns Augen lesen. Ich persönlich bin begeistert von ihr... Ich finde, sie ist genau so, wie sie sein soll, und ich würde sie gar nicht schöner wollen...

Ich sah zu, wie sie entkleidet wurde; sie hat einen sehr schönen Körper, man könnte sogar sagen, einen perfekten Körper, und sie ist bescheiden genug, um Ihnen zu gefallen...

Wir aßen zusammen zu Abend; sie machte nicht einen einzigen Fehler dabei und ist stets außerordentlich höflich, insbesondere zu mir und meinem Sohn; nicht der kleinste Fehler unterlief ihr – sie benahm sich so vollkommen, wie Sie es getan hätten.»[253] Das ist ein Kompliment, das sich hören lassen kann: Wenn sich ein zwölfjähriges Mädchen, das sich dem leibhaftigen Sonnenkönig gegenüberfand und mit einem Schlag mitten in einen fremden Hof gestellt wurde, so gut benahm wie Mme. de Maintenon, dann zeugte das von einem ungewöhnlichen Maß an Takt und Intelligenz.

Und auch am nächsten Tag enttäuschte sie nicht. Der König und «die Prinzessin»* hörten gemeinsam die Messe, und nach dem Mittagessen reisten sie nach Fontainebleau weiter; in Nemours begrüßte der vierzehnjährige Herzog von Burgund seine Verlobte; und in Fontainebleau wurde die zukünftige Königin, die die Gemächer Annas von Österreich bezog, dem Hof vorgestellt. Da sie noch so jung und unverheiratet war, verkündete Ludwig XIV., sie werde nur die Damen ihres Haushalts sowie diejenigen empfangen, die besondere Erlaubnis hätten, sie zu besuchen; sie werde nicht Hof halten; und ihr Verlobter werde sie nur alle zwei Wochen sehen. In Versailles angekommen, übernahm sie die Gemächer der Königin und wurde denjenigen Höflingen vorgestellt, die sie in Fontainebleau noch nicht kennengelernt hatte.

«Der König und Mme. de Maintenon machten die Prinzessin zu ihrem Spielzeug», notiert Saint-Simon. «Ihre einnehmende, schmeichlerische und aufmerksame Art bereitete ihnen unendliches Vergnügen, und allmählich nahm sie sich Freiheiten heraus, die die Enkelkinder des Königs niemals

* Es war ungewöhnlich, daß eine ausländische Prinzessin nach Frankreich kam, ohne daß sie vorher durch Prokuration verheiratet worden wäre; doch Marie-Adélaïde war noch zu jung, um sofort Herzogin von Burgund werden zu können.

gewagt hätten, und auch dies fanden sie bezaubernd. Offensichtlich kannte der Herzog von Savoyen unseren Hof gut und hatte seiner Tochter alles beigebracht; wirklich verblüffend war jedoch, in welchem Maß sie Nutzen aus diesem Wissen zog und mit welcher Anmut sie das tat: Das unvergleichliche fröhliche Plappern, mit dem sie Mme. de Maintenon verzauberte, die sie stets ‹meine Tante› nannte und der sie mehr Respekt und Gehorsam entgegenbrachte, als wäre sie ihre Mutter oder die Königin gewesen; und all das mit einer Vertrautheit und Ungezwungenheit, die Mme. de Maintenon und den König faszinierte.»[254] Im Grunde ist das nicht weiter verwunderlich: Die Prinzessin verfügte über genau jenen betörenden Charme und jene lebendige, geistreiche Art, die den Enkelkindern Ludwigs XIV. gänzlich abging; sie war in jenem faszinierenden Lebensalter, in dem ein Mädchen sich zur jungen Frau wandelt; und sie wußte den Respekt, der dem ehrwürdigen Paar zu zollen war, mit einer Leichtigkeit zu verbinden, die die beiden nirgendwo sonst fanden: Es kann gar nicht oft genug gesagt werden, daß die gesamte Königsfamilie entsetzliche Angst vor dem König hatte und daß sie sich in seiner Gegenwart entsprechend steif und unnatürlich benahm.

Und es kam noch besser, denn indem sie sich furchtlos zeigte, indem sie den beiden zu verstehen gab, daß sie sich in ihrer Gesellschaft wohl fühlte, überzeugte die Prinzessin Ludwig und die Marquise davon, daß sie sie um ihrer selbst willen mochte. Ein mächtiger Mann hat stets den Wunsch, um seiner selbst und nicht um der Macht willen geliebt zu werden, und diese Liebe brachte die Prinzessin ihm entgegen.

Daß bei Ludwig XIV. der Staat stets Vorrang vor der Familie hatte, heißt nicht, daß er gefühllos gewesen wäre; seine Tränen mögen bisweilen falsch gewesen sein, doch daß er sich nun als Großvater eines so liebenswerten Mädchens fühlen konnte, ließ ihn nicht unbewegt. Abgesehen von dem Gedanken, daß die Erbfolge eindeutig geregelt war, kann ihm der träge und schwerfällige Monseigneur keine große Freude bereitet haben. Was seine Enkel anging, so war der Herzog von Burgund, der älteste, eine seltsame Mischung aus Gewalttätigkeit und übersteigerter Frömmigkeit, und er war bei weitem zu humorlos, um dem König zu gefallen. Die Erziehung, die der zweitälteste Bruder, Philipp, Herzog von Anjou, genossen hatte, war mit Absicht beschränkt gewesen, so daß er dem zukünftigen König nicht zur Gefahr werden konnte, und folglich hatte er sich zu einem trägen, lustlosen und mißmutigen Jungen entwickelt. Der Jüngste, Karl, Herzog von Berry, war erst zehn Jahre alt, ein blonder, pausbäckiger, turbulenter Knabe, viel zu ungestüm, als daß sein Großvater etwas für ihn hätte übrig haben können. Doch so reserviert er sich gegenüber seiner legitimen Familie auch gab und so sehr ihn der Herzog von Maine auch enttäuscht haben mochte, war Ludwig XIV. doch gegen die herkömmlichen väterlichen Regungen nicht gefeit, und die Prinzessin gab ihm zum ersten Mal Gelegenheit, diese Regungen zu genießen.

Zur gleichen Zeit gab es weitere Veränderungen. Im Jahre 1691 hatte Monseigneur das Schloß Choisy von einem seiner Vettern geerbt. «Der König, der es gewohnt war, über seine Familie ebenso zu herrschen wie über Höflinge und Volk, wünschte sie sich stets um sich versammelt und war nicht erfreut, als Monseigneur das Schloß Choisy zum Geschenk erhielt und häufig mit den wenigen, die er jeweils zur Gesellschaft auswählte, dorthin reiste. Damit ergab sich, solange ihm der Besitz dieses Hauses dic Möglichkeit bot, bei seinem Alter [Monseigneur war vierunddreißig] ganz zwangsläufig eine Trennung vom Hofe; der König jedoch beschloß, ihn wieder näher an sich zu binden. Meudon* schien ihm genau das richtige dafür, denn M. de Louvois hatte Millionen hineingesteckt.» Folglich wurde ein Tausch mit Barbezieux arrangiert, der Choisy und 900.000 Livres erhielt. Natürlich tat der König so etwas, wie Saint-Simon anmerkt, «nicht, ohne daß er vorher mit Monseigneur darüber gesprochen hätte, und für diesen war schon die Spur eines Wunsches ein Befehl».[255]

Monseigneur lebte zwar nun gleich nebenan, doch er vergrub sich in seinem eigenen kleinen Freundeskreis, und deshalb gewannen die illegitimen Töchter des Königs an Bedeutung. Diese jedoch erwiesen sich als reicher Quell vielfältiger Enttäuschungen: Die Prinzessin von Conti verachtete die beiden anderen und hatte eine Vorliebe für Offiziere der niederen Ränge, die unglücklicherweise sattsam bekannt war; die Herzogin von Bourbon neigte dazu, unanständige Lieder über ihre Schwestern zu dichten und diese auch vorzutragen; und die Herzogin von Chartres blieb keinen Abend nüchtern. Natürlich wurde jede von ihnen, wenn sie zu weit ging, zurechtgewiesen, in der Regel von Mme. de Maintenon, in schwerwiegenden Fällen auch vom König selbst; doch einen Grund, auf sie stolz zu sein, hatte der König nicht.

Auf der anderen Seite war Mme. de Maintenon einflußreicher als je zuvor. Über ihre Macht zu dieser Zeit hat es allerdings oft übertriebene Berichte gegeben: In politischen Dingen fragte der König sie zwar oft nach ihrer Meinung, doch er beherzigte ihren Rat fast nie; in Fragen der Religion war der Einfluß Bossuets und des Père de La Chaise, des königlichen Beichtvaters, zu jedem Zeitpunkt größer als der ihre; nur in Familiendingen war sie Alleinherrscherin. Bei alldem jedoch liebte und respektierte Ludwig XIV. sie von Jahr zu Jahr mehr. Das wurde besonders deutlich, als im April 1697 die Commedia dell'arte, die in Paris und am Hof außerordentlich populär gewesen war, Befehl erhielt, Frankreich binnen eines Monats zu verlassen. Es war zwar ihre Art, Politik und Religion zu verspotten, doch bis dahin hatte sie niemals

---

* Meudon liegt unmittelbar vor den Toren von Versailles.

den König gekränkt; diesmal jedoch führte sie ein Stück mit dem Titel *Die scheinheilige Prüde* auf, eine unmißverständliche Satire auf Mme. de Maintenon, und das war mehr, als der König zu dulden bereit war.

Ludwig selbst behandelte die Marquise, auch wenn ihr Status ein großes Rätsel blieb – die Ehe wurde niemals öffentlich bekanntgegeben –, mit allem Respekt, der einer Königin von Frankreich gebührte. Zwar war sie nie bei den großen offiziellen Anlässen dabei, doch bei der täglichen Messe nahm sie den Platz der Königin ein; die Prinzessinnen empfing sie in einem Lehnstuhl sitzend, während diese standen; der König nahm auch im Freien stets seinen Hut ab, wenn er mit ihr sprach, und in seinen Gärten sah man ihn oft, barhäuptig und zu ihr hinuntergebeugt, neben ihrer Sänfte spazieren. Uns mag das als ganz alltägliche Freundlichkeit erscheinen; im 17. Jahrhundert jedoch wirkte es verblüffend und schockierend.

Viel wurde darüber hinter vorgehaltener Hand geredet, als Ende August 1698 ein Schaumanöver in Compiègne veranstaltet wurde; Saint-Simon war natürlich dabei. «Er hoffe, die Truppen würden in gutem Zustand sein, verkündete der König, und daß jedermann sein Bestes geben werde: Das genügte, um einen solchen Wetteifer zu entfachen, daß später alle Beteiligten guten Grund hatten, ihn zu bedauern. Alle Regimenter waren in erstklassiger Verfassung, so daß es sich als unmöglich erwies zu entscheiden, welchem Korps der Preis gebührte; die Kommandeure fügten [auf eigene Kosten] der majestätischen und kriegerischen Schönheit der Männer noch Waffen, Pferde und Zierat und den ganzen höfischen Prunk hinzu, und die Offiziere stürzten sich noch weiter in Unkosten, indem sie Uniformen trugen, die auf jedem Ball Ehre hätten einlegen können. Die Obersten und sogar viele der Hauptleute hielten reich mit Leckerbissen gedeckte Tafel.»[256] Es war ein großes Fest, und zum ersten Mal waren neben den Botschaftern und dem päpstlichen Nuntius auch sämtliche Damen dabei.

Als Höhepunkt dieser Kriegsspiele war eine simulierte Belagerung von Compiègne geplant; in verkürzter Form wurden alle dazu notwendigen Bewegungen vor der Stadt ausgeführt, und der König schaute mit seinem gesamten Gefolge von einer Befestigungsmauer aus zu, die gleichzeitig einen Schutzwall des Schlosses bildete. «Ich war Teil des Halbkreises, der sich mit höchstens drei Schritten Abstand um den König gebildet hatte, und niemand verstellte mir die Sicht», fährt Saint-Simon fort. «Man kann sich keinen schöneren Anblick vorstellen als diese große Armee und die unübersehbare Zahl von Zuschauern aus allen Ständen ... Doch ein Schauspiel ganz anderer Art, das ich noch in vierzig Jahren genauso präzise beschreiben könnte wie heute, so sehr hat es mich beeindruckt, lieferte der König höchstpersönlich seiner gesamten Armee und der unermeßlichen Menschenmenge auf dem Wall und in der Ebene. Mme. de Maintenon saß in ihrer Sänfte dort, für jedermann unten und für die Truppen sichtbar; die drei Fenster waren geschlossen, und die Träger hatten sich zurückgezogen. Auf der vorderen linken Stange saß Mme. la duchesse de Bourgogne, links hinten standen Madame la Duchesse, Mme. la princesse de Conti, sämtliche Damen und weiter hinten einige Herren. Der König stand neben dem rechten Fenster der Sänfte, und ein wenig hinter ihm standen in einem Halbkreis die vornehmsten unter den anwesenden Herren. Die meiste Zeit hatte der König den Hut abgenommen und beugte sich unablässig zum Fenster hinab, um mit Mme. de Maintenon zu sprechen und ihr zu erläutern, was sie sah und warum es so gemacht wurde. Jedesmal bequemte sie sich, die Scheibe vier oder fünf Fingerbreit herunterzulassen, niemals auch nur zur Hälfte – ich habe genau darauf geachtet und muß zugeben, daß ich diesem Schauspiel mehr Aufmerksamkeit widmete als demjenigen, das die Truppen boten. Manchmal ließ sie die Scheibe herab, um den König nach etwas zu fragen, doch die meiste Zeit war er es, der sich, ohne auf ihren Anstoß zu warten, zu ihr hinunterbeugte, um ihr Erklärungen zu geben; und bisweilen, wenn sie ihn nicht bemerkte, klopfte er auch gegen die Scheibe. Er sprach nur zu ihr, abgesehen von einigen wenigen und knappen Kommandos und ein paar Antworten auf Fragen der Duchesse de Bourgogne..., mit der sich Mme. de Maintenon bisweilen durch die geschlossene Scheibe per Zeichensprache verständigte, während die Prinzessin ihr einige Worte zurief. Ich betrachtete sorgfältig jedermanns Gesichtsausdruck und sah vorsichtige, verschämte, versteckte Überraschung... überall mischte sich Respekt mit Furcht und Verlegenheit.»[257] Mit größerer Deutlichkeit hätte die wahre Stellung Mme. de Maintenon nicht zum Ausdruck kommen können.

Zur Zeit des Heerlagers von Compiègne hatte eine bedeutende Veränderung bei Hofe bereits stattgefunden: Am Samstag, dem 7. Dezember 1697, heirateten der Herzog von Burgund und Marie-Adélaïde von Savoyen; der Bräutigam war fünfzehn, die Braut dreizehn Jahre alt – selbst nach den Maßstäben des 17. Jahrhunderts zu jung, als daß die Ehe hätte vollzogen werden können. Der König ließ wissen, daß er seinen Hof gern prächtig gekleidet sähe, also herrschte der größte Luxus. Saint-Simon, der diesem Wunsch natürlich nachkam, beklagt sich, daß er 20.000 Livres für seine eigenen Kleider und die seiner Frau ausgegeben habe.

Es fanden zwei Bälle und eine Opernvorstellung statt; am eigentlichen Hochzeitstag, an dem unter anderen Jakob II. und Maria von Modena zugegen waren, nahm die Königsfamilie die Mittags- und Abendmahlzeit öffentlich ein; es gab ein – durch heftigen Regen etwas mißglücktes – Feuerwerk, und dann wurde das junge Paar in Gegenwart des gesamten Hofes zu Bett gebracht. Dort blieben sie für eine Viertelstunde, wobei Monseigneur am Bett seines Sohnes saß, dann verließ Burgund seine jungfräuliche Braut. Am nächsten Tag hielt die Herzogin Hof, und zwar, wie vermerkt wurde, mit weitaus mehr Leichtigkeit und Anmut als die verstorbene Dauphine. Im Augenblick konnte man zwar von einer wirklichen Ehe noch nicht sprechen, aber eine neue Verbindung war doch geschlossen. Alle die, die sich von Monseigneur keine Vergünstigungen versprechen konnten, wenn dieser den Thron übernahm, begannen sich nun um dessen Erben zu sammeln: Schließlich konnte kein König ewig leben, und ein kluger Höfling baute stets für die Zukunft vor.

Tatsächlich begannen sich am Hof nun Fraktionen zu bilden. Eine Gruppe bestand aus den Freunden Monseigneurs, und sie wurde von der Prinzessin von Conti angeführt; eine andere, ultrareligiöse und konservative Gruppe bildete sich um den Herzog von Burgund, der allerdings heftig seine absolute Loyalität gegenüber dem König beteuerte; es gab einen kleinen Kreis von Freidenkern, die die Frömmigkeit des Königs verspotteten und für eine unternehmungslustigere Außenpolitik eintraten, und diese Gruppe sammelte sich um den Prinzen von Conti, den Schwager der verwitweten Prinzessin. Mme. de Maintenon hatte natürlich ihre eigenen Freunde, und auch diese bildeten eine Gruppe für sich. Die Lage hatte sich seit den sechziger und siebziger Jahren also stark verändert, doch der König sorgte sich nicht: Nach wie vor kam alles auf ihn an; und da die verschiedenen Gruppen sich untereinander nicht ausstehen konnten, konnte man immer eine gegen die andere ausspielen.

An den tatsächlichen Machtverhältnissen änderte sich nichts. Auch nach dem Krieg führte Ludwig XIV. die Regierung weiterhin allein. Der Außenminister, Colberts Bruder, starb im Jahre 1696; doch so wie Barbezieux die Nachfolge Louvois' angetreten hatte, nahm nun der Marquis von Torcy den Platz seines Vaters ein. Anfangs teilte er das Amt mit Pomponne, dessen Tochter er auf Geheiß des Königs heiratete; später übernahm er die Geschäfte ganz.

Im Jahre 1698 schien also eine lange Zeit der Ruhe bevorzustehen. Der Hof war prächtiger als je zuvor; zwar hatte Frankreich den Pfälzischen Erbfolgekrieg nicht gewonnen, doch es war auch nicht wirklich besiegt worden, und nach wie vor war es der reichste und mächtigste Staat Europas. Der König, der absoluter als je zuvor herrschte, sah seine Erbfolge für zwei Generationen gesichert, und eine dritte war in der nicht allzu fernen Zukunft zu erhoffen. Der Frieden war gesichert: Anders als frühere Verträge hatte der Frieden von Rijswijk keine strittigen Punkte offengelassen. Die einzige Wolke am Himmel war die Frage nach dem Schicksal Spaniens, wo man mit dem baldigen Ableben des kinderlosen Königs Karl II. rechnete; doch Verhandlungen zwischen Frankreich, England und dem Kaiserreich wurden bereits geführt, man erörterte mögliche Kandidaten für den spanischen Thron, und allen war daran gelegen, einen neuen Krieg zu vermeiden. Es gab allen Grund zu der Annahme, daß die Herrschaft Ludwigs XIV. mit einem langen, goldenen Sonnenuntergang zu Ende gehen würde.

# X

# DAS GROSSE ERBE

Den Höflingen, die sich in Versailles um Ludwig XIV. scharten und die dort abwarteten, ihre Ränke schmiedeten und auf eine Beförderung hofften, hätte man es kaum zum Vorwurf machen können, wären sie im Glauben gewesen, die Welt, so wie sie sie kannten, sei ohne Anfang und Ende. In einem Alter, das die meisten seiner Vorgänger gar nicht erst erreicht hatten, wirkte der König, der 1698 einundsechzig Jahre alt war, so kraftvoll wie eh und je, und dabei würdevoller als je zuvor. Und, was noch besser war, er hatte den jüngsten Krieg nahezu unbeschadet überstanden; den wenigen Niederlagen, die die französische Armee erlitten hatte, war sogar noch etwas Positives abzugewinnen, denn sie garantierten den Frieden: Frankreich mochte noch immer Mißtrauen erwecken, doch es galt nun nicht mehr als Feind der gesamten Menschheit.

In dem erfolgreichen Bestreben, künftige Konflikte auszuschließen, nahm Ludwig sogar unter strengster Geheimhaltung Verhandlungen mit dem Mann auf, der ihn in ganz Europa am meisten haßte; und im vollen Bewußtsein, daß die Engländer vom Krieg vorerst genug hatten, war König Wilhelm III. gleichermaßen darauf bedacht, eine Übereinkunft zu erzielen. Natürlich war der Gegenstand dieser Gespräche ein wenig heikel, da man noch zu Lebzeiten Karls II. über die Konsequenzen des Todes des spanischen Königs beriet. Tatsächlich hatte man schon seit seiner Geburt vor nunmehr siebenunddreißig Jahren beinahe jeden Augenblick mit dem Ableben dieses unglücklichen Monarchen, der keine Nachkommen hatte, gerechnet; nun schwanden seine Kräfte jedoch sichtlich; und wenn man sich nicht auf einen Erben einigte, der bereitstand, die Nachfolge anzutreten, mußte man mit dem Ausbruch eines neuen, noch schrecklicheren Krieges rechnen.

Es gab im Jahr 1698 drei mögliche Nachfolger: einen Enkel Ludwigs XIV., dessen Anspruch sich von Königin Maria Theresia herleitete;

einen Sohn des Kaisers, der durch seine Großmutter einen Anspruch hatte; und einen Sohn des Kurfürsten von Bayern, dessen Mutter die jüngere Schwester Maria Theresias war. Ganz offensichtlich hätte sowohl die Wahl des Bourbonen als auch des Habsburgers einen viel zu großen Machtzuwachs für eine der beiden Dynastien bedeutet; aber der bayerische Kandidat, ein dreijähriges Kind, war der perfekte Kompromiß. Also kamen Ludwig und Wilhelm überein, daß dieser Spanien und die Kolonien erben solle, während die spanischen Besitzungen in Italien zwischen Frankreich und Österreich aufgeteilt werden sollten. Es war eine überaus vernünftige Lösung, die auch die Billigung des Kaisers fand; alles war also geregelt.

Jetzt mußte man nur noch Karl II. davon in Kenntnis setzen; unter dem Druck seiner Minister kam er den Bitten nach und unterzeichnete im November ein Testament, in dem er seine zahlreichen Kronen dem Kurprinz Joseph-Ferdinand von Bayern vermachte, woraufhin dieser reichste aller Erben drei Monate später und noch vor dem Erblasser das Zeitliche segnete: Damit waren Spanien und die Kolonien erneut ohne Erben.

An diesem Punkt wartete Ludwig XIV., der nach wie vor sehr darauf bedacht war, den Frieden zu wahren, mit einem neuen Lösungsvorschlag auf: Da es keinen kompromißfähigen Erben mehr gab, sollten die gesamten spanischen Besitzungen zwischen Frankreich und Österreich aufgeteilt werden. Neue Verhandlungen kamen in Gang; Ludwig und Wilhelm einigten sich, aber nur um festzustellen, daß in der Zwischenzeit die Habgier des Kaisers erwacht war und dieser nun seine Zustimmung verweigerte. Mitte August des Jahres 1700 waren die Verhandlungen endgültig gescheitert, und gleichzeitig schien Karl II. deutlicher denn je an der Schwelle des Todes zu stehen. Niemand vermochte zu sagen, was geschehen würde, wenn er wirklich starb; aber auf alle Fälle war nun ein neues Testament erforderlich. Seine Frau, eine Deutsche, drängte ihn, alles dem Erzherzog Karl, dem jüngeren Sohn des Kaisers, zu vermachen; seine Minister, die Frankreich favorisierten, baten ihn nachdrücklich, statt dessen den Herzog von Anjou, den zweiten Sohn von Monsieur, als Erben einzusetzen; und alle waren sich vollkommen darüber im klaren, daß es Krieg geben würde, wenn die eine oder die andere dieser beiden Möglichkeiten in die Tat umgesetzt wurde.

Diese schwerwiegenden Angelegenheiten wurden von den vier Herrschern und ihren Ministern unter strengster Geheimhaltung diskutiert. In Versailles aber schien ein anderes Thema weitaus wichtiger: Wieder einmal löste eine obskure religiöse Lehre heftige Kontroversen aus, und diesmal hatte es den Anschein, als könnten die mächtigsten Leute am Hof in sie verstrickt werden.

Der Abbé de Fénelon, ein Kirchenmann, der sich unter den frömmeren Damen des Hofes großer Beliebtheit erfreute, war nicht nur großgewachsen, gutaussehend, intelligent und charmant, sondern er war auch lange Zeit ein enger Freund von Mme. de Maintenon gewesen; und obendrein hatte Ludwig XIV. ihn zum Lehrer des Herzogs von Burgund gemacht, des nächsten Thronerben, der auf Monseigneur folgte; dies war eine Position, die ihm beinahe sämtliche Kontrolle über die Erziehung des jungen Mannes gab, zumal sein Erzieher, derjenige, dem letztlich die Betreuung der Enkelkinder des Königs oblag, der Herzog von Beauvillier war, ein enger Freund und glühender Bewunderer Fénelons.

Daran, daß der Abbé ein begabter und erfolgreicher Lehrer war, kann kein Zweifel bestehen. Er fand ein aufbrausendes und unaufmerksames Kind vor, dem es bestimmt schien, im Falle seiner Thronbesteigung die Geißel Frankreichs zu werden, und allein durch seine Überzeugungskraft und Förderung machte er aus ihm einen ernsthaften, beherrschten und kultivierten jungen Mann. Das führte natürlich dazu, daß Burgund sehr an seinem Lehrer hing, ein Gefühl, das der Herzog von Beauvillier nach Kräften unterstützte.

Eine Zeitlang hatte es jedoch einen wunden Punkt an der Geschichte gegeben: Wie viele andere Adlige auch, war Fénelon zutiefst erbittert über die Domestizierung seines Standes, und von da war es nur ein kleiner Schritt bis zu der Bemerkung hinter vorgehaltener Hand, der König sei kaum besser als ein Tyrann. Das wiederum führte dazu, daß er für ein grundlegend anderes Regierungssystem eintrat, in dem der Staat von mehreren Räten geleitet wurde, deren Mitglieder ausschließlich dem Hochadel entstammten und in denen der Souverän als eine Art Vorsitzender fungierte. Natürlich war der Abbé klug genug, seine Theorien nicht dem König direkt vorzutragen, aber er machte Mme. de Maintenon gegenüber zweifellos einige unmißverständliche Andeutungen, und er verfaßte eine Abhandlung, *Les Aventures de Télémaque*, in der er unter dem Vorwand, die Geschichte eines griechischen Helden in Form eines Erziehungsromans zu erzählen, seine Ansichten kundtat.

Und als sei das nicht schon gefährlich genug, unterstützte der Abbé in den neunziger Jahren eine seltsame, von einer Mystikerin namens Mme. Guyon begründete religiöse Sekte, die sich in starkem Maße auf Ekstase und Botschaften aus dem Jenseits verließ, all das durchströmt von «reiner Liebe». Bereits Bossuet, orthodoxester aller Kirchenmänner, hatte diese reichlich seltsame Lehre bekämpft; bald sah der Bischof von Chartres, Godet des Marais, ein Mann von geringen Verdiensten und großer Schlauheit, seine Chance: Wenn man Fénelon als Ketzer anklagen könnte, würde er, Godet, Mme. de Maintenons wichtigster Ratgeber in religiösen Fragen werden, was eine Reihe von angenehmen Begleiterscheinungen für ihn hätte. Zur gleichen Zeit drängte der Bischof von Chalons, ein Mitglied der mächtigen Familie Noailles, in der Mme. de Maintenon einen Gatten für ihre Nichte gefunden hatte, sie solle sich von Mme. Guyons gefährlichen Ideen lossagen.

Für eine Frau mit Mme. de Maintenons Intelligenz lagen die Risiken, die eine zu enge Vertrautheit mit Fénelon barg, nur zu deutlich auf der Hand. Als Godet sie warnte, daß die von ihr begründete Schule,* in der die Lehren der Mme. Guyon sich großer Beliebtheit erfreuten, im Verdacht der Ketzerei stand, zögerte sie nicht länger. Die Schriften der Mystikerin wurden dem König vorgelegt, der sie für gefährlichen Unsinn hielt. Bossuet verbrachte, unterstützt von zwei weiteren Bischöfen, acht Monate damit, Mme. Guyon und ihre Lehre zu untersuchen, und kam zu dem Schluß, diese stillen, gottergebenen Ekstasen führten unmittelbar zum Tod der Seele. Mme. Guyon gestand fügsam ihren Irrtum ein und zog sich in ein Kloster zurück; und Fénelon akzeptierte seinerseits den Urteilsspruch. Er war mit knapper Not davongekommen: Mme. de Maintenon, immer besorgt, der König könne sich gegen sie wenden, hatte gesehen, wie sich zu ihren Füßen ein Abgrund auftat. Sie beeilte sich, ihn zu schließen, indem sie Fénelon ihre Unterstützung entzog.

Natürlich drang davon nichts nach außen: Mme. Guyon war verurteilt worden, Fénelon hatte das Urteil akzeptiert, und damit war die Angelegenheit erledigt: Seine Anhänger, allen voran der Herzog von Beauvillier, sahen darin nichts weiter als einen unbedeutenden, vorübergehenden Mißerfolg. In der Tat schien es, als sei Beauvillier, der einzige hohe Adlige, der je vom König in den *conseil d'en haut* berufen wurde, mächtig genug, um die Position des Abbé zu garantieren.

Aber Fénelon hatte Mme. de Maintenon nicht nur einen gewaltigen Schrekken versetzt, seine Stellung bei Hofe drohte jetzt sogar, einen ihrer Lieblingspläne zu vereiteln: Schon lange hegte sie den Wunsch, die ausschlaggebende Stimme bei der Vergabe kirchlicher Pfründen zu haben. Bislang hatte Ludwig XIV. lediglich seinen Beichtvater, den Père de la Chaise, einen Mann, dem Mme. de Maintenon mit Abneigung und Mißtrauen begegnete, sowie den heiligmäßigen Erzbischof von Paris, Harlay de Champvallon, zu Rate gezogen; im Jahr 1695 starb nun Champvallon. Wenn die Ambitionen der Marquise befriedigt werden sollten, war es offensichtlich entscheidend, daß einer ihrer engsten Vertrauten diesen Bischofssitz erhielt; und so ging dieses eminent wichtige Bistum nicht, wie jedermann erwartet hatte, an Fénelon, sondern an Noailles, den Bischof von Chalons und getreuen Freund der Marquise; und wie es um den Abbé stand, wurde noch klarer, als man ihn zum Erzbischof von Cambrai machte.

Auf den ersten Blick bedeutete Cambrai einen glänzenden Aufstieg: Der Bischofssitz, dessen Einkünfte von rund 200.000 Livres jährlich mit die höch-

* Saint-Cyr, gegründet und geleitet von Mme. de Maintenon, war eine Schule für Mädchen aus armen, aber adligen Familien. Dies gab ihr die Gelegenheit, ihrer Leidenschaft für Erziehung zu frönen, und bot ihr zugleich, solange sie die Gunst des Königs genoß, einen Rückzugsort vom Hof und eine Zuflucht, sollte sie diese jemals verlieren.

sten in Frankreich waren, war mit dem Titel eines Herzogs und Pairs gekoppelt; aber Cambrai lag weit entfernt im Norden Frankreichs, und der König verkündete prompt, er erwarte vom neuen Erzbischof, daß er neun Monate eines jeden Jahres dort residiere: Das kam einer permanenten Verbannung gefährlich nahe. Trotzdem gab M. de Cambrai, wie Fénelon nun genannt wurde, nicht auf: Er unterhielt einen regen Briefwechsel mit seinen Freunden bei Hofe und trat auch weiterhin für seine politischen Ideen ein.

Das zeugte kaum von Klugheit: Ludwig XIV. war noch immer der bestinformierte Mann Frankreichs, und Widerspruch war ihm so verhaßt wie eh und je. Als der Erzbischof 1699 seinen *Télémaque*, den er ursprünglich nur für seinen Schüler geschrieben hatte, publizierte, schlug der König zu; und auf seine Veranlassung hin tat der Papst das gleiche: Am 12. März 1699 veröffentlichte Innozenz XII. das Breve *cum alias*, in dem er dreiundzwanzig Leitsätze aus Fénelons *Explication des maximes des saints* verurteilte. Ohne einen Augenblick des Zögerns unterwarf sich der Erzbischof dem Heiligen Stuhl, aber es war zu spät. Man verbot ihm, bei Hofe zu erscheinen oder mit seinem ehemaligen Zögling zu korrespondieren.

Nichts von alledem wäre von Bedeutung gewesen, wenn nicht die Religion hier bloß Deckmantel für Hofintrigen abgegeben hätte. Eine Zeitlang sah es so aus, als würde auch der Herzog von Beauvillier in Ungnade fallen. «Bei der Rückkehr von der Messe fand der König M. de Beauvillier in seinem Kabinett vor, wo er auf die bevorstehende Ratssitzung wartete. Sowie er ihn sah, ging er auf ihn zu und bemerkte: ‹Nun, M. de Beauvillier, was sagen Sie jetzt? M. de Cambrai ist restlos verurteilt worden.›

‹Sire›, antwortete der Herzog respektvoll, aber doch mit fester Stimme, ‹Ich war stets ein enger Freund von M. de Cambrai und werde es immer bleiben; aber wenn er sich nicht dem Papst unterwirft, werde ich nie wieder Verbindung mit ihm aufnehmen.› Der König verharrte schweigend, und die Anwesenden bewunderten auf der einen Seite den unerschütterlichen Großmut, auf der anderen das klare Bekenntnis.»[258] Nur die unverhoffte Unterstützung durch den neuen Erzbischof von Paris rettete Beauvillier. Trotz alledem hatte sich der Schwerpunkt der Macht verlagert: Eine potentielle Opposition war soeben ihres Kopfes beraubt worden, während Mme. de Maintenons Macht einen erheblichen Zuwachs zu verbuchen hatte. Aber mit jedem Jahr wurde deutlicher, daß der Hof in verschiedene Parteien gespalten war, und eine von diesen hatte gehofft, den mutmaßlichen Erben gegen seinen Großvater auszuspielen – genau das, was der König verhindern wollte, und deshalb ist es nicht verwunderlich, daß er so schnell und mit solcher Entschiedenheit gegen Fénelon vorging.

Abgesehen davon veränderte sich jedoch in Versailles nur wenig. Die allmähliche Erhöhung der *légitimés* durch den König dauerte an: In immer stärkerem Maße wurden der Herzog von Maine und der Graf von Toulouse wie echte Prinzen behandelt, während ihre Schwestern gewisse Privilegien genossen – zum Beispiel, daß ihre Hofdamen in den königlichen Kutschen fahren durften –, die bislang den Töchtern Frankreichs vorbehalten waren. Auch auf politischem Gebiet ergab sich durch die Veränderungen, die der Lauf der Zeit mit sich brachte, nur wenig Neues: Im Jahre 1699 wurde Torcy Außenminister, nachdem er diese Aufgabe schon lange erfüllt hatte, ohne den Titel zu tragen; der alte Kanzler Boucherat starb und wurde durch Pontchartrain ersetzt; dessen Amt als Finanzminister ging an Chamillart, einen hochgewachsenen, intelligenten und umgänglichen Mann mit einem Talent für das Billardspiel, dem es zwar ein wenig an Tatkraft mangelte, der aber durchaus den Anforderungen der Friedenszeit gerecht wurde. Bei alledem war es so klar wie eh und je, daß der König die Zügel in der Hand hielt.

Wenigstens in der Königsfamilie gab es 1699 ein großes Ereignis: Am 22. Oktober erhielten der Herzog und die Herzogin von Burgund, die bislang nur nominell verheiratet waren, die Erlaubnis, wirklich zusammenzuleben; und dieser bedeutende Schritt wurde begleitet vom Eintritt des Herzogs in den *conseil des dépêches* – zugegebenermaßen das unwichtigste der Ratsgremien, aber der junge Mann war immerhin erst siebzehn: Monseigneur hatte wesentlich länger warten müssen. Natürlich blieb die Herzogin von Burgund der Liebling des Königs, eine Tatsache, die ihrem Schwiegervater keineswegs entging. Ob allein das ihm schon als Grund genügte oder ob er sich einfach durch die überlegene Intelligenz seines Sohnes zurückgedrängt fühlte – Monseigneur begann jedenfalls zu dieser Zeit eine deutliche Abneigung gegen seinen ältesten Sohn zu zeigen: Sein Zirkel, offen angeführt von seiner Halbschwester, der Prinzessin von Conti, und insgeheim von Mlle. Choin, ging nun zum Angriff auf die Familie von Burgund über. Binnen einem oder zwei Jahren wurde mehr als deutlich, daß, wann immer der Dauphin den Thron bestieg, seinem Sohn eine unangenehme Zeit bevorstehen würde.

Nachdem wieder Frieden eingekehrt war, erholten sich auch die immer noch ungeordneten Finanzen. Den Höflingen fiel auf, daß der Karneval des Jahres 1700 besonders glanzvoll war. Ein Ball folgte dem anderen, sowohl in Versailles als auch in Marly; es gab Kostümfeste, Theateraufführungen, Opern, Konzerte: Wieder einmal setzte der Sonnenkönig die Maßstäbe, nach denen andere Monarchen zu leben trachteten. Zu dieser Zeit begann er auch, dem Herzog von Burgund große Summen Geldes zu geben. Bislang hatten der Herzog und die Herzogin jeweils nur 36.000 Livres jährlich erhalten, da ihre gesamten Ausgaben direkt vom Schatzamt bezahlt wurden. Zum Zeitpunkt ihrer Heirat «hatte der König [ihnen] eine kräftige Erhöhung angeboten. Der Herzog, der im Glauben war, er brauche nicht mehr, dankte ihm und sagte, er werde sich die Freiheit nehmen, sich zu melden, wenn er knapp bei

Kasse sei; und genau das tat er zu dieser Zeit. Der König lobte ihn in den höchsten Tönen, sowohl dafür, daß er darum bat, als er es nötig hatte,* als auch dafür, daß er sich unmittelbar an ihn wandte, ohne einen Dritten einzuschalten; er sagte ihm, er solle ruhig so weitermachen und beim Kartenspiel auch einmal etwas riskieren, ohne zu befürchten, das Geld könne ihm ausgehen; für ihresgleichen mache es nichts aus, wenn sie verlören.» Und Saint-Simon kommentiert weiter: «Der König liebte es, wenn man ihm ungezwungen begegnete, aber er genoß es auch, gefürchtet zu werden, und wenn schüchterne Menschen, die mit ihm reden mußten, verlegen wurden und Schwierigkeiten beim Sprechen bekamen, dann bereitete es ihm größtes Vergnügen und war ihrem Anliegen außerordentlich förderlich.»[259]

Hinter dieser glanzvollen Fassade blieb der König so ernsthaft wie immer. Der Tod des bayerischen Erben hatte die früheren Abmachungen über die spanische Erbfolge zunichte gemacht, also verhandelte man von neuem. Im März 1700 kamen Ludwig XIV. und Wilhelm III. überein, daß nun der Erzherzog Karl – der zweite Sohn von Kaiser Leopold – Spanien, die Kolonien und die Spanischen Niederlande bekommen sollte, Frankreich hingegen einen Gebietsstreifen im Baskenland, das Königreich Neapel-Sizilien und Lothringen, dessen Herzog Mailand übernehmen würde; selbstverständlich sollten die Kronen von Österreich und Spanien getrennt bleiben.

Es war eine vernünftige, ja geradezu großzügige Regelung, denn für die Habsburger sollte weit mehr dabei herausspringen als für die Bourbonen, und dies zeigt deutlich, daß Ludwig XIV. ernsthaft Frieden wünschte; aber zur allgemeinen Überraschung lehnte der Kaiser am 25. August ab und verkündete statt dessen seinen Anspruch auf die gesamten spanischen Besitzungen, was Frankreich selbstverständlich niemals akzeptieren konnte. Zur gleichen Zeit wurde Madrid von Intrigen erschüttert: Der Zustand Karls II. verschlechterte sich sichtlich; er mußte ein neues Testament machen, und man wußte, daß die früheren Teilungspläne ihn sehr beunruhigt hatten. Auch er wollte, daß das spanische Weltreich nicht angetastet wurde, aber wer sollte dann sein Erbe antreten?

Zunächst entschied sich der unglückliche König für den Erzherzog; aber die Abreise des französischen Botschafters, des Marquis d'Harcourt, und der Aufmarsch französischer Truppen an der Grenze ließen keinen Zweifel daran, daß Ludwig XIV. diese Lösung nicht unwidersprochen hinnehmen würde. In der Tat begannen nun sowohl Karl als auch sein Kronrat, sich eines anderen zu besinnen: Ihr Interesse galt in erster Linie der Einheit des Königreichs. Dabei stellte der mächtige Nachbar eine viel unmittelbarere Bedrohung dar als das ferne Österreich. Ein Testament zugunsten des Erzherzogs hätte die

* Anstatt Schulden zu machen.

Zerstückelung des spanischen Weltreiches zur Folge gehabt. Außerdem hatte der Herzog von Anjou eindeutig den besseren Anspruch, da er von der ältesten Tochter Philipps IV. abstammte, der Erzherzog aber nur von einer jüngeren Schwester; und so drängte der Rat, an der Spitze der Kardinal Portocarrero, den König jetzt, seine Entscheidung zu revidieren, woraufhin dieser sich in seiner qualvollen Unentschlossenheit an den Papst wandte.

Für den gerade erst gewählten Innozenz XII. lag die Antwort auf der Hand: Ein schwaches Spanien war Österreich allemal vorzuziehen; also unterstützte auch er den Herzog von Anjou. Das genügte. Am 2. Oktober unterzeichnete Karl II. ein Testament, in dem er «den zweiten Sohn des Dauphins von Frankreich zu seinem Nachfolger in all seinen Königreichen ohne irgendeine Ausnahme» machte; für den Fall, daß dieser außerstande sein sollte, die Krone anzunehmen, kam nach ihm sein jüngerer Bruder, der Herzog von Berry, dann der Erzherzog und schließlich der Herzog von Savoyen. Zusätzlich gab es eine Klausel, die einen Rat einsetzte, welcher die Regierungsgeschäfte in der Zeit zwischen dem Ableben Karls und dem Eintreffen seines Nachfolgers führen sollte. Nachdem er so seiner Sorgen enthoben war, siechte der letzte spanische Habsburger friedlich dahin. Er starb am 1. November im Alter von neununddreißig Jahren und wurde am 6. im Escorial bestattet; am Morgen des 9. erreichte die Nachricht Fontainebleau.

Ludwig XIV., der gerade zur Jagd aufbrechen wollte, blieb zurück und unterrichtete den Hof vom Tode Karls II.; er setzte hinzu, daß es folglich in diesem Winter keinerlei Festlichkeiten geben werde; für sich selbst und seine Familie ordnete er Trauerkleidung an. An diesem Nachmittag dauerte die Sitzung des Rates, der um drei Uhr zusammentrat und dem Monseigneur angehörte, bis sieben Uhr; anschließend beriet sich der König bis zehn Uhr mit Torcy und Barbezieux, dem Außenminister und dem Kriegsminister. Am darauffolgenden Tag, dem 10. November, gab es die übliche Ratssitzung am Morgen; aber es folgte noch eine abendliche Sitzung, die sich von sechs bis zehn Uhr hinzog. Beiden Sondersitzungen wohnten der König, Monseigneur und die drei Staatsminister – Torcy, der Kanzler Pontchartrain und der Herzog von Beauvillier – bei. Das war alles nichts Besonderes, außer daß die Treffen zum Erstaunen des Hofes in Mme. de Maintenons Gemächern stattfanden und daß sich rasch herumsprach, daß der König darauf bestanden hatte, auch ihre Meinung zu hören.

Offenkundig war es eine Entscheidung von großer Tragweite, ob man die zahlreichen Kronen der spanischen Monarchie für den Herzog von Anjou annehmen sollte. Beinahe zweihundert Jahre lang war Spanien Frankreichs gefährlichster Feind gewesen; auf den ersten Blick hätte man es also für ein außerordentlich glückliches Ereignis halten können, daß es nun von einem französischen Prinzen regiert werden sollte. Aber die Lage war viel komplizierter: Dies zeigte sich deutlich, als der Rat sich in zwei gegnerische Lager spaltete.

Für Torcy und den Herzog von Beauvillier überwogen die Gefahren, die die Annahme der Erbschaft mit sich brachte, den möglichen Nutzen. Sie wiesen darauf hin, daß für den Fall, daß der Teilungsvertrag zur Anwendung käme – dem der Kaiser wohlgemerkt nicht zugestimmt hatte –, Frankreich entweder direkt angrenzende Gebiete, wie Lothringen, oder reiche italienische Besitzungen, wie Neapel, Sizilien und Mailand, erhalten würde, die leichter zu verteidigen wären und wirkliche Vorteile hätten. Ferner wandten sie ein, ein französischer Prinz auf dem spanischen Thron sei nur ein vorübergehender Gewinn, da seine in Spanien geborenen Kinder ganz spanisch und somit voraussichtlich antifranzösisch eingestellt sein würden; Frankreich, das gerade erst einen langen und kostspieligen Krieg hinter sich habe, sei nicht in der Lage, die europäische Koalition zu bekämpfen, die sich nach der Annahme der Erbschaft formieren würde; und Spanien, das sich bereits im fortgeschrittenen Stadium des Niedergangs befinde, könne bloß eine zusätzliche Bürde und keineswegs einen Machtzuwachs für Frankreich bedeuten. Schließlich meinten sie, Frankreich werde, wenn es die Erbschaft ablehne, aufgrund gerade dieser Mäßigung die Führung in Europa übernehmen.

Auf der anderen Seite argumentierte der Kanzler, die Ablehnung der Erbschaft werde zu der gleichen Verbindung Spaniens mit dem Kaiserreich führen, die sich am Anfang des 16. Jahrhunderts unter Karl V. als so gefährlich erwiesen habe, aber diesmal sei die Nähe noch größer, was für Frankreich leicht tödlich sein könne. Er führte weiter an, daß Lothringen zwar tatsächlich eine attraktive Provinz sei, die italienischen Staaten aber schon zweimal französisch gewesen und beide Male verloren gegangen seien; Spanien könne, da es an Frankreich angrenze, leichter von Frankreich verteidigt als vom Kaiser angegriffen werden. Der Kanzler hielt es für äußerst unwahrscheinlich, daß der nächste König gänzlich spanisch empfinden würde, da die Herzöge von Anjou und Burgund nicht nur Brüder, sondern auch Freunde seien und darauf achten würden, daß ihre Kinder – immerhin Vettern ersten Grades – ebenfalls ein gutes Verhältnis zueinander hätten; zu dem Zeitpunkt, zu dem die nächste Generation auf den spanischen Thron käme, werde die Freundschaft mit Frankreich tiefverwurzelt und somit praktisch unauslöschlich sein. Ferner gab er zu bedenken, daß der Teilungsvertrag nicht nur vom Kaiser zurückgewiesen, sondern von Wilhelm III., jenem ewigen Feind Frankreichs, erdacht worden sei. Und schließlich meinte er, die Annahme des Erbes werde zwar in der Tat einen Krieg auslösen, aber auch der Versuch, den Teilungsvertrag durchzusetzen, müsse zu einem Konflikt mit dem Kaiser führen, und wenn man schon einen Krieg führe, so sei es besser, am Ende Spanien und die Kolonien zu gewinnen.

Nun blieb nur noch Monseigneur, der normalerweise nichts sagte. Zur allgemeinen Überraschung ergriff er das Wort. Zunächst stimmte er ausführlich Pontchartrain zu; dann «wandte er sich respektvoll, aber bestimmt an den König und sagte, er nehme sich nun, nachdem er wie die anderen seine Meinung gesagt habe, die Freiheit, sein Erbe zu erbitten, das nun zur Verfügung stehe; die spanische Krone sei Besitz der verstorbenen Königin, seiner Mutter, gewesen und stehe daher ihm zu; um aber die Ruhe in Europa zu wahren,* verzichte er ohne Einschränkung zugunsten seines zweiten Sohnes; sonst werde er niemandem auch nur einen Zentimeter Boden abtreten. Er fuhr fort, seine Bitte sei gerechtfertigt und stehe im Einklang mit der Ehre des Königs und den Interessen und der Größe seiner Krone; er hoffe daher, keine Absage zu erhalten. All dies äußerte er mit einiger Beherztheit und rief damit große Überraschung hervor. Der König hörte aufmerksam zu und sagte dann zu Mme. de Maintenon: ‹Und Sie, Madame, was halten Sie von all dem?› Zunächst zierte sie sich, aber als sie dann gedrängt und schließlich angewiesen wurde zu antworten..., lobte sie Monseigneur, den sie ebenso fürchtete und verabscheute wie er sie, und riet zum Annehmen. Der König beendete die Ratssitzung, ohne seine Position zu erkennen zu geben. Er sagte, er habe sorgfältig zugehört und die Argumente beider Seiten verstanden; es gebe hier wie dort gewichtige Gründe, und man solle die Angelegenheit erst einmal überschlafen.»[260]

Am folgenden Tag, dem 10. November, trafen in Fontainebleau mehrere Kuriere ein, die Zusicherungen überbrachten, daß das Testament Karls II. die Unterstützung der [spanischen] Aristokratie und des Volkes finde; an diesem Nachmittag wurde eine weitere Ratssitzung in den Gemächern Mme. de Maintenons abgehalten. Am Morgen des 11. empfing der König den spanischen Botschafter und anschließend den Herzog von Burgund; am 15. kehrte er zurück nach Versailles. «Am nächsten Tag, es war Dienstag, der 16. November, rief der König nach seinem *lever* den spanischen Botschafter zu sich in sein Kabinett, wo der Herzog von Anjou [bereits wartete]. Der König zeigte auf ihn und sagte dem Botschafter, er könne [den Herzog] als seinen König begrüßen. Sofort kniete er nach spanischer Sitte nieder [die Franzosen verbeugten sich, knieten aber nicht nieder] und hielt eine ziemlich lange Ansprache auf spanisch. Der König sagte, [der Herzog] verstehe die Sprache noch nicht, und er werde für seinen Enkel antworten. Gleich darauf, und gegen jede Gewohnheit, ließ der König beide Türflügel aufstoßen und befahl allen Anwesenden – und das waren sehr viele – hereinzukommen. Dann verkündete er mit einem majestätischen Blick über die Menge: ‹Meine Herren, hier ist der König von Spanien. Seine Geburt hat ihn ebenso auf diesen Thron berufen

* Indem er die Kronen von Frankreich und Spanien getrennt ließ.

wie das Testament des verstorbenen Königs; die ganze Nation hat es gewünscht und mich gedrängt, meine Zustimmung zu geben: Es war der Wille des Himmels, es ist mir eine Freude, dem stattzugeben.› Zu seinem Enkel gewandt bemerkte er: ‹Sei ein guter Spanier, aber vergiß nicht, daß du als Franzose geboren wurdest, und wahre die Eintracht zwischen den beiden Nationen; so wirst du beider Glück und den Frieden in Europa sichern.›»[261] Daraufhin kamen die beiden Brüder des Herzogs von Anjou, Burgund und Berry, herein und umarmten ihn unter Tränen. Es war der glanzvollste Augenblick in der langen Regierungszeit Ludwigs XIV.: Ein so gewaltiger Triumph, daß ihn nicht einmal Kardinal Richelieu in seinen ehrgeizigsten Momenten für möglich gehalten hätte.

Von diesem Augenblick an wurde der sechzehnjährige* Herzog von Anjou, der den Namen Philipp V. angenommen hatte, wie ein König behandelt. Sein Großvater bestand darauf, daß er an allen königlichen Ehren teilhatte; Monseigneur, außer sich vor Stolz, ließ Anjou überall den Vortritt und wiederholte dauernd «Mein Vater, der König, mein Sohn, der König», obwohl er, wie Saint-Simon ironisch bemerkt, vielleicht nicht ganz so glücklich gewesen wäre, wenn er sich an eine bekannte Prophezeiung über seine eigene Person erinnert hätte, die lautete: «Sohn eines Königs, Vater eines Königs, niemals ein König.» Es wurde verkündet, daß Philipp V. am 1. Dezember in sein neues Reich aufbrechen werde.

Bereits am 12. November hatte der König beinahe gleichlautende Briefe an die Königinwitwe und den spanischen Rat** geschrieben: «Die Trauer, die Uns der Verlust eines Fürsten bereitet, welcher Uns aufgrund seiner Vorzüge und seiner nahen Verwandtschaft ein wertvoller Freund war, wird noch gesteigert durch den bewegenden Beweis seiner Gerechtigkeit und Liebe zu seinen Untertanen, den er Uns im Tode gegeben hat, und ebenso durch die Sorge, die er trug, das Glück Europas auch über seinen Tod hinaus zu erhalten.»[262] In seinem Brief an den Rat fährt er fort: «All Unsere Sorge wird hinfort sein, in einem unverletzlichen Frieden die spanische Monarchie in ihrem früheren Glanz wiedererstehen zu lassen. Wir nehmen das Vermächtnis des verstorbenen Katholischen Königs zugunsten Unseres Enkels, des Herzogs von Anjou, an... Wir werden [Anjou] unverzüglich entsenden, um seine Untertanen zum frühestmöglichen Termin dadurch zu trösten, daß sie einen König empfangen, dessen vornehmste Pflicht darin bestehen muß, die Gerechtigkeit und unsere Religion zu verteidigen, ausschließlich für das Wohler-

* Am 3. Dezember wurde er siebzehn.

** Ein Rat, der eingesetzt worden war, um während der Übergangszeit bis zum Eintreffen des neuen Königs die Regierungsgeschäfte wahrzunehmen.

gehen seines Königreiches zu wirken, Verdienste zu erkennen und zu würdigen ... Wir werden ihm nahelegen, sich seiner Geburt zu erinnern ... aber vor allem eingedenk zu sein, wessen König er ist.»[263]

Mit der möglichen Ausnahme von Mme. de Maintenon, die die Aussicht auf einen Krieg schreckte, war ganz Frankreich außer sich vor Freude. Der Hof, dem es angesichts eines solchen Machtzuwachses den Atem verschlug, stimmte ebenso in die Lobeshymnen ein wie das Volk und die Parlamente. Ein Gedicht, das im *Mercure de France* erschien, ist dafür ein typisches Beispiel: *«Pour fixer à jamais le repos que tu donnes / A tes rivaux confus tu cèdes des couronnes / Que devaient à tes fils le sang et l'équité / Mais Dieu pour qui ton cœur fait un tel sacrifice / D'un roi qui va mourir ranimant la justice / Rend ses états entiers à ta postérité ...»* (Um für immer den Frieden zu wahren, den Du uns schenktest, / Hast Deinen überraschten Rivalen Du Kronen gegeben, / Die Geburt und Recht Deinen Söhnen bestimmt. / Aber Gott, dem Dein Herz dies große Opfer brachte, / Gab einem sterbenden König neue Gerechtigkeit / Und Deinem Enkel das ganze Reich ...).[264]

Das verwundert nicht: Ludwig XIV. und seine Minister wußten zwar, daß Spanien in Wirklichkeit nur noch ein Schatten seiner selbst und im Grunde keine Großmacht mehr war, aber all die, die weniger gut informiert waren – das heißt fast alle –, wurden durch den Glanz des Ereignisses vollkommen geblendet: Frankreichs ältester und – bis vor kurzem – mächtigster Feind war über Nacht zu einer Art Kolonie geworden. Mit der Besteigung eines weiteren Thrones fügten die Bourbonen der französischen nicht eine, sondern eine ganze Reihe von Kronen hinzu; die Schätze Lateinamerikas waren noch immer sagenumwoben. Und all das war nicht das Ergebnis eines langen und blutigen Krieges, sondern eines einzigen Federstrichs.

Natürlich wußte Ludwig XIV. selbst, daß er für das wunderbare Schicksal seines Enkels würde bezahlen müssen, und zwar teuer bezahlen; schon am 14. November hatte er einen Brief an den Grafen von Briord, seinen Botschafter in Holland, geschickt; dieser enthielt auch ein Memorandum für die Generalstaaten – was einer indirekten Kontaktaufnahme mit Wilhelm III. entsprach. Es war ein verzweifelter Versuch, den unabwendbaren Krieg doch noch zu verhindern.

Das erste der beiden Schreiben ist von besonderem Interesse, denn es zeichnet die Argumentation des Königs nach. Nachdem er Briord von der eindringlichen Rede des spanischen Botschafters für die Annahme der Erbschaft berichtet hat, fährt er fort: «Ich untersuchte mit größter Sorgfalt alle Vor- und Nachteile sowohl der Durchführung des [Teilungs-]Vertrages als auch der Annahme des Erbes. Einerseits erkannte ich, daß es nützlich wäre, einige Länder mit meiner Krone zu vereinigen und eine Macht, welche mir immer feindlich gesinnt war, zu schwächen. Ich erwog die mit dem König von

England und den [holländischen] Generalstaaten getroffenen Absprachen sowie die Vorstellung, daß allseits Frieden einkehren würde, wenn ich den Teilungsvertrag vereinbarungsgemäß ausführte. Auf der anderen Seite hatte ich Grund zu der Annahme, daß die Widerstände gegen die Durchführung des Vertrages in dem Maße wachsen würden, in dem sich meine Macht durch die Einverleibung der Länder, die mein Sohn sich vorbehalten hatte, vergrößerte. Die Verhandlungen der Vergangenheit und die gegenwärtige Ungewißheit zeigen das nur zu deutlich. Das Testament des Königs von Spanien machte die Lage noch schwieriger. Da der Erzherzog nach meinen Enkeln aufgeführt war, wäre der Kaiser um so weniger bereit gewesen, den Vertrag zu unterzeichnen; und auch wenn er es getan hätte, hätte das nur bedeutet, daß seine Rechte auf den Herzog von Savoyen übergegangen wären, den die gesamte spanische Nation als legitimen Erben anerkannt hätte. Die Durchführung des Vertrages hätte daher verlangt, daß ich all die Länder, die von der spanischen Krone abhängen, hätte erobern müssen, um sie dann gemäß dem Vertrag zuordnen zu können. Diese Entscheidung hätte einen Krieg heraufbeschworen, dessen Ende nicht abzusehen war: Nichts könnte dem Geist des Vertrages mehr zuwiderlaufen.

Andererseits scheint es mir, daß niemand irgendeinen Anlaß zur Beschwerde hat, wenn ich das Testament annehme...; daß einem Krieg jeglicher Vorwand entzogen ist; daß Europa die Verbindung so vieler Staaten unter einer einzelnen Macht grundlos fürchtet; daß meine eigene Macht dadurch nicht vergrößert wird; daß die Dinge bleiben, wie sie seit langen Jahren sind; und daß es deshalb das Beste für Europa ist und dem Geist des Vertrages weitaus besser gerecht wird, den Plänen des verstorbenen Königs zu folgen»; und nachdem er Briord eingeschärft hat, sich der Unterstützung des spanischen Botschafters zu versichern, fügt er hinzu: «Sie werden ihm mitteilen, daß es mir im Augenblick ausschließlich darauf ankommt, die [spanische] Monarchie unversehrt zu erhalten.»[265]

Dieser Brief will sorgfältig analysiert werden. Offenkundig legt er die Haltung fest, die der König gegenüber den zwei Schlüsselmächten, England und Holland, einzunehmen gedachte. Ohne deren finanzielle Hilfe konnte der Kaiser keinen Krieg führen. In einigen Punkten ist der Brief nicht aufrichtig: Ein Siebzehnjähriger auf dem spanischen Thron, der zudem weder intelligent noch entschlußfreudig war, bedeutete für Frankreich sehr wohl einen erheblichen Machtzuwachs: Die Behauptung, Spanien stehe mit einem eigenen König nicht anders da als vorher, war geradezu absurd. Tatsächlich versuchte Ludwig XIV., der nur zu genau wußte, daß ein Krieg unausweichlich war, sich für die zukünftigen Friedensverhandlungen eine gute Ausgangsposition zu verschaffen; und wenn er sagte, daß er «im Augenblick» die Absicht habe, das Königreich zusammenzuhalten, ließ er durchblicken, daß er zu einem späteren Zeitpunkt bereit sein könnte, über die Abtrennung der Kolonien zu verhandeln.

Zunächst hatte es den Anschein, als ließe sich der Krieg tatsächlich vermeiden. Im Februar schrieben sowohl Wilhelm III. als auch der holländische Ratspensionär an Philipp V. und erkannten ihn als König von Spanien an. Der Kurfürst von Bayern, einer der wichtigsten Fürsten in Deutschland, den der verstorbene König auch zum Gouverneur der Spanischen Niederlande ernannt hatte, tat auf der Stelle seine Bereitschaft kund, den Befehlen des neuen Monarchen Folge zu leisten. Was den Herzog von Savoyen anging, so war seine Tochter die Herzogin von Burgund, und Ludwig XIV. hielt unverzüglich für Philipp V. um die Hand ihrer jüngeren Schwester an: Unter diesen Umständen konnte man sich darauf verlassen, daß er ebenfalls die französische Seite unterstützen würde.

Aber der Schein trog. Wilhelm III. benötigte Zeit, um Truppen auszuheben, Geld zu beschaffen, und um vom Parlament die Zustimmung zu einem neuen Krieg zu erhalten. Letzteres gelang ihm unter anderem durch eine Art Tauschhandel: Wilhelm unterzeichnete den *Act of Settlement*, der nicht nur die Thronfolge auf das Haus Hannover übertrug, falls Prinzessin Anna ohne Nachkommen blieb, sondern auch die Macht seiner Nachfolger empfindlich beschnitt. Er wies darauf hin, wie rasch französische Truppen die Sperrfestungen in Belgien einnehmen könnten, deren besonderer Sinn gerade darin bestehe, Frankreich innerhalb seiner Grenzen zu halten; ein Handelsabkommen zwischen Frankreich und Spanien, das den einträglichen englischen Handel mit Südamerika zu bedrohen schien, lieferte ihm einen weiteren Grund. Das Bündnis zwischen England, Holland, dem Kaiser und einer Reihe von kleineren Fürsten, allen voran dem Kurfürsten von Hannover, wurde zwar erst im September 1701 abgeschlossen, aber schon im Frühjahr begann Leopold I., der sicher war, daß es zustande kommen würde, mit den Feindseligkeiten in Italien, den ersten Scharmützeln des Spanischen Erbfolgekrieges.

Traf Ludwig XIV. in dieser vielleicht wichtigsten Einzelfrage seiner Regierungszeit die richtige Entscheidung? Diese Frage wird seit beinahe dreihundert Jahren diskutiert, meist mit Blick auf die spätere Entwicklung. Das ist natürlich nicht fair: Staatsmänner sind auf die begrenzten Informationen angewiesen, die ihnen vorliegen; folglich muß eine erste Beurteilung auf der Grundlage der Situation, wie sie sich im November 1700 darstellte, erfolgen.

Danach muß der König aber auch für die unmittelbaren Folgen seines Handelns – den anschließenden schrecklichen Krieg – und für die langfristigen Konsequenzen – die französisch-spanischen Beziehungen in den folgenden Jahrzehnten – zur Verantwortung gezogen werden.

Die Situation im Jahre 1700 ließ Ludwig, genau besehen, nur sehr wenig Spielraum. Was immer die Minister in der Ratsversammlung gesagt haben mögen, was immer Monseigneur beansprucht haben mag, es steht fest, daß Frankreich sich ein Wiedererstehen des Weltreichs von Karl V. nicht leisten konnte: Zusammen hätten die Habsburger – der Kaiser in Wien und sein Sohn in Madrid – über Österreich, Ungarn, Böhmen (die heutige Tschechoslowakei), Tirol bis hinunter nach Triest, Neapel, Sizilien, Mailand, die Spanischen Niederlande (das heutige Belgien), Spanien und alle spanischen Kolonien in der Karibik und in Lateinamerika geherrscht; zudem hätten sie Frankreich umklammert und seine Grenzen bedroht: der eine von Italien her (der Herzog von Savoyen war ein unzuverlässiger Verbündeter), der andere durch die deutschen Staaten, der eine in den Spanischen Niederlanden, der andere in Spanien.

Der König hatte allen Grund, sich an die Ereignisse des 16. Jahrhunderts zu erinnern, als das schon einmal der Fall gewesen war: Von der Niederlage Franz I. bei Pavia bis zu Heinrichs II. schwachen Friedensverträgen, während der ganzen Religionskriege, die – von Spanien finanziert – Frankreich bis ins 17. Jahrhundert hinein erschüttert hatten, war es den Habsburgern beinahe gelungen, Frankreich zu ihren Besitzungen hinzuzuschlagen. Er vergaß auch nicht, daß in den dreißiger Jahren des 17. Jahrhunderts spanische Armeen bis auf fünfzig Meilen an Paris herangekommen waren. Dem Erzherzog den spanischen Thron zu überlassen, wäre glatte Pflichtvergessenheit gewesen.

Natürlich war es ein stolzer Augenblick für Ludwig XIV., als er seinem versammelten Hofstaat verkündete, daß sein Enkel König von Spanien geworden war. Viele Historiker hat diese berechtigte Gefühlsäußerung dazu verleitet zu glauben, Ludwig habe das Vermächtnis des verstorbenen Königs nur angenommen, um seine *gloire* noch weiter zu vergrößern; aber das hieße wirklich das Pferd beim Schwanz aufzäumen. Die Entscheidung basierte in erster Linie auf einer ernsthaften politischen Erwägung; nachdem er sie einmal getroffen hatte, lieferte sie Ludwig auch einen Grund zum Stolz.

Auch die Risiken, die die Annahme der Erbschaft mit sich brachte, waren sorgfältig erwogen worden. Niemand wußte besser als der König, daß Geld eine der wichtigsten Voraussetzungen für einen Krieg darstellte und daß die Staatskasse noch immer leer war. Unter diesen Umständen würde ein lang andauernder Konflikt außerordentlich schwer finanzierbar sein. Zudem waren die großen Generäle der ersten Regierungsjahre tot, und der König war zu alt, um seine Truppen persönlich zu führen. Sein engster Verbündeter, der Herzog von Savoyen, war wegen seiner Unzuverlässigkeit berüchtigt, also würde Frankreich wahrscheinlich wieder einmal gegen das übrige Europa kämpfen, und es gab keine Garantie für einen Sieg. Ludwig war ernsthaft willens gewesen, alles nur Mögliche zu versuchen, um den Frieden zu bewahren, wie die beiden Verträge, die Nachfolgeregelung und der Teilungsvertrag, bewiesen hatten. Er machte sich keine Illusionen, daß der Krieg kurz oder leicht sein könnte.

Trotzdem war es besser, jetzt zu kämpfen und die spanischen Kräfte mit denen Frankreichs zu vereinen, als zuzulassen, daß die Habsburger ihre frühere Vorherrschaft in Europa erneuerten, da sie dann mit Sicherheit versuchen würden, ihren alten Feind zu vernichten: Wenigstens waren sowohl die Pyrenäen als auch die Nordgrenze sicher; und die spanischen Besitzungen konnten bei Friedensverhandlungen als Tauschobjekte dienen.

Es kann daher kein Zweifel bestehen, daß Ludwig XIV. aufgrund der ihm zur Verfügung stehenden Informationen die richtige Entscheidung traf; und auch rückblickend fällt das Urteil zu seinen Gunsten aus: Obwohl der Spanische Erbfolgekrieg lang, äußerst kostspielig und mühevoll war, und zudem beinahe mit einer Niederlage endete, erfüllte die langfristige Beziehung zu Spanien alle Erwartungen: Bis zum Ende des Ancien Régime blieben die Vettern auf beiden Seiten der Pyrenäen gute Freunde. Die Macht, gegen die Frankreich seit 1500 fast ununterbrochen gekämpft hatte, war ein dauerhafter Verbündeter geworden. So gesehen schien es mit Sicherheit keine Verschwendung von Geld und Menschenleben.

Schließlich hatte sich Ludwig XIV., gemessen an seinen eigenen Maßstäben, wie ein guter König verhalten: Er hatte aufmerksam die Ratschläge angehört, die ihm vorgetragen wurden, hatte die Möglichkeiten und Risiken seiner Entscheidung, das Wohl seines Königreichs und die Rechte seiner Familie bedacht, und er hatte dann mit Hilfe seiner Vernunft eine Entscheidung gefällt, die sich als die richtige erwies. Er trug die Verantwortung; kein Minister und kein Favorit hatten ihn beeinflußt.

Am 4. Dezember verließ König Philipp V. Versailles nach vielen tränenreichen Szenen; seine Brüder begleiteten ihn bis an die Grenze, und die drei reisten mit fünfzehn Kutschen, vierzehn Postkutschen und sechsundvierzig Gepäckkarren, das Ganze gezogen von 818 Pferden; hinzu kam noch die Ausrüstung ihres umfangreichen Gefolges.

Natürlich hatte Ludwig XIV. seinen Enkel beim Abschied ermahnt, immer ein Freund Frankreichs zu bleiben: Das war in der Öffentlichkeit geschehen; zuvor hatte er ihm auch unter vier Augen noch eine Reihe von Anweisungen gegeben, und die reichten von den grundlegendsten Dingen der Politik bis hin zu winzigen Details. Die dreiunddreißig Artikel begannen mit: «Tue immer deine Pflicht, vor allem Gott gegenüber», und endeten mit der folgenden typischen Ermahnung: «Laß dich nicht regieren. Sei der Herr; habe niemals einen Favoriten oder einen Ersten Minister. Befrage deinen Rat, höre zu; aber entscheide selbst. Gott, der dich zum König gemacht hat, wird dir das Urteilsvermögen geben, das du benötigst, solange deine Absichten gut sind.» Genau den gleichen Rat hatte er mehr als dreißig Jahre zuvor dem Dauphin erteilt: In diesen wenigen Worten kommt der Geist der neuen Monarchie zum Ausdruck.

Zwischen diesen beiden Ermahnungen liegen Ratschläge, die vom Trivialen – «Entscheide dich stets für die Tugend und gegen das Laster» – bis zum Praktischen reichen: «Liebe die Spanier und alle Untertanen deiner Kronen und deiner selbst; bevorzuge nicht jene, die dir am meisten schmeicheln; schätze die, die es zu deinem Guten riskieren, dir Unannehmlichkeiten zu bereiten: Diese sind deine echten Freunde.

... Ziehe niemals in den Krieg, es sei denn, du bist dazu gezwungen.»

Natürlich erhielt der neue König den Rat, die Finanzen neu zu ordnen, seine Flotten gut zu unterhalten und sorgfältig auf die Kolonien achtzugeben; er wurde ermahnt, niemals die Geschäfte um der Vergnügungen willen zu vernachlässigen, aber auch dazu, sich einige Zeit zur Erholung offenzulassen; es wurde ihm eingeschärft, wie wichtig es war, die bedeutenderen unter den Untertanen gut zu kennen, so daß man sich ihrer bedienen konnte. Dann kamen die wichtigsten Partien seiner Instruktionen:

«Laß dir nicht anmerken, wenn das seltsame Äußere der Menschen, die du sehen wirst, dich schockiert; mache dich nicht über sie lustig; jedes Land hat seine eigenen Sitten, und du wirst dich bald an das gewöhnen, was dir zunächst so seltsam vorkommt.

Vergiß niemals, daß du ein Franzose bist...

Vertraue dem Herzog von Harcourt* voll und ganz; er ist klug und verläßlich und wird dir Ratschläge geben, die zu deinem eigenen Guten sein werden.»[266]

Dieser letzte Ratschlag war vielleicht der wichtigste von allen. Der Herzog von Anjou war bis zu seinem plötzlichen Aufstieg nichts weiter als der jüngere Bruder des Thronerben gewesen, und er hatte eine entsprechende Erziehung genossen – genau wie es Monsieur zwei Generationen zuvor ergangen war. Während der Herzog von Burgund zum Herrscher erzogen worden war, war die Erziehung des Herzogs von Anjou auf das Gehorchen aus; mit Bedacht hatte man dafür gesorgt, daß er etwas begriffsstutzig blieb, denn das Hauptziel seiner Erziehung war schließlich, daß er niemals gegen seinen älteren Bruder aufbegehren sollte. In dieser Beziehung hatte sein Erzieher – unglücklicherweise, wie sich im Lichte seiner neuen Stellung nun herausstellte – ganze Arbeit geleistet: Der junge Mann war dumpf, faul, unentschlossen und ausgesprochen fromm. Als er im Jahre 1701 das Ge-

* Der französische Botschafter in Madrid.

schlechtliche entdeckte, wurde eine Obsession daraus; für den Rest der Welt hatte er nur wenig übrig.

Für alle, die ihn gut kannten, stand deshalb von vornherein fest, daß er unmöglich die bunte Vielfalt der spanischen Königtümer, und dazu noch in einer Krisenzeit, regieren konnte: Seltsamerweise* war dieser Bourbone dem letzten Habsburger verblüffend ähnlich. Dadurch ergab sich natürlich ein Machtvakuum: Irgend jemand würde mittels des Königs regieren. Zunächst sollte es sich bei diesem Jemand um eine Verbindung aus dem klugen und charmanten Herzog von Harcourt und dem Kardinal Portocarrero handeln, dem ersten Mann des Rats und Verantwortlichen für das Testament des verstorbenen Königs; doch da Philipp für die Ehe bestimmt war, war es sehr wahrscheinlich, daß seine Frau Einfluß auf ihn gewinnen würde, und klarsichtig wie immer hatte Ludwig XIV. auch dafür Vorsorge getroffen.

Es spielte keine große Rolle, ob die Prinzessin, die er ausgewählt hatte, hübsch, freundlich oder intelligent war: Sie mochte ihren Ehemann beeinflussen, doch man konnte immer dafür sorgen, daß sie ihrerseits von jemandem beeinflußt wurde. In diesem Fall allerdings gingen politische Erwägungen und eine glückliche Wahl Hand in Hand. Es war außerordentlich wichtig, den Herzog von Savoyen von einem Verrat an der Freundschaft mit Frankreich abzuhalten; und der beste Weg dazu war offenbar, seine jüngste Tochter Maria Luisa mit Philipp V. zu verheiraten; da sie dazu noch die Schwester der zauberhaften Herzogin von Burgund war, standen die Chancen gut, daß sie auch eine sehr angenehme Person sein würde.

Für den Herzog von Savoyen war es natürlich ein großer Erfolg, eine Tochter mit dem französischen Thronerben und eine mit dem König von Spanien verheiratet zu sehen, doch da er ebenso praktisch wie skrupellos veranlagt war, zog er die Erweiterung seines Territoriums einem solchen Ruhm vor; folglich gestalteten sich die Verhandlungen schwierig. Am 29. Juli 1701 schrieb Ludwig an seinen Enkel: «Ich hielt es für ratsam, deine Hochzeit zu verschieben, da ich erfahren habe, daß der Herzog von Savoyen es nicht aufrichtig meint. Du kennst ihn ja. Ich hatte dem Marquis von Castel Rodrigo geschrieben, er solle die Verhandlungen einstellen, doch wie ich nun höre, sind sie bereits abgeschlossen. Sei aber nicht überrascht, wenn [der Herzog] uns noch Schwierigkeiten bereitet: Ich hoffe, es wird ihm möglich sein.»[267]

Doch die Hochzeit fand dann doch durch Prokuration am 11. September statt, und der junge König verliebte sich auf der Stelle in Maria Luisa, die sich als bei weitem klüger als ihr Gemahl erwies. Die Königin war zwar von großer Lebhaftigkeit, doch immerhin war sie erst dreizehn – alt genug, um ihren

* So seltsam nun auch wieder nicht: Schließlich fanden sich unter seinen Vorfahren zahlreiche Habsburger.

Ehemann in die Freuden der Liebe einzuweihen, doch wohl kaum erfahren genug, um das Reich zu regieren.

Doch auch dafür hatte Ludwig XIV. Vorsorge getroffen. Als *camarera mayor** für Maria Luisa hatte er eine Dame ausgewählt, die in Tatkraft, Klugheit und in ihrem Wunsch, ihm gefällig zu sein, nicht ihresgleichen hatte. Die Prinzessin von Ursins hatte ein langes – sie war neunundfünfzig – und wechselvolles Leben hinter sich. Sie war eine geborene La Trémouille, eine der bedeutendsten Familien Frankreichs, und hatte einen Talleyrand geheiratet, den Prinzen von Chalais, der, weil er den Unterschied zwischen Ludwig XIV. und Mazarin nicht erkannt hatte, das Edikt mißachtet hatte, das Duelle verbot. Das, in Verbindung mit der scharfen Zunge der Prinzessin, war dem König ein großes Ägernis, und die Folge war, daß die Chalais Frankreich in aller Eile hatten verlassen müssen. Der Prinz war kurz darauf in Venedig an einem Fieber gestorben, und die Witwe fand sich mittellos und nach wie vor geächtet; also sorgte sie erst einmal für ein Unterkommen in einem römischen Kloster und sah sich dann um.

Das Resultat ihrer Forschungen bestand in einer zweiten Ehe, die noch strahlender war als die erste. Don Flavio Orsini hatte zwar seine besten Jahre hinter sich und war von der Gicht geplagt, doch er war der vornehmste Adlige in ganz Rom; seine Familie war von altersher frankophil, und folglich erschien es ihm nicht abwegig, Mme. de Chalais zu heiraten; tatsächlich war er ihr so sehr verfallen, daß er sie ohne Mitgift nahm. Von da an legte die Prinzessin von Ursins, wie sie sich nun nannte, da Orsini für ein französisches Ohr bei weitem zu ausländisch klang, alles darauf an, die Gunst Ludwigs XIV. wiederzuerlangen. In den vielen Auseinandersetzungen, die für Abwechslung im römischen Leben sorgten, stand sie stets auf der Seite Frankreichs, und da sie ebenso klug wie zielstrebig war, erwies sie sich als eine Größe, mit der man rechnen konnte.

Schon allein das hätte ihr den Posten der Camarera Mayor sichern können: Ebenso wichtig war jedoch, daß sie in jenen lang zurückliegenden Tagen, als sie noch Mme. de Chalais gewesen war, zu den engsten Freundinnen Mme. Scarrons zählte. Vierzig Jahre später erinnerte sich Mme. de Maintenon daran, und als der Entschluß fiel, Spanien mittels der Königin zu regieren und die Königin mittels der Camarera Mayor, schlug sie Mme. des Ursins vor.

Es war eine ausgezeichnete Wahl. Trotz ihres Alters war die Prinzessin energisch, ehrgeizig und eine gelehrige Schülerin; sie wußte, daß nur die engste Verbindung zwischen Spanien und Frankreich Philipp und Maria Luisa auf dem Thron halten konnte und daß nur die engste Freundschaft zwischen

* Die *camarera mayor* war die erste Dame bei Hofe. Es war ihre Pflicht, ständig in der Nähe der Königin zu sein, und sie leitete auch deren Haushalt.

ihr selbst und Mme. de Maintenon ihr das bescheren konnte, wonach sie sich sehnte – nichts Geringeres als ein eigenes Fürstentum.

So ergab sich eine ausgesprochen unorthodoxe und sehr vertrauliche Kette, in der die Anweisungen weitergegeben wurden. Ludwig XIV. hatte einen offiziellen Botschafter in Madrid, dessen Aufgabe es war, Anweisungen aus Versailles und Anfragen aus Madrid weiterzuleiten; doch binnen kurzem wurden die wirklich wichtigen Fragen in der Korrespondenz zwischen Mme. de Maintenon und Mme. des Ursins geregelt: Die beiden hatten das Kommando über Spanien und über den Krieg. Man muß natürlich dazusagen, daß Mme. de Maintenon lediglich im Auftrag Ludwigs XIV. handelte und daß sie in ihren Briefen die Politik des Königs auseinandersetzte. Doch als der Krieg seinen Lauf nahm, entwickelte Mme. de Maintenon ihre eigene Einstellung, und ebenso Mme. des Ursins; erstere war ausgesprochen defätistisch, letztere irredentistisch, und die Emotionen der beiden Damen trugen nicht gerade dazu bei, eine ohnehin schon sehr komplexe Lage zu vereinfachen.

Daß Mme. des Ursins sich nun plötzlich in einer solchen Machtposition fand, war natürlich eher die Folge der Umstände als die eines vorgefaßten Plans; doch daß sie überhaupt für diese Aufgabe ausgewählt worden war, war ein Beleg für den wachsenden Einfluß Mme. de Maintenons. Schon vor 1700 hatte Ludwig XIV. Ratsversammlungen in ihrer Wohnung abgehalten, doch das Treffen, bei dem das Testament Karls II. besprochen wurde, war das erste gewesen, bei dem ihr Kommentar wirklich eine Rolle spielte. Es war ein entscheidender Schritt: Von nun an war ihre Meinung, nach der sie meist gefragt wurde, die sie manchmal aber auch von sich aus vorbrachte, von großer Bedeutung, besonders, wenn es um die Besetzung von Ämtern ging. Am 19. März 1702 starb Wilhelm III., und seine Schwägerin, Prinzessin – nun Königin – Anna, trat seine Nachfolge an; von nun an hätte man den Spanischen Erbfolgekrieg gut den Krieg der drei Damen nennen können.

Ein weiteres unvorhergesehenes Ereignis stärkte die Position Mme. de Maintenons: Anfang 1701 starb der Kriegsminister Barbezieux unerwartet an einem Schlaganfall. Der König, fest entschlossen, nicht noch einmal einen Minister zu dulden, mit dem er unzufrieden war, berief auf der Stelle Chamillart, der dieses Amt nun zusätzlich zum Finanzministerium übernahm. Es war nicht gerade eine kluge Entscheidung. Chamillart, der sich beim König vor allem als guter Billardspieler beliebt gemacht hatte, war zweifellos arbeitsam, ehrlich und darauf bedacht zu gefallen. Leider war seine Auffassungsgabe begrenzt, und es mangelte ihm an Tatkraft und an grundsätzlichem Wissen. Schon als Finanzminister war er nicht der richtige Mann, um mit der Finanzkrise, die zweifellos ins Haus stand, fertig zu werden; ihm nun auch noch das Kriegsministerium aufzubürden mußte katastrophale Folgen haben, und der grundanständige Chamillart warnte den König auch davor. Doch das war das beste Mittel, auf beiden seiner Ämter sitzenzubleiben: Ludwig XIV. war längst davon überzeugt, daß er persönlich das Amt jedes Ministers besser versehen könne als dieser selbst. Chamillarts offenes Eingeständnis seiner Unfähigkeit wirkte deshalb ganz unbeabsichtigt wie eine ausgeklügelte Schmeichelei: Gerade sein Mangel an Kenntnissen würde die Tatsache unterstreichen, daß es der König höchstpersönlich war, der die Staatsgeschäfte führte.

Ludwig XIV. vertiefte diesen schwerwiegenden Fehler dann noch, indem er seine Generäle nach ihrer Stellung bei Hofe auswählte statt nach ihren Fähigkeiten: Der Herzog von Maine und der Graf von Toulouse bekamen Kommandos, obwohl der eine sich als Feigling erwiesen und der andere bisher keinerlei Fähigkeiten gezeigt hatte, während der Herzog von Chartres, bei dem alles auf eine echte militärische Begabung wies, trotz der ungewöhnlich scharfen Beschwerde Monsieurs in Versailles blieb. Auch der Prinz von Condé und der Prinz von Conti – letzterer ein brillanter junger Mann – erhielten keine Kommandos. Wäre Frankreich seinen Feinden haushoch überlegen gewesen, so hätte das alles keine Rolle gespielt; unter den gegebenen Umständen jedoch konnte dieses Gebaren, das weder neu noch überraschend war, die schlimmsten Folgen haben.

Für Monsieur handelte es sich dabei um eine Beleidigung seines Sohnes und folglich seiner selbst. Als es darum ging, die Hochzeit der Mlle. de Blois mit Chartres zu arrangieren, hatte der König versprochen, sich um den jungen Mann wie um einen Sohn zu kümmern, statt ihn als Schwiegersohn, mit dem nicht viel anzufangen war, zu betrachten. Er hatte auch insofern Wort gehalten, als er das junge Paar mit Geld überhäuft hatte; wenn es allerdings darum ging, Chartres' Karriere zu fördern, waren alle Versprechungen vergessen.

Die Folge war, daß der junge Mann sich den schlimmsten Ausschweifungen hingab. Am 8. Juni 1701 kam Monsieur von seinem Schloß Saint-Cloud, wo er nun die meiste Zeit zubrachte, nach Marly, um mit dem König zu Mittag zu essen. Er war schon seit langem ärgerlich, daß sein Sohn kein Kommando, ja überhaupt keinen Posten in der Armee bekommen hatte, obwohl der Krieg bevorstand; und als Ludwig XIV. mit scharfen Worten Chartres' Untreue gegenüber seiner Gattin kritisierte, brauste Monsieur auf und entgegnete, wie Saint-Simon berichtet, dem König, Väter, die selbst ein lockeres Leben geführt hätten, seien wohl kaum die richtigen, ihre Kinder (oder Schwiegersöhne) zu tadeln, die sich genauso benähmen.

Der König sagte, dann solle man doch wenigstens seiner Tochter die Kenntnis dieses schlechten Benehmens ersparen, woraufhin Monsieur seinen Bruder erinnerte, er selber habe seine Gattin so wenig geschont, daß er seine Mätressen sogar in deren Kutsche habe fahren lassen. Von nun an brüllten die beiden Brüder sich mit solcher Lautstärke an, daß sie noch im Nebenzimmer zu hören waren, und Monsieur, der all die nicht gehaltenen Versprechen des Königs aufzählte, schloß mit der Bemerkung, alle, die ihm prophezeit hätten, daß diese Ehe ihm nichts als Schande einbringen werde, hätten recht behalten. In diesem Falle, entgegnete der aufgebrachte König, werde er, da der Krieg ihn zu Sparmaßnahmen zwinge, die Pensionen für Monsieur und seine Familie als erste streichen. Inzwischen war das Essen aufgetragen, und mit roten Gesichtern und blitzenden Augen verließen die beiden Männer das Arbeitszimmer des Königs.

Am Abend desselben Tages wurde Monsieur, nach Saint-Cloud zurückgekehrt, mitten im Abendessen vom Schlag getroffen. Als der König davon erfuhr, kam er seinen Bruder besuchen, doch Monsieur hatte bereits das Bewußtsein verloren. «Da es keine Hoffnung mehr gab, drängten gegen acht Uhr morgens Mme. de Maintenon und Mme. la duchesse de Bourgogne zum Aufbruch... Als er sich zum Gehen wandte und, beide tränenüberströmt, einige freundliche Worte mit M. de Chartres wechselte, nutzte dieser junge Prinz die Gunst des Augenblicks. ‹Ah, Sire, was soll nun aus mir werden?› rief er und umklammerte die Beine des Königs,* ‹Ich verliere Monsieur, und ich weiß, daß Ihr mich nicht liebt.› Der König, überrascht und gerührt, umarmte ihn und sagte ihm viele tröstende Worte...

Am nächsten Tag besuchte M. le duc de Chartres den König, noch bevor dieser aufstand, und der König unterhielt sich freundlich mit ihm. Er sagte ihm, von nun an müsse er in ihm den Vater sehen, von nun an werde er sich seiner Karriere und seiner Interessen annehmen; all die Kleinigkeiten, die ihn an ihm geärgert hätten, habe er ihm verziehen, und er hoffe, auch er werde seinerseits vergessen; und er hoffe, daß die Freundschaft, die er ihm entgegenbringe, dafür sorgen werde, daß er sich ihm von neuem annähere und ihn dazu veranlassen werde, ihm sein Herz zu schenken wie er [der König] ihm das seine...

Nach einem so traurigen Vorfall, so vielen Tränen, so freundschaftlichen Worten erwartete jeder, daß die drei Tage, die der König noch in Marly bleiben wollte, voller Trauer sein würden, doch dann hörten... Kammerfrauen..., wie Mme. la duchesse de Bourgogne Opernarien sang. Kurze Zeit später, als der König den traurigen Ausdruck auf Mme. de Maintenons Gesicht sah, fragte er sie mit Verwunderung, warum sie so melancholisch sei...

Nach dem Abendessen desselben Tages fragte Monseigneur le duc de Bourgogne den Herzog von Montfort, ob er Karten spielen wolle. ‹Karten!› sagte Montfort voller Überraschung, ‹Das kann doch nicht Ihr Ernst sein! Monsieur ist noch nicht kalt.›

‹Ich bitte um Verzeihung›, antwortete der Prinz, ‹aber es ist mein voller Ernst. Der König, der es nicht wünscht, daß irgend jemand sich in Marly

---

* Chartres hatte sich vor dem König auf die Knie geworfen.

langweilt, gab mir den Befehl, dafür zu sorgen, daß jedermann spielt, und da zu befürchten sei, daß niemand sich trauen würde anzufangen, es selbst zu tun.›»[268] Und was den Herzog von Orléans anging (Chartres erbte den Titel seines Vaters) – zwar gingen sämtliche Pensionen, die seinem verstorbenen Vater gezahlt worden waren, nun an ihn, doch ein Kommando bekam er nicht.

Mit Monsieur starb der letzte Vertreter der Generation, die den König noch als jungen Mann gekannt hatte. Ludwig XIV. lebte nun inmitten seiner Kinder, seiner Enkel, von Höflingen, die jünger waren als er. Auch die Minister waren Vertreter der neuen Zeit; und Mme. de Maintenon war zwar genaugenommen drei Jahre älter als der König, doch auch sie war Teil seiner neuen Umgebung. Niemand erinnerte sich nun mehr an die schlimmen Tage der Fronde – das heißt, niemand außer dem König selbst. Majestätisch und unnahbar regierte Ludwig XIV. mehr als je zuvor allein; und nun schickte er sich, vierundsechzig Jahre alt, ein weiteres Mal an, gegen ganz Europa in den Krieg zu ziehen.

## XI

# EIN KRIEG DES SCHRECKENS

Ludwig XIV. hatte sich mehr als genug Aufgaben aufgeladen, um rund um die Uhr beschäftigt zu sein – er hatte ein mächtiges Königreich zu regieren, das mitten in einem verwickelten Krieg stand, er hatte die Arbeit der Minister zu überwachen, er hatte die Finanzierung neuer Ausgaben von riesigen Ausmaßen zu sichern, er hatte sich oft und regelmäßig in der Öffentlichkeit zu zeigen; und doch übernahm er im Jahre 1700, ohne einen Augenblick zu zögern, zu all dem noch die Regierung Spaniens. In einem Brief vom 15. Dezember an den Herzog von Harcourt heißt es: «Ich sollte Sie noch einmal ausdrücklich darauf hinweisen, daß der König von Spanien guten Willens ist. Er will und wird Gutes tun, wenn man ihm zeigt, wie; doch in vielen Dingen mangelt es ihm an Wissen. Er hat wenig Ausbildung genossen, noch weniger, als man bei seinem Alter erwarten würde. Es wird einfach sein, ihn zu beeinflussen, wenn Sie nur zunächst jegliches Vorurteil unterbinden, das die Leute vielleicht in ihm wecken werden ... Er wird Ihnen trauen und Ihren Rat befolgen.»[269]

Kurz darauf ging die Aufgabe an die Prinzessin von Ursins über, doch nach wie vor galt, daß Madrid von Versailles aus regiert wurde. Eine solche Aufgabe wäre zu jeder Zeit eine erdrückende Bürde gewesen; zu Anfang des 18. Jahrhunderts kamen noch die Langsamkeit und Unzuverlässigkeit des Kommunikationswesens und der schon weit fortgeschrittene Verfall der spanischen Monarchie hinzu: Als seien die Schwierigkeiten, die der Krieg ihm bereitete, nicht schon genug, hatte sich Ludwig XIV. nun auch noch um einen Neuaufbau des spanischen Staates zu kümmern. Doch unbeirrt machte sich der Sonnenkönig daran, die gänzlich marode Verwaltung zu zentralisieren und zu rationalisieren, die die Habsburger hinterlassen hatten.

Außerdem verfolgte er die Schachzüge von Mme. des Ursins mit größter

Aufmerksamkeit. Eigentlich hätte die Prinzessin nichts weiter als die Übermittlerin von Anweisungen des Großvaters an den Enkel sein sollen; doch nun entwickelte sie binnen kurzem eine solche Loyalität gegenüber Philipp und Maria Luisa, daß sie die beiden in manchen Fällen zu eigenen politischen Entscheidungen ermunterte. Bereits am 13. Juli 1701 hatte Ludwig XIV. an Philipp V. geschrieben: «Ich schicke Euch Marsin, der Euch Gesellschaft leisten wird... Ich vertraue ihm, also dürft auch Ihr es tun, und Ihr könnt versichert sein, daß er Euch niemals einen Vorschlag unterbreiten wird, der nicht in beiderseitigem Interesse ist. Ich kann nicht schließen, ohne Eure Majestät meiner Liebe zu versichern und Euch mit all meiner Macht zu sagen, wie sehr ich mir wünsche, Eure Majestät zu einem großen König heranwachsen zu sehen, und das könnt Ihr sein, wenn Ihr nur wirklich wollt.»[270]

Solche Ermahnungen finden sich immer und immer wieder. Ein langer Brief vom 7. August, der sich mit der spanischen Etikette und einigen Problemen beschäftigt, die sich mit Neapel ergeben hatten, schließt beispielsweise mit den Worten: «Wie glücklich werde ich sein, wenn Ihr erst jenes hohe Maß an *gloire* erreicht habt, zu dem, wie ich hoffe, Euer Mut Euch erheben wird: Ich werde Euch um so mehr lieben, und meine Zuneigung zu Euch wird im gleichen Maße steigen wie meine Wertschätzung für Euch.»[271] Doch während er Philipp V. einerseits zu mehr Initiative ermunterte, machte er ihm andererseits Vorschriften in jeder Kleinigkeit: Ob es nun um die Reform der spanischen Etikette ging oder darum, wie man mit der katalonischen Familie Cortes umzugehen habe – zu allem gab es einen Brief aus Versailles.

Bald stellte sich jedoch ein neues Problem. Mme. des Ursins erwies sich zwar in vielerlei Hinsicht als große Hilfe, doch hatte sie dabei zuviel Einfluß gewonnen: Sie beherrschte die Königin vollkommen, und die Königin wiederum beherrschte den König. Auch der kleinste Widerstand des jungen Mannes konnte mit einem einzigen, einfachen Mittel gebrochen werden: Er war ihrer Anziehungskraft so verfallen, daß selbst eine einzige Nacht der Enthaltsamkeit mehr war, als er ertragen konnte. Die Königin brauchte sich also nur ihrem Gatten zu verweigern: Am nächsten Tag – wenn er überhaupt so lange aushielt – gab er nach.

Natürlich wußte jeder davon, und am 13. November nahm sich Ludwig XIV. der Frage an: «Zu Eurem wie zu ihrem eigenen Glück muß [die Königin] die Idee aufgeben, die man Ihr in den Kopf gesetzt haben mag, sie könne über Euch herrschen. Eure Würde wäre mit einem solchen Verhalten gänzlich unvereinbar. Nicht einmal Privatleuten verzeiht man so etwas. Könige, die alles, was sie tun, öffentlich tun, sind um so verachtenswürdiger, wenn sie sich von ihren Frauen beherrschen lassen... Die Königin ist Eure erste Untergebene: als solches und als Eure Frau hat sie Euch zu gehorchen.»[272] Das war leicht gesagt, doch es ging von der Hoffnung des Königs aus, in seinem Enkel eine jüngere – und ein wenig weichere – Ausgabe seiner selbst zu finden, und in dieser Hoffnung wurde er enttäuscht. Es erwies sich zwar, daß Philipp V. durchaus auch gute Eigenschaften hatte, doch Willensstärke gehörte nicht dazu.

Das war zwar bedauerlich, doch Ludwig XIV. hatte viel zu viel miterlebt, als daß er sich darauf nicht hätte einstellen können. Als die Königin sich im folgenden Jahr widerstrebend und unter Tränen bereit erklärte zurückzubleiben, während ihr Ehemann in den Krieg zog, schrieb Ludwig an sie: «Ich hatte keinen Zweifel daran, daß Eure zarte und tiefe Liebe zum König von Spanien Euch viel Schmerz bereiten würde, wenn Ihr Euch von ihm würdet trennen müssen; doch ich muß zugeben, ich hatte nicht erwartet, daß diese Trennung mir Anlaß geben würde, Euch in noch größerem Maße zu lieben und zu erkennen, daß Eure Klugheit, Eure Vernunft und Euer Geist noch bei weitem alles übertreffen, was ich bisher davon gesehen hatte. Indem Ihr die *gloire* meines Enkels allem anderen vorzieht, zeigt Ihr, wie sehr Ihr ihn liebt, und ich muß Euch wohlverdientes Lob spenden statt des Rates, um den Ihr mich gebeten habt...»[273] Zusätzlich zu all seinen anderen Begabungen erwies sich der Sonnenkönig nun auch als ein geschickter Psychologe.

Doch handelte es sich dabei nicht nur um Schmeichelei: Maria Luisa legte, sah man einmal vom Ehebett ab, bald ein männlicheres Verhalten an den Tag als ihr Gatte. Ihr unbezwingbarer Mut war es, der diesen durch manche Krise brachte, ihre Klugheit – noch verstärkt durch diejenige von Mme. des Ursins –, die ihm regieren half; ihre Tatkraft brachte dem Paar die Beliebtheit, die es so dringend nötig hatte. Philipp allein wäre wahrscheinlich zu einer Last geworden: Mit seiner Frau zusammen erwies er sich als ein Segen. Und blieb er einmal hinter dieser Erwartung zurück, dann ließen die tadelnden Briefe aus Versailles nicht lange auf sich warten.

Daß es in Madrid keine Schwierigkeiten gab, war um so wichtiger geworden, als das übrige Europa inzwischen eine Koalition gebildet hatte, die ‹Große Allianz›, die die Ansprüche des Erzherzogs anerkannte, und da er sich von neuem mächtigen und wohlorganisierten Feinden gegenübersah, verließ Ludwig XIV. sich wiederum in erster Linie auf sich selbst. Gegen ihn traten die beiden größten Feldherren ihrer Zeit an, John Churchill, der bald Herzog von Marlborough werden sollte, und Prinz Eugen von Savoyen, der Sohn der ehemaligen Geliebten des Königs, der Gräfin von Soissons, der nun in den Diensten des Kaisers stand. Diesen hochbegabten Männern hatte der König lediglich den Herzog von Vendôme entgegenzusetzen, illegitimer Enkel Heinrichs IV. und ein talentierter Heerführer, der sich jedoch mit Marlborough und dem Prinzen Eugen nicht messen konnte; dazu den Marschall von Villars, tapfer, klug und vor allem vom Glück begünstigt, und den Herzog von Berwick, den illegitimen Sohn aus der Verbindung Jakobs II. mit Arabella

Churchill, der Schwester Marlboroughs – ebenfalls ein sehr kompetenter Mann, doch ohne das Genie seines Onkels. Schlimmer war, daß es den übrigen französischen Generälen selbst an den grundlegendsten Fähigkeiten mangelte: Villeroy, der Freund des Königs, konnte einen Ball organisieren, aber keine Armee, und Tallard, Marsin und La Feuillade, die alle drei später zu Marschällen ernannt wurden, waren eher Höflinge als Offiziere.

Mit den Ministern war es nicht besser bestellt. Chamillart, der wichtigste unter ihnen, war völlig überfordert; Torcy, der Außenminister, fand sich gezwungen, eine Politik zu vertreten, von der er abgeraten hatte. Natürlich gehorchte er dem König, doch er legte einen außerordentlichen Mangel an Tatkraft an den Tag, und der wackere und ausgesprochen tugendhafte Herzog von Beauvillier beklagte den gesamten Gang der Ereignisse. Also war der König ganz auf sich selbst gestellt – ein Umstand, der ihn noch weiter anspornte.

Man kann sagen, daß Ludwig XIV. während der nächsten zwölf Jahre neben dem Hof, den er wie immer führte, die Arbeit mehrerer Minister verrichtete und noch seine Generäle instruierte, und das alles in einem Alter, in dem die meisten seiner Zeitgenossen entweder im Ruhestand lebten oder längst gestorben waren. Selbst in seiner engsten Umgebung konnte er nicht auf Unterstützung hoffen: Mme. de Maintenon war zwar absolut gehorsam, doch sie machte keinen Hehl daraus, daß sie diesen Krieg verabscheute; die *légitimés* blieben farblose Gestalten, und die übrige Königsfamilie war wie immer mit ihren kleinlichen Streitereien beschäftigt.

Schon zu Beginn des Krieges unterlief dem König ein schwerwiegender Fehler: Er versah seinen Enkel bei dessen Aufbruch mit Patentbriefen, die sicherstellten, daß seine Stellung in der französischen Thronfolge trotz seiner Übernahme der spanischen Krone unangetastet blieb. Das war nichts Ungewöhnliches: Es gab einen Präzedenzfall bei Heinrich III., der zunächst König von Polen wurde, dann aber, als sein Bruder im Jahre 1574 starb, den französischen Thron übernahm. Doch allein die Vorstellung, Frankreich und Spanien könnten unter einem einzigen Monarchen vereint sein, mußte das übrige Europa in Schrecken – und in Wut – versetzen, und daran änderte auch die Tatsache nichts, daß es sehr unwahrscheinlich war, daß dieser Fall jemals eintreten würde.*

Ein weiteres Ärgernis für die Allianz ergab sich durch den Tod Jakobs II. am 16. September 1701. Trotz des gegenteiligen Rats seiner Minister erkannte

---

* Man konnte schließlich damit rechnen, daß der Herzog von Burgund Kinder haben würde. Tatsächlich war es sein zweiter Sohn, der als Ludwig XV. den Thron bestieg; doch langfristig gesehen waren die Befürchtungen der Allianz berechtigt: Der heutige spanische König Juan Carlos ist der einzige Nachfahre Ludwigs XIV. in direkter Linie ...

Ludwig unverzüglich Jakobs Sohn als neuen König von England an. Das war jedoch nicht so unvernünftig, wie bisweilen gesagt wird: Einen Monat zuvor war das Bündnis gegen Frankreich geschlossen worden, und ein Krieg war unausweichlich. Indem er einen Stuart als König von England anerkannte, machte Ludwig XIV. nicht nur der verwitweten Maria von Modena eine Freude, er verschaffte sich auch ein zusätzliches Pfand für zukünftige Friedensverhandlungen.

Der eigentliche Krieg, den der Kaiser in Italien erklärt hatte, kam nur langsam in Gang. Zunächst unterlag Catinat, ein kompetenter, aber einfallsloser Führer, dem Prinzen Eugen; dann überrannte dieser Villeroy in Cremona und nahm (für kurze Zeit) die Stadt ein und (für länger) den Marschall gefangen; Vendôme wurde entsandt, seinen Platz einzunehmen. Die beiden Generäle standen sich das ganze Jahr 1702 hindurch in einer Reihe wirkungsloser, aber oft blutiger Schlachten gegenüber; die Lage änderte sich im Jahre 1703, als allmählich klar wurde, daß der Herzog von Savoyen, dem der Kaiser Geld und Ländereien versprochen hatte, im Begriff war, ein weiteres Mal die Fronten zu wechseln. Es versteht sich, daß Ludwig XIV. rasch reagierte. Im September schrieb er dem Herzog: «Monsieur, da Religion, Ehe, Interesse, unser Bündnis und Eure eigene Unterschrift Euch nichts bedeuten, sende ich Euch an der Spitze meiner Armee meinen Vetter, den Herzog von Vendôme, der Euch meine Absichten auseinandersetzen wird. Er wird Euch nicht mehr als vierundzwanzig Stunden Zeit geben, zu einem Entschluß zu kommen.»[274] Die französische Armee nahm die Truppen des Herzogs gefangen, während dieser selbst zur Allianz überging.

An der wesentlich wichtigeren Nordfront sah es nicht besser aus. Weder der tapfere, aber nicht eben intelligente Marschall von Boufflers noch der Herzog von Burgund waren in der Lage, Marlborough aufzuhalten, der durch gleichmäßiges Vorrücken mit gelegentlichen kleinen Siegen die französische Armee bereits ein erhebliches Stück zum Rückzug gezwungen hatte. Der Herzog von Burgund selbst mußte scharfe Kritik über sich ergehen lassen. Doch Ludwig XIV. zeigte, wie wenig ihn das alles kümmerte, indem er seinen Enkel in den Rat berief; und alle bereiteten sich auf den nächsten Feldzug vor.

Wenigstens Villars hatte im Oktober 1702 in Fridlingen an der elsässischen Front eine Schlacht gewonnen. Im Frühjahr 1703 schlossen sich seine Truppen mit denjenigen des Kurfürsten von Bayern zusammen, des einzigen noch verbliebenen Verbündeten Frankreichs; und da Prinz Eugen noch in Italien beschäftigt war, schien es, als könne Frankreich auf größere Erfolge hoffen: Im September wurde die kaiserliche Armee bei Höchstätt geschlagen, Villars nahm Augsburg, Vauban unter dem nominellen Kommando des Herzogs von Burgund Landau und Alt-Breisach.

Unglücklicherweise begannen Villars und der Kurfürst sich bald gegenseitig zu verachten: Villars hielt den Kurfürsten für hoffnungslos langsam und zaghaft, der Kurfürst war verärgert über Villars' Dreistigkeit und darüber, daß er das Oberkommando über die vereinigten Armeen führte. Schließlich bat der Marschall um ein Kommando im Heimatland, er wurde in die Cevennen geschickt, um einen protestantischen Aufstand zu bekämpfen, Marsin übernahm seinen Posten, und damit war es mit den Erfolgen vorbei. Und auch bei ihrem nächsten Feldzug an die nördliche Front war den Franzosen kein Glück beschieden; der wieder freigelassene Villeroy führte sie gegen Marlborough. Das Mißverhältnis der Kräfte war grotesk, und entsprechend groß die Niederlage. Die Allianz eroberte den gesamten Niederrhein zurück, am 2. Juli 1704 brachte sie den Franzosen bei Donauwörth eine verlustreiche Niederlage bei; und als sei das noch nicht genug, beschloß der Marschall von Tallard – ein Fall von seltener Inkompetenz, allerdings teilweise von Versailles aus gesteuert –, die englisch-deutschen Truppen anzugreifen. Am 13. August bewies Marlborough beim Dörfchen Blenheim (Blindheim) der ganzen Welt, was für ein außerordentlicher Feldherr er war; zwölftausend Franzosen fielen, vierzehntausend gerieten in Gefangenschaft, dazu zwölfhundert Offiziere, und die gesamte Ausrüstung ging verloren. Es war eine Niederlage, wie Frankreich sie seit Jahrhunderten nicht mehr hatte hinnehmen müssen.

In Versailles traf die Nachricht mitten in den Feierlichkeiten zur Geburt eines Sohnes* der von Burgund ein; Mme. de Maintenon überbrachte dem König die Neuigkeit, doch dieser zeigte der Welt, daß keine Katastrophe ihn zerschmettern konnte. Eine neue Armee wurde ausgehoben, Villars aus den Cevennen zurückgerufen, und da auch die Allianz mit mancherlei Schwierigkeiten zu kämpfen hatte, war der Marschall während des Jahres 1705 zumindest in der Lage, ein weiteres Vordringen Marlboroughs zu verhindern. Auch nach vier Jahren Krieg und einer entsetzlichen Niederlage blieben die Grenzen Frankreichs unangetastet: Ein Zeichen, welche Stärke das Königreich unter der Regierung Ludwigs XIV. erreicht hatte.

Unglücklicherweise war der Krieg auch in Spanien wenig erfolgreich. Am 4. August 1704 eroberten die Engländer Gibraltar, und ein Versuch, es unter dem Grafen von Tessé und einer Flotte, die vom Grafen von Toulouse geführt wurde, zurückzuerobern, scheiterte; im März 1705 zwangen englische Schiffe die französische Flotte, auch wenn sie sie nicht wirklich schlugen, die spanischen Gewässer zu verlassen. Toulouse hatte tapfer, allerdings mit Vorsicht gekämpft; doch von da an beherrschte die britische Navy die Meere.

Und beinahe noch schlimmer war, daß die Engländer im folgenden Frühjahr unter Lord Peterborough Barcelona eroberten, damals die größte Stadt Spaniens, und dazu das gesamte Königtum Valencia. Der Erzherzog folgte ihnen und zog als Karl III. ein: Von nun an hatte Spanien zwei Könige,

* Der Herzog von Bretagne. Er starb im folgenden Jahr.

und niemand konnte sagen, welcher von beiden sich am Ende behaupten würde.

Auch in Madrid ergaben sich für Ludwig XIV. ernsthafte Probleme. Mme. des Ursins, die die spanische Regierung beinahe allein führte, entwikkelte allmählich ihre eigene Politik. Und, schlimmer noch, sie führte einen langen und erbitterten Streit mit dem neuen Gesandten Ludwigs XIV., dem Kardinal von Estrées. Der erste Versuch von Mme. des Ursins, sich seiner zu entledigen, war die Bitte an Ludwig XIV., in Versailles Station machen zu dürfen, wenn sie demnächst nach Rom reise, um sich dort zur Ruhe zu setzen; der König drängte sie daraufhin zwar, ihren Posten zu behalten, doch er rief den Botschafter nicht zurück. Gleichzeitig gab er sich große Mühe, die Position seines Enkels zu stärken. «Es würde mich sehr freuen, wenn ich hörte, daß Ihr Euch wie der Herr im Hause benehmt», schreibt er am 5. Mai 1703 an Philipp, «statt daß man Euch zu den kleinsten Kleinigkeiten eine Meinung erst einreden muß. Es wäre beinahe besser für Euch, wenn Euch von Zeit zu Zeit kleine Fehler unterliefen, weil Ihr Eurem eigenen Willen folgt, als wenn Ihr sie vermeidet, indem Ihr auf den Rat anderer hört.»[275]

Doch das war zuviel von ihm verlangt. Wünschte Mme. des Ursins die Ablösung des Kardinals von Estrées, so war es eine Selbstverständlichkeit, daß Philipp V. an seinen Großvater schrieb und darum bat. Am 24. Juni antwortete Ludwig XIV. und versprach, er werde – zu einem noch unbestimmten Zeitpunkt – den Botschafter zurückrufen, sofern der Kardinal selbst es wolle, und er fügte hinzu: «Verhielte ich mich anders, so würde man denken, ich hätte mich von seinen Feinden übertrumpfen lassen; das würde man auch Euch anlasten ... man würde sagen, die Hofintrigen hätten noch genausoviel Macht wie unter der Regierung des verstorbenen Königs.»[276] Ein solcher Kommentar – der Vergleich mit dem früheren Hof – von einem Monarchen, der die Intrige verabscheute, war eine deutliche Warnung an die Prinzessin; und als diese einen Brief aus Versailles öffnete, der an den Botschafter adressiert war, schlug Ludwig XIV. zu: Am 11. April 1704 wurde Mme. des Ursins auf seinen Befehl aus Madrid verbannt und erhielt Anweisung, sich in Südfrankreich niederzulassen.

Doch selbst eine so drastische Maßnahme stellte die Harmonie nicht wieder her. Philipp und Maria Luisa hatten gehorcht – es blieb ihnen keine andere Wahl –, doch von nun an baten sie unermüdlich um die Rückkehr der Prinzessin, und der Mangel einer führenden Hand machte sich von Tag zu Tag deutlicher bemerkbar. Am 20. August schreibt der König überdrüssig: «Ihr bittet mich um Rat; ich habe Euch geschrieben, was ich für richtig halte, doch kein Ratschlag kann von Nutzen sein, wenn Ihr wartet, bis es zu spät ist, bevor Ihr mich entweder fragt oder meinen Rat in die Tat umsetzt ... Ihr könnt nicht erfolgreich sein, solange Eure Regierung so wenig Disziplin zeigt.»[277] Es erwies sich als nicht gerade einfach, Spanien von Versailles aus zu regieren – die Unfähigkeit Philipps war zu groß, seine Unterwerfung unter die Königin zu absolut, deren Abhängigkeit von Mme. des Ursins zu vollkommen. Also machte der König, was bisher noch nie vorgekommen war, seine Entscheidung rückgängig: Nach einem weiteren Bittbrief Maria Luisas (vom 16. November) und um den völligen Zusammenbruch der spanischen Regierung zu verhindern, erlaubte er der Prinzessin, nach Versailles zu kommen, und ohne Zweifel würde sie von dort aus zurück nach Madrid gesandt werden.

Dieser Triumph einer alten Dame über den Sonnenkönig war um so bemerkenswerter, als dem König in Frankreich nach wie vor absoluter Gehorsam gezollt wurde. «Der alte Maréchal de Villeroy, der sich am Hof auskannte», notiert Saint-Simon, «bemerkte einmal scherzhaft, man solle den Nachttopf für die Minister tragen, solange sie im Amte seien, und ihn über ihrem Kopfe ausleeren, sobald man sehe, daß ihre Macht schwinde.»[278] Tatsächlich kam nun alles auf den König an: Es war das genaue Gegenteil der Lage, die er im Jahre 1660 vorgefunden hatte; und als wolle er das noch deutlicher machen, sorgte Ludwig XIV. trotz aller Niederlagen dafür, daß Versailles glanzvoll wie immer blieb. Die regelmäßigen Feste wurden zu den üblichen Zeiten gefeiert, der König reiste von Versailles wie immer nach Trianon, Marly und Fontainebleau, die Arbeit an einer neuen Palastkapelle ging weiter. Auch wenn der Geldmangel sich schmerzhaft bemerkbar machte, ließ man nicht zu, daß sich dadurch das Leben bei Hofe änderte.

Die Höflinge waren ergebener als je zuvor, doch selbst ihnen schien manche Schmeichelei zu weit zu gehen. Der Abbé von Polignac war, wie Saint-Simon uns berichtet, «ein steter Gast bei den Ausflügen nach Marly, und alle wetteiferten um die Gunst seiner Gesellschaft; ... [doch] bei all seiner Klugheit unterlief ihm ein Kompliment, dessen Übertriebenheit allgemein auffiel ... Er gehörte zu der Gesellschaft, die den König bei seinem Spaziergang durch den Garten von Marly begleitete; es begann zu regnen; der König machte eine freundliche Bemerkung, seine Kleider würden ihn nicht trocken halten. ‹Das macht nichts, Sire›, entgegnete er, ‹der Regen in Marly ist nicht naß.›»[279]

In Marly war es auch, daß Ludwig XIV. Mme. des Ursins empfing, und zwar am 10. Januar 1705; doch schon vier Tage zuvor hatte er an seinen neuen Botschafter in Madrid, den Herzog von Grammont, geschrieben: «Sie kennen die Schwächen meines Enkels ... Die Königin wird ihn immer beherrschen. Statt ihre Macht zu brechen, müssen wir versuchen, Gebrauch davon zu machen ... Der König von Spanien darf nicht erfahren, wie ich über ihn denke ... Versuchen Sie, das Zutrauen der Königin zu erlangen – geben Sie ihr nicht das Gefühl, Sie wollten ihr die Regierungsgewalt nehmen.»[280] Folglich war auch der Besuch von Mme. des Ursins am französischen Hof ein Triumph. Es gab lange, vertraute Gespräche mit dem König und mit Mme. de Maintenon; ihren Brüdern wurden besondere Vergünstigungen gewährt; und als sie am 15. Juni 1705 nach Spanien aufbrach, stand außer Zweifel, daß sie für immer dort bleiben würde.

In all den vierundvierzig Jahren seiner persönlichen Regierung hatte Ludwig XIV. es nie zuvor zugelassen, daß ein Untertan so sehr seinen Absichten zuwiderhandelte: Es spricht sehr für ihn, daß er in diesem einen Fall flexibel genug war nachzugeben – ohne die Arbeit von Mme. des Ursins in Madrid konnte der Krieg nicht gewonnen werden: Man würde ihn sogar mit Sicherheit verlieren.

Beinahe ebenso überraschend ist die Tatsache, daß es dem König selbst im hohen Alter gelang, härter zu arbeiten als je zuvor. Nach den schweren Erkrankungen früherer Jahre scheint er seine Gesundheit vollends wiedergefunden zu haben. Im Laufe des Jahres 1705 litt er zum Beispiel Mitte März an einem kurzen Gichtanfall, Mitte April ging eine Erkältung mit einem schwereren Gichtanfall einher, und dann blieb er, abgesehen von länger anhaltendem Durchfall Ende August und ein zweites Mal im Oktober, gesund bis zum 23. Dezember – an diesem Tag erbrach er tote Würmer, allerdings, wie es scheint, ohne weitere Folgen.[281] Bedenkt man, daß er mindestens einmal pro Monat einen Einlauf bekam (der bis zu zehn Entleerungen nach sich zog) und häufig zur Ader gelassen wurde, so erkennt man, daß er ein außerordentlich gesunder Mensch gewesen sein muß. Im April stellte er allerdings wegen seiner Gicht das *grand coucher* ein, jene Zeremonie, die sein Zubettgehen zu einer Angelegenheit des gesamten Hofs gemacht hatte; von da an leistete ihm nur ein kleiner Kreis von Bedienten und Höflingen Gesellschaft.

Das soll jedoch nicht heißen, es sei nun weniger prächtig zugegangen. Die Herzogin von Maine gab immer größere Empfänge, und die Bälle in Marly und Versailles im Januar und Februar 1706 zeigten aller Welt, daß der König von Frankreich sich mit ganz Europa im Krieg befinden konnte und sich trotzdem nichts anhaben ließ. Am 1. Januar 1707 allerdings sah sich Ludwig XIV. dann doch gezwungen, sich bei den traditionellen Neujahrsgeschenken für die Königsfamilie einzuschränken.

Auch manches andere veränderte sich: Im Jahre 1707 beschloß der König, daß er es sich nicht länger leisten konnte, auf die Hilfe seiner Familienmitglieder zu verzichten, selbst wenn er ihnen damit, so sehr es ihm zuwider war, Gelegenheit bot, ihren eigenen Ruhm zu mehren: Der Herzog von Orléans bekam endlich sein Kommando,* und zwar das der französischen Armee in Spanien. Bei dieser Gelegenheit kam auch der Haß des Königs auf

---

* Im Jahr zuvor war er unter Marsin in Italien ins Feld gezogen, doch seine Funktion war ausschließlich dekorativer Natur gewesen.

abweichende religiöse Meinungen wieder ans Tageslicht. Ludwig XIV. erkundigte sich bei seinem Neffen, wen er sich zu Offizieren erkoren habe; «M. le duc d'Orléans nannte neben anderen auch Fontpertuis. ‹Was, Neffe!› entgegnete der König aufgebracht, ‹der Sohn dieser Wahnsinnigen, die M. Arnaud überallhin folgte, und noch dazu ein Jansenist? Solche Leute kann ich nicht in deiner Nähe dulden.›

‹Nun, Sire›, entgegnete M. d'Orléans, ‹über die Mutter weiß ich nichts. Aber daß der Sohn ein Jansenist sein soll! Er glaubt ja nicht einmal an Gott.›

‹Gibt es denn so etwas?› fragte der König. ‹Bist du dir da ganz sicher? Wenn dem wirklich so ist, will ich nichts gesagt haben, dann nimm ihn ruhig mit ins Feld.›»[282] Unter solchen Umständen ist es nicht verwunderlich, daß die Verbannung Fénelons niemals widerrufen wurde.

Daran, daß Ludwig seinem Neffen eine Armee anvertraute, läßt sich ablesen, in welchem Maße er besorgt war; nach außen hin mochte er mehr Selbstvertrauen zeigen als je zuvor, doch Blenheim hatte ihm deutlich genug gezeigt, daß er eine Niederlage zumindest in Betracht ziehen sollte. Schon 1704 hatte er sich in aller Heimlichkeit Heinsius, dem holländischen Ratspensionär, genähert, doch vergebens. Es war Frankreich beschieden weiterzukämpfen; und der Krieg erwies sich als beinahe untragbar kostspielig: Zu Lebzeiten Colberts pflegte sich der Jahresetat auf etwa 100 Millionen Livres zu belaufen und mehr oder weniger ausgeglichen zu sein; 1706 waren es 220 Millionen, davon beinahe 170 Millionen Defizit; es war nicht zu übersehen, daß die Verschuldung sprunghaft anstieg, und von neuem war der Staat in Abhängigkeit vom guten Willen der Finanziers geraten.

Offenbar bestand die einzige Hoffnung darin durchzuhalten. Zumindest in Italien zeigte der Krieg Erfolge. Am 16. August 1705 brachte Vendôme dem Prinzen Eugen bei Cassano tatsächlich eine Niederlage bei; und am 19. April 1706 überrannte er in dessen Abwesenheit die Offiziere des Prinzen in der Schlacht von Calcinato; es schien sogar, als könne das schwer befestigte Turin, die Hauptstadt des Herzogtums Savoyen, in Kürze eingenommen werden.

An den anderen Fronten mußten die Franzosen allerdings weiterhin Niederlagen hinnehmen. Der Herzog von Marlborough, nicht nur ein General, sondern dazu noch ein Staatsmann, hielt die Allianz zusammen; er sorgte für die Ausbildung und Versorgung der Truppen und für eine großzügige Finanzierung des Krieges, und am 23. Mai 1706 besiegte er den Marschall von Villeroy ein weiteres Mal, diesmal bei dem Städtchen Ramillies. Es erwies sich als zweites Blenheim, und der entsetzte Villeroy brauchte fünf Tage, bis er den Mut faßte, die Nachricht davon nach Versailles zu schicken; doch wartete keine Strafe auf ihn, als er an den Hof zurückkehrte. Ludwig XIV. sagte lediglich: «Monsieur le maréchal, in unserem Alter ist einem das Glück nicht mehr hold.»[283]

Die Niederlage von Ramillies, für sich genommen schon eine Katastrophe, zog noch eine weitere Konsequenz nach sich. Endlich überzeugt, daß Villeroy nicht der Mann war, den man Marlborough gegenüberstellen konnte, rief der König Vendôme aus Italien zurück; und kaum war er aufgebrochen, da brachte sich die französische Armee unter Führung des Herzogs von La Feuillade, des Schwiegersohns Chamillarts, in eine derart ungünstige Position, daß der zurückgekehrte Prinz Eugen nur noch zuzuschlagen brauchte: An die Einnahme Turins war nicht mehr zu denken, und Marsin verlor am 7. September 1706 die Schlacht vor der Stadt, wobei auch die gesamte Ausrüstung verlorenging. Marsin erlag kurz darauf seinen Verwundungen. Bis zum Ende des Monats hatte Frankreich die Gegend um Mantua, Mailand und das Piemont verloren, und zur gleichen Zeit hatten die Österreicher mit Unterstützung der britischen Navy Neapel genommen: Wohin Ludwig XIV. auch blickte – er sah nur Mißerfolge.

Chamillart, der das Amt Colberts und das von Louvois noch dazu innehatte, flehte den König an, ihm den Rücktritt zu gestatten. «Er schrieb dem König einen rührenden Brief, in dem er um Ablösung bat», notiert Saint-Simon; «er legte ihm in aller Deutlichkeit dar, wie schlecht die Dinge standen, und fügte hinzu, er sei nicht in der Lage, Abhilfe zu schaffen, da es ihm an Zeit und Kraft mangle ... und zum Schluß sagte er offen, das ganze Land werde untergehen, sofern sich keine Lösung fände. Er ließ in seinen Briefen immer einen breiten Rand, auf den der König persönlich seine Kommentare schrieb. Chamillart zeigte mir diesen Brief, nachdem er vom König zurückgekommen war. Mit Überraschung sah ich, daß dessen kurzer Kommentar mit dem Satz endete: ‹Nun, dann werden wir eben gemeinsam untergehen.›»[284]

In der Tat war nicht zu übersehen, daß das Schicksal sich gegen Frankreich gewendet hatte: Kaiser Leopold war langsam und nicht eben tatkräftig gewesen; doch als er 1705 starb, trat sein Sohn unter dem Namen Joseph I. die Nachfolge an, und der neue Kaiser war bei weitem klüger und energischer als sein Vater – er war entschlossen, seinem Bruder zum spanischen Thron zu verhelfen, und erwies sich als gefährlicher Gegner.

Auch in Spanien gab es nichts als Mißerfolge. Trotz mehrerer Versuche scheiterte die Belagerung Barcelonas, und Philipp V. war zum Rückzug nach Navarra gezwungen; zur gleichen Zeit drangen englisch-portugiesische Truppen unter M. de Ruvigny, einem im Exil lebenden französischen Protestanten, dem Wilhelm III. den Titel eines Earl of Galloway verliehen hatte, tief ins Landesinnere vor und zogen am 26. Juni 1706 in Madrid ein, wo der Erzherzog zu ihnen stieß.

Doch gerade dieser schwere Rückschlag erwies sich als hilfreich: Philipp V. war beim Volke beliebt, weil sein Vorgänger ihn zum Erben bestimmt hatte, und Maria Luisa war populär, weil sie Tatkraft zeigte. Binnen weniger Wochen brachte sie in den Städten, die noch nicht von den Engländern eingenommen waren, Geld zusammen; das Volk wie die Granden hielten sich an den Eid, den sie Philipp geschworen hatten, und dieser, an der Spitze einer neu gesammelten Armee, schlug Galloway und zog am 26. September wieder in Madrid ein.

Das war zweifellos ein bedeutender Erfolg, nicht zuletzt, weil Spanien deutlich gemacht hatte, daß es sich nicht mit dem Erzherzog oder überhaupt mit einem Kandidaten, der von fremden Mächten bestimmt war, abfinden würde. Für Ludwig XIV., der fest entschlossen war, seinem Enkel die Krone zu bewahren, war es ein Trost, zumal in seiner unmittelbarsten Nähe jemand, der über beinahe ebensoviel Macht verfügte wie er, bereit war, den Krieg zu beinahe jeder Bedingung zu beenden.

Mme. de Maintenon hatte sich von Anfang an gegen den Krieg ausgesprochen. Die Meinung, die sie im Rat geäußert hatte, war eher darauf bedacht gewesen, Monseigneur freundlich zu stimmen – den nächsten König, wenn sein Vater starb –, als daß sie ihrer eigenen Überzeugung entsprungen wäre. Von Anfang an hatte sie über die Belastung geklagt, die dieser Krieg verursachen würde, und sie hatte vorausgesagt, die Lage werde sich immer weiter verschlechtern; nun, wo sie recht behalten hatte, wurden ihre Jeremiaden um so klagender und regelmäßiger. So trennten sich auch um das Jahr 1706 oder 1707 ihre Wege von denen ihrer alten Freundin Mme. des Ursins, die, ganz gleich ob von Madrid oder von Navarra aus, stets den Sieg voraussagte und mehr Truppen und mehr Geld forderte. Mme. de Maintenon hingegen wiederholte unablässig, es sei Gottes unerforschlicher Wille, Frankreich zu strafen; es sei eitel, gegen seinen Ratschluß anzukämpfen; deshalb müsse man Frieden schließen, und zwar zu jeden Bedingungen, selbst wenn man gezwungen sei, das spanische Erbe dem Erzherzog zu überlassen.

Dem König war natürlich die Einstellung der Marquise nicht unbekannt; abgesehen von Mme. des Ursins sah er ohnehin nur Verzweiflung und Defätismus, wohin er blickte. Eine Zeitlang sah es so aus, als drehe sich der Wind nun: Am 25. April 1707 besiegte der Marschall von Berwick das englisch-portugiesische Heer in der Schlacht von Almanza, und im Anschluß wurden unter Führung des Herzogs von Orléans, der eben eingetroffen war, Lerida und dazu einige kleinere Festungen eingenommen. Von da an gab es zumindest in Spanien Hoffnung, am Ende siegreich zu bleiben.

Unglücklicherweise gaben die anderen Fronten den gegenteiligen Eindruck: Inzwischen waren französische Territorien unmittelbar bedroht. Im August 1707 verwüstete der Herzog von Savoyen die Provence und belagerte Toulon. Die Stadt leistete Widerstand, und die Belagerung scheiterte, doch es mußten Truppen dorthin abkommandiert werden, die an anderer Stelle fehlten. Statt dessen wurde, um den Kampfgeist der Männer an der nördlichen Front zu stärken, der Herzog von Burgund entsandt, der das Kommando von Vendôme, der nun sein Stellvertreter wurde, übernahm, wobei abgemacht war, daß der Prinz den Rat des Marschalls befolgen werde. Doch hatte man dabei die unterschiedliche Natur der beiden nicht bedacht: Burgund war ernsthaft, fromm, konventionell – und er war ein legitimer Sohn. Vendôme war übermütig, atheistisch, ein Wüstling mit einer Vorliebe für junge Männer, ein Zyniker und der illegitime Enkel Heinrichs IV. Feindseligkeiten zwischen den beiden Kommandeuren kamen rasch auf, und Marlborough zog seinen Vorteil daraus; auf den Verlust von Oudenarde am 11. Juli 1708 folgte derjenige von Tournai, Gent und Ypern, und gleichzeitig schlug ein Versuch, den Prätendenten in Schottland an Land zu setzten, völlig fehl.

Und es sollte noch schlimmer kommen. Prinz Eugen, der unaufhaltsam voranrückte, belagerte Lille, eine Stadt, die von Vauban stark befestigt worden war und von der es hieß, sie könne jedem Angriff widerstehen. Niemand rechnete damit, daß sie eingenommen werden könnte, doch zur Verzweiflung von ganz Frankreich wurde sie am 28. Oktober tatsächlich erobert; danach fielen Gent, Brügge und alle weiteren französischen Festungen in Flandern. Da Joseph I. inzwischen in Italien herrschte, zwang er den Papst, der 1701 Philipp V. als König von Spanien anerkannt hatte, seine Unterstützung nun dem Erzherzog zu geben, und die Engländer eroberten im Jahre 1708 Sardinien.

Und weiterhin verschlang der Krieg ungeheure Mengen Geld; Chamillart verließ sich fast ausschließlich auf eine kleine Gruppe von Finanziers, die ihm die nötigen Mittel zur Verfügung stellten; innerhalb gewisser Grenzen taten sie das gern, doch wie es in solchen Fällen stets zu sein pflegt, stiegen die Zinsen, während die Darlehen kleiner wurden. Am Ende gelang es dem von diesen endlosen Schwierigkeiten gänzlich überwältigten Chamillart, den König doch noch von der Notwendigkeit seiner Entlassung zu überzeugen; er behielt das Kriegsministerium, während der kompetente Nicolas Desmarets das Amt des Finanzministers übernahm. Unter günstigeren Umständen hätte sich Desmarets vielleicht als großer Minister erwiesen; unter den gegebenen Umständen tat er sein Bestes, um die Regierung über Wasser zu halten, und das größte Lob, das man ihm zollen kann, ist, daß er, wenn auch unter erheblichen Schwierigkeiten, dabei erfolgreich war.

Das ließ sich natürlich nur mit Tricks aller Art bewerkstelligen. Ämter wurden dutzendweise verkauft, die Goldwährung wurde mehrfach abgewertet, eine begrenzte Papierwährung eingeführt, die Steuern angehoben, und weiterhin wurden Kredite in großem Maßstab aufgenommen. Der König, der die Lage nur zu gut kannte, half, wo er konnte: Ein gutes Beispiel ist die Geschichte seines Spaziergangs mit Samuel Bernard in Marly. Bernard, der bedeutendste Finanzmann Frankreichs, hatte dem Staat bereits große Summen geliehen; als Desmarets ihn im Frühjahr 1708 ein weiteres Mal ansprach, weigerte er sich, weitere Regierungsanleihen zu kaufen. Daraufhin und nach einer Beratung mit dem König lud der Finanzminister ihn nach Marly, wohin er dem Hof gefolgt war, zu einer weiteren Besprechung ein. Bernard kam. An jenem Tag brach Ludwig XIV. gegen fünf zu einem seiner Spaziergänge durch die Gärten auf. Saint-Simon berichtet uns, was weiter geschah. «Am nächsten Pavillon hielt der König inne. Es war derjenige von Desmarets, der mit Samuel Bernard, dem berühmten Bankier, heraustrat ... Der König sagte zu Desmarets, es freue ihn, ihn zusammen mit M. Bernard zu sehen, und wandte sich dann an diesen: ‹Sie haben doch sicher Marly noch nie gesehen. Kommen Sie und machen Sie einen Rundgang mit mir; ich werde Sie anschließend zu Desmarets zurückführen.› Bernard folgte ihm, und während des ganzen Spaziergangs sprach der König nur mit ihm und mit Bergeyck,* führte die beiden überallhin und zeigte ihnen alles, und das mit jenem Charme, den er so gut zu gebrauchen wußte, wenn er jemanden belohnen wollte. Ich und viele andere mit mir, wir bewunderten, wie der König, der so selten [zu seinen Höflingen] sprach, sich für einen Mann wie Bernard selbst verleugnete...

Bernard fiel darauf herein. Er kehrte von seinem Spaziergang mit dem König so begeistert zu Desmarets zurück, daß er auf der Stelle sagte, er wolle lieber seinen Ruin riskieren, als einem Fürsten, der ihn so zuvorkommend behandelt habe, etwas zu verweigern.»[285] Für einen Mann, der durch seine Herkunft grundsätzlich vom Hofe ausgeschlossen war, ja der nicht hoffen konnte, daß der König je auch nur ein einziges Wort an ihn richten würde, war dies in der Tat ein Grund, begeistert zu sein. Man muß allerdings dazusagen, daß Bernards Entscheidung wirklich Ruin war: Nur wenige Jahre später ging er bankrott.

In diesen schweren Jahren war der König von immer weniger vertrauten Gesichtern umgeben. Im Jahre 1707 starb der große Festungsbaumeister Vauban, ebenso Mme. de Montespan: Ersteren beklagte Ludwig, um letztere kümmerte er sich kaum; 1708 folgte Mansart, der Erbauer von Versailles, den beiden nach; doch sosehr er ihn und einige wenige andere auch vermissen mochte – nichts schien dem König etwas anhaben zu können: Unbesiegbar, unbeirrbar – so schien es – zog er, kaum noch menschlich, unverändert seine Bahn.

Einen weiteren Beleg – nicht daß er vonnöten gewesen wäre – lieferte ein Vorfall, der sich im Jahre 1708 ereignete. «Mme. la duchesse de Bourgogne [Burgund] war schwanger», notiert Saint-Simon. «Ihr war sehr unwohl. Der König wollte entgegen seiner sonstigen Gewohnheit schon zu Beginn der

* Einer der Generäle Philipps V.

schönen Jahreszeit* nach Fontainebleau reisen und hatte dies kundgetan. Für die Zwischenzeit waren darüber hinaus Besuche in Marly geplant. Seine Enkelin sorgte für seine Zerstreuung, er mochte sie nicht missen, doch die viele Bewegung war nicht gut für ihre Gesundheit. Mme. de Maintenon war deswegen besorgt, Fagon** wies immer wieder vorsichtig auf ihren Zustand hin: Doch der König, der es gewohnt war, in allem seinen Willen zu bekommen, empfand das als Belästigung, und außerdem war er in diesem Punkt verwöhnt, denn seine Mätressen waren immer in schwangerem Zustand oder unmittelbar nach der Niederkunft gereist, und dazu noch in Hoftracht. Die Warnungen vor einer Reise nach Marly wurden ihm lästig, doch er änderte seine Pläne nicht ... Am [darauffolgenden] Samstag machte der König eben seinen Spaziergang nach der Messe, als wir die Herzogin von Lude allein und zu Fuß zum König eilen sahen ... Es befand sich keine andere Dame in seiner Gesellschaft ... Er sah, daß sie ihm etwas Wichtiges mitzuteilen hatte, und ging ihr entgegen, und als wir näher kamen, hielten wir inne, damit sie für sich blieben. Es wurden nur wenige Worte gewechselt. Sie ging, der König kehrte zu uns zurück ... und sagte kein Wort. Jedermann hatte erraten, worum es bei dieser Mitteilung gegangen war, und niemand hatte es eilig, es zu kommentieren. Schließlich sagte der König, indem er die wichtigsten unter den Anwesenden anschaute, ohne daß er sich dabei an jemand bestimmten gewandt hätte, mit grimmigem Gesicht: ‹Die Herzogin von Burgund hatte eine Fehlgeburt.›

Auf der Stelle begann M. de La Rochefoucauld zu lamentieren, M. de Bouillon, der Herzog von Tresmes und der Marschall von Boufflers fielen ein, und dann sagte La Rochefoucauld in noch schrillerem Ton, das sei das größte Unglück der Welt, und da sie schon mehrere Fehlgeburten gehabt habe, werde sie nun vielleicht überhaupt keine Kinder mehr bekommen können. ‹Und wenn schon›, unterbrach der König, der bisher geschwiegen hatte, ihn ärgerlich, ‹was sollte mir das schon ausmachen? Hat sie nicht bereits einen Sohn?*** Und selbst wenn er stirbt, kann der Herzog von Berry nicht heiraten und selbst Vater werden? Und warum soll ich mich überhaupt darum kümmern, wer von ihnen meine Nachfolge antritt? Es sind doch alles meine [Ur-]Enkel!› Und unmittelbar darauf fügte er wütend hinzu: ‹Ein Glück, daß sie eine Fehlgeburt hatte; es war ja ohnehin vorauszusehen, und nun werden mir wenigstens meine Reisepläne nicht mehr durch die Einwände der Ärzte

* Ludwig XIV. hielt sich in der Regel im Oktober in Fontainebleau auf.

** Der Leibarzt des Königs.

*** Der zweite Herzog von Bretagne, 1705 geboren.

und die Ermahnungen der Damen verdorben. Ich werde kommen und gehen können, wie ich es wünsche, und niemand wird mich mehr belästigen.› Auf diesen Wutausbruch folgte ein Schweigen, daß man die Schritte einer Ameise hätte hören können.»[286]

Dieser Wutausbruch des Königs war zweifellos seiner Enttäuschung zuzuschreiben; doch es läßt sich nicht leugnen, daß er Familienmitgliedern gegenüber oft besonders intolerant war. Erst einen Monat zuvor hatte eine Reihe von Zwischenfällen in Spanien Frankreich einen seiner besten Heerführer gekostet. Ludwig XIV. hatte seinem Neffen (und Schwiegersohn), dem Herzog von Orléans, niemals vertraut, aus dem einfachen Grund, daß er sein Neffe und deshalb eine potentielle Gefahr war. Doch in Ermangelung anderer kompetenter Generäle hatte er ihm trotzdem das Kommando in Spanien anvertraut; aber der Herzog, erst einmal in Spanien angekommen, schien alles darauf anzulegen, den König und Mme. de Maintenon vor den Kopf zu stoßen. Da der Krieg so wenig Aussicht auf Erfolg hatte, war eine Reihe spanischer Granden auf die Idee gekommen, die Ablösung Philipps V. durch den Herzog von Orléans biete vielleicht einen Ausweg, denn während ersterer ein möglicher Erbe des französischen Thrones war, stand letzterer so weit unten in der Thronfolge, daß er in dieser Beziehung keine Gefahr darstellte. Der Herzog hörte sich die Vorschläge an, ohne ihnen zuzustimmen; Philipp V. erfuhr davon, war überzeugt, es stecke eine Verschwörung dahinter, die ihn aus Spanien vertreiben wolle, und schrieb dies seinem Großvater. Nichts wäre besser geeignet gewesen, die Erinnerung des Königs an die Fronde wiederzuerwecken, und entsprechend war seine Reaktion: Auf der Stelle wurde der Herzog von Orléans zurückgerufen, und obwohl er völlig unschuldig war, erhielt er nie wieder ein Kommando.

Und als sei das nicht schon schlimm genug, kursierte auch noch das Gerücht vom beleidigenden Trinkspruch. Als Orléans in Madrid eintraf, fand er weder Ausrüstung noch das Geld vor, das man ihm versprochen hatte; und da Mme. des Ursins offensichtlich die Geschäfte führte, lastete er ihr diese Mängel an. In Wirklichkeit war Spanien in einem derart heruntergekommenen Zustand, daß die Verspätung nicht unbedingt auf ein Pflichtversäumnis ihrerseits zurückzuführen sein mußte. Doch der Herzog war in Rage, und zum Abschluß eines Essens mit seinen Offizieren, in dessen Verlauf mit dem Wein nicht gegeizt worden war, erhob er sein Glas. «Meine Herren», sagte er, «auf das Wohl von Hauptmann Möse und Leutnant Möse.»[287] Keiner der Anwesenden zweifelte daran, daß die Damen Maintenon und Ursins gemeint waren, ebensowenig wie diese selbst, die bald darauf von dem Trinkspruch Kenntnis bekamen, und damit war jede Möglichkeit ausgeschlossen, daß Ludwig XIV. dem Herzog jemals verzeihen könnte.

Zur gleichen Zeit gelang es einer Hofintrige beinahe, den Herzog von Burgund zu ruinieren. Monseigneur hatte für seinen Erstgeborenen nichts übrig, und eine enge Freundschaft verband ihn mit Madame la Duchesse, die – als Illegitime – die leiblichen Prinzen haßte und die mit dem Herzog von Vendôme eng vertraut war. Diese Kabale sah ihre Chance in den Mißerfolgen der Feldzüge in den Jahren 1708 und 1709 und beschuldigte den Herzog von Burgund offen, er habe nicht auf die Ratschläge Vendômes gehört und habe deshalb den katastrophalen Ausgang zu verantworten. Das war plausibel, und es war auch nur zum Teil falsch: Diese Erklärung fand allgemein Glauben, und es fiel auf, daß selbst der König wenig und dann abweisend über seinen Enkel sprach. Erst als dieser nach dem zweiten Feldzug nach Versailles zurückkehrte, und auch da nur dank der Mithilfe seiner Frau, konnte der Herzog den Großvater davon überzeugen, daß er tatsächlich sein Bestes getan hatte. Die Folge war, daß zu Monseigneurs Verdruß die Kabale scheiterte. Der König bereitete Vendôme einen eisigen Empfang und nahm den Herzog von Burgund wieder unter seine Fittiche; doch damit war der Hof tief und für lange Zeit in zwei Fraktionen gespalten.

Die Lage war im Herbst des Jahres 1708 also schlimm genug, doch der König mußte bald erkennen, daß sie sich noch rapide weiter verschlechterte. Das Wetter war einer der Gründe dafür: Der Winter 1708–9 war der längste und kälteste seit Menschengedenken, er zog sich, wie es schien, endlos hin und zerstörte große Teile der französischen Landwirtschaft. Liselotte von der Pfalz schrieb am 19. Januar 1709 an ihre Cousine: «Man hört hir nichts, alß über die kalte klagen; bey menschen gedachtnuß kan man sich nicht erinern, einen solchen winter erlebt zu haben. Alle morgen seyder 14 Tag hört man von leütte sprechen, so man todt gefunden; feldthüner findt man erfroren im feldt. Alle specktacle haben auffgehört so woll, alß alle processen; die pressidenten undt raht können nicht mehr in cammern gehen vor kalte, suma, man hatt sein leben nichts dergleichen erlebt.»[288] Und am 2. Februar an ihre Tante, die Kurfürstin Sophie von Hannover: «Die kälte ist hir im landt so abscheülich, daß man sagt, daß seyder anno 1606 man nicht dergleichen gesehen; allein zu Paris seindt seyder den 5 Januari biß nun 24 m. [tausend] menschen gestorben.»[289]

Und die Kälte nahm noch weiter zu. In Versailles gefror die Tinte im königlichen Tintenfaß; in Paris und anderswo starben die Menschen vor Kälte und Hunger: Wie immer in Krisenzeiten erwiesen sich die Getreidevorräte als unzureichend, und natürlich würde die nächste Ernte wesentlich geringer als üblich ausfallen. Schon am 8. Juni schrieb Madame an ihre Cousine: «Hir ist nun die hungernoht so violent, daß kinder eins das ander schon gefreßen haben . . . Der könig ist hir so resolvirt, den krieg fort zu führen, daß er heütte morgen alß sein goltservice, teller, schüßel, salzfaß, sume alles, waß er goltes hatt, in die müntz geschickt, Louisdor davon zu müntzen.»[290]

In der vorindustriellen Epoche, als der Wohlstand eines Landes in großem Maße von der Landwirtschaft abhing, war ein solcher Winter ein schwerer Schlag, und während Madame sich über die Unbequemlichkeit von Versailles beklagte, wurden anderswo die Menschen ruiniert, wenn sie nicht gar verhungerten. Die unmittelbare Folge war natürlich, daß die Finanzkrise noch weiter zunahm: Der Handel war fast zum Erliegen gekommen – über Monate hinweg war es zu kalt, um Waren zu transportieren –, das Geld war knapp, und folglich waren die Steuereinnahmen wesentlich niedriger als in den Jahren zuvor. In Anbetracht der ohnehin kritischen Lage der Staatskasse schien das der Todesstoß zu sein, und entsprechende Mitteilung machten die Minister auch dem König. Die Lamentationen der Mme. de Maintenon erreichten einen neuen Höhepunkt: Hier war ein unleugbarer Beweis, daß es Gottes Absicht war, Frankreich zu strafen – nun müsse man nachgeben, bevor noch Schlimmeres folge.

Die Marquise war zwar ein Musterbeispiel für jenen seltsamen Charakterzug der Franzosen, der manche von ihnen sich gelegentlich an der Niederlage geradezu weiden läßt; doch es war nicht zu leugnen, daß die Lage aussichtslos schien: Den Krieg zu gewinnen war ausgeschlossen, und alles deutete darauf hin, daß sich die Niederlagen der voraufgegangenen Jahre wiederholen würden; und so beschloß Ludwig XIV. – ein wahrhaft mutiger und durch und durch selbstloser Beschluß – seinen Stolz, seine *gloire* und die Verbindung mit Spanien zu opfern.

Zunächst gab es eine Ratsversammlung, bei der der Herzog von Beauvillier ein so erschütterndes Bild der Staatslage malte, daß der Herzog von Burgund in Tränen ausbrach und ebenso eine Reihe der Minister. Chamillart und Desmarets gaben die düstersten Berichte ab, und Torcy schloß mit der Bemerkung, Friede um jeden Preis müsse von nun an das Ziel Frankreichs sein. Anschließend wurde der Beschluß gefaßt, sich der Allianz insgeheim zu nähern, und als dieser Versuch ignoriert wurde, erklärte Torcy, der Außenminister, sich bereit, selbst nach Den Haag zu reisen und um Frieden zu bitten. Er traf dort inkognito am 22. Mai 1709 ein. Es war eine Demütigung, wie man sie bisher noch nicht gekannt hatte, doch auch dazu hatte der König seine Zustimmung gegeben.

Man sollte annehmen, es sei unter den gegebenen Umständen leicht gewesen, Frieden zu schließen. Doch die Alliierten forderten in ihrem Siegestaumel mehr, als irgend jemand für möglich gehalten hätte. Zunächst forderten sie Straßburg und Breisach, beide noch immer in französischer Hand, und Holland sollte zehn befestigte Städte in Flandern erhalten. Das wäre noch akzeptabel gewesen, doch dann wurde gefordert, Philipp V. habe den spanischen Thron binnen zweier Monate zu räumen, und, so fügten die Alliierten hinzu, für den Fall seiner Weigerung hätte Frankreich ihn mit Gewalt zu vertreiben – so lautete der berühmte vierte Artikel dieser Vorverhandlungen. Und als Gegenleistung für all das sollte lediglich ein Waffenstillstand gewährt werden, kein Friedensschluß: Es gab also keinerlei Garantie, daß die Alliierten nicht jederzeit von neuem losschlagen würden.

«Wenn ich schon Krieg führen muß», kommentierte Ludwig XIV., als diese Forderungen seinem Rat vorgetragen wurden, «dann lieber gegen meine Feinde als gegen meine Kinder.»[291] Doch viele teilten diese naheliegende Einstellung nicht: Die Mehrzahl der Minister zog weiterhin Frieden unter jeglichen Bedingungen vor, ebenso wie Mme. de Maintenon, die sich nicht nur nach dem Ende des Krieges sehnte, sondern die auch den Sturz ihrer ehemaligen Freundin Mme. des Ursins genossen hätte; denn inzwischen waren die beiden Damen, die entgegengesetzte politische Positionen bezogen hatten, zu erbitterten Feindinnen geworden.

Es war nun ein Punkt erreicht, an dem es für den König leichter gewesen wäre, wenn er nachgegeben hätte: Daß er es vorzog weiterzukämpfen, beweist seinen Mut, doch da er wußte, wie unpopulär der Krieg war, faßte er den Beschluß, sich zum ersten Mal gegenüber seinen Untertanen zu rechtfertigen. Am 12. Juni 1709 ging eine Proklamation an die Gouverneure der verschiedenen Provinzen, und diese ließen sie drucken und überall anschlagen. Es handelt sich hier nicht nur um die erste Verlautbarung dieser Art, die jemals eine Regierung Frankreichs an das Volk gab; die Proklamation zeigt auch den König von seiner besten Seite.

«Die Hoffnung auf Frieden ist im Reiche so allgemein gewesen, daß ich es der Treue, die mein Volk mir während meiner ganzen Regierungszeit erwiesen hat, schuldig bin, ihm den Trost einer Erläuterung der Gründe zu gewähren, warum es die Ruhe noch nicht genießen kann, die ich ihm zu geben beabsichtigte. Zu diesem Behufe hatte ich bereits Bedingungen angenommen, die der Sicherheit meiner Grenzprovinzen sehr abträglich waren: Doch je zugänglicher ich mich zeigte, je mehr ich die Bedenken zu zerstreuen suchte, die meine Feinde noch immer bezüglich meiner Macht und meiner zukünftigen Pläne zu hegen vorgaben, desto mehr verstärkten sie ihre Forderungen, und indem sie nach und nach immer weitere Ansprüche denen hinzufügten, die sie zu Anfang gestellt hatten ..., ließen sie erkennen, daß es ihnen darauf ankam, unsere Nachbarstaaten auf unsere Kosten zu vergrößern und sich Wege zu eröffnen, auf denen sie in mein Königreich eindringen konnten, wann immer es ihnen angenehm war, einen neuen Krieg zu beginnen.» Anschließend erklärte der König, daß er gezwungen gewesen wäre, alle Forderungen des Vorvertrages binnen zweier Monate zu erfüllen, ohne daß er einen Friedensvertrag als Gegenleistung erhalten hätte, und da Frankreich dann weitaus verwundbarer gewesen wäre, hätte es nichts gegeben, was die Allianz von einem neuen Angriff abgehalten hätte.

«Ich will die Forderungen gar nicht erwähnen», fuhr der König fort (und erwähnte sie dabei), «die mir auferlegen wollten, daß meine Truppen gemeinsam mit den ihren ins Feld ziehen sollten, um meinen Enkel zum Verzicht auf seinen Thron zu zwingen, sollte er sich weigern, freiwillig abzutreten ... Eine solche Verbindung wäre gegen alle Humanität gewesen. Und auch wenn die Liebe, die ich für mein Volk verspüre, nicht geringer ist als diejenige für meine eigenen Kinder; auch wenn ich Anteil an all dem Leiden nehme, das durch den Krieg meinen treuen Untertanen widerfahren ist, und wenn ich Europa deutlich gezeigt habe, wie sehr ich den Frieden wünsche, so bin ich doch überzeugt, daß sie [die Untertanen] es nicht zulassen würden, Frieden unter Bedingungen zu suchen, die so sehr der Gerechtigkeit und der Ehre Frankreichs zuwiderlaufen.»[292]

Nachdem dies klargestellt war, gab es keine andere Wahl, als den Kampf fortzusetzen; und nach all den Jahren und nach dessen zahlreichen Rücktrittsversuchen beschloß der König nun endlich, Chamillart abzulösen. Daniel Voysin, ein arbeitsamer und kompetenter Verwaltungsmann, trat seine Nachfolge an, und wie Desmarets behielt er sein Amt bis ans Ende der Regierungszeit. Die beiden bewältigten ihre kaum zu lösenden Aufgaben so erfolgreich wie eben möglich, und sie machten dabei viele Feinde. Von nun an bestand der Rat aus diesen beiden, dazu Torcy, der Herzog von Beauvillier, der Herzog von Burgund und Monseigneur.

Auch im Jahre 1709 hielten die Niederlagen an. Zuerst nahm Marlborough Tournai ein, dann belagerte er Mons; der Marschall von Villars, der als letzte große Hoffnung Frankreichs an die Nordfront kommandiert worden war, beschloß, sich zum Kampf zu stellen. Er fand am 11. September nahe der kleinen Stadt Malplaquet statt, und obwohl die Franzosen nur achttausend Mann verloren, der Feind jedoch einundzwanzigtausend, blieb Marlborough, der die französischen Linien durchbrochen hatte, Sieger: Wieder einmal sah es so aus, als gebe es gegen die Allianz kein Mittel. Und natürlich wurde auch Mons erobert.

Immerhin besiegte der Marschall von Bourg im August eine kaiserliche Armee am Rhein und verhinderte so deren Einmarsch ins Elsaß, doch änderte das nichts an der Erkenntnis, daß Frankreich diesen Krieg niemals würde gewinnen können, und Ludwig XIV. versuchte weiter zu verhandeln. Dazu brauchte man Mut und Ausdauer: Nichts ist schwieriger, als weiterzukämpfen, während man sich um Frieden bemüht. Anfang des Jahres 1710 reisten der Marschall von Huxelles und der Abbé von Polignac in das holländische Städtchen Gertruydenberg, wo sie sich wie Gefangene behandeln lassen mußten; doch ganz gleich, zu wie vielen Zugeständnissen Ludwig XIV. auch bereit war – das ging zeitweise bis zu dem Vorschlag, die alliierten Truppen zu bezahlen, die in Spanien kämpfen sollten –, sowohl Marlborough als auch der kaiserliche Botschafter, Graf Zinzendorff, beharrten darauf, daß Philipp V. von französischen Truppen vertrieben werden müßte. Daß die Österreicher, die Spanien für den Erzherzog wollten, solche Forderungen stellten, ist nicht verwunderlich; aber es ist seltsam, daß Marlborough, ein scharfsinniger Verhandlungspartner, dieselbe Position bezog.

Natürlich gibt es auch dafür eine Erklärung. Zu Hause in England hatte Marlboroughs Gattin, die gestrenge Sarah, einst die engste Freundin Königin Annas, die königliche Gunst verloren, und gleichzeitig zeigte die Königin, die vom Krieg genug hatte, eine immer größere Zuneigung zu den Tories. Sollte der Krieg zu Ende sein, so hatten die Marlboroughs viel zu verlieren; dauerte er jedoch an, so waren weiterhin alle auf den Herzog angewiesen. Unter solchen Umständen war es völlig verständlich, daß Marlborough die österreichischen Forderungen unterstützte, so unvernünftig sie auch sein mochten.

Der Krieg selbst dauerte nach wie vor an, und 1710 erwies sich als besonders schlimmes Jahr für Frankreich; im Juni gingen Douai und Béthune verloren, und im August brachte Prinz Starhemberg, der die alliierten Truppen kommandierte, der Armee Philipps V. eine schwere Niederlage bei, und es schien beinahe, als komme die Angelegenheit von selbst in Ordnung, indem die französisch-spanischen Truppen zusammenbrächen; doch noch im selben Monat waren der König und Vendôme gemeinsam in der Schlacht von Villaviciosa siegreich; sie schlugen Starhemberg vernichtend und sicherten damit ihre Überlegenheit.

In Versailles bestand der König trotz leerer Staatskasse darauf, die Pracht des Hofes unverändert fortzuführen – es war eines der Mittel, der Allianz seinen Kampfeswillen zu demonstrieren; doch am 1. Januar gab es keine Neujahrsgeschenke, und von den Gästen in Marly erwartete man von nun an, daß sie ihr eigenes Essen mitbrachten. Aber zumindest ein glückliches Ereignis war zu vermelden: Am 15. Februar brachte die Herzogin von Burgund einen weiteren Sohn zur Welt, der den Titel eines Herzogs von Anjou bekam. Da sie bereits einen fünfjährigen Sohn, den Herzog von Bretagne, hatte, war die Erbfolge doppelt gesichert, und Ludwig XIV. wurde zum einzigen König in der Geschichte Frankreichs, der zu Lebzeiten zwei Urenkel in direkter Linie hatte.

Auch im Ausland taten sich Dinge, die eindeutig zu Frankreichs Gunsten waren: Am 7. August entließ Königin Anna Godolphin den engen Verbündeten Marlboroughs und gab unter der enthusiastischen Zustimmung ihrer neuen Favoritin Abigail Masham seine Kompetenzen an zwei führende Tories, Harley und Saint John. Dann wurde Ende September das englische Parlament aufgelöst, und die Neuwahlen brachten eine solide Mehrheit für die Tories. Die Regierung bestätigte zwar Marlboroughs Auftrag, doch es war klar, daß sie sich bemühen würde, den Krieg zu beenden: Nach einer langen Zeit der Verzweiflung konnte Frankreich nun wieder hoffen, denn ohne England war die Allianz machtlos.

Diese vielversprechenden Entwicklungen mochten zwar in Versailles ein Hauptgesprächsgegenstand sein, doch der Krieg ging nach wie vor weiter; über fünf Jahre lang, so schien es, hatte Ludwig XIV. die volle Bürde getragen. «Unßer König ist von gesicht unerhört geEndert», schreibt Liselotte von der Pfalz, die Herzogin von Orléans, am 8. Juni 1710, «aber I[hre] M[ajestät] haben noch gar hohen undt gutte Minen undt wenn Sie reden seindt sie noch ahngenehm.»[293] Daß er das noch immer sein konnte, war nichts Geringeres als ein Wunder. Aus den Briefen Mme. de Maintenons und aus Torcys Tagebuch wissen wir, wie schwer ihm das Leben inzwischen geworden war. Szenen wie die folgende, die sich am 27. Januar 1710 ereignete, häuften sich und verstärkten die ohnehin schon untragbare Last des Königs noch weiter.

An jenem Abend hatte Torcy empfohlen, unverzüglich Unterhändler nach Den Haag zu entsenden. «Der König sagte, es sei eine absurde, ja beinahe verrückte Vorstellung von mir, ein oder zwei Tage Verzögerung könnten bei dieser Art von Verhandlung etwas ausmachen. Er wetterte gegen die, die durch falsche Hast alles verdürben, weil sie den Feind spüren ließen, daß sie zum Abschluß um jeden Preis bereit seien. Dieser Tadel richtete sich in erster Linie gegen M. de Beauvillier, den Seine Majestät beim Namen nannte, doch als nächster war ich an der Reihe, denn als ich ihn darauf hinwies, man müsse der Ankunft des Prinzen Eugen und des Herzogs von Marlborough zuvorkommen ..., war der König so freundlich, mir zu sagen, es überrasche ihn, mich so drängen zu hören, da ich mir doch sonst beim Verhandeln so viel Zeit ließe. Ich muß gestehen, ich verstand nicht, warum er mich so tadelte und womit ich diesen Tadel verdient hatte, denn nicht nur verzögerte ich niemals die Ausführung meiner Befehle, manches tat ich bereits, bevor ich die Order erhielt; doch da unsere Herren niemals glauben, daß sie sich irren, schwieg ich und versuchte, aus dieser Kränkung zu lernen, die ja schließlich nicht die einzige ihrer Art war.

Dies ereignete sich in Mme. de Maintenons Zimmer. Von ihrem Bett aus drängte sie den König, zum Schluß zu kommen, und das, obwohl es um Angelegenheiten von solcher Wichtigkeit ging. Er wehrte sich, gab Widerworte, doch am Ende gab er nach und trug mir auf, die Briefe am nächsten Morgen zu bringen.»[294] Am nächsten Tag verzögerte der König den Aufbruch der Unterhändler weiter.

Aus dem Ton dieser Eintragung ist Torcys Ärger über den König deutlich spürbar. Als Minister hatte er auf Anweisung eines Königs, den er für tyrannisch und ungerecht hielt, eine Politik umzusetzen, die er verabscheute. Es liegen Welten zwischen ihm und einem Louvois oder einem Colbert, und das kann Ludwig XIV. das Leben nicht gerade leichter gemacht haben; und die Nörgeleien Mme. de Maintenons fanden niemals ein Ende: Weder in seinem

Rat noch in Augenblicken der Freizeit konnte der König auf die geringste Unterstützung hoffen; er hatte nur die Wahl zwischen grimmigem Gehorsam – Torcy – und den bitteren Vorwürfen der Marquise. Der Rat war entschieden gegen eine Fortsetzung des Krieges: Beauvillier, Torcy und Desmarets wollten Frieden um jeden Preis, und der Kanzler pflichtete ihnen oft bei; der Herzog von Burgund war meist mit Beauvillier einer Meinung, bekannte sich jedoch nicht dazu, denn schließlich ging es um den Thron seines Bruders. Nur Monseigneur trat weiterhin für eine Unterstützung Spaniens ein; er verteidigte seine Einstellung zu jedermanns Erstaunen sogar ausgesprochen beredt, und einmal erinnerte er die Minister daran, daß er eines Tages König sein werde und daß sie dafür zu büßen haben würden, wenn sie seinen Sohn im Stich ließen. 1710 war Ludwig XIV. immerhin zweiundsiebzig Jahre alt: Es waren also keine leeren Drohungen, die Monseigneur da vorbrachte.

Doch die Klagen hielten an. Man nehme etwa Torcys Notizen über die Ratssitzung vom 19. Februar: «Die Zustände sind entsetzlich. Es gibt überhaupt kein Geld mehr. Niemand gibt uns mehr Kredit. Die Armee kann nicht mehr neu aufgestellt werden. Offiziere und Soldaten sterben vor Auszehrung: Es gibt keine Verpflegung, und nirgendwo ist welche zu bekommen. Niemand weiß, wovon die Armee während des nächsten Feldzugs leben soll. Es ist sogar fraglich, ob sie überhaupt kampfbereit ist. Es gibt keine Generäle mehr, die sie führen könnten. Es ist nicht sicher, ob die Verwundung des Marschalls von Villars es ihm erlauben wird zu dienen – und selbst wenn er es kann, wo soll er die notwendigen Mittel finden? ... Man hört ihn nur davon reden, er wolle den Feind zu einer Schlacht am Beginn des Feldzugs zwingen, und als es hieß, der Staat werde zugrunde gehen, falls er unterläge, da konnte er nur zustimmen.»[295]

Doch Mitte März war klargeworden, daß es keine andere Wahl gab, als zu kämpfen: Die Allianz war nicht ernsthaft bereit zu verhandeln – natürlich nicht zuletzt deswegen, weil sie mit neuen Siegen rechnete, die die französische Position weiter schwächen würden; also ließ sich Torcy wiederum einen Plan einfallen, wie man den Feind beschwichtigen könne. Am 26. März unterbreitete er dem Rat den Vorschlag, man solle doch Philipp V. Neapel und Sizilien im Tausch gegen Spanien geben und gegen ihn ins Feld ziehen, wenn er sich weigere, darauf einzugehen; das setzte natürlich die Zustimmung Österreichs, das Neapel hielt, voraus. «M. le duc de Beauvillier war strikt gegen meinen Vorschlag», notiert Torcy, «und legte ausführlich und beredt die Ungerechtigkeit eines Krieges gegen den König von Spanien dar ...

Monseigneur le duc de Bourgogne unterstützte ihn geschickt, und er sprach – frommer und katholischer Prinz, der er ist – über die Ungerechtigkeit solcher Kriege. Das Urteil darüber, ob dieser Maßstab im vorliegenden Fall der angebrachte war, steht mir nicht zu.

Niemals, sagte Monseigneur ..., könne es irgendeinen Anlaß geben, gegen den König von Spanien ins Feld zu ziehen.

Nachdem der König – den das alles beunruhigte und der voller Kummer diese traurige Diskussion, die ein so unleidliches Thema zum Gegenstand hatte, verfolgt hatte – nun alle Meinungen gehört hatte, entgegnete er mir, er könne mir in keiner Weise zustimmen und er würde niemals seine Einwilligung zu einem Krieg gegen den König von Spanien geben oder einen solchen auch nur erwägen.»[296] So weit, so gut, doch Torcy und vor allem Mme. de Maintenon glaubten, sie wüßten es besser als er, und sie rechneten damit, daß sie, wenn sie nur hartnäckig blieben, den König umstimmen könnten; am 9. Mai zum Beispiel sagte die Marquise ihrem Verbündeten, es gebe keine andere Lösung als die Kriegserklärung an Philipp V., und es dürfe keine Minute mehr verloren werden; sie hoffe nur, es sei nicht schon zu spät.

Doch inmitten von so viel Defätismus blieb der alternde König, trauriger als je zuvor, bei seinem Entschluß, so lange weiterzukämpfen, bis er einen ehrenhaften Frieden aushandeln konnte; und nach einigen Monaten machte sich seine Standhaftigkeit bezahlt. Im Januar des Jahres 1711 traf ein Geheimbotschafter von Harley, inzwischen Earl von Oxford, und Saint John, inzwischen Viscount Bolingbroke, in Frankreich ein: Der Abbé Gautier, der als Priester zur Kapelle des österreichischen Botschafters in London gehörte, war ein unbedeutender Mann; doch selbst Königin Anna, wäre sie persönlich gekommen, hätte keine aufmerksameren Zuhörer finden können.

Die beiden englischen Minister hatten gute Gründe, den Frieden zu wollen und ihn in aller Heimlichkeit zu suchen: Die Königin und die Großgrundbesitzer waren des Krieges überdrüssig geworden, und darüber hinaus würde ein Ende des Krieges ihnen helfen, Marlborough zu Fall zu bringen; doch wenn ihre Absichten bekannt würden, konnte es gut zu einem Aufschrei des Patriotismus kommen. Die Verhandlungen wurden nun wirklich aufgenommen – und dann geschah am 17. April etwas, das ganz Europa veränderte: In Wien starb Kaiser Joseph I., und die Nachfolge trat sein Bruder an, Erzherzog Karl – der Mann, der auf den spanischen Thron Anspruch erhob.

All die Jahre hatte England einen aufwendigen Krieg geführt, um die Konzentration französischer Macht zu unterbinden, die sich durch einen Bourbonen auf dem spanischen Thron ergeben hätte (wobei in diesem Fall noch zu erwarten war, daß die französischen und spanischen Zweige voneinander getrennt blieben); aber nun würde der neue habsburgische Kaiser Karl VI. ohne weiteres in der Lage sein, seine beiden Besitzungen zu vereinen und dadurch genau jene Vorherrschaft zu erlangen, an deren Vermeidung England so viel lag. Die Folge war, daß ein Frieden nur unter der einen Bedingung denkbar wurde, daß Frankreich sich feierlich verpflichtete, die spanische und die französische Krone für immer getrennt zu halten.

Es schien sogar, als schade Großbritannien sich selbst zugunsten seiner Verbündeten Österreich und Holland; an letzteres sollten die flämischen Städte gehen, dabei war es auf wirtschaftlichem Gebiet ein starker Konkurrent. Also begannen die Minister, von der Königin aus ganzem Herzen unterstützt, ernsthaft zu verhandeln; doch dies erwies sich nach einem so langen und so erbitterten Krieg als alles andere als einfach. In der Zwischenzeit dauerten die Kämpfe an. Marlborough zwang die Franzosen weiterhin zum Rückzug. Im September 1711 wurde Bouchain eingenommen, und damit schien es nun nichts mehr zu geben, was den Marsch der alliierten Armee auf Paris aufhalten konnte. Diese Siege zur denkbar unglücklichsten Stunde komplizierten die Friedensverhandlungen noch weiter.

Doch an diesem Punkt kam die Realpolitik zum Zuge: Mit Unterstützung einer deutlichen Mehrheit im House of Commons entließ die englische Regierung Marlborough aus allen seinen Ämtern und klagte ihn der Veruntreuung von Geldern an: 1711 sollte für die britischen Truppen das letzte Kriegsjahr gewesen sein. 1712 wurde ein Waffenstillstand unterzeichnet, und am 19. Juli übergab Ludwig XIV. die Stadt Dünkirchen an den Herzog von Ormond, den Nachfolger Marlboroughs, als Pfand für die Verpflichtungen, die er im bevorstehenden Friedensvertrag eingehen würde. Aber das Heer des Prinzen Eugen war nach wie vor im Feld. Am 6. Juli nahm er Le Quesnoy ein und belagerte anschließend Landrecies. Der Herzog von Vendôme war im Juni in Spanien gestorben – wenn also Prinz Eugen Paris erreichte und wenn die führerlos gewordene französische Armee in Spanien geschlagen wurde, dann konnte Frankreich den Krieg doch noch verlieren, und Ludwig XIV. erwog bereits, sich an die Loire zurückzuziehen, für den Fall, daß Paris erobert wurde.

Und dies war der Punkt, an dem der Marschall von Villars zum Retter seines Vaterlandes wurde. Es fiel ihm auf, daß die Linien des Prinzen Eugen bei Landrecies zu weit auseinandergezogen waren, und er griff am 24. Juli beim benachbarten Dorf Denain an; zum ersten Mal seit vielen Jahren hatten die Franzosen einen bedeutenden Sieg zu verbuchen, der sechs Tage später noch mit der Einnahme von Marchiennes gekrönt wurde. Im September und Oktober wurden Douai, Le Quesnoy und Bouchain zurückerobert: Nun rückte die französische Armee vor, und der Feind war auf dem Rückzug.

Eine unmittelbare Folge dieser Siege war, daß die britisch-französischen Verhandlungen, die in Utrecht geführt wurden, nun erheblich schneller vorangingen. Es war abzusehen, daß bald Frieden herrschen würde. Die Sonne, die hinter einer Wolke aus Blut und Tränen verborgen gewesen war, kam wieder zum Vorschein: Der vierundsiebzigjährige König in Versailles, der, fast ganz auf sich gestellt, Europa Widerstand geleistet hatte, hatte recht behalten – nie zuvor hatte er so sehr wie in diesen schwierigen Jahren den Beweis erbracht, daß er sich mit Fug und Recht Louis le Grand nennen durfte.

[illegible]

[illegible]

[illegible]

[illegible]

## XII

# DIE UNTERGEHENDE SONNE

Den ganzen Krieg hindurch, auch wenn Niederlage auf Niederlage folgte und in der Staatskasse immer gähnende Leere herrschte, blieb das Leben in Versailles unverändert; der König folgte seiner Routine, umgeben von seiner umfangreichen Familie und dem noch umfangreicheren Hof. Und so, wie er über den alltäglichen Freuden und Sorgen der Menschheit zu stehen schien, schien er auch niemals alt zu werden. Im Jahre 1711 war er dreiundsiebzig Jahre alt – selbst nach unseren Begriffen am Ende des 20. Jahrhunderts nicht gerade ein junger Mann und uralt nach den Maßstäben seiner Zeit –, doch noch immer war er so tatkräftig, energisch, arbeitsam und gebieterisch wie zwanzig Jahre zuvor. Aber all das änderte sich zwischen dem April 1711 und dem Februar 1712, in noch nicht einmal einem Jahr. Zwar herrschte der König nach wie vor; die Verhandlungen in Utrecht wurden erfolgreich abgeschlossen, und der Krieg fand ein recht günstiges Ende; doch zeigte sich allmählich nun das Alter des Königs.

Ludwig XIV. hatte immer ein gebrochenes Verhältnis zu Monseigneur gehabt, seinem einzigen legitimen Kind: Niemand wußte, ob es zwischen den beiden überhaupt eine Art Zuneigung gab. Immerhin hatte der König seinen Sohn gern in der Nähe, und der Dauphin war ihm stets gehorsam. Der inzwischen fünfzigjährige Thronerbe verfügte zwar selbst über keinerlei Macht, aber er gehörte dem Rat an, und man darf annehmen, daß der König seine unerschütterliche Unterstützung der Interessen Philipps V. zu schätzen wußte. Fest steht wohl, daß Monseigneur, diese linkische, fett gewordene, schweigsame Gestalt, letzten Endes ein unbeschriebenes Blatt blieb; doch als Erbe eines über siebzigjährigen Monarchen hatte er eine gewisse Bedeutung erlangt. Er war zum Mittelpunkt einer ausgewachsenen Kabale geworden: Man nahm an, daß Frankreich, hatte Monseigneur erst einmal sein Erbe angetreten, von einer Verbindung aus dem Herzog von Vendôme und Madame la Duchesse regiert würde und daß folglich jedem, der der Familie Burgund nahestand, mancherlei Leid drohte.

Und dann, am 9. April 1711, verlor Monseigneur, der sich im allgemeinen bester Gesundheit erfreute, beim Ankleiden plötzlich das Bewußtsein; am darauffolgenden Tag litt er an hohem Fieber, von dem sich binnen weiterer achtundvierzig Stunden herausstellte, daß es die Pocken waren. Diese oft tödlich verlaufende Krankheit trat jedoch in verschiedenen Formen auf, und man ging davon aus, daß Monseigneur an einer leichteren Variante litt. «Biß her», schreibt Madame am 12. April, «geht Es wie Es gehen solle, daß fieber Nimbt ab undt die blattern fangen an weiß zu werden, hoffen also, daß Es woll ablauffen wirdt.»[297] Der König, der in seiner Jugend die Pocken gehabt hatte, begab sich nach Meudon, wo der Dauphin erkrankt war. Der Herzog und die Herzogin von Burgund, die beide nicht vor einer Ansteckung gefeit waren, erhielten Anweisung, in Versailles zu bleiben; und es fiel auf, daß sie in einer Weise Hof hielten und im Mittelpunkt des Interesses standen, als seien sie bereits zu Thronerben aufgerückt.

Bis zum 14. verlief die Krankheit weiterhin völlig normal, so daß schon eine Abordnung aus Paris eintraf, um den Dauphin zu seiner bevorstehenden Genesung zu beglückwünschen; als sie aber ankündigte, sie wolle ein Tedeum bestellen, entgegnete Monseigneur: «Es ist noch nicht an der Zeit; warten Sie, bis ich völlig geheilt bin.» An jenem Tag, so berichtet Madame weiter, fuhr «Ich nach meudon mich mitt dem König zu Erfrewen, daß monsieur Le dauphin so woll war Ich kamme umb 5 abendts ahn, weillen Ich wußte, daß der König Im Raht war spatzirte Ich umb gartten biß der raht auß war, da ging Ich zum König welcher mich gantz gnädig Entpfung, war recht von guttem humor, wurff mir vor, daß Ich so über die Kinterblattern geklagt hette undt daß Monsieur Le dauphin keine schmertzen litte, Ich sagte Es würde noch kommen undt daß die Kinderblatter nohtwendigerweiß geschwehren Müsten, undt wehe thun umb 6 wie Ich Eben wider weg fahren wolte, kamme man sagen, daß monsieur Le dauphin inquietuden hette undt daß Ihm der Kopff gar dick würde, jederman meinte Es were die supuration undt hilten Es vor Ein gutt Zeichen, wie Ich wider nach versaille kam, kamme der gantz Englische hoff zu Mir, fuhren umb 8 wider nach St. Germain, umb 9 kamme wider Zeittung daß alles woll ging, umb 10 aber schrieb Man daß monsieur Le dauphin ahnfing inquiet zu werden undt daß Ihm daß gesicht so verschwollen were daß Man Ihn nicht kenen konte undt daß die Kinderblattern starck auff den augen kammen, dießes allarmirte noch nicht, Ich aß wie ordinarie umb 10 umb 11 zog ich mich auß undt blautterte noch mitt der marechalle de clerembeau,* wolte hernach betten undt nach bett

* Madames Erste Hofdame, die Marschallin von Clérembault.

gehen, umb 12 war ich gantz verwundert, die marechalle wider zu kommen sehen gantz verbassert die sagte mons. Le dauphin lege auff den todt, der König fahre In dem augenblick durch versaille nach marly die Duchesse de Bourgogne hette Ihre Kutschen hollen laßen den König zu folgen, Ein augenblick hernach sagte man, daß Es gar auß were undt monsieur Le dauphin verschieden were.»[298]

Diese Wendung zum Schlechten trat so plötzlich ein, daß weder für die Beichte noch für die Sterbesakramente Zeit blieb, ehe Monseigneur ins Koma fiel. Der König, der anwesend war, wenn auch nicht im selben Raum, reiste unverzüglich ab: Die hochheilige Etikette untersagte es dem Monarchen, sich mit einem Toten unter einem Dach aufzuhalten. «Als er heraustrat, um seine Kutsche zu besteigen», vermerkt Saint-Simon, «erblickte er Monseigneurs Reisewagen; er winkte ihn beiseite, denn er konnte den Anblick nicht ertragen. Trotz seines Kummers rief er jedoch Pontchartrain zu sich und trug ihm auf, er solle seinem Vater [dem Kanzler] und den übrigen Ministern bestellen, sie möchten sich etwas später als gewöhnlich zur Ratssitzung in Marly einfinden... Dann bestieg er unter großen Mühen, auf beiden Seiten gestützt, die Kutsche; Mme. de Maintenon stieg unmittelbar nach ihm ein ... eine große Zahl von Amtsträgern aus Monseigneurs Haushalt fielen zu beiden Seiten des Hofes auf die Knie, als der König vorbeifuhr, und flehten ihn seltsam wehklagend an, er möge Mitleid mit ihnen haben, denn sie hätten alles verloren und müßten Hungers sterben.»[299]

Das war vielleicht das ehrlichste Zeichen von Trauer, das Monseigneurs Tod zeitigte: Niemand scheint ihn sonderlich vermißt zu haben; die tiefe Trauer seiner Anhänger galt lediglich dem plötzlichen Verlust ihrer Zukunftsaussichten. All die, die darauf spekuliert hatten, Macht zu erlangen, wenn er die Nachfolge seines Vaters antrat, waren nun enttäuscht; schlimmer noch, mit dem Tod des Dauphins war der Herzog von Burgund an die erste Stelle der Thronfolge gerückt, und gerade ihn hatten Monseigneurs Freunde so eifrig verleumdet: Wenn er an die Macht kam, hatten sie eine ausgesprochen düstere Zukunft zu erwarten. Die ganze Angelegenheit hat etwas geradezu Gleichnishaftes: Diejenigen, die auf Macht rechneten, wurden niedergeworfen, diejenigen, die Verfolgung zu erwarten hatten, wurden erhöht. Abgesehen vom Tod des Königs selbst, hätte nichts eine größere Umwälzung bei Hofe bewirken können.

Aber man unternahm die größten Anstrengungen, diese Gefühle zu verbergen. Das vielleicht überraschendste Verhalten legte der Herzog von Orléans an den Tag. Monseigneur und seine Freunde waren nicht müde geworden, diesen tapferen, zuvorkommenden und kultivierten Prinzen zu beschimpfen: Er hatte daher allen Grund, erleichtert zu sein, zumal er mit denen von Burgund auf freundschaftlichem Fuß stand und seine Tochter erst kürzlich – sehr zum Verdruß des Dauphins – den Herzog von Berry, den jüngsten von deren drei Söhnen, geheiratet hatte. Wieder einmal war Saint-Simon Augenzeuge, und wir können seinem Bericht um so mehr Vertrauen schenken, als er mit Orléans eng befreundet war.

«Wie groß war meine Überraschung», schrieb der Herzog, «als ich sah, daß er tränenüberströmt war. ‹Monsieur!› rief ich aus und sprang erstaunt auf. Er bemerkte mich und antwortete stockend, denn er weinte sehr: ‹Sie sind zu Recht überrascht; ich bin es auch; aber dieses Ereignis berührt mich. Er war kein schlechter Mensch; ich habe ihn mein Leben lang gekannt; er hat mich gut und freundschaftlich behandelt, bevor man ihn davon abbrachte*... Ich weiß, daß mein Kummer nicht lange anhalten kann: aber es wird einige Tage dauern, bis ich angesichts des vergifteten Verhältnisses, das sie zwischen uns geschaffen haben, all die Gründe fühlen werde, die mich trösten können; im Augenblick spüre ich die Blutsverwandtschaft, die Vertrautheit, die menschliche Seite, und all das rührt mich.»[300] Mit Ausnahme des Königs selbst war Orléans wahrscheinlich der einzige Mensch in Versailles, dessen Trauer so selbstlos war.

Was Ludwig XIV. empfand, läßt sich nur schwer sagen. Für Madame war die Sache klar: Der König ist «In einer betrübtnuß die Ein stein Erbarmen mögt undt alEbenwoll ist Er gar nicht gritlich dabey sondern spricht mitt jederman ganz sanfftMütig gibt alle betrübte ordre mitt Einer großen standthafftigkeit aber alle augenblick kommen Ihm die threnen In den augen, undt seüfftzt Innerlich, Es ist mir todt bang, Er wirdt selber kranck werden, den Er sicht sehr übel auß.»[301] Torcy, der ihn am darauffolgenden Tag sah, entwirft ein detaillierteres Bild. «Wir begaben uns zum königlichen *lever* in Marly», notiert er. «Als es vorüber war, rief Seine Majestät M. le Chancelier zu sich. Dann ließ er die anderen Minister hereinkommen, aber er konnte kaum sprechen. Sein Kummer und seine Tränen hinderten ihn jedesmal, wenn er das Wort ergreifen wollte. Er sagte sogar, er sei zwar tief betroffen durch den erlittenen Verlust, aber seinen Zustand könne er sich nicht erklären; am Vortag habe er keine Tränen vergossen, und nun sehe er sich außerstande, ihnen Einhalt zu gebieten.»[302]

Bei aller Ironie war Madame eine einfache Frau; für sie war es nur natürlich, daß der König nach dem Verlust seines Sohnes am Boden zerstört war; aber Torcy hatte einen schärferen Blick; und Ludwigs eigene Überraschung über seinen Kummer spricht Bände. Man kann natürlich glauben, er habe am Vorabend nicht geweint, weil er noch unter dem Einfluß des Schocks

* Die Kabale um den Dauphin hatte diesen völlig gegen den Herzog von Orléans eingenommen, aber es handelte sich dabei lediglich um die Folge der Schwäche des Prinzen, nicht um wirkliche Feindseligkeit.

stand, und die Tränen des folgenden Morgens hätten seine wahren Gefühle gezeigt. Aber es spricht auch einiges dafür, daß er sich nicht viel aus Monseigneur machte, daß der Verlust ihn nicht tief berührte und daß der Schock angesichts einer so plötzlichen Veränderung, dem Zerbrechen einer so alten Beziehung (wie locker sie auch immer gewesen sein mochte), ihn am folgenden Morgen so ausgiebig weinen ließ.

Auf jeden Fall steht fest, daß der König am Morgen nach dem Tode seines Sohnes die Amtsgeschäfte wie gewöhnlich wahrnahm. Im Verlauf der Sitzung, der Torcy beiwohnte, wurde beschlossen, daß der Titel Monseigneur nicht weiterverwendet werden solle und daß der Herzog von Burgund fortan als M. le Dauphin zu bezeichnen sei.* Man traf Verfügungen über die Besitztümer des verstorbenen Prinzen; Mlle. Choin, seine morganatische Ehefrau, erhielt eine Pension von 12 000 Livres; und damit war die Angelegenheit dann auch schon erledigt: Offensichtlich hatte der König es eilig, das alles hinter sich zu bringen. Saint-Simon, der bei aller Abneigung gegen Ludwig XIV. bisweilen außerordentlich scharfsichtig sein konnte, notiert: «Kein Mann brach je so schnell in Tränen aus, war für wirkliche Trauer so unzugänglich und gewann so schnell wieder seine normale Fassung zurück. Der Verlust eines Sohnes, der zwar fünfzig Jahre alt geworden war, in dem er selbst aber immer noch den Sechsjährigen sah, muß in zutiefst getroffen haben... Doch schon am Donnerstag amüsierte er sich wieder mit den Gästelisten für Marly.»[303] Der Herzog hat wahrscheinlich recht; immerhin waren die drei Menschen, an denen dem König wirklich etwas lag, Mme. de Maintenon und die von Burgund, noch am Leben. Hinzugefügt sei noch, daß wir aus dem Tagebuch Fagons** wissen, daß Ludwig XIV. nach dem Tode des Dauphins einige Tage lang an Kopfschmerzen, Erschöpfungszuständen und starker Verstopfung litt.[304]

Nach Monseigneurs Tod bekam der Hof ein völlig neues Gesicht. Alles drängte sich um den Herzog und die Herzogin von Burgund und bemühte sich, ihnen zu schmeicheln. Monseigneurs frühere Clique, mit der einzigen Ausnahme von Madame la Duchesse, verschwand in der Versenkung. Leute, die wie Saint-Simon zum engen Kreis der Berater des Herzogs gehörten und die die Thronbesteigung des Dauphins gefürchtet hatten, triumphierten nun; und der König selbst, der seinem Enkel bereits Zutritt zum Rat gewährt hatte, fragte ihn häufig nach seiner Meinung; ferner wurden die Minister zweifellos angewiesen, sich in weniger wichtigen Angelegenheiten direkt an ihn zu wenden: Er wurde ganz offensichtlich darauf vorbereitet zu regieren.

---

* Um Mißverständnisse zu vermeiden, werden wir ihn hier weiterhin Herzog von Burgund nennen.

---

** Der Leibarzt des Königs. Am 4. Mai verabreichte man Ludwig ein starkes Abführmittel.

Dies half dem König ohne Zweifel ebenso über den Tod seines Sohnes hinweg wie die Gesellschaft Mme. de Maintenons. Am 30. September 1711 notierte Madame: «Mme. de Maintenon scheindt Ihr alter gantz undt gar nicht, sie ist zwar Ein wenig mager worden, aber sicht doch all fein auß».[305] Tatsächlich behielt die Marquise bis zum Ende ihrer Tage ihre alterslose Erscheinung und auch ihre Intelligenz, ihre schnelle Auffassungsgabe und ihren Witz. Zudem ist es so gut wie sicher, daß der dreiundsiebzigjährige König und seine fünfundsiebzigjährige Ehefrau nach wie vor ein aktives Liebesleben hatten.

Unglücklicherweise neigte die Marquise aber zum Nörgeln – über den Krieg, über die *légitimés*, über die Zukunft. Natürlich fühlte sie sich nun, da Monseigneur nicht mehr war, wesentlich sicherer, denn die Herzogin von Burgund, die sie mit *«ma tante»* anredete, hatte eine aufrichtige Zuneigung zu ihr: Unter dem nächsten König konnte sie einer besonders bevorzugten Behandlung sicher sein. Was mit dem Herzog von Maine und dem Grafen von Toulouse geschehen würde, stand jedoch auf einem anderen Blatt. Man wußte, daß der neue Dauphin ihren kometenhaften Aufstieg nicht billigte; was der eine König veranlaßt hatte, konnte ein anderer wieder aufheben, und Mme. de Maintenon war darüber besorgt und ließ es den König auch wissen.

Im Zusammenhang mit dem, was damals Tagesgespräch war, hatte sie jedoch immer weniger Grund zum Klagen: Es war nicht zu übersehen, daß der Krieg seinem Ende entgegenging. Zusätzlich zu den politischen Verhältnissen in London kam den Verhandlungen auch der Umstand zugute, daß Philipp V. seinem Großvater völlig freie Hand ließ, in seinem Namen zu handeln. Das schloß das Recht ein, verschiedene Teilgebiete des spanischen Weltreiches abzutreten, um so die gegnerische Partei zufriedenzustellen. Es war, wenn man auf den langen und erbitterten Krieg zurückblickt, ein weiser Schritt auf seiten Philipps, und der König wußte das zu würdigen.

«Ich versichere Euch», schreibt er am 22. Juni 1711 an seinen Enkel, «daß mir Eure Interessen ebenso am Herzen liegen wie die meinen und daß es mir grenzenlosen Verdruß bereitet, Euch Lösungen unterbreiten zu müssen, die für unsereinen immer schwer zu verkraften sind, wenn es darum geht, daß wir einen Teil der Gebiete verlieren, die Gott uns überantwortet hat. Aber es gibt Anlässe, bei denen man verlieren können muß, und wenn es dazu führt, daß Ihr als Herrscher über Spanien und die Kolonien anerkannt werdet, dann werdet Ihr keinen Grund haben, den Gebieten nachzutrauern, die Ihr möglicherweise an die Engländer abtretet, um den Frieden zu erlangen. Ich werde die Vollmachten, die Ihr mir erteilt habt, in diesem Sinne einsetzen.

Möge Gott uns Erfolg schenken, denn ich sehe, daß der Frieden angesichts der derzeitigen Lage für Eure Majestät nicht weniger wichtig ist als im vergangenen Jahr, daß aber die Ausgangslage für Verhandlungen günstiger ist. Verhaltet Euch dementsprechend, und glaubt mir, daß der einzige gute Rat der ist, der zum Frieden führt und Euch dabei auf Eurem Thron beläßt.»[306]

Diese kooperative Einstellung stand im Gegensatz zu früheren Weigerungen, irgend etwas aufzugeben, und erleichterte die Aufgabe des Königs erheblich; das gleiche galt auch für die unbestrittene Beliebtheit, der sich die von Burgund nun erfreuten. Der Herzog, ein ernsthafter, überaus frommer und arbeitsamer junger Mann, war immer ein wenig verschlossen gewesen: Nun gab er sich bei weitem zugänglicher, und man erkannte, daß er ausgesprochen höflich, gütig und gerecht war. Von der Herzogin waren Hof und König stets gleichermaßen bezaubert gewesen. Nun, da sie Dauphine geworden war, gab sie ihre Vorliebe für kindische Spielereien, durch die sie jünger gewirkt hatte, als sie in Wirklichkeit war, ebenso auf wie ihren unglückseligen Hang zum Kokettieren, mit dem sie offenbar bisweilen ein wenig zu weit gegangen war; ihren neuen Pflichten widmete sie sich mit dem größten Erfolg. Am 12. August vermerkte zum Beispiel die meist kritische Madame: «Ich versichere E. L. daß Man mons. le dauphin nicht ohne ursach rümbt, J. L. seindt rühmenswehrt, mad$^{e}$ la dauphine fengt ahn undt macht sich durch Ihre höfflichkeit bey jederman beliebt, vergangen Montag habe Ich bey Ihnen zu gast geßen, Man kan nicht hofflicher sein alß sie beyde wahren, haben mir selber vorgelegt, Es waren Ein gantz dutzendt Duchessen so da saßen, sie sprachen mitt allen, Suma Man kan nicht höfflicher sein».[307] Das wichtigste war jedoch, daß die Herzogin weiterhin Jugend, Fröhlichkeit und Glück in das Leben Ludwigs XIV. brachte. Man kann sich mit Recht fragen, ob er die Schicksalsschläge des Krieges so gut verkraftet hätte, wenn nicht sie ihn durch ihre Gegenwart aufgemuntert hätte.

Wie all ihre Zeitgenossen litt auch die neue Dauphine unter einer ganzen Reihe von Fiebererkrankungen. Die Behandlung bestand aus Aderlaß und der Verabreichung von Abführmitteln, einer Therapie, die nicht selten die Widerstandskraft des Patienten schwächte. Auch ohne ärztliche Fürsorge war das Leben im frühen 18. Jahrhundert oft kurz; aber Ärzte waren häufig gefährlicher und mehr zu fürchten als die vielen alltäglichen Krankheiten, die es gab. Folglich war es bei königlichen Patienten, die natürlich am intensivsten medizinisch betreut wurden, auch am unwahrscheinlichsten, daß sie eine ernsthafte Erkrankung überstanden.

Dennoch war niemand beunruhigt, als die Herzogin von Burgund am Nachmittag des 5. Februar 1712 plötzlich vom Fieber geschüttelt wurde. Sie ging zu Bett, ohne dem König nach dem Abendessen Gesellschaft zu leisten, wie sie es sonst immer tat, stand aber am nächsten Morgen auf und schien völlig wiederhergestellt. Am Abend, es war der 6., kehrte das Fieber zurück; am Sonntagvormittag war es deutlich gesunken, und gegen Mittag nahm man an, der Anfall sei vorüber. Am gleichen Abend bekam sie jedoch gegen sechs

Uhr plötzlich Kopfschmerzen, die so qualvoll waren, daß sie den König, der an der Tür stand, bat, nicht hereinzukommen, und die ganze Nacht hindurch litt sie sehr. Am Morgen wurde sie zweimal zur Ader gelassen, aber ohne Erfolg; am Montag, dem 8., ließen die Schmerzen nachmittags nach, aber das Fieber kehrte zurück, und zwar stärker als zuvor. Das Ergebnis war, daß sie sich sehr schwach fühlte; in dieser Nacht und bis zum 10. war ihr Zustand weitgehend stabil, außer daß nun Flecken auftraten, wie sie für Masern typisch sind. Eine Epidemie dieser Krankheit, in Verbindung mit Scharlach, wütete damals gerade in Paris und hatte bereits zahlreiche Todesopfer gefordert.

Zur Behandlung verabreichte man der Kranken starke Abführmittel und ließ sie zur Ader, was aber zur Überraschung der Ärzte den Zustand der Patientin keineswegs verbesserte; in Wirklichkeit muß sie dadurch sehr geschwächt worden sein. Von Anfang an wich der Herzog von Burgund nicht von der Seite seiner Ehefrau. Er war auch am 11. zugegen, als das Fieber so sehr anstieg, daß es ratsam schien, sie mit den Sterbesakramenten zu versehen. Um sieben Uhr des gleichen Abends – auch der König war inzwischen fast ununterbrochen in der Nähe – bekam die Herzogin erneut ein Abführmittel und wurde nochmals zur Ader gelassen. Der Herzog hatte inzwischen selbst heftiges Fieber bekommen und sich zu Bett begeben müssen. Am folgenden Abend, am zwölften Februar kurz nach acht Uhr, hauchte die junge Frau ihr Leben aus. «Obwohl Ihr wußtet, wie lieb sie mir war», schreibt der verzweifelte König an seinen Enkel in Spanien, «könnt Ihr Euch keine Vorstellung davon machen, wie tief mich der Verlust betrübt.»[308]

«Mit ihr», notiert Saint-Simon «verschwanden Freude, Vergnügen, ja sogar Unterhaltung und jegliche Anmut. Finsternis überschattete den gesamten Hof. Sie allein hatte ihm Leben eingehaucht, sie war allgegenwärtig, jeder war von ihr bezaubert, sie drang in die tiefsten Geheimnisse. Wenn der Hof sie auch überlebte, so welkte er fortan doch nur noch dahin. Nie wurde eine Prinzessin so sehr betrauert, und niemals gab es eine, die es so sehr verdiente.»[309]

Der verzweifelte König begab sich unverzüglich mit Mme. de Maintenon nach Marly, und am 13. gesellte sich der Herzog von Burgund, dessen Fieber noch immer andauerte, zu ihnen, in erster Linie, um den Vorbereitungen für die Beisetzung zu entgehen. Als er dem König seine Aufwartung machte, war dieser entsetzt über sein Aussehen und rief die Ärzte, die ihm sofortige Bettruhe verordneten. Während des 14. und 15. verschlimmerte sich das Fieber, und der Herzog selbst ließ keinen Zweifel daran, daß er nicht damit rechnete zu überleben. Am 16. zeigten sich die Symptome der Masern, während die Kräfte des Patienten weiter schwanden. Am 18., morgens früh um halb neun, war der Herzog wieder mit seiner Frau, die er erst so kurz zuvor verloren hatte, vereint.

Für die nächsten elf Tage zog sich der König, der bislang nie versäumt hatte, Hof zu halten, in seine Privatgemächer zurück und empfing niemanden außer den Ministern und Mme. de Maintenon. Doch kaum hatte er die Beisetzungsfeierlichkeiten überstanden, da erhielt er schon die nächste Todesnachricht: Der älteste Sohn der von Burgund, der sechsjährige Herzog von der Bretagne, war an der gleichen Krankheit gestorben wie seine Eltern. Der einzige Überlebende war nun sein jüngerer Bruder, der zweijährige Herzog von Anjou; und zweifellos hätten die Ärzte auch ihn noch umgebracht, wenn seine Gouvernante, Mme. de Ventadour, ihn nicht versteckt hätte. Wärme, Geduld und leichtes Essen taten ihre Wirkung: Von allen direkten Erben des Königs war er der einzige, der überlebte. Für wie lange er das sein würde, konnte freilich niemand voraussagen, denn die Kindersterblichkeit im frühen 18. Jahrhundert war erschreckend hoch.

«Ihr werdet das Ausmaß meines Kummers verstehen», schreibt der König an Philipp V., «wenn ich Euch mitteile, daß der Dauphin tot ist. Binnen weniger Tage hat Gott mir zwei schreckliche Beweise gefordert, daß ich mich seinem Ratschluß unterwerfe. Ich bete, daß er mir Eure Majestät läßt und uns über die Tragödie hinwegtröstet, die ich schmerzlich empfinden werde, solange es Ihm gefällt, mich am Leben zu erhalten.»[310] Kein König von Frankreich hatte je lange genug gelebt, um drei Generationen von direkten Nachfahren zu sehen; keiner hatte je Sohn, Enkel und Urenkel in weniger als einem Jahr verloren; und da alle Anzeichen darauf hindeuteten, daß der zweijährige Dauphin seinen Eltern folgen würde, war die Möglichkeit in greifbare Nähe gerückt, daß der Herzog von Berry, dieser hübsche, aber dumme und ungebildete junge Mann, eines Tages die Nachfolge seines Großvaters antreten würde.

Schon seit der frühen Renaissance schrieb man plötzliche und spektakuläre Todesfälle in königlichen Familien gern der Wirkung von Gift zu – eine vollkommen überflüssige Erklärung, wenn man den Mangel an Hygiene und den entsetzlichen Zustand bedenkt, in dem sich damals die Medizin befand. Schon einmal, in den jüngeren Jahren der Regierung Ludwigs XIV., hatte Gift eine volkstümliche Erklärung abgegeben, als die erste Madame plötzlich starb. Nun grassierten natürlich wiederum die wildesten Gerüchte. Für uns im 20. Jahrhundert scheint es selbstverständlich, daß ein schwerer Fall von Masern, wenn er dazu noch gemeinsam mit Scharlach auftritt, lebensgefährlich ist und daß ein Patient, der unerbittlich zur Ader gelassen und mit Abführmitteln traktiert wird, nur sehr geringe Aussicht auf Genesung hat. Der Fall des kleinen Herzogs von Anjou spricht in der Tat für sich: Er allein wurde nicht durch die barbarischen Behandlungsmethoden, mit denen man seinen Eltern und seinem älteren Bruder zu Leibe rückte, hoffnungslos geschwächt; er überlebte als einziger.

Im Jahre 1712 jedoch war Gift die offensichtliche Erklärung. Die Gerüchte wären zweifellos aufgekommen, auch ohne daß jemand nachgeholfen hätte; aber nun kam noch eine zwielichtige und hinterhältige Intrige hinzu. Noch immer war der Herzog von Maine der erklärte Liebling Mme. de Maintenons, und sie wünschte sich sehnlichst, aus ihm einen wirklichen Prinzen zu machen, der die Thronfolge antreten könnte; die Herzogin von Maine, eine zwergenhafte, muntere und sehr intelligente junge Frau aus dem Haus Condé, war brennend ehrgeizig; und als nun plötzlich ein zweijähriges Kind, mit dessen baldigem Tod jedermann rechnete, nach ihm der Herzog von Berry, dieser hohlköpfige, leicht zu beeinflussende junge Mann, und schließlich der Herzog von Orléans die einzigen Thronerben waren, lag die Strategie auf der Hand – zumal Mme. de Maintenon und ihr ganzer Zirkel den Herzog von Orléans ohnehin haßten. Wenn das Volk davon überzeugt werden konnte, er habe den Herzog und die Herzogin von Burgund und ihre Kinder vergiftet, dann käme er niemals als Thronerbe in Frage. Man wußte, daß die Chemie eines seiner vielen Interessengebiete war; also wurden Gerüchte ausgestreut, nach denen er ein spezielles Gift gebraut haben sollte, dem seine Vettern zum Opfer gefallen seien.

Plötzlich schien der Herzog von Orléans mit einem Makel behaftet. Bei Hofe ging man ihm aus dem Weg, in Paris johlte die Menge, wenn seine Kutsche vorbeifuhr, und die Gerüchte verdichteten sich immer weiter, bis jedermann ihnen schließlich Glauben schenkte. In diesem Augenblick tat Orléans das einzig Richtige, er sprach beim König vor, der ihm versicherte, er habe den Gerüchten keinerlei Beachtung geschenkt und sei von der Unschuld seines Neffen überzeugt. Er machte den einfachen Vorschlag, Orléans solle den zu seinem Haushalt gehörenden Apotheker namens Humberg entlassen. Sofort antwortete der Herzog, Humberg sei ebenso unschuldig wie er selbst, und um seiner Aussage Nachdruck zu verleihen, bat er den Apotheker, sich freiwillig in die Bastille zu begeben, damit man ihn offiziell verhören und von allem Verdacht reinwaschen könne.

Von Madame erfahren wir, was dann geschah: «Wie Mein sohn seinen humberg hatt In die Bastille geschickt umb examinirt zu werden, hatt der König verbotten, daß Man Ihn In die Bastille Nehmen solle, Erstlich weillen J. M. die sach nicht allein von Meinem sohn nicht, glauben, sondern auch durch alle Docktoren so bey beyder Körper offnung geweßen bezeügen, daß weder bei Einem noch andern gar keine apararentz von gifft gefunden, sondern made la Dauphine seye von den Röttlen undt mons. Le dauphin von der böße lufft undt betrübtnuß gestorben».[311] Ganz allmählich ebbten die Gerüchte ab; wieder einmal hatte Ludwig XIV. gezeigt, daß er nicht leicht zu beeinflussen war: Mit der bewundernswerten Ausgewogenheit, die für ihn so typisch war, hatte er trotz seines eigenen bitteren Kummers die Intrige durchschaut. Außerdem kannte er seinen Neffen, obwohl er ihn nicht sonderlich mochte, doch zu gut, als daß er ihm derartige Untaten hätte zutrauen können.

Natürlich wissen wir nicht, wie weit Mme. de Maintenon gegangen ist, um den König von der Wahrheit dieser Gerüchte zu überzeugen: Schließlich war sie ebenso klug wie raffiniert; aber sie muß die gleiche Enttäuschung verspürt haben wie die Maines, als der Plan fehlschlug. Eines war am Hof, wie er sich nun zusammensetzte, auf jeden Fall klar: Der Herzog von Berry spielte keine große Rolle, und die *légitimés* waren mehr denn je auf dem Vormarsch. Was den König anbetraf, so war er ohne Zweifel, auch wenn er nun mehr Zeit denn je mit Mme. de Maintenon verbrachte, um der Einsamkeit zu entgehen, völlig verändert. Er arbeitete so hart wie immer, er hielt Hof, er spazierte durch seine Gärten, und er half, den Krieg zum Abschluß zu bringen; doch die unermüdliche Tatkraft, die Freude am Regieren waren dahin. Er führte sein Leben fort, wie er es immer geführt hatte, aber mehr aus Gewohnheit denn aus innerer Notwendigkeit. Was vierundsiebzig Lebensjahre nicht bewirkt hatten, bewirkte der Verlust der Familie von Burgund in einem Augenblick: Vom Februar 1712 an war der Sonnenkönig ein alter Mann.

Über die Reihe von Todesfällen, die Ludwig XIV. erschüttert und seinen Hof entsetzt hatte, sprach man in ganz Europa, doch die allerdings ohnehin gemächlichen Friedensverhandlungen von Utrecht wurden dadurch nicht weiter behindert. Was die Verhandlungen aber schließlich anspornte, war die Folge von Siegen, die Villars im Laufe des Jahres 1712 errang. Bis zum Jahresende hatten die Verhandlungspartner den grundsätzlichen Rahmen einer Neuordnung Europas abgesteckt. Nur eine, überaus wichtige, Frage war noch offen: Als Ludwig XIV. im Jahre 1700 die spanische Krone für seinen Enkel annahm, hatte er in einem Patentbrief zugesichert, daß diese Erhebung sein Anrecht auf den französischen Thron nicht beeinträchtigen solle. Diese immer schon heikle Frage gewann durch den Tod der drei Dauphins an Brisanz: Wenn das Kind, das augenblicklich Thronfolger war, starb, würde vermutlich der Herzog von Berry die Nachfolge antreten, obwohl Philipp V. als sein älterer Bruder genaugenommen den Vorrang hatte; sollte er ebenfalls sterben, dann war der König von Spanien auf jeden Fall der unumstrittene Thronerbe, und in diesem durchaus nicht unwahrscheinlichen Fall würden die Kronen von Frankreich und Spanien vereint. Genau das hatte England immer mit aller Entschlossenheit verhindern wollen. Wenn andererseits Philipp V. kinderlos starb, würde zuerst der Herzog von Berry, dann der Herzog von Orléans seine Nachfolge antreten, und beide waren zugleich die beiden nächsten französischen Thronfolger.

Die englischen Unterhändler machten es daher zur absoluten Vorbedingung für das Zustandekommen einer Friedensregelung, daß Philipp V. auf seine Ansprüche auf die französische Krone verzichtete, während die Herzöge von Berry und Orléans das gleiche für Spanien taten; darüber hinaus sollten die drei Verzichtserklärungen öffentlich vom Pariser Parlament registriert werden. Ob dies nach geltendem französischem Recht überhaupt möglich war, ist fraglich: Da der Thron nicht Eigentum des Königs war, sondern er ihn nur auf Lebenszeit innehatte, konnte er die Nachfolge nicht per Gesetz regeln; gleichermaßen konnten ererbte Rechte nicht ungültig werden. Auf jeden Fall begaben sich die beiden Prinzen am 15. März 1713 mit großem Pomp zum Parlament, um dort auf alle Ansprüche auf die spanische Erbfolge zu verzichten, während eine Botschaft Philipps V., in der er alle Rechte in Frankreich preisgab, verlesen wurde. Nun gab es keinen Grund mehr, die Kämpfe fortzusetzen, und so wurde am 11. April tatsächlich der Friedensvertrag zwischen Frankreich, Holland und Großbritannien unterzeichnet.

Der Vertrag von Utrecht erkannte Philipp V. in aller Form als König Spaniens und der Kolonien an; die Spanischen Niederlande hingegen gingen an den Kaiser, während in ihren Festungsanlagen holländische Garnisonen stationiert werden sollten. Sizilien ging an den Herzog von Savoyen, der den Titel eines Königs von Sizilien annahm; Neapel ging an den Kaiser, der außerdem Mailand, Sardinien und vier Häfen an der toskanischen Küste behielt.

England behielt Gibraltar und die Insel Menorca, und es erlangte große Teile Kanadas und Neufundlands, dazu ein weitgehendes Monopol für den Handel mit den spanischen Kolonien in Südamerika; außerdem erkannte Frankreich den *Act of Settlement* und die Ansprüche des Kurfürsten von Hannover auf den englischen Thron an. Ludwig XIV. trat einige Gebiete an der Nordgrenze ab, erhielt dafür Lille und Béthune zurück und verpflichtete sich, die Festung Dünkirchen zu schleifen.

Bedenkt man die jahrelangen Niederlagen und die Vielzahl der europäischen Feinde, die es gegen sich hatte, dann war das Ergebnis von Utrecht für Frankreich sehr vorteilhaft: Es hatte kaum etwas von den Territorien, die unter Ludwig XIV. erobert worden waren, verloren, und es hatte sichergestellt, daß Spanien nie wieder zur Bedrohung werden würde. Und noch nicht genug damit: Da der Kaiser sich weigerte, den Vertrag zu ratifizieren, behielt Ludwig XIV. Straßburg, das er an ihn abzutreten bereit gewesen war. Karl VI. sollte bald einsehen müssen, daß Frankreich weniger erschöpft war, als es den Anschein hatte: Im August, September und Oktober 1713 brachte Villars seinen Truppen eine Niederlage nach der anderen bei, und bei dem Frieden, der schließlich am 6. März in Rastatt geschlossen wurde, ging der Kaiser nicht nur leer aus, er wurde sogar gezwungen, dem Erzbischof von Köln und dem Kurfürsten von Bayern ihre Territorien zurückzuerstatten.

Bedenkt man das alles, so muß man zu dem Schluß kommen, daß Ludwig XIV. bei der – nach der Widerrufung des Edikts von Nantes –

vielleicht folgenschwersten Entscheidung seiner Regierungszeit das Richtige tat: Frankreich stand 1714 besser da als im Jahre 1700. Immer wieder hört man das Klischee, der Krieg habe Frankreich in den Ruin getrieben, doch das ist nichts als der abfällige Kommentar einiger weniger Chronisten, der jahrhundertelang endlos nachgeplappert wurde. Es ist nicht zu leugnen, daß die Staatskasse in schlimmem Zustand war, doch die Staatskasse war nicht Frankreich. Im Jahre 1714 war der Einfluß, den die Regierung auf das Land und seine Wirtschaft hatte, noch ungleich geringer als heute. Es war also möglich, daß der König zwar hoch verschuldet war, daß Frankreich aber doch im Wohlstand lebte; und tatsächlich wuchs dieser Wohlstand noch: Der große Ausbruch von Überschwang und Verschwendung, der auf den Tod Ludwigs XIV. folgte, kam nicht von ungefähr. Und der Krieg brachte eine gänzlich neue Mittelschicht hervor. Die Männer, die als Bankiers, Ausrüster der Armee oder Waffenproduzenten zu Reichtum gekommen waren, schlossen sich nun den übrigen wohlhabenden Parisern an, die zu Trägern der weiteren Entwicklung der französischen Kultur wurden; ihre Kinder bildeten jene aufgeklärte Öffentlichkeit, die dem französischen Einfluß während des gesamten 18. Jahrhunderts zur Dominanz verhalf.

Es ist jedoch nicht zu bezweifeln, daß der Hof, genauer gesagt die engere Umgebung des Königs, sich nie wieder von der Verzweiflung erholte, die der Tod des Herzogs von Burgund über sie gebracht hatte. «Alles ist tot hier, alles Leben verschwunden»,[312] schreibt Mme. de Maintenon, und was den König anging, traf das zweifellos zu. Es gab keine *appartements,* ja so gut wie überhaupt keine Festlichkeiten mehr; und doch war auch am Hof die Pracht nicht völlig vergangen. Die Herzogin von Berry, nun die Erste Dame, war jung und vergnügungshungrig. Sie aß, trank, tanzte, betrog ihren langweiligen Ehemann, und sie war von Höflingen umgeben, die so lebhaft waren wie je zuvor; dasselbe galt für die Condés und die Contis; doch deren Feiern fanden meist nicht in Versailles statt, sondern in ihren eigenen Palästen: Der Hof mochte Trauer tragen, die Oberschicht jedoch nicht.

Trotzdem wurden die großen Ereignisse des Hoflebens gefeiert wie immer: Als Monsieur le Duc im Sommer 1713 Mlle. de Conti heiratete und der Prinz von Conti die Mlle. de Bourbon, gab der König eine halbe Million allein für Geschenke aus, und die Bräute und die Herzogin von Berry wurden mit Juwelen überhäuft. Der Herzog und die Herzogin von Maine gaben rauschende Feste in ihrem luxuriösen Schloß in Sceaux, und viele Höflinge, den Blick auf die Zukunft gerichtet, nahmen ihre Einladungen an. Man kann wohl sagen, daß zwar im Zentrum Düsternis herrschte, in der Umgebung jedoch das strahlendste Licht.

Allerdings sollte man die Düsternis des Hofes auch nicht überbetonen: Der König und seine Umgebung mochten trauern, doch lebten sie noch immer im prächtigsten Palast ganz Europas. Die 1701 nach einem Entwurf Mansarts begonnene Kapelle wurde im Jahre 1710 von Robert de Cotte vollendet* und gab nun einen großartigen und feierlichen Rahmen für die tägliche Messe ab. Mit ihrer Säulengalerie und der königlichen Loge in der oberen Etage, ihren breiten Fenstern, ihren weißen und goldenen Boiserien und ihrer Decke mit Fresken von Coypel, Jouvenel und Lafosse ist sie prächtig und doch grazil, eindrucksvoll und doch kultiviert.

Auch der übrige Palast war unvergleichlich prächtiger, als wir ihn heute kennen. Im *cour de marbre* unterhalb des königlichen Balkons zum Beispiel gab es einen Springbrunnen aus weißem Marmor mit vergoldeten Bronzestatuetten, in jeder der vier Ecken des Hofes standen glockenförmige Becken mit Tritonen, die Wasser hervorsprudelten und die von vergoldeten Vogelkäfigen gekrönt waren; die letzteren hatte man allerdings schon im Jahre 1703 demontiert.

Im königlichen Schlafzimmer waren Wände, Bett und Stühle im Winter mit goldbesticktem rotem Samt, im Sommer mit Gold- und Silberbrokat bezogen. An sämtlichen Wänden hingen Meisterwerke: Von Leonardo über Tizian und Veronese bis hin zu Poussin, Reni und Domenichino war im Palast alles vertreten, was in der westlichen Malerei Rang und Namen hatte. Außerdem gab es Spiegel, nicht nur in der *Grande Galerie*, sondern zum Beispiel auch im Ratssaal, wo sie die Wände verkleideten und den Glanz vergoldeter Bronzekonsolen zurückwarfen, die beladen waren mit Vasen aus Achat, Lapislazuli und anderen Halbedelsteinen.

Es gab geschnitzte und vergoldete Türen, überall Springbrunnen, große Silbervasen, Marmor, Wandteppiche und die prächtigen Gobelins, die die großen Ereignisse der Regierungszeit des Königs feierten. Die Möbel waren mit einem Brokatstoff bezogen, der goldene und silberne Blumen zeigte, blühende Orangenbäume verströmten ihren Duft in der Spiegelgalerie. Auch dort liefen entlang der Mauern vergoldete Konsolen, und auch wenn man die Silbermöbel eingeschmolzen hatte, gab es doch noch Tische aus Alabaster und Porphyr und eine unendliche Zahl aus halbedelsteinernen Vasen und Skulpturen.

Der Thronsaal war natürlich ganz besonders großartig. Hier gab es ägyptische Marmortafeln, mit Goldtuch drapierte Pilaster; die Wände waren mit Girlanden bedeckt, überall gab es Blumenvasen, das königliche Wappen und großformatige Akte, jedes in vergoldetem Hochrelief, dazu Silberstickereien, rundum Vorhänge und Bilder von Guido Reni und Van Dyck an allen Wänden. Was die Privatgemächer des Königs, die *cabinets*, angeht, macht Félibien den atemlosen Versuch einer Beschreibung: «Und dazu noch die

* Mansart war 1708 gestorben.

vielen Meisterwerke, die es dort erst zu sehen gibt, in den Kabinetten, der Galerie und in den Salons zu beiden Seiten! Unmöglich, die Pracht der Einrichtung und den unendlichen Reichtum zu beschreiben, der sich dem Betrachter dort bot; hier fanden sich – neben den antiken Statuen, den Bronzefiguren, den alten und neuen Gold- und Silbermedaillen – die wertvollsten Vasen in großer Zahl, Vasen aus Achat, Heliotrop, Turmalin, Karneol, Smaragd und anderen Steinen des Orients.»[313]

Doch selbst eine so märchenhafte Umgebung konnte die Wirkung eines weiteren Schicksalsschlages nicht mildern. Der Herzog von Berry mochte kein großes Licht sein, doch wenigstens war er jung, stark und lebendig. Sein einziges Kind, der Herzog von Alençon, war schon im Monat nach der Geburt gestorben, doch man konnte erwarten, daß die Herzogin weitere Kinder bekommen würde: Starb der kleine Kronprinz und der Herzog von Berry trat seine Nachfolge an, so würden sich zweifellos Kinder einstellen, die das Erbe weiterführen könnten. Berry war also kein großer, aber doch ein wichtiger Mann. Unglücklicherweise mangelte es ihm an Vernunft und Selbstbeherrschung, besonders, wenn er auf der Jagd war. So kam es, daß er eines Tages sein Pferd zu sehr antrieb; das Pferd rutschte aus, fing sich zwar und richtete sich wieder auf, Berry erhielt dabei aber einen schweren Stoß durch seinen Sattelknauf in den Bauch.

Zunächst kümmerte der Herzog sich nicht darum, doch am nächsten Tag schüttelte ihn das Fieber, und er begann Blut zu erbrechen: Offensichtlich hatte der Stoß innere Blutungen verursacht; und am 4. Mai um vier Uhr morgens starb der junge Mann. Für den König war es ein weiterer schwerer Schlag, nicht so sehr, weil er viel für Berry übrig gehabt hätte – auch wenn er ihn gern hatte –, sondern weil es schien, als sei Gott entschlossen, alle seine Nachkommen vom Antlitz der Erde zu wischen. Nun blieb nur noch der kleine Dauphin, und niemand erwartete, daß er noch lange zu leben hatte.

Unter diesen entsetzlichen Umständen und mit Mme. de Maintenon ständig im Nacken zeigte sich die Zuneigung des Königs zu seinen illegitimen Kindern von neuem. Immerhin war der Graf von Toulouse ein diskreter, tapferer, bescheidener und treuherziger Mann; und der Herzog von Maine, dem all diese Eigenschaften völlig abgingen, wußte, wie er Anhänglichkeit heucheln konnte, auch wenn er sie nicht verspürte. Er wußte all jene zu umschmeicheln, die ihm vielleicht nützlich sein konnten, und bekam kräftige Unterstützung von Mme. de Maintenon und von seiner Frau. Ludwig XIV., dem man verzeihen mag, daß er keine große Hoffnung auf den vierjährigen Dauphin setzte, fand in diesen beiden Söhnen den Trost seines Alters.

Nichts jedoch, auch das Alter und die Einsamkeit nicht, ließ ihn seine Pflicht vergessen: Du Maine und Toulouse blieben Bastarde. Allerdings mußte, wie Mme. de Maintenon nicht müde wurde zu betonen, das nicht unbedingt eine Rolle spielen, und der König war für eine Weile unentschlossen. Die Entscheidung, zu der er schließlich kam, wurde von konservativen Kreisen als schockierend empfunden: betrachtet man sie genauer, so erweist sie sich jedoch als besonnener Kompromiß.

Die Töchter des Königs, die sämtlich in die Königsfamilie im engeren Sinne eingeheiratet hatten, hatten inzwischen selbst Kinder, so daß die nächste Generation der Prinzen von Geblüt eine Mischung aus legitimem und illegitimem Blut darstellte; die beiden überlebenden Söhne waren nach und nach zu einer Stellung unmittelbar unterhalb der Prinzen von königlichem Geblüt und unmittelbar oberhalb der Herzöge erhoben worden; bald darauf wurden sie den Prinzen von Geblüt gleichgesetzt, allerdings nach wie vor mit dem entscheidenden Unterschied, daß sie kein Anrecht auf das Thronerbe hatten. Die Thronfolge sah also nun wie folgt aus: der kleine Dauphin – der Herzog von Orléans – dessen Sohn – Monsieur le Duc – dessen Söhne – der Prinz von Conti – dessen Sohn; Frauen, das dürfen wir nicht vergessen, konnten in Frankreich weder den Thron erben noch Erbansprüche auf ihre Kinder übertragen.

Wäre Ludwig XIV. so weit gegangen, wie der Herzog von Maine hoffte und Mme. de Maintenon ihm nahelegte, so hätte er diesem den Erbanspruch eingeräumt, den er als ehelicher Sohn gehabt hätte – d.h. den Platz zwischen dem Dauphin und dem Herzog von Orléans. Statt dessen entschloß er sich zu einer weitaus gemäßigteren Lösung: Nach einem im Juli 1714 erlassenen und am 2. August beim Parlament registrierten Edikt wurde dem Herzog von Maine, dem Grafen von Toulouse sowie ihren männlichen Nachfahren das Recht eingeräumt, *nach* sämtlichen Prinzen von Geblüt die Thronfolge anzutreten, und sie erhielten den gleichen Rang und die gleichen Ehren wie diese Prinzen und standen im Zeremoniell unmittelbar hinter ihnen.

Obwohl dieser Kompromiß die *légitimés* erhöhte, ohne im geringsten die Rechte der eigentlichen Prinzen zu beschneiden, und obwohl Hof und Parlament viel zu eingeschüchtert waren, um auch nur eine Spur von Widerstand zu zeigen, empfanden viele diese Erhöhung als schockierend, setzte sie doch die Bastarde des Königs, in doppeltem Ehebruch gezeugt, mit Kindern aus heiligen Ehen gleich. Einen kleinen Unterschied gab es allerdings noch: Du Maine und Toulouse genossen die gleichen Rechte wie die Prinzen von Geblüt, aber sie *waren* keine Prinzen von Geblüt: Ein kleiner, aber in den Augen des 18. Jahrhunderts gewichtiger Unterschied. Doch am 23. Mai 1715 wurde auch dieser letzte Unterschied beseitigt: Ein Dokument wurde registriert, in dem der Herzog von Maine und der Graf von Toulouse offiziell zu Prinzen von königlichem Geblüt erklärt wurden.

Solche Überlegungen sind immer müßig, aber man darf annehmen, daß Ludwig diese letzten Schritte zur Legitimierung seiner Bastarde nicht getan hätte, wäre der Herzog von Burgund am Leben geblieben. Unter den gegebenen Umständen, betrachtete man die Sterblichkeitsrate, die die königliche Familie an den Tag legte, war es nichts weiter als eine wohlüberlegte Vorsichtsmaßnahme; die Gegner dieser Entscheidung jedoch sahen darin eher die beklagenswerte Folge des Einflusses, den Mme. de Maintenon auf den geschwächten und alt gewordenen Monarchen hatte. In Wirklichkeit spiegelt diese Tat die Position Ludwigs XIV. genau so, wie er sie sah. So, wie er in früheren Jahren die Gesetze hinter sich gelassen hatte, die für den Rest der Menschheit galten, so schien es ihm nun, daß auch seine illegitimen Nachkommen, wie die der griechischen Götter, an seiner Göttlichkeit teilhatten – daß es von größerer Bedeutung war, der uneheliche Sohn Ludwigs XIV. zu sein als der Ur-Ur-Urenkel des Bruders seines Urgroßvaters.

Trotz allem blieben dem König Skrupel, und er war verärgert über den Druck, unter den man ihn gesetzt hatte. Ende Juli 1714, kurz bevor das Edikt bekanntgegeben wurde, wandte er sich, wie Saint-Simon berichtet, in Gegenwart mehrerer Diener an den Herzog von Maine und sagte: «Sie haben es so gewollt; aber merken Sie sich, so sehr ich Sie auch zu meinen Lebzeiten erhöhe – Sie werden ein Nichts sein, sobald ich nicht mehr bin; dann wird es an Ihnen sein, das zu verteidigen, was ich Ihnen geschaffen habe – wenn Sie es können.»[314]

Von ebenso großer Bedeutung waren natürlich die Vorkehrungen, die für die Regentschaft getroffen werden mußten: Niemand konnte im Jahre 1714 daran zweifeln, daß der König die Volljährigkeit des Dauphins nicht mehr erleben würde. Sofern das vierjährige Kind überlebte, mußte also ein Regent die Geschäfte an dessen Stelle übernehmen, bis der neue König alt genug sein würde, selbst zu regieren. Dafür gab es keinen Präzedenzfall: Der Dauphin war ein Waise, und deshalb waren die Gegebenheiten andere als bei den Regentschaften, die Maria von Medici oder Anna von Österreich für ihre Söhne geführt hatten. Als Regent kam nur der nächste Verwandte des zukünftigen Königs in Frage, der Mann, der, sollte er ohne Nachkommen sterben, seine Nachfolge antreten würde: Und das war der Herzog von Orléans.

Für Ludwig XIV., in dessen Gunst sein Neffe rapide stieg, war das kein Anlaß zur Sorge, doch Mme. de Maintenon und ihr Zirkel waren darüber verzweifelt. Folglich begann diese Dame, verschlagen, wie sie war, eine Lösung zu entwickeln, die das eindeutige Anrecht des Herzogs unterlief, und dem König einzureden, er müsse diese in seinem Testament verbriefen.

Ein königliches Testament war allerdings immer eine heikle Angelegenheit: Mochte der König auch zu Lebzeiten alle Macht in Händen halten, so hatte er doch keine Gewalt über den Tod hinaus, denn er konnte den Nachfolger zu nichts zwingen: Was ein Monarch angeordnet hatte, konnte der nächste widerrufen. Die Folge war, daß es geradezu eine Tradition von nicht erfüllten königlichen Testamenten gab: so etwa beim Tode Heinrichs IV. im Jahre 1610 oder, 1643, bei demjenigen Ludwigs XIII. In beiden Fällen hatte das Parlament die Regentschaft, die der verstorbene Herrscher bestimmt hatte, ignoriert und der Königinmutter alle Macht übertragen. Welche Vorsorge auch immer Ludwig XIV. also für die Regentschaft treffen mochte, die auf sein Ende folgen würde – es war gut möglich, daß sich niemand daran hielt.

Dieser Erkenntnis widersprachen jedoch zwei Momente in den Überlegungen des Königs: Zum einen – und trotz Bemerkungen wie der eben zitierten – sorgte er sich um die Zukunft seiner Söhne, zum anderen – und vielleicht schwerwiegender – um die Behandlung, die Mme. de Maintenon widerfahren würde. Nicht zuletzt hoffte er auch, den unablässigen Vorhaltungen der Marquise ein Ende zu bereiten. So kam es, daß er am 26. August 1714 dem *premier président*, M. de Mesmes, feierlich sein mit sieben Siegeln versehenes Testament überreichte. «Messieurs», sagte er, als er es übergab, «dies ist mein Testament. Ich allein weiß, was darin verfügt wird. Ich gebe es dem Parlament in Verwahrung, und ich könnte ihm nicht deutlicher zeigen, wie hoch ich es schätze und wie sehr ich ihm vertraue ... Das Beispiel meiner Vorgänger auf dem Thron und die Erinnerung an das Testament meines eigenen Vaters zeigen mir gut genug, was vielleicht auch mit diesem hier geschehen wird; aber sie wollten es so; sie haben mir zugesetzt; sie haben mich nicht in Ruhe gelassen, ganz gleich, was ich dagegen vorbrachte. Nun denn! Ich habe mir meine Ruhe erkauft. Hier ist es, nehmen Sie es; was immer damit geschehen mag, ich habe meinen Frieden und werde nichts mehr davon hören.» Bemerkenswert ist auch, daß Ludwig XIV. fast dieselben Worte am folgenden Morgen an Maria von Modena richtete: «Madame», sagte er ärgerlich, «ich habe mein Testament gemacht; sie haben mir keine Ruhe gelassen, bis ich es tat.» Und indem er sich zu Mme. de Maintenon umwandte, fuhr er fort: «Ich habe mir den Frieden erkauft. Ich weiß, wie machtlos und nutzlos ein solches Testament ist. Solange wir leben, haben wir alle Macht, die wir uns wünschen können, doch für die Zeit nach unserem Tode können wir weniger ausrichten als jeder Privatmann; man braucht nur daran zurückzudenken, was unmittelbar nach seinem Tod aus dem Testament meines Vaters wurde, und aus dem so vieler anderer Könige. Das alles ist mir bekannt; und trotzdem wollten sie es von mir; ich bekam keinen Frieden und keine Ruhe, bis ich es getan hatte. Nun denn, so geschah es, Madame; soll nun daraus werden, was will – mich können sie damit nicht mehr länger quälen.»[315] Wir dürfen diesem Bericht Saint-Simons vertrauen, denn in beiden Fällen bekam er den Wortlaut von Augenzeugen mitgeteilt.

Das Testament wurde nach Paris gebracht und in einem der Türme des Parlaments eingemauert, und dort blieb es bis zum Tag nach dem Tod des Königs; das heißt jedoch nicht, daß sein Inhalt ein Geheimnis geblieben wäre:

Man nahm an – und zwar zu Recht –, daß es eine ausgeklügelte Regierung enthielt, die dem Herzog von Orléans zwar dem Namen nach die Regentschaft beließ, die Herrschaft über Frankreich und den kleinen Monarchen jedoch dem Herzog von Maine sicherte. Das bewahrheitete sich: Ludwig XIV. hatte einen Regentschaftsrat eingerichtet, ohne den keine Entscheidung gefällt und kein Amt vergeben werden konnte; der Regent war nur mit einer Stimme im Rat vertreten, in dem der Herzog von Maine mit seinen Anhängern die Mehrheit hatte. Außerdem wurde er zum Oberaufseher über den königlichen Haushalt erhoben, das heißt zum Verantwortlichen für die Sicherheit für die Erziehung des Königs, wobei letztere noch von einem Erzieher kontrolliert wurde, dem Marschall von Villeroy. Orléans behielt also den Titel eines Regenten, wurde aber zur bloßen Marionette. Unmittelbar vor seinem Tod fügte der König seinem Testament noch eine Nachschrift hinzu, in der er Maine zum Kommandeur der Leibgarde bestimmte; er gab ihm damit die Möglichkeit, sich gegen jeden zu wehren, der ihm seine Macht streitig machen wollte.

Es wirft ein bezeichnendes Licht auf die Veränderungen, die Ludwig XIV. seit 1661 bewerkstelligt hatte, daß nicht eine einzige kritische Stimme zu diesen Vorkehrungen zu hören war: Im Jahre 1714 und noch 1715, als seine Kräfte schwanden und deutlich zu sehen war, daß er nicht mehr lange zu leben hatte, wurde ihm, zumindest wenn es um Staatsgeschäfte ging, ebenso prompt und bedingungslos Gehorsam geleistet wie auf dem Höhepunkt seiner Regierungszeit. Ihr Privatleben begannen die Prinzen und der Hof im Jahre 1715 allmählich im Vorgriff auf den Tod des Königs einzurichten – Beschränkungen früherer Jahre wurden aufgehoben, und man sah die ersten Anzeichen einer neuen Zeit: Die Regentschaft, diese Explosion aufgestauter Gelüste, hatte bereits zu Lebzeiten des Königs begonnen.

Die großen Feierlichkeiten bei Hofe fanden statt wie immer, doch zumindest eine darunter in einer Form, wie sie vorher undenkbar gewesen wäre. Im Februar traf eine reichlich zwielichtige Gestalt in Paris ein, die sich als Botschafter des Schahs von Persien ausgab und in dieser Rolle um eine Audienz in Versailles nachsuchte. Die Minister hatten schnell herausgefunden, daß er nicht mehr als ein Kaufmann war, doch sie meinten, sie könnten dem König mit dem Gedanken eine Freude machen, selbst im fernen Persien werde er bewundert; also behielten sie die Wahrheit für sich und arrangierten einen großen Empfang.

Es war das letzte der großen Hoffeste, die mehr als ein halbes Jahrhundert lang der Welt den Atem verschlagen hatten. Ein grandioser Thron wurde am Kopfende des Spiegelsaals aufgebaut, und der König, von der königlichen Familie umgeben, stand davor, während entlang beider Seiten prächtig verzierte Bänke für die Öffentlichkeit aufgestellt waren. Alle Anwesenden waren verschwenderisch gekleidet, der Herzog von Orléans in blauem Samt mit einem Mosaik aus Perlen und Diamanten. Der König trug einen Anzug aus schwarzem Samt und Goldtuch, der fast ganz mit den schönsten Edelsteinen des Staatsschatzes bedeckt war, doch, wie Saint-Simon notiert, «er ging gebückt unter diesem Gewicht und sah viel älter und schmaler aus und wirkte krank».[316]

Schon seit einiger Zeit war bekannt, daß die Kräfte Ludwigs XIV. schwanden; er magerte ab und wurde schwach, verlor aber nicht seinen Appetit. Was seine Ärzte nicht wußten, obwohl es uns heute so offensichtlich scheint, war, daß er an Diabetes litt. Es verwundert also nicht, daß er am 12. Juni, als er von Versailles nach Marly aufbrach, noch elender aussah, und allmählich begann man unverhohlen über die Nachfolge und über die Plätze, die der Herzog von Orléans und der Herzog von Maine einnehmen würden, zu spekulieren. Der Hof, der wie immer kein Risiko eingehen wollte, zeigte sich gegenüber beiden ehrerbietig.

Von nun an ging es dem König täglich schlechter, und in London wurde bereits darauf gewettet, daß er den September nicht überleben würde. Die holländischen Zeitungen, die Torcy dem König regelmäßig vorlas, berichteten über dieses Vergnügen von zweifelhaftem Geschmack; eines Tages «hielt er [beim Vorlesen] plötzlich inne, kam ins Stottern und überging [diese Berichte]. Dem König blieb das nicht verborgen, und er fragte, warum er verlegen sei, was da vorgehe und warum er es nicht vorlese; Torcy errötete, zog sich aus der Affäre, so gut er konnte, und sagte, es sei eine Unverschämtheit, die das Vorlesen nicht wert sei. Der König bestand darauf; Torcy, noch verlegener als zuvor, weigerte sich weiter; doch schließlich war er nicht mehr in der Lage, sich der wiederholten Anordnung zu widersetzen. Er las ihm den Bericht über die Wetten vor. Der König gab sich den Anschein, es mache ihm nichts aus, doch er war tief getroffen, und zwar so sehr, daß er, als er sich kurz darauf zum Essen setzte, es nicht für sich behalten konnte ... Wir sahen, daß er versuchte zu essen, doch er brachte nichts hinunter.»[317]

Als Ludwig XIV. am 10. August nach Versailles zurückkehrte, war offensichtlich, daß er sehr geschwächt war und ihm nicht mehr viel Zeit bleiben würde; doch noch immer hielt er regelmäßig seine Ratsversammlungen ab. Am 11. fuhr er nach Trianon, und es sollte sein letzter Ausflug sein: Von da an blieb er im Palast. Er behielt seinen üblichen Tageslauf bei, doch er beklagte sich nun über Schmerzen im Bein; es handelte sich jedoch nicht um Ischias, wie er dachte, sondern in Wirklichkeit um die ersten Anzeichen eines Gangräns. An jenem Tag, dem 13. August, speiste er zum letzten Mal öffentlich.

Fagon mißverstand natürlich alle Anzeichen der Krankheit. Während der beiden letzten Jahre hatte er seinem Patienten eine Diät aus überreifem Obst und Süßigkeiten aller Art verordnet – mehr als genug, um bei einem Mann seines Alters Diabetes hervorzurufen. Nun versicherte er dem König und Mme. de Maintenon, es liege kein Anlaß zur Besorgnis vor.

Am 14. August konnte Ludwig sich nicht mehr auf den Beinen halten; er wurde zur Messe getragen, und dann, am Abend, hörte er ein Konzert in den Gemächern der Mme. de Maintenon; anschließend aß er in Gegenwart des Hofes in seinem Zimmer zu Abend. Die nächsten acht Tage über verbrachte er zwar viel Zeit im Bett, doch hielt er seine Ratsversammlungen ab, empfing die Minister und besuchte Mme. de Maintenon; aber seine Kräfte schwanden weiter. Am 22. fühlte er sich zu schwach, um die Parade der *gendarmerie* abzunehmen, einer Elitetruppe, und er schickte statt dessen den Herzog von Maine. Das genügte dem Hof als Hinweis: Von nun an galt der Herzog als der aufgehende Stern, und alles lag ihm zu Füßen; mancher umsichtige Höfling umwarb jedoch zusätzlich auch den Herzog von Orléans. Auch am nächsten Tag hielt der König seine Routine durch, er blieb zwar in seinen Gemächern, doch er war von all jenen Höflingen umgeben, die das Privileg der *entrées* hatten. Er wußte sehr wohl, daß er im Sterben lag, und weigerte sich, eine Reihe vakanter Bischofssitze zu besetzen, obwohl sein Beichtvater ihn dazu drängte.

Am 24. unternahm er einen letzten Versuch, öffentlich zu Abend zu essen, doch er brachte nichts hinunter und bat den Hof, das Zimmer zu verlassen; als er zurück ins Bett ging, sah man, daß sein Bein, das ihm nun weitaus größere Schmerzen bereitete, schwarze Brandflecken zeigte. Am 25. stand außer Frage, daß er dem Tode nahe war, doch der König befahl seinem Orchester, wie üblich zu spielen; er empfing den Kanzler und fügte seinem Testament jenes Kodizill hinzu, nach dem der Herzog von Maine zum Kommandanten der Leibwache ernannt wurde; dann legte er seine Beichte ab, erhielt die Sterbesakramente und rief dann seine Familienmitglieder zu sich, einen nach dem anderen. Zuerst kam der Herzog von Orléans, dann der Herzog von Maine, gefolgt vom Grafen von Toulouse, den drei Töchtern des Königs und den Prinzen von Geblüt; während alldem blieb Mme. de Maintenon am Bett des Königs.

Am 26. war die Zeit für ein öffentliches Abschiednehmen gekommen. Der Hof erhielt noch einmal Zutritt. «Am Mittag», notiert Dangeau, «ließ Seine Majestät den kleinen Dauphin zu sich bringen; er küßte ihn und sagte dann: ‹Süßes Kind, du wirst bald ein großer König sein. Doch dein ganzes Glück wird davon abhängen, daß du dich Gott gefällig zeigst und daß du dich bemühst, dem Volk die Bürde, die es drückt, zu erleichtern. Damit dir das gelingt, mußt du vor allen Dingen, wenn immer du kannst, den Krieg vermeiden: Der Krieg ist der Ruin des Volkes. Folge in diesen Dingen nicht dem schlechten Beispiel, das ich dir gegeben habe. Oft habe ich Kriege ohne hinreichenden Grund begonnen und habe sie fortgeführt, um meinen eigenen

Stolz zu befriedigen. Folge mir darin nicht, sei ein Herrscher des Friedens, und laß die Sorge um deine Untertanen dein wichtigstes Ziel sein. Nütze die Erziehung, die Mme. la duchesse de Ventadour [die Gouvernante des Dauphins] dir zuteil werden läßt, und sei ihr gehorsam; was den Gehorsam gegenüber Gott angeht, so folge dem Rat von Vater Le Tellier. Ich überlasse ihn dir als deinen Beichtvater.

Und Sie, Madame [sagte er zu Mme. de Ventadour], ihnen schulde ich großen Dank für die Sorgfalt, mit der Sie dieses Kind aufziehen, und für die Zuneigung, die sie ihm entgegenbringen. Ich bitte Sie, fahren Sie in der gleichen Weise fort; und ihn bitte ich, Ihnen jeden erdenklichen Beweis seiner Dankbarkeit zu geben.› Danach küßte er den Dauphin noch zweimal und gab ihm seinen Segen.»[318]

«Hernach», schreibt Elisabeth Charlotte von der Pfalz, «hatt er die duchesse de Bery, mich undt alle seine andere döchter undt enckeln kommen laßen; er hatt mir mitt solchen tendren wortten adieu gesagt, daß ich mich noch selber verwundere, wie ich nicht rack ohmächtig worden bin. Er hatt mich versichert, daß er mich allezeit geliebt hette und mehr, alß ich selber gemeint, daß es ihm leydt seye, daß er mir jemahlen chagrin gegeben.»[319]

Inzwischen schluchzten alle anwesenden Frauen laut, doch der König bewahrte die Ruhe, die stets so charakteristisch für ihn gewesen war. Er rief den Herzog von Orléans ein weiteres Mal zu sich und befahl ihm, den Dauphin nach Vincennes bringen zu lassen, sobald er, der König, tot sei; dann solle er Versailles gründlich reinigen lassen und anschließend das königliche Kind in den großen Palast zurückholen.

Dann rief Ludwig XIV. sämtliche Höflinge hinein. Sie drängten sich um sein Bett und vernahmen in tiefem Schweigen, was der König, der sie mit so fester Hand und für so lange Zeit regiert hatte, ihnen zu sagen hatte. «Messieurs», hob er an, «ich bin zufrieden mit Ihren Diensten; Sie haben mir treu gedient und mit dem Bemühen, mir zu gefallen. Ich bedaure es, daß ich Ihnen keinen besseren Lohn dafür gewähren konnte; die letzten Jahre haben mir keine Gelegenheit dazu gegeben. Dienen Sie dem Dauphin mit der gleichen Zuneigung, die Sie mir erwiesen haben; er ist nur ein fünfjähriger Knabe, der in manchem unvollkommen sein mag, denn ich erinnere mich vieler Unvollkommenheiten aus meiner eigenen Jugend. Ich trete ab, doch der Staat wird bleiben. Seid diesem Staat treu ergeben, und werdet darin ein Beispiel für all meine anderen Untertanen. Seid einander treu, und zerstreitet Euch nicht, denn auf der Einigkeit beruht die Macht des Staates, und befolgt stets die Anweisungen, die mein Neffe [der Herzog von Orléans] Euch geben wird; er wird das Königreich regieren. Ich hoffe, ihr werdet eure Pflicht tun, und ich hoffe, Ihr werdet bisweilen an mich zurückdenken.» Nach diesen Worten «brachen wir alle», wie Dangeau berichtet, «in Tränen aus, und nichts könnte den Kummer, den Schmerz und die Verzweiflung aller, die dabei waren, auch nur annähernd beschreiben».[320]

Damit schien alles gesagt. Am 27. wurde nur Mme. de Maintenon und dem Beichtvater des Königs Zutritt gewährt; am 28. machte der König zu Mme. de Maintenon die Bemerkung, in Anbetracht ihres Alters hoffe er, er werde bald wieder mit ihr vereint sein; und als er in einem Spiegel zwei Diener sah, die weinten, wandte er sich an sie: «Warum weint ihr? Habt ihr geglaubt, ich würde ewig leben? Ich habe immer gewußt, daß das nicht sein konnte, und bei meinem Alter müßt ihr doch damit gerechnet haben, mich zu verlieren.»[321] Später an diesem Tag kam ein Quacksalber in den Palast und behauptete, er habe ein Heilmittel gegen den Brand; man erlaubte ihm, es dem König zu verabreichen, und dieser lebte für eine Weile etwas auf, doch dann ging es ihm wieder schlechter, und er litt große Schmerzen. Der Tod stand nun ohne Zweifel bevor; und Mme. de Maintenon, vorsichtig bis zuletzt, begab sich diskret nach Saint-Cyr, in die Schule, die sie in der Nähe von Versailles gegründet hatte und wo sie eine Wohnung unterhielt.

Später am selben Abend fragte Fagon den König, als dieser aus einer Ohnmacht erwachte, ob er schwer zu leiden habe. «Nein», antwortete er, «und das betrübt mich; ich wünschte, ich hätte mehr zu leiden, als Buße für meine Sünden.»[322] Am 29. ging es ihm wieder besser. Er aß einige Kekse und trank etwas Wein – und schon waren die Gemächer des Herzogs von Orléans, die während der vergangenen Woche voller Höflinge gewesen waren, wieder verlassen. Doch die Besserung hielt nicht an. In einer seiner Anweisungen nannte Ludwig seinen jungen Nachfolger nicht mehr den Dauphin, sondern den König. «Er sah, wie diejenigen, die ihm am nächsten standen, zusammenzuckten. ‹Aber warum das?› sagte er. ‹Mir macht das überhaupt nichts aus.›»[323] Um elf Uhr am selben Abend wurde sein Bein von neuem untersucht; der Brand reichte nun hinauf bis zum Oberschenkel, und während der Untersuchung wurde der König mehrfach ohnmächtig. Er rief nach Mme. de Maintenon, und als er erfuhr, daß sie bereits gegangen sei, gab er Anweisung, sie aus Saint-Cyr zurückzuholen.

Den 30. verbrachte er ganz in einem Dämmerzustand; um fünf Uhr an jenem Nachmittag kehrte Mme. de Maintenon aus Saint-Cyr zurück. Den 31. über war er teils wach, teils ohne Bewußtsein; das Gangrän hatte sich nun über den ganzen Oberschenkel ausgebreitet. Früh in der folgenden Nacht, nachdem er das Sterbegebet gesprochen hatte, sagte er: «O Gott, steh mir bei, ich bitte Dich, erlöse mich bald.»[324] Das waren seine letzten Worte. Er verlor das Bewußtsein, er starb um viertel nach acht, am Morgen des 1. September 1715.

# NACHWORT

Was dann kam, überraschte nur wenige: Binnen weniger Tage mißachtete das Parlament das Testament Ludwigs XIV. und übertrug dem Herzog von Orléans die uneingeschränkte Regentschaft; darüber hinaus verlor der Herzog von Maine auch das Kommando der Wache. Die Beerdigung war eilig und formlos. Der Pöbel, der sich versammelt hatte, um die Prozession zu sehen, grölte, als der Leichnam auf dem Wege nach Saint-Denis an ihnen vorbeikam; überall wurde die Nachricht vom Tod des alten Königs mit Erleichterung aufgenommen. Mit ihm hatte eine ganze Epoche ihr Ende gefunden: In Frankreich begann das 18. Jahrhundert am 1. September 1715.

Doch es dauerte nicht lange, da erschien die Herrschaft Ludwigs XIV. als eine goldene Zeit. Sein Urenkel, der entgegen aller Wahrscheinlichkeit am Leben blieb, genoß als Ludwig XV. eine der längsten Regierungsperioden in der Geschichte Frankreichs und war ein großer Bewunderer des Sonnenkönigs. Diese Bewunderung wurde allgemein, als Voltaire im Jahre 1751 *Le Siècle de Louis XIV* veröffentlichte. Sie ist bis heute ungebrochen.

Natürlich ist Ludwig XIV. ebensooft angegriffen worden, wie er Lob erfahren hat. Oft mit unzutreffenden Argumenten: Man sagte zum Beispiel, es sei einer der Gründe für die Revolution gewesen, daß der König sich in Versailles einschloß; doch der Fehler liegt bei Ludwig XV. und Ludwig XVI. – der Sonnenkönig selbst hatte niemals erwartet, daß seine Nachfolger sich verpflichtet fühlen würden, seinen Regierungsstil weiterzuführen; er hatte vielmehr damit gerechnet, daß sie die Monarchie nach ihren eigenen Vorstellungen neu beleben würden.

Ein anderer Vorwurf ist der, er habe Frankreich in den Ruin getrieben: Durch den Spanischen Erbfolgekrieg, heißt es, sei das Land völlig ausgeblutet. Doch wir brauchen uns nur den Wohlstand anzusehen, in dem Frankreich in den zwei Jahrzehnten nach 1715 lebte, dann wissen wir, wie unhaltbar diese Anschuldigung ist. Und der König klagte sich zwar auf seinem Sterbebett an, er habe zu viele Kriege geführt, doch wir dürfen annehmen, daß es sich dabei um das Wort eines Mannes handelte, der weltliche Belange bereits hinter sich gelassen hatte und in der Welt des Glaubens lebte, in der alle Menschen Brüder sind. Dank der Kriege, die Ludwig XIV. geführt hatte, war Frankreich ein größeres, reicheres und mächtigeres Land geworden. Im Jahre 1643 hatte Europa noch unter der Vorherrschaft der Habsburger gestanden. 1715 war Frankreich die mit Abstand führende Macht.

Ebenso fällt in der Welt der Kunst der Aufstieg Frankreichs zur dominierenden Kraft in die Regierungszeit Ludwigs XIV.; hier entstand jene verfeinerte Lebensart, jener Sinn für das Dekorative, die sich bis in die Mitte des 19. Jahrhunderts hielten. Wenn das 18. Jahrhundert zum Jahrhundert Frankreichs wurde, dann zum Gutteil deswegen, weil der Sonnenkönig die Bühne bereitet hatte für die schöpferischen Künstler, die folgten.

Auch die Form der Regierung, die er erfand, hielt sich, im wesentlichen unverändert, bis zur Revolution, und das nicht ohne Grund. Sie war nicht nur bei weitem effektiver als alle vorhergegangenen Formen, sie war auch gerechter, und sie hatte mehr Sinn für den Wohlstand des Landes und das Glück seiner Bewohner. Doch Ludwig war ein Mensch, und ihm unterlief auch mancher Fehler: Der Krieg gegen Holland und die Widerrufung des Edikts von Nantes waren wohl die beiden schwerwiegendsten. Doch alles in allem war seine Regierung nicht nur die prächtigste in der Geschichte Frankreichs, sie war auch eine der wohltätigsten und erfolgreichsten.

Das neue Bild des Königtums, das er schuf, war von einer solchen Anziehungskraft, daß es uns bis heute im Bann hält: Die Menschenmengen, die Tag für Tag nach Versailles strömen, sind ein beredtes Zeugnis dafür. Nur wenigen Menschen ist es vergönnt gewesen, nicht nur den Lauf der Geschichte zu ändern, sondern einen Mythos zu schaffen, der die Jahrhunderte überdauerte; und wenn wir heute zurückblicken, selbst wenn es ein kritischer Blick ist, dann rührt uns, ob wir wollen oder nicht, die goldene Pracht, in der selbst nach so langer Zeit noch die Gestalt des Sonnenkönigs erstrahlt.

# ANMERKUNGEN

1. Motteville, I, 65.
2. Ibid., I, 70.
3. Chevalier, 558.
4. Ibid.
5. Motteville, I, 70.
6. Ibid., I, 90.
7. Dubois de Lestourmières in Michaud et Poujoulat, 1ère série, XI, 157.
8. Motteville, I, 95.
9. Turenne, 382.
10. Lefèvre d'Ormesson, I, 41.
11. Voltaire, I, 55.
12. Motteville, I, 102.
13. Ibid., I, XXVII–XXXV.
14. Ibid.
15. Ibid.
16. La Fare, 162.
17. Motteville, I, 237.
18. La Porte, 412–13.
19. Ibid., 416.
20. Motteville, I, 265.
21. La Porte, 414.
22. Sourches, I, 11.
23. Motteville, I, 295.
24. Ibid., I, 261.
25. Ibid., I, 315.
26. Ibid., II, 385.
27. Ibid., II, 286.
28. Ibid., I, 394ff.
29. Bibliothèque Nationale, Fonds Français, 3858.
30. Motteville, I, 149.
31. Ibid., II, 286.
32. Turenne, 421.
33. Motteville, III, 11.
34. Turenne, 424.
35. Sévigné, Brief vom 2. Juli 1650.
36. Turenne, 426.
37. La Porte, 418
38. Ibid., 421.
39. Erlanger, 90.
40. Motteville, III, 308.
41. Turenne, 433.
42. Motteville, III, 434.
43. Ibid., III, 439.
44. Ibid., III, 443.
45. Bibliothèque Nationale, Fonds Français, 24995 (29).
46. Ibid., 24995 (96).
47. Yorck, 536.
48. Turenne, 445.
49. Ibid., 434.
50. Ibid., 438.
51. La Porte, 428.
52. Voltaire, I, 84.
53. Ibid., I, 85.
54. Lefèvre d'Ormesson, II, 669.
55. Motteville, IV, 35.
56. Colbert, I, 530.
57. Motteville, IV, 51.
58. Ibid., IV, 46.
59. Ibid., IV, 46n.
60. Ibid., IV, 113.
61. Ibid., IV, 51.
62. Ibid., IV, 54.
63. Ibid., IV, 129.
64. Ibid., IV, 127.
65. Ibid., IV, 145.
66. Ibid., IV, 151ff.
67. Colbert, I, 503.
68. Ibid., I, 515.
69. Boislisle, I, 1.
70. Erlanger, 169.
71. Motteville, IV, 203ff.
72. Colbert, I, 535.
73. Louis XIV, *Œuvres,* II, 122.
74. Colbert, I, 536ff.
75. Boislisle, I, 352.
76. Ibid., I, 1.
77. Ibid., I, 354.
78. Ibid., I, 18.
79. Motteville, IV, 252ff.
80. *Lettres,* 2.
81. Louis XIV, *Œuvres,* I, 33.
82. Ibid., I, 101ff.
83. Biblioth. Nat., Mss. Fr., 22654, fol. 9.

84. Boislisle, I, 364.
85. Sonnino, 5.
86. Louis XIV, *Lettres,* 6.
87. Louis XIV, *Œuvres,* I, 109.
88. Louis XIV, *Œuvres,* I, 46.
89. Bibliothèque Nationale, Fonds Français, 6765.
90. Louis XIV, *Œuvres,* I, 18ff.
91. Louis XIV, *Œuvres,* I, 117.
92. Sodergard, 8.
93. Louis XIV, *Œuvres,* I, 12.
94. Louis XIV, *Œuvres,* I, 9.
95. Molière, *Tartuffe,* V, xx
96. Louis XIV, *Œuvres,* I, 190ff.
97. *Gazette de France*, 23. Mai 1661.
98. Louis XIV, *Œuvres,* I, 72.
99. Ibid., I, 91.
100. Ibid., IV, 256.
101. Motteville, IV, 258.
102. Ibid., IV, 279.
103. Valogne, 38.
104. Motteville, IV, 301.
105. Louis XIV, *Œuvres,* I, 5–6.
106. Ibid., I, 18ff.
107. Ibid., I, 84ff.
108. Ibid., I, 36ff.
109. Ibid., I, 23ff.
110. Motteville, IV, 331.
111. Louis XIV, *Œuvres,* I, 45.
112. Ibid., I, 47ff.
113. Ibid., I, 52ff.
114. Lefèvre d'Ormesson, II, 437.
115. Bibliothèque Nationale, Mss. Fr., 16633.
116. Ibid., 15590, fol. 709.
117. Erlanger, 251.
118. Motteville, IV, 447.
119. Ibid.
120. Louis XIV, II, 49ff.
121. Bibliothèque Nationale, Mss. Fr., 16633.
122. Louis XIV, II, 266.
123. Ibid., II, 56.
124. Ibid., II, 57.
125. Ibid., II, 96.
126. Ibid., II, 65ff.
127. Sodergard, 67.
128. Ibid., 69.
129. Maurepas, II, fol. 453.
130. Sodergard, 24ff.
131. Mademoiselle, p. 37.
132. Louis XIV, V, 402.
133. Ibid., V, 434.
134. Bibliothèque Nationale, Fonds Français, 10261.
135. Ibid.
136. Félibien, *Feste,* 202.
137. Racine, *Britannicus,* IV, 4.
138. Louis XIV, V, 464.
139. Louis XIV, V, 461.
140. Lefèvre d'Ormesson, II, 582.
141. Bibliothèque Nationale, Fonds Français, 10249, fol. 28.
142. Voltaire, II, 61.
143. Gaxotte, *Lettres,* 70.
144. Margry, 40.
145. Truchet, 82.
146. Visconti, 31–37.
147. Ormesson, II, 594.
148. Bossuet, 94ff.
149. Visconti, 10.
150. Ibid., 57.
151. Bibliothèque Nationale, Mss. Fr., 10249, fol. 49.
152. Louis XIV, V, 533–35.
153. Ibid., V, 536.
154. Bibliothèque Nationale, Fonds Français, 10249, fol. 24.
155. Ibid., fol. 28.
156. Ibid.
157. Gaxotte, *Lettres,* 39.
158. Visconti, 113.
159. Ibid., 73.
160. *Mercure galant,* 1672, 174.
161. Ibid., IV, 231.
162. Bibliothèque Nationale, Fonds Français, N.A. 9815.
163. Louis XIV, V, 539.
164. Bibliothèque Nationale, Fonds Français, N.A. 9815.
165. Félibien, *Feste,* 3ff.
166. Ibid., 13.
167. *Mercure galant,* 1672, 252.
168. Voltaire, I, 137.
169. *Mercure galant,* 1672, 101.
170. Voltaire, I, 146.
171. Bibliothèque Nationale, Fonds Français, 6779.
172. Voltaire, I, 149.
173. Ibid., I, 162.

174. *Mercure galant,* 1677, 195.
175. Visconti, 190.
176. Bibliothèque Nationale, Mss. Fonds Français, 6782.
177. Ibid., Mss. Fonds Français, 6781.
178. Gaxotte, *Lettres,* 177.
179. *Mercure galant,* 1674, 135.
180. Ibid., 1677, 169.
181. Ibid., 1677, 95.
182. Ibid., 1677, 189.
183. Ibid., 1677, 214.
184. Choisy, 23.
185. Visconti, 301.
186. Choisy, 114.
187. Visconti, 205.
188. *Mercure galant,* 1677, 236ff.
189. Ibid., 1677, 220ff.
190. Visconti, 181.
191. Ibid., 187.
192. Ibid., 205.
193. Louis XIV, V, 576.
194. Gaxotte, 71.
195. Choisy, 135.
196. Louis XIV, V, 554.
197. Carré, 163.
198. Visconti, 264.
199. Ibid., 266ff.
200. Sourches, I, 11.
201. Bibliothèque Nationale, Fonds Français, 16633.
202. Thuillier, 10.
203. Dangeau, I, 2.
204. Isambert, XIX, 384.
205. Dangeau, I, 87ff.
206. Ibid., I, 37.
207. Sourches, V, 289n.
208. Dangeau, I, 153.
209. Ibid., I, 19.
210. Sourches, I, 201.
211. Choisy, 130.
212. Sourches, I, 220.
213. Dangeau, I, 171.
214. Vertron, 8ff.
215. Choisy, 67.
216. Sourches, I, 437n.
217. Dangeau, I, 266.
218. Ibid., I, 276.
219. Sourches, I, 357.
220. Ibid., I, 361.
221. Choisy, 123ff.
222. Sourches, I, 430.
223. Ibid., I, 457.
224. Dangeau, I, 419.
225. Sourches, I, 463, 463n.
226. Ibid., II, 68.
227. Thuillier, 9.
228. Sourches, I, 229ff.
229. Voltaire, I, 184.
230. Ibid.
231. Erlanger, 434.
232. Choisy, 133.
233. *Mercure galant,* Januar 1690.
234. Ibid., Februar 1690.
235. Louis XIV, VI, 14.
236. Bibliothèque Nationale, Mss. Fr., 19601.
237. Ibid., 6679.
238. Erlanger, 438.
239. Louis XIV, VI, 19.
240. Ibid., VI, 20.
241. Ibid., VI, 21.
242. Ibid.
243. Erlanger, 461.
244. Saint-Simon, I, 32.
245. Ibid., I, 35ff.
246. Ibid., 38.
247. Ibid., I, 50.
248. Louis XIV, VI, 24.
249. *Revue encyclopédique,* 4–7.
250. Saint-Simon, I, 245.
251. Voltaire, I, 206.
252. Saint-Simon, I, 307.
253. Gaxotte, *Lettres,* 101.
254. Saint-Simon, I, 341.
255. Ibid., I, 229.
256. Ibid., I, 535.
257. Ibid., I, 542.
258. Ibid., I, 603.
259. Ibid., I, 729.
260. Ibid., I, 779.
261. Ibid., I, 782.
262. Louis XIV, *Lettre à la reine douairière d'Espagne,* B.N. L.37b. 4847.
263. Louis XIV, *Œuvres,* VI, 32.
264. *Mercure de France,* Januar 1701.
265. Louis XIV, *Œuvres,* VI, 34ff.
266. Ibid., II, 460ff.
267. Ibid., VI, 69.
268. Saint-Simon, II, 9ff.

269. Archive des Herzog von Harcourt, zitiert nach Erlanger, 521.
270. Louis XIV, *Œuvres,* VI, 67.
271. Ibid., VI, 70.
272. Louis XIV, *Lettres,* 117.
273. Ibid., 123.
274. Louis XIV, *Œuvres,* VI, 135.
275. Ibid., VI, 115.
276. Ibid., VI, 129.
277. Ibid., VI, 161.
278. Saint-Simon, II, 461.
279. Ibid., II, 664.
280. Louis XIV, *Œuvres,* VI, 177.
281. Bibliothèque Nationale, Fonds Français, 6999.
282. Saint-Simon, II, 869.
283. Voltaire, I, 258.
284. Saint-Simon, II, 877.
285. Ibid., III, 133.
286. Ibid., III, 113.
287. Ibid., III, 182.
288. Orléans, 73.
289. Ibid., 75.
290. Ibid., 107.
291. Voltaire, I, 279.
292. Bibliothèque Nationale, Lb 37. 4344.
293. Ranke, 399.
294. Torcy, 125.
295. Ibid., 136.
296. Ibid., 156.
297. Ranke, 408.
298. Ranke, 409f.
299. Saint-Simon, IV, 65.
300. Ibid., IV, 69.
301. Ranke, 411.
302. Torcy, 425.
303. Saint-Simon, IV, 98.
304. Bibliothèque Nationale, Fonds Français, 6999.
305. Ranke, 418.
306. Louis XIV, *Œuvres,* VI, 214.
307. Ranke, 416.
308. Louis XIV, *Lettres,* 158.
309. Saint-Simon, IV, 408.
310. Louis XIV, *Lettres,* 158.
311. Ranke, 427
312. Erlanger, 647.
313. J. F. Félibien, 67.
314. Saint-Simon, IV, 838.
315. Ibid., IV, 840.
316. Ibid., V, 170.
317. Ibid., V, 208.
318. Dangeau, XVI, 126.
319. Orléans, 615.
320. Dangeau, XVI, 129.
321. Saint-Simon, V, 463.
322. Ibid., V, 464.
323. Ibid., V, 467.
324. Ibid., V, 469.

# BIBLIOGRAPHIE

Die Zahl der Werke über Ludwig XIV., seine Minister und Mätressen, seinen Hof und die Staatsaktionen seiner Regierungszeit ist unüberschaubar. Die Bibliographie verzeichnet daher nur Bücher, aus denen im Text direkt zitiert wurde. Die Signaturen der unveröffentlichten Quellen sind in den Anmerkungen genau aufgeschlüsselt.


BOISLISLE, Jean de, Hg., *Mémoriaux de Conseil de 1661*. Paris 1905.

BOSSUET, Jacques-Bénigne, *Recueil d'Oraisons Funèbres*. Paris 1689.

CARRÉ, Lieutenant-Colonel Henri, *Madame de Montespan*. Paris 1938.

CHEVALIER, Pierre, *Louis XIII*. Paris 1979

CHOISY, Abbé de, *Mémoires pour servir à l'histoire de Louis XIV*. Paris 1966.

COLBERT, Jules Armand, Marquis d'Ormoy, *Correspondance avec son père*. Paris 1873.

COLBERT, J. B., *Lettres, Instructions et Mémoires*. Paris 1861–70.

DANGEAU, Philippe de Courcillon, Marquis de, *Journal*. Paris 1854.

DUBOIS DE LESTOURMIÈRES, *Mémoire fidèle des choses qui se sont passés à la mort de Louis XIII*. Michaud et Poujoulat, Hg. Paris 1836–1839.

ERLANGER, Philippe, *Louis XIV*. Paris 1965.

FÉLIBIEN, André, *Relation de la feste de Versailles du 18 juillet 1668*. Paris 1696.

– *Description de la Grotte de Versailles*. Paris 1672.

FÉLIBIEN, Jean-François, *Description sommaire de Versailles*. Paris 1703.

*Gazette de France*. Paris 1643–1715.

ISAMBERT, *Recueil des anciennes lois françaises*. Paris o. J.

LA FARE, Marquis de, *Mémoires*. Paris 1828.

LA PORTE, Pierre de, *Mémoires*. Paris 1819.

LEFÈVRE D'ORMESSON, Olivier, *Journal et Mémoires*. Paris 1860.

LOUIS XIV, *Lettres*, Hg. P. Gaxotte. Paris 1957.

LOUIS XIV, *Mémoires historiques*, in: *Œuvres de Louis XIV*. Paris 1806.

MADEMOISELLE, [d.i. Anne Marie Louise d'Orléans], *Mémoires*. Paris, 1828.

MARGRY, Pierre, *Un Fils de Colbert*. Paris 1873.

MARIE, Jeanne und Alfred, *Marly*. Paris 1947.

MAUREPAS, *Recueil* Leyden 1865.

*Mercure de France*. Paris 1643–1715.

*Mercure galant, Le*, 1672–1715.

MOTTEVILLE, Mme. de, *Mémoires*. Paris 1886.

ORLÉANS, Elisabeth Charlotte, Herzogin von [d.i. Liselotte von der Pfalz], *Briefe der Herzogin Elisabeth Charlotte von Orléans. Aus den Jahren 1707–1715*. Hg. von Holland. Tübingen 1871.

RACINE, Jean, *Britannicus*. Paris 1967.

RANKE, Leopold, *Französische Geschichte vornehmlich im sechzehnten und siebzehnten Jahrhundert*. VI. Band. Tübingen $^{3}$1879.

*Revue Encyclopédique* (83ème cahier, tome XXVIII), Septième année, seconde série. Paris 1825.

SAINT-SIMON, Duc de, *Mémoires*, Bibliothèque de la Pléiade. Paris 1983.

SÉVIGNÉ, Marquise de, *Lettres*. Paris 1818.

SODERGARD, Osten, *Exercices de Bel Esprit*, Acta Universitatis Ludensis 20. Lund 1974.

SONNINO, Paul, *Louis XIV's View of the Papacy 1661–1667*. University of California Press 1966.

SOURCHES, Marquis de, *Mémoires*. Paris 1882.
THUILLIER, Jacques, in *Les Peintres de Louis XIV.* Lille 1968.
TORCY, J. B. Colbert, Marquis de, *Journal inédit*. Paris 1884.
TRUCHET, J., *Politique de Bossuet*. Paris o. J.
TURENNE, Maréchal de, *Lettres*, Hg. Suzanne d'Huart. Paris 1971.
VALOGNE, Catherine, *Louis XIV et Louise de La Vallière*. Lausanne 1964.
VERTRON, M. de, *Parallèle de Louis le Grand avec les Princes qui ont esté surnommés Grands*. Paris 1685.
VISCONTI, Primi, *Mémoires sur la Cour de Louis XIV.* Paris 1908.
VOLTAIRE, Arouet de, *Le Siècle de Louis XIV.* Paris 1966.
YORCK, Duc de, Mémoires du, in: Michaud, *Mémoires* ..., 3ème série, tome III. Paris 1838.

# NAMENSREGISTER

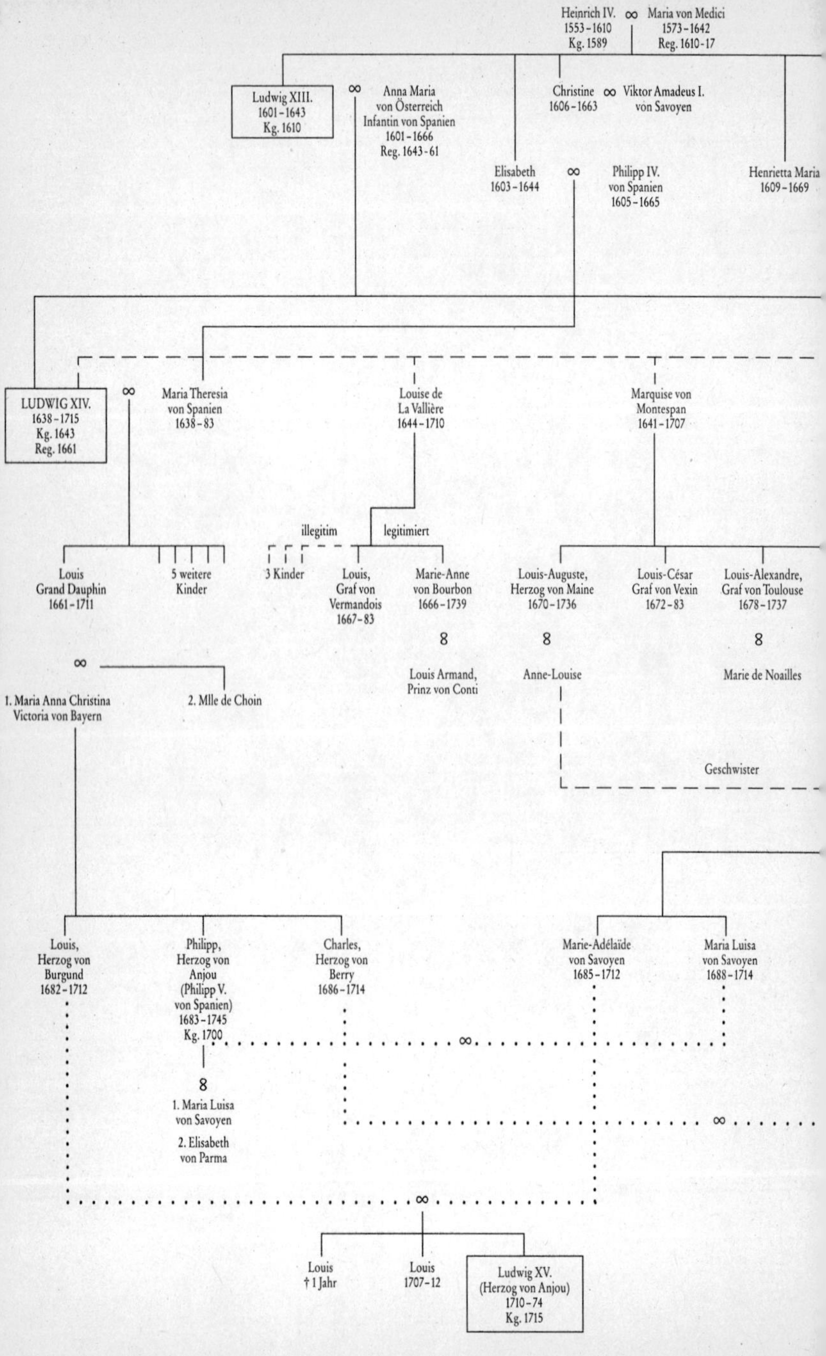
Heinrich IV.
1553–1610
Kg. 1589
Maria von Medici
1573–1642
Reg. 1610–17
Ludwig XIII.
1601–1643
Kg. 1610
Anna Maria
von Österreich
Infantin von Spanien
1601–1666
Reg. 1643–61
Christine
1606–1663
Viktor Amadeus I.
von Savoyen
Elisabeth
1603–1644
Philipp IV.
von Spanien
1605–1665
Henrietta Maria
1609–1669
LUDWIG XIV.
1638–1715
Kg. 1643
Reg. 1661
Maria Theresia
von Spanien
1638–83
Louise de
La Vallière
1644–1710
Marquise von
Montespan
1641–1707
illegitim
legitimiert
Louis
Grand Dauphin
1661–1711
5 weitere
Kinder
3 Kinder
Louis,
Graf von
Vermandois
1667–83
Marie-Anne
von Bourbon
1666–1739
Louis-Auguste,
Herzog von Maine
1670–1736
Louis-César
Graf von Vexin
1672–83
Louis-Alexandre,
Graf von Toulouse
1678–1737
Louis Armand,
Prinz von Conti
Anne-Louise
Marie de Noailles
1. Maria Anna Christina
Victoria von Bayern
2. Mlle de Choin
Geschwister
Louis,
Herzog von
Burgund
1682–1712
Philipp,
Herzog von
Anjou
(Philipp V.
von Spanien)
1683–1745
Kg. 1700
Charles,
Herzog von
Berry
1686–1714
Marie-Adélaïde
von Savoyen
1685–1712
Maria Luisa
von Savoyen
1688–1714
1. Maria Luisa
von Savoyen
2. Elisabeth
von Parma
Louis
† 1 Jahr
Louis
1707–12
Ludwig XV.
(Herzog von Anjou)
1710–74
Kg. 1715

# STAMMTAFEL LUDWIG XIV.

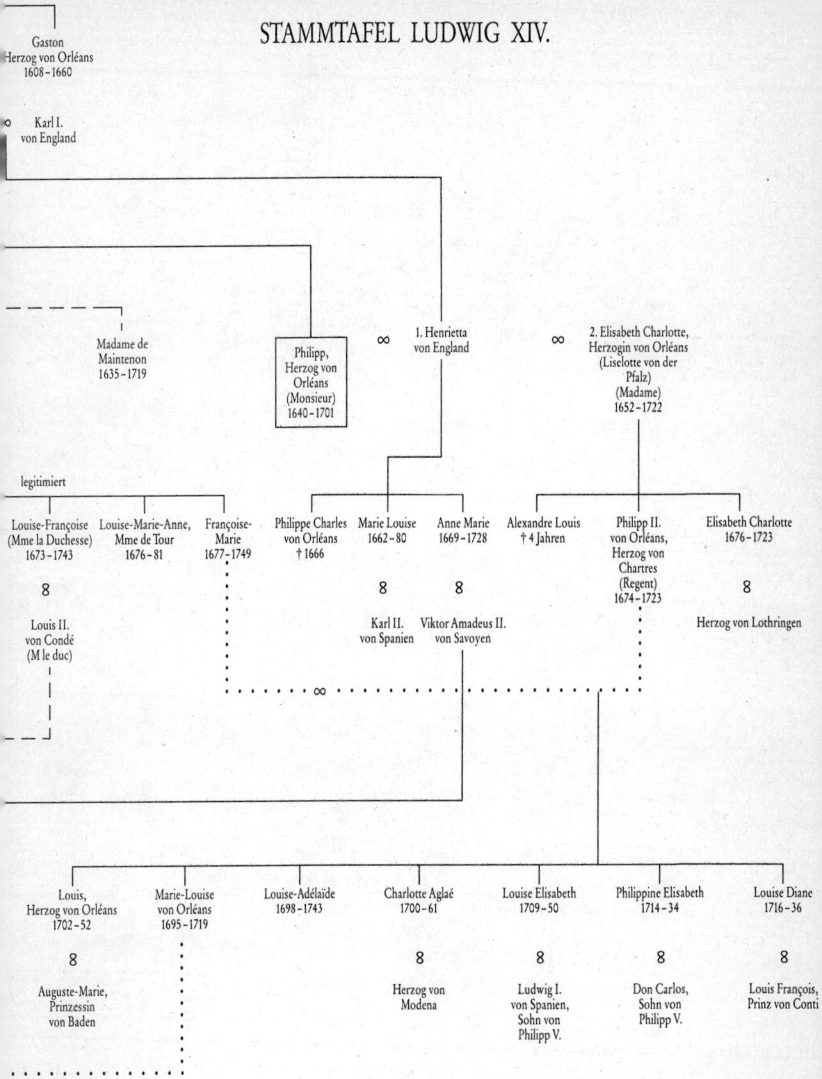

Knaur

# Biographien

(2363)

(2344)

(2372)

(2355)

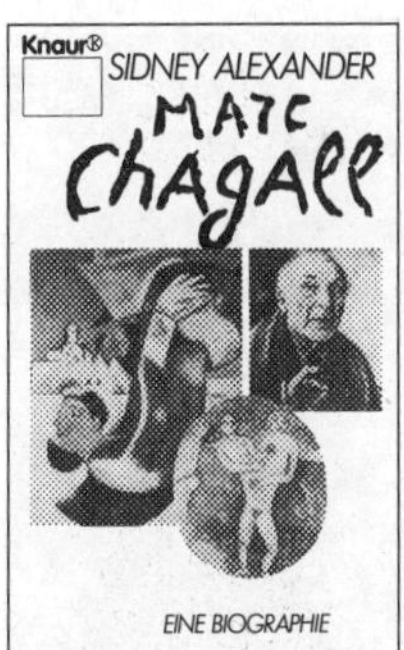


(2361)

(75003)

Knaur

# Zeitgeschichte

(3874)

(3943)

(3985)

(4008)

(4834)

(4804)

Knaur

# Historische Romane

(2955)

(3005)

(3256)

(1513)

(2870)